"十二五"国家重点图书出版规划

● 王利明 著

合同法研究

第三卷
（第二版）

中国当代法学家文库
王利明法学研究系列

Contemporary Chinese Jurists' Library

中国人民大学出版社
·北京·

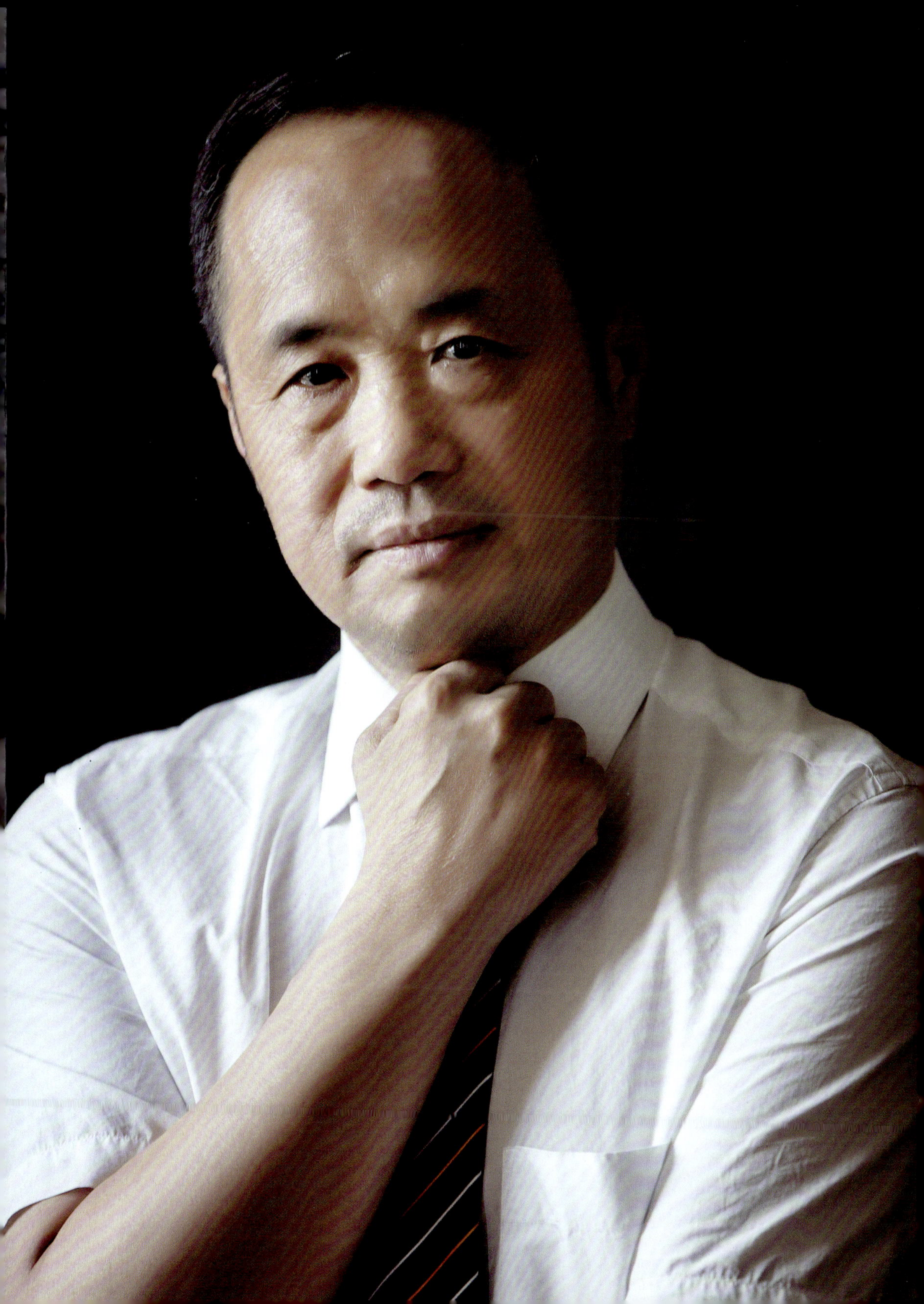

修订版序言

1974年，美国耶鲁大学教授吉尔莫发表了《契约的死亡》一文。针对意思自治原则和约因原则的衰落、侵权法的扩张等现象，吉尔莫感叹合同法已经死亡。但是，他也不敢肯定合同法是否已经真的死亡，所以，又自言自语道，"契约确实死了——但谁又能保证在这复活节的季节，它不会复活呢？"[①] 而日本东京大学内田贵教授针对该文，撰写了《契约的再生》一文，他认为古典契约法的原理正被新的合同法理论所替代。[②] 应当说，吉尔莫教授和内田贵教授的观点在一定意义上都是有道理的。吉尔莫教授看到了古典合同法理论的衰落，以及现代交易形态对传统合同法理论的巨大冲击，但他没有看到取而代之的新合同法理论的兴起。而内田贵教授认为，适应社会发展的新需要，合同法会实现其理论的转型，合同法在现代社会仍然会焕发出新的生命力，而不会趋于死亡。在我看来，谈论合同法的死亡也有些言过其实了。合同法中逐步消亡的只不过是违背社会发展需要的陈规，而合同法本身永远不会消亡，相反，其永远会伴随着社会演进而焕发活力。

[①] [美] 格兰特·吉尔莫：《契约的死亡》，曹士兵、姚建宗、吴巍译，136页，北京，中国法制出版社，2005。

[②] 参见 [日] 内田贵：《契约的再生》，胡宝海译，195～200页，北京，中国法制出版社，2005。

修订版序言

消亡论忽视了合同法在现代法制框架中乃至整个国家经济制度中的重要地位。一方面,合同法是整个国家的基本经济制度的重要组成部分。著名经济学家熊彼特曾经有一句名言:支撑西方世界的两个支柱,一个是合同,一个是财产。其中,财产是静态的财产,合同是让静态的财产流转的动态过程。亚当·斯密曾经宣称,合同自由将鼓励个人发挥企业家冒险精神。① 美国著名法学家 Farnsworth 认为,合同自由支撑着整个市场②,从法治的观点来定义市场,则市场就是合同法。③ 任何社会只要实行市场经济,就必然要以合同法作为其经济制度的基石。我国实行社会主义市场经济体制,也毫无例外地应当以合同法作为市场经济运行的基本规则。另一方面,合同法是任何国家法律体系中起着支架性作用的基本法律。财产权是基本人权的重要组成部分,是独立人格的基础,而物权和债权是财产权的两大最基本的形态。正如拉德布鲁赫指出的,物权是目的,债权从来只是手段。法律上物权与债权的关系,就像自然界材料与力的关系,前者是静的要素,后者是动的要素。在前者占主导地位的社会里,法律生活呈静态;在后者占主导地位的社会里,法律生活呈动态。④ 所以,规范合同债权的合同法就是法律体系中的基础性法律。

既然契约已经完全成为我们生活的主宰,为了促成契约高效、快捷的订立,保障合同圆满、安全的履行,就必须有相应的法律规则加以调整。这些调整契约关系的法律规则就是合同法。"合同法的基本目标就是使人们能实现其私人目的。为了实现我们的目的,我们的行动必然有后果。合同法赋予了我们的行动以合法的后果。承诺的强制履行由于使人们相互信赖并由此协调他们的行动从而有助于人们达到其私人目标。社会的一个内容就是其自然人拥有达成自愿协议以实现其

---

① See James Willard Hurst, *Law and Economic Growth: The Legal History of the Lumber Industry in Wiscosin*, Cambridge: Belknap Press of Harvard University Press, 1964, p. 301.

② See Farnsworth, *Contracts*, Second Edition, Little, Brown and Company, 1990, p. 21.

③ See James Willard Hurst, *Law and Economic Growth: The Legal History of the Lumber Industry in Wiscosin*, Cambridge: Belknap Press of Harvard University Press, 1964, p. 285.

④ 参见 [德] 拉德布鲁赫:《法学导论》,61 页,北京,中国大百科全书出版社,1997。

修订版序言

私人目标的权力。"① 美国学者罗伯特·考特与托马斯·尤伦这一席话的确道出了合同法的真谛。试想如果没有合同法，人们为了达成交易不知将花费多大的人力、物力；交易的当事人不能通过合同来安排他们未来的事务，允诺不能得到遵守和执行，信用经济也不可能建立，市场经济赖以建立的基础是根本不存在的。所以，一个成熟的市场经济在很大程度上是以合同能否得到及时圆满的履行、因合同而产生争议是否会被及时公正地解决作为标志的。虽然人们在缔约过程中不一定完全按照合同法来缔约，但"合同法是备用的安全阀"②。在当事人不能通过合同有效安排其事务时，就需要合同法来规范当事人的交易行为。所以希尔曼指出，"人们应当牢记，一些断言合同法让位于其他法律或者存在诸多问题的理论，表现为一种不成熟的观点，因为他们所关注的是描述非典型的合同纠纷和合同安排破裂的司法意见"③。

消亡论也没有看清合同法在现代社会的发展，忽略了现代法制发展的基本规律。梅因在1861年就宣称，迄今为止，所有进步社会的运动可以归纳为从身份到契约的运动。④ 我妻荣则认为，由于近代以来财产债权化的发展，债权在近代法中处于优越地位和中心地位。⑤ 因此，债权已经不仅仅是一种法律手段，而且是现代社会中的基本组织方式。然而，这并不是说以合同法为中心的近代债法是一成不变的。相反，法制的现代化经验表明，法律是一种根植于特定历史时期、特定群体的文化，需要充分考察和反映本土国情。⑥ 因此，合同法也需要随着历史时期的推移而适时调整。20世纪以来，随着资本主义从自由竞争走向垄断，国家对社会和经济的干预不断增强，古典的合同自由理论面临着强制缔约、诚信义务等新内容的挑战。尤其是随着福利国家的发展，社会保险法、劳动法、消费

---

① [美] 罗伯特·考特等：《法和经济学》，314页，上海，上海三联书店，1994。
②③ [美] 罗伯特·A·希尔曼：《合同法的丰富性》，郑云瑞译，270页，北京，北京大学出版社，2005。
④ 参见 [英] 梅因：《古代法》，96～97页，北京，商务印书馆，1959。
⑤ 参见 [日] 我妻荣：《债法在近代法中的优越地位》，7页，北京，中国大百科全书出版社，1999。
⑥ See John Henry Merryman & Rogelio Perez-Perdomo, *The Civil Law Tradition*, 3rd ed., Stanford University Press, 2007, p. 150.

者权益保护法等逐渐从公法、私法分立的二元体系中独立出来,成为第三法域,相应地,一些传统合同法的内容被归入相对独立的社会法领域,如劳动合同、消费合同就脱离了传统合同法进入独立的劳动法、消费者权益保护法范畴;甚至出现了集体合同,这使得以个别化契约为模型的传统合同理论面临了严峻的挑战。"由于公共政策对契约法对象的系统性'掠夺'所造成的……例如,劳动法、反托拉斯法、保险法、商业规则和社会福利立法等。这些特殊形态的公共政策的发展,把原本属于'契约法'(就其抽象关系意义而言)范畴的许多交易和境况,划归到自己的调整范围之中。"[1] 再如,近几十年来,随着经济全球强化的发展,资源的配置超越了国界,在全球范围内自由流动,合同法的国际化发展趋势日益明显,两大法系的合同法规则也因此呈现趋同之势。随着人本主义的张扬和人权保障理念的强化,侵权法保障的范围不断拓宽,大量触及传统合同法未能触及的领域,使得合同法对这些领域的法律调整逐渐让位于侵权法。[2] 随着现代科技的发展,尤其是互联网技术的迅猛发展,合同交易的形式、履行方法等都表现出了明显区别于传统合同法的新特点。凡此种种,都说明合同法是现代法制发展最为活跃的领域,可见,合同法的规则不是停滞不变的、僵化的,而是开放的,是不断适应社会的需要而发展的。

合同法的这些新发展说明,当前合同法实际上是处于一个变革的时代,此种变革来自于经济、技术等多个层面,甚至来自于法律本身的变化。但我们同时也看到了合同法律制度的相对稳定性,即基本交易法则的稳定性。例如,要约承诺的基本规则,合同的变更、解除和补救等规则仍然保持了相当的稳定性。只要市场作为资源配置的基础作用不变,只要交易仍然构成市场的基本内容,只要价值法则仍然支配着交易过程,合同法的基本规则就不会产生实质性的变化。消亡论看到了合同法的变化,但其没有注意到合同的稳定性一面以及合同法保持稳定性

---

[1] [美]弗里德曼:《美国契约法》,20~24页,1965。转引自[美]格兰特·吉尔莫:《契约的死亡》,曹士兵、姚建宗、吴巍译,6~7页,北京,中国法制出版社,2005。

[2] 参见[德]克里斯蒂安·冯·巴尔等主编:《欧洲合同法与侵权法及财产法的互动》,吴越等译,40页,北京,法律出版社,2007。

修订版序言

的原因。例如，有德国学者曾经提出了事实契约论，其认为事实行为可以替代当事人的意思表示。实际上，这只是看到了事实的表象。所谓的事实契约，不过是缔约形式发生了变化而已，就其实质而言，合同仍然是当事人合意的产物，这一基本规则并未改变。合同法之所以发展，仍然是在合同法基本原理基础上展开的。事实上，任何新的发展都可以根据合同法的基本原理得到解释。例如，劳动合同只不过是强调了对作为合同弱势一方的保护，但关于合同的成立、解除和基本规则等核心内容仍然是以合同法的基本原理为基础的。而内田贵教授的契约再生理论认为，合同似乎经历了凤凰涅槃的突变过程，在摧毁旧的体系后而建立了新的体系，这也是不客观的。可见，无论是契约死亡理论，还是契约再生理论，其本质上都是相同的，它们都割断了传统合同理论与现代合同发展的内在联系，忽略了合同法在当代发展的内在规律。现代合同法不是一个简单的再生与死亡的问题，而是在保证合同法基本规则基础上，如何适应现代经济社会发展而衍生出新理论、新规则的问题。

本书在 2001 年首次完稿并交付出版，迄今为止，已将近十年。自出版以来，本书受到了不少读者的欢迎和肯定，也得到了一些读者提出的诸多宝贵意见，本人对此深表感谢。在这期间，我国合同法理论迅速发展，而针对实践中出现的诸多新情况和新问题，合同立法也随之逐步完善。具体来说，一方面，我国民法学界广大同仁密切关注合同法在当代的最新发展，密切把握社会的脉搏以及合同法顺应社会发展而呈现出的发展趋势，从中国的实际出发，对传统合同法理论进行了反思，并致力于构建自身的合同法理论。当然，任何合同理论和规则，不过是基于新的社会问题而对传统合同理论的修正，而并不是对传统合同理论的抛弃，因此，不能绝对地从再生和死亡的角度来观察这些问题。另一方面，我国合同立法和司法实践不断完善，1999 年《合同法》的颁行，结束了由《经济合同法》、《涉外经济合同法》和《技术合同法》所形成的合同法三足鼎立的局面，消除了因多个合同法并立而造成的合同法律彼此之间的重复、不协调甚至矛盾的现象，也改善了我国合同立法分散、凌乱的状况，实现了合同法律尤其是合同法总则的统一化和体系化。这在完善市场经济的法律体系方面迈出了重要一步。尤其是

修订版序言

《合同法》的内容充分反映了社会主义统一市场的需求，摒弃了反映计划经济体制本质特征的经济合同概念，充分体现了当事人的意思自治原则，该法从现代市场经济的本质需要出发，要求当事人在交易的各个环节中都必须遵循作为商业的基本道德的诚实信用原则，从而为建立信用经济奠定了基础。《合同法》既广泛参考、借鉴了两大法系成功的合同立法经验和判例学说，采纳现代合同法的各项新规则和新制度，注重与国际规则和惯例的接轨，同时也立足于中国的实际，系统全面地总结了我国的合同立法和司法实践经验。《合同法》的颁行既为合同法的研究提供了前所未有的机遇，也为当代中国民法学者研究合同制度提出了大量新课题、新挑战。在《合同法》颁布后，最高人民法院先后制定了两部司法解释，分别是1999年12月1日通过的最高人民法院《关于适用〈中华人民共和国合同法〉若干问题的解释（一）》、2009年2月9日通过的最高人民法院《关于适用〈中华人民共和国合同法〉若干问题的解释（二）》。除此之外，最高人民法院还颁布了一系列批复、意见和司法解释，不断丰富和完善了我国合同法律制度。这些司法解释与《合同法》一起，共同构成了我国的合同法基本框架，它们的制定并颁行，对维护市场经济的法律秩序和保护交易当事人的合法权益将发挥极大的作用，也为交易的发展和市场的繁荣提供了重要的法律保障。制度的变化必然要求相应的理论支撑，总结合同法制变革中合同法理论的发展，有利于新合同法律制度的理解与适用，也有利于进一步推进我国合同法律制度的完善。为此，本书也有必要吸收实践中形成的丰富的立法和司法实践经验，总结我国近十年来的最新合同法理论研究成果，从而使本书在内容和体系上保持与时俱进的特点。

实践不断发展，研究永无止境。合同法理论博大精深，同时也是随着市场经济的发展而不断丰富和完善的。我们所研究的合同法问题其实不过是弱水三千中的一瓢罢了！由于个人的时间和能力所限，本书的缺点和错误在所难免，在此，我殷切希望广大读者不吝指正！

第一版序言

合同，也称为"契约"，它在人类历史中占据着举足轻重的地位。宗教典籍认为，契约确立了人与神之间正常稳定的关系；政治哲学家们指出，自愿与合意才是政治权威的合法基础；经济生活中，人与人之间的各种交易就是契约；甚至在婚姻家庭生活中，温情脉脉的两性关系的面纱下也常能捕捉到契约的踪影。人类漫长的历史中，每天都在进行的"这种通过交换和在交换中才产生的实际关系"最终获得了马克思所说的"契约这样的法的形式"。从传统的封建时代向近代法治社会的转型中，合同对瓦解封建等级制度的身份关系的桎梏发挥了重要作用，因此梅因将进步社会的运动称为合同形态的运动。

当今人类社会的发展已截然不同于早期的人类社会，在我们这一代人降临到这个世界之前的几百年里，生产与交换就在不断地和加速地把人们变为整个社会运行系统中一个个紧密结合的分子，每个人都要各司其职、各专其位。在许多市场经济社会，无论是物质产品的制造、流通，还是精神产品的创作、传播都已经被分割为无数个细微的环节，专业分工的细化程度已经超过人们的现象力。任何人在现代社会要生存下来，都不得不与他人以合同的形式相互给予信用或者取得信用，即进行交易。现代人的一生就是在不断订立合同、履行合同这样一个周而复始的过程中度过的。尤其是在经济领域，市场正是由无数纷繁复杂的交易所组

第一版序言

成的,这些无穷无尽的交易都要以合同作为其最基本的法律表现形式。可以说,契约本身构成了广阔的市场,市场化就是契约化。正因如此,人们才将现代社会称为"契约社会",将现代经济称为"契约经济"。

我国早已确立了建立社会主义市场经济体制的发展目标,作为市场经济最基本法律规则的《合同法》已于1999年3月15日经九届全国人大二次会议通过,并从1999年10月1日起生效实施。《合同法》的制定并颁行,将为维护市场经济的法律秩序和保护交易当事人的合法权益发挥极大的作用,也将为交易的发展和市场的繁荣提供重要的法律保障。该法的颁行,结束了由《经济合同法》、《涉外经济合同法》和《技术合同法》所形成的三法并立的局面,在完善市场经济的法律体系方面迈出了重要一步。《合同法》的制定,消除了因多个合同法并立而造成的合同法律彼此之间的重复、不协调甚至矛盾的现象,也改善了我国合同立法的分散、凌乱的状况,实现了合同法律尤其是合同法总则的统一性和体系化。《合同法》的制定完善了合同法的基本规则,极大地填补了长期以来在合同立法方面的漏洞,规定了较为完备的合同法规则。尤其是《合同法》的内容充分反映了社会主义统一市场的需求,摒弃了反映计划经济体制本质特征的经济合同概念,充分体现了当事人的意思自治原则,该法从现代市场经济的本质需要出发,要求当事人在交易的各个环节中都必须遵循作为商业的基本道德的诚实信用原则,从而为建立信用经济奠定了基础。合同法既广泛参考、借鉴了两大法系成功的合同立法经验和判例学说,采纳现代合同法的各项新规则和新制度,注重与国际规则和惯例的接轨,同时也立足于中国的实际,系统全面地总结了我国的合同立法和司法实践经验,总之,我国《合同法》的颁布,不仅表明我国的合同法已逐渐趋于完善,而且标志着我国的民事立法进入了一个体系化的成熟的阶段。尤其在经济全球化以及我国已加入世界贸易组织(WTO)的大背景下,统一我国市场经济交易活动的基本规则,力求使我国合同法与国际惯例接轨,更有利于我国参与世界经济竞争,增强我国的综合国力。

尽管《合同法》的颁布表明了我国合同法律制度已渐趋完善,也标志着我国民事立法进入了一个体系化的崭新阶段,但并不意味着合同法立法的完善及理论

第一版序言

研究工作就到此为止,市场经济发展过程中仍然存在大量的合同法问题有待于立法者以及民法研究者加以解决:因为现代市场经济异常迅猛的发展速度对作为成文法的合同法所固有的局限性提出了更尖锐的挑战。英国著名法学家梅因曾言"社会的需要和社会的意见常常是或多或少地走在法律的前面,我们可能非常接近地达到它们之间缺口的接合处,但永远存在的倾向是要把这个缺口重新打开来。因为法律是稳定的,而我们谈到的社会是前进的。人民幸福的或大或小,完全取决于缺口缩小的快慢程度"。尽管我国《合同法》制订时总结了多年来合同立法与司法的成败得失并吸收了现代合同法的最新发展成果,其颁布至今也不过短短的数年,但是现代市场经济发展过程必将不断出现合同法制订者所始料不及的各种新情况、新问题。使《合同法》能够及时有效地调整这些新情况,解决这些新问题,不仅是司法实践工作者的当务之急,更是每一个民法研究人员义不容辞的责任;尽管迄今为止我国合同法理论研究工作已经取得了丰硕的成果,并为立法与司法提供了大量理论支持与知识资源,但是我国合同法学研究起步较晚、基础较薄弱这一事实却无法否认。这一点既体现在学界对我国合同立法与司法得失成败经验的总结上存在欠缺,也体现在对于两大法系合同法律制度以及现代合同法新的发展趋势缺乏全面准确的理解,更表现为对合同法基本概念、制度与理论研究尚缺乏足够的深度。加强对合同法的研究是当前我国民法研究工作者的迫切任务。尤其应当看到,我国《合同法》的制定是我国正在进行的举世瞩目的民法典编纂工作的重要组成部分。民法典的制定是完善我国社会主义市场经济法律体系的重要步骤,在这一个过程中不仅要制订民法总则、物权法、侵权法等以前我们没有的法律,而且还要做到民法典内部的体系性与和谐性。由此也提出了合同法如何与民法总则、物权法、侵权法之间的协调问题。因此,唯有进一步加强我国合同法的研究,才能为将来把合同法融入民法典中的工作奠定扎实的理论基础。

作为民法教员,我多年来一直关注对合同法的理论研究以及立法、司法实践工作。早在《民法通则》颁布后不久,我就曾对合同法律制度进行过一些初步的研究,这些成果主要体现在与其他几位民法学者合作撰写的《民法新论》(上、

第一版序言

下)一书当中。1988年至1989年,我利用在美国访学研究的机会,专攻了英美合同法,并撰写了一些论文将英美合同法中的若干制度,如根本违约制度、预期违约制度等介绍到国内学界。1993年10月我国最高立法机关将合同法的制订提上了议事日程,我有幸参与合同法的制订,并在此过程中,结合立法中的疑难问题,撰写了《统一合同法制订中的若干疑难问题》、《违约抑或可撤销》、《合同的解除与根本违约》等文章,对合同法制订中的一些重要问题进行了探讨。1994年我受到国家教委人文社会科学研究项目的资助,花费了两年时间对违约责任制度进行了系统化、体系化的研究。在研究违约责任的过程中,我探讨了同时履行抗辩权、不安抗辩权、违约责任与侵权责任的竞合、缔约过失责任、第三人侵害债权等合同法中的疑难理论问题,并于1995年由中国政法大学出版社出版了《违约责任论》一书(该书2000年修订再版)。1996年我又与崔建远教授合作撰写了《合同法新论·总则》一书,在该书中我进一步对合同法总则中的若干理论问题,例如合同的成立与生效、对合同无效范围的限制等问题做了研究。1997年我还将自己在为中国人民大学法学院民法研究生讲授合同法过程中对若干疑难合同纠纷案件的理论研究成果结集出版。

我深知,合同法理论博大精深,各种研究文献也浩如烟海,有许多未知的领域仍需要作更深入细致研究,通过近几年的研究,我对于一些长期以来琢磨不透的重大疑难的合同法理论问题逐渐产生了些许心得,并为此撰写了系列有关合同法研究的文章,现将多年的研究成果按照合同法的规定系统地汇编整理成《合同法研究》一书出版。《合同法研究》共分为四卷,前两卷主要探讨总则问题,后两卷主要探讨分则问题。我出版《合同法研究》一书的目的,是希望借此能够与广大学界同仁与实务工作者进行交流探讨,以期共同推动我国合同法的完善与理论研究的深入化、细致化及体系化。最后,需要指出的是,由于笔者才疏学浅,加之资料与时间有限,因此本书错误缺漏之处实所难免,衷心期望广大读者不吝赐教。

术语表

一、主要法律及司法解释缩略语

1. 《民法通则》:《中华人民共和国民法通则》,1986 年 4 月 12 日;

2. 《合同法》:《中华人民共和国合同法》,1999 年 3 月 15 日;

3. 《民法通则意见》:《最高人民法院关于贯彻执行〈中华人民共和国民法通则〉若干问题的意见(试行)》,1988 年 1 月 26 日;

4. 《合同法司法解释二》:《最高人民法院关于适用〈中华人民共和国合同法〉若干问题的解释(二)》,2009 年 2 月 9 日;

5. 《融资租赁合同司法解释》:《最高人民法院关于审理融资租赁合同纠纷案件适用法律问题的解释》,2014 年 2 月 24 日;

6. 《技术合同司法解释》:《最高人民法院关于审理技术合同纠纷案件适用法律若干问题的解释》,2004 年 12 月 16 日;

7. 《租赁合同司法解释》:《最高人民法院关于审理城镇房屋租赁合同纠纷案件具体应用法律若干问题的解释》,2009 年 6 月 22 日;

8. 《施工合同司法解释》:《最高人民法院关于审理建设工程施工合同纠纷案

件适用法律问题的解释》，2004年9月29日；

9.《买卖合同司法解释》：《最高人民法院关于审理买卖合同纠纷案件适用法律问题的解释》，2012年5月10日；

10.《民间借贷司法解释》：《最高人民法院关于审理民间借贷案件适用法律若干问题的规定》，2015年8月6日。

二、国际公约及示范法缩略语

1.《销售合同公约》：《联合国国际货物销售合同公约》（United Nations Convention on Contracts for International Sales of Goods）；

2.《商事合同通则》：国际统一私法协会起草的《国际商事合同通则》（The Principles of International Commercial Contracts）；

3.《欧洲合同法原则》：欧洲合同法委员会（Commision on European Contract Law）起草的《欧洲合同法原则》（The Principles of European Contract Law）；

4.《欧洲示范民法典草案》：欧洲民法典研究组与欧盟现行私法研究组编著（共同参考框架）草案（Principles, Definitions and Model Rules of European Private Law），又称为共同参考框架草案。

目 录

第一章 合同法分则概述 ································ 1
  第一节 合同法分则的概念和体系 ······················ 1
  第二节 合同法分则的功能 ···························· 15
  第三节 合同法分则的适用 ···························· 21
  第四节 合同法分则的发展趋势 ························ 26
  第五节 合同法分则的完善 ···························· 35

第二章 买卖合同 ·· 43
  第一节 买卖合同概述 ································ 43
  第二节 买卖合同的主要条款 ·························· 56
  第三节 买卖合同的效力 ······························ 61
  第四节 买卖合同中标的物的风险负担 ·················· 86
  第五节 违约形态及其责任 ···························· 103
  第六节 互易合同 ···································· 114

第三章 特种买卖 ·· 121
  第一节 所有权保留 ·································· 121

目录

第二节　分期付款买卖 …………………………………… 138
第三节　凭样品买卖 ……………………………………… 150
第四节　试用买卖 ………………………………………… 157
第五节　招标投标买卖 …………………………………… 167
第六节　拍　卖 …………………………………………… 172

第四章　供用电、水、气、热力合同 ………………… 180
第一节　供用电、水、气、热力合同概述 ……………… 180
第二节　供用电合同 ……………………………………… 188

第五章　赠与合同 ………………………………………… 197
第一节　赠与合同概述 …………………………………… 197
第二节　赠与合同的成立和生效 ………………………… 205
第三节　赠与合同的效力 ………………………………… 209
第四节　赠与人的撤销权 ………………………………… 216
第五节　特殊赠与 ………………………………………… 231

第六章　借款合同 ………………………………………… 238
第一节　借款合同概述 …………………………………… 238
第二节　借款合同的订立和内容 ………………………… 250
第三节　借款合同的效力 ………………………………… 255
第四节　违反借款合同的责任 …………………………… 265
第五节　民间借贷合同 …………………………………… 269

第七章　租赁合同 ………………………………………… 282
第一节　租赁合同概述 …………………………………… 282
第二节　租赁合同的内容 ………………………………… 290

第三节　租赁权 …………………………………………… 296
第四节　租赁合同的效力 ………………………………… 303
第五节　承租人的优先购买权 …………………………… 325
第六节　租赁合同的风险负担 …………………………… 334
第七节　租赁合同的终止 ………………………………… 339

第八章　融资租赁合同 ……………………………………… 345
第一节　融资租赁合同概述 ……………………………… 345
第二节　融资租赁合同与相关合同 ……………………… 352
第三节　融资租赁合同的历史发展 ……………………… 359
第四节　融资租赁合同的成立与生效 …………………… 363
第五节　融资租赁合同的内容 …………………………… 367
第六节　融资租赁合同的效力 …………………………… 371
第七节　融资租赁合同的解除 …………………………… 384
第八节　融资租赁合同的终止 …………………………… 390
第九节　融资租赁合同中的违约责任 …………………… 398

第九章　承揽合同 …………………………………………… 404
第一节　承揽合同概述 …………………………………… 404
第二节　承揽合同的效力 ………………………………… 417
第三节　承揽合同中的风险负担 ………………………… 432
第四节　承揽合同的终止 ………………………………… 436
第五节　违反承揽合同的责任 …………………………… 442

第十章　建设工程合同 ……………………………………… 447
第一节　建设工程合同概述 ……………………………… 447
第二节　建设工程合同的订立 …………………………… 454

目录

第三节　建设工程合同的类型 …………………………………… 464
第四节　建设工程施工合同的效力 ………………………………… 474
第五节　承包人的建设工程优先权 ………………………………… 483
第六节　建设工程合同的违约责任 ………………………………… 494

第十一章　运输合同 ………………………………………………… 501
第一节　运输合同概述 ……………………………………………… 501
第二节　客运合同 …………………………………………………… 515
第三节　货运合同 …………………………………………………… 526
第四节　多式联运合同 ……………………………………………… 543

第十二章　技术合同 ………………………………………………… 548
第一节　技术合同概述 ……………………………………………… 548
第二节　技术开发合同 ……………………………………………… 569
第三节　技术转让合同 ……………………………………………… 581
第四节　技术咨询合同和技术服务合同 …………………………… 603

第十三章　保管合同 ………………………………………………… 617
第一节　保管合同概述 ……………………………………………… 617
第二节　保管合同的成立和标的物 ………………………………… 623
第三节　保管合同的效力 …………………………………………… 627
第四节　消费保管 …………………………………………………… 644
第五节　违反保管合同的责任 ……………………………………… 648

第十四章　仓储合同 ………………………………………………… 655
第一节　仓储合同概述 ……………………………………………… 655
第二节　仓储合同的成立 …………………………………………… 660

目录

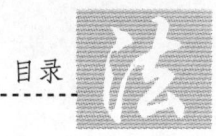

  第三节 仓储合同的效力 ………………………………………… 663
  第四节 仓单的法律性质及内容 …………………………………… 674
  第五节 违反仓储合同的违约责任 ………………………………… 680

第十五章 委托合同 ……………………………………………………… 683
  第一节 委托合同概述 ……………………………………………… 683
  第二节 委托合同的分类 …………………………………………… 695
  第三节 委托合同的效力 …………………………………………… 699
  第四节 转委托 ……………………………………………………… 712
  第五节 间接代理中的委托 ………………………………………… 716
  第六节 委托合同的终止 …………………………………………… 727

第十六章 行纪合同 ……………………………………………………… 736
  第一节 行纪合同概述 ……………………………………………… 736
  第二节 行纪合同的效力 …………………………………………… 744

第十七章 居间合同 ……………………………………………………… 754
  第一节 居间合同概述 ……………………………………………… 754
  第二节 居间合同的效力 …………………………………………… 764
  第三节 居间合同中的违约责任 …………………………………… 774

主要参考书目 ………………………………………………………………… 778
第一版后记 …………………………………………………………………… 788
第二版后记 …………………………………………………………………… 789

细 目

第一章 合同法分则概述 …………………………………………… 1
 第一节 合同法分则的概念和体系 ………………………………… 1
  一、合同法分则的概念和特点 …………………………………… 1
  二、合同法分则的调整对象 ……………………………………… 4
  三、合同法分则的特点 …………………………………………… 6
  四、合同法分则的体系 …………………………………………… 11
 第二节 合同法分则的功能 ………………………………………… 15
  一、规范各类典型的交易关系 …………………………………… 15
  二、引导当事人正确缔约 ………………………………………… 17
  三、降低交易费用 ………………………………………………… 18
  四、维护交易的公正 ……………………………………………… 20
  五、提供裁判规范的功能 ………………………………………… 20
 第三节 合同法分则的适用 ………………………………………… 21
  一、合同法总则和分则的关系 …………………………………… 21
  二、有名合同规则的适用与参照适用 …………………………… 24
 第四节 合同法分则的发展趋势 …………………………………… 26
  一、限制合同自由和维护合同正义 ……………………………… 26

		二、国际化与自治化 ………………………………………… 30
		三、有名合同类型的新发展 ………………………………… 31
		四、混合合同的产生和发展 ………………………………… 33
		五、示范法在有名合同中的运用 …………………………… 34
	第五节　合同法分则的完善 …………………………………… 35
		一、有名合同的类型不足 …………………………………… 36
		二、买卖合同部分过多借鉴《销售合同公约》…………… 38
		三、技术合同部分有待完善 ………………………………… 39
		四、某些具体规则的设计存在不足 ………………………… 41

第二章　买卖合同 ………………………………………………… 43
	第一节　买卖合同概述 ………………………………………… 43
		一、买卖合同的概念和特征 ………………………………… 43
		二、买卖合同与相关概念的区别 …………………………… 47
		三、买卖法 …………………………………………………… 51
		四、买卖的分类 ……………………………………………… 52
	第二节　买卖合同的主要条款 ………………………………… 56
		一、买卖合同的主要条款概述 ……………………………… 56
		二、《合同法》中规定的买卖合同的主要条款 …………… 57
	第三节　买卖合同的效力 ……………………………………… 61
		一、出卖人的义务 …………………………………………… 61
		二、买受人的主要义务 ……………………………………… 79
	第四节　买卖合同中标的物的风险负担 ……………………… 86
		一、风险负担的概念和特征 ………………………………… 86
		二、我国合同法上关于风险负担的规则 …………………… 89
		三、交付移转风险规则在买卖合同中的具体适用 ………… 95
		四、违约情况下标的物毁损、灭失的风险负担 …………… 99
	第五节　违约形态及其责任 …………………………………… 103

一、买卖合同中的拒绝履行 ··· 103
二、不适当履行 ··· 104
三、瑕疵履行 ··· 107
四、迟延履行 ··· 112
五、违反附随义务 ·· 114
第六节 互易合同 ··· 114
一、互易合同的概念和特征 ··· 114
二、互易的主要功能 ·· 117
三、互易与相关概念 ·· 118
四、互易的标的 ··· 119
五、互易合同的效力 ·· 119

第三章 特种买卖 ··· 121
第一节 所有权保留 ··· 121
一、所有权保留的概念和特征 ·· 121
二、所有权保留的功能 ··· 125
三、所有权保留与相关概念的区别 ··································· 127
四、所有权保留的设立 ··· 129
五、所有权保留的效力 ··· 132
第二节 分期付款买卖 ·· 138
一、分期付款买卖的概念和特征 ····································· 138
二、分期付款买卖的功能 ·· 141
三、分期付款买卖与相关概念的区别 ································ 142
四、分期付款买卖的效力 ·· 145
五、标的物毁损灭失的风险负担 ····································· 149
第三节 凭样品买卖 ··· 150
一、凭样品买卖的概念和功能 ······································· 150
二、凭样品买卖的成立 ··· 152

三、凭样品买卖的效力 …………………………………………… 153

第四节　试用买卖 ………………………………………………………… 157
　　　一、试用买卖的概念和特征 …………………………………… 157
　　　二、试用买卖与相关合同 ……………………………………… 159
　　　三、试用买卖的性质 …………………………………………… 160
　　　四、试用买卖的成立和生效 …………………………………… 161
　　　五、试用买卖的效力 …………………………………………… 162
　　　六、试用买卖中的风险负担 …………………………………… 166

第五节　招标投标买卖 …………………………………………………… 167
　　　一、招标投标买卖的概念和特征 ……………………………… 167
　　　二、招标投标买卖的分类 ……………………………………… 168
　　　三、招标投标买卖合同的成立与生效 ………………………… 169
　　　四、招标投标的效力 …………………………………………… 171

第六节　拍　卖 …………………………………………………………… 172
　　　一、拍卖的概念和特征 ………………………………………… 172
　　　二、拍卖与相关概念的区别 …………………………………… 174
　　　三、拍卖的分类 ………………………………………………… 175
　　　四、拍卖合同的成立 …………………………………………… 176
　　　五、拍卖的效力 ………………………………………………… 177

第四章　供用电、水、气、热力合同 ……………………………………… 180
　第一节　供用电、水、气、热力合同概述 …………………………… 180
　　　一、供用电、水、气、热力合同的概念和特征 ……………… 180
　　　二、供用电、水、气、热力合同与买卖合同 ………………… 183
　　　三、供用电、水、气、热力合同的订立 ……………………… 184
　　　四、供用电、水、气、热力合同的履行 ……………………… 186
　第二节　供用电合同 …………………………………………………… 188
　　　一、供用电合同的概念和特征 ………………………………… 188

二、供用电合同的订立和内容 …………………………………………… 189
　　三、供用电合同的效力 …………………………………………………… 192

第五章　赠与合同 ……………………………………………………………… 197
第一节　赠与合同概述 …………………………………………………… 197
　　一、赠与合同的概念和特征 ……………………………………………… 197
　　二、赠与的分类 …………………………………………………………… 201
　　三、赠与合同与相关概念的比较 ………………………………………… 203
第二节　赠与合同的成立和生效 ………………………………………… 205
第三节　赠与合同的效力 ………………………………………………… 209
　　一、赠与人的主要义务 …………………………………………………… 209
　　二、受赠人的主要义务 …………………………………………………… 215
第四节　赠与人的撤销权 ………………………………………………… 216
　　一、概述 …………………………………………………………………… 216
　　二、一般赠与中的任意撤销权 …………………………………………… 217
　　三、法定撤销权 …………………………………………………………… 222
　　四、穷困抗辩权 …………………………………………………………… 227
　　五、撤销的效果 …………………………………………………………… 230
　　六、撤销权的行使期限 …………………………………………………… 231
第五节　特殊赠与 ………………………………………………………… 231
　　一、捐赠 …………………………………………………………………… 231
　　二、附义务的赠与 ………………………………………………………… 233

第六章　借款合同 ……………………………………………………………… 238
第一节　借款合同概述 …………………………………………………… 238
　　一、借款合同的概念和特征 ……………………………………………… 238
　　二、关于借款合同在民法中的立法体例 ………………………………… 243
　　三、借款合同和相关合同的区别 ………………………………………… 245

细目

四、借款合同的分类 249
第二节 借款合同的订立和内容 250
    一、借款合同的订立原则 250
    二、借款合同的内容 253
第三节 借款合同的效力 255
    一、贷款人的主要义务 255
    二、借款人的主要义务 259
第四节 违反借款合同的责任 265
    一、借款人的违约责任 265
    二、贷款人的违约责任 268
第五节 民间借贷合同 269
    一、民间借贷合同的概念和特征 269
    二、民间借贷合同的生效 271
    三、企业借贷合同原则上有效 273
    四、民间借贷合同的无效 275
    五、民间借贷合同的借款利息 276
    六、逾期利息问题 280

第七章 租赁合同 282
第一节 租赁合同概述 282
    一、租赁合同的概念和特征 282
    二、租赁的分类 286
    三、租赁合同和相关合同的比较 289
第二节 租赁合同的内容 290
    一、租赁物 291
    二、租金 292
    三、租赁期限 293

四、租赁物的维修条款 ·· 295
第三节　租赁权 ·· 296
　　　一、租赁权概述 ··· 296
　　　二、租赁权的物权化——买卖不破租赁 ························· 299
　　　三、租赁权的保护 ··· 303
第四节　租赁合同的效力 ·· 303
　　　一、出租人的义务 ··· 303
　　　二、承租人的义务 ··· 314
第五节　承租人的优先购买权 ··· 325
　　　一、优先购买权的概念和特征 ····································· 325
　　　二、优先购买权的行使条件 ·· 328
　　　三、优先购买权的保护 ··· 333
第六节　租赁合同的风险负担 ··· 334
第七节　租赁合同的终止 ·· 339
　　　一、租赁合同终止的原因 ·· 339
　　　二、与承租人共同居住人的租赁权 ······························ 340
　　　三、租赁关系终止后的效力 ······································· 342

第八章　融资租赁合同 ··· 345
　第一节　融资租赁合同概述 ·· 345
　　　一、融资租赁合同的概念 ·· 345
　　　二、融资租赁合同的特征 ·· 348
　　　三、融资租赁的标的物 ··· 351
　第二节　融资租赁合同与相关合同 ···································· 352
　　　一、融资租赁合同和租赁合同 ···································· 352
　　　二、融资租赁合同与借款合同 ···································· 356
　　　三、融资租赁合同与分期付款买卖合同 ······················· 357

细目

第三节　融资租赁合同的历史发展 ⋯⋯⋯⋯⋯⋯⋯⋯⋯⋯⋯⋯ 359
第四节　融资租赁合同的成立与生效 ⋯⋯⋯⋯⋯⋯⋯⋯⋯⋯ 363
　　一、融资租赁合同的成立 ⋯⋯⋯⋯⋯⋯⋯⋯⋯⋯⋯⋯⋯ 363
　　二、融资租赁合同应当采用书面形式 ⋯⋯⋯⋯⋯⋯⋯⋯ 364
　　三、融资租赁合同生效的时间 ⋯⋯⋯⋯⋯⋯⋯⋯⋯⋯⋯ 364
第五节　融资租赁合同的内容 ⋯⋯⋯⋯⋯⋯⋯⋯⋯⋯⋯⋯⋯ 367
　　一、融资租赁合同的主要条款 ⋯⋯⋯⋯⋯⋯⋯⋯⋯⋯⋯ 367
　　二、融资租赁合同中的特别条款 ⋯⋯⋯⋯⋯⋯⋯⋯⋯⋯ 370
第六节　融资租赁合同的效力 ⋯⋯⋯⋯⋯⋯⋯⋯⋯⋯⋯⋯⋯ 371
　　一、出租人的主要义务 ⋯⋯⋯⋯⋯⋯⋯⋯⋯⋯⋯⋯⋯⋯ 371
　　二、承租人的主要义务 ⋯⋯⋯⋯⋯⋯⋯⋯⋯⋯⋯⋯⋯⋯ 376
第七节　融资租赁合同的解除 ⋯⋯⋯⋯⋯⋯⋯⋯⋯⋯⋯⋯⋯ 384
　　一、融资租赁合同中解除权的限制及其必要性 ⋯⋯⋯⋯ 384
　　二、违约解除的事由 ⋯⋯⋯⋯⋯⋯⋯⋯⋯⋯⋯⋯⋯⋯⋯ 386
　　三、合同解除的效果 ⋯⋯⋯⋯⋯⋯⋯⋯⋯⋯⋯⋯⋯⋯⋯ 389
第八节　融资租赁合同的终止 ⋯⋯⋯⋯⋯⋯⋯⋯⋯⋯⋯⋯⋯ 390
　　一、融资租赁合同终止的原因 ⋯⋯⋯⋯⋯⋯⋯⋯⋯⋯⋯ 390
　　二、融资租赁合同终止后的效果 ⋯⋯⋯⋯⋯⋯⋯⋯⋯⋯ 391
　　三、融资租赁合同期限届满后租赁物的归属 ⋯⋯⋯⋯⋯ 394
第九节　融资租赁合同中的违约责任 ⋯⋯⋯⋯⋯⋯⋯⋯⋯⋯ 398
　　一、承租人的违约行为及其责任 ⋯⋯⋯⋯⋯⋯⋯⋯⋯⋯ 398
　　二、出租人的违约行为及其责任 ⋯⋯⋯⋯⋯⋯⋯⋯⋯⋯ 399
　　三、租赁物对第三人侵权的出租人免责规则 ⋯⋯⋯⋯⋯ 403

第九章　承揽合同 ⋯⋯⋯⋯⋯⋯⋯⋯⋯⋯⋯⋯⋯⋯⋯⋯⋯⋯⋯ 404
第一节　承揽合同概述 ⋯⋯⋯⋯⋯⋯⋯⋯⋯⋯⋯⋯⋯⋯⋯⋯ 404
　　一、承揽合同的概念和特征 ⋯⋯⋯⋯⋯⋯⋯⋯⋯⋯⋯⋯ 404

二、承揽合同的内容…………………………………………… 407
　　三、承揽合同与其他类似合同的区别………………………… 411
　　四、承揽合同的分类…………………………………………… 416
第二节　承揽合同的效力…………………………………………… 417
　　一、承揽人的主要义务………………………………………… 417
　　二、定作人的主要义务………………………………………… 426
第三节　承揽合同中的风险负担…………………………………… 432
　　一、承揽合同中的风险负担的概念…………………………… 432
　　二、承揽合同中的风险负担规则……………………………… 433
第四节　承揽合同的终止…………………………………………… 436
　　一、承揽合同终止的原因……………………………………… 436
　　二、承揽合同终止的法律后果………………………………… 440
第五节　违反承揽合同的责任……………………………………… 442
　　一、违约责任的归责原则……………………………………… 442
　　二、承揽人的违约责任………………………………………… 443
　　三、定作人的责任……………………………………………… 445

第十章　建设工程合同………………………………………………… 447
　第一节　建设工程合同概述………………………………………… 447
　　一、建设工程合同的概念和特征……………………………… 447
　　二、建设工程合同和相关概念的区别………………………… 451
　第二节　建设工程合同的订立……………………………………… 454
　　一、必须遵守法定的程序……………………………………… 454
　　二、承包人具有相应的资质等级……………………………… 456
　　三、必须经过招标与投标程序………………………………… 458
　　四、禁止非法分包和转包……………………………………… 459
　第三节　建设工程合同的类型……………………………………… 464

一、建设工程合同类型概述 …………………………………… 464
　　　二、勘察、设计合同 …………………………………………… 466
　　　三、施工合同 …………………………………………………… 470
　　　四、委托监理合同 ……………………………………………… 472
　　第四节　建设工程施工合同的效力 ……………………………… 474
　　　一、发包人的主要义务 ………………………………………… 474
　　　二、承包人的主要义务 ………………………………………… 479
　　第五节　承包人的建设工程优先权 ……………………………… 483
　　　一、建设工程优先权的概念和特征 …………………………… 483
　　　二、建设工程优先权的性质 …………………………………… 487
　　　三、建设工程优先权的适用条件 ……………………………… 489
　　　四、建设工程优先权的效力 …………………………………… 490
　　第六节　建设工程合同的违约责任 ……………………………… 494
　　　一、发包人的违约责任 ………………………………………… 494
　　　二、承包人的违约责任 ………………………………………… 495
　　　三、施工人的违约责任 ………………………………………… 497
　　　四、其他主体的违约责任 ……………………………………… 498
　　　五、责任形式 …………………………………………………… 498

第十一章　运输合同 ………………………………………………… 501
　　第一节　运输合同概述 …………………………………………… 501
　　　一、运输合同的概念和特征 …………………………………… 501
　　　二、运输合同与相关概念的区别 ……………………………… 505
　　　三、运输合同的分类 …………………………………………… 506
　　　四、运输合同的订立 …………………………………………… 509
　　　五、运输合同的效力 …………………………………………… 510
　　第二节　客运合同 ………………………………………………… 515

一、旅客运输合同的概念和特征 ………………………… 515
　　二、客运合同的效力 ……………………………………… 517
第三节　货运合同 ……………………………………………… 526
　　一、货运合同的概念和特征 ……………………………… 526
　　二、货运合同的订立和变更 ……………………………… 527
　　三、货运合同的效力 ……………………………………… 528
　　四、货运合同中的风险负担 ……………………………… 542
第四节　多式联运合同 ………………………………………… 543
　　一、多式联运合同的概念和特征 ………………………… 543
　　二、多式联运合同的效力 ………………………………… 544

第十二章　技术合同 ……………………………………………… 548
第一节　技术合同概述 ………………………………………… 548
　　一、技术合同的概念、种类和特征 ……………………… 548
　　二、技术合同的内容 ……………………………………… 552
　　三、技术成果的出资及归属 ……………………………… 557
　　四、职务技术成果 ………………………………………… 559
　　五、非职务技术成果 ……………………………………… 564
　　六、无效和可撤销的技术合同 …………………………… 565
第二节　技术开发合同 ………………………………………… 569
　　一、技术开发合同的概念和特征 ………………………… 569
　　二、委托开发合同 ………………………………………… 571
　　三、合作开发合同 ………………………………………… 577
第三节　技术转让合同 ………………………………………… 581
　　一、技术转让合同概述 …………………………………… 581
　　二、技术转让合同的标的 ………………………………… 585
　　三、技术转让合同和买卖合同 …………………………… 587

四、技术转让合同的效力 …………………………………… 587
　　五、技术转让合同的类型 …………………………………… 593
第四节　技术咨询合同和技术服务合同 ………………………… 603
　　一、技术咨询合同 …………………………………………… 603
　　二、技术服务合同 …………………………………………… 608
　　三、技术服务合同的效力 …………………………………… 612
　　四、技术咨询合同和技术服务合同中新技术成果的归属 … 615

第十三章　保管合同 ………………………………………………… 617
第一节　保管合同概述 …………………………………………… 617
　　一、保管合同的概念和特征 ………………………………… 617
　　二、保管合同的分类 ………………………………………… 621
第二节　保管合同的成立和标的物 ……………………………… 623
　　一、保管合同的成立 ………………………………………… 623
　　二、保管合同的标的物 ……………………………………… 624
　　三、保管合同的标的物的特点 ……………………………… 626
第三节　保管合同的效力 ………………………………………… 627
　　一、寄存人的义务 …………………………………………… 627
　　二、保管人的义务 …………………………………………… 633
第四节　消费保管 ………………………………………………… 644
　　一、消费保管的概念 ………………………………………… 644
　　二、消费保管的特征 ………………………………………… 645
　　三、消费保管和借款合同 …………………………………… 646
　　四、消费保管的效力 ………………………………………… 647
第五节　违反保管合同的责任 …………………………………… 648
　　一、归责原则 ………………………………………………… 648
　　二、违反保管合同的行为 …………………………………… 650

三、违反保管合同的责任形式…………………………………… 653

第十四章　仓储合同……………………………………………… 655

第一节　仓储合同概述……………………………………… 655
　　　一、仓储合同的概念和特征…………………………………… 655
　　　二、仓储合同与保管合同的区别……………………………… 658

第二节　仓储合同的成立…………………………………… 660

第三节　仓储合同的效力…………………………………… 663
　　　一、保管人的义务……………………………………………… 663
　　　二、存货人的主要义务………………………………………… 670

第四节　仓单的法律性质及内容…………………………… 674
　　　一、仓单的概念和性质………………………………………… 674
　　　二、仓单的内容………………………………………………… 677
　　　三、仓单的可转让性…………………………………………… 679

第五节　违反仓储合同的违约责任………………………… 680
　　　一、保管人的责任……………………………………………… 680
　　　二、存货人的责任……………………………………………… 681

第十五章　委托合同……………………………………………… 683

第一节　委托合同概述……………………………………… 683
　　　一、委托合同的概念和特征…………………………………… 683
　　　二、委托合同制度的产生与发展……………………………… 688
　　　三、委托合同与相关概念的区别……………………………… 690

第二节　委托合同的分类…………………………………… 695
　　　一、有偿委托合同和无偿委托合同…………………………… 695
　　　二、一般委托和特别委托……………………………………… 696
　　　三、单独受托与共同受托……………………………………… 697

四、单独委托与重复委托……………………………… 698
　第三节　委托合同的效力………………………………………… 699
　　　一、委托人的主要义务………………………………… 699
　　　二、受托人的主要义务………………………………… 705
　第四节　转委托…………………………………………………… 712
　　　一、转委托的概念和特征……………………………… 712
　　　二、转委托的条件……………………………………… 713
　　　三、转委托的效力……………………………………… 715
　第五节　间接代理中的委托……………………………………… 716
　　　一、第三人知道代理关系……………………………… 716
　　　二、第三人不知道代理关系…………………………… 720
　第六节　委托合同的终止………………………………………… 727
　　　一、因一方行使任意解除权而终止…………………… 727
　　　二、主体消灭或丧失行为能力………………………… 732

第十六章　行纪合同……………………………………………………… 736
　第一节　行纪合同概述…………………………………………… 736
　　　一、行纪合同的概念和特征…………………………… 736
　　　二、行纪合同和相关概念的区别……………………… 740
　第二节　行纪合同的效力………………………………………… 744
　　　一、行纪人的主要义务………………………………… 744
　　　二、委托人的主要义务………………………………… 750

第十七章　居间合同……………………………………………………… 754
　第一节　居间合同概述…………………………………………… 754
　　　一、居间合同的概念和特征…………………………… 754
　　　二、居间的分类………………………………………… 758

三、居间和相关概念的比较 …………………………………………… 760
第二节　居间合同的效力 …………………………………………………… 764
　　一、居间人的主要义务 ……………………………………………… 764
　　二、委托人的主要义务 ……………………………………………… 768
第三节　居间合同中的违约责任 …………………………………………… 774
　　一、居间合同中的违约责任概述 …………………………………… 774
　　二、居间人的违约责任 ……………………………………………… 774
　　三、委托人的违约责任 ……………………………………………… 775
　　四、损害赔偿的范围 ………………………………………………… 776

主要参考书目 …………………………………………………………………… 778
第一版后记 ……………………………………………………………………… 788
第二版后记 ……………………………………………………………………… 789

第一章

合同法分则概述

第一节 合同法分则的概念和体系

一、合同法分则的概念和特点

合同法分则是规范有名合同的种类、订立、内容、效力以及违约责任等制度的法律规范的总称。所谓有名合同，是指法律上对其类型、内容都作出了明确规定的合同。[①] 有名合同是相对于无名合同而言的。所谓无名合同，又称非典型合同，是指法律上尚未确定其名称与规则的合同。在大陆法系国家，根据法律上是否规定了一定的名称，合同可以分为有名合同与无名合同。但在英美法系国家，受判例法传统的影响，其注重具体交易中当事人的权利义务安排，而不拘泥于某种抽象的典型类型，所以英美法并无严格意义上的有名合同和无名合同的

---

① Pascal Puig, Contrats spéciaux, 2e éd., Dalloz, Paris, 2007, p. 20.

第一章 合同法分则概述

区分。[1]

在我国，合同法分则有广义（实质意义）与狭义（形式意义）两种含义，从广义上说，所有调整各类具体有名合同的法律规范都属于合同法分则的内容。例如，《担保法》中关于保证合同、定金合同的规定，《保险法》中关于保险合同的规定，《合伙企业法》中关于合伙合同的规定，《海商法》中关于船舶租赁合同的规定等。从狭义上讲，合同法分则仅指我国《合同法》中"分则"的规定，即《合同法》第九章至第二十三章的规定。合同法分则中具体规定了15类典型的有名合同，包括买卖合同，供用电、水、气、热力合同，赠与合同，借款合同，租赁合同，融资租赁合同，承揽合同，建设工程合同，运输合同，技术合同，保管合同，仓储合同，委托合同，行纪合同和居间合同。这些有名合同还可以进行进一步分类，如借款合同包括金融机构和自然人之间的借款合同以及自然人之间的借款合同；承揽合同又可以具体分为加工、定作、修理、复制、测试、检验等合同；建设工程合同又分为建设工程勘察合同、建设工程设计合同以及建设工程施工合同；技术合同包括技术开发合同、技术转让合同、技术咨询和技术服务合同。

从我国《合同法》区分"总则"和"分则"、并将有名合同置于分则之中的做法来看，似乎《合同法》采取了狭义概念，将分则仅局限于《合同法》对有名合同的规定当中。但实际上，我国《合同法》中关于合同法分则的概念应从实质意义上来理解，它是包括各种法律法规所规定的各种类型化合同的总称，而并不仅限于合同法分则所规定的有名合同。其原因在于：一方面，《合同法》已经确认法律法规关于有名合同的规定，都是我国合同法的组成部分。《合同法》第123条规定："其他法律对合同另有规定的，依照其规定。"据此可见，合同法承认其他法律法规对有名合同的规定也构成我国合同法有名合同体系的组成部分。

---

[1] 学说上仍有基于合同中主要权利义务的特征而将各种合同进行类型化研究者。例如，Sweet&Maxwell 出版公司出版的久负盛名的普通法文库《合同法》一书即分为上下两卷，既有《合同法总则（General Principles）》，也有《合同法分则（Special Contracts）》，并在后书中列举了代理、仲裁、委托、票据、运输、建筑、借贷、雇用、博彩、保险、买卖、保证等各类有名合同。See H. G. Beale（eds），*The Law of Contracts*, v2, Special Contracts, London: Sweet&Maxwell, 2008.

第一节 合同法分则的概念和体系

另一方面,《合同法》对其他法律所规定的有名合同的适用规则也作出了规定,从而表明这些规则也属于合同法分则的组成部分。例如,该法第 124 条规定:"本法分则或者其他法律没有明文规定的合同,适用本法总则的规定,并可以参照本法分则或者其他法律最相类似的规定。"从该条规定来看,显然也承认《合同法》之外的其他法律所规定的有名合同也属于合同法分则的内容。此外,只有对法律法规中的有名合同进行全面梳理,才能对合同法分则的内容和体系进行全面认识和整体把握,并进而抽象出合同法分则的一般规律。[1]

合同法分则是合同法的重要组成部分,作为调整平等民事主体之间交易关系的法律,合同法总则主要规范合同的订立、效力及合同的履行、变更、转让、保全、解除和违约责任等问题,而合同法分则的重点则是从各类类型化交易的特殊性出发,对各类有名合同的订立、内容、效力和违约责任等具体问题作出规定,从而更确定地、更具体地调整具体的交易关系。[2] 合同法分则体系是以有名合同为基础、按照一定的逻辑关系形成的科学、合理的逻辑结构和制度体系。合同法分则是相对于其总则而言的,它与总则一起形成了合同法的总分结构。所谓总分结构,就是指按照提取公因式的方法(von die Klammer ziehen 或 von die Klammer setzen)形成特定法律领域中的共通性规则与特殊规则,将其中的共通性规则集中起来形成总则或一般规定,将特殊规则集中起来作为分则或作为特别规则加以规定所形成的结构。[3] 总分模式不仅是建构债法结构的技术,同时也是建构整个民法典的技术。[4] 合同法总则是关于合同法的一般规定,如合同的成立、生效以及一般合同责任等。合同法分则则规定具体的有名合同,如买卖合同、运输合同、承揽合同等。从总则与分则的联系来看,总则的制度显然是从分则所规定的各种合同中抽离出来的。由于合同法总则的规定相对抽象,难以实现对社会生活中主要交易形态的全面规制与具体调整,因而对总则来说,分则的存在不可或

---

[1] 限于篇幅,本卷仅涉及我国合同法分则中所规定的 15 种有名合同,其他法律法规所规定的有名合同将在本书第四卷中予以讨论和论述。

[2] 参见邱聪智:《新订债法各论》上,30 页,北京,中国人民大学出版社,2006。

[3] 参见 [日] 松尾弘:《民法的体系》,4 版,13 页,东京,庆应义塾大学出版社,2005。

[4] 参见薛军:《论未来中国民法典债法编的结构设计》,载《法商研究》,2001 (2)。

缺，否则即难以建立完整的合同法体系，这也是大陆法系各国（地区）的民法典债编在债法总则或债法通则之外专设"债法分则"或者"各种之债"的原因之所在。总体上来说，我国《合同法》中总则和分则的区分是非常清晰的，因为《合同法》已经明确规定了总分则的内容，即第一章到第八章为总则的规定，而第九章以后至第二十三章则为分则的内容。因而，合同法分则都是关于具体合同的特别规定。从性质来看，合同法总则与合同法分则属于普通法与特别法的关系。在大陆法系国家，合同法虽然是债法的组成部分，但其又自成体系，在民法体系中相对独立。

我国《合同法》是在原有的《经济合同法》《涉外经济合同法》与《技术合同法》三部合同法的基础上制定的，合同法分则将原有的三部法律中关于有名合同的规定统一起来，取消了经济合同与非经济合同的划分，实现了法律对合同法分则的统一调整，从而极大地完善了合同法制度。[1] 虽然笔者认为应当从实质意义上理解合同法分则，但为阐述之便，本书主要探讨合同法分则中所规定的15种有名合同。

二、合同法分则的调整对象

合同法分则与总则作为合同法的组成部分，均以交易关系为调整对象。合同作为交易的法律形式，是调整市场活动的基本规则，交易通常被认为是增加社会财富的有效方式，而合同法在很大程度上可以说是交易法，即"调整个人之间为获取金钱而交换货物和服务的方式的法律"[2]。合同法充分尊重当事人的意志，鼓励当事人在法定的范围内行为，因此，合同法中包含大量的任意性规范。合同法以鼓励交易（promoting trade）为目标，因此，只要当事人所缔结的合同不违反法律，法律就承认其效力；在解释合同时，如果存在有效和无效两种解释可能时，根据鼓励交易的原则，应尽量将其解释为有效合同。合同法总则是关于交易

---

[1] 参见易军、宁红丽：《合同法分则制度研究》，17页以下，北京，人民法院出版社，2003。
[2] ［英］阿狄亚：《合同法导论》，赵旭东等译，3页，北京，法律出版社，2002。

第一节 合同法分则的概念和体系

的一般规则,分则是关于交易的特殊规则。合同法的内容基本上围绕着交易关系而展开。由于合同法主要是交易法,所以合同法是创造财富的法,因为它保障了交易的进行,而交易是使社会财富增长的重要途径。科宾指出:"合同法的主要目标是实现由允诺产生的合理预期。"[①] 合同法通过合同关系可以把静态的财产关系转变成人们之间的财产交换关系,在交换过程中实现财产的增长。

虽然我国合同法分则也以交易关系为调整对象,但其与合同法总则在调整对象和调整范围上存在不同的分工。合同法分则所调整的交易关系主要具有如下特点:

第一,分则调整的交易关系具有具体性。合同法是调整交易关系的法律规则,其本身是服务于当事人之间的交易的。作为提取公因式的产物,合同法总则是对各种交易关系中共通性内容的抽象与概括,因此,合同法总则对合同的成立、效力、履行以及一般合同责任等的规定在分则没有特别规定的情况下,原则上应当普遍适用于各种交易关系。而合同法分则体系是在所有法律法规所规定的有名合同的基础上所构建的逻辑体系。有名合同是立法者直接加以规定的合同类型,立法者按照一定的逻辑选择社会生活中典型的交易类型,分别对其权利义务关系进行梳理,并形成相应的法律规范,从而构建合同法分则体系。因此,合同法分则规范的都是各种具体的交易关系,其对有名合同的规范确立了各种具体的交易关系的基本规则。

第二,分则调整的交易关系具有普遍性。合同法分则是关于各种有名合同的规范。合同法分则在确定有名合同的类型时,主要考虑了如下因素:一是交易行为的典型性。此种典型性主要是依据社会生产水平和生活习惯来确定的。二是考虑其适用的频繁性。有名合同是社会生活中经常发生、频繁适用的。例如,赠与虽然不是典型的交易,但其在日常生活中经常出现,所以各国民法都确认了这一有名合同类型。三是规则的成熟性。有名合同通常是对经济生活中反复适用的规则进行归纳、抽象而形成的成熟、稳定的规则。有些合同虽然已经出现,但如果

---

① [美] A. L. 科宾:《科宾论合同》,一卷本上册,王卫国译,5页,北京,中国大百科全书出版社,1997。

其规则还没有成熟和稳定，也无法上升为有名合同。[①] 例如，在融资租赁合同出现之初，因为其相关的规则还不成熟，为各方所认可的交易习惯尚未出现，无法从社会生活事实中提取相应的规则而将其确认为有名合同的类型。

第三，分则着重规范交易内容。作为交易的法律形式，合同的订立、效力、形式、内容、履行、保全、处分以及违约责任等均在法律应当规范之列。按照提取公因式的原则，各种普适性的规则，如合同的订立、效力、形式、履行、保全、处分以及违约责任等均被纳入总则加以规定，而合同法分则主要是对各种具体交易关系的内容即合同双方当事人的权利义务关系进行规范。当然，如果特定合同在订立、效力、形式、解除条件、违约责任等方面存在特殊性，合同法分则也不妨对其作出规定。例如，由于合同以诺成性、不要式性为原则，因而合同法分则应当对各种要式合同、要物合同的成立、效力等内容作出特别规定；再如，我国《合同法》以严格责任为一般归责原则，但如果某种类型的合同以过错责任为归责原则，则需要在合同法分则中对此作出特别规定。

三、合同法分则的特点

合同法分则调整的交易关系的特殊性，决定了其具有以下几个方面的特点：

1. 具体针对性

有名合同是关于各种典型的具体交易行为的法律形式，合同法分则是对各种具体的有名合同的规范，因此，我国合同法分则的规定具有具体针对性，其对各种有名合同的规定直接适用于特定的交易关系。这主要体现在：第一，合同法分则的规范是关于各有名合同中当事人权利义务关系的具体安排。而且合同法分则关于当事人权利义务的规定具有任意性，即当事人一般可以通过约定变更合同法分则的任意性规定；同时，合同法分则的规定具有补充当事人合意的作用，即只要当事人没有相反的约定，都可以直接适用合同法分则的规定。第二，合同法分

---

① Pascal Puig, Contrats spéciaux, 2e éd., Dalloz, Paris, 2007, p. 30.

第一节 合同法分则的概念和体系

则对某一有名合同订立、效力、形式、解除条件、违约责任等所作的特别规定，其内容通常不同于总则的相关规定，其一般也仅适用于特定的有名合同。依据特别法优于一般法的规则，其应当优先于合同法总则的规定而适用。例如，合同法总则在合同形式上以不要式为原则，但就自然人借款之外的借款合同、融资租赁合同、建设工程合同等，分则规定其应当采用书面形式。因此，当事人订立此类合同时应当采用书面形式，否则可能导致合同不成立。第三，在当事人订立无名合同的情况下，如果对相关权利义务没有约定或者约定不明，也要参照适用最相类似的有名合同确定其权利义务关系。

2. 任意性

合同法主要是任意法（dispositives Recht）。在市场经济条件下，交易的发展和财富的增长要求市场主体在交易中能够独立自主，并能充分表达其意志，法律应为市场主体的交易活动留下广阔的活动空间，政府对经济活动的干预应限制在合理的范围内，市场经济的发展要求法律尽可能赋予当事人广泛的行为自由，这在合同法中体现得最为彻底。内田贵教授认为，契约关系不仅是由私法自治原则支配的世界，它还是由信赖关系所支配的世界。所谓信赖关系，就是非经逐个的合意，信赖对方而听凭对方处理，这就有必要用协作关系来把握契约关系。[①]现代法大量出现了从强制法（imposed law）向任意法（negotiated law）发展的趋势，这就是契约精神的体现。[②] 由于合同法贯彻了合同自由原则，所以合同法主要通过任意性规范而不是强行性规范来调整交易关系。"在法经济学家看来，合同创设了一个私人支配的领域，而合同法正是通过强制履行承诺来帮助人们实现他们的私人目标。如果把具体的合同比作是一部法律的话，那么对于这些自愿形成的私人关系，合同法就像一部统辖所有这些具体法律的宪法。"[③]

合同法分则规定的任意性主要表现在：一方面，合同法虽然规定了各种有名

---

① 参见［日］内田贵：《契约法的现代化——展望21世纪的契约与契约法》，胡宝海译，载梁慧星主编：《民商法论丛》，第6卷，328页，北京，法律出版社，1997。
② 参见［日］星野英一：《私法中的人》，王闯译，5～8页，北京，中国法制出版社，2004。
③ ［美］罗伯特·考特等：《法和经济学》，314页，上海，上海三联书店，1994。

合同，但并不要求当事人必须按法律关于有名合同的规定确定合同的内容，而只是听任当事人双方协商以确定合同条款。只要当事人协商的条款不违背法律的禁止性规定、社会公共利益和公共道德，法律即承认其效力。另一方面，法律尽管规定了有名合同，但并不禁止当事人创设新的合同类型，合同法的绝大多数规范都允许当事人通过协商加以改变。从这个意义上可以将合同法称为任意法。还要看到，合同法确定有名合同的规则并不是代替当事人订立合同，只是帮助当事人完善合同，实现当事人的个人意志。这就是说，合同法的目标只是在当事人不能通过合同很好地安排其事务的时候，才按照当事人的意思，对其事务作出安排，如果当事人已经通过合同作出了很好的安排，合同法就要尊重当事人的约定。有约定要依据当事人的约定；没有约定才适用合同法的规定。此即"有约定，从约定；无约定，才适用合同法规定"的法理。① 据此，"合同法是备用的安全阀"②，在当事人不能通过合同有效安排其事务时，就需要合同法来规范当事人的交易行为。从这个意义上来说，合同法分则相对于当事人所订立的合同而言，具有拾遗补缺性。

3. 民商合一性

我国没有像法国、德国等民商分立国家那样采取民商分立模式，而是选择了民商合一的立法体例，就合同法而言，我国通过统一的《合同法》调整各类合同关系。合同法分则体系也是在民商合一的基础上构建的，相关规则的设计也体现了民商合一的特点。③ 合同法分则采取如下方式妥善地处理了民法与商法之间的关系：第一，在某一类合同中同时规定由所谓传统商法中所谓有"商人"参与的合同关系和没有"商人"参与的合同关系。如《合同法》第十二章借款合同中明确规定了自然人之间的借款关系和银行参与的信贷关系。第二，仅规定传统的商事关系，忽略传统的民事合同关系，或者相反。如《合同法》第十二章借款合同

---

① 参见［德］迪特尔·梅迪库斯：《德国民法总论》，邵建东译，356页，北京，法律出版社，2001。
② ［美］罗伯特·A·希尔曼：《合同法的丰富性》，郑云瑞译，270页，北京，北京大学出版社，2005。
③ 参见易军、宁红丽：《合同法分则制度研究》，8～9页，北京，人民法院出版社，2003。

中，就以商事借款合同为主进行了规定，对于自然人之间的借款合同则只作为特殊情形简单加以规定。第三，不区分民事规则与商事规则，用统一规则一体调整合同关系，有例外情形的，适用例外性规定，如关于瑕疵通知义务的规定等。第四，将传统上典型的商事合同纳入合同法之中，如行纪合同、仓储合同等。实践证明，此种做法不仅顺应了民法商法化的发展趋势，确立了统一的民商事规则，而且便利了法官适用统一的规则来处理合同纠纷。我国未来民法典应当继续采取此种做法。由于我国《合同法》已经解决了民商合一体例下遇到的技术性方面的问题，因而没有必要在合同法之外再制定商事合同的一般规则。我国未来民法典应当保留《合同法》中的相关规则，并采用该法所体现的立法技术处理好民事合同和商事合同统一规定的问题。在未来的民法典制定过程中，笔者认为，应当继续采取此种做法，确立统一民事合同制度和商事合同的规则。

但是也应当看到，随着商事交易的发展，在有些商事领域确实存在特殊性。例如，证券交易合同的订立和履行就需要践行特定的、复杂的程序，满足特别的要件。再如，借款合同的订立需要特别的贷款申请和审批程序。在商事合同中，交易的一方或者双方是专门从事商事经营活动的主体，法律往往会对这些主体作出特别的资质规定，和一般民事主体具有较大的差别。因为这些原因，在未来的民法典中也可以考虑为某些特定的合同设置特定的规则，或者对一些商事合同的发展留下一定的空间。

4. 内在逻辑性

我国合同法分则规定了15类有名合同，其也具有自身的内在逻辑体系，这不仅是因为它们符合有名合同的共性，而且它们主要是围绕交易关系而形成的。从我国合同法分则的规定来看，基本上按照债务人给付标的的不同，依据物、工作成果、劳务的基本体系展开。因此，合同法分则关于有名合同的规定基本上是依据上述逻辑而构建，普遍遵循交易的共同法则，如等价有偿、平等自愿、诚实信用等原则，这就为各种有名合同之间具有内在联系奠定了基础。

5. 兼具国际性和本土性

在经济全球化时代，资本和商业交往需要突破某一国界，交易越来越需要规

则的统一性，这样才能减少因制度的不统一而增加的交易成本，降低交易费用，这就要求合同法在世界范围内逐渐统一。传统上两大法系在合同规则上存在诸多差异，但是为了适应市场经济全球化的发展，其具体规则相互融和、相互接近，甚至走向统一。市场经济是开放的经济，它要求消除对市场的分割、垄断、不正当竞争等现象，使各类市场成为统一的而不是分割的市场。经济全球化要求促使国内市场和国际市场的接轨，促进市场经济的高度发展和财富的迅速增长。由此决定了作为市场经济基本法的合同法，不仅应反映国内统一市场需要而形成一套统一规则，同时也应当与国际惯例相衔接。我国《合同法》在制定过程中，把握了合同法的国际化趋势，尤其是在分则部分大量借鉴了两大法系合同立法和司法的先进经验，吸收了1980年《销售合同公约》和1994年国际统一私法协会《商事合同通则》的经验，从而使我国《合同法》具有国际化的特点，或者说是复合继受的产物。与日本、韩国等国家的民法相比较，我国并没有拘泥于大陆法的模式，更没有拘泥于德国法的模式，而是采取了更为开放的视野，注重借鉴大陆法和英美法的先进经验，包括最新的国际公约的经验。例如，在买卖合同中，大量借鉴了《销售合同公约》的规定；而在委托合同一章中，不仅借鉴了大陆法系的经验，而且借鉴了英美法系关于间接代理的经验，规定了委托人的介入权和选择权。

尽管有名合同是交易的法律形式，具有共同性，但是每个国家规定哪些有名合同及其内容如何，又取决于各国的社会生活现实和实际需要。我国《合同法》虽然借鉴了比较法上的先进经验，但在设计相关有名合同类型时也从中国国情出发作了相应的取舍。例如，我国法上没有规定雇用合同的类型，而是将其纳入劳动合同。又如，终身定期金合同也没有为我国法认可，这大概是考虑到其在实践中运用较少。相反，从我国国情出发，传统民法上没有规定的典型形态，如供用电、水、气、热力合同，因其关系到基本民生、关系到消费者权益的保障，所以法律专门对其进行了规范。再如，为了鼓励技术的创新和发展，在总结原《技术合同法》经验的基础上，《合同法》也专门规定了技术合同。我国《合同法》规定的有名合同类型，不仅是借鉴比较法经验的结果，也是从我国国情出发而作出

的制度设计。

6. 开放性

合同法分则是随着交易的变化而不断发展的。现代社会交易类型愈发复杂，合同的类型也在不断增加，证券买卖、期货买卖、信用证合同等新型合同类型也逐渐走上法律舞台，并扮演着越来越重要的角色。以有名合同为例，传统大陆法系国家民法所列举的典型合同主要包括赠与、买卖、互易、消费借贷、使用借贷、租赁、雇用、承揽、委托、保管、合伙、和解等。这是学者所整理的自罗马法以来的典型合同的类型。《德国民法典》采纳此种模式，《日本民法典》沿袭了德国法的经验。[①] 但事实上，近几十年来，有名合同发展迅速，仅以买卖合同为例，陆续出现了分期付款买卖、网上交易、试用买卖、凭样品买卖等；随着海上运输的发展，出现了路货买卖等合同类型；随着证券和期货市场的发展，又出现了证券买卖、期货买卖等。而且买卖合同和其他合同结合在一起，也会产生新的合同类型，如买卖和租赁的结合产生了融资租赁合同等。我国台湾地区即在其"民法"债编修订时增列旅游、合会和人事保证，以因应非典型合同有名化的需求。[②] 我国《合同法》对有名合同的规定也保持了开放性的特点。《合同法》第124条规定："本法分则或者其他法律没有明文规定的合同，适用本法总则的规定，并可以参照本法分则或者其他法律最相类似的规定"，这就为未来各种新型的合同确立了应适用的法律依据，也适应了这些合同发展的需要。

四、合同法分则的体系

合同法分则体系是在有名合同的基础上构建起来的。合同法分则既然是对各

[①] 例如，日本学者将有名合同分为几大类：一是移转所有权的合同，包括赠与、买卖、互易；二是移转使用权的合同，包括消费借贷、使用借贷、租赁；三是提供劳务的合同，包括雇用、承揽、委托、保管。我国学者大都借鉴此种分类。参见 [日] 我妻荣：《债法各论》，周江洪译，1页，北京，中国法制出版社，2008。

[②] 参见林诚二：《民法债编各论》上，15页，北京，中国人民大学出版社，2007。

种典型、成熟的有名合同的规定，则立法者势必要依据一定的逻辑对各种有名合同进行编排。从比较法上来看，关于有名合同在民法典中的体例安排，各国主要有以下两种做法：一是债法各论模式，即在债法分则中对各种有名合同加以规定；除各种有名合同之外，债法分则还规定不当得利、无因管理、侵权责任等债的发生原因。例如，《德国民法典》第二编第八章"各种债务关系"中规定了买卖、互易、部分时间居住权、贷款、赠与、使用租赁和用益租赁等合同，德国法系各国民法大多采用了此种模式。二是合同法分则模式，即在民法典以专编的方式对各种有名合同加以规定；而其他债的发生原因则规定在民法典其他编（如债法总则编）中。例如，《荷兰民法典》第七编和第七 A 编针对有名合同作出了具体规定，第七编的内容主要包括买卖、互易、金融担保、赠与、租赁等 18 种合同，而第七 A 编则是将特别法中分期付款买卖、合伙、借用、借款和博彩合同中的规定置于民法典之中，而侵权行为等则规定在第六编债法总则中。但无论采取哪一种模式，合同法分则都是以有名合同为基础而构建起来的体系。在我国法律体系中，并没有如多数大陆法系国家那样，规定债法并在债法分则中对各种有名合同进行规范，而是单独制定《合同法》，并在《合同法》中对合同法体系的构建采用了总则—分则的二分法，我国《合同法》在分则部分明确列举 15 类有名合同，这在各国民事立法中是独具特色的。

如果我们采用狭义的合同法分则的概念，则合同法分则的体系就是依据合同法分则中规定的 15 种有名合同而展开的。值得注意的是，《合同法》对 15 类有名合同的列举，并非立法者随心所欲的产物，而是经过深思熟虑有意而为的，具有内在的逻辑体系。从其编排的顺序来看，其不仅借鉴了大陆法系立法的经验，而且充分考虑了如下两个因素：

1. 依据特定交易关系的典型性、频繁性而展开

在市场经济条件下，市场为各种交易提供了平等的平台，但各种交易类型在数量上、频繁程度上并不能等量齐观。各种交易形态在发生频率上存在较大差别。这也导致立法者在相关有名合同的体系安排上有所侧重。例如，买卖合同之所以置于 15 类有名合同之首，不仅是因为其在实践中适用最为频繁，而且其以

第一节 合同法分则的概念和体系

给付标的物、转移所有权作为给付内容,具有重要的典型性。

2. 依据给付的标的有逻辑性地加以展开

给付标的基本上可以分为两大类,即物的给付和劳务的提供。以此为内容可以将具体合同类型分为"财产权的移转"和"服务提供"两大类。第一大类是移转财产权的合同,其又可以区分为转移财产所有权和转移财产使用权两大类。移转财产所有权的合同,包括买卖合同,供用电、水、气、热力合同,赠与合同。借款合同虽然不是直接移转所有权,而只是移转货币的占有权,但因为货币作为一般等价物,奉行"占有即所有"规则,所以,此类合同也被归入移转所有权的合同类型。供用电、水、气、热力合同的标的虽然是电、水、气等特殊的财产,但这些财产也具有类似于有体物的特点,不少国家的法律都将其"视为"有体物。技术转让合同虽然是以知识产权作为转让的标的,但其也要转移权利,所以,也被归入此种类型。此类合同的共性在于,其属于移转权利的合同,此种权利既包括有形财产权利,也包括无形财产权利。因为移转权利是典型的商品交易形态,所以其是最典型的双务合同,可以作为无名合同适用的参考。《合同法》第174条规定:"法律对其他有偿合同有规定的,依照其规定;没有规定的,参照买卖合同的有关规定。"这也从一个角度表明,移转财产权的合同是市场交易中的最典型形态。而移转财产使用权的合同,主要包括租赁合同、融资租赁合同。融资租赁合同虽然是由买卖和租赁有机结合在一起构成的独立有名合同,但是,融资租赁合同的核心是承租人与出租人之间订立的,出租人一般根据承租人对租赁物的特定要求而向供货人购买租赁物,并出租给承租人使用,承租人按约定支付租金的合同,因此,也应当将其归入移转财产使用权的合同。

第二大类是提供服务的合同,又称为服务合同,一般是指全部或部分以提供服务为债务内容的合同,包括一方提供技术、文化、生活服务,接受服务者支付服务费两方面的内容。[①] 根据其内容又可以分为两种类型:一是完成一定工作的

[①] 参见全国人大常委会法制工作委员会民法室:《中华人民共和国合同法及其重要草稿介绍》,150页,北京,法律出版社,2000。

合同，主要包括承揽、建设工程和运输合同。此类合同的特点在于，一方当事人不仅要提供服务，而且该服务必须体现为一定的成果；因此在学理上常常称之为成果之债。二是提供一定服务的合同，主要是保管、仓储、委托、行纪、居间合同。在此类合同中，合同一方当事人应当提供一定的服务，但是不需要保证特定结果的出现。此类合同在学理上常常被称为行为之债。

因此，我国《合同法》中规定的15类有名合同主要是依据上述两个标准而展开的。这15类有名合同又可以进一步分为若干类型。例如，买卖合同又包括了分期付款买卖等。技术合同中包括了技术开发合同、技术转让合同、技术咨询合同以及技术服务合同，技术开发合同又包括委托开发与合作开发两种类型。

还应当看到，各类合同在具体运用中往往是相互联系的，这具体表现在：一是有些有名合同是其他有名合同的特殊类型。例如，供用电、水、气、热力合同是买卖合同的特殊类型；仓储合同本身是保管合同的特殊类型；建设工程合同是承揽合同的特殊类型。二是一些有名合同常常结合在一起，组成新的合同类型。例如，融资租赁合同就是买卖合同和租赁合同的结合；行纪合同是委托合同和买卖合同的结合。三是有些有名合同本身就是其他有名合同的发展，例如，技术转让合同就是买卖合同在技术领域的运用；委托开发合同就是委托合同在技术领域的具体应用。在实践中，不少合同的内容往往是多种有名合同内容的结合。例如，当事人双方在订立包工包料的承揽合同时约定，原材料从定作人处购买，这实际上就是承揽合同和买卖合同的结合。在实践中，居间合同中居间人也可能受托为他人处理事务，从而形成居间合同与委托合同的结合。有名合同之间的内在联系表明，其并非是各自独立的交易类型，而是相互之间存在联系的，能够形成一定的逻辑体系。

本书的结构完全按照合同法分则的规定。尽管互易合同在性质上属于独立的有名合同，但由于我国《合同法》将其规定在买卖合同中，所以本书也在买卖合同中对互易合同加以探讨。

第二节　合同法分则的功能

一、规范各类典型的交易关系

合同法以调整交易关系为目的，而分则便以规范典型的交易形态如买卖、租赁、承揽等为其主要内容。对于有名合同的内容，法律通常设有一些规定，但这些规定大多为任意性规范，当事人可以通过其约定改变法律的规定。法律关于有名合同内容的规定，主要是要规范合同的内容，以任意性的规定弥补当事人约定的不足。也就是说，除了合同的必要条款必须要当事人约定以外，对于其他非必要条款，如履行时间、履行地点、危险负担等方面的问题，如果当事人在合同中未加以规定，则可以适用法律关于有名合同的规定。可见，有名合同的规定并非要代替当事人订立合同，而是要帮助当事人完善合同的内容。合同法分则之中，也并非所有的规范都是任意性规范，也存在强行性规范。这些强行性规范往往是基于社会公共利益的需要而设计的，可以排斥当事人的约定。例如，在建设工程合同中，法律规定禁止非法转包、分包，这些都是为了保障建筑质量，维护一般民众的利益。在此情况下，当事人应当承担强行性规范规定的义务。例如，《合同法》第272条规定，"禁止承包人将工程分包给不具备相应资质条件的单位。禁止分包单位将其承包的工程再分包。建设工程主体结构的施工必须由承包人自行完成"。这就规定了在例外的情况下当事人也应负有一些强制性的义务。此类强制性规定既有利于维护当事人的利益，又有利于维护交易安全。

需要指出的是，合同法不仅不禁止当事人订立无名合同，甚至鼓励当事人订立无名合同。合同法关于有名合同的规定，也并不是要求当事人必须按照有名合同的规定来订立合同。MacDonald曾经指出，在受法国法系影响的大陆法系国家，民法典确立了关于合同的一般规则，适用于各种合同，同时民法典也详细规定了各种有名合同，如买卖、租赁、委托等，提供了一种对合同的调整模式，但

第一章　合同法分则概述

是所有这些法典规定的合同都是非强制的，合同当事人可以回避这些规则的适用，甚至可以创造与现行有名合同没有任何关系的、完全不同的无名合同或协议。[①] 因为按照合同自由原则，当事人完全可以在合同中约定各种无名合同，只要这一约定并不违反法律法规的强制性规定和社会公共利益，合同法就应当承认其效力。在这一点上，合同法与物权法中的物权法定原则是不同的。正是因为这一原因，有学者认为，在合同法中，有名合同规定的意义正在降低。此外，"随着对特殊契约当事人之间的自由度加以限制的必要性越来越迫切，典型契约正在逐渐失去其内容上的普遍性"[②]。笔者认为，这一观点并不妥当。从《合同法》的发展趋势来看，为规范合同关系，保护合同当事人权益，各国合同立法都扩大了有名合同的范围，但这种发展趋势并非意味着对当事人合同自由的干预大大加强，而是为了进一步规范合同关系，促使当事人正确订约。

合同法分则关于有名合同的规定也可以用于规范一些无名合同。无名合同，依其内容构成可分为两类：第一，纯粹的无名合同，又称狭义的非典型契约，即以法律完全无规定的事项为内容的合同，或者说，合同的内容不属于任何有名合同的事项。例如，使用他人肖像的合同、瘦身美容、信用卡、加盟店、企业咨询等现代新型合同。第二，混合合同，即在一个有名合同中规定其他有名合同事项的合同，即当事人约定，双方缔结属于法律所规定的某一典型契约，但一方当事人所应提出之对待给付，却属于另一典型之给付义务，简言之，即双方当事人互负属于不同类型之主给付义务，学说上也称之为"二重典型契约"或"混血儿契约"[③]。法律关于有名合同的规定，并不是凭空创设合同类型，而是就交易中经常发生的合同关系，将其抽象化、类型化，形成有名合同。

法律关于有名合同的规定并没有穷尽各种合同类型，还有许多法律未加以规定的合同类型也是实践中经常发生的。但法律在规定了有名合同以后，就可以对

[①] See Roderick A. MacDonald, *Encoding Canadian Civil Law in Department of Justice Canada, The Harmonization of Federal Legislation with Quebec Civil Law and Canadian Bijuralism*, (Department of Justice Canada 1999) pp. 161–162.

[②] [日]我妻荣：《债法各论》，周江洪译，1页，北京，中国法制出版社，2008。

[③] 詹森林：《民事法理与判决研究》，121页，台北，自版，1998。

第二节 合同法分则的功能

一些法律没有规定的无名合同进行指导。我国《合同法》第 174 条规定:"法律对其他有偿合同有规定的,依照其规定;没有规定的,参照买卖合同的有关规定。"这就是说,对一些法律未规定的无名合同,如果其内容是有偿的,在不能适用法律关于买卖以外的有偿合同的规定时,则可以参照适用买卖合同的有关规定。

二、引导当事人正确缔约

合同法分则是在典型的日常生活的基础上构建的,其具有引导当事人正确缔约的功能。关于合同法分则是否具有引导当事人正确缔约的功能,两大法系的观念与立法不同。英美法认为,合同法主要发挥总则的功能,而分则部分的规定较为简略,主要是在买卖法中作出一些规定。例如,《美国统一商法典》对买卖、租赁作了规定,英国早在 1893 年就规定了动产买卖法(Sale of Goods Act),在 1979 年制定了新的《货物买卖法》,1994 年又制定了《动产买卖和供应法》。但是英美法系对其他有名合同的规定很少,交由当事人通过合意来解决,当事人需要订立一个非常复杂的合同来解决问题。此种做法虽然尊重了当事人的意愿,但是增加了交易成本和谈判费用。而大陆法系则认为,与合同法总则一样,合同法分则也具有调整交易关系、引导当事人正确缔约的功能,因此合同法分则的内容也较为丰富。大陆法系国家民法典的合同法分则部分,往往都详细列举了多种"有名合同",但是所有这些规范模式都不是强制性的,合同当事人原则上可以抛开这些规范,约定自己的非有名合同和协议。[①] 我国属于大陆法系国家,尤其是在合同法分则部分借鉴了大陆法系的做法,规定了类型丰富的有名合同,从而发挥引导当事人正确缔约的功能。合同法分则的引导功能对于现代市场经济社会具有重要作用,因为市场交易的正常、有序运行需要当事人从事正当、合法的

---

① See Roderick A. MacDonald, *Encoding Canadian Civil law in Department of Justice Canada*, *The Harmonization of Federal Legislation with Quebec Civil Law and Canadian Bijuralism* (Department of Justice Canada 1999), pp. 161–162.

第一章 合同法分则概述

交易。

合同法分则引导当事人正确缔约的作用主要表现在：一是对实践中发生频率较高的交易，如买卖、租赁等合同的内容作出明确的规定。二是对当事人利益关系重大的交易，如保管、承揽等合同的内容作出明确的规定。相反，没有规定借用合同，就是因为其对当事人利益影响较小。三是针对实践中容易发生纠纷的交易，如委托、行纪等合同类型作出明确的规定。通过对这些类型化合同的规定，使得当事人在签订这些合同的时候，能够找到较为明确和详细的法律指引，维护自己的合法权益。因为法律中关于这些具体合同类型的规定，都是长期司法实践经验的总结和提炼，能够较为公平和全面地保护交易当事人的利益。当事人参照分则的这些规定订立契约，就能够尽量避免可能出现的合同中的漏洞或者缺陷。

三、降低交易费用

在规范交易关系过程中，合同法不仅规范了当事人的行为，而且为当事人缔约提供了方便，这尤其体现在其对节约交易成本、降低交易费用所发挥的独特作用上，主要表现为：第一，合同法分则对有名合同的规定，是对各种典型交易行为中当事人权利义务的界定。其体现了通常条件下当事人双方权利义务的平衡。据此缔约，则通常可以实现交易的公平，避免可能出现的纠纷。第二，合同法分则对有名合同的规定，基本涵盖了特定交易关系中可能涉及的权利义务。在此指引下，当事人缔结的合同，通常不会存在漏洞；即便存在漏洞，也可以根据法律的任意性规定加以补充。合同法分则通过确立合同的示范样本，帮助当事人合理预料未来的风险，指引当事人订立完备的合同，从而有效地防范未来的风险、避免纠纷的发生。[1] 在市场经济社会，交易风险具有一定的不可预测性，因为现代交易并不是简单的物物交换的即时性交易，大量的是异地、远期、连续、大规模

---

[1] 参见朱广新：《合同法总则》，17页，北京，中国人民大学出版社，2008。

第二节 合同法分则的功能

的交易。这些交易无疑充满了不确定性和难以预测的变化，包括市场环境本身的变化、当事人自身的投机主义行为等。在交易过程中，如果当事人都能够信守诺言，合同纠纷可能无从发生。但即便如此，因为交易内容的复杂性和变动性，当事人也可能会在缔约时漏掉合同订立或履行过程中的一些细微环节，或者因当事人的口头交易形式而使合同内容出现疏漏，导致无法确定合同的全部内容而引发纠纷，甚至导致整个合同的失败，而合同法分则的规定则可以弥补合同的漏洞。

第三，合同法分则对有名合同的规定，极大减少了当事人的磋商成本。从合同法分则所规定的内容来看，其是就意思表示中的常素所作的规定。因为就合同当事人订立合同的过程来看，如果合同法分则已经作出了规定，则可以有效降低当事人谈判的成本。因此，《合同法》规定的各类有名合同，就为当事人的缔约提供了有效的指引，可以降低缔约时的磋商成本，避免交易风险。"合同法另外一个重要的方面是合同在帮助社会成员试图控制未来或至少在预计未来中的作用。"[1]

合同法分则对合同内容的列举和指引，对于节约交易费用具有十分重要的意义。有学者在比较大陆法和英美法合同订立的交易费用后认为，由于英美法对有名合同的规范比较有限，缺乏对各种有名合同内容的例示性规定，导致在实践中当事人必须拟定冗长的合同文本，必须就每一条款进行详细谈判，合同的订立过程十分复杂。而大陆法由于合同法分则的存在，即便当事人没有约定，也可以适用合同法分则的规定。这样不仅节约了交易成本，而且避免了因当事人对合同表述理解不一致可能出现的纠纷。从这一意义上讲，合同法分则在经济上对节约交易成本、降低交易费用具有重要意义。在某些交易（如融资租赁合同等）还不是十分普及的情况下，合同法对这种合同类型作出了前瞻性的规定，有利于丰富人们的交易经验，更好地促进资源的优化配置。[2]

---

[1] [美] 杰弗里·费里尔等：《美国合同法精解》，4版，陈彦明译，3页，北京，北京大学出版社，2009。

[2] 参见易军、宁红丽：《合同法分则制度研究》，5页，北京，人民法院出版社，2003。

四、维护交易的公正

合同法分则不仅可以有效地指导当事人正确缔约,而且有利于维护合同的公正。首先,合同法分则的内容是长期以来法律理论和司法实践的总结和提炼,能够真实地反映交易的实质内容和有效地维护当事人双方利益的平衡,因此,在司法实践中,合同法分则起着维护合同公平正义的作用。立法者是在充分衡量各方当事人利益的基础上作出相应的规定,从而合理分配各方当事人的权利义务。当事人按照合同法分则的规定缔约,大多可以完成一个较为公平的交易,从这个意义上说,分则起着引导当事人订立一个公平合理合同的作用。其次,对于特定的交易关系,考虑到实践中交易双方在经济地位、经验等方面的巨大差异,立法者往往在相关有名合同中就其权利义务关系进行特别安排,以实现交易的公正。在分则中,"许多重要的合同,如雇佣、房屋出租、保险和消费者信用协议等,现在都以强制性规则体系加以调整。这些强制性规则为较弱的一方当事人提供了某种保护,关于提供能源、交通或生活必需品的条款都在法律中有普遍规定或受公共机关的监督"①。由于提供这些社会公共产品的企业往往又具有一定的垄断性,因而在法律上也有必要对价格进行限制,以防止垄断企业损害社会公众的利益。例如,我国《合同法》确立了从事公共运输的承运人的强制缔约义务,该法第289条规定:"从事公共运输的承运人不得拒绝旅客、托运人通常、合理的运输要求。"

五、提供裁判规范的功能

合同法分则不仅可以积极指导当事人缔约和履约,而且可以为法官提供裁判依据。2010年全国各级人民法院审理的约1 171万案件中,仅合同纠纷就已达到

---

① [德]海因·克茨:《欧洲合同法》上卷,周忠海等译,14页,北京,法律出版社,2001。

3 239 740 件①，几乎占据了全部案件数量的三分之一。这些案件大多需要依靠合同法来解决纠纷。法院裁判首先尊重当事人之间的合同，只有在没有合同时，才能援引合同法。合同法分则除了行为规范之外，还包括大量的裁判规范，如关于违约责任的规定，大多是裁判规范，用来指导法官正确地解决合同纠纷，确立合同责任。合同法分则具有类型化功能，并允许在类似情况下类推适用②，这些都有助于法官准确裁判案件。尤其需要指出的是，如果缺乏合同法分则而仅有合同法总则的规定，则可能导致法官的自由裁量权过大。因为在当事人对合同条款没有约定或约定不明时，法官就会依据总则的规定来弥补合同内容，这样一来，就有可能不当干预当事人的合同自由。而在合同法分则作了详细规定之后，法官应当依据合同法分则的规定解释合同内容，这就有利于限制法官的自由裁量权，保障法官依法正确处理合同纠纷。③

第三节 合同法分则的适用

一、合同法总则和分则的关系

我国《合同法》采用了总分结构，区分了总则和分则。合同法总则是关于合同的一般规则的规定，如关于合同的成立、生效以及一般合同责任等规则。分则的内容是关于具体的有名合同的规定。从总体上讲，合同法总则和分则之间构成普通法和特别法的关系，合同法总则是普通法，合同法分则是特别法，根据"特别法不适用普通法（specialia generalibus derogant）"的格言，涉及特别法所针对的情形，则不应适用普通法，而应适用这些专门制定的特别法。④ 按照特别法

---

① 参见《依法审理商事案件 努力保障经济发展》，见人民网，2011-03-08，访问日期：2011 年 8 月 29 日。
② Pascal Puig, Contrats spéciaux, 2e éd., Dalloz, Paris, 2007, p. 31.
③ 参见曾森林：《私法自治原则之理论与实务》，载《自大法学论丛》，第 22 卷第 2 期。
④ Pascal Puig, Contrats spéciaux, 2e éd., Dalloz, Paris, 2007, p. 3.

第一章 合同法分则概述

优先于普通法的规则，能够适用合同法分则的，首先应当适用合同法分则的规定；只有在不能适用合同法分则的情况下，才能直接适用合同法总则的规定。例如，在期房买卖合同中，发生争议后可以参照买卖合同中的相关规定。如果涉及同时履行抗辩，买卖合同中没有规定，可以适用合同法总则的规定。所以，合同法分则已有规定的，应当优先适用分则的规定。[①]《合同法》第124条规定："本法分则或者其他法律没有明文规定的合同，适用本法总则的规定，并可以参照本法分则或者其他法律最相类似的规定。"虽然该条主要是针对无名合同的法律适用规则，但是其精神体现的是合同法分则规定优先于合同法总则规定而适用的规则。

当然，合同法总则和分则的关系较为复杂，所谓特别法优于普通法的一般法适用规则不能简单适用于合同法总则和分则之间的关系。[②] 关于合同法总则和分则的关系，还可以从如下几个方面来把握：

（一）合同法分则是合同法总则的具体性规定

相对于分则而言，合同法总则是比较抽象的，而分则是细化的、具体的规定。合同法分则的规定充实、丰富了合同法的规则，弥补了合同法总则中抽象性规定的不足。因为合同法总则是就所有类型的合同所作的一般性规定，所以，其无法兼顾具体合同类型中的特殊要求。通过合同法分则的确立，可以规定各种有名合同的具体规则，从而使总则中的规定得以具体化。例如，《合同法》第107条规定："当事人一方不履行合同义务或者履行合同义务不符合约定的，应当承担继续履行、采取补救措施或者赔偿损失等违约责任。"但在具体的有名合同中，有关违约责任的构成要件及具体形态需要在合同法分则中作出具体的规定。就合同解除而言，《合同法》仅以根本违约为标准作出概括的规定。此种规定不能满足所有类型合同中合同解除的需要，在分则部分，法律又针对有些具体类型的合同规定了特殊的合同解除事由，如委托合同中委托人的任意解除权。

[①] See Tadas Klimas, *Comparative Contract Law, A Transystemic Approach with an Emphasis on the Continental Law Cases, Text and Materials*, Carolina Academic Press 2006. p. 639.

[②] 参见邱聪智：《新订债法各论》上，30页，北京，中国人民大学出版社，2006。

第三节 合同法分则的适用

(二) 合同法分则是合同法总则的确定性规定

所谓确定性规定,是指相对于合同法总则同一事项的规定,合同法分则只是关于该事项的规定的一种具体化。① 换句话说,合同法总则和合同法分则就同一事项都作出了规定,但合同法总则仅是基于其普通法的地位作出了抽象的、一般性规定,其中具体的内容还有待于合同法分则加以确定。例如,《合同法》第107条规定:"当事人一方不履行合同义务或者履行合同义务不符合约定的,应当承担继续履行、采取补救措施或者赔偿损失等违约责任。"该条是总则中的一般性规定,但本条中的"当事人""合同义务"如何认定,如何承担"继续履行、采取补救措施或者赔偿损失等违约责任",还有待合同法分则就各类有名合同作出确定性规定。再如,在买卖合同中,合同当事人被具体化为出卖人和买受人。在借款合同中,这里的"当事人"被具体化为借款人和贷款人。就违反"合同义务"的认定和违约责任的承担而言,合同法分则设定了许多具体的规则。例如,《合同法》第201条规定:"贷款人未按照约定的日期、数额提供借款,造成借款人损失的,应当赔偿损失。借款人未按照约定的日期、数额收取借款的,应当按照约定的日期、数额支付利息。"这就实现了合同法总则中关于违约责任规定的具体化。

(三) 合同法分则是合同法总则的补充性规定

所谓补充性规定,是指相对于合同法总则就同一事项作出的规定,合同法分则是在补充合同法总则已经规定的规则和法律命题,赋予当事人特别是债权人以新的债权债务关系。② 例如,合同法总则确立了严格责任的归责原则,仅规定了少数的违约责任免责事由,如不可抗力等。就客运合同中损害赔偿责任而言,《合同法》第302条规定:"承运人应当对运输过程中旅客的伤亡承担损害赔偿责任,但伤亡是旅客自身健康原因造成的或者承运人证明伤亡是旅客故意、重大过失造成的除外。"这就意味着,如果在运输过程中因不可抗力而造成旅客伤亡的,则应适用合同法总则关于不可抗力的规定免责,而如果是因旅客自身健康原因造

---

① 参见邱聪智:《新订债法各论》上,30页,北京,中国人民大学出版社,2006。
② 参见邱聪智:《新订债法各论》上,33页,北京,中国人民大学出版社,2006。

成的伤亡，或者承运人证明伤亡是旅客故意、重大过失造成的，则应适用合同法分则的规定确定承运人是否应免除损害赔偿责任，由此可以看出，合同法分则在某种意义上是合同法总则的有益补充。

（四）合同法分则是合同法总则的优先性规定

所谓优先性规定，是指相对于合同法总则就同一事项的规定，合同法分则的规定具有优先适用的效力，可以将此种情形看作是"特别法优先于普通法"规则的体现。依据《合同法》第124条的规定，合同法总则是对合同法分则适用的指导，在分则中没有具体规定的情况下，应当适用合同法总则的条款；从合同法规定来看，在绝大多数情况下，两者的规定都是一致的，但并不排除合同法分则针对特殊的有名合同类型而作出特殊的、具体化的规定。例如，合同法总则关于归责原则的规定采用严格责任原则，但在分则中，一些具体的合同因其特殊性，规定了过错责任的归责原则，在此情形下，就应当优先适用合同法分则的规定，这也是合同法分则优先于总则规定而得以适用的效力的体现。

还需要指出的是，合同法以外的其他法律对有名合同的规定，也属于合同法分则的重要内容，原则上应当将其他法律作为特别法，优先予以适用。《合同法》第123条规定："其他法律对合同另有规定的，依照其规定。"其他法律对有关具体合同的规定也应当属于广义的合同法之列，但是这些法律中有关合同的规定相对于合同法来说属于特别法，而《合同法》本身则属于广义合同法中的一般规定。所以，该条规定也体现了法律中特别法优于普通法的一般规则。例如，《保险法》对保险合同的规定，就属于特别法的规定，在处理有关保险合同的纠纷时，首先应适用《保险法》的规定，《保险法》没有规定的，再适用《合同法》的相关规定。

二、有名合同规则的适用与参照适用

合同法规范有名合同的主要目的在于，在出现此种合同类型时，可以适用相关的规则。在适用有名合同规则时，要考虑如下几点：首先，应当确定是否属于

第三节 合同法分则的适用

有名合同。就分则的适用而言,首先要确定当事人订立的合同是否属于有名合同,如果是有名合同则要确认其具体属于分则中的哪种合同。其次,应当确定属于哪一种有名合同。在大陆法系国家,对合同的定性具有重要意义:当合同订立之后,就要面对着定性的问题,其是否属于有名合同,属于哪种有名合同,都是必须考虑的问题。合同的定性是一个法律问题,而非事实问题,所以在某个法院对案件进行审理时,其首先会考虑合同的定性问题。[1] 最后,要确定分则中当事人订立的合同是否要遵守有名合同的规则,原则上只要不是强制性规则,并且当事人的约定也没有违背公序良俗,则当事人的约定可以优先适用。

另外,关于有名合同的法律规定,还可以发挥参照适用的功能。在合同法上,有名合同与无名合同的区分意义主要在于,两者适用的法律规则不同。对于有名合同应当直接适用合同法的规定,无名合同无法直接适用法律的规定,但可以根据合同的相关内容,将其归入特定的有名合同的类型,参照某一类有名合同的规定适用。"合同的特征化(characterization)或者定性(qualification)因此就具有显著的重要性。"[2] 有名合同是法典所提供的合同样板。从比较法上来看,如果当事人之间的约定不属于分则中规定的有名合同,则应当适用合同法总则的规定。[3] 在我国,依据《合同法》第124条的规定,"本法分则或者其他法律没有明文规定的合同,适用本法总则的规定,并可以参照本法分则或者其他法律最相类似的规定"。因此,对于分则没有明确规定的合同,在适用合同法总则的同时,也可以参照合同法分则中的最相类似的规定。此处所说的"最相类似"的规定,是指从合同的性质来看,待决案件中的合同与分则中某种有名合同具有最相类似的特点。问题在于,此时究竟应当优先适用总则的规定,还是优先参照合同法分则中的相关规定?笔者认为,此时主要应当考虑,哪些规则与案件中的事实具有

---

[1] See Tadas Klimas, *Comparative Contract Law, A Transystemic Approach with an Emphasis on the Continental Law Cases, Text and Materials*, Carolina Academic Press, 2006. pp. 629 – 640.

[2] Tadas Klimas, *Comparative Contract Law, A Transystemic Approach with an Emphasis on the Continental Law Cases, Text and Materials*, Carolina Academic Press, 2006. p. 639.

[3] See Tadas Klimas, *Comparative Contract Law, A Transystemic Approach with an Emphasis on the Continental Law Cases, Text and Materials*, Carolina Academic Press, 2006. p. 639.

最密切联系，联系越密切就越应当优先适用。例如，对旅游服务合同来说，其中包含运输合同、房屋租赁合同等多项有名合同的内容，因此可以先类推适用这些有名合同的规则。

第四节 合同法分则的发展趋势

"法是一个动态的发展过程，在这个过程中，解决问题的方法很少是永久不变的。"[①] 合同法是古老的法律，自罗马法以来，它一直都是民法中重要的组成部分。合同法作为调整各类交易关系的法律，对于市场起着极大的支撑作用。同时也随着市场经济的发展而不断演化和发展。可以说，在整个民法的部门之中，合同法是最具有活力、发展变化最为显著的法律。就合同法分则而言，其具有如下发展趋势：

一、限制合同自由和维护合同正义

合同自由原则是整个合同法中最为基本的原则，但由于市场本身存在的缺陷以及信息不对称等原因，导致需要强化对合同自由的限制，这种限制也成为20世纪以来合同法发展的一个重要趋势。[②] 在对合同自由进行限制的同时，合同正义原则也逐渐产生，合同正义原则是指合同法应当保障合同当事人在平等自愿的基础上缔约和履约，并保障合同的内容体现公平、诚实信用的要求。这一发展趋势在合同法分则中也表现得十分明显，主要体现在：

第一，对合同自由的干预进一步加强。尤其是对于涉及社会公共利益的合同，如供水、供电、公共运输、建设工程等合同，法律设置了相应的制度，以保障社会公众利益的实现。这些干预包括：一是对合同缔结的干预。有些合同要求

[①] [美] E.A.霍贝尔：《初民的法律》，周勇译，314页，北京，中国社会科学出版社，1993。

[②] 参见胡代光：《凯恩斯主义的发展和演变》，20页，北京，清华大学出版社，2004。

第四节 合同法分则的发展趋势

采取强制缔约制度，只要消费者提出要求，经营者就应当接受。强制缔约又称为契约缔结之强制、强制性合同、强制订约，是指合同的订立不以双方当事人的合意为要件，只要一方当事人提出缔结合同的请求，另一方当事人就负有法定的、与之缔结合同的义务。① 强制缔约制度的目的是保护社会弱势群体。例如，为实现对人的关怀，法律要求提供公共服务的企业不得拒绝个人要求提供服务的合理要求。在公共运输合同中，承运人若无正当理由，不能够拒绝旅客的缔约请求。这就强化了对弱势群体的保护，体现了合同正义。二是对经营者资质、经营能力等提出特别要求。三是对合同内容的干预。要求合同的订立应当遵循公平原则，不能损害消费者利益。四是对相对人人身安全的特别保护。例如，对于危险房屋的出租，即使承租人知道危险的存在而要求承租，出租人对于因此造成的损害也应当负有责任。五是对格式条款的限制。在对于格式条款的规制方面，很多国家都设立了强行性规范，以便法官能够干预格式条款具体内容的效力，以保护消费者利益。

第二，附随义务的产生。所谓附随义务，是指合同当事人依据诚实信用原则所产生的，根据合同的性质、目的和交易习惯所应当承担的通知、协助、保密等义务，由于此种义务是附随于主给付义务的，因而被称为附随义务。许多国家的法官在判例中依据诚信原则逐步确立了"前契约的一般理论"，该理论确立了附随义务。② 《商事合同通则》第1.7条规定："（1）每一方当事人在国际贸易交易中应当依据诚实信用和公平交易的原则行事。（2）当事人各方不得排除或限制此项义务。"《欧洲合同法原则》第1：202条则直接规定了"协作义务"（Duty to Cooperate）。由法国学者起草的《欧洲合同法》中，在第0.303条中也规定了基于诚信原则产生的"协作义务"③。合同法分则中大量体现了附随义务。例如，

---

① 参见［德］迪特尔·梅迪库斯：《德国债法总论》，杜景林、卢谌译，70页，北京，法律出版社，2003。

② Luis Diez-Picazo y Ponce de Leon, Codificacion, Descodificacion y Recodificacion, Anuario de Derecho Civil, Apr.-Jun. 1992, at 479.

③ Bénédicte Fauvarque-Cosson and Denis Mazeaud (ed.), *European Contract Law*, Sellier European Law Publishers, 2008, p.547.

第一章 合同法分则概述

买卖合同中，即使合同对告知义务没有明确约定，出卖人依据诚实信用原则，也应承担明确告知的法定义务。再如，在房屋租赁中，如果房屋存在重大缺陷，即便承租人知晓这种缺陷并且愿意承受这种风险，依照诚实信用原则，出租人也不能将该房屋出租。附随义务的产生实际上是在合同法领域中进一步强化了商业道德，并使这种道德以法定的合同义务的形式表现出来。这对于维护合同的实质正义起到了十分有益的作用。[①] 我国《合同法》第233条规定："租赁物危及承租人的安全或者健康的，即使承租人订立合同时明知该租赁物质量不合格，承租人仍然可以随时解除合同。"相较于买卖合同，若买受人在订约时明知标的物不合格，即不能寻求违约救济，该条对承租人的安全或健康的保护十分明显。

第三，对消费者权益保护的加强。自19世纪以来，随着市场经济的发展，大公司、大企业对生产和经营的垄断不断加强。这些庞然大物般的大企业拥有强大经济实力，消费者与其相比，在交换关系中明显处于弱者的地位。在科学技术、营销手段日新月异的情况下，消费者对商品缺乏足够的了解，缺少有关商品的可靠信息，同时又为各种宣传媒介的虚假信息所困扰，因而极易受到损害。20世纪五六十年代，伴随着西方国家的经济繁荣，爆发了消费者权利运动。正如有学者所指出的，《德国民法典》采取的自由市场模型在早期一直受到消费者保护运动的强烈批评，它反映了19世纪末期市场竞争的理论，以形式平等和私法自治展开。但随着消费者保护运动的日益高涨，它越来越无法适应现实需要。[②] 因此，各国合同法在有名合同的规制方面也加强了对消费者的保护，表现在：一是对格式条款和免责条款的限制、强制缔约规则的建立等，都是对消费者权益保护的措施；二是在买卖、租赁等直接涉及消费者权益保护的合同中，都对消费者权利进行了特殊保护。例如，欧盟指令要求，经营者必须向消费者全面披露产品的信息、对产品的瑕疵提供担保等。2002年欧盟《金融服务远程销售指令》明确规定了经营者负有向消费者提供信息的义务，这些义务被详细列明，各

[①] 参见王泽鉴：《债法原理》，第1册，42页，北京，中国政法大学出版社，2001。
[②] See Reiner Schulze (ed.), *New Features in Contract Law*, Sellier European Law Publishers, 2007, p. 110.

第四节 合同法分则的发展趋势

成员国还可以继续添加。[①] 一些国家民法典也规定了合同当事人在订约过程中负有说明告知义务。尤其是在邮购买卖、访问买卖、无要约寄送中,考虑到消费者可能是由于未慎重或者仓促间所为的交易行为,基于公平的考量,各国法律多赋予消费者一定期限内的悔约权。[②] 2002 年《德国债法现代化法》吸收了《上门推销买卖法》《远程销售法》等法律中的大量保护消费者权益的特别规定,规定了消费者和经营者的概念,使得民法典中第一次出现了有关对消费者特别保护的制度,从而加强了对实质平等的关注。三是为了加强对消费者的保护,使合同关系之外的人对合同当事人承担责任以及使合同当事人对合同关系之外的人承担责任。例如,在产品责任领域,为加强对消费者的保护,法国法承认消费者可享有"直接诉权",对与其无合同关系的生产者、销售者提起诉讼。[③] 而德国法则承认了"附保护第三人作用的契约"以加强对消费者的保护。[④] 四是规定一些新型的合同或在既有的有名合同中增加一些新的规定,以强化对消费者的保护。例如,1996 年《意大利民法典》在其合同法部分特别增加了"消费契约"一节;《荷兰民法典》分别在合同法和侵权法中增加了相关内容,并在具体合同,例如买卖合同、保险合同中增加了保护消费者的特别规定[⑤];《欧洲示范民法典草案》除了在合同法总则规定经营者的先合同义务、消费者撤回权、不公平条款的规制之外,在买卖合同、租赁合同以及保证等合同中,也对弱势群体进行了专门保护。[⑥]

第四,注重对人格尊严的保护。从国外合同法的发展来看,在合同中越来越关注对合同当事人人格尊严的保护。例如,当事人签订代孕合同或买卖人体重要

---

① See Reiner Schulze (ed.), *New Features in Contract Law*, Sellier European Law Publishers, 2007, pp. 122-123.
② 参见[德]海因·克茨:《欧洲合同法》上卷,周忠海等译,131 页,北京,法律出版社,2001。
③ See Walter van Gerven, Teremy Lever, & Pierre Larouche, *Common Law of European Case Book: Tort Law*, Oxford: Hart Publishing House, 2000, pp. 619-624.
④ See Basil Markesinis, *Foreign Law and Comparative Methodology: A Subject and a Thesis*, Oxford: Hart Publishing House, 1997, p. 245.
⑤ 参见[意]桑德罗·斯奇巴尼:《法典化及其立法手段》,丁玫译,载《中外法学》,2002 (1)。
⑥ 参见欧洲民法典研究组、欧盟现行私法研究组:《欧洲示范民法典草案》,高圣平译,71 页,北京,中国人民大学出版社,2011。

器官的合同被宣告无效①,表明不能对人类的身体进行买卖,人类的身体不能成为一项合同的客体。② 再如,在租赁合同中,出租人必须保证出租的财产不具有造成人身损害的危险。

二、国际化与自治化

"到了20世纪,特别是在欧洲,人们的关注的焦点转向支持私法的更新和国际化。这是由于不断增长的在起草新的法律条文时考虑吸收外国成果的意向不断增强所造成的。此外,在私法的许多领域,法律的统一以及协调已经开始(值得注意的是:统一发生于协调的前面)。"③ 近几十年来,合同法的国际化已成为法律发展的重要趋势,调整国际贸易的合同法公约的出台反映了此种趋势。例如,联合国《销售合同公约》的制定,熔两大法系的合同法规则于一炉,积极促进了合同法具体规则的统一。1988年,55个国家原则通过了《国际融资租赁公约》,对融资租赁交易的国际通行规则作出了规定,如规定了融资租赁合同当事人的权利义务关系,融资租赁合同的履行、解除、违约责任等内容。在租赁、间接代理、行纪等领域,有关国际组织也正在尝试制定示范法。《欧洲合同法原则》的制定,也表明了合同法的世界趋同性。还需要指出的是,合同法分则领域也出现了一些示范法,如欧洲民法典研究组、欧盟现行私法研究组在2009年共同推出了《欧洲示范民法典草案》,其中第四卷规定了有名合同,对买卖、租赁、服务(其中包括建筑、加工、设计、信息咨询、医疗服务)、委托、商事代理、特许经营、经销、借款、保证、赠与等作了专章规定,为统一私法问题提供了可能的解决方案④,有助于形成统一的、非正式的欧洲私法。

---

① Cass. Ass. Plén., 31 mai 1991, Bull. civ. n°4; D. 1991, p. 417, Rapp. Y. Chartier, note D. Thouvenin; JCP 1991, Ⅱ, 21752, note F. Terré.
② TGI Paris, 3 juin 1969, D. 1970, p. 136, note J. P.
③ [德] 冯·巴尔:《欧洲比较侵权行为法》上卷,张新宝译,451页,北京,法律出版社,2001。
④ 参见欧洲民法典研究组、欧盟现行私法研究组:《欧洲示范民法典草案》,高圣平译,7页,北京,中国人民大学出版社,2011。

第四节 合同法分则的发展趋势

在合同法分则领域，也出现了尽可能扩大当事人自治的趋势。例如，《商事合同通则》等示范法允许当事人自主选择，甚至在仲裁领域允许当事人的选择作为法律采用。按照西方一些学者的看法，在商事合同领域出现了一种自治趋势，"产生国际商业自治法的原因看来是：许多传统的国内法制度之间存在差异，它们不适应现代国际贸易市场上变化了的环境。"[①] 对于商事合同，主要交由商人之间的习惯法、交易法等软法来处理；而对于民事合同、消费合同，则更强调法律对合同内容的干预，以保护弱势一方当事人的权利。我国合同法分则，尤其买卖合同，大量借鉴了《销售合同公约》和《商事合同通则》的经验。

三、有名合同类型的新发展

合同作为交易的法律形式，它总是随着交易的不断发展而产生新的类型。现代社会，随着新的交易类型不断出现，有名合同的类型也在不断增加。这主要表现在如下几个方面：一是随着互联网的发展，网络交易、网上结算等日益普遍，给交易带来了极大的方便，因而出现了所谓电子商务合同、电子结算合同、电子支付合同等。二是特殊类型的买卖不断发展。这主要是因为经营者营销方式不断多元化，使得交易形态也不断创新，产生了邮购买卖、访问买卖、无要约寄送、连锁经营、加盟经营等多种形式。同时，所有权保留、分期付款买卖等的适用范围也不断扩大，并且与金融机构相结合。三是随着建筑物区分所有制度的发展，物业服务合同在人们的生活中日益重要。由于居住形态的变化，委托物业服务企业管理不动产成为现代社会的重要发展趋势。四是在市场经济条件下，投资的类型日益增加、投资的种类不断丰富，产生了许多新的投资合同类型。例如，基金投资协议、期货买卖、国债买卖、私募基金投资协议等。五是随着旅游业的发展，旅游服务合同成为重要的有名合同类型。在旅游服务合同中，如何有效保护

[①] ［英］施米托夫：《国际贸易法文选》，217页，北京，中国大百科全书出版社，1993。

第一章 合同法分则概述

旅游者的权益，成为重要的课题。有些国家的法律甚至承认，旅游组织者违约时，旅游者可以请求精神损害赔偿。旅游业发展迅速，甚至成为有些国家的支柱产业。所以，不少国家的法律和示范法对此作出了规定，例如，《欧洲示范民法典草案》对此专门作出规定。我国《旅游法》和相关司法解释专门规范旅游服务合同。由此可见，随着市场经济的发展，新型的典型交易不断出现，在客观上也要求法律对此作出回应。

在新型有名合同不断涌现的同时，合同法上原有的有名合同类型也不断出现新的次类型。合同法分则是根据类型化原理所作出的规定。所谓类型化，就是指通过对某一类事物进行抽象、归类，从而对不确定概念和一般条款进行具体化。一般来说，类型化是以事物的根本特征为标准对研究对象的类属划分。[1] 拉伦茨认为，"当抽象——一般概念及其逻辑体系不足以掌握某生活现象或意义脉络的多样表现形态时，大家首先会想到的补助思考的形式是'类型'"[2]。合同法分则采用类型化列举的方式，详细规定了数种有名合同，并通过对这些有名合同的性质、特点、效力等的规定，有效地规范了各种合同关系，引导当事人正确缔约，也为法官正确裁判合同纠纷，提供了法律依据。有名合同类型越来越多，同时分类越来越复杂，越来越精细。例如，就买卖合同而言，早期合同法只区分了及时清结的买卖和远期付款的买卖。而在现代社会，买卖出现了大量的细致区分。例如，根据买受人的不同分为消费者的买卖和专业人士之间的买卖；根据标的物的不同分为动产和不动产的买卖；甚至就未来的商品进行的买卖，即动产中的期货买卖也进行了细化，这显然与现货的买卖是不同的。[3] 近几十年来，买卖的标的物不断丰富，呈现出多样化的趋势。买卖法中又分化出了许多新的制度，包括建筑物区分所有权的转让、期货买卖、无形财产的许可使用等。甚至各种特种类型的买卖，也可以分成若干种，例如，所有权保留可以进一步区分为简

---

[1] 参见李可：《类型思维及其法学方法论意义——以传统抽象思维作为参照》，载《金陵法律评论》，2003（2）。

[2] ［德］卡尔·拉伦茨：《法学方法论》，陈爱娥译，337 页，北京，商务印书馆，2003。

[3] Philippe Malaurie, Laurent Aynès, Pierre-Yves Gautier, Les contrats spéciaux, Defrénois, Paris, 2004, p. 29.

第四节 合同法分则的发展趋势

单的所有权保留（einfacher Eigentumsvorbehalt）、扩大的所有权保留（erweiterter Eigentumsvorbehalt）和延展的所有权保留（verlängerter Eigentumsvorbehalt）。① 扩大的所有权保留又可以分为：往来账户的所有权保留（Current Account Retention of Title/Allmonies Retetion of Title / KontkorrentVorbehalt）和康采恩式所有权保留（Konzernbehalt）。② 可见，有名合同的内容和形式也在不断发展和完善。

四、混合合同的产生和发展

混合合同，即在一个有名合同中规定其他有名合同事项的合同。《欧洲示范民法典草案》第 2—1：107 条规定，混合合同是指由两类或两类以上的有名合同，或者有名合同与无名合同组合而成的合同。此处所说的混合合同，主要是指两个以上的有名合同结合在一起，而形成的新类型合同。它实际上是介于有名合同和无名合同之间的合同类型。《欧洲示范民法典草案》起草者认为在有名合同的规则中有时需要对《草案》第二卷和第三卷的一般规定进行一些补充、调整。例如，经研究发现，在第二卷中就"混合合同"规定一项一般规则，在第三卷中就与合同不符的通知规定一项一般规则，将会十分有利。《欧洲示范民法典草案》第 2—1：107 条规定："一个合同构成混合合同的，适用于相关类型的有名合同的规定，可以准用于该混合合同中的相应部分以及由此而产生的权利与义务，但这一准用有违该合同的性质和目的除外。"但是，如果有规则规定某混合合同应主要属于某类有名合同的，从其规定③；这就表明，混合合同并非是纯粹的无

---

① See Iwan Davis ed., *Retention of Title Clauses in Sale of Goods Contract in Europe*, Asgate Public Company, 1999, p. 40.

② See Iwan Davis ed., *Retention of Title Clauses in Sale of Goods Contract in Europe*, Asgate Public Company, 1999, p. 38.

③ 例如《欧洲示范民法典草案》第 4.1—1：102 条就规定，一方当事人以获得价款为目的而允诺为对方当事人制造或生产动产并将动产所有权移转给对方当事人的合同，被主要视为动产买卖合同。See Christian von Bar and Eric Clive (eds), *Principles, Definitions and Model Rules of European Private Law*, Volume Ⅰ (Munich: Sellier. European Law Publishers, 2009), p. 156.

名合同，如果混合合同的主要内容与某种有名合同相同，就可以认为，其主要属于某类有名合同，从而适用法律关于该有名合同的规定。①

混合合同的出现反映了合同法发展的趋势，能够满足交易当事人的特殊需要。混合合同的重要作用在于：一是它结合了若干有名合同的功能和长处，从而发挥作用，且弥补了法律对于有名合同规定的不足。法律之所以对这些合同进行规定，是从法律适用技术上来考量的。因为法律不可能对所有的合同类型进行规定，当法律适用规则缺乏时，法律规定这些混合合同能够弥补合同类型的不足。②例如，所有权保留和分期付款买卖结合在一起以后，就可以发挥促进消费和保障出卖人权益等多种功能。二是节省了交易成本。混合合同的出现可以为当事人订立合同提供参考，从而节省交易成本。例如，在实践中，旅游服务合同包含了住宿、观光、运输等内容。三是满足了当事人的特殊需求。有名合同只是对典型交易形态的归纳，它有时无法满足当事人的特殊需要，而数个有名合同的结合则可以实现当事人特殊的交易需要。

五、示范法在有名合同中的运用

随着社会的发展和对效率的日益追求，合同的标准化趋势在现代社会中也日趋明显，尤其是在商事交易中，标准化合同被大量适用。所谓合同的标准化，即在某些特定的行业领域内，依照法律的强制规定或者行业习惯，存在由中立组织或者行业团体设定的定型化合同。还有一些合同通过有关的行业组织等订立示范法。例如，德国的《建设工程合同一般规则》（General Condition for Construction Works）作为建设工程领域的示范性规则，在德国的适用范围非常广泛。在

---

① 例如，在旅店住宿合同中，部分价款是用来支付床、桌椅、电视、洗漱用品的使用费。这一合同会被认为是混合合同，其中一部分是动产租赁合同，但这里，动产租赁纯粹是附带的。See Christian von Bar and Eric Clive (eds), *Principles, Definitions and Model Rules of European Private Law*, Volume I (Munich: Sellier. European Law Publishers, 2009), p. 156.

② See Christian von Bar and Eric Clive (eds), *Principles, Definitions and Model Rules of European Private Law*, Volume I, (Munich: Sellier. European Law Publishers, 2009), p. 155.

法国，民法典中有关加工承揽和建设工程合同，也通过法国标准化协会制定的示范性规范加以补充。即便是已经被标准化合同所包含的内容，在通常情况下也并非具有法律上的强制性，当事人还是可以自己约定，其约定的条款具有优先的适用效力。但出于效率的考虑，标准合同中的条款，在一般的交易中仍然具有非常广泛的适用范围。从今后的发展趋势来看，有关行业协会、组织针对本行业内部的合同制定标准条款，其适用范围会不断扩大。

作为法律全球化进程结果的各种"示范法""原则""标准法"等非强制性文件，对于民法典的体系也带来影响。20世纪后期以来，随着全球层面的公共治理的兴起，国家作为控制者的角色在公共治理中的淡化，形成所谓的"软法"。例如，UNIDROIT（罗马统一国际私法协会）所制定的《商事合同通则》、欧洲"兰度委员会"所制定的《欧洲合同法原则》以及欧洲民法典研究组、欧盟现行私法研究组起草的《欧洲示范民法典草案》。这些文件不具有强制约束力，但是具有相当程度的示范和导向作用，因此被称为所谓的"软法"[1]。"软法"的出现对于具有严格体系性的法典也带来影响，在相当程度上成为所谓"后法典化"流派的重要论据之一。一些学者认为，相较于民法典，"软法"更注重私人自治。因此，"软法"似乎应当替代法典的功能。Glendon认为，欧洲共同体规则的一体化、超国家的规范的发展等，都促进了民法典内容的变革。[2]

第五节　合同法分则的完善

我国《合同法》立足于中国的国情，在借鉴两大法系的经验基础上，构建了较为完整的合同法分则体系，经过十多年的实践，已经证明了其内容和体系的构

---

[1] 罗豪才、宋功德：《软法亦法》，314页，北京，法律出版社，2009；欧洲民法典研究组、欧盟现行私法研究组：《欧洲示范民法典草案》，高圣平译，7、35页，北京，中国人民大学出版社，2011。

[2] Jose Castan Tobenas, I-1 Derecho Civil Espanol Comun y Foral 217 - 21 (Editorial Reus ed., 1988), at 62.

第一章 合同法分则概述

建是科学的,是符合实践需要的。然而,生活之树常青,法律也在不断发展,《合同法》也要随着我国社会主义市场经济发展和社会生活的变化而不断与时俱进。笔者认为,从合同法分则的适用经验来看,仍有一些内容需要在我国未来民法典的构建之中进一步进行完善。

一、有名合同的类型不足

"法律不是凭空创设契约类型,而是就已存在之生活事实,斟酌当事人之利益状态及各种冲突之可能性,加以规范。"[1] 我国《合同法》规定了15种有名合同,较好地满足了当时实践的需要和经济发展的需要。因为典型合同是一些重要的交易关系在法律上的反映。只有对典型合同在法律上予以规定,才能更好地实现对交易的规制和调整,也才能更好地规范和平衡交易当事人之间的权利义务关系。从这个意义上说,典型合同的数量是评价合同法分则乃至整部合同法立法质量的重要指标之一。[2]

应当看到,任何国家的民法都不可能对合同的种类作出完全的规定,"社会生活变化万端,交易生活日益复杂,当事人不能不在法定契约类型之外,另创新型态之契约,以满足不同之需要"[3]。不过,法律可以选择若干种在社会中大量存在的、经常出现的合同进行规定,这对于规范交易活动、限制法官的自由裁量权等,都具有重要意义。从比较法来看,有名合同类型也在不断增多。例如,《欧洲示范民法典草案》规定了消费租赁合同、信息和咨询合同、医疗服务合同、商事代理、特许经营、经销合同以及独立保证等合同类型,这些合同类型都是我国合同法分则没有规定的合同类型。再如,在法国法上,为解决无名合同法律适用上的困难,立法者倾向于将更多的合同在立法上更为详尽地加以规定,亦即将

---

[1] 王泽鉴:《民法债编总论》,第1册,93页,台北,三民书局,1996。
[2] 参见易军:《"中国民法典草案"合同法编分则部分的缺陷及其矫正》,载《浙江社会科学》,2007(2)。
[3] 王泽鉴:《民法债编总论》,第1册,94页,台北,三民书局,1996。

第五节 合同法分则的完善

一些无名合同改变为有名合同。① 对于我国而言,合同法分则关于无名合同或非典型合同的规定显然显得过于单薄,为了丰富有名合同的类型,应当从如下两个方面着手:

一是特别法之中的一些有名合同应当纳入合同法分则之中予以规定。我国《合同法》要成为未来民法典的重要组成部分,从民法典的资讯集中功能考虑,特别法之中规定的有名合同应当尽可能地纳入合同法分则之中。从目前的法律规定来看,保证合同和合伙合同应当纳入合同法分则之中。《担保法》规定了保证合同的内容,但是,我国《担保法》制定之时并没有考虑民法典编纂体例,而是对各种担保方式(包括人保和物保)进行集中规定,从体例的角度来考虑,这并不符合民法典体系的思考方式。我国《物权法》制定时,仅将担保物权纳入该法之中,《担保法》中有关担保物权的规定,随着《物权法》的施行而几乎废止,仅剩下人保等规定。如前所述,在未来民法典制定时,担保制度应当一分为二,担保物权制度纳入物权法,而保证合同置于合同法分则。另外,我国《合伙企业法》等法律都规定了合伙合同,但其内容并不全面。合伙本身包括合同型合伙和企业型合伙,而《合伙企业法》仅规定了企业型合伙,其所规定的合伙合同也仅指企业型合伙合同,这显然不能涵盖所有类型的合伙合同。因此,笔者认为,有必要在民法典的合同法分则部分规定合伙合同,以统一规范各种合伙合同关系。

二是增加一些实践中已经发展成为典型交易形态的合同类型。尽管我国《合同法》总体上比较成熟、完善,但有名合同的类型仍然没有充分反映典型的交易形态,为满足社会生活的需要,有必要增加雇用合同、储蓄合同、结算合同、旅游服务合同、出版合同等实践中比较常用的合同类型。一方面,这些合同在实践中运用广泛,法律亟待对其进行规范。有些合同是在社会生活中经常发生纠纷的类型,法律上需要为纠纷的解决确立规则。有些合同(如上门推销、远距离销售等)与消费者利益保护密切相关。尤其应当看到,随着旅游经济已经成为我国经济的重要组成部分,我国已成为旅游大国,而现行法律未能对旅游服务合同进行

---

① 参见尹田:《法国现代合同法》,2 版,13 页,北京,法律出版社,2009。

规定，从而影响旅游活动的有序进行。随着互联网的发展，利用网络进行的各种交易、结算已经在实践大量采用，但合同法分则中没有对此作出规定。实践证明，"将现实中大量出现的同类合同加以体系化的规定是合同法进步化、科学化的重要标志"[1]。另一方面，这些合同是典型的交易形态的反映，经过多年的实践，其内容已经比较固定，可以通过有名合同的形式将其典型的权利义务关系加以规范。此外，在实践的基础上，学者已经对这些合同类型进行了深入研究，这也为其有名化提供了理论基础。

二、买卖合同部分过多借鉴《销售合同公约》

从我国合同法分则关于买卖合同的规定来看，其于联合国《销售合同公约》的相似之处较多。如果进行条文的仔细比对，可以发现该章中的大部分内容都来自《销售合同公约》，大量借鉴国际公约确实有其优点，即可以实现和国际规则的接轨。就买卖合同而言，在全球化背景下，跨国交易越来越多，越来越要求多个国家之间实现互通有无，借鉴联合国《销售合同公约》而进行规定，可以实现买卖交易的便利。但是我们也必须看到，国际货物买卖和国内货物买卖存在一定的差别，完全照搬国际规则可能存在一定的问题。例如，关于标的物交货地点的确定[2]，我国《合同法》第141条完全采纳了《销售合同公约》第31条的规定，但在我国实践中，不知道标的物在某一地点的，通常应在出卖人所在地进行交付，而非出卖人订立合同时的营业地进行交付。因此我国未来民法典应当对此进行一定的变通。再如关于风险移转，《销售合同公约》第67条规定："（1）如果

---

[1] 北京大学法律学系民法教研室：《关于统一合同法草案的修改建议》，载《中外法学》，1999（1）。
[2] 《销售合同公约》第31条规定："如果出卖人没有义务要在任何其他特定地点交付货物，他的交货义务如下：（a）如果销售合同涉及货物的运输，出卖人应把货物移交给第一承运人，以运交给买受人；（b）在不属于上款规定的情况下，如果合同指的是特定货物或从特定存货中提取的或尚待制造或生产的未经特定化的货物，而双方当事人在订立合同时已知道这些货物是在某一特定地点，或将在某一特定地点制造或生产，出卖人应在该地点把货物交给买受人处置；（c）在其他情况下，出卖人应在他于订立合同时的营业地把货物交给买受人处置。"

第五节 合同法分则的完善

销售合同涉及货物的运输,但出卖人没有义务在某一特定地点交付货物,自货物按照销售合同交付给第一承运人以转交给买受人时起,风险就移转到买受人承担。如果出卖人有义务在某一特定地点把货物交付给承运人,在货物于该地点交付给承运人以前,风险不移转到买受人承担。出卖人受权保留控制货物处置权的单据,并不影响风险的移转。(2) 但是,在货物以货物上加标记、或以装运单据、或向买受人发出通知或其他方式清楚地注明有关合同以前,风险不移转到买受人承担。"《合同法》第145条规定:"当事人没有约定交付地点或者约定不明确,依照本法第一百四十一条第二款第一项的规定标的物需要运输的,出卖人将标的物交付给第一承运人后,标的物毁损、灭失的风险由买受人承担。"从该条规定可以看出,该条多次使用了"第一承运人"的表述,这实际上是借鉴《销售合同公约》规定的结果,因为在国际货物买卖中,经常要采用多式联运的方式进行运输,因此第一承运人的规定才具有特殊意义。但在国内货物买卖中,多式联运的方式并非运输的常见方式,因此,在我国的具体实践中,依据这一规定确定风险负担主体是否必要且具合理性,颇值怀疑。因此,我国合同法分则中关于买卖合同的规定对《销售合同公约》的借鉴过多,也由此产生了一些问题,在今后的立法中,应立足于借鉴我国司法审判实践中的经验对此进行完善,以更好地服务于市场经济发展的需要。

三、技术合同部分有待完善

技术合同制度起源于19世纪初英国大学实验室与工业合作实施专利技术的实践。最早的技术合同主要是以专利实施许可合同的形式出现的,后来才出现了技术开发合同和技术服务、技术咨询合同等多种技术合同。[①] 1999年,我国《合同法》施行后,改变了原有的《经济合同法》、《涉外经济合同法》以及《技术合同法》三法鼎立的局面。从《经济合同法》中科技协作合同的概念,到《技术合

---

① 参见王家福主编:《民法债权》,765页,北京,法律出版社,1991。

同法》的制定，再到《合同法》将技术合同规定为独立的有名合同类型①，实现了对当事人就技术开发、转让、咨询或者服务而订立的确立相互之间权利和义务的合同的规范。我国《合同法》第十八章关于技术合同的规定，基本上沿袭了原《技术合同法》的规定。但应当看到，原《技术合同法》因为制定时间较早，且在制定之初，司法审判实践经验并不丰富，立法技术也有待完善。如果在合同法分则中完全照搬原《技术合同法》相关内容，则可能导致相关的法律规则具有一定的滞后性。例如，依据我国《合同法》第342条的规定，技术转让合同包括专利权转让合同、专利申请权转让合同、技术秘密转让合同和专利实施许可合同。通常而言，转让应系财产权的移转，换言之，如在专利权转让合同和专利申请权转让合同中，专利权或专利申请权在转让之后，原权利人即不得再享有和行使该专利权或专利申请权。依据该条规定，技术转让还包括专利实施许可。此类合同权利在转让之后，原权利人通常仍可继续使用该专利技术。② 这种体例确实是存在问题的，许可的性质并不是真正的转让。再如，根据《合同法》第329条，"非法垄断技术、妨碍技术进步或者侵害他人技术成果的技术合同无效"。在实践中，侵害他人技术成果的行为通常表现为，行为人未经权利人许可非法转让其发明创造，合同约定技术成果使用权归一方的，另一方未经许可就将该项技术成果转让给第三人。③ 此类情形在性质上属于无权处分，依据《合同法》第51条的规定，应将其作为效力待定的合同对待，但合同法分则中又将此种情形作为无效合同对待，这就形成了总则规定和分则规定的矛盾。从有利于对真正权利人的保护、促进技术进步的角度考虑，将其界定为效力待定的合同更为妥当。

---

① 在新的《合同法》中，几乎完整地保留了《技术合同法》原有的内容。参见周大伟：《〈中华人民共和国技术合同法〉制定中的种种悬念》，载《中国政法大学学报》，2009（3）。经过对比，《合同法》"技术合同"一章只有7个条款不能从原有的《技术合同法》中寻获。

② 但专利独占实施许可是作为例外而存在的，最高人民法院《技术合同司法解释》第25条规定："独占实施许可，是指让与人在约定许可实施专利的范围，将该专利仅许可一个受让人实施，让与人依约定不得实施该专利。"尽管如此，在独占实施许可中，受让人也仅是就专利技术享有独占使用权，而非享有专利权。

③ 参见段瑞春：《技术合同》，105页，北京，法律出版社，1999。

四、某些具体规则的设计存在不足

在具体的制度设计方面，我国合同法分则也存在需要完善之处。有学者认为，这与我国《合同法》制定之前，学界对于有名合同的研究还有待深入有关。随着《合同法》的施行，其具体规则上的不足，日益显现，具体来说表现在如下几个方面：

第一，某些制度的设计没有充分考虑交易本身的发展。例如，在买卖合同中，主要是以动产买卖为中心构建的，没有过多地考虑不动产买卖的特殊性。尤其是从实践来看，商品房买卖的争议很大，纠纷很多。最高人民法院曾经颁布了一系列有关商品房买卖的司法解释，规范商品房买卖。[①] 因此，我国未来民法典应当对此作出规定。再如，租赁合同以房屋租赁为典型，而没有考虑到动产租赁。所以，租赁合同主要围绕房屋租赁展开，其具体规则不能完全适用于动产租赁。

第二，民商合一模式下，不同规则的协调需要进一步强化。《合同法》采用民商合一体制，尤其注重从现实生活的需要出发而构建具体的规则，但在实现民事规则和商事规则的协调统一时，具体的规则设计存在诸多不足之处，以至于在实践操作中存在诸多疑难之处。例如，《合同法》第405条规定："受托人完成委托事务的，委托人应当向其支付报酬。"可见，我国法律一改大陆法国家的惯例，以传统商法上的委托为典型设计委托合同的规则，并认为委托原则上为有偿。但事实上，公民之间的委托大量的都应当是无偿的，体现的是一种互助的性质。如果当事人之间没有约定是否支付报酬，就推定为有偿，则并不符合社会生活的实际情况。再如，《合同法》第211条规定："自然人之间的借款合同对支付利息没有约定或者约定不明确的，视为不支付利息。"这实际上也是简单地以自然人的身份来认定约定不明的借款合同是否需要支付利息，但事实上，在从事经营活动

---

① 例如，2003年，最高人民法院颁布了《关于审理商品房买卖合同纠纷案件适用法律若干问题的解释》。

的自然人之间，其借款通常是支付利息的，此种规定也没有充分考虑到不同自然人之间的区别。

我国《合同法》承认了委托人的任意解除权。但是，在大陆法国家，任意解除权规则是与委托合同在性质上是无偿合同联系在一起的，因为委托合同是无偿的，当事人之间的信任关系较高，受托人出于其与委托人之间的特别关系，从事委托事务，实际上是在给予委托人一种恩惠。一旦双方彼此之间的信任消失，受托人自然可以拒绝继续这种恩惠的施予，而委托人也没有必要再接受这种恩惠。在此情况下，赋予委托人任意解除权是十分必要的。但我国《合同法》采用民商合一体制，以商事委托为典型，承认了委托合同性质上以有偿为原则，而无偿为例外。在这种前提下，继续再承认委托人的任意解除权显然形成体系矛盾，在实践中也产生不少弊端。

第三，一些有名合同规则显得过分简略，未能充分规范此种交易中的权利义务关系。例如，特种买卖中的有关分期付款和所有权保留在现代社会中运用得十分广泛，尤其是其中涉及如何保护消费者权益，而《合同法》仅仅采用一个条款予以规定，其大量内容被迫交给司法解释解决，也未能充分发挥合同法分则的应有作用。

第四，一些法律概念的规定过于原则和抽象。合同法分则原本应当是具体和明确的，但是，我国合同法分则中不少规定还显得过于抽象。例如，《合同法》第222、265条等关于保管合同的规定中都出现了"保管不善"的概念，但是，这一表述究竟是指客观上的义务违反，还是主观上的故意和过失，都有待进一步澄清。①

---

① 参见易军、宁红丽：《合同法分则制度研究》，16页，北京，人民法院出版社，2003。

第二章

买卖合同

第一节 买卖合同概述

一、买卖合同的概念和特征

根据我国《合同法》第130条的规定,买卖合同是出卖人转移标的物的所有权于买受人,买受人支付价款的合同。其中,出卖人是指按照约定交付标的物并转移标的物所有权的人,相应地,买受人是指支付价款并接受标的物所有权的人。买卖合同在合同法中居于十分重要的地位。正如德国学者霍恩所指出的,"在各种交换性的行为中,买卖是最重要的一种"[1],各国合同法大多将买卖置于各种有名合同之首,表明了买卖合同的重要性。合同法的规则大量是以买卖为基础抽象出来的,诚如我国台湾地区学者史尚宽先生所言,"买卖在自由经

---

[1] [德]罗伯特·霍恩等:《德国民商法导论》,楚建译,126页,北京,中国大百科全书出版社,1986。

第二章 买卖合同

济社会,为营利行为之代表方法,契约法之理论,多胚胎于此"[①]。我国《合同法》立足于中国的实践,在借鉴两大法系的经验以及有关国际惯例和公约的规定的基础上,对买卖合同作出了全面规定[②],既注重与国际通行规则相一致,又体现了鲜明的中国特色。

关于买卖合同的概念,学界存在广义和狭义两种观点。狭义说认为,买卖合同仅指移转有体物所有权的合同,即出卖人移转财产所有权于买受人,买受人支付价款的合同。广义说则认为,买卖合同是各种财产利益交换类型的合同,包括有体物、权利等财产权有偿转让的合同,即出卖人将财产所有权或其他财产权移转于买受人,买受人支付价款的合同。从这个意义上理解,买卖包括了一般的动产、不动产的转让、土地使用权的出让、知识产权的转让等。上述两种观点的区别在于对买卖的标的物范围的理解不同,狭义说认为买卖合同的标的为财产所有权,而广义说则认为买卖合同的标的包括财产所有权以及其他财产权。在比较法上,许多国家的买卖合同采用了广义的观点。我国《合同法》第130条规定,"买卖合同是出卖人移转标的物的所有权于买受人,买受人支付价款的合同",显然采纳了狭义的观点。从文义解释来看,既然是移转标的物所有权,那么其标的物仅限于动产和不动产,不能包括使用权、知识产权及其他各种财产利益的转让。

买卖合同的主要特征在于:

1. 移转财产所有权

根据我国《合同法》第130条的规定,买卖合同是出卖人转移标的物的所有权于买受人,买受人支付价款的合同。由此表明,买卖合同的目的就是要移转标的物所有权,所以,出卖人仅仅交付标的物是不够的,还必须移转标的物的所有权。买卖作为一种典型的交易形式,它就是以一方移转标的物所有权另一方支付价款为内容的,在这一点上,它与单纯移转使用权的合同(如租赁、借用)不

[①] 史尚宽:《债法各论》,3页,北京,中国政法大学出版社,2000。
[②] 例如,在该章中,大量借鉴了1980年联合国《销售合同公约》的规定,也参考了《美国统一商法典》、国际统一私法协会于1994年颁行的《商事合同通则》等。

第一节 买卖合同概述

同。在合同中，有的是提供劳务的合同，有的是移转标的物的合同。但是在移转标的物的合同中，买卖合同则是移转标的物的所有权，对于标的物的占有、使用、收益、处分四项权能都要移转给买受人。

2. 标的物具有广泛性

如前所述，尽管从比较法上来看，买卖合同的标的物范围具有宽泛性，既包括有形财产，也包括无形财产。[1] 但在我国，买卖合同的标的主要是有体物，无形财产如知识产权的转让，要适用专门的法律，而不能包括在买卖的范围之中。对此，许多学者提出批评意见，认为买卖合同的标的物范围过窄，不能适应现代社会市场经济迅速发展的需要，且会导致新类型财产的交易难以适用买卖合同的规则。例如，未来之物的买卖、期货的买卖、经营权转让、网络财产权转让、电话使用权转让、电话号码拍卖、吉祥数字拍卖、路名权拍卖、剧场冠名权拍卖、无线电频率拍卖等财产的转让相继出现，都应当纳入买卖合同调整的范围。[2] 应当看到，在现代社会，随着市场经济的发展，交易的方式呈现出多样化的趋势，这就决定了买卖的形式越来越丰富，买卖的客体越来越宽泛。此种观点不无道理。不过，我国《合同法》对此也已经有所反映，该法第137条规定，计算机软件等标的物也可以成为买卖的客体。这就表明，有形的智力成果也可以成为买卖的对象。在未来民法典的构建中，有必要扩张买卖合同标的物的范围，使其包含一些新型的财产类型，同时其应具有一定的开放性，以适应未来市场经济发展的需要。

3. 具有双务性

双务合同是当事人双方互负对待给付义务的合同，买卖合同是市场经济中最为常见的交易形态，也是商品交易在法律上的最典型反映，这就决定了买卖合同是典型的双务合同。具体而言，在买卖合同中，出卖人在移转标的物所有权时，享有受让对方支付的价款的权利；而买受人在负有支付合同价款的义务的同时，也享有取得标的物所有权的权利。这些义务是买卖合同双方所负有的主要义务，

---

[1][2] 参见易军：《"中国民法典草案"合同法编分则部分的缺陷及其矫正》，载《浙江社会科学》，2007（2）。

法律要求当事人必须同时履行这些义务。正因为买卖合同是典型的双务合同，所以有关双务合同的规则如同时履行抗辩、不安抗辩、先履行抗辩等规则也适用于买卖合同。①

4. 具有有偿性、诺成性、不要式性

买卖合同是有偿合同。买卖合同既然是典型的商品交易的法律形式，则必然是有偿的交易。在买卖合同中，出卖人要负担转移标的物所有权给买受人的义务，从而与买受人之间形成对价关系。当然，双方之间是否完全等价，则由当事人自主决定，法律上不作强行规定。买卖合同的这一特征使其与赠与合同区别开来。

买卖合同是诺成合同。除了法律另有规定或者当事人另有约定以外，买卖合同自双方当事人意思表示一致时就成立，并不以交付标的物作为合同的成立要件。② 对于买卖合同而言，只要双方当事人就买卖合同的标的物及数量达成一致，合同即成立，无须当事人交付标的物，因此买卖合同是诺成合同。

买卖合同是不要式合同。不要式合同是合同形式的常态，要式合同则是特殊的形态。从体系解释来看，《合同法》第10条为我国立法关于合同形式的一般规定，也确认了合同的不要式性，除非法律另有规定，原则上合同是不要式的。《合同法》第九章并未对买卖合同的形式作出特别规定，因此，买卖合同在原则上为不要式合同。这就是说，买卖合同并没有书面的形式要求，其订立可以采取口头或者书面形式，但是对于一些特殊的买卖，法律则通常要求采用书面形式，并要求办理登记手续。例如，我国《城市房地产管理法》第41条规定："房地产转让，应当签订书面转让合同，合同中应当载明土地使用权取得的方式。"依此规定，包括买卖、赠与在内的以移转不动产所有权为给付的合同，均应采取书面形式。

5. 具有基础性

由于买卖合同是商品交易最典型的法律形式，它最充分地反映了等价有偿的

---

① 参见吴志忠：《买卖合同法研究》，11页，武汉，武汉大学出版社，2007。
② 参见奚晓明主编：《合同法讲座》，302页，北京，中国政法大学出版社，2001。

第一节 买卖合同概述

原则,因而买卖合同具有典型性和基础性的特点。我国《合同法》第174条规定:"法律对其他有偿合同有规定的,依照其规定;没有规定的,参照买卖合同的有关规定。"这就是说,法律对买卖合同的规定可以普遍适用于各种有偿合同。《买卖合同司法解释》第45条规定:"法律或者行政法规对债权转让、股权转让等权利转让合同有规定的,依照其规定;没有规定的,人民法院可以根据合同法第一百二十四条和第一百七十四条的规定,参照适用买卖合同的有关规定。"从此种意义上来讲,买卖合同的规则具有基础性,其在整个合同法分则中可以起到拾遗补缺的作用。

二、买卖合同与相关概念的区别

(一)买卖与有关财产权的转让

有关财产权的转让,主要是指除所有权以外的其他财产权利的转让。从广义上理解,买卖可以分为物的买卖和权利的买卖。物的买卖是指以物为对象的买卖,它包括特定物的买卖和种类物的买卖。权利的转让是指转让各类法律上许可转让的权利,转让的对象包括绝大多数债权、物权以及部分特殊的人身权(主要指法人名称权和自然人肖像权的部分权能)。但从狭义上理解,买卖仅限于有体物买卖,我国《合同法》所规定的买卖主要是指此类买卖,其与权利转让不同。权利转让主要有如下几种形态:第一,债权的转让。我国《合同法》将其作为合同的转让规定在第五章之中,而不是将其规定在买卖合同之中。这一规定具有其合理性,因为债权的移转涉及债权人的通知义务、债务人对受让人的抗辩等问题,与一般的买卖关系不完全相同。尤其是因为债权的转让与债务的移转往往是联系在一起的,所以将权利的移转与义务的移转一并作出规定是有必要的。第二,知识产权的转让。我国合同法并没有对知识产权的转让作整体性的专章规定,有关知识产权的转让问题主要由知识产权法作出规定。但在技术合同部分和买卖合同中,也涉及技术转让的问题,以及出卖含有知识产权的计算机软件问题。第三,在例外情况下人身权的转让。根据《民法通则》的规定,法人的名称

权、自然人的肖像使用权可以依法转让。但有关这些权利的转让是由人身权制度加以规范的。第四，有价证券的转让。例如，关于票据、股票、债券、提单等的转让，一般是由票据法、证券法、海商法等加以规范的。买卖合同制度没有必要专门规定权利的转让。

由于所有权以外的其他财产权利的转让和买卖一样，本质上都是商品交易的形式，所以，我国《合同法》第174条规定："法律对其他有偿合同有规定的，依照其规定；没有规定的，参照买卖合同的有关规定。"据此，虽然有关的权利的转让已经受到特别法的调整或者是合同法其他制度的调整，对这些交易首先应当适用其他法律规定而不是买卖合同制度的规定，但就权利转让来说，在没有其他法律对其作出规定的情况下，就有必要考虑适用合同法的规定，包括合同法关于买卖合同的规定。可见，尽管我国合同法分则没有规定权利的转让，但并不意味着合同法关于买卖的规定绝对不能适用于权利转让。《合同法》第174条的规定也在一定程度上弥补了我国买卖合同制度过于狭窄的缺陷。买卖与其他财产权的转让的区别主要表现在：

第一，适用的法律不同。买卖合同主要受合同法调整，根据我国《合同法》第130条的规定，买卖合同是"转移标的物的所有权"的合同，它原则上不调整权利转让。而权利的转让则主要受到相关权利所属的法律所调整，如物权法、票据法、知识产权法等。

第二，客体不同。权利转让的客体是权利，其属于无形财产。而物的买卖的客体是有体物，包括动产和不动产。例如，建筑物的买卖合同和建设用地使用权的转让合同，前者就是物的买卖，而后者则是所有权以外的其他财产权利的转让。凡是法律不禁止转让的非专属性的权利，权利人可以通过转让、抵押等方式进行法律上的处分。

第三，移转方式不同。物的移转通常需要交付或者登记，而其他财产权利的转让一般不需要交付，但在特殊情况下，交付权利的凭证如交付提货单据也可以发生所有权的移转。

第四，是否有期限限制不同。买卖移转物的所有权除了特殊的买卖（如保留

第一节 买卖合同概述

所有权),一般都要移转所有权。而物的所有权原则上是无期限限制的权利,所以,买卖合同所涉及的所有权原则上是无限制的。而其他财产权利的转让可能涉及期限的限制问题,因为有些权利是有期限的。例如,权利人甲享有一项期限为70年的建设用地使用权,其可以将其中一部分年限例如20年的使用权转移给乙;20年期限届满,则乙的权利消灭,该土地使用权继续由甲享有。[①]

第五,是否适用特殊规定不同。例如,《合同法》第137条规定:"出卖具有知识产权的计算机软件等标的物的,除法律另有规定或者当事人另有约定的以外,该标的物的知识产权不属于买受人。"这是对知识产权转让的特殊规定。可见,权利转让并不完全适用买卖的一般规则。

(二)买卖合同与建设用地使用权出让合同

所谓建设用地使用权的出让,是指国家作为出让人,将其土地的占有、使用和收益的权利通过出让合同在一定年限内转移给土地使用者,由土地使用者享有建设用地使用权,利用该土地建造建筑物、构筑物及其附属设施,并向国家支付土地使用权出让金的行为。建设用地使用权出让,是建设用地使用权设定的主要形式。[②] 如果从广义上理解买卖,其标的既可以包括物,也可以包括权利。从这个意义上说,买卖合同可以包含建设用地使用权出让合同。

在我国,建设用地使用权出让合同具有特殊性,其与一般的买卖合同仍然存在一定的区别。这种区别主要体现在:第一,是否必须有国家的参与不同。在出让法律关系中,国家作为土地的所有权人是出让人,而建设用地使用权人是买受人,其取得建设用地使用权后,应当依法承担支付建设用地使用权出让金等义务。但是一般的买卖合同,并没有对交易当事人的身份有特别的要求,买卖合同的主体可以是包括国家在内的所有民事主体。第二,标的不同。建设用地使用权出让合同的标的限于国有土地使用权。根据《物权法》第135条的规定,建设用

[①] 有学者认为,此种做法并非建设用地使用权的转让,而是设定次级建设用地使用权,从而满足第三人对其占有的地块短期或者一定范围的利用要求,实现物尽其用。参见尹飞:《物权法·用益物权》,227页,北京,中国法制出版社,2005。

[②] 参见《城市房地产管理法》第8条。

第二章 买卖合同

地使用权的出让,是指国家以国有土地所有人的身份将国有的土地使用权在一定年限内让与土地使用者,并由土地使用者向国家支付土地使用权出让金的行为。我国法律明确规定集体所有的土地使用权不能直接出让,只能在通过征收变为国有土地之后才能进行出让。[①] 但是在买卖合同中,并没有对标的物的类型有特别规定,所有类型的物都可以成为买卖合同的标的物。第三,合同形式的要求不同。建设用地使用权出让合同是要式合同。《城市房地产管理法》第15条规定,土地使用权出让,应当签订书面出让合同。土地使用权出让合同由市、县人民政府土地管理部门与土地使用者签订。因此,出让合同必须采取书面的形式。而一般的买卖合同对合同的形式并没有特别要求,其原则上是不要式的。第四,合同缔约方式不同。建设用地使用权出让原则上应当通过公开竞价的方式进行,设定此种权利的目的就在于形成土地价格,通过市场实现国有土地的最有效率的利用。这就需要通过公开竞价的方式,来真正形成土地价格。此外,这一做法也有利于解决我国土地出让实践中因暗箱操作引发的腐败问题。《物权法》第137条第2款规定:"工业、商业、旅游、娱乐和商品住宅等经营性用地以及同一土地有两个以上意向用地者的,应当采取招标、拍卖等公开竞价的方式出让。"而买卖合同的订立原则上不采公开竞价的方式,除非是特殊类型的买卖(如招投标买卖)。第五,定价方式不同。建设用地使用权出让合同是有偿合同,但如果采用招标、拍卖等公开竞价的方式来出让,则必须根据公开竞价的方式来确定出让的价格。而一般的买卖合同通常并不存在关于定价方式的强制规定。第六,适用的法律不同。建设用地使用权出让合同由于本身的特性,首先要适用《物权法》等法律的规定,没有规定时才准用《合同法》有关买卖合同的规定。而一般的买卖合同应优先直接适用《合同法》买卖合同的相关条款。

---

① 例如,根据《城市房地产管理法》第9条,城市规划区内的集体所有的土地,经依法征用转为国有土地后,该幅国有土地的使用权方可有偿出让。

三、买卖法

买卖法是关于买卖的法律规则的统称，它包括合同法中有关买卖合同的规定，以及特别法有关买卖合同的规定。如果从广义上理解买卖，将其包括权利的转让，那么，特别法上有关权利转让的规则也属于买卖法的范畴。买卖法在民法中是一个相对独立的领域，构成自身独特的体系。

买卖法在合同法分则中是自成体系的，因为买卖合同是最为重要的合同类型，买卖法的内容也是合同法分则中最为全面的。在合同法中，买卖法具有以下几个特点：第一，其具有国际性的特点。随着经济全球化的发展，世界多个国家中买卖法的相关内容的趋同性也日益明显。20世纪80年代制定的《销售合同公约》[1]和1994年国际统一私法协会制定的《商事合同通则》，就是这种趋同性和统一性最为明显的体现。第二，其是自成体系的。相对合同法分则的其他有名合同而言，买卖法自成体系。即便是在普通法中，买卖法往往也是成文的。例如，英国早在1893年就颁布了《货物买卖法》，而美国在20世纪制定的《统一商法典》，也花费大量的篇幅规定买卖合同的内容。在大陆法系国家中，买卖也是合同法分则中最具体系化的有名合同。第三，其在分则中具有基本规则的意义。合同法分则中的其他具体合同，经常会出现参照买卖法适用的内容。买卖法这种相对适用性和总则规定的指导性并不相同。

买卖法反映了商品交易的基本法律形式，对于合同法的其他领域具有指导和准用的功能。《合同法》第174条的规定，说明我国立法已经认可买卖合同对其他有偿合同具有准用、参照的作用。第一，准用。它是指法律明确规定，特定法律关系可以参照适用于其他的情形。准用（entsprechende Anwendung）"乃为法律简洁，避免复杂的规定，以明文使类推适用关于类似事项之规定"[2]。第二，参照。参照是指参考适用，它不是强制性、无条件的适用。但如果法律已经对某

---

[1] 至1999年年底，共有57个国家批准参加该公约。
[2] 史尚宽：《民法总论》，51页，北京，中国政法大学出版社，2000。

类情况作出了明确的准用、参照的规定，就应当按照法律的规定进行参照或准用，而不能采用扩张解释的方法。例如，建设用地使用权转让合同没有对交付作出规定，有关交付的规则就可以参照买卖合同的规定。关于买卖合同可以参照适用的范围，主要有如下几种：一是互易合同。《合同法》规定互易合同可以参照买卖合同的规定（参见《合同法》第175条），对于其他的合同，依据《合同法》第174条应当限定在有偿合同的范围。① 二是供用电、水、气、热力合同。虽然合同法对此作了具体规定，但其在性质上属于特殊物的交易，因而，也可以在法律没有规定的情况下参照合同法关于买卖合同的规定。三是权利转让合同。除了法律对技术合同已有特别规定的以外，法律上对无形财产的转让也可以参照适用买卖合同的规定。

四、买卖的分类

（一）一般买卖与特种买卖

一般买卖是指没有特殊要件要求的买卖，而特种买卖是指特殊形态的买卖，即具有特殊要件的买卖。在比较法上，特种买卖都有特别的规定。例如，我国台湾地区"民法"规定的特殊买卖包括实验买卖、货样买卖、分期付款买卖及拍卖。② 我国《合同法》规定的特种买卖有分期付款买卖、凭样品买卖、试用买卖、招标投标买卖和拍卖。一般买卖与特种买卖的主要区别在于：一方面，一般买卖作为通常的买卖形式，其适用买卖的一般规则。法律上对于一般买卖的程序没有特殊的规定，应当适用合同法总则中关于合同订立的一般规则。而特殊买卖是一般买卖的特别形式，其在订立方式、履行方式、担保规则等方面，法律有特别的规定。另一方面，特种买卖属于随着经济和社会发展而产生的特殊交易形

---

① 《欧洲示范民法典草案》第4.1—1：101条规定，买卖准用于电力销售合同，股票、股份、投资证券以及流通票据转让合同，债权、工业和知识产权以及其他可让与的权利的让与合同，许可使用信息或数据（包括软件和数据库）的权利并以此换取价款的合同，动产或上述任何其他财产的互易合同。这一规定是值得借鉴的。

② 参见黄立：《民法债编各论》上册，15页，北京，中国政法大学出版社，2003。

第一节 买卖合同概述

态,而一般买卖是交易的传统形态。对特种买卖而言,在法律有特别规定的情况下,要从其规定,但在法律没有特别规定的部分,应当适用一般买卖的规定。还应看到,两者在适用的法律方面不同。一般买卖应当适用合同法的规定,而特种买卖优先适用特别法的规定。例如,拍卖要适用《拍卖法》的规定,招标投标买卖要适用《招标投标法》的规定。

(二) 动产买卖和不动产买卖

这是根据买卖的标的物是动产还是不动产所作的区分。两者的主要区别表现在:第一,转让的标的不同。动产是可以移动,或者移动不影响其价值的物。不动产是动产以外的其他财产。第二,移转所有权的方式不同。动产买卖通常适用交付移转所有权的规则,而不动产买卖通常以登记作为所有权移转的要件。当然,针对特殊的动产(如机动车、船舶),依据《物权法》第24条的规定,其物权变动实行登记对抗主义,即船舶、航空器和机动车等物权的设立、变更、转让和消灭,未经登记,不得对抗善意第三人。第三,合同的形式要件不同。动产买卖合同一般都没有形式要件的要求,要式或不要式均可。而不动产买卖合同因标的物价值较大,为避免日后的纠纷,法律一般都要求其采用书面的形式,因此属于要式合同。第四,适用的法律依据不同。在许多国家,不动产买卖都有专门的法律依据,并将之视为买卖法的特别法。[①] 就不动产买卖而言,我国《物权法》等法律也作出了专门的规定。但是关于动产的买卖,一般都是适用《合同法》的相关规定。

(三) 国内货物买卖和国际货物买卖

这是根据买卖合同的当事人、标的物的所有权是否在不同国家之间转移等的不同所作的分类。两者的主要区别在于:第一,是否具有涉外因素。国内货物买卖原则上不具有涉外因素。而在国际货物买卖中,其必然包含了涉外因素,这也决定了其在法律适用等方面存在差异。第二,适用的法律依据不同。就法律适用而言,国际货物买卖一般都允许当事人约定所应适用的法律,此种法律可以是外

---

① 参见徐炳:《买卖法》,13页,北京,经济日报出版社,1991。

第二章 买卖合同

国法,也可以是内国法。在当事人没有约定的情况下,根据我国《涉外民事关系法律适用法》第 41 条的规定,应适用履行义务最能体现该合同特征的一方当事人经常居住地法或其他与该合同有最密切联系的法律。而国内货物买卖一般只适用国内法,主要是《合同法》关于买卖合同的规定。在国内货物买卖中,一般不存在当事人约定法律适用,即适用外国法、国际公约的问题。第三,时效期限不同。考虑到国际货物买卖的特殊性,法律上规定了特殊的诉讼时效期间。《合同法》第 129 条规定:"因国际货物买卖合同和技术进出口合同争议提起诉讼或者申请仲裁的期限为四年,自当事人知道或者应当知道其权利受到侵害之日起计算。因其他合同争议提起诉讼或者申请仲裁的期限,依照有关法律的规定。"而国内货物买卖应当适用诉讼时效期间的一般规定,即《民法通则》所规定的两年的诉讼时效期间。当然,依据《民法通则》第 136 条,出售质量不合格的商品未声明的,诉讼时效期间为一年。

(四) 消费买卖和经营买卖

根据买卖合同的主体不同,买卖可以区分为消费买卖和经营买卖。消费买卖是指交易的一方为消费者而另一方是经营者的买卖合同。而经营买卖则是指在专业的经营者之间发生的买卖合同。在现在的市场经济社会,为了强化对消费者的保护,明确地区分了这两种不同形式的买卖,适用不同的规则,以突出对消费者的保护,维护社会的公平。在比较法上,也有区分消费买卖和经营买卖的做法。例如,《欧洲示范民法典草案》第 4.1—1:204 条规定,消费买卖合同是出卖人为经营者且买受人为消费者的动产买卖合同。欧盟曾经针对消费者保护发布了一系列指令。[①] 在我国《合同法》中,这两种买卖合同形式的主要区别在于:第一,主体不同。在消费买卖中,买受人一方主要是消费者,而出卖人一方则特定为专业经营者,其属于传统意义上的商人。由于受信息不对称等因素的影响,消费者相对于经营者而言属于弱者。在法律上,往往从消费者保护的角度,对消费买卖作出特殊的规定。第二,标的物质量不合格时的违约责任不同。在消费买卖

---

① 例如,欧盟关于远程买卖的指令、关于上门推销买卖的指令等。

中，作为出卖人的经营者，在其交付的标的物质量不合格时，其违约责任具有一定的特殊性。如《消费者权益保护法》第 55 条规定的双倍赔偿责任等，是在消费买卖合同中特别规定的。而经营买卖的合同主体都是经营者，应按照《合同法》的一般规则确定出卖人的违约责任。第三，信息披露义务不同。由于相较经营买卖，消费买卖中主体地位不平等，所以为了维护交易的公平，法律规定消费买卖中的经营者要完全披露商品的有关信息，如果由于披露不完全造成了消费者的损害，经营者要承担相应的责任。而在经营买卖中，由于双方都是专业经营者，出卖人所负担的披露义务相对较小，买受人也负有一定的查明货物质量的义务。

（五）现货买卖与期货买卖

这是根据在订立合同时标的物是否已经实际存在为标准所作的分类。所谓现货，是指双方达成买卖合同时，合同的标的物已经存在。[①] 所谓期货，是指双方签订买卖合同时，合同的标的物尚不存在，但是按照合理的预期可以出现。期货合约是买卖双方根据公认的交易规则，在规定的地点和时间，就特定商品项目，按照规定的数量和质量交货和提货而达成的协议。[②] 或者说，是买卖双方提前就一定的商品以现在达成的价格约定在将来某一时间或期间交货的一种契约。[③] 在我国，期货买卖是指在期货交易所内集中买卖某种期货合约的交易。这种买卖和一般买卖的区别是明显的。但是，在实践中，当事人可能订立远期商品买卖合同。在这种合同中，双方约定在未来某一个时间进行实物的交付和资金的交收。例如，双方 1 月份约定，在 7 月小麦成熟时，以约定的价格购买 1 000 吨小麦的合同。此类合同与期货买卖较为相似，但仍为普通买卖。

笔者认为，普通买卖与期货买卖仍然存在明显的区别，主要表现在：第一，交易的对象不同。期货买卖交易的对象是期货合约。期货交易不是移转标的物所

---

① 参见徐炳：《买卖法》，13 页，北京，经济日报出版社，1991。
② See Robert E. Fink and Robert B. Febuniak, *Futures Trading*, New York Institute of Finance Practice-Hall, 1988, p. 10.
③ 参见杨永清：《论期货合约的概念》，载《法学研究》，1995 (3)。

有权，而是移转合约。买卖合同交易的对象是实物，包括现有之物和未来之物。第二，是否移转标的物所有权不同。买卖合同需要移转标的物所有权。而期货买卖移转的是期货合约，不存在移转所有权的问题。第三，缔约目的不同。买卖合同的缔约目的是通过移转交付而取得对标的物的所有权。期货交易的目的不以实物交割为主，而是以锁定价格风险或获取投机利润为主。第四，履行方式不同。买卖合同的履行方式为标的物的交付，而期货交易的履行方式为实物交割和对冲平仓两种。第五，价格不同。买卖合同的价格由双方当事人进行单独磋商确定，而期货交易的价格则在期货交易所内通过集中竞价的方式确定。

第二节 买卖合同的主要条款

一、买卖合同的主要条款概述

所谓买卖合同的主要条款，是指买卖合同必须包含和通常包含的条款。一是必须包含的条款，它是买卖合同的必备条款，缺少了必备条款，买卖合同就不能成立。《合同法司法解释二》第1条规定："当事人对合同是否成立存在争议，人民法院能够确定当事人名称或者姓名、标的和数量的，一般应当认定合同成立，但法律另有规定或者当事人另有约定的除外。"该规定对合同的一般条款予以明确规定，使合同成立的条件更为清楚。有学者认为，该条明确了买卖合同的必备条款。笔者认为，该条是对合同必备条款所作的一般规定，也应当适用于买卖合同。因此，当事人名称或者姓名、标的和数量是买卖合同的必备条款。但除此之外，就买卖合同而言，价款也是重要的因素，因为买卖是反映商品交换的典型形态，其区别于赠与等合同之处就在于，当事人是否约定了价款。如果合同没有约定价款或难以确定价款，则难以确定该合同是否属于买卖合同。因而，价款也应当是买卖合同的必备条款。据此，买卖合同的必备条款应当包括：当事人的姓名或名称、标的、价款、数量。只有在具备这几项必备条款后，买卖合同才能成

立。二是通常包含的条款，它是指买卖合同中当事人一般都会约定的条款。例如，有关验收标的物的规定等。

《合同法》第12条规定了合同一般包括的条款，如当事人的名称或姓名、住所、标的，数量、质量、价款或者报酬等。该条使用"一般包括"的提法，表明法律所规定的买卖合同一般应包括的条款并不都是强制性规定，当事人完全可以自行作出约定。《合同法》第131条规定："买卖合同的内容除依照本法第十二条的规定以外，还可以包括包装方式、检验标准和方法、结算方式、合同使用的文字及其效力等条款。"这就意味着，就买卖合同的内容而言，除了合同法总则中关于合同一般条款的规定外，还可以就包装方式、检验标准和方法、结算方式、合同使用的文字及其效力等主要条款作出约定。但是，这一规定仍然是引导性或提示性的，因为在该条中使用了"还可以包括"的表述。从文义解释来看，除必备条款以外，买卖合同中既可以包括上述条款，也可以不包括这些条款。是否包括这些条款，由当事人根据具体情形决定。[①]

二、《合同法》中规定的买卖合同的主要条款

如前所述，我国《合同法》第12条和第131条就买卖合同的主要条款作出了规定，以引导当事人正确订约。依据《合同法》的上述规定，买卖合同的主要条款包括：

1. 当事人

买卖合同的当事人包括出卖人和买受人。就出卖人而言，应当是标的物的所有权人或有权处分的人。《合同法》第132条第1款规定："出卖的标的物，应当属于出卖人所有或者出卖人有权处分。"可见，出卖人出卖标的物时，应当享有处分权，否则构成无权处分。一般而言，出卖人都是物的所有人，但是，在特殊

[①] 《欧洲示范民法典草案》第4.1—2：301条规定，标的物与合同相符是指：(a) 符合合同约定的数量、质量和说明；(b) 符合合同约定的装运方式或包装方式；(c) 配备合同约定的附件、安装说明或其他说明；(d) 符合其他条款的规定。

情况下，出卖人也可能是所有人以外的处分权人，其主要包括如下情形：第一，国有财产的经营者或其他授权处分者。虽然国有财产的经营者或其他授权处分者不是财产的所有人，但是其在一定范围内享有处分权，因此，也可以成为买卖合同的主体。例如，事业单位占有的国有财产，其可以依照法律和国务院的有关规定享有一定的处分权。第二，监护人。监护人原则上不能处分被监护人的财产，但是，为了被监护人的利益也可以进行必要的处分。监护人依法所从事的处分被监护人的财产的行为也是有效的。第三，破产企业的管理人。在企业破产的情形下，管理人享有一定的权限，其中包括在一定条件下处分破产企业财产的权利。

2. 标的物

由于我国《合同法》关于买卖的规定原则上仅限于物的买卖，不包括权利的转让，所以买卖的标的物主要是有体物。《合同法》第130条将买卖定义为："买卖合同是出卖人转移标的物的所有权于买受人，买受人支付价款的合同"，与《德国民法典》第433条的规定相比较，该定义只是规定了出卖人在转移标的物所有权方面所负的义务，而并没有规定权利转让的转让人在移转权利方面所应负担的义务。这就表明了《合同法》关于买卖合同的规定原则上并不适用于权利转让。

从《合同法》第130条的规定来看，买卖合同的标的物限于有体物。因为只有有体物才能实际交付，并移转所有权。所谓有体物是指具有一定的物质形体，能够为人们所感知的物。有体物包括除权利以外的一切物质实体，即物理上的物，范围非常广泛，它不仅包括占有一定空间的有形物（各种固体、液体和气体），还包括电、热、声、光等自然力或"能"（energies）[①]。有体物包括了动产和不动产，凡是具有一定价值的财产，都可以作为买卖的标的物。在买卖中，如果没有标的物，就无法确定合同双方当事人的权利义务关系。所以，当事人在订立买卖合同中应当就标的物的形状、品质、类型等作出明确约定。例如，在买卖房屋时，应当对房屋的地址、门牌号、面积、特征等作出约定。不过，买卖合同中规定的有体物的范围是较为宽泛的，它既可以是现有的物，也可以是将来之

[①] 李双元主编：《比较民法学》，247页，武汉，武汉大学出版社，1998。

第二节 买卖合同的主要条款

物。所谓将来之物,是指在合同订立之时尚不存在、但是在将来有很大可能性会产生的物。由于将来之物在合同订立时尚未产生,因而无从确定出卖人是否对其享有所有权或处分权,不过,如果出卖人在合同履行期限届至时仍未能取得标的物所有权或者处分权,导致其不能移转标的物所有权的,应当承担违约责任。

3. 数量和质量

标的物的数量,是指当事人购买标的物的数目。数量通常要以一定的计量单位明确表示,例如,千克、吨、米等。当然,当事人也可以依据一定的交易习惯,采用行业公认的计量单位(如车皮)来计算。数量可以事先确定,也可以留待将来确定,但是,通常来说,将来确定的具体的数量应当在合同中有明确约定。如果当事人没有就数量作出约定,就无法确定交易的对象。对于标的物数量在交付时的误差,也应当在合同中明确约定,以防止将来发生争议。[1] 例如,当事人买卖稻谷,应当对合理的磅差作出约定。

标的物的质量也是买卖合同中的重要条款。为了准确地表示标的物的质量,当事人应当就标的物的品种、规格、品质等级、型号、级别等作出明确约定。标的物质量有国家标准的,应当符合国家标准;没有国家标准的,应当符合行业的通常标准。[2] 在法律对质量有规定时,应当遵守法律的规定,当事人也可以约定,但当法律所规定的质量标准具有强制性时,则当事人所约定的质量标准不得低于法律规定的质量标准。例如,关于食品、药品等,法律都规定了强制质量标准,当事人应当遵循这些质量标准。

4. 价款及支付方式

价款又称为价金,由于买卖作为商品交易的典型形式,其必然以有偿性为特点,所以买卖中必须包括价款的约定。价款通常以一定的币种来确定,在我国订立的合同,通常应当以人民币作为标准。价款可以由当事人事先确定,也可以基于当事人的特别约定,采取活价条款的方式,将价款留待以后确定。价款可以一次性支付,也可以分期支付,如果约定分期支付,当事人应当明确约定。如果当

---

[1] 参见魏耀荣等:《中华人民共和国合同法释论(分则)》,6页,北京,中国法制出版社,2000。
[2] 参见张新宝、龚赛红:《买卖合同赠与合同》,29页,北京,法律出版社,1999。

事人没有约定分期支付,应推定为一次性支付。价款可以采取现金的方式支付,也可以采取支票等方式支付,但是,当事人约定的支付方式不应当违反国家关于现金管理的规定。

5. 包装方式

包装方式是买卖合同中的重要条款,其通常会对标的物的质量产生影响。例如,出卖人所交付的货物容易受潮,如果不对货物采用合适的方式进行包装,将可能会导致货物受潮而发霉、变质等。此外,在出卖人需要将货物交由承运人进行运输时,根据货物的性质而采取合适的包装方式也可以避免货物在运输途中的毁损、灭失等,例如易燃、易爆等物品属于此种情况。在现实生活中,一些标的物在经过精美包装之后也可以实现增值。因此,如果因标的物的性质等原因需要进行包装的,当事人应当就包装的方式作出约定,如就包装的材料、包装品的强度和质量等作出特别的规定。

6. 检验标准和方法

检验标准和方法,是指标的物在交付时采取何种标准和方法进行验收。检验标准包括国家标准、行业标准以及当事人约定的标准等。检验方法是指依据检验标准采用何种方法对标的物进行验收。例如,双方订立购买煤炭的合同,是采取过磅计量的方式,还是采取估堆的方式,或是以车皮来计算。再如,对于质量的确认,是否以第三人的检验报告为准,或直接根据国家标准和行业标准确定,这些都需要在合同中加以明确。

7. 结算方式

所谓结算方式,是指当事人在合同中就价款的清算所作的约定。对于即时买卖而言,当事人通常要即时结清。对于非即时买卖而言,当事人需要就价款的结算方式作出约定。例如,当事人可以约定在出卖人交付货物之后,买受人应及时支付价款,或约定分期或分批次对货物的价款进行结算。

8. 合同使用的文字及其效力等条款

合同文本可能以多种语言表达。例如,当事人用中文和英文分别订立合同,两种文本的表述可能会存在差异。当事人应当在合同中约定,在发生争议时,以

哪一种合同文本为准。再如，在不同民族的主体之间交易时，可能涉及是采用汉语订立合同，还是采用少数民族的语言订立合同。

总之，法律关于买卖合同条款的规定是引导性的，而不是强制性规定。当事人完全可以根据不同情形来具体约定买卖合同的各项条款。但是，法律规定的必备条款（当事人的姓名或名称、标的、价款、数量）是不可缺少的，否则，买卖合同无法成立。

第三节 买卖合同的效力

一、出卖人的义务

（一）交付标的物的义务

移转标的物所有权是出卖人的基本义务。依据《合同法》第133条，通常情况下移转标的物所有权是通过交付来完成的；但交付并不等同于移转所有权，如不动产所有权转移，必须要通过登记方能完成。而且，即便是通过登记转移所有权的情况下，出卖人也同样负有交付标的物的义务。因此，交付义务是出卖人负有的一项独立的合同义务。《合同法》第135条规定："出卖人应当履行向买受人交付标的物或者交付提取标的物的单证，并转移标的物所有权的义务。"这就将交付与转移标的物所有权，并列为出卖人的合同主义务。据此，出卖人不仅要转移标的物的所有权，还应当向买受人交付标的物或者交付提取标的物的单证，从而实现买卖合同的目的。交付标的物的义务，具体包括如下方面：

1. 出卖人应当按照约定的期限或期间交付标的物

在买卖合同中，依据《合同法》第138条，"出卖人应当按照约定的期限交付标的物"。该条确定了出卖人及时交付标的物的义务，出卖人未在规定的期限内履行交付义务，将构成履行迟延，应当承担相应的违约责任。《合同法》第138条在借鉴《销售合同公约》第33条规定的基础上确定了两项规则：第一，

如果合同约定了交货期限,应当按照合同约定的期限交货。此处所说的期限,是指准确的交付时间点。例如,合同约定5月底前交货,在此之前,出卖人必须交付标的物。需要指出的是,如果当事人在规定的交付期限之前提前交货,只要不造成买受人的损害,买受人无正当理由不得拒绝。但因提前交货给买受人造成损失的,出卖人应当补偿。第二,如果合同约定了交货的期间,出卖人应当在该期间交付。《合同法》第138条规定的期间是指合同中约定的一段时间,出卖人应当在该段时间内交付。例如,合同约定在某个月内交付,那么在该月内的任何时间交付都是符合约定的。所以,这一交付时间不是交货期限,而是交货期间。

《合同法》第139条规定:"当事人没有约定标的物的交付期限或者约定不明确的,适用本法第六十一条、第六十二条第四项的规定。"据此可见,在当事人没有明确约定交付期限的情况下,应当按照如下规则处理:第一,按照《合同法》第61条所确定的规则来确定交货期限。这就是说,应该由当事人事后就合同履行时间达成补充协议,如果不能达成补充协议的,应当根据合同有关条款和交易习惯来确定。例如,当事人双方订立了购买月饼的合同,虽然合同中没有就履行时间进行明确约定,但依据交易习惯,出卖人应当在中秋节之前交付标的物。第二,如果根据《合同法》第61条不能确定交货期限,则按照《合同法》第62条第4项的规定,出卖人可以随时要求履行交付义务,买受人也可以随时要求出卖人履行,但应当给对方必要的准备时间。

在我国司法实践中,如果当事人没有约定交付时间,通常可以依据下列情形进行判断:第一,如果约定由买受人自提货物的,以出卖人通知买受人提货时间为交付时间。但出卖人的通知一般应当采用书面形式,而且应当给买受人留有必要的准备时间。第二,如果合同约定由出卖人送货的,出卖人在交货地点将标的物交付买受人点收完毕,视为交付。需要指出的是,出卖人送货上门不仅应将货物送到买受人所在地,还应将货物的占有移转给买受人。如果买受人对货物的质量和数量等提出异议,拒绝接受的,不能视为交付。第三,出卖人因买受人无正当理由拒绝签收而将标的物提存的,提存时间视为交付时间。第四,出卖人提前交付的,买受人接受的,则应当以实际交付的时间为交付时间。第五,合同中约

定由出卖人代办托运或邮寄货物的,出卖人将标的物交给第一承运人或邮局的时间为交付时间。[①] 合同约定在出卖人处交付,出卖人代办托运或者代办邮寄的,出卖人在托运或者邮寄地点办理完托运或者邮寄手续后即为交付。

2. 出卖人应当在约定的地点交付标的物

《合同法》第141条规定:"出卖人应当按照约定的地点交付标的物。"这就确定了出卖人应当按照约定的地点交货的义务。凡是合同当事人就交付地点有明确约定的,应当依照约定交付。例如,合同约定在出卖人所在地交付,或者在货物存放地交付,则应当在约定的地点履行交付义务。关于履行地的确定,不仅涉及买卖双方的义务履行问题,还涉及诉讼管辖问题,因此正确确定履行地十分重要。最高人民法院《关于适用〈中华人民共和国民事诉讼法〉的解释》第18条第1款规定:"合同约定履行地点的,以约定的履行地点为合同履行地。"

《合同法》第141条规定:"当事人没有约定交付地点或者约定不明确,依照本法第六十一条的规定仍不能确定的,适用下列规定:(一)标的物需要运输的,出卖人应当将标的物交付给第一承运人以运交给买受人;(二)标的物不需要运输,出卖人和买受人订立合同时知道标的物在某一地点的,出卖人应当在该地点交付标的物;不知道标的物在某一地点的,应当在出卖人订立合同时的营业地交付标的物。"该条是关于当事人没有约定交付地点或者约定不明确时,有关标的物交付地点确定的规则。依据这一规定,首先要依据《合同法》第61条确定交付地点。这就是说,当事人在没有明确约定交付地点时,应当在事后达成补充协议。如果不能达成补充协议的,也可以根据合同有关条款或交易习惯来确定。例如,当事人无法达成补充协议,但买卖合同中约定买受人自提货物的,依据该条款,可以确定交付地点是出卖人所在地。如果买卖合同中约定,在出卖人所在地结算,据此也可以认为,交付地点是出卖人所在地。

在不能依据《合同法》第61条的规定确定交付地点的情况下,《合同法》第141条确立了如下两项规则:

[①] 参见孙应征主编:《买卖合同法律原理与实证解析》,217页,北京,人民法院出版社,2005。

(1) 标的物需要运输的情形

标的物需要运输的，出卖人应当将标的物交付给第一承运人以运交给买受人。笔者认为，所谓"出卖人应当将标的物交付给第一承运人以运交给买受人"，实际上是"以履行义务一方所在地为合同履行地"原则的体现。根据《合同法》第62条第3项，合同没有约定合同履行地点的，交付货物的，应当以履行义务一方所在地作为合同履行地。在货物需要运输的情况下，虽然以出卖人所在地为合同履行地，但基于诚信原则产生的协助义务，出卖人仍然应当将货物运抵第一承运人处。所以，出卖人将货物交付给第一承运人应当认定为"在履行义务一方所在地履行了交付义务"。但适用这一规则的前提是标的物需要运输，如果标的物不需要运输，例如出卖人和买受人相距不远，无须交给承运人进行运输而实现交付的，则不适用该规则。

(2) 标的物不需要运输的情形

依据《合同法》第141条，如果当事人未约定标的物的支付地点，而标的物不需要运输的，交付地点的确定应适用如下两项规则：一是，如果出卖人和买受人订立合同时知道标的物在某一地点的，出卖人应当在该地点交付标的物。这就是说，既然当事人在订立合同时都知道该标的物的所在地，而且该标的物又不需要运输，则法律推定当事人对于标的物的交付地点存在一个默示的合意，当事人意欲在标的物所在地履行。因此，除非当事人有特别约定，否则当事人应当在标的物所在地履行交付义务。二是，如果不知道标的物在某一地点的，应当在出卖人订立合同时的营业地交付标的物。这就是说，订约时当事人对于标的物交付地点既没有明示约定，也没有默示的合意（如订立合同时知道标的物所在地），则应遵循《合同法》第62条，在履行义务一方所在地履行货物交付义务。具体而言，该"履行义务一方所在地"就是"出卖人订立合同时的营业地"。

还需要讨论的是，《合同法》第62条与第141条之间的关系问题。《合同法》第62条第3项规定："履行地点不明确，给付货币的，在接受货币一方所在地履行；交付不动产的，在不动产所在地履行；其他标的，在履行义务一方所在地履行。"从该规定可见，其也为确定交货地点的规则。这些规定对买卖合同也有一

定的可适用性。《合同法》第141条则根据需要运输或不需要运输、订约时知道标的物所在地或不知道标的物所在地等不同情况分别予以规定。那么,在交付地点不明确的情况下,究竟应当优先适用第62条的规定还是第141条的规定来确定交付地点?[①] 笔者认为,对于买卖合同中交付地点约定不明的情形,原则上应当按照特别法优先于普通法的规则,先适用《合同法》第141条,如果第141条没有规定时,再适用第62条。实际上,两个法条的内容也是相互衔接的,并不存在所谓的冲突和矛盾。例如,有关需要运输的货物的交付地点,《合同法》第62条规定为"在履行义务一方所在地履行",而第141条规定为"出卖人应当将标的物交付给第一承运人以运交给买受人",两者之间从表面上看似乎不完全相同,但实际上,履行地也是出卖人交付标的物的所在地,因此,第141条所规定的"出卖人应当将标的物交付给第一承运人"实质上就是"出卖人在履行义务一方所在地履行合同"规则的体现。

3. 关于不动产的交付地点

关于不动产的交付地点,《合同法》第62条规定为"不动产所在地",第141条虽然没有类似规定,但其规定"出卖人和买受人订立合同时知道标的物在某一地点的,出卖人应当在该地点交付标的物",而不动产买卖合同中,当事人一般是知道不动产所在地的,因此,依据《合同法》第141条,买卖合同的当事人也应当在不动产所在地进行交付。从体系解释来看,依据《合同法》第62条,履行地点不明确,如果当事人交付不动产的,在不动产所在地履行。而《合同法》第141条对此并未作出明确规定。在此情况下,也可以认为特别法没有规定,就应当适用一般法即总则的规定。所以,有关不动产交付地点,应当以不动产所在地为交付地点。需要指出的是,不动产所在地和登记所在地往往是一致的,但也

---

① 对此,有三种不同的观点,一种观点认为,第62条是专门确定交付地点的一般规则。凡是在没有约定的情况下,都应当按照第62条的规定。另一种观点认为,第62条是总则的规定,而第141条是分则的规定,按照特别法优先于普通法的规则,应当优先使用第141条。还有一种观点认为,对买卖合同来说,首先要适用第141条的规定,但并不是说该条与第62条是冲突的,凡是对该条没有规定的情形下,都可以适用第62条。例如,第62条规定的交付不动产的,在不动产所在地履行,这一规则就可以适用于买卖合同。参见胡康生主编:《中华人民共和国合同法释义》,221页,北京,法律出版社,1999。

可能不一致。《合同法》第62条规定的履行地点是不动产所在地,所以还是应在不动产的所在地,而不是登记所在地。

4. 出卖人交付标的物的方式必须符合法律规定和合同约定

就交付来说,通常当事人都采取现实交付的方式。所谓现实交付是指动产物权的出让人将动产的占有实际地移转给买受人,由买受人直接占有该动产。简单地说,现实交付就是将物从一个人的控制转移到另一个人的控制之下,从而发生动产占有的实际移转,这是交付的一般情况。但是,如果法律有特别规定或者合同有特别约定,也可以采取拟制交付的方式。具体来说,拟制交付包括如下几种情形:

第一,简易交付。所谓简易交付,是指出卖人在转让动产物权之前,买受人已通过委托、租赁、使用借贷等方式而实际占有了该动产,则从移转标的物所有权的合同生效之时起,视为交付。由于简易交付可以简化实际交付的过程,减少交易费用,我国《合同法》也承认这一交付方式。《合同法》第140条规定:"标的物在订立合同之前已为买受人占有的,合同生效的时间为交付时间。"这就是说,双方当事人可以以动产物权转让的合意来代替对动产的现实交付。在此情形下,关于买受人占有的原因可以不予考虑,但一般要求合法。在简易交付中,由于当事人双方已经达成了移转所有权的合意,同时标的物已经发生了占有的移转,因而没有必要再继续完成交付行为。

在简易交付之前,尽管买受人已经在先占有了出卖人的财产,但这种占有只是一种他主占有,即不是以所有人的意思而进行的占有。对出卖人来说,先前尽管没有实际占有其物,但仍然构成自主占有,即以所有人意思所进行的占有。在简易交付时,出卖人仅将自主占有的意思授予买受人,使买受人从他主占有变为自主占有,以代替现实的交付行为。因此,许多学者认为简易交付是一种纯粹的观念交付。[1]

第二,指示交付。所谓指示交付,是指出卖人在转让动产物权时,如果该动

---

[1] 参见王轶:《物权变动论》,149页,北京,中国人民大学出版社,2001。

产由第三人占有，出卖人可以将其对第三人的返还请求权转让给买受人，以代替物的实际交付。① 指示交付，又称为让与返还请求权（或返还请求权的代位），其目的是保障第三人对标的物占有的延长，从而进一步发挥物的使用效益。一般来说，在指示交付中，出让人转让的返还请求权应当是对特定的第三人的返还请求权，如果其物被他人占有以后，出让人不知道占有其动产的人是何人，因而不能对特定的占有人提出请求，当然不能将这种返还请求权转让给买受人。移转返还请求权，出让人应当通知第三人，买受人不能在未通知第三人之前直接向第三人提出请求。

第三，占有改定。所谓占有改定也称为继续占有，是指在动产物权转让时，如果出卖人希望继续占有该动产，当事人双方可以订立合同，特别约定由出卖人继续占有该动产，而买受人因此取得对标的物的间接占有以代替标的物的实际交付。② 《物权法》第 27 条规定："动产物权转让时，双方又约定由出让人继续占有该动产的，物权自该约定生效时发生效力。"例如，甲将其房屋出卖给乙以后，乙并没有占有该房屋，双方又达成租赁合同，约定由甲继续承租并使用该房屋，此种情况就属于占有改定。占有改定的目的是要使出卖人继续占有标的物，从而既符合出卖人的要求又可继续发挥物的效用。占有改定不仅简化了交付的程序，降低了交易费用，而且有利于鼓励交易。

以上三种方式都可以由合同当事人采取，如果当事人就交付方式作出了约定，则应当认可其约定。如果没有约定，当事人可以采取任何一种法定的交付方式。《买卖合同司法解释》第 5 条规定："标的物为无需以有形载体交付的电子信息产品，当事人对交付方式约定不明确，且依照合同法第六十一条的规定仍不能确定的，买受人收到约定的电子信息产品或者权利凭证即为交付。"依据该条规定，电子信息产品的交付方式首先应当按照当事人约定的方式进行，如果当事人约定不明确，则出卖人应当向买受人交付该电子信息产品或者相关的权利凭证。

---

① 参见王泽鉴：《民法物权》，97 页，北京，北京大学出版社，2009。
② 参见王利明、尹飞、程啸：《中国物权法教程》，131 页，北京，人民法院出版社，2007。

第二章　买卖合同

（二）移转标的物所有权的义务

依据《合同法》第130条的规定，出卖人负有的主给付义务就是移转标的物的所有权。出卖人负有转移标的物所有权的义务，这是买卖合同中出卖人最基本的义务，也是买卖合同与租赁等其他交付标的物并转移财产权的合同最根本的区别。几乎在所有国家的法律中，都确认了移转标的物所有权的义务是出卖人最典型的义务。[①] 如果出卖人仅仅交付了标的物，而没有移转所有权，就意味着出卖人没有完全履行其主给付义务。因为买受人仅仅取得了占有权，而没有取得所有权。但是，在买卖合同中，买受人购买的并不仅仅是物本身，而是要取得标的物的所有权。例如，在房屋买卖合同中，出卖人不能仅仅交付房屋，而不为买受人办理过户手续。因为在没有办理过户手续的情况下，房屋所有权并未发生移转，买受人订立合同的目的并没有实现，出卖人也没有履行其义务。如果出卖人没有履行办理所有权登记的义务，可能已经构成了根本违约。所以，在许多买卖中，尤其是不动产的买卖中，仅仅只是移转对不动产的占有还没有完成所有权的移转，出卖人尚未履行其主要义务。《合同法》第135条规定："出卖人应当履行向买受人交付标的物或者交付提取标的物的单证，并转移标的物所有权的义务。"该规定也进一步明确了出卖人在交付标的物的同时，还应移转标的物的所有权。

《合同法》第133条规定："标的物的所有权自标的物交付时起转移，但法律另有规定或者当事人另有约定的除外。"因此，就一般的买卖而言，当事人只有交付才能移转所有权。所以，出卖人交付以后，才可能履行了其移转所有权的义务。何谓交付？交付是指权利人将自己占有的物或所有权凭证移转其他人占有的行为。简言之，交付意味着占有的移转。动产的交付自动产移转给买受人占有时完成。交付最初是指对物的实际控制，例如，出卖人将物直接交付给买受人。可见，直接占有的移转仅限于实物的交换。随着商品交换的发展，特别是财产证券化的形成，实物的交换显然不能概括全部的交换现象，因而法律逐渐承认移转所有权的一方可以将标的物的所有权凭证如仓单、提单等交给买受人，以代替物的

[①] See Ingeborg Schwenzer, Pascal Hachem, Christ Opher Kee, *Global Sales and Contract Law*, Oxford University Press, 2012, p.325.

第三节 买卖合同的效力

现实交付。这些交付方式的发展进一步加速了财产的流转。因此，在法律上，交付是指将自己占有的物或所有权凭证移转给他人占有的行为。完成现实交付必须具备两个要件：一是对标的物的实际控制发生移转，即由交付的一方移转给另一方，由另一方实际控制，交付的完成重在结果，而不在过程，即必须完成实际控制的移转，只要完成这种实际控制的移转，即使没有交付的过程也应构成交付（如简易交付）。二是必须是买受人接受占有。例如，交付一方将标的物置放于买受人控制的范围内，但未作通知，买受人未接受交付，主观上也无占有的意思，不能构成交付。当然，在特殊情况下，根据交易习惯只要一方将标的物置于另一方控制范围内也可构成交付，如将信件投置于受信人的邮筒。

因交付而移转所有权，是法律所确立的动产所有权移转的一般规则，但是法律另有规定或者当事人另有约定的除外，具体来说，不适用交付移转所有权规则的，主要有以下两种情形：

1. 法律另有规定的情形。此处所说的法律另有规定，不仅包括《合同法》的规定，还包括《物权法》等其他法律规定的情形。法律关于非因交付移转所有权的规定主要涉及两种情况：一是《物权法》第9条关于不动产物权移转的规定，依据该条，"不动产物权的设立、变更、转让和消灭，经依法登记，发生效力；未经登记，不发生效力，但法律另有规定的除外"。该条确定了登记作为一般原则的强制性，虽然条文没有使用"必须登记"的行文，但除了法律有特别规定的以外，所有的不动产物权变动都必须采取登记方式。而从《物权法》以及相关法律的规定来看，不动产所有权的转移，必须通过登记方可发生物权转移的效力。二是《物权法》第24条关于一些特殊动产所有权的移转。依据该条，"船舶、航空器和机动车等物权的设立、变更、转让和消灭，未经登记，不得对抗善意第三人"。如果已经登记并实际交付，即使双方之间还存在价款没有支付完毕等情况，也可以认为双方已经完成了物权的变动。但未经登记、即便已经交付，可以对抗恶意第三人以及普通债权人，也不得对抗善意第三人。从这个意义上讲，买受人取得的仍然不是一个完整的所有权。出卖人在交付之后，仍然负有为买受人办理所有权转移登记的义务。需要指出的是，《物权法》的上述规定是强

制性规定,并不允许当事人通过约定加以排除。

此外,交付虽然通常是动产所有权转移的条件,但其并不涉及标的物的知识产权归属。《合同法》第137条规定:"出卖具有知识产权的计算机软件等标的物的,除法律另有规定或者当事人另有约定以外,该标的物的知识产权不属于买受人。"在很多情况下,作为买卖对象的权利,其本身也可能具有一定的载体,例如,拥有著作权的作品通过书本、杂志等载体体现,软件的著作权通过刻录在光盘上得到体现等。但是,除非当事人有关于知识产权本身的约定,否则,仅仅买卖知识产权载体的,不能视为知识产权本身的移转,而只是该载体所有权的移转。例如,购买某位作家的一本小说,买受人支付的价款只是该书的所有权的对价,而不能视为是该作家对该小说著作权移转的对价。

2. 当事人另有约定的情形。从《合同法》第135条的规定来看,其所说的交付包括了实际交付以及交付提取标的物的单证两种方式。但当事人可以约定关于交付的其他具体形态,如占有改定、指示交付等,如果当事人进行约定的,则可以在当事人之间产生效力,从而排除了实际交付方可发生所有权转移的规则。此外,当事人还可以在合同中对所有权保留加以约定,换言之,即便依据买卖合同进行了交付,但基于当事人的特别约定,出卖人仍然可保留对标的物的所有权。《合同法》第134条规定:"当事人可以在买卖合同中约定买受人未履行支付价款或者其他义务的,标的物的所有权属于出卖人。"这实际上就是对保留所有权的规定。

交付的对象一般是指标的物本身,这也是合同订立的目的。但如果标的物在交付期间产生了孳息,那么关于该孳息的归属,《合同法》第163条确立了相应的规则:"标的物在交付之前产生的孳息,归出卖人所有,交付之后产生的孳息,归买受人所有。"因此,应当以交付的时间点作为判断标的物产生的孳息归属的依据。因为既然交付移转所有权,在交付之前,所有权归出卖人,所以孳息应归其所有;但如果在交付之前已经由买受人占有,则应当归买受人所有。

(三)权利瑕疵担保义务

《合同法》第150条规定,"出卖人就交付的标的物,负有保证第三人不得向

第三节 买卖合同的效力

买受人主张任何权利的义务,但法律另有规定的除外"。该条就是关于出卖人权利瑕疵担保义务的规定。这就是说,出卖人应当保证买受人对标的物享有合法的权利,保证任何第三人不会就该标的物向买受人主张任何权利。按照许多学者的解释,我国《合同法》的上述规定,已建立了一项自罗马法以来的权利瑕疵担保制度。[1] 笔者认为,尽管我国《合同法》规定了出卖人对标的物负有权利瑕疵担保义务,但并没有规定瑕疵担保责任制度。传统大陆法国家在买卖合同中专门设置瑕疵担保责任制度,主要是由于在这些国家,违约责任归责原则上采过错推定原则,而瑕疵担保制度则采严格责任原则,故而瑕疵担保责任制度不同于违约责任。另外,对瑕疵担保责任采特殊的救济方式,从而形成了独立的瑕疵担保制度。而我国《合同法》在违约责任的归责原则上普遍采用了严格责任,且违反瑕疵担保义务统一适用违约责任形式,因而就没有必要专门设置瑕疵担保责任制度,而只是将违反权利瑕疵担保义务的行为作为违约的一种形态。如果出卖人违反了瑕疵担保义务,则应当对买受人承担违约责任。

《合同法》第 150 条规定的权利瑕疵担保义务,具体包括如下情形:第一,出卖人对出卖的标的物应当享有合法的处分权。这就说,出卖人应当是标的物的所有权人或者获得了合法的授权而有权处分该标的物的人。如果出卖人无权处分他人财产,则违反了其应当负有的权利瑕疵担保义务。第二,出卖人应当保证该权利之上不存在任何权利负担,不存在抵押权、质权、用益物权等权利。[2] 第三,出卖人应当担保该标的物之上不存在关于其所有权的争议。如果发生争议之后,重新确权导致第三人追夺,就可能影响买受人的权利。第四,出卖人还应当保证标的物不属于侵犯知识产权的产品。例如,出卖人不能将仿造他人专利产品制造的产品出售给他人。根据《合同法》第 150 条,法律另有规定的,出卖人不负担权利瑕疵担保义务。所谓"法律另有规定",主要是指合同法和其他法律有对出卖人的担保义务的特别规定,则应当适用特别规定。例如,《合同法》第 151 条规定:"买受人订立合同时知道或者应当知道第三人对买卖的标的物享有

---

[1] 参见石静遐:《买卖合同》,117 页,北京,中国法制出版社,1999。
[2] 参见胡康生主编:《中华人民共和国合同法释义》,231 页,北京,法律出版社,1999。

第二章 买卖合同

权利的，出卖人不承担本法第一百五十条规定的义务。"依据这一规定，在买受人订立合同时知道或者应当知道标的物权利瑕疵的情况下，出卖人不承担权利瑕疵担保义务。其原因在于，买受人在订立合同时就知道或者应当知道权利瑕疵，但其仍然订立合同，因此，其自愿承受了第三人对标的物享有权利的风险。如果标的物被第三人追索，则其应当自己承担相应的损失，而不能向出卖人主张违约责任。关于买受人知道或者应当知道，还有如下问题有待厘清：一是知道的时间，限于合同订立时。这就是说，在订立合同时或者订立合同之前，买受人就已经知道或者应当知道这些情况。如果在合同订立之后，如接受标的物时方知悉，则意味着买受人是没有过错的，也不应当要求其承担风险。二是知道和应当知道。此处所说的"知道"是指买受人的明知；"应当知道"是指按照一个通常的人在订立合同时，从相关情形应当了解到标的物存在权利的瑕疵。出卖人不承担权利瑕疵担保义务，就意味着买受人无权请求出卖人就其不能取得标的物完整的所有权承担违约责任。

与权利瑕疵担保相关的是一物数卖问题。尤其是在不动产交易中，出卖人将一物数卖，其可能与某个买受人先订立买卖合同，然后又与其他买受人就同一标的再订立买卖合同，有的买受人已经支付了价款，有的没有支付价款，有的已经占有了该财产，有的甚至已经办理了登记，在此情况下，如果不存在恶意串通损害第三人利益，则应当认定各个合同都是有效的，但究竟应当根据哪一个合同来确定物权的归属，则在实务中经常发生争议。从实践来看，通常采用如下做法：

1. 标的物为不动产的，依据我国《物权法》第 16 条的规定，"不动产登记簿是物权归属和内容的根据"。这就是说，对于已经办理不动产登记的，要根据登记来确认权利的归属和内容。因此，先办理过户登记手续的买受人已经取得所有权，应当优先受到保护。在一物数卖的情况下，先办理登记手续的买受人有权取得所有权。就商品房买卖而言，应当以办理预告登记为确权依据。由于预告登记将使买受人取得一种对商品房的具有物权性质的权利，同时买受人也可以取得优先购买的权利，所以预告登记可以有效地防止出卖人一物数卖。如果买受人既未办理过户登记手续，亦未办理预告登记手续，先合法取得占有的买受人有权取

第三节 买卖合同的效力

得权利。因为占有虽然不是物权，但是受到物权法保护，且能够对抗一般债权，所以可以对抗未取得占有的普通债权。

2. 标的物为一般动产的，先受领交付的买受人应当优先受到保护。所谓一般动产，是指船舶、航空器、机动车等特殊动产之外的其他动产。这是因为就动产而言，其公示方法是占有，只要通过交付取得占有，就已经取得了所有权，自然应当优先受到保护。

3. 标的物为船舶、航空器、机动车等特殊动产的，依据我国《物权法》的规定，采取登记对抗主义，已经登记的优先于未登记的；如果当事人都未办理登记，那么先交付的要优先于未交付的取得权利。

在一物数卖的情况下，各个合同都已生效，但标的物只有一个，因而只能由一个合同中的买受人获得清偿。由于其他合同的买受人也都应当受到法律的保护，所以，出卖人因履行其中一个协议而对另一个协议中的对方当事人构成违约的，应承担违约责任。

《合同法》第152条规定："买受人有确切证据证明第三人可能就标的物主张权利的，可以中止支付相应的价款，但出卖人提供适当担保的除外。"该条实际上是不安抗辩权规则在买卖法中的具体运用。依据该规则，买受人中止支付相应的价款必须符合如下条件：第一，买受人必须有确切证据，这就是说，买受人不能仅凭怀疑、猜测而认为第三人可能主张权利，就中止支付价款。这里所言的确切证据包括第三人已经通知、告知买受人，甚至已经向法院提起诉讼等。第二，必须能够证明第三人可能就标的物主张权利，这就是说，第三人对标的物是否享有权利或者说标的物上是否存在权利瑕疵，尚不确定；只要能够证明第三人可能就标的物主张权利，或者说出卖人已经有可能违反了权利瑕疵担保义务即可。第三，中止支付与受影响的标的物之间具有牵连性。这就是说，中止支付的，应当是可能被主张权利的标的物的价款。如果该合同项下的数个标的物均有可能被第三人主张权利，则买受人可以中止支付全部价款；但如果只是其中之一物可能被主张权利，则买受人仅能就该标的物的价款中止履行。第四，出卖人未提供适当担保，如果出卖人提供了相应的担保，则足以消除买受人的疑虑，买受人自然不

第二章 买卖合同

能再主张此种不安抗辩权、中止价款的支付。在买受人要求提供担保之后，出卖人拒绝提供，买受人方可中止支付价款。关于适当的担保的判断，则要依据交易的具体情形而定。一般而言，出卖人提供的担保足以消除买受人的担心，就可以认为是适当的担保。

（四）物的瑕疵担保义务

所谓物的瑕疵担保义务，是指出卖人应当负有担保其出卖的标的物符合法律和合同规定的质量要求的义务。在买卖合同中，买受人购买标的物，不仅要取得其所有权，该物还要符合合同约定的质量要求，如此才能保证合同目的的实现，因此，出卖人还应当对买受人负有物的瑕疵担保义务。具体来说，物的瑕疵担保义务包括如下几项内容：

第一，出卖人应当按照合同约定的质量要求交付标的物。在合同中，当事人一般都会对标的物的质量作出约定，《合同法》第153条规定："出卖人应当按照约定的质量要求交付标的物。出卖人提供有关标的物质量说明的，交付的标的物应当符合该说明的质量要求。"此处所说的"约定的质量要求"，是指当事人在合同中对标的物的质量所做的具体规定。所谓"质量说明"，是指针对所交付的特定货物的质量说明，其实质上是出卖人对质量标准作出明示的单方允诺。因此，出卖人提供了有关标的物质量说明的，则其提交的标的物在质量标准上必须符合该说明的标准，否则，即视为出卖人交付的标的物在质量上存在瑕疵，应当承担违约责任。需要指出的是，如果法律、行政法规对某一类物品规定了强制性标准，则当事人约定的质量要求或者出卖人单方允诺的质量标准，不得低于该强制性标准。[①]

第二，在合同没有明确约定质量标准时，应当按照《合同法》的相关规定确定质量标准。《合同法》第154条规定："当事人对标的物的质量要求没有约定或者约定不明确，依照本法第六十一条的规定仍不能确定的，适用本法第六十二条第一项的规定。"这就是说，首先应当由当事人达成补充协议，不能达成补充协

[①] 《标准化法》第7条规定："国家标准、行业标准分为强制性标准和推荐性标准。保障人体健康，人身、财产安全的标准和法律、行政法规规定强制执行的标准是强制性标准，其他标准是推荐性标准。"

第三节 买卖合同的效力

议的,按照合同有关条款或交易习惯确定。如果还不能确定质量标准的,则应当适用《合同法》第62条第1项的规定,"质量要求不明确的,按照国家标准、行业标准履行;没有国家标准、行业标准的,按照通常标准或者符合合同目的的特定标准履行"。依据我国有关法律,在国家标准与行业标准不一致的情况下,应当适用国家标准。[①] 需要指出的是,此处所说的通常标准,是指在当事人没有规定标的物质量且缺乏相关国家、行业标准时,该类商品应当具有通常的品质。符合合同目的的特定标准,是指根据当事人订立合同的目的来推断当事人的意思,确定标的物应当具有的质量要求。例如,甲公司向乙公司出售一批面粉用于制作月饼,如果当事人没有约定且没有相应的国家、行业标准,则应当根据合同目的,即制作月饼的要求来确定面粉的质量要求,而不能以制作其他食品如馒头、蛋糕的要求来确定质量标准。在英美法上,有所谓商销性的概念。《美国统一商法典》第2314条确立了出卖人应当保证所交的货物应当具有商销性,所谓商销性,就是适合此种货物的应有的一般用途。因为买受人购买货物就是要服务于某一目的,但是,货物应当达到通常的一般用途,才能实现此种目的。[②] 商销性实际上也是指通常标准或者符合合同目的的特定标准。对标的物没有国家标准、行业标准的,按照通常标准或者符合合同目的的特定标准履行。

第三,出卖人应当负有包装义务。这就是说,出卖人不仅要交付质量合格的货物,而且货物的包装也应当符合合同的约定。包装方式与质量息息相关,即便质量合格,但如果采用了不适当的包装方式,也可能损害标的物,从而影响其质量。因此,《合同法》第156条规定:"出卖人应当按照约定的包装方式交付标的物",从而对出卖人科加了包装义务这一合同义务。

就具体的包装方式而言,《合同法》第156条规定:"对包装方式没有约定或者约定不明确,依照本法第六十一条的规定仍不能确定的,应当按照通用的方式包装,没有通用方式的,应当采取足以保护标的物的包装方式。"依据这一规定,当事人对包装方式有约定的,应当按照约定来履行包装义务。如果对包装方式没

[①] 《标准化法》第0条规定:"在公布国家标准之后,该项行业标准即行废止。"
[②] 参见徐炳:《买卖法》,202页,北京,经济日报出版社,1991。

有约定或者约定不明确，应当由当事人达成补充协议，不能达成补充协议的，按照合同有关条款或交易习惯确定。如果还不能确定的，应当按照通用的方式来包装。此处所说的"通用的方式"，是指在特定行业或特定地域，出卖人通常采取的包装方式。如果没有通用方式的，则要根据标的物的具体规格、品质以及是否需要运输等情况，采取足以保护标的物的包装方式。

在违反物的瑕疵担保义务的情况下，我国法律也没有设置特殊的救济方式，而仍然将其作为违约的一种形态，采用违约责任加以救济。这就是说，《合同法》承认物的瑕疵担保义务，但是违反此种义务并非像传统大陆法那样适用特殊的瑕疵担保责任，而是将其统一归入违约责任之中。《合同法》第155条规定："出卖人交付的标的物不符合质量要求的，买受人可以依照本法第一百一十一条的规定要求承担违约责任。"这就是再次强调，瑕疵担保责任应当纳入违约责任体系之中。

（五）交付单证以及其他资料的义务

交付单证的义务在合同法中有两种类型：

1. 作为主义务的交付单证义务。《合同法》第135条规定："出卖人应当履行向买受人交付标的物或者交付提取标的物的单证，并移转标的物所有权的义务。"依据这一规定，出卖人可以通过两种方式移转标的物所有权：一是实际交付标的物，此种方式就是指现实交付。二是交付单证。此处所说的"单证"，是指物的所有权凭证。在许多情况下，不需要进行物的实际交付。单证的交付就意味着标的物所有权的移转，例如，交付仓单、提单，就等同于移转了标的物所有权。在大宗商品的买卖领域，此种单证的交付十分常见。[1] 如果交付的单证是指仓单、提单等有价证券，这些单证本身可以作为货物所有权的凭证，因此一旦将单证交付给买受人，便可以认为出卖人已履行了主给付义务。出卖人将单证交付给买受人，则买受人就可以凭单证去提取货物[2]，单证的交付相当于所有权的移

---

[1] See Ingeborg Schwenzer, Pascal Hachem, Christ Opher Kee, *Global Sales and Contract Law*, Oxford University Press, 2012, p.326.

[2] 参见胡康生主编：《中华人民共和国合同法释义》，216页，北京，法律出版社，1999。

第三节 买卖合同的效力

转,因此,出卖人交付单证的,也属于履行了移转标的物所有权的义务。那么,依据该条规定,是否可以认为,凡是交付单证的都可以免除移转所有权的义务?有些学者认为,该条中规定出卖人可以向买受人交付提取标的物的单证,以取代标的物的现实交付,从而表明我国立法承认指示交付。[①] 单证的种类众多,从《合同法》的规定来看,并非意味着只要交付了单证就可以免除出卖人交付标的物的义务,关键在于,要确定交付何种类型的单证,才可以免除出卖人的交付标的物的义务。笔者认为,只有那些作为所有权凭证的单证,其交付才发生移转所有权的效力。在一般的商品交换中,大多不使用仓单、提单等单证,如果货物没有单证,则根本不能适用该条的规定。而指示交付作为返还请求权让与的规定,不考虑是否有单证存在。

2. 作为从义务的交付单证的义务。《合同法》第 136 条规定:"出卖人应当按照约定或者交易习惯向买受人交付提取标的物单证以外的有关单证和资料。"此处所说的交付单证,是指交付提取标的物单证以外的有关单证,例如保修单、装修单、装仓单、产品质量证、产地证明、产品检验合格证、使用说明书等。此处所说的有关资料,是指虽然不是所有权的凭证,但属于与履行主义务有关的单证资料。交付单证或其他资料,与买受人获得标的物所有权、办理产权登记、海关报关等手续、向承运人和保险公司索赔以及确保标的物的质量、保修、检验、包装、正确使用等直接相关,因而直接影响到买受人订约目的的实现,是出卖人必须履行的从给付义务。[②] 例如,在某个宠物的买卖中,双方约定在交付宠物时,还要交付血统证明,但是出卖人认为血统证明不是所有权凭证,因此拒绝交付,但是血统证明关系到该宠物的血统是否纯正,对买受人较为重要,因此买受人有权向出卖人提出交付这一资料的请求,否则就是违反了从给付义务。虽然这些从给付义务只是对主给付义务起到准备、实行和保障的作用,但是是实现主给付义务所必不可少的。[③] 再如,在转让债权的合同中,出卖人负有交付必要的债

---

① 参见王轶:《物权变动论》,149 页,北京,中国人民大学出版社,2001。
② 参见唐德华等主编:《合同法及司法解释审判实务》下,839 页,北京,人民法院出版社,2004。
③ 参见卢谌、杜景林:《德国民法典债法总则评注》,12 页,北京,中国方正出版社,2007。

权证明文件等义务。① 债务人负担从给付义务,就是要实现当事人订立合同的目的。

《合同法》第136条规定的交付提取标的物单证以外的有关单证和其他资料的义务,在性质上如何认定,有两种看法,一种观点认为,此种义务是一种从给付义务,是指辅助主给付义务而存在的,不具有决定合同关系性质和目的的义务。另一种观点认为,此种义务是附随义务。笔者认为,此种义务属于从给付义务。主要原因在于,一方面,此种义务是法律规定的,是为了保障主给付义务的目的的实现,而不是依诚信原则产生的。另一方面,附随义务主要是为了保护合同当事人的固有利益不受损害,而从给付义务是为了实现当事人的履行义务。交付单证的义务,主要是为了履行利益的实现,不应当归入附随义务的范畴。② 在合同中,从给付义务一般是以合同的非主要条款的形式出现的。在买卖合同中,出卖人在出卖标的物之后,应当负有的交付单证以外的其他资料的义务就是典型的从给付义务。一般而言,违反主给付义务,另一方就有权拒绝履行自己的主要义务,且有可能构成根本违约。但违反了从给付义务,则不一定构成根本违约,另一方当事人也不一定享有拒绝履行自己全部义务的抗辩权。因为在双务合同中,主给付义务的不履行可能导致同时履行抗辩权的适用,而从给付义务的不履行则未必导致此种抗辩权的适用。③

（六）履行附随义务

出卖人负有依据诚信原则产生的保密、忠实、保护等附随义务,这些义务的履行不仅有利于维护合同关系的稳定,而且有利于全面实现当事人订立合同的目的。例如,出卖人交付货物时,不能在交付期限最后一天的深夜,上门交付货物。再如,出卖人对买受人订约时提供的数据资料等应当负有保密义务。在买卖关系中,出卖人所负有的附随义务,要根据具体的合同类型来加以确定。

---

① 参见王泽鉴:《债法原理》,第1册,37页,北京,中国政法大学出版社,2001。
② 《销售合同公约》将与主合同义务相关的附加义务统称为"附随义务",并且对违反附随义务的行为设置了统一的救济规则。See Ingeborg Schwenzer, Pascal Hachem, Christ Opher Kee, *Global Sales and Contract Law*, Oxford University Press, 2012, p. 326.
③ 参见王泽鉴:《债法原理》,第1册,37页,北京,中国政法大学出版社,2001。

第三节 买卖合同的效力

二、买受人的主要义务

（一）支付价款的义务

依据《合同法》第 130 条，买卖合同是出卖人转移标的物的所有权于买受人，买受人支付价款的合同，可见，支付价款是买受人的基本义务或主给付义务。买卖合同是双务合同，所以，买受人取得标的物所有权就必须支付相应的价款。在当事人之间没有特别约定或者法律没有特殊规定的情况下，买受人应当在出卖人交付标的物的同时交付价金。因此，支付价款的义务是买受人的主要义务。[1] 在司法实践中，如果标的物已经交付，买受人也已经接收，但在事后以买卖合同不具备价格条款为由主张不支付价款的，则除非其能够证明合同为赠与合同，否则应当支付价款。支付价款的义务包括如下几点：

1. 应当按照约定的数额支付价款。通常，买卖合同中应当规定价款，如果没有约定价款，则当事人无法履行。买卖合同中对价款的约定未必一定是确定的数额，当事人也可以约定确定价格的方式。例如，在价格不断变动的情况下，当事人完全可以约定按照履行当日国内某个主要批发市场的价格或者几个主要市场的加权价格来履行。这种"活价条款"也可以认为是合同中的价格条款。

在确实没有约定价格条款的情况下，如何支付价款？《合同法》第 159 条规定："买受人应当按照约定的数额支付价款。对价款没有约定或者约定不明确的，适用本法第六十一条、第六十二条第二项的规定。"这就是说，当事人如果对价款没有约定或者约定不明确，应当由当事人达成补充协议，不能达成补充协议的，按照合同有关条款或交易习惯确定。如果还不能确定的，应当按照订立合同时履行地的市场价格履行。

2. 按照约定的支付方式支付价款。如果合同约定了支付方式，就必须按照合同约定的方式进行支付，如约定是一次缴清还是分期付款；邮汇、电汇还是现

---

[1] See Ingeborg Schwenzer, Pascal Hachem, Christopher Kee, *Global Sales and Contract Law*, Oxford University Press, 2012, p. 447.

金；亲自支付还是由他人代为支付。凡是约定一次性支付的，就不能分期支付。一般来说，如果合同没有约定分期支付，就应当推定为是一次性支付。

3. 按照约定的支付时间支付价款。买受人应当按照合同约定的时间支付价款，《合同法》第161条规定："买受人应当按照约定的时间支付价款。对支付时间没有约定或者约定不明确，依照本法第六十一条的规定仍不能确定的，买受人应当在收到标的物或者提取标的物单证的同时支付。"这就是说，在没有约定价款支付时间的情况下，按照如下两个规则确定：一是按照《合同法》第61条的规定来确定履行时间。《合同法》第61条规定："合同生效后，当事人就质量、价款或者报酬、履行地点等内容没有约定或者约定不明确的，可以协议补充；不能达成补充协议的，按照合同有关条款或者交易习惯确定。"二是买受人应当在收到标的物或者提取标的物单证的同时支付。按照同时履行的原则，在出卖人交货的时候，买受人就应当支付价款。这也是公平原则的体现。

需要指出的是，如果买受人愿意提前支付价款，出卖人通常不能拒绝。因为提前支付价款对出卖人是有利的，出卖人不需要支付保存价款的费用，也不会给其带来额外的负担。但是，如果提前付款给出卖人增加了费用，该费用应当由买受人承担。

4. 按照约定的支付地点支付价款。《合同法》第160条规定："买受人应当按照约定的地点支付价款。"价款一般都通过银行转账的方式支付，但是当事人约定了价款支付地点的，则应当按照约定的地点支付。《合同法》第160条规定："对支付地点没有约定或者约定不明确，依照本法第六十一条的规定仍不能确定的，买受人应当在出卖人的营业地支付，但约定支付价款以交付标的物或者交付提取标的物单证为条件的，在交付标的物或者交付提取标的物单证的所在地支付。"据此，首先应当按照《合同法》第61条的规定来确定履行地点。如果不能按照第61条的规定确定履行地点的，则原则上应当在出卖人的营业地支付，这是因为营业地在民法上是法人的住所，在没有特别约定的情况下，一般的交易应当在法人的住所发生，且营业地对诉讼管辖的确定也具有重要的意义，所以通过前述规则仍不能确认支付地点的，买受人就应当在出卖人的营业地支付价款。在

第三节 买卖合同的效力

国际货物买卖中，通常根据不同的支付方式，交单的地点也不同，采用信用证付款的，一般是由出卖人营业地的银行提交单据，并由议付银行凭单付款。① 尤其需要指出的是，在出卖人的营业地支付，与《合同法》第 62 条第 3 项关于"履行地点不明确，给付货币的，在接受货币一方所在地履行"的规定是相一致的，因为接受货币一方所在地一般就是出卖人的营业地。不过法律对该规则作出了例外规定，即约定支付价款以交付标的物或者交付提取标的物单证为条件的，在交付标的物或者交付提取标的物单证的所在地支付。也就是说，合同约定价款的支付以交付标的物或者交付提取标的物单证为前提。此处所说的单证，事实上是指货物所有权的凭证，包括提单、仓单等。在此情况下，出卖人负有先履行义务，出卖人必须先交付标的物或者提取标的物的单证，然后买受人才负有支付价款的义务，如果出现此种情形，则应当在交付标的物或者提取标的物单证的所在地支付。

（二）及时检验并通知的义务

1. 及时检验的义务

《合同法》第 157 条规定："买受人收到标的物时应当在约定的检验期间内检验。没有约定检验期间的，应当及时检验。"该规定首先确立了买受人的及时检验义务。在学理上，关于及时检验的义务的性质存在争议。笔者认为，及时检验义务在性质上应当属于不真正义务。因为此种义务的不履行，不导致违约责任的产生，如果买受人未履行此种义务，应当视为标的物的质量合格，由此产生的损失由买受人自己承受。但是，买受人自身并不应对出卖人承担违约责任。按照《合同法》第 155 条的规定，在出卖人交付标的物不合格的情况下，买受人有权主张出卖人承担违约责任，也可以在符合法定解除权的情况下请求解除合同。但买受人能否寻求此类法律救济，在程序上还必须确认货物质量是否合格。因此，及时检验就成为确认质量是否合格的关键。及时检验有利于确定标的物是否符合合同约定的质量，也有利于避免合同纠纷的产生。

---

① 参见左海聪主编：《国际商法》，252 页，北京，法律出版社，2008。

《合同法》第157条确立了履行检验义务的期间,即检验期间。根据该规定,检验期间应当按照如下两个规则确定:一是在约定的检验期间内检验。如果当事人对于检验期间有约定的,就按照约定的期间进行检验。二是没有约定检验期间的,应当及时检验。所谓及时检验,即买受人应当在一个合理的期限内进行检验。合理检验期间的确定,应根据标的物的质量、交付的地点、买受人检验的能力等各个方面来进行综合判断。如果买受人超过合理期限仍未进行检验的,则属于买受人怠于检验,此时应将标的物的质量视为已经合格。关于检验的方式,该条没有作出具体的规定,这主要考虑到标的物形态各异,很难确定一个统一的检验方式。一般来说,如果当事人约定了检验方式,应按照约定检验。如果没有约定检验方式,则应当依据相应的检验标准,按照标的物的性质和买受人的检验能力等选择最为合适的检验方式。

2. 通知义务

所谓通知义务,就是指买受人在检验之后如发现标的物数量或质量不合格,应及时通知出卖人。如果经买受人检验,标的物数量或质量不合格的,买受人首先应将该情形通知出卖人。买受人之所以负有通知义务,原因主要在于:一方面,买受人及时履行瑕疵通知义务有利于争议的及时解决。因为只有及时通知出卖人,出卖人才能了解标的物是否有瑕疵,从而与买受人协商解决争议。另一方面,买受人及时履行瑕疵通知义务也有利于避免损害的进一步扩大。因为在很多情况下,标的物的瑕疵可以通过简单的修理等加以弥补,而出卖人可能并不知道此种瑕疵,如果买受人不及时通知,将可能导致瑕疵造成的损害扩大,引发更大的争议。如果没有及时通知出卖人,出卖人就可能不知道标的物质量不合格的事实,从而无法及时采取补救措施。从效率的角度来看,买受人负有通知义务,是有利于社会的整体效益的。通知义务并不是一项附随义务,而是买受人承担的一项主义务。

《合同法》第158条第1款规定:"当事人约定检验期间的,买受人应当在检验期间内将标的物的数量或者质量不符合约定的情形通知出卖人。买受人怠于通知的,视为标的物的数量或者质量符合约定。"这一规定包括如下内容:

首先,当事人约定了标的物检验期间的,买受人应当在该检验期限内作出通

第三节 买卖合同的效力

知。标的物不符合约定包括标的物的数量或者质量不符合约定。例如，货物短少或者品种不符，型号不符或者质量存在瑕疵等。

其次，在当事人没有规定检验期限时，则买受人应当在合理期限内作出通知。《合同法》第158条第2款规定："当事人没有约定检验期间的，买受人应当在发现或者应当发现标的物的数量或者质量不符合约定的合理期间内通知出卖人。"如何理解此处所说的"合理期间"？笔者认为，"合理期间"是指买受人对标的物的数量或者质量提出异议的期间。合理期间是一个不确定概念，对于"合理期间"的判断，应当综合标的物瑕疵的性质、买受人应尽的合理注意义务、当事人之间的交易方式、交易性质、交易目的、交易习惯、标的物的数量、检验的难易程度、安装使用情况、买受人或者检验人所处的具体环境、自身技能以及其他合理因素，依据诚实信用原则进行判断。

再次，超过合理期限或者检验期限未通知的，视为标的物合格。《合同法》第158条第2款规定："买受人在合理期间内未通知或者自标的物收到之日起两年内未通知出卖人的，视为标的物的数量或者质量符合约定，但对标的物有质量保证期的，适用质量保证期，不适用该两年的规定。"根据该规定，超过合理期限或者检验期限未通知的，视为标的物符合合同约定。所谓"视为"即为推定，具体来说有两种情形：一是超过合理期限未通知；二是自标的物收到之日起满2年未通知。如果双方无法确定合理期限，或者为期限是否合理而发生争议并无法判断时，就可以适用根据自标的物收到之日起2年内未通知出卖人的情形来判断。[①] 如果超过这两个期限未作出通知的，则视为标的物数量、质量上符合合同约定。根据《合同法》第158条第2款，如果出卖人对标的物有质量保证期的，适用质量保证期，不适用该2年的规定。例如，出卖人在出卖某项设备时承诺在3年内实行"三包"，则可以适用3年的规定。问题在于，如果标的物质量保证期较短，不足2年，是否仍应当适用该质量保证期？《合同法》没有对此作出规定。从对《合同法》第158条规定的文义解释来看，如果质量保证期短于2年的

[①] 参见胡康生主编：《中华人民共和国合同法释义》，241页，北京，法律出版社，1999。

期限,应当适用质量保证期的期限,而不再适用2年的期限。质量保证期是当事人的特别约定,应当优先于法律关于2年的规定,但如果当事人约定的检验期间或者质量保证期间过短,买受人依照标的物性质和交易习惯无法在该期间内完成检验或者发现瑕疵的,在买受人提出异议后,应当依据诚实信用原则酌情确定买受人提出异议的合理期间。

最后,出卖人具有恶意的不受上述期限的限制。《合同法》第158条第3款规定:"出卖人知道或者应当知道提供的标的物不符合约定的,买受人不受前两款规定的通知时间的限制。"该条实际上确立了不保护恶意出卖人的规则。这就是说,如果出卖人明知或应知其提供的标的物不符合合同约定的,就不受到通知时间的限制。所谓"知道",是指出卖人明知标的物不符合合同约定;所谓"应当知道",是指根据一般人的判断能力,在通常情况下都能发现标的物数量、质量不符合约定的情形。在此情形下,买受人随时可以通知出卖人有关质量、数量不合格的事实。为什么在出卖人恶意的情形下买受人通知不受上述期间的限制?一方面,这是为了防止实践中可能出现的出卖人以次充好、以假充真、贩卖假冒伪劣产品的情形,而此时买受人将很难发现标的物不符合约定,因此买受人的通知义务不应当受到期限限制。另一方面,从法律规定通知期限的目的来看,是为了保护出卖人,但在出卖人恶意的情形下,法律就没有保护的必要。从比较法上看,在出卖人具有恶意的情形下,一般也都规定买受人的通知义务不受期间的限制。[①]

关于2年检验期限的性质,在法律上应当如何认定?对此存在三种不同观点。一是诉讼时效说。此种观点认为,2年的期限是诉讼时效的规定,从出卖人交付货物时开始计算。二是除斥期间说。该说认为,2年的期限不是诉讼时效,而是除斥期间,不能中止、中断或延长。三是异议期间说。此种观点认为,该期限是买受人将标的物数量或质量不符合约定的情形通知出卖人的期间。从法律效果上看,异议期间最终限制的是买受人对出卖人主张违约责任承担的请求权,与

[①] 参见《德国民法典》第444条,台湾地区"民法"第357条。

诉讼时效期间同属对于请求权的期限限制。但诉讼时效期间通常为法定期间，异议期间则允许当事人作出约定。诉讼时效期间为可变期间，存在中止、中断和延长；异议期间不存在这些问题。① 从这些区别来看，笔者赞成异议期间说。异议期间是通过直接决定买受人究竟是否能够取得对出卖人的请求权，来间接限制买受人的请求权的。规定该期限是为了确定标的物是否合格、买受人能否请求出卖人承担违约责任。该期限不涉及形成权的行使，故不宜作为除斥期间对待。同时，该期限不同于法定期限，因而又不属于时效的规定。

（三）受领标的物的义务

所谓受领是指取得标的物的占有。关于买受人是否具有受领标的物的义务，学说上存在不同看法。一种观点认为，受领标的物是买受人的权利，而不是买受人的义务。另一种观点认为，买受人有义务及时受领标的物。我国台湾地区的通说认为，受领是债权人的一种义务，但并非主给付义务，而是从给付义务。因为受领义务不同于财产权的移转和价金的支付，性质上并非买卖合同的要素，也不能够决定买卖合同的性质。② 笔者赞成此种观点，受领标的物属于买受人的一项义务。一方面，出卖人在提出交付货物的请求之后，如果买受人不及时受领，出卖人的义务将无法履行，这既会增加出卖人保管标的物等费用的支出，增加出卖人的负担，也不利于标的物的有效利用，导致社会财富的浪费。另一方面，现代合同法强调双方的协力，明确其负有此种义务，就使买受人负有协作的义务，从而保障交易的正常进行。从比较法上来看，也普遍承认买受人受领标的物的义务。此种合同义务性质上是从给付义务。买受人不履行此种义务，会导致出卖人无法履行其交付标的物的义务。但在违反该义务的情况下，不一定导致根本违约，使出卖人享有解除合同的权利。

在学理上，关于受领义务究竟是合同义务，还是附随义务，也存在争议。③

---

① 参见王轶：《诉讼时效制度三论》，载《法律适用》，2008（11）。
② 参见黄立：《民法债编各论》上册，96页，北京，中国政法大学出版社，2003。
③ See Ingeborg Schwenzer, Pascal Hachem, Christopher Kee, *Global Sales and Contract Law*, Oxford University Press, 2012, pp. 447-448.

但笔者认为，买受人受领标的物的义务在性质上属于从给付义务，买受人的主给付义务是给付价金。附随义务主要是基于诚信原则产生的义务，而受领义务一般是法律规定的义务；而且附随义务的主要功能是为了保障对方当事人合同目的的圆满实现，而受领义务目的是实现买受人自身的利益。

（四）履行附随义务

买受人也应当依据诚信原则负有协作、保密、保管等附随义务。例如，在出卖人交付标的物不合格的情况下，买受人依据一定的方法，如果能够证明有瑕疵存在①，此时买受人仍然应当妥善保管标的物，以防止损失的扩大。又如，在不动产买卖中，当出卖人通知买受人一同前去办理过户登记时，买受人无正当理由不得拒绝此种协助办理的要求。需要指出的是，附随义务不是法律明确规定的，而是依据诚信原则所产生的，其主要目的是保障出卖人合同目的的圆满实现，而且附随义务的内容应当依据合同关系的发展，根据具体的情形确定。②

第四节　买卖合同中标的物的风险负担

一、风险负担的概念和特征

风险一词，常常用来表示实际发生的或可能发生的不利益，例如投资风险、交易风险、标的物毁损灭失的风险。但合同法上的风险是一个特殊的概念，它也被称为危险，是指在买卖合同订立以后，标的物发生意外毁损灭失，由合同的哪一方当事人承担该项损失以及相关不利后果的一项制度。严格地说，在标的涉及物的合同中，都存在标的物风险负担的问题。但是，在买卖合同中，标的物的风险负担最为典型。实践中，标的物风险负担的类型较为复杂，具体来说，标的物

---

① 参见郑玉波：《民法债编各论》上册，49页，台北，三民书局，1986。
② See Ingeborg Schwenzer, Pascal Hachem, Christ Opher Kee, *Global Sales and Contract Law*, Oxford University Press, 2012, p.452.

第四节 买卖合同中标的物的风险负担

风险负担问题有几种典型情形：第一，标的物在交付以前意外灭失。例如，购买房屋时，房屋在交付前，因为火灾发生重大毁损。第二，合同订立后，标的物交付前意外灭失的，价金如何处理。第三，合同履行过程中，一方违约造成交付迟延的，在此期间标的物发生毁损灭失，相应损失由谁来承担。

所谓风险负担，是指在双务合同中因不可归责于双方当事人的事由而造成的损失，应当由谁承担的制度，其不应当包括违约责任的承担问题。[①] 问题是，风险负担中的"风险"究竟是指什么？对此，理论上存在不同的观点：有学者认为，风险仅指标的物毁损灭失的风险；也有学者认为，风险仅是价金风险[②]；还有学者认为，风险既包括标的物毁损灭失的风险，也包括价金风险。笔者认为，风险负担中的风险，既包括标的物毁损灭失的风险，也包括价金风险。严格地说，价金的风险与标的物毁损灭失的风险属于两种不同的风险。二者是从不同的角度对当事人所面临的风险进行的描述，标的物的风险强调标的物所有人面临的物的损毁灭失的风险。就出卖人而言，如果标的物风险由其承担，则意味着标的物风险发生后，其无法取得价金；就买受人而言，如果标的物风险由其承担，则意味着标的物风险发生后，其不但无法取得标的物，还要支付价金。因此，无论是买受人还是出卖人，都可能面临标的物风险。但是，价金的风险只发生于买受人，只有在买受人承担标的物损毁风险的同时，才需要支付价金。一般来说，买卖合同中价金的风险常常是因为标的物毁损灭失所造成的，这也是为什么在买卖合同中通常将价金风险和标的物毁损灭失风险等同讨论的缘故。因为买受人支付了价金而不能获得该标的物，这实际上就是标的物的风险。

风险负担制度的特点在于：

第一，风险负担发生在双务合同之中。所谓双务合同，是指当事人双方互负

[①] "在债务关系通常所谓'危险'指两种情形：一是价金的负担，另一是给付的危险。所谓给付危险，其法律上之意义为负担此危险者，有义务使约定的给付，无论如何成为可能。且当给付变为不可能时，不管其不能是否可归责于该负有给付危险之当事人，他皆应负债务不履行的责任……所谓危险负担，乃指因不可归责于双方当事人之事由，致标的物毁损灭失时，其价金之危险，由谁负担而言。"黄茂荣：《买卖法》，500～500页，北京，中国政法大学出版社，2002。

[②] 参见黄茂荣：《买卖法》，439页，北京，中国政法大学出版社，2002。

第二章 买卖合同

对待给付义务的合同。只有在双务合同中才会存在价金风险的问题，而在单务合同中，没有对待给付的问题，此类合同可能存在标的物毁损灭失的风险，但不会存在价金风险的问题。

第二，风险负担是因为标的物的毁损灭失而引起的。风险负担规则中的风险，主要是指标的物的毁损、灭失等意外损失。所谓意外就是指因不可归责于当事人双方的原因而发生的毁损灭失。所谓毁损是指货物因碰撞、受潮、受热等原因而造成的损坏。①《合同法》规定的风险，主要体现为标的物的毁损、灭失等导致的实际损害。也就是说，在发生标的物的毁损、灭失的情况下，法律要区分发生毁损、灭失的原因从而确立承担损失的规则。如果这种损害是因为交易当事人一方或双方当事人的违约行为而引起的，在此情况下，应当按违约责任来处理。如果损害是非因违约而造成，而是因为不可归责于当事人双方的原因，如自然灾害等造成的，则将根据风险负担的规则来分配损失。

风险主要是标的物毁损、灭失的风险，但还涉及价金以及费用、报酬的损失。例如，因为承租人租赁的房屋毁损灭失造成的损失，承租人是否支付租金，这也是一种风险，但租金的风险与租赁物的毁损灭失并不是同一个问题。因为依据我国《合同法》第231条，这两种损失都要由出租人负担，可见出租人承担了两种风险：一是标的物的毁损、灭失，二是租金的风险。除了上述损失以外，不应当包括有关期待利益的损失以及违约金的支付等责任的落空，因为任何责任的被免除都不是风险负担要解决的问题，而属于违约责任的范畴。

第三，风险负担是因为不可归责于双方当事人的事由而产生的损失的分配制度。在当事人没有事先约定、也不可能事后来约定损失的分配，或依据违约责任制度来追究当事人的违约责任的情况下，要依据风险负担的规则在当事人之间合理分配损失。所谓不可归责于双方的原因，是指双方当事人没有法定或约定的原因对损害的后果负责。风险都是因一种偶然的、不可预测的事件而造成的，风险

---

① 当然在买卖合同之外，也会存在一些非物质风险，例如演出合同中演员因意外的疾病无法出演、雇用合同中雇员因意外交通事故丧失劳动能力等，由于我国《合同法》采取严格责任，在出现这些风险以后仍然要求履行不能的债务人负担违约责任，这些问题只是涉及实际履行责任的免除问题。

的发生具有极大的不可预测性。① 所谓不可归责于双方当事人的事由,具体来说,包括两种情况:一是因不可抗力的原因导致标的物的毁损、灭失。例如,因地震导致房屋倒塌,因洪水导致建筑物或农作物毁损、灭失等。我国《合同法》第117条规定,"因不可抗力不能履行合同的,根据不可抗力的影响,部分或全部免除责任"。不可抗力的发生虽然可以导致当事人被免除合同责任,但因不可抗力而导致的标的物毁损、灭失的损失究竟应当由谁来承担,则是违约责任制度所无法解决的问题,必须要通过风险负担规则来解决。二是意外事故。所谓意外事故,就是指当事人可以预见但难以避免或克服的现象。意外事故也可能引起标的物的毁损灭失。例如,意外的大火导致建筑材料被烧毁,因为冰雹导致农作物被损坏等。我国合同责任原则上采严格责任,不承认意外事故可以成为免责的事由,但在某些情况下,《合同法》又针对一些特殊的合同规定了过错责任,例如《合同法》第265条规定,"承揽人应当妥善保管定作人提供的材料以及完成的工作成果,因保管不善造成毁损、灭失的,应当承担损害赔偿责任"。如果确实因为意外的火灾导致建筑材料被损坏,很难确定该损失是由承揽人的保管不善造成的,在此情况下,并不能根据《合同法》第265条的规定要求承揽人承担违约责任,而只能根据风险负担的原则来合理分配已经产生的损失。

关于第三人原因造成标的物的毁损灭失能否作为风险?在适用严格责任的情况下,由于第三人实施某种行为造成标的物毁损灭失,大都属于可归责于债务人的事由,因而应当使债务人承担违约责任,但在特殊情况下,即违约责任采过错责任为归责原则时,债务人也可能对损害的发生没有过错,即其尽到了最大的努力和注意,仍不能避免后果的发生,依据具体情况,如果可以归入意外事故的范畴,则也可适用风险负担规则。

二、我国合同法上关于风险负担的规则

从比较法上来看,各国关于标的物风险负担的一般规则并不一致,主要有三

---

① 参见李永军、易军:《合同法》,454页,北京,中国法制出版社,2009。

种不同的做法：

1. 风险从合同订立时起移转于买受人

所谓风险从合同订立时起移转于买受人，是指非因双方当事人的原因而导致标的物毁损灭失的不利后果，自合同订立时起移转于买受人。早在罗马法中，针对不动产就曾经采用了合同缔结时风险就移转给买受人的规则。[①] 1804 年的《法国民法典》第 1583 条规定："当事人就标的物及其价金相互同意时，即使标的物尚未交付，价金尚未支付，买卖即告成立，而标的物的所有权即依法由出卖人转移至买受人。"据此，《法国民法典》在立法上确立了风险从合同订立时起移转于买受人的规则。该规则主要适用于特定物的买卖。但实践中也经常采用例外原则。[②] 瑞士债务法借鉴了法国法的经验，认为合同订立以后，利益及危险移转于取得人。在种类买卖中，则以分开时为准，如需发送，则以交付时为准，买卖附有停止条件者，则以条件成就时，始移转于取得人。[③] 荷兰、西班牙等也采纳了这一规则。

2. 风险随所有权移转

风险随所有权移转模式，也称为所有人主义、所有权责任原则，或物主承担风险原则，它是指标的物风险转移的时间应当与所有权转移的时间一致，即所有权转移给买受人时，风险才随之转移给买受人。在标的物所有权转移给买受人之前，标的物风险由出卖人承担。这一原则最早为罗马法所采纳。[④] 在古代法中，就有所谓"天灾归所有人负担"的法律谚语。《法国民法典》在采纳风险从合同订立时起移转于买受人的同时，也采用了这一原则。《法国民法典》第 1138 条第 2 款规定："自物件应交付之日起，即使尚未现实移交，债权人即成为所有人，并负担该物件受损的风险，但如交付人迟延交付，物件受损的风险由交付人负

---

① 参见［古罗马］优士丁尼：《买卖契约》，刘家安译，179 页，北京，中国政法大学出版社，2001。
② Philippe Malaurie, Laurent Aynès, Pierre-Yves Gautier, Les contrats spéciaux, Defrénois, 2003, p. 194.
③ 参见《瑞士债务法》第 185 条第 1 款至第 3 款。
④ 罗马法从葡萄酒的买卖中就已经得出风险负担随着货物的交付而移转的结论。参见［古罗马］优士丁尼：《买卖契约》，刘家安译，169 页，北京，中国政法大学出版社，2001。

第四节　买卖合同中标的物的风险负担

担。"据此,《法国民法典》对特定物的买卖规定,只要双方意思表示一致,标的物所有权即行转移,如果标的物在交付前意外灭失,作为该标的物所有人的买受人仍应向出卖人支付价款。如果是种类物的买卖,标的物所有权在合同成立之日并未转移,而是在该标的物"特定化"之时转移。只有在这时,风险才由买受人承担。① 法国法采纳风险从合同订立时起移转于买受人的规则与其采纳风险随所有权移转的规则,从表面上看,似乎是矛盾的,但在实质上是一致的。因为按照意思主义的物权变动模式,如果标的物为特定物,则合同有效成立之时标的物所有权移转,风险当然也相应移转,正是从这个意义上,我们与其说法国法采纳了风险从合同订立时起移转于买受人的规则,不如说其采纳了风险随所有权移转的规则。② 在英美法中,也采纳了风险随所有权移转。英国法曾经一直坚持风险随所有权移转的原则,英国1893年的《货物买卖法》中规定,"除另有约定者外,出卖人应负责承担货物的风险,直至所有权转给买受人时为止"。所有权一旦移转给买受人,不论货物是否已经交付,其风险均由买受人承担。英国法的规定在美国产生了极大的影响,美国20世纪初制定的统一买卖法也完全采纳了这一规则,但后来逐渐放弃了这一规则,转而采用交付主义规则。③

3. 风险随交付移转

风险随交付移转的模式,在法律上又称为交付主义,它是指把风险转移与所有权转移区分开来,以物的实际交付时间为标的物风险转移的确定标志,不论标的物所有权是否已经转移,均由标的物的实际占有者承担风险。④ 所谓交付,是指权利人将自己占有的物或所有权凭证移转其他人占有的行为。简言之,交付意味着占有移转。交付主义最早为《德国民法典》所采纳⑤,德国在2002年债法修改以后,于第446条继续保留了交付主义,但删去了《德国民法典》原第446条

---

① 参见尹田:《法国现代合同法》,358页,北京,法律出版社,1995。
② 参见王轶:《物权变动论》,341页,北京,中国人民大学出版社,2001。
③ 参见徐炳:《买卖法》,256页,北京,经济日报出版社,1991。
④ 参见杨永清:《买卖合同中的风险负担规则》,载《人民司法》,1999(8),4页。
⑤ 参见余延满:《货物所有权的转移与风险负担的比较法研究》,216页,武汉,武汉大学出版社,2002。

第 2 款的规定，表明德国法采用了完全的交付主义。① 该法第 447 条第 1 款对于寄售合同的风险负担规定为："如果应买受人的要求出卖人交付标的物变更原履行地的，只要出卖人将标的物交付给承运人或其他执行人和机构，风险由买受人承担。"德国法所采纳的交付主义模式，对大陆法系很多国家产生了影响。我国台湾地区"民法"借鉴了德国法的规定，该法第 373 条规定，"买卖标的物之利益及危险，自交付时起，均由买受人承受负担，但契约另有订定者，不在此限"。

美国也采纳了交付移转风险的规则。美国法在历史上对买卖合同标的物的风险负担，曾经深受英国法的影响，一直采纳货物的风险随货物所有权的移转而移转的观点。但在《美国统一商法典》的起草过程中，起草人经过讨论，认为交付主义比所有人主义更为优越，因此最终放弃了所有人主义，而采纳了交付主义。《美国统一商法典》第 2509 条规定，如果出卖人为商人，则风险在买受人收到货物后转移至买受人；否则，风险在提示交付时转移至买受人。《美国统一商法典》的起草者卢埃林在解释采纳交付主义规则的理由时指出："统一商法典在货物的风险转移上完全不用所有权的概念，从而使风险转移的规范变得清楚和明确，几乎不可能产生误解。"② 由于实行从所有人主义向交付主义的转化，交付的概念不仅对法官而言，而且对于当事人而言也容易判断，这就极大地减少了有关风险负担的纠纷。③

我国立法借鉴了德国法的经验，在风险移转的判断方面以交付主义为一般原则。《民法通则》第 72 条第 2 款规定："按照合同或者其他合法方式取得财产的，财产所有权从财产交付时起转移，法律另有规定或者当事人另有约定的除外。"该条虽然没有明确规定交付移转风险的规则，但是可以通过解释认为其实际包含了这一含义。《合同法》第 142 条规定："标的物毁损、灭失的风险，在标的物交

---

① 《德国民法典》第 446 条第 1 款规定，"买卖标的物一经交付，物的意外灭失或者意外毁损的风险即移转于买受人。自交付之时起，物的收益归属于买受人，物的负担也由买受人承担"。该条第 2 款规定，"土地或登记船舶或建造中的船舶的买受人在交付前作为所有人登入土地簿册、船舶登记簿或建造中的船舶的登记簿的，此种效力自登记时起发生"。
② 徐炳：《买卖法》，257 页，北京，经济日报出版社，1991。
③ 参见王轶：《物权变动论》，346 页，北京，中国人民大学出版社，2001。

第四节　买卖合同中标的物的风险负担

付之前由出卖人承担，交付之后由买受人承担，但法律另有规定或者当事人另有约定的除外。"这就在法律上正式确立了交付移转风险的规则。具体而言，在标的物交付以前，风险由出卖人承担；标的物交付以后，风险由买受人承担。当然，由于该规定是任意性规定，而并非强制性规定，当事人完全可以自行约定所有权移转方式而改变法律的规定。[①] 从这一规定可见：标的物毁损、灭失的风险，根据交付作为判断标准，当然，《合同法》在采纳因交付而确定风险负担规则的同时，也规定了一些特殊的风险移转规则。在一些具体的买卖合同类型中，其风险负担规则可能会偏离交付主义的一般规则。[②] 我国《合同法》之所以在买卖合同中以交付作为风险负担认定的一般标准，是因为：第一，买卖合同中交付是移转所有权的通常方式，因而也应当成为判断风险移转的一般标准。《合同法》第130条规定："买卖合同是出卖人转移标的物的所有权于买受人，买受人支付价款的合同。"在大多数情况下，标的物所有权都因交付而移转。因此以交付作为判断所有权移转的标准可以适用于绝大多数情况。第二，从有利于保证货物免遭损害的角度说，货物由谁占有，谁就较容易保护货物，也就应当承担货物风险。货物易手，货物风险也应同时易手。[③] 一旦标的物交付，其就处于买受人的控制之下，买受人最能够保护货物免受损失，因此，由其承担风险，符合公平与效率原则。[④] 第三，交付主义更为公平合理，因为交付后发生占有的移转，谁占有标的物谁就实际控制标的物，也就在一定程度上更便于控制风险的发生。在标的物交付之后，买受人可以对物进行利用，从物的占有中获得利益，由其承担风险符合"利之所在，损之所归"的原则。第四，采取这种方式在举证上也简便易行，因为在标的物发生毁损、灭失以后，只有占有人能够证明损害的发生是由于风险还是由于过错造成的，而非占有人很难就此举证，因此采用交付主义也便于

[①] 《合同法》第140条规定："标的物在订立合同之前已为买受人占有的，合同生效的时间为交付时间。"因此，即使当事人没有特别约定，如果标的物在缔约之前已经由买受人占有，可以认为已经履行了交付义务。

[②] 参见李永军、易军：《合同法》，456页，北京，中国法制出版社，2009。

[③] 参见徐炳：《买卖法》，255页，北京，经济日报出版社，1991。

[④] 参见徐炳：《买卖法》，254～256页，北京，经济日报出版社，1991。

及时解决纠纷。第五,交付主义能够建立有效的风险控制激励制度,占有或控制标的物的当事人通常来说能够最有效、最廉价地保护标的物免受损害,将风险分配给他有助于减轻合同损失的程度。①

交付移转风险规则适用的具体要件如下:

第一,标的物已经完成了交付。完成交付就是财产的占有发生移转,也就是说要由交付的一方将财产的占有转移给另一方,由另一方接受占有。例如交付一方将标的物置放于受让人控制的范围内,但未作通知,则不能构成交付。完成交付不仅包括交付物,还包括交付有关单证。在例外情况下,如果当事人交付了所有权凭证,也应当认为与交付标的物具有同等效力。《买卖合同司法解释》第12条规定:"出卖人根据合同约定将标的物运送至买受人指定地点并交付给承运人后,标的物毁损、灭失的风险由买受人负担,但当事人另有约定的除外。"依据该条规定,在出卖人按照合同约定将标的物运送至买受人指定的地点并交付给承运人之后,除当事人另有约定外,标的物毁损、灭失的风险由买受人负担。

需要探讨的是,《合同法》第147条规定,"出卖人按照约定未交付有关标的物单证和资料的,不影响标的物毁损、灭失风险的转移"。此处所说的有关标的物单证的含义如何理解?在合同法中,标的物单证有两种含义:一是表彰所有权的凭证,如货物的仓单、提单等。二是上述单证之外的凭证。笔者认为,《合同法》第147条所说的"有关标的物单证和资料",是指除所有权凭证之外的其他单证和资料,如出售标的物的发票、标的物的说明书、质量检验报告、技术资料等。如果这些单证属于所有权凭证,交付单证就视同交付标的物。正是因为这些单证和资料并非所有权移转的凭证,所以未交付有关标的物单证和资料的,不影响风险负担,从《合同法》第147条规定来看,风险负担的移转取决于物的交付,单证是否交付不影响风险负担的判断。但如果是有关所有权的凭证,交付单证应当发生所有权的移转。

第二,必须采取现实交付和简易交付的方式。交付可以分为实物的交付和单

---

① 参见余延满:《货物所有权的转移与风险负担的比较法研究》,319页,武汉,武汉大学出版社,2002。

证的拟制交付。交付原则上应当采取现实交付的方式。所谓现实交付是指动产物权的出让人将动产的占有实际地移转给受让人，由受让人直接占有该动产。简单地说，现实交付就是将物从一个人的控制转移到另一个人的控制之下，从而发生动产占有的实际移转，这是交付的一般情况。在简易交付的情况下，标的物通常也是处于买受人的占有和控制之下，所以也应当发生风险的移转。不过，在占有改定和指示交付的情况下，标的物并没有实际交付。虽然从物权公示的角度来看，其属于物权公示方法，而且，会导致物权的变动。但是，就风险负担而言，交付主义之下的"交付"却不应包含指示交付和占有改定。因为在此情况下，买受人并没有实际控制标的物，也无法直接享有利用物所产生的利益，由其承担风险对其是不公平的。

第三，交付移转风险规则主要适用于买卖合同。如前所述，买卖合同主要以移转所有权为内容，而所有权的移转大多是以交付的方式实现的，所以我国《合同法》在买卖合同中详细规定了依交付移转风险的标准。

我国《合同法》原则上以"交付主义"作为风险负担的规则，但依据《合同法》第142条存在两个例外：一是法律另有规定的除外。这主要适用于法律对于标的物风险负担有特殊规定的情形。法律对于一些有名合同依其性质规定了不同于交付主义的风险负担规则。例如，《合同法》第231条规定，因不可归责于承租人的事由致使租赁物毁损、灭失的，承租人可以要求减少租金或不支付租金。这实际上就明确了，出租人应当负担风险。二是当事人另有约定的除外。法律上关于风险负担的规则还是一个任意性的规定，因此应当允许当事人通过约定来改变。例如，当事人也可以约定，虽然交付了标的物，但是，在最终付款完毕之前，风险仍由出卖人负担。

三、交付移转风险规则在买卖合同中的具体适用

1. 在途标的物买卖的风险负担

所谓在途货物是指在买卖合同订立时仍在运输途中的货物。《合同法》第

144条规定："出卖人出卖交由承运人运输的在途标的物，除当事人另有约定的以外，毁损、灭失的风险自合同成立时起由买受人承担。"根据这一规定，买卖在途货物的，从合同成立时起，风险负担移转给买受人。但这一规则也存在例外，依据《买卖合同司法解释》第13条的规定，如果出卖人在合同成立时已经知道或者应当知道标的物已经毁损、灭失，但没有告知买受人的，则不应当由买受人负担标的物毁损、灭失的风险。需要指出的是，《合同法》第144条实际上是交付移转风险规则的具体化。因为在买卖在途货物的情形下，标的物已经交由承运人运输，出卖人已经丧失了对标的物的控制，而买受人则可以在收到标的物后及时调查货物毁损、灭失情况。[①] 不过当事人有特别约定的，也可以改变这一规则。

2. 关于不动产的买卖

对动产来说，在大多数的情况下，交付既发生所有权的移转，也发生风险的移转，在此情况下所有权的移转与风险的移转往往是重合的。但是对于不动产来说，情况比较复杂。关于不动产买卖中的风险负担，有三种观点：一是交付主义说。此种观点认为，不动产在风险负担规则方面不具有特殊性，无论是动产或不动产买卖，都应以交付为风险负担的标准。二是收益权移转说，此种观点认为，在不动产所有权移转的情形，不应采纳交付主义，而应当以使用收益权是否移转来决定其风险负担的归属。因此，在已办理过户登记但未交付的情形下，应当由出卖人负担风险。[②] 三是所有人主义说，此种观点认为："所有权既已转移，标的物纵未交付，危险亦应由买受人负担，盖买受人既已取得所有权，则依'天灾归所有人负担'之法彦，理应如是。"[③]

上述三种观点都不无道理，但笔者认为，简单地采用交付主义也不妥当，毕竟不动产买卖与动产买卖相比具有特殊性。因为一方面，不动产相对而言价值较

---

① 参见朱晓喆：《我国买卖合同风险负担规则的比较法困境》，载《苏州大学学报（哲学社会科学版）》，2013（4）。
② 参见黄茂荣：《买卖法》，445页，北京，中国政法大学出版社，2002。
③ 郑玉波：《民法债编各论》上册，73页，台北，三民书局，1986。

第四节 买卖合同中标的物的风险负担

大,所以确定标的物毁损、灭失的风险对当事人影响更大。另一方面,在不动产买卖中,交付和登记有可能是分开的。由于在交付以后所有权可能并没有发生移转。因而,不能完全免除所有人的风险责任。例如,在房屋交付后,因出卖人的原因未能办理过户手续,在此情况下,如果所有人完全不承担风险,既不符合物权法的一般原理,也不利于平衡所有人和占有人之间的利益关系。但是完全采取所有人主义,也不一定合理。不动产的买卖中,交付与所有权的移转可能会发生分离,在某些情况下(例如买受人购买了房屋但未办理登记的情况),尽管进行了交付,但不一定发生所有权的移转,而在所有权没有移转的情况下,只要发生了交付行为,就应当发生风险的移转。在交付标的物以后,尽管占有人因为没有办理登记手续,还没有实际获得所有权,但毕竟占有人将要获得所有权,且已经实际占有并控制了标的物,其理所当然应承担风险。如果完全采用所有人主义,而所有人又不能占有和控制房屋,发生了房屋的毁损、灭失之后要其承担该损失,则对其不够公平。收益权移转说就其本质而言,强调的是对标的物的占有和控制,该说认为对标的物进行了占有和控制,才能从中收益,因此,应当由能够对标的物进行收益的人负担风险。

3. 交付地点不明情况下的风险负担

在买卖合同中,出卖人应当按照约定的时间、地点交付标的物。风险负担之适用界限为物之交付。[①] 如果交付地点不明确,则出卖人不知道应当将货物交付到何处,从而难以确定其应当履行的义务,由此也将引发如何确定标的物的风险负担的问题。

在合同并没有规定交付地点的情况下,如果货物是由买受人自提的,买受人应当到出卖人的营业地提取货物。但如果由出卖人交付货物的,则首先需要确定出卖人应当采取何种方式交付,并根据交付主义分配风险。如果合同约定由出卖人代办运输的,但未约定交付地点或约定不明确的,则出卖人应当将标的物交付给第一承运人。未约定出卖人代办运输,出卖人和买受人订立合同时知道标的物

---

① 参见邱聪智:《新订债法各论》上,123页,北京,中国人民大学出版社,2006。

在某一地点的，出卖人应当在该地点交付标的物。不知道标的物在某一地点的，应当在出卖人的营业地交付标的物。所以关键在于如何确定出卖人已经完成了交付。只要能够确定出卖人已完成交付行为，之后即应当由买受人承担风险。

在涉及多个承运人的情况下应当如何交付？《合同法》第145条规定："当事人没有约定交付地点或者约定不明确，依照本法第一百四十一条第二款第一项的规定标的物需要运输的，出卖人将标的物交付给第一承运人后，标的物毁损、灭失的风险由买受人承担。"这是对涉及多个承运人的情况下，如何完成交付和移转风险的规定。也就是说，在涉及多个承运人的情况下，尽管当事人在买卖合同中对交付地点没有约定或者约定不明确，但是如果约定由出卖人运输的，以出卖人将标的物交付给第一承运人的地点作为标的物的交付地点，出卖人将标的物交付给第一承运人就认为已经完成交付，标的物风险负担自出卖人将标的物交付给第一承运人时起转移给买受人。[1] 至于第一承运人是否将标的物交付给第二承运人或是否发生交付迟延，不影响风险的承担。法律之所以如此设计风险负担的规则，主要是考虑到在标的物需要运输的情形，第一承运人实际上处于买受人的受领辅助人的地位，其接受标的物就等同于买受人接受标的物，因此，标的物交于第一承运人后风险应当由买受人承担。

4. 远程买卖

如果通过网络交易的一方为消费者，消费者通过"互联网"正式订立合同之后，即使其已接受所订购的商品，也可以在一个特定期间内撤回该合同。如果消费者在订立合同后对其约定的服务不再感兴趣，在一定期限内也有单方面解除合同的权利。例如，法国1988年7月6日的法律规定"远程买受人有权在收到其订货后7天之内，将其购买的商品退还给出卖人并要求退还货款等"。欧盟的有关法律规定："自接到货物之后7天之内，或服务协议签订之后7天内，消费者有权行使反悔权，无偿退回商品。"[2] 法律规定退货期或反悔期的原因在于：一方面，在普通购物中，消费者能够直接见到实物，但在网上购物时，因为消费者

---

[1] 参见翟云岭等：《新合同法论》，256页，大连，大连海事大学出版社，2000。
[2] 欧盟1997年5月20日"关于远距离销售的指令"第6条。

第四节 买卖合同中标的物的风险负担

没有看到商品的实物，只能根据在网上提供有关商品的信息来选购商品。网上购物消费者既不能与经营者面对面谈判，又不能见到实物，极容易受到经营者在网上作出的各种广告的误导。因为多媒体形式的电子商务广告更符合客户的视听感受，虚假广告更容易达到以假乱真的效果。[①] 因而如果不允许消费者退货，当发生交货不符甚至欺诈时，消费者的权益就很难得到救济。法律规定退货期，赋予消费者在该期限内退货的权利，有利于消费者全面了解商品的性能与质量，维护消费者权益。另一方面，保证交易双方的信息对称。因为消费者在实际获得实物以前，他并不能占有商品，无法了解完整的商品信息。而经营者则实际占有商品，对商品信息有充分的了解。这样双方对商品信息的占有是不对称的。规定一个合理的退货期，可以使消费者充分了解商品的性能，并借此最终决定是否购买。当然，退货期制度使得经过网络订立的合同的解除规则发生变化，即赋予了消费者在一定期限内的单方解除合同的权利。由于消费者在一定期限内具有单方解除权，因而，标的物并没有完全实现交付，在法律上可以看做消费者代替出卖人占有商品。在退货期内，标的物风险并没有发生移转，仍然由出卖人承担风险。超过退货期，风险转由买受人承担。

四、违约情况下标的物毁损、灭失的风险负担

如前所述，我们已经探讨了风险负担和违约责任的相互关系。在买卖合同中，两者的关系表现得最为密切。从两个制度的功能来看，违约责任解决的是一方违约时，另一方所享有的权利。而风险负担规则则是为了解决标的物意外灭失的风险由谁承受的问题。但是，在合同一方当事人违约的情形，也可能会导致风险负担规则的改变。在因为风险负担而承受了风险之后，违约责任如何承担，就需要探讨。我国《合同法》第149条规定："标的物毁损、灭失的风险由买受人承担的，不影响因出卖人履行债务不符合约定，买受人要求其承担违约责任的权

---

① 参见赵廷光、皮勇：《电子商务安全的几点刑法对策》，载《法商研究》，2000（6）。

利。"据此,即使因风险负担而使买受人承担了风险,但是,出卖人有履行债务不符合约定情形的,买受人仍然可以对其主张违约责任。例如,出卖人交付的货物迟延,买受人在码头接受了货物以后,放在第三人的仓库进行保管,后因火灾导致该货物灭失。此时,由于标的物已经交付,买受人要承担标的物毁损、灭失的风险。但是因为出卖人也违反了合同约定,依据《合同法》上述规定,其也要承担违约责任。之所以将风险负担与违约责任分开,其原因主要在于:一方面,这是两项不同的制度,规范的是不同的情形,二者并非对立,因此即使风险负担发生了移转,出卖人仍需要承担违约责任。依据《合同法》第149条,在出卖人违约的情形,即使在标的物交付之后,其毁损、灭失的风险由买受人承担,但买受人仍然可以要求出卖人承担违约责任。另一方面,在合同当事人违约的情形,买受人接受标的物,只是表明占有发生了移转,但并非表明买受人认可标的物,更不表明买受人放弃了追究出卖人的责任。① 在上例中,出卖人交付货物迟延,已经构成违约,但买受人接受该货物后,且将其交给第三人保管,风险负担已经发生移转,但这并不意味着可以免除出卖人的违约责任。所以,买受人承担风险之后,如果出卖人违约,买受人仍然可以要求出卖人承担违约责任。在某些情况下,违约发生以后,仅仅根据违约责任不能完全解决风险的分配问题,这就需要考虑在违约情况下的风险分担问题。

(一)因买受人的原因造成标的物不能及时交付的

我国《合同法》第143条规定:"因买受人的原因致使标的物不能按照约定的期限交付的,买受人应当自违反约定之日承担标的物毁损、灭失的风险。"该条虽然规定的是因买受人的违约造成标的物的不能及时交付,但实际上是由于买受人的过错导致标的物的交付迟延,该条没有严格限制买受人构成何种违约行为导致出卖人不能及时交付因而产生风险移转的问题。笔者认为,该条所称的买受人的违约主要是指如下几种情况:第一,合同约定应当由买受人自提货物的,买受人没有在约定的期限内提取货物,使出卖人不能及时向买受人交付货物。第

---

① 参见魏耀荣等:《中华人民共和国合同法释论(分则)》,32页,北京,中国法制出版社,2000。

第四节　买卖合同中标的物的风险负担

二,在出卖人送货的情况下,出卖人通知买受人收货以后,买受人因未做好收货的准备,致使货物不能及时地交付。但买受人拒绝收货所引起的风险移转问题,不适用该条的规定。第三,买受人负责运输的,承运人没有及时送货,导致货物无法按照约定的期限交付。需要注意的是,此处所说的情形都是在交付完成之前发生,如果已经交付标的物,则适用交付主义的一般规则。

(二) 因买受人受领迟延而造成标的物不能及时交付的[①]

我国法律明确规定及时受领给付乃是债权人应负的法定义务,并将债权人迟延作为一种违约形态对待,并规定了债权人应负的违约责任。就买卖合同而言,出卖人负有及时交付标的物的义务,而买受人也依法负有及时受领标的物的义务。如买受人迟延受领,不仅应当承担违约责任,而且应当承担标的物毁损、灭失的风险。我国《合同法》第146条规定:"出卖人按照约定或者依照本法第一百四十一条第二款第二项的规定将标的物置于交付地点,买受人违反约定没有收取的,标的物毁损、灭失的风险自违反约定之日起由买受人承担。"这就是说,出卖人依据合同的规定及时交付标的物以后,并已通知买受人受领,买受人无正当理由未及时受领,致使标的物受领迟延,在迟延期间发生了毁损、灭失的风险,对此风险应当由买受人承担。《合同法》的这一规定,不仅明确了在迟延受领的情况下风险负担的判断标准,而且有利于督促买受人及时受领标的物,并减少纠纷的发生。需要指出的是,该条规定从广义上说也属于因买受人原因而导致没有按期交付标的物。但我国《合同法》第146条规定的受领迟延的风险负担规则,实际上是《合同法》第143条所规定的特殊情况,两者构成特别法与一般法的关系,如果买受人受领迟延,则应当适用《合同法》第146条的规定。

(三) 出卖人交付的标的物质量不合格

出卖人交付的标的物质量不符合要求,属于不适当履行的范畴。所谓不适当

[①] 对于出卖人给付迟延期间标的物的风险负担问题,我国《合同法》没有作出明确规定。对此,应当借鉴其他国家(地区)法律,使出卖人原则上负担迟延期的毁损灭失的风险。例如,《德国民法典》第287条规定:"债务人应对迟延期间的任何过失负责。即使在迟延期间发生意外,债务人也应对给付负责,但即使债务人及时给付仍不免发生意外的除外。"

第二章 买卖合同

履行,是指债务人虽然履行了债务,但其履行在质量上不符合合同的规定。因为出卖人交付的货物有瑕疵,买受人拒绝收货或者解除合同,在此期间,货物因不可抗力发生毁损、灭失,该风险应当由哪一方当事人承担,这是合同法必须要解决的问题。《合同法》第148条规定,"因标的物质量不符合质量要求,致使不能实现合同目的的,买受人可以拒绝接受标的物或者解除合同,买受人拒绝接受标的物或者解除合同的,标的物毁损、灭失的风险由出卖人承担"。由此可见,有关出卖人交付的标的物质量不合格而导致标的物毁损、灭失的风险承担应当具备三个条件:

第一,出卖人交付的货物质量不合格。例如,出卖人交付的产品不符合质量标准,或者产品在规格、包装方面不符合标准,或者不具备应当具备的使用性能。如果当事人虽然就标的物质量发生争议,但不能确定出卖人交付的货物不合格,不适用该规定。

第二,因标的物质量不合格致使不能实现合同目的。出卖人交付的标的物不合格,情况是十分复杂的。例如交付1 000千克苹果,有5千克烂掉,出卖人已经构成违约,但此种违约是轻微的。出卖人尽管因此要承担违约责任,但因为并没有构成根本违约,买受人不得拒绝收货或者解除合同。相反,买受人应当接受标的物,出卖人的交付导致标的物风险的转移,但是买受人在接受标的物以后可以依法请求出卖人承担违约责任。只有在出卖人交付的货物质量不符合要求,致使不能实现合同目的的,买受人才能依据《合同法》第94条的规定,拒绝收货或者解除合同,由此导致风险的发生,才能引发风险的分担问题。出卖人的履行不合格构成根本违约,表明出卖人的交付不构成真正的交付。由此产生的标的物毁损、灭失的风险应由出卖人承担。

第三,买受人拒绝接受标的物或者解除合同。出卖人交付的标的物不符合要求,即使此种不合格已经导致买受人不能实现合同目的,也可能不一定会产生标的物的风险负担问题。因为如果出卖人交付的货物不合格,买受人有可能会接受标的物而要求出卖人承担违约责任,如请求减价或者出卖人承担其他违约责任。在此情况下,由于标的物已经交付,且买受人也已经实际接受,此时,标的物的

毁损、灭失风险应当由买受人承担。但在出卖人交付标的物不合格且导致订立合同的目的不能实现时，买受人已依法享有拒绝收货和解除合同的权利，如果买受人行使该项权利，则标的物视为没有交付，在此情况下所产生的标的物毁损、灭失的风险仍然应当由出卖人承担。所以，在发生根本违约的情况下，买受人拒绝受领，是风险不发生移转的前提条件。问题在于，如果出卖人交付的货物有瑕疵，买受人拒绝受领，但买受人代为临时性照管，在代为保管期间发生标的物毁损、灭失的风险的，此风险应当由谁来承担？笔者认为，由于代为保管并没有构成真正的交付，因而也不能发生风险的移转，出卖人仍然应当承担风险。

应当指出，法律关于风险负担的规则仍然属于任意性的规范，当事人可以通过其相互间的协议改变上述规则，但如果当事人之间没有特别的约定，则应当适用上述规则。

第五节 违约形态及其责任

一、买卖合同中的拒绝履行

在买卖合同中，拒绝履行是指买卖合同当事人一方拒绝履行其合同义务，具体包括四种情形：一是出卖人无正当理由不交货；二是买受人无正当理由不收货；三是买受人收货后无正当理由拒不付款；四是预期违约。在履行期到来之前，买卖合同的任何一方当事人明确表示，其在履行期到来之后将不履行合同，或者以其行为表示在履行期到来之后将不履行合同，而且没有对履约提供担保，将构成预期违约。与一般的拒绝履行不同的是，此种拒绝履行属于履行期到来之前的违约行为，因而称为预期违约。

在拒绝履行的情况下，非违约方可以请求违约方继续履行。对于依法不能强制履行，以及客观上已经不可能强制履行的，不能适用继续履行责任。由于拒绝履行通常构成根本违约，非违约方有权解除合同，并有权要求赔偿损失。在确定

损害赔偿额时，应当考虑非违约方所遭受的损失。非违约方所遭受的损失，原则上应当采用客观方法来计算，即根据货物的市场价格与合同价格之间的差额作为标准计算赔偿额。在例外情形下，也可以采用主观计算方法。例如，买受人订立合同的目的是将该批货物转卖于他人，并且在该合同签订以后已与他人订立了转售合同，那么，也可以按转售价来确定非违约方所遭受的损失额。

因拒绝履行承担违约责任，必须要确定一方当事人拒绝履行其合同义务是否有正当理由。从实践来看，合同当事人拒绝履行其义务时，必须具有法定抗辩事由。只有其存在合法的抗辩事由，才可以拒绝履行。合法的抗辩事由通常包括法定的免责事由（如不可抗力）、抗辩权（如同时履行抗辩权）和情势变更事由的出现。如果不存在上述各种合法抗辩理由，则一方当事人拒绝履行构成违约，应承担相应的违约责任。

二、不适当履行

不适当履行具有广义和狭义两种含义，从狭义上理解，不适当履行是指债务人交付的货物不符合当事人所约定的数量。从广义上说，除拒绝履行之外，凡是履行不符合合同约定的，都属于不适当履行，它不仅包括数量不符合合同约定，还包括质量不符合约定、未按照约定的期限及时履行等情形。此处采用狭义的概念。从这个意义上所理解的不适当履行可以分为两种类型：

1. 交付不足。它是指出卖人交付的标的物在数量上不符合合同的约定，也称为部分履行。一般而言，在出卖人仅部分履行交付义务的，买受人可以要求出卖人补交货物，通常不宜解除合同，除非部分履行构成根本违约。因为在一般情况下，如果履行是可分的，部分履行并不一定导致当事人订约目的的丧失或不能实现，因而，除非债权人能够证明部分履行将构成根本违约、导致订约目的不能实现，一般不能解除合同。如果履行是不可分的，非违约方能证明未履行的部分对其没有利益，构成根本违约，则可以解除合同。当然，在决定部分履行是否构成根本违约时，应考虑多种因素：一是要考虑合同的履行内容是否可分。如果合

第五节 违约形态及其责任

同内容是不可分的,当事人之间的履行是相互依存的,未履行部分交付义务就会导致当事人的订约目的无法实现。例如,合同规定的各批交货义务是相互依存的,违反某一批交货义务不能达到当事人订立合同的目的,对某批交货义务的违反则构成对整个合同的根本违反。当然,某批货物的交付义务若相互独立,则对该批交货义务的违反一般不构成根本违约。二是考虑违约部分的价值或金额与整个合同金额之间的比例。例如,出卖人应交付1000斤苹果,却只交付50斤,未交付部分的数量所占的比例很大,应构成根本违约。如果出卖人已经交付的数量极大,或者未交付的部分仅占到全部合同金额的极少一部分,则并不构成根本违约。三是应考虑违约部分与合同目的实现的关系。如果违约并不影响合同目的的实现(如出卖人交付不足部分数量不大,且未给买受人造成重大损害),则不应构成根本违约。但是,如果违约直接妨碍合同目的的实现,即使违约部分价值不大,也应认为已构成根本违约。如在成套设备买卖中,某一部件或配件的缺少,可能导致整个机器设备难以运转。

2. 多交货物。它是指出卖人交付的货物超出了合同约定的数量。《合同法》第162条规定:"出卖人多交标的物的,买受人可以接收或者拒绝接收多交的部分。买受人接收多交部分的,按照合同的价格支付价款;买受人拒绝接收多交部分的,应当及时通知出卖人。"这就规定了出卖人多交货物的责任。在许多情况下,出卖人多交货物对买受人是有利的,尤其是在货物紧缺、价格上涨的情况下更是如此。但是在货物供大于求的情况下,多交货物可能对买受人不利。无论如何,出卖人多交货物也构成违约。但在多交货物的情况下,《合同法》将寻求救济的权利交给买受人来决定。具体来说,其包括如下情形:一是如果买受人接受多交的货物,其应当就多交部分支付价款。此时,应将其视为标的物数量的变更,即合同当事人就标的物的数量重新达成了协议。在此情况下,买受人应当支付价款。二是如果买受人不愿意接受,其有权拒绝多交的货物,但应当及时通知出卖人。买受人拒绝接受出卖人多交付部分标的物的,应当在通知期间内代为保管。在代为保管期间,出卖人应当负担实际支出的合理费用,并承受非因买受人过错造成的损失,以免因标的物无人管理而造成财富的浪费。同时,在买受人就

多交部分通知出卖人之后,该部分货物的毁损、灭失风险通常应由出卖人负担。

在长期供货合同中,当事人双方约定一方于确定的或不确定的期限内,向他方继续供给一定量的货物,而他方应分期支付价金。当事人在某个时期不履行将构成对全部合同的不履行。[1] 长期供货合同是合同法中的特殊情形,我国《合同法》对此类合同中的违约形态和责任专门作出了规定。其主要有三种情况:

第一,分批交付标的物的,如果一批不符合约定导致合同目的不能实现。《合同法》第166条第1款规定:"出卖人分批交付标的物的,出卖人对其中一批标的物不交付或者交付不符合约定,致使该批标的物不能实现合同目的的,买受人可以就该批标的物解除。"依据这一规定,如果在长期供货合同中,当事人约定分批交付货物的,一批货物不符合约定通常不会导致合同目的不能实现,当事人不能据此解除合同,但是如果交付的一批货物不符合约定导致整个合同目的不能实现的,且每次交货可以构成一项独立的合同,则一次交付不合格的行为可以单独构成根本违约,当事人有权就此解除合同,但如果该批标的物的不交付或交付不合格导致整个合同目的不能实现,则买受人有权解除整个合同。[2] 从比较法上来看,《美国统一商法典》第2—612条对此作出了规定,《销售合同公约》第73条第1款也作出了类似规定。例如,某商店与某食品加工企业订立了长期供货合同,该企业每月向该商店提供某类食品,但其一次交付的食品不合格,导致某些消费者食物中毒,致商店遭受重大损失,则商店可据此解除与该工厂的整个供货合同关系。

第二,不交付其中一批标的物或者交付不符合约定,导致该标的其他部分的交付失去意义。《合同法》第166条第2款规定:"出卖人不交付其中一批标的物或者交付不符合约定,致使今后其他各批标的物的交付不能实现合同目的的,买受人可以就该批以及今后其他各批标的物解除。"该规则来源于《销售合同公约》

---

[1] 参见王泽鉴:《民法学说与判例研究》,第6册,153页,北京,中国政法大学出版社,1998。
[2] 参见胡康生主编:《中华人民共和国合同法释义》,247页,北京,法律出版社,1999。

第 73 条第 2 款。① 依据这一规定，在长期供货合同中，如果出卖人不交付其中一批标的物或者交付不符合约定，导致该标的其他部分的交付失去意义，则也可以构成根本违约。此时解除权针对的是该批交付以及以后的交付，而不及于之间已经履行的部分。② 例如，当事人订立买卖电脑的合同，出卖人没有交付主件，导致后来要交付的配件都没有意义。此种情况与第一种情况的区别在于，在前一种情况下，在一批交付不符合约定的情况下，后续交付仍可具有意义；但在该种情形下，该交付不符合约定则会导致后续交付失去意义，因此二者存在一定区别。

第三，分批交付标的物，买受人解除的一批标的物与其他未交付的标的物存在相互依存关系。《合同法》第 166 条第 3 款规定："买受人如果就其中一批标的物解除，该批标的物与其他各批标的物相互依存的，可以就已经交付和未交付的各批标的物解除。"依据这一规定，在长期供货合同中，如果标的物是分批交付的，一批标的物的交付不合格，但该标的物与其他标的物存在一定的依存关系，导致买受人订约目的不能实现，此时买受人可以直接解除整个合同。③ 所谓相互依存关系，是指各批标的物的交付之间在功能上存在一定的关联性或者各批标的物的订约目的是一致的。例如，双方当事人订立了购买成套设备的合同，在交付了一套配件之后，还有一套配件没有交付，但是，如果已经交付的这部分标的物不合格，则买受人有权解除整个买卖合同。

三、瑕疵履行

所谓瑕疵履行，是指出卖人交付的标的物不符合合同约定的质量要求。瑕疵履行也可以纳入广义的不适当履行的范畴，但如果对于不适当履行作狭义理解，则瑕疵履行也可以作为一种独立的违约形态。如前所述，瑕疵担保责任是自罗马

---

① 《销售合同公约》第 73 条第 2 款规定："如果一方当事人不履行对任何一批货物的义务，使另一方当事人有充分理由断定对今后各批货物将会发生根本违反合同，该另一方当事人可以在一段时间内宣告合同今后无效。"
② 参见胡康生主编：《中华人民共和国合同法释义》，247～248 页，北京，法律出版社，1999。
③ 参见胡康生主编：《中华人民共和国合同法释义》，248 页，北京，法律出版社，1999。

第二章 买卖合同

法以来所确立的一种责任,在罗马法上,买卖标的物之瑕疵时,买受人得提起解除之诉使契约解销或提起减价之诉请求减少价金。[1] 此种制度为一些大陆法系国家所采纳。我国《合同法》中仅承认了瑕疵担保义务,而以统一的违约责任对违反瑕疵担保义务的情形予以救济,并没有规定与违约责任相分离的、独立的瑕疵担保责任制度。这主要是借鉴了英美法和《销售合同公约》的经验,对瑕疵履行适用统一的违约责任。[2] 采纳此种模式有利于协调瑕疵担保责任制度与一般的违约责任制度的关系,也有利于强化对非违约方的救济。而且,采纳此种模式符合合同法的发展趋势,因为通过统一的不适当履行的责任制度解决各种瑕疵履行问题,不针对瑕疵履行单独设置救济方式,也是当代法律发展一种新的趋势。因此,在我国《合同法》上,违反瑕疵担保义务,构成违约责任中的一种具体类型。

如何理解瑕疵的概念?笔者认为,瑕疵是指标的物违反法律规定的或者当事人约定的质量标准。瑕疵履行可能仅仅导致标的物本身的损害,也可能导致标的物以外的其他财产或人身的损害。此处所说的瑕疵履行也包括后一种情形,也就是说,其包含了加害给付的情形。关于瑕疵的判断,一般应根据合同约定的标准,如果法律规定要适用国家标准,应适用国家标准。但如果标的物的价值、效用、品质的减损程度显著轻微的,则不视其为瑕疵。例如,当事人订立购买新鲜茶叶的合同,当承运人将茶叶正常运输至目的地时,已经是出厂日期后的一个月,买受人不能据此认为过了一个月的茶叶就不属于新鲜茶叶。

《合同法》第111条规定:"质量不符合约定的,应当按照当事人的约定承担违约责任。对违约责任没有约定或者约定不明确,依照本法第61条的规定仍不能确定的,受损害方根据标的物的性质以及损失的大小,可以合理选择要求对方承担修

---

[1] 参见[德]迪·吕费尔特:《德国买卖法中的物之瑕疵担保》,载南京大学《中德经济法研究年刊》,1992,80页。

[2] 英美法并无单独的瑕疵担保责任制度,只存在统一的违约责任制度,足以有效地保护买受人利益。《销售合同公约》并未规定瑕疵担保责任,而是从合同不履行的一般概念出发,来考虑各种补救方式,只要出卖人交付的货物不符合合同规定,除因具有法定的免责事由可以免责以外,出卖人应负不履行合同的责任,买受人可以寻求各种违约的补救方式。

理、更换、重作、退货、减少价款或者报酬等违约责任。"这就明确了在瑕疵履行情况下出卖人所应承担的违约责任。瑕疵履行的法律效果主要有如下几种:

第一,实际履行。在瑕疵履行的情况下,买受人有权要求出卖人修理、更换、重作。如果有瑕疵的货物能够修理,那么损害赔偿额原则上应按照修理该标的物所需要的合理的修理费来确定。所谓合理,就是说所支出的费用是必要的,是在正常情况下消除该种瑕疵所必须支出的费用。即使修理结果并不能达到合同所规定的质量,违约方也应当支付已经花费的必要费用。

第二,减少价款。减少价款实际上是在买卖合同继续有效的情况下的一种救济方式。如果出卖人交付的标的物虽然有瑕疵,但是买受人愿意接受,在此情形下,买受人也可以请求减少价款。如果瑕疵货物需要作降价处理,应如何计算损失?《销售合同公约》第 50 条规定:"如果货物不符合合同,不论价款是否已付,买受人都可以减低价格,减价按实际交付的货物在交货时的价值与符合合同的货物在当时的价值两者之间的比例计算。"这一经验是值得借鉴的。依据《买卖合同司法解释》第 23 条的规定,在减价时,应当以符合约定的标的物和实际交付的标的物按交付时的市场价值计算差价。

第三,支付违约金。在瑕疵履行的情形,如果当事人约定了违约金条款,买受人也可以请求出卖人支付违约金。但是,此种违约金主要是补偿性的,其发挥损害赔偿额预定的功能。从我国《合同法》的规定来看,在标的物存在瑕疵的情况下,其并未认可当事人可以约定惩罚性的违约金。

第四,损害赔偿。在瑕疵履行的情形,如果标的物的瑕疵导致买受人的损害,则其应当有权请求损害赔偿。在买卖合同中,损害赔偿额应与买受人因出卖人违反合同而遭受的包括利润在内的损失额相等,即相当于买受人因对方违约所遭受的损失加上他依据合同可预期获得的利润。从比较法上来看,各国关于损害赔偿的原则在这一点上是大体相同的。[①]《销售合同公约》第 74 条也对此作出了类似规定。

---

① 参见张玉卿编著:《国际货物买卖统一法》,3 版,471 页,北京,中国商务出版社,2009。

第二章 买卖合同

在买受人要求修理、替换的情况下，经过修理、替换，如果还有其他损失的，买受人也可以要求出卖人予以赔偿。例如，在上例中，因将存在瑕疵的标的物交由他人进行修理导致买受人无法使用该标的物，买受人因不能使用标的物所遭受的损失，也应由出卖人负责赔偿。此处所说的其他损失主要指的是标的物在修理期间，买受人因不能正常使用标的物所造成的损失，在确定此种损失时，主要考虑两个因素：一是不能使用的期限；二是在该段期限内守约方每天所遭受的损失。当然，如果还有其他的损失，也应当赔偿。这主要体现在标的物在修理后因为价值贬损所导致的损失。例如，交付的是一辆有瑕疵的新车，尽管经过修理后不影响车主正常使用，但在价值上毕竟不同于无瑕疵的新车，修理后还是造成了价值贬损，此种损失也应予以赔偿。

标的物经过修理、替换后的赔偿规则表明，损害赔偿和实际履行可以并用。如果标的物是特定物，无法进行修理、替换，则只能请求损害赔偿。赔偿的标准应当以合同约定的货物质量与实际交付的货物质量的差价来确定。例如，英美法认为，如果出卖人交付的货物在质量上有瑕疵，买受人可以向出卖人请求已交付的货物价值和货物本应具有的价值之间的差额。[1] 此种经验是值得借鉴的。

第五，解除合同。此处所说的解除合同，也包括退货在内。大陆法判例和学说大都认为，只有在瑕疵严重的情况下才可以解除合同，如果瑕疵并不严重，一般要求采取降价和修补等办法予以补救，而不宣告合同解除。如果瑕疵本身能够修理，则非违约方有权要求违约方修理瑕疵，从而可避免合同被解除。[2] 普通法也采取了类似做法。根据美国法，首先考察不适当履行是否构成根本违约，如果不构成根本违约，则可以拒收货物，由出卖人负责补救，并不当然地导致合同解除。[3] 因此，在交付的标的物存在瑕疵的情况下，首先应确定能否采取修理、替换的方

---

[1] See Guenter H. Treitel, *International Encyclopedia of Comparative Law*, Vol. Ⅶ, Contract in General, Chapter 16, Remedies for Breach of Contract, Tübingen, 1976, p. 41.

[2] See G. H. Treitel, *Remedies for Breach of Contract*, Clarenden Press, Oxford, 1988, p. 371.

[3] 参见美国《合同法重述（第二次）》第 22、237 条的评论。另参见 [美] 费里尔、纳文：《美国合同法精解》，陈彦明译，420 页以下，北京，北京大学出版社，2009；[美] E·艾伦·范思沃斯：《美国合同法》，葛云松、丁春艳译，584 页，北京，中国政法大学出版社，2004。

第五节 违约形态及其责任

式,如果能够修理、替换,不仅能够实现当事人的订约目的,使买受人获得需要的物品,而且可以避免合同的解除,有利于鼓励交易。我国有关立法和司法实践也已采用了此种做法。《合同法》第148条规定:"因标的物质量不符合质量要求,致使不能实现合同目的的,买受人可以拒绝接受标的物或者解除合同。"这就是说,标的物质量不符合要求,必须达到根本违约的程度,才能解除合同。如果只是一般的、轻微的质量不符,买受人不能据此要求解除合同。例如,双方约定交付1 000斤苹果,只有5斤有质量瑕疵。鉴于此种瑕疵并不严重,买受人不能要求解除合同。

依据《合同法》第111条,质量不符合约定的,受损害方根据标的物的性质以及损失的大小,可以合理选择要求对方承担违约责任。如何理解此处所说的"合理选择"?笔者认为,其含义是指买受人虽然享有选择权,但是选择权的行使应当遵循诚信原则。例如,买受人选择修理,通常是在货物所存在的瑕疵能够被修理时才能请求,在不能修理或者修理费用过高时则不应行使此种请求权。依据《买卖合同司法解释》第26条,在买卖合同被解除后,守约方仍然有权依据违约金条款请求违约方承担违约责任;因为在合同是因为一方的违约而被解除的情况下,不应因合同的解除而影响违约责任的承担。当然,如果该违约金过分高于非违约方的损失的,违约方有权依据《合同法》第114条请求人民法院对该违约金数额进行调整。

关于瑕疵履行,还有两种情况需要专门探讨。一是在买卖数个标的物的情形,如果一物不符合约定,应如何处理。《合同法》第165条规定:"标的物为数物,其中一物不符合约定的,买受人可以就该物解除。"此种解除在法律上实际上是部分解除,其旨在限制解除权行使的范围。也就是说,在标的物为数个物的情形,如果只是一个物不符合约定,买受人不能就其他物的买卖行使解除权。例如,当事人双方签订了买卖数个古画的合同,后来发现其中一幅古画属于赝品,买受人可以就该古画的买卖解除合同。问题在于,对于"一物"买卖的解除,是否也要达到根本违约的程度?还是仅仅在该物存在瑕疵时就可以解除。笔者认为,从体系解释的角度来看,该条规定只是限制解除的范围,并非规定解除的条

件。买受人是否可以解除合同，仍然应当适用《合同法》第 94 条的规定，也就是说，只有在构成根本违约的情形，才能解除合同。二是分批交付标的物的，如果一批不符合约定，应如何处理？《合同法》第 166 条规定："出卖人分批交付标的物的，出卖人对其中一批标的物不交付或者交付不符合约定，致使该批标的物不能实现合同目的的，买受人可以就该批标的物解除。"例如，在长期供应钢材的合同中，当事人约定钢材分批交付，年终结算。但是，出卖人交付的某一批钢材不符合约定的品质，当事人可以就该批钢材的买卖解除合同。在上述两个条款中，法律都采用"可以"的表述，表明法律将解除权赋予了买受人，由其决定是否解除合同。[1]

四、迟延履行

迟延履行，是指债务人在债务到期以后没有履行其给付义务。判断履行是否迟延的关键是履行时间，这就是说，只要在履行期间到来后，债务人没有履行其合同义务，都构成迟延履行。迟延履行主要产生如下后果：

一是继续履行。这就是说，在迟延履行的情形，只要债务人能够履行，债权人就有权请求其继续履行，这也是实现合同目的的要求。依据《买卖合同司法解释》第 22 条的规定，出卖人未按要求予以修理或者因情况紧急，买受人自行或者通过第三人修理标的物后，主张出卖人负担因此产生的合理费用的，人民法院应予支持。

二是损害赔偿。在出卖人迟延交付货物的情况下，如果买受人收到了货物，要根据货物应当交付时的市场价与实际交付时的市场价的差额来计算损失，当然，这里是假定价格在不断下跌。在买受人迟延付款的情形下，依据《买卖合同司法解释》第 24 条的规定，出卖人以买受人违约为由主张赔偿逾期付款损失的，人民法院可以中国人民银行同期同类人民币贷款基准利率为基础，参照逾期罚息

---

[1] 参见魏耀荣等：《中华人民共和国合同法释论（分则）》，62 页，北京，中国法制出版社，2000。

第五节 违约形态及其责任

利率标准计算。

如果价格在不断上涨,那么就谈不上价格方面的损失问题。如果买受人逾期支付货款,那么赔偿额应为:迟延利息＋其他损失(如为索取货款所支付的费用)。此处所说的利息是应依存款利率还是依贷款利率来计算?笔者认为,该问题应根据当事人的职业性质及交易性质来确定。如果出卖人是专门从事商品交易的商人,交易在性质上也是商业活动,那么买受人迟延付款必然影响其资金周转甚至迫使其向银行贷款,所以原则上应按贷款利率计息;如果出卖人是一般消费者,则按存款利率计算比较合理。

三是支付违约金。在我国,违约金主要是补偿性违约金,违约金不能与继续履行并用;而在迟延履行的情形,法律认可了此种违约金属于惩罚性违约金。所谓惩罚性违约金,是当事人对违约所约定的只要一方迟延,即使没有损失也要承担约定的违约金的责任。我国《合同法》第114条第3款特别规定,当事人就迟延履行约定违约金的,违约方支付违约金后,还应当履行债务。该规定实际上承认了在迟延履行的情形,违约金可以体现出一定的惩罚性。[①] 根据《买卖合同司法解释》第24条的规定,买卖合同对付款期限作出的变更,不影响当事人关于逾期付款违约金的约定,但该违约金的起算时间点应当随之变更。

四是解除合同。一般来说,迟延履行不会导致合同的解除,但是,依据我国《合同法》第94条第3项和第4项的规定,当事人一方迟延履行主要债务,经过催告后在合理期限内仍未履行,或者迟延履行导致不能实现合同目的的,非违约方可以解除合同。

与迟延履行相关的问题还有期前履行。在买卖合同中,出卖人享有期限利益,买受人不能要求其在履行期限之前交付标的物。原则上,出卖人可以抛弃其期限利益而提前履行。如果出卖人在约定的交付期限届至前交付标的物,只要不造成买受人损失,买受人不应拒绝,如果买受人同意接受标的物的,该履行有效。但提前交付给买受人造成损失的,出卖人应当承担赔偿责任。

[①] 参见崔建远主编:《合同法》,4版,334页,北京,法律出版社,2007。

五、违反附随义务

关于违反附随义务是否能够导致合同解除,判例与学说上一般认为,附随义务不履行,并不产生解除权,但也有学者认为,如果附随义务不履行致契约目的无法达成,也可以导致合同解除。[1] 笔者认为,我国《合同法》第 94 条第 4 项"有其他违约行为致使不能实现合同目的"的规定,可以看出,各种违约行为包括违反附随义务的行为均可导致违约责任的发生。例如,在合资企业的设立中,一方没有履行协助报批义务从而导致合资合同无法获得批准,尽管法律对该种协助义务没有明确规定,但也可以认为一方没有履行该种附随义务属于根本违约情形,另一方享有解除合同的权利。

第六节 互易合同

一、互易合同的概念和特征

互易合同,又称为以货易货的合同,它是双方当事人以金钱以外的财产进行相互交换而达成的合同。互易合同中的双方当事人以物进行交换,任何一方都要向对方交付货物,并接受对方的货物,但不需要向对方支付价款。严格地说,互易不是买卖,但因为我国《合同法》在买卖合同中对其进行规定,所以,本书将互易置于买卖合同一章中加以探讨。

互易是一种古老的交易。在货币出现以前,人们之间的交易往往采取物物交换的方式进行,也就是所谓的互易方式。[2] 亚里士多德明确地把商品交换区分为

---

[1] 参见林诚二:《论附随债务之不履行与契约之解除》,载郑玉波主编:《民法债编论文选辑》中册,866~867 页,台北,五南图书出版公司,1984。

[2] 参见于光远、苏星主编:《政治经济学》上册,46 页,北京,人民出版社,1977。

第六节 互易合同

物物交换和商品交易（即以货币为中介的商品交换），并认为物物交换（即互易）是商品交易的最初形式。[①] 在罗马法中，互易是一种无名合同，如果当事人一方对于其交付的物件不享有所有权时，对方当事人得以提起"口头契约之诉"（actio prescriptis verbis）[②]。《法学总论》第3卷第23篇中对互易也有所记载。在大陆法系国家民法典中，大多对互易合同作出了规定。《法国民法典》规定：除了出卖人因价金太低而解除合同的规定不适用于互易合同之外，其他关于买卖的规定，都可以适用于互易合同。台湾地区"民法"第398条对此也作出了规定。《欧洲示范民法典草案》第4.1—1：203条规定，动产"互易"合同，是指双方在合同订立之时或之后相互移转标的物所有权的合同。就将受领的标的物而言，各方当事人均为买受人；就拟转让的标的物而言，各方当事人均为出卖人。在我国实践中，仍然大量存在以货易货的交易，尤其是在边贸市场上，经常采用互易的方式进行交易。因而，我国《合同法》为规范此类合同，在第175条规定："当事人约定易货交易，转移标的物的所有权的，参照买卖合同的有关规定。"可见，《合同法》也明确承认了互易合同。

互易合同主要具有以下法律特征：

1. 转移财产权。当事人从事互易的交易，并非为取得对标的物的使用权，而是为了取得对标的物的所有权。在这一点上，互易不同于借用、租赁合同，而与买卖相同。因此，如果当事人之间互易的目的仅仅是占有对方的标的物并临时使用，则可能构成借用，而不构成互易。

2. 不需支付价款。互易是以物易物的合同，其不同于买卖，也不是特种买卖。两者的最大区别在于，买卖是钱货交易，但互易不存在价款的支付问题。在买卖中，要以货币为中介，而在互易中，并不以货币为中介。在互易的交易中，双方都是交付实物，所以也不存在买方和卖方的区别。

3. 具有双务、有偿性。互易是一种双务合同，因为双方当事人都负有对待给付义务，即相互交付特定物的义务。关于互易是否属于有偿合同，学界存在不

[①] 参见［古希腊］亚里士多德：《政治学》，姚仁权编译，25页，北京，北京出版社，2007。
[②] 陈朝璧：《罗马法原理》，205页，北京，法律出版社，2006。

第二章 买卖合同

同看法。有人认为有偿就意味着要支付合同价金,即一定数额的货币。但是在互易中,当事人并不需要支付货币,所以互易属于无偿合同。笔者认为,对于有偿的理解,不能仅限于是否支付货币,而是要看合同双方当事人是否需要承担一定的对待给付义务。由于在互易中,一方在接受对方的物时,应当要交付自己的物并移转所有权,所以,就货物的接受而言其是有对待给付的,因而互易属于有偿合同。从这个意义上说,互易是双务、有偿的合同。

4. 具有诺成和不要式性。互易合同自当事人双方达成合意时起就可以成立,不以物的交付为成立要件。此外,互易合同的订立也不必采取特定的形式(如书面形式等),只要当事人之间达成合意,无论采取口头还是书面形式,都可以认定合同成立。

5. 当事人双方的权利义务内容具有类似性。在互易合同中,无论当事人是双方还是多方,其都兼具类似于出卖人和买受人的地位。互易各方享有相似的权利和义务。例如,双方都负有交付标的物的义务或接受对方提供的标的物的义务等。在这一点上,其与权利义务具有相对性的合同是不同的。

在比较法上,各国立法大都承认互易合同,但只是简略地规定互易概念,其余如互易人的权利义务等,则参照买卖合同的相关规定。我国《合同法》第175条规定:"当事人约定易货交易,转移标的物的所有权的,参照买卖合同的有关规定。"在此需要讨论的是,互易合同是否属于《合同法》所规定的有名合同?尽管《合同法》中并未将互易合同单独作为一种合同类型来加以规定,但笔者认为,其仍然属于《合同法》规定的有名合同。因为一方面,在《合同法》上述规定中,不仅承认了互易合同,也确立了互易合同的具体规则,这表明法律已经将其纳入了有名合同的范畴。另一方面,从比较法上来看,一些国家和地区的法律也都是将互易合同作为有名合同对待。例如,我国台湾地区"民法"第398条就将互易规定为一种独立类型的有名合同,且其主要的规则也是准用关于买卖的规定。

我国《合同法》第175条规定:"当事人约定易货交易,转移标的物的所有权的,参照买卖合同的有关规定。"这就对互易合同适用的法律规则作出了规定,

第六节 互易合同

《合同法》第 175 条规定互易参照买卖合同规定，并不意味着其完全适用买卖合同的规则。参照的含义，是指在不违背互易合同的性质的前提下，可以适用买卖合同的相关规则。但由于互易和买卖存在性质的差异，所以，有关价金的支付规定、能否约定分期支付、违约的救济等，因互易与买卖合同存在不同，不能适用买卖合同的规则。但有关交付、验收、瑕疵担保义务、风险负担等规则可以适用于互易。所以，尽管我国《合同法》是在"买卖合同"部分对互易作出了规定，但这并不意味着，互易是买卖的一种特殊类型，也不能认为，法律关于买卖的规定都可以适用于互易。

二、互易的主要功能

在货币产生之前，互易作为一种"直接产品交换"就已存在。货币的发明使人类的交易形态由互易转向买卖，互易逐渐退居次要地位。[1] 但互易所具有的特殊功能使其在现代市场经济社会仍然发挥一定的作用。其功能主要表现在：

第一，实现交易的便捷。在买卖中，双方的货物都要通过货币进行计价，需要确定货币支付的时间和地点。而在互易的方式中，只要双方确定了各自货物的大体价值，即可以通过互易的方式进行交换，而不必各自向对方支付价款，从而极大地节省了交易费用，实现了交易的快捷和迅速。例如，自然人之间以闲置旧物换取他人的物品。再如，在解决企业三角债的过程中，有些企业也尝试采取以产品换原材料或产品的方式来解决债权债务纠纷。[2] 这些都是简便快捷的交易方式。

第二，弥补货币持有的不足。互易在古代社会就发挥了弥补货币持有不足的功能。[3] 在现代市场经济社会，一些外汇不足的国家经常利用这种方式，例如，

---

[1] 参见黄立：《民法债编各论》上册，147 页，北京，中国政法大学出版社，2003。
[2] 参见张岳黔：《"以物易物"今又来》，载《经贸导刊》，1996（5）。
[3] 古希腊经济学家色诺芬指出，"在大多数其他城市中，国外商人们必须以其某种商品交换另一种商品，因为居民所使用的货币不能出国境以外，……如果商人不愿意物物交换，他们还可以运走我们的白银，作为最好的货载"（[古希腊] 色诺芬：《经济论 雅典的收入》，68～69 页，北京，商务印书馆，1997）。

采用石油换食品方式取得所需物资。① 在我国边境贸易中,经常采用互易的方式,这在很大程度上既能简化货币兑换的烦琐手续,也避免了交易当事人双方持有外币不足的问题。

第三,避免因币值的变动而带来的风险。在现代市场经济社会,对外贸易中可能经常遇到外币币值变动的风险。一旦某国的货币发生大幅的升值或贬值,都会对当事人的利益产生重大影响。因而,通过互易的方式,直接以物易物,不以货币为中介,也可以防范币值波动的交易风险。

三、互易与相关概念

（一）互易与买卖

二者都要以物进行交换,同时都要移转标的物的所有权。此外,实际生活中还存在附补足金的互易。就是说在互易中,互易人相互交换货物之后,如果在价值上存在差异,则差方可以以金钱补足,此种交易称为附补足金的互易,其在性质上实为互易与买卖的混合合同,即不够部分应当按买卖合同进行。例如,双方相互以各自的旧车进行交换,在确定了各自车辆的价金之后,如果存在价值差额,可以协商补足差额。② 正是因为存在相似性,所以,我国《合同法》第175条规定:"当事人约定易货交易,转移标的物的所有权的,参照买卖合同的有关规定。"当然,二者还是存在一定区别的,其区别主要表现为:

第一,是否支付价款不同。买卖合同是标的物与价金的交换,买受人需向出卖人支付价金,而互易合同是标的物间的交换,无须价金的支付。可以说,互易与买卖的核心区别就在于是否以货币作为交换媒介进行交易。③

第二,当事人不同。买卖合同的双方当事人是出卖人与买受人,而互易合同双方当事人均兼具出卖人和买受人地位,互为权利人和义务人,享有同等权利和

---

① 参见万畅:《"以物易物"重新焕发生机》,载《财会月刊》,2000(23)。
② 参见黄立:《民法债编各论》上册,150页,北京,中国政法大学出版社,2003。
③ 参见赢尧舜:《互易的几个法律问题探讨》,载《理论与实践》,2002(6)。

义务。

第三，在一方不履行合同时，是否可以请求对方返还标的物。在互易的情况下，一方不履行合同时，另一方有权主张其返还标的物。但是在买卖合同中，如果买方违约，卖方可以请求买方返还原物，但在卖方违约的情况下，因为买方支付给卖方的价金具有一般等价物的特点，因而不存在返还原物的问题。

（二）互易与劳务互换

劳务互换，是指双方约定以互相交换劳务的方式而达成的交易。例如，双方在合同中约定，一方看管花园，另一方为其子女辅导功课。劳务互换也具有"互易"的性质，因为双方都不需要向对方支付报酬，据此，有人认为，相互提供劳务也是一种互易。[①] 但是，在法律上，通常不将此种形态称为互易。这是因为互易是以有体物为标的物的，劳务互换虽然也不需要支付报酬，但其属于广义上的劳务合同的范畴。

四、互易的标的

互易的标的是有体物，其标的物的范围十分宽泛，既包括动产也包括不动产。例如，当事人双方各自将其一套住房进行交换，只要履行了合法手续，即为有效。货币作为一种特殊的种类物，一般不能作为互易的标的物，但是，当事人双方也可以以一定数额的不同国家的货币进行交易。当然，在进行货币互易时，必须符合有关国家货币管制的规定。种类物一般不能作为互易的标的物，但是在被特定化之后，也可以成为互易的对象。

五、互易合同的效力

互易的双方当事人互为权利人和义务人。在互易合同中，无法区分谁为债权

---

① 参见赢尧舜：《互易的几个法律问题探讨》，载《理论与实践》，2002（6）。

第二章 买卖合同

人或债务人,因而,双方享有的权利义务是对等的。就互易人的义务来说,主要包括如下方面:第一,移转标的物占有的义务。互易双方都应当将自己的物移转占有给相对方。此处所说的移转占有,可以是现实的占有移转,也可以通过指示交付等观念交付的方式实现占有的移转。在移转占有时,双方都有验收的权利,验收质量合格并予以受领的,视为对方已经交付。第二,移转标的物所有权的义务。一方交付并移转标的物所有权之后,也有权要求对方向其交付并移转标的物所有权。因此,互易人既有交付标的物的义务,也有请求对方交付标的物的权利。如果是移转不动产所有权,双方都有为对方办理移转登记的义务,从而使对方取得所有权。一般来说,各自向对方交付的货物的数量、质量都应当在互易合同中作出明确约定。如果当事人没有约定补足差价的情况下,则只是物的交换,不享有请求支付补足金的权利。第三,同时履行义务。原则上,双方负有同时履行的义务,在一方不履行时,另一方享有同时履行抗辩权。第四,瑕疵担保义务。瑕疵担保义务包括两方面的内容:一是物的瑕疵担保义务。互易的双方当事人都应当保证其所交付的物符合法律规定和合同约定的质量,如果因为质量不合格造成对方损害的,应当承担违约责任。二是权利瑕疵担保义务。这就是说,当事人双方应当保证对方取得标的物的所有权,不受第三人的追夺。如果因违反此种义务而给对方造成损失的,应当承担违约责任。

第三章

特种买卖

特种买卖，是指在订立方式、履行方式、担保规则等方面法律有特别规定的买卖，特种买卖是相对于一般买卖而言的。所谓一般买卖，是指在上述方面没有特殊规定的买卖，而特种买卖是指特殊形态的买卖。本章所讨论的特种买卖，主要是合同法所规定的诸如所有权保留、分期付款买卖、凭样品买卖、试用买卖、招标投标买卖、拍卖，对于前述买卖的法律适用，在法律都有特别规定的情况下，要从其规定，在法律没有特别规定时，应当适用一般买卖的规定。在合同法中，某些特种买卖依然是有名合同，而非无名合同。我国《合同法》专门规定了有关分期付款、试验买卖的内容，但是特种买卖的形态很多，法律也不可能一一作出规定，所以也有些特种买卖并非有名合同（如邮购买卖等）。

第一节 所有权保留

一、所有权保留的概念和特征

所谓所有权保留（Retention of Title），是指在买卖合同中，买受人虽先占有

第三章 特种买卖

使用标的物，但在全部价款支付以前，出卖人对于标的物仍然保留所有权。[1] 例如，某人从某 4S 店购买汽车一辆，双方约定，在没有付完全款之前，买受人可将该汽车取走使用，但 4S 店仍然保有汽车的所有权。所有权保留制度具有一定的担保功能，因为出卖人在交付标的物以后，仍然保留标的物的所有权，出卖人保留的所有权实际上就起着一种担保的功能，即担保买受人按期支付全部价款。同时，所有权保留制度也具有一定的资金融通功能，即通过所有权保留制度，买受人可以不必一次付清价款就可以占有和利用物，有利于促进交易。

所有权保留制度历史悠久，《十二铜表法》就有关于所有权保留的规定，该法第 6 表第 8 条规定："出卖的物品纵经交付，非在买受人付清价款或提供担保以满足出卖人的要求的，其所有权并不转移。"在《德国民法典》制定之前，德国普通法也承认了这种制度，但在当时并没有引起重视。[2]《德国民法典》第 449 条对所有权保留作出了明确规定，学者认为，这是现代意义上所有权保留制度的开始。[3] 自《德国民法典》确认该制度之后，大陆法系国家普遍确立了这一制度。例如，根据法国 1994 年的一部法律（the law of 10 juin 1994），在买受人破产的情况下，出卖人的利益可以通过所有权保留买卖而得到全面的保护，所以其又被称为"担保之皇后（queen of securities）"[4]。英美法国家也广泛承认了此种制度。例如，美国《统一附条件买卖法》对此作出了规定。英国《货物买卖法》第 19 条也规定了所有权保留的规则。在澳大利亚，判例也承认在出卖人支付全部合同价款之前，买受人对出卖货物的所有权进行保留成为买卖合同中经常议定的条款。[5]

我国民法借鉴了两大法系的经验，明确规定了这一制度。《民法通则意见》

---

[1] 参见崔建远主编：《合同法》，405～406 页，北京，法律出版社，2010。
[2] 参见王泽鉴：《民法学说与判例研究》，第 1 册，124 页，北京，中国政法大学出版社，1998。
[3] 参见申卫星：《期待权基本理论研究》，179 页，北京，中国人民大学出版社，2006。
[4] Iwan Davis ed., *Retention of Title Clauses in Sale of Goods Contract in Europe*, Asgate Public Company, 1999, p. 31.
[5] See Iwan Davis ed., *Retention of Title Clauses in Sale of Goods Contract in Europe*, Asgate Public Company, 1999, p. 1.

第一节 所有权保留

第 84 条规定："财产已经交付，但当事人约定财产所有权转移附条件的，在所附条件成就时，财产所有权方为转移。"虽然该条没有明确提到所有权保留，但该条规定当事人可以通过在移转所有权时附条件，条件成就时才能移转所有权。在解释上可以认为，这是我国法律上最早承认所有权保留买卖的规定。《合同法》第 134 条规定："当事人可以在买卖合同中约定买受人未履行支付价款或者其他义务的，标的物的所有权属于出卖人。"这就在法律上正式规定了所有权保留制度。

所有权保留的主要特点在于：

第一，它仅适用于动产买卖。所有权保留主要适用于买卖合同，但在各种买卖合同中，它又仅适用于动产买卖。在买卖中，关于所有权保留的适用范围，历来存在争议，一是适用于动产说。此种观点认为，所有权保留仅适用于动产买卖中，因为动产通常依交付移转所有权。例如，《德国民法典》第 455 条明确规定，"保留所有权只能针对动产"。《意大利民法典》第 1523 条规定："在保留所有权的分期付款买卖中，买受人自支付最后一期价金时起取得物的所有权，但是风险自物交付时起转移。"《欧洲示范民法典草案》认为所有权保留的适用范围仅仅限于动产。[1] 二是适用于动产和不动产说。此种观点认为，所有权保留也可以适用于不动产。在所有权保留约款规定的条件成就后，当事人完成所有权移转登记或条件确定不成就时，出卖人行使取回权而完成预告登记的涂销登记时，不动产所有权登记的公信力即行恢复。[2] 虽然我国《合同法》第 134 条的规定并没有明确指出其适用的范围，但根据《买卖合同司法解释》第 34 条的规定，买卖合同当事人主张《合同法》第 134 条关于标的物所有权保留的规定适用于不动产的，人民法院不予支持。因此，所有权保留仅适用于动产。作出此种规定的主要理由在于：一方面，从实践来看，我国绝大多数所有权保留都发生在动产交易中。正是

---

[1] See Christian von Bar and Eric Clive, *Principles, Definitions and Model, Rules of European Private Law*, Volume Ⅳ, (Munich: Sellier. European Law Publishers, 2009), p.0002.

[2] 参见翟云岭：《论所有权保留》，载《法学家》，2010 (1)。

第三章 特种买卖

因为它只能够适用于动产，才能够适用交付移转风险以及取回制度。① 至于实践中出现的按揭制度，其并非所有权保留，而仅是普通的不动产抵押。另一方面，从比较法上的经验来看，多数国家都规定了所有权保留只适用于动产。还要看到，只有动产才实行交付移转所有权的方式，因此在完成实际交付之后，出卖人可以保留其对该财产的所有权，待对方当事人交付价金或成就其他条件时，才移转所有权。不动产的物权变动方式也决定了，其不可能采用所有权保留的方式。对于不动产来说，标的物所有权转移需要履行登记手续的，即便当事人交付标的物也并不移转所有权，而如果当事人办理了变更登记，则所有权已发生移转，当事人无法约定排除。②

第二，它属于交付移转所有权的例外。所有权保留的形式是由法律规定的，但作为对交付移转所有权的例外，它又是当事人通过特别约定来实现的。也就是说，当事人通过约定改变了法律关于交付移转所有权的一般规则。也有学者认为，所有权保留是一种附条件的行为，标的物的所有权是否发生移转，取决于双方约定的条件是否成就，此种观点也有一定的道理。③ 在合同中尤其是买卖合同中，通常是通过交付移转所有权的，但是在所有权保留中，由于当事人的特殊约定，标的物的所有权并不因交付而移转，出卖人仍保留标的物的所有权。所有权保留条款是所有权保留买卖中的必备条款，如果没有所有权保留条款，所有权保留买卖也就没有任何依据了。问题在于，合同法允许当事人通过约定实现所有权保留，这与《物权法》第23条的规定是否存在矛盾？《物权法》第23条规定："动产物权的设立和转让，自交付时发生效力，但法律另有规定的除外。"其中并没有允许当事人通过约定来改变交付的规则。而《合同法》第134条的规定本身是否属于《物权法》第23条中"法律另有规定"？笔者认为，合同法主要是任意法，《合同法》的上述规定承认当事人约定以确定交付的效力，这也应当视为法

---

① 参见王泽鉴：《民法学说与判例研究》，第1册，137页，北京，中国政法大学出版社，1998。
② 参见奚晓明主编：《最高人民法院关于买卖合同司法解释理解与适用》，526页，北京，人民法院出版社，2012。
③ 参见陈本寒：《担保法通论》，339页，武汉，武汉大学出版社，1999。

律上的例外规定。因此,《合同法》关于所有权保留的规定与《物权法》第23条并不冲突。

第三,所有权保留是权利分化的结果。德国法学家鲍尔指出,在所有权保留中,我们面临着一种权利分化形式:保留所有权的出卖人享有标的物所有权中的担保权和变价权,而买受人获得了对标的物的占有和使用权,权利在当事人之间进行了分割,从而能够产生所有权担保的形态。[①] 在所有权保留制度中,财产权利分化的表现形式在于:出卖人在买受人支付全部价款之前保留所有权,而买受人享有对标的物的占有、使用和收益权,同时对所有权的移转享有期待权。这样,在所有权方面,就形成了一种分化状态。换言之,尽管出卖人保留所有权,但买受人享有对所有权的期待权。

第四,它是一种非典型担保。所谓非典型担保,是指法律上所确认的担保形式以外的担保(如让与担保)。所有权保留在我国民法上并非典型的担保制度,但其在客观上发挥担保债权实现的功能,是非典型担保的一种形态。不过,所有权保留和质押是不同的,在所有权保留中享受担保利益的一方是不占有"担保物"的,而在质押中享受担保利益的一方却取得了对担保物的直接占有,从这个意义上来看,所有权保留在性质更类似于抵押。

二、所有权保留的功能

所有权保留之所以为两大法系所广泛采纳,并且适用范围日益宽泛,这与其具有的独特功能是分不开的。具体来说,所有权保留具有如下几项功能:

第一,担保功能。所有权保留是一种担保形式,因为出卖人在交付标的物以后,仍然保留标的物的所有权。出卖人保留所有权实际上就起着一种担保的功

[①] 参见申卫星:《所有权保留制度一般理论研究》,载王利明主编:《物权法专题研究》下,1513页,长春,吉林人民出版社,2001。

能，其能担保买受人按期支付全部价款。[1] 也就是说，买受人只有在支付了全部价款或完成其他约定的条件以后，才能取得标的物所有权，反之，买受人如果不能按期支付价款，则出卖人可以行使取回权，将标的物取回，而且在价金债权超过诉讼时效时，出卖人仍然可以要求买受人返还标的物。[2] 此种担保方式与传统上人的担保和物的担保相比较，仅以标的物所有权的取得作为担保，而无须求助于他人或者他物，可谓方便快捷。[3] 而且在买受人破产的情况下，如果存在所有权保留，出卖人可以行使取回权，而不必以债权人的身份，平等地参与破产财产的清算，这就可以有效地起到担保的作用。

第二，物尽其用的功能。在所有权保留中，买受人在没有支付全部价金的情况下，仍可以占有标的物并对其加以利用，以满足自己的生产、生活需要，因此所有权保留更有利于实现物尽其用。虽然所有人保留所有权，但其保留的所有权是一种抽象的所有权，并不能够对实际占有人对标的物的占有、使用、收益构成任何影响。正如王泽鉴教授所指出的："保留所有权之主要功能，虽在于保障债权，但亦深具社会经济意义，盖出卖人之债权既获保障，可借分期付款方式大量出售货物，并可舍弃通常为保全价金而附加之各种苛严条款，其于增加生产，促进经济发展，改善民生，贡献甚巨。"[4]

第三，促进交易的功能。在社会生活中，买受人可能无法一时筹集所应支付的全部价款，如果因此使得交易无法进行，则并不利于促进交易顺畅进行。通过所有权保留制度，买受人可以不必一次付清价款就可以占有和利用标的物，而当买受人不支付价款或者不履行其他重要的义务时，出卖人可以通过行使取回权避免交易风险，以及其他可能因为失去所有权而导致其因债务不能履行而遭受的损害。因此，所有权保留制度具有促进交易的功能。

从今后的发展趋势来看，所有权保留的适用范围将不断扩大，但所有权保留

---

[1] See Iwan Davis ed., *Retention of Title Clauses in Sale of Goods Contract in Europe*, Asgate Public Company, 1999, p. 33.

[2] 参见申卫星：《期待权基本理论研究》，184页，北京，中国人民大学出版社，2006。

[3] 参见王泽鉴：《民法学说与判例研究》，第1册，127页，北京，中国政法大学出版社，1998。

[4] 王泽鉴：《民法学说与判例研究》，第1册，127~128页，北京，中国政法大学出版社，1998。

也有其固有的缺陷：出卖人保留所有权并没有公示方法予以配合，其只是当事人双方之间的约定，很难为第三人所知晓。在实践中曾出现此种情形，即当事人之间订立了所有权保留的买卖合同以后，买受人在占有标的物之后又将标的物转卖给善意第三人，使得保留所有权的担保功能难以实现。正是因为这一原因，一些学者认为，所有权保留的担保功能也有其局限性。

三、所有权保留与相关概念的区别

（一）所有权保留与附条件买卖

附条件买卖，是指在买卖中附有一定的条件，在条件成就时，合同才成立或者生效。例如，当事人约定，只有买受人支付全部价款才能取得标的物所有权。正是在这个意义上，有学者认为，附条件买卖就是采用所有权保留的方式。[1] 所有权保留与附条件买卖的共同点在于，当事人都在合同中约定一定的条件，以条件的是否成就作为合同实际生效或所有权是否移转的原因。例如，当事人双方在合同中约定，如果买受人领取工资后，就购买出卖人的财产，出卖人将所有权移转给买受人。因为这一原因，在德国学说和判例中，如果合同当事人约定，买主在所附条件成就时取得所有权，有时被称为"附条件合意（bedingte Einigung）"[2]。《美国统一附条件买卖法》也规定，买卖标的物的所有权于买受人在清偿价款之全部或者一部，或履行约定之义务或特定时间发生时始移转于买受人，亦系附停止条件。[3] 我国台湾地区"动产交易担保法"第26条规定："附条件买卖者，谓买受人先占有动产之标的物，约定至交付一部或者全部价金，或完成特定条件时，始取得标的物所有权之交易。"从该规定来看，台湾地区"民法"上所谓的附条件买卖实际上包括了所有权保留。但在大陆《合同法》中，所有权

---

[1] 参见徐炳：《买卖法》，499页，北京，经济日报出版社，1991。

[2] Münchener Kommentar / Quack, §929, RdNr. 30; Münchener Kommentar / H. P. Westmann, §455, Rd. Nr. 12.

[3] 参见王泽鉴：《民法学说与判例研究》，第1册，132页，北京，中国政法大学出版社，1998。

保留是一种特殊的买卖形式，而附条件买卖属于附条件法律行为的范畴。

笔者认为，所有权保留与附条件买卖之间还是存在一定的区别，主要表现在：第一，在附条件买卖中，当事人通常可以约定一定的条件，以该条件的成就与否作为合同成立与否的决定因素。而在所有权保留中，买卖合同已经成立，当事人所约定的条件主要影响标的物所有权的移转，而不影响买卖合同的效力。第二，是否具有担保功能不同。在附条件买卖中，其所附条件并非以担保为目的。而所有权保留具有一定的担保功能。第三，适用范围不同。附条件买卖可以广泛适用于各种买卖，包括不动产买卖，不限于动产的买卖；而我国法上的所有权保留仅适用于动产买卖。

（二）所有权保留与融资租赁

融资租赁是指出租人根据承租人的要求和选择，出资购买承租人所选定的设备并出租给承租人使用，承租人分期交付租金，租期届满后，承租人根据融资租赁合同可以退回、续租或留购租赁设备的协议。所有权保留与融资租赁具有一定的相似性，在融资租赁中，出租人将租赁物交给承租人长期使用、收益，但出租人仍然保留所有权，而且此种所有权主要也发挥担保的功能。正是因为这一原因，许多学者认为，融资租赁也是一种所有权保留的形式。[1] 笔者认为，融资租赁合同与所有权保留的买卖合同存在明显的区别，主要表现在：

第一，缔约目的不同。就所有权保留买卖合同而言，出卖人的合同目的是获取价金，而买受人的目的是取得标的物的所有权。而在融资租赁合同中，出租人的合同目的是获得约定的租金，其中也包含经营利润，承租人的合同目的是在租赁期间内取得对租赁物的使用和收益，在租期届满时，当事人也一般约定由承租人取得租赁物的所有权。[2]

第二，有无期待权不同。在所有权保留合同中，买受人只要按照合同约定支

---

[1] 参见［日］平野裕之：《联邦德国租赁交易法》，载［日］加藤一郎、椿寿夫：《租赁交易法讨论讲座》上，499页。转引自梁慧星：《民法学说判例与立法研究》，199页，北京，中国政法大学出版社，1993。

[2] 参见王轶编著：《租赁合同 融资租赁合同》，137页，北京，法律出版社，1999。

第一节 所有权保留

付了价款,就可以取得所有权,学理上普遍认可其享有期待权。买受人订立买卖合同的最终目的在于取得所有权,但在买受人支付全部价金之前,其享有期待权。而在融资租赁合同中,承租人订立合同的主要目的是在租赁期间内取得对租赁物的使用和收益,其最终是否可以取得租赁物的所有权,要看在租赁期间届满时与出租人达成的协议,因此在融资租赁关系存续期间,承租人并不享有期待权。[①]

第三,价金构成不同。在所有权保留合同中,买受人支付的价金是其取得标的物所有权的对价。而融资租赁合同中,承租人所支付的租金是由租赁物的价值、出租人的合理利润、税款、管理费等部分构成的(《合同法》第243条)。

第四,瑕疵担保义务不同。在所有权保留中,出卖人要承担瑕疵担保义务,如标的物存在瑕疵,出卖人仍然要承担违约责任,因为所有权保留买卖仍然属于买卖合同的一种类型,要适用法律关于买卖合同的一般规则。而在融资租赁合同中,因为出租人实际上是按照承租人的要求选择和购买标的物的,承租人要承受因瑕疵而带来的不利后果,出租人并不负有瑕疵担保责任(《合同法》第244条)。

四、所有权保留的设立

(一)所有权保留的设立应当采取一定的形式

所有权保留作为买卖合同中的特殊条款,是否需要采取某种特定的形式(如签订书面合同等),对此比较法上存在不要式主义和要式主义两种学说和立法例,具体来说:

1. 不要式主义。此种观点认为,所有权保留只需要依照当事人的合意就能够产生法律效力,而无须其他的任何形式。尽管德国学者主张应采取登记主义,但德国法采取的是意思主义的立法例。[②] 日本《分期付款买卖法》第7条规定,

---

[①] 参见王轶:《所有权保留制度研究》,载梁慧星主编:《民商法论丛》,第6卷,642页,北京,法律出版社,1996。

[②] 参见王泽鉴:《民法学说与判例研究》,第1册,135页,北京,中国政法大学出版社,1998。

第三章 特种买卖

凡属该法规定的买卖类型，即使当事人未明确规定所有权保留约款，亦可推定所有权保留约款的存在，承认所有权保留约款的默示设定。由此可见，日本法采纳的也是不要式主义。

2. 要式主义。要式主义又分为两种类型：一是书面形式。此种观点认为，保留所有权条款必须采用书面形式才能够产生效力。例如，在法国，所有权保留条款通常是商业合同中书面文件的一部分，只有当采用书面形式并且标的物已经交付时，这种条款才能够产生效力。① 在采取书面形式的国家，不仅要求当事人要以明示方式设定所有权保留约款，更强调其应具备书面形式。例如，《意大利民法典》第1524条规定："保留所有权，仅在书面文件有明确的扣押前的日期时，才对买受人的债权人具有抗辩力。"我国台湾地区"动产担保交易法"第5条亦明确规定所有权保留以明示为必要。二是登记形式。此种模式认为除了当事人的合意以外，尚需践行一定的登记方式才发生效力。例如，根据《瑞士民法典》的规定，保留所有权的约定必须登记才发生效力。② 再如，在奥地利，为了避免善意第三人遭受损害，出卖人通常会对保留所有权的条款进行登记，特别是在大型机器设备出卖中，出卖人会到有关的登记部门进行登记从而保障该种权利的实现。③ 经过登记的所有权保留，即使在买受人陷于破产的情形，出卖人也可以基于所有权而对该货物进行取回，除非买受人支付尚未支付的价金。④

从我国《合同法》第134条的文义来看，该条并没有就所有权保留的设定形式作出明确规定，但笔者认为，所有权保留应当采取一定的形式，尤其是应当采取书面形式，理由在于：第一，所有权保留的约定对当事人双方以及利害关系人的利益影响较大。对当事人而言，其涉及所有权是否移转和取得的问题。而对于

---

① Law No. 85 – 98, 25 janvier 195, Article 121, al. 2, 3.
② 参见王泽鉴：《民法学说与判例研究》，第1册，135页，北京，中国政法大学出版社，1998。
③ See Iwan Davis ed., *Retention of Title Clauses in Sale of Goods Contract in Europe*, Asgate Public Company, 1999, p. 3.
④ See Iwan Davis ed., *Retention of Title Clauses in Sale of Goods Contract in Europe*, Asgate Public Company, 1999, p. 4.

缔约关系以外的第三人而言，也可能对其产生影响①，尤其是在破产的情形下，标的物不属于买受人的破产财产，第三人无法由此获得债权的清偿。如果没有书面的形式，可能不利于保护交易相对人的合理信赖。第二，所有权保留买卖合同不同于一般的买卖合同，当事人之间的权利与义务具有较多的不确定性，如果不采用书面形式，当事人很容易就合同内容发生争议，通过书面形式有利于明确当事人的权利义务，这也可以在一定程度上防止欺诈或虚伪意思表示，预防纠纷的发生。② 第三，所有权保留是交付移转所有权的例外情形，在此种交易中，标的物由买受人占有，而所有权则仍归属于出卖人，因此，应当通过书面形式明确所有权买卖合同的内容，以防止发生纠纷。

（二）所有权保留是否需要登记

所有权保留既涉及担保，又涉及标的物所有权的归属，对第三人的利益影响较大，因此，不少学者认为，应当采用一定的公示方法，使所有权保留的约定能够为第三人所知悉。笔者认为，一方面，所有权保留本身不是一种法定的担保形式，因此，不必严格按照法定担保物权的方式采取登记的公示方法。另一方面，动产物权的变动采交付原则，法律上没有建立相应的登记制度，如果要求所有权保留进行登记，也缺乏与之相配合的登记制度。

所有权保留一般只能在已经现实存在的物上设立，未来之物上不能设立所有权保留。例如，根据丹麦法律的规定，所有权保留条款需要在交付标的物之前存在并生效。③ 但也有学者认为，所有权保留可以在未来之物上设立。笔者认为，所有权保留只能在现实存在的物上设立，因为一方面，所有权保留的特殊功能就在于，其要实现物尽其用，使买受人取得所有权之前就可以占有、使用标的物。如果标的物是未来物，则无法实现这一功能。另一方面，实现所有权保留功能的前提之一，就是要交付标的物，而且所有权保留是交付移转标的物所有权规则的

---

① 参见郭明瑞、王轶：《合同法新论·分则》，53 页，北京，中国政法大学出版社，1997。
② 参见王泽鉴：《民法学说与判例研究》，第 1 册，136 页，北京，中国政法大学出版社，1998。
③ See Iwan Davis ed., *Retention of Title Clauses in Sale of Goods Contract in Europe*, Asgate Public Company, 1999, p. 12.

例外情形,需要现实交付标的物;而对未来之物而言,其无法现实地交付标的物,也就无法实现所有权保留的功能。

五、所有权保留的效力

(一)出卖人的主要权利

所有权保留买卖是特殊类型的买卖,因此,在所有权保留的情形,出卖人也享有一般买卖合同中出卖人所享有的权利,如请求买受人支付价款的权利。除此之外,出卖人还享有如下几种权利:

1. 保留所有权。在物权法上,交付原则上导致动产所有权的移转,如果所述,所有权保留制度是交付移转动产所有权的例外情形。《合同法》第134条规定:"当事人可以在买卖合同中约定买受人未履行支付价款或者其他义务的,标的物的所有权属于出卖人。"依据这一规定,如果买受人一旦支付了全部价款或者履行其他义务的,该物的所有权就由出卖人转移至买受人,买受人的期待权由此转换为所有权。不过,在约定了所有权保留的情形下,出卖人虽然保留所有权,但其不能对该物进行任意处分,如在该物之上设定抵押等,否则将侵害买受人的期待权。

2. 出卖人依法享有解除权。《合同法》总则中有关解除的规定(第69条、第93条、第94条)可以适用于所有权保留合同中,也就是说,如果买受人未能支付价款构成根本违约,则出卖人有权解除合同。同时,催告应当是解除合同的必要前置程序,因为所有权保留中买受人取得了期待权,为了维护此种期待,应当要求出卖人催告买受人。

3. 依法享有取回权。所谓取回权,是指在买受人违约的情形,出卖人享有的取回标的物的权利。例如,某人与某4S店订立购买一辆汽车的合同,双方约定了所有权保留条款,但买受人取走汽车之后,一直不支付车款,则4S店有权取回该车。依据《买卖合同司法解释》第35条的规定,在所有权保留买卖中,标的物进行实际交付以后,标的物所有权移转于买受人之前,因买受人未按约定

第一节 所有权保留

支付价款、未按约定完成特定条件、将标的物出卖或出质,或将标的物作出其他不当处分的,出卖人有权取回标的物。出卖人一旦行使取回权,便重新取得对该物的完整支配权,并自然有权将该物再次处分。[1]

取回权是所有权保留中一种特殊的权利,涉及多方面的问题:

(1)关于取回权的行使条件。取回权的行使必须要具备如下条件:第一,买受人未支付价款达到严重的程度。通常,买受人在何种情况下未支付价款可使出卖人享有取回权,应当由合同约定。如果合同没有约定,则应当达到何种程度,对此,比较法上规定不完全相同。瑞士法规定,只有在买受人连续拖欠两期付款,且欠款达到货款总额的1/10时,或是欠款达到货款总额1/4时,或者拖欠最后一期付款时,出卖人才有权行使取回权。并且出卖人在行使取回权之前要提前14天向买受人发出欠款通知。[2]我国《合同法》第167条规定:"分期付款的买受人未支付到期价款的金额达到全部价款的五分之一的,出卖人可以要求买受人支付全部价款或者解除合同。出卖人解除合同的,可以向买受人要求支付该标的物的使用费。"笔者认为,虽然这一规定是关于分期付款买卖的规定,但可以类推适用于所有权保留中出卖人取回权的行使。因而,如果买受人未支付到期价款的数额较少,出卖人不得行使取回权,只有在未支付到期价款的金额达到全部价款的1/5的,出卖人才享有取回权。应当注意的是,依据《买卖合同司法解释》第36条的规定,如果买受人已支付的价款达到标的物总价款的75%以上时,出卖人不得行使取回权。第二,买受人在占有标的物期间擅自处分标的物。例如,将标的物转卖、出质等,此种情况已严重侵害出卖人的所有权,故出卖人有权行使取回权。出卖人行使取回权之前,应当通知买受人交付标的物。第三,标的物所有权未被第三人善意取得。依据《买卖合同司法解释》第36条的规定,如果第三人已经依据《物权法》的相关规定善意取得标的物所有权或者其他物权时,出卖人也不得行使取回权。除此之外,当事人也可以在合同中约定取回权的

---

[1] 参见奚晓明主编:《最高人民法院关于买卖合同司法解释理解与适用》,540页,北京,人民法院出版社,2012。

[2] 参见瑞士《附条件买卖法 Conditional Sale Act》第226条。

条件。例如，买受人没有妥善保管好标的物使标的物造成损害，可以成为当事人约定成立取回权的条件。如果买受人违反了约定的义务，出卖人也可以行使取回权。

（2）取回权的效力。出卖人一旦行使取回权，便重新取得对该物的完整支配权，并自然有权将该物再次处分。一般认为，出卖人行使取回权后，应当给予买受人一定的回赎期限，而不能立即处分该财产。在回赎期间内，应允许买受人履行价金支付义务，或者完成特定条件，则出卖人应当将标的物交还买受人。但如果买受人在约定或者指定的回赎期间内没有回赎标的物，则出卖人可以再次出卖标的物或者解除合同。①

（3）取回权的丧失。因为买受人擅自转让标的物，使第三人善意取得标的物所有权或者其他物权的，出卖人丧失取回权。但出卖人因丧失取回权，有权要求买受人支付价款或者赔偿损失。如果当事人对取回权的行使期限作出约定，出卖人超出此期限没有行使取回权，也丧失该权利。

（4）取回权的行使与合同解除。在所有权人取回的情况下，合同是否当然解除？一般认为，取回权仅仅针对买受人对标的物的占有而设，如合同中约定了取回权，则出卖人在符合约定条件时行使取回权，只是导致买受人占有的丧失，并不当然解除合同，买受人可以行使回赎权。笔者赞同此种看法。这就是说，出卖人行使了取回权，并不意味着就立即解除合同，否则将有违合同法鼓励交易的原则，而且不利于保护买受人的利益。

（5）出卖人行使取回权后，买受人亦可依据约定享有回赎权。这就是说，如果所有权保留合同中明确约定了回赎期间，在出卖人取回标的物后，买受人在双方约定的或者出卖人指定的回赎期间内，有权主张回赎标的物。② 例如，某设备制造公司在购买人没有按期支付价款时取回了设备。在双方约定的 2 个月的回赎期内，购买人筹集资金补交了货款，就可以回赎该设备。依据《买卖合同司法解

---

① 参见龙著华：《论所有权保留买卖制度中出卖人的取回权》，载《法商研究》，2000（4）。
② 参见奚晓明主编：《最高人民法院关于买卖合同司法解释理解与适用》，556 页，北京，人民法院出版社，2012。

释》第 37 条的规定，人民法院对此应当予以支持。在回赎期间内，买受人履行价金支付义务，或者完成特定条件，或者停止对标的物不当处分的，可以重新占有标的物。但如果买受人在约定或者指定的回赎期间内没有回赎标的物，出卖人可以再次出卖标的物或者解除合同。

(二) 买受人的主要权利

在所有权保留中，买受人也享有一般买卖合同中买受人享有的各项权利，如请求出卖人移转标的物的占有等。除此之外，买受人还享有如下权利：

1. 买受人享有对标的物占有、使用、收益的权利。在保留所有权中，买受人享有对标的物占有、使用、收益的权利，但不能享有处分权，因此，买受人不能将动产擅自转让或设立担保。买受人是否对标的物享有所有权，对此学者有几种不同的解释：一是"部分所有权移转说"。此种学说认为，在设有所有权保留条款的买卖合同中，出卖人在将标的物交付给买受人的同时，随着买受人的价款的逐渐支付，货物所有权的一部分也随之移转于买受人，从而形成出卖人与买受人共有一物部分所有权的形态。在德国，判例认为买受人也享有一种"不完全所有权（Anwartschtsrecht/inchoate ownership）"，以保护其对获得标的物所有权的期待。[1] 日本学者铃木禄弥提出"削梨"说，他认为在分期付款买卖的所有权保留过程中，对于标的物的归属关系处于浮动的状态，出卖人与买受人均不享有完整的所有权，也不是完全没有所有权。所有权就如同"削梨"一样，由出卖人一方逐渐转移到买受人一方。[2] 二是"占有、使用权移转说"。按照这种理论，在所有权保留买卖中，买受人享有占有使用权，而不享有所有权，只有在全部支付价金之后，所有权才发生移转。在部分支付价金的情况下，买受人也并不享有部分的所有权。按照德国的通说，就占有而言，买受人处于直接占有的地位，而出卖人处于间接占有的地位。[3] 三是"所有权移转说"。该说认为，在设有所有

---

[1] See Iwan Davis ed., *Retention of Title Clauses in Sale of Goods Contract in Europe*, Asgate Public Company, 1999, p. 39.

[2] 参见申卫星：《期待权基本理论研究》，185 页，北京，中国人民大学出版社，2006。

[3] See Iwan Davis ed., *Retention of Title Clauses in Sale of Goods Contract in Europe*, Asgate Public Company, 1999, p. 39.

权保留条款的买卖合同成立后,标的物所有权即属于买受人,出卖人所享有的只是担保权益。因为出卖人保留所有权的主要目的不在行使物的所有权,而在担保价金债权。所以,在功能上,出卖人的地位相当于有担保的债权人。[1]

笔者认为,既然是所有权保留,就不能认为所有权已经发生了移转。实际上,在价金完全支付之前,标的物所有权仍归属于出卖人。但是也不能认为,买受人仅仅享有占有和使用的权利,因为只要其支付了价金,就确定地取得所有权,出卖人也无法阻止其取得所有权。笔者赞同日本学者铃木禄弥提出的"削梨"说,理由主要在于:第一,所有权保留的设立目的就是要使买受人取得标的物的所有权。在此种买卖中,出卖人和买受人的交易目的就是要使买受人取得物的所有权,出卖人保留所有权只不过是为了担保其价金债权的实现而已。第二,买受人支付价金,可以逐渐地取得标的物的所有权。价金是买受人取得所有权的对价,在逐步支付价金的过程中,买受人可以逐步地从出卖人那里取得所有权。最终,通过全部支付价金,买受人可以取得对标的物的所有权。第三,买受人的期待权是对最终取得所有权的期待,享有所有权期待权的买受人,实际上只享有标的物的占有权、使用权和收益权,而不享有处分权,故不得出卖标的物。[2] 如果认为买受人只是享有占有和使用的权利,则与期待权的内容也不相符合。所以,在所有权保留的情况下,买受人已经部分地享有了所有权,但并不享有完整的所有权。因此,买受人不能将动产擅自转让或设立担保。

在所有权保留的情况下,买受人进入破产程序以后,标的物是否可以作为破产财产?从比较法上来看,一般认为,由于标的物的所有权仍然属于出卖人,因而标的物不属于买受人的破产财产。在我国,法律对此虽然没有明确规定,但从破产法的一般原理出发,破产财产应当是买受人享有所有权的财产。当然,在法律上,当事人也可以通过特别约定,在进入破产程序后,买受人继续履行支付价款的义务,从而使得该标的物成为破产财产。另外,在买受人进入破产程序以后,如果管理人依照《企业破产法》决定继续履行合同、支付全部剩余价款的,

---

[1] 参见林咏荣:《动产担保交易法新诠》,17~18页,台北,三民书局,1990。
[2] 参见来奇:《买卖合同》,85页,北京,中国民主法制出版社,2003。

则标的物仍应属于破产财产；如果管理人拒绝履行或者解除合同的，则出卖人有权取回标的物并可就因此遭受的损失申报破产债权。

2. 买受人享有期待权

所谓期待权，是指权利人依据法律或合同的规定，依法对未来的某种权利享有一种期望或期待的利益。期待权的理论是由德国学者齐特尔曼（Zitelmann）于1898年在其出版的一本国际私法的著作中首先提出的，并为后世的德国学者所广泛认同。但何为期待权，学者的看法不完全一致。有观点认为，期待权为权利的胚胎；也有人认为，它是权利所投射的影子；还有人认为，期待权为发展中的权利和将来的权利。[1] 笔者认为，在所有权保留买卖中，买受人还没有完全取得对标的物的所有权，但是其对所有权的取得具有值得保护的期待利益，这种期待利益主要体现在买受人可以期待在价金完全支付之后完整地取得标的物的所有权；而且在价金完全支付前，买受人对所有权取得的期待利益较一般的债权也应当受到更大程度的保护，这也就是说，买受人对取得标的物所有权享有期待利益，法律应当保护买受人此种期待利益。在全部价款支付之前，买受人虽无法取得标的物的完整所有权，但由于买卖合同已经成立并生效，出卖人也不得随意解除合同，否则将侵害买受人的期待权。

不过，买受人享有的期待权从性质上看仍然是一种债权而非物权。一方面，这种期待权存在的前提是合同本身的有效性。[2] 只有在买卖合同有效的情况下，期待权才有可能发生效力，如果买卖合同被宣告无效或者被撤销，则买受人的期待权当然消灭。另一方面，在支付全部价金之前，买受人毕竟没有取得对标的物的完整所有权。此外，期待权本身不是一种物权，没有特定的公示方法，如果出卖人不是处分权人，买受人也不可能善意取得此种期待权。[3] 可见，期待权本身

---

[1] 参见王泽鉴：《民法学说与判例研究》，第1册，186页，台北，三民书局，1975。

[2] See Iwan Davies ed., *Retention fo Title Clauses in Sale of Goods Contract in Europe*, Asgate Publishing Company, 1999.

[3] 在比较法上，有一种观点认为，期待权可以对抗各种侵害，甚至当出卖人并非处分权人的时候，买受人可以请求期待权的善意取得。BGHZ vol. 10, pp. 69, 70. 笔者认为，期待权不能产生善意取得的效力。

仅具有债的效力。

(三) 所有权保留中的风险移转

一般认为,所有权保留中的风险移转适用交付原则,也就是说,一旦出卖人将标的物交付给买受人,标的物意外毁损灭失的风险应当由买受人承担。[1] 比较法上也大多承认此种规则,例如,《德国民法典》第446、447条、《意大利民法典》第1523条都对此作出了规定。我国现行法律对此虽然没有作出规定,但这一做法值得赞同。因为在所有权保留的情况下,虽然标的物的所有权没有移转,但是,毕竟标的物处于买受人的控制之下,出卖人已经失去了对标的物的控制,由买受人负担风险可以以较小的成本来避免标的物的毁损、灭失。另外,买受人可以占有、使用、收益标的物,由其负担风险,也符合权利义务对等的原则。

第二节 分期付款买卖

一、分期付款买卖的概念和特征

所谓分期付款买卖(Abzahlungsgeschäft, Instament selling),是指双方当事人在合同中约定,由出卖人先交付标的物、买受人分次支付合同总价款的一种特种买卖。[2] 所谓分期付款,按照《买卖合同司法解释》第38条第1款的规定,是指买受人将应付的总价款在一定期间内至少分三次向出卖人支付。例如,某人到某4S店购买奔驰豪华轿车一部,价款100万元,双方约定,可按月支付价款,但每月至少支付5万元。

分期付款买卖是一种古老的交易方式,在买卖合同出现之时,此种交易方式就已经存在。自19世纪以来,此种方式被日益广泛地采用,对社会经济生活产

---

[1] See Iwan Davis ed., *Retention of Title Clauses in Sale of Goods Contract in Europe*, Asgate Public Company, 1999, p. 38.

[2] 参见郑玉波:《民法债编各论》上册,101页,台北,三民书局,1986。

第二节 分期付款买卖

生了较大影响。由于 20 世纪消费观念的改变和信用交易的发展，促使分期付款交易的适用范围日益扩大。[1] 随着分期付款的广泛适用，其在合同法中的重要性也越来越突出。有的国家在债法中规定分期付款制度，如《瑞士债务法》第 226～228 条规定了这一制度。也有一些国家通过特别法专门调整分期付款制度，如德国专门制定了《分期付款买卖法》，法国于 1990 年制定了一部分期付款的法律（loi du 12 Mars 1900，Vente á témperament），日本也制定了《割赋贩卖法》专门规范分期付款买卖。在我国，随着物质财富的增加和消费市场的日益发展，大宗商品消费（如汽车）经常采用分期付款方式。分期付款方式对于鼓励交易、刺激消费、促进经济发展都起到了重要作用。因此，我国《合同法》也对分期付款交易作出了规定。

分期付款买卖的主要特点在于：

第一，它是一种特种买卖，具有普通买卖所不具有的一些特殊性。分期付款买卖符合一般买卖的规则，即一方移转所有权，另一方支付价金。与一般买卖合同一样，分期付款是双务、有偿合同，其法律效力与普通买卖合同基本相同，因此在法律没有特殊规定或者当事人没有特殊约定的情况下，《合同法》关于买卖合同的规定一般也适用于分期付款买卖合同。但分期付款买卖又是一种特殊的买卖，其特殊性表现在：一是其货物买卖的价款不是一次性支付的，需要分期支付。二是在合同的解除方面，只有在买受人未支付到期价款的金额达到全部价款的 1/5 时，出卖人才享有法定的合同解除权，这就对出卖人的解除权进行了一定限制。三是分期付款买卖还往往与所有权保留制度结合适用，此时，除与动产标的物所有权转移相关的合同条款附有生效条件外，其他条款自依法成立时生效。[2]

第二，它采取分期支付价金的方式。与一般买卖合同相比较，分期付款中价

---

[1] See E. Allan Farnsworth, *International Encyclopedia of Comparative Law*, Vol. VIII, Specific Contracts, Chapter 4, Installment Sales, Tübingen, 1972, p.3.

[2] 参见王轶：《论所有权保留的法律构成》，载《当代法学》，2010（2）。

款的支付方面具有一定特殊性①，即价款采用分期支付的方式。在分期付款买卖中，买受人享有期限利益，有权按照合同约定的期限支付价款，而无须一次性支付全部价款。从实质上讲，分期支付价金是价金的延缓交付。② 但是"分期"应为几期，每期应持续多长的期限，何时开始计算与确定期数？对此，我国《合同法》并没有明确规定。在比较法上，有些国家要求两次以上或者三次以上为分期付款买卖。例如，日本的《分期付款买卖法》（又译作《割赋贩卖法》）明确地将分期付款买卖界定为："购买人约定以两个月以上的期间，且分割三次以上支付为条件支付购买所指定的商品。"依据我国《买卖合同司法解释》第38条第1款的规定，"分期付款"是指买受人将应付的总价款在一定期间内至少分三次向出卖人支付。因此，在标的物交付之后，买受人至少分三次以上缴清才属于分期付款。因为如果买受人支付价款的次数在三次以下，当事人之间的法律关系较为简单，合同的效力、解除权等可以适用买卖合同和合同法总则的一般规定，没有必要将其界定为分期付款买卖合同。

第三，它可以适用于动产和不动产买卖。从比较法上看，有的国家将分期付款买卖的适用范围限于动产交易。例如，德国的《分期付款买卖法》第1条将分期付款买卖的标的物限于动产，因为在德国法中，不动产转移的意思表示不允许附条件。但多数国家的立法并没有将分期付款买卖的标的物限于动产。③ 从我国实际情况来看，分期付款大量适用于动产买卖，如汽车、电冰箱、彩电、电视机等耐用消费品的买卖。而在不动产买卖中，目前期房买卖一般都适用按揭的方式，与分期付款买卖具有一定区别，但在二手房买卖中，仍有可能适用分期付款的规定。有学者甚至认为，因为不动产的价值较动产的价值更大，更适于分期付款买卖。④ 所以，动产和不动产都可以适用分期付款买卖。至于权利转让，是否可以适用分期付款方式，学界对此仍然存在争议。⑤ 笔者认为，分期付款不同于

---

① 参见房绍坤：《论分期付款买卖》，载《法学论坛》，1997（1）。
② 参见吴志忠：《买卖合同法研究》，189页，武汉，武汉大学出版社，2007。
③④ 参见房绍坤：《论分期付款买卖》，载《法学论坛》，1997（1）。
⑤ 参见郑玉波：《民法债编各论》上册，102页，台北，三民书局，1986。

第二节 分期付款买卖

所有权保留之处在于，买受人不需要实际利用标的物，因此，按照私法自治原则，当事人针对权利的转让可以约定采用分期付款的方式。

第四，它常常与所有权保留结合在一起。这就是说，在实际运用过程中，分期付款买卖不仅是价款的支付问题，其还常常与所有权保留制度结合使用。分期付款买卖本质上是一种信用交易，为了担保价金债权的实现，当事人在采用分期付款的同时也可能同时约定所有权保留。

分期付款与赊欠买卖具有相似性，在赊欠买卖中，买受人也并非在交付标的物时即支付价款，因此，两种交易形式都能够给予买受人一定的期限利益；而且在两种交易方式中，出卖人都可能需要承担买受人无法按期支付价金的风险，买受人最终支付的价金也可能高于一次性支付的价金。当然，分期付款买卖与一般赊欠买卖具有明显区别，表现在：一方面，在赊欠买卖中，买受人虽可以迟延支付价款，但对价款的支付方式并没有明确规定，可以是一次支付也可以是多次支付；但分期付款中，买受人需要至少分三次支付价金。另一方面，赊欠买卖有可能只是推迟支付价款，而并不采取分期付款的方式。而分期付款买卖不仅是迟延支付价款，而且当事人会就分次支付价款作出特别约定。

二、分期付款买卖的功能

分期付款买卖在现代商品买卖中具有重要的地位，已经成为交易的重要方式，其主要功能在于：

第一，促进消费。分期付款买卖的特点在于，买受人可以分期支付价款，从而解决买受人的资金不足问题，而且其可以在支付全部价款前利用标的物，从而有利于降低消费成本，促进商品的销售。对于出卖人而言，可以通过赊销的方式促销，有助于企业保持资金的流通性与资金使用的稳定性，使企业尽速取得先进或急需的生产设备，尽早地形成生产能力，产生经济效益。[①] 作为一种信用买

---

① 参见翟云岭：《分期付款买卖的确定及其基本价值分析》，载《法学论坛》，2006 (1)。

卖，此种方式极大地促进了消费。正是因为分期付款买卖具有促进消费的功能，故其与消费者权益保护具有密切联系。[1]

第二，融通资金。分期付款买卖可以解决买受人的资金紧张问题，发挥资金融通的作用。因为出卖人不必等到买受人筹集全部资金后才与其进行交易。另外，随着金融机构介入分期付款买卖之中，在客观上也有利于进一步发挥其融通资金的作用。在现代社会，专门为分期付款买卖提供资金融通的金融机构也大量出现，这种新兴金融机构有的是由银行筹办的，有的则是汽车制造商为了支持他们的产品销售而筹办的。[2] 这也在客观上推动了分期付款交易的发展。

第三，担保功能。分期付款交易的担保功能主要是与所有权保留结合而产生的。分期付款买卖属于信用交易，如果出卖人不享有任何担保，就可能无法保证其债权。从实践来看，出卖人和买受人往往约定了所有权保留，从而发挥其担保功能。

三、分期付款买卖与相关概念的区别

分期付款可以适用于所有权保留、租赁、借款等各类合同中。但分期付款买卖作为一种特殊的买卖合同，与这些合同具有一定区别。

（一）分期付款买卖与所有权保留

分期付款买卖可以采用所有权保留买卖的方式，例如，当事人在合同中特别约定在买受人尚未支付全部价金之前，由出卖人保留所有权。[3] 一般来说，在所有权保留中，价金的支付往往并不是一次性支付，而有可能采取分期付款方式。因此，也有学者认为分期付款就是一种所有权保留方式。笔者不赞成此种观点，我国《合同法》之所以将分期付款买卖与所有权保留分别规定，表明它们是两种不同的特种买卖，二者的区别主要表现在：

---

[1][2] See E. Allan Farnsworth, *International Encyclopedia of Comparative Law*, Vol. Ⅷ, Specific Contracts, Chapter 4, Installment Sales, Tübingen, 1972, p. 4.

[3] 参见韩世远：《合同法学》，404 页，北京，高等教育出版社，2010。

第二节 分期付款买卖

第一，适用范围不同。分期付款主要适用于买卖，例如，当事人约定，交付标的物就移转所有权，但买受人可以分期支付价款。所有权保留的含义是虽然标的物的占有已经移转，但是所有权并没有移转，其核心要素在于所有权是否移转，因此，所有权保留的适用范围更为宽泛，只要在一方已经先行占有标的物的情况下都可以适用。例如，在承揽合同中，承揽人和定作人也可以达成协议，在交付标的物之后，承揽人仍然拥有标的物的所有权。[①] 还应当看到，分期付款只是强调价款的分期支付。所以，分期付款既可以和所有权保留结合起来，也可以单独采用。

第二，适用的法律规则不同。分期付款是价金支付的一种特殊形式，属于金钱债务履行的问题，其主要适用买卖合同的规定。而在买卖中的所有权保留，虽然要适用买卖的法律规则，但是因其涉及所有权移转问题，因而也要适用物权法中有关所有权变动的规则。正是因为这一原因，德国学者梅迪库斯将所有权保留称为介于债法与物权法之间的一种形式，认为在所有权保留的情况下已经具有了物权因素，产生了物权关系，并适用物权法调整。[②]

第三，解除合同的条件不同。在分期付款买卖中，为了保护买受人的利益，《合同法》第167条规定了合同解除的限制规则。而在所有权保留中，法律并没有对合同的解除设置特殊的规则。在分期付款买卖中，如果买受人未支付的到期价款达到全部价款的1/5，出卖人有权解除合同。

第四，是否必须现实交付不同。在所有权保留中，出卖人应当现实交付标的物。而在分期付款买卖中，买受人并不一定要实际利用标的物，而只是分期支付价款，因此，出卖人并不一定要实际交付标的物。当然，在所有权保留中，出卖

[①] See Iwan Davis ed., *Retention of Title Clauses in Sale of Goods Contract in Europe*, Asgate Public Company, 1999, p.33. 《欧洲示范民法典草案》第9—1：103条规定，保留所有权交易包括：（a）买卖合同项下出卖人保留所有权；（b）分期付款买卖合同项下供应人所享有的所有权；（c）租赁合同项下租赁物的所有权，以承租人依合同约定在租赁期间届满时，无须支付对价或仅需支付名义上的对价，即享有取得租赁物的所有权或继续使用租赁物的选择权为前提条件（融资租赁）；（d）意在实现担保目的或达到实现担保目的效果的寄售合同项下供应人的所有权。

[②] 参见［德］迪特尔·梅迪库斯：《德国债法分论》，杜景林、卢谌译，99页，北京，法律出版社，2007。

人将标的物交付买受人,买受人并未取得标的物完整的所有权,因而可能出现标的物权利外观与真实权利状况不符的情形,所以,出卖人需要通过保留所有权以担保其债权的实现。而在分期付款买卖中,如果没有与所有权保留相结合,通常情况下其交付导致所有权移转给买受人。

第五,是否存在取回权不同。在所有权保留中,当事人可以约定取回的条件,如果符合该条件,出卖人可以取回标的物。但在分期付款买卖中,因为分期付款只是买卖的一种支付方式,不涉及物权的移转,所以不存在标的物的取回问题。

第六,对出卖人的利益保护不同。所有权保留的实质是对交易提供一种担保。分期付款只是买卖的一种支付方式,并不是一种担保方式。

(二)分期付款买卖与租售合同

租售合同(hire purchase),也称为租买,是指当事人在合同中约定了标的物的租赁,但是同时约定,当买受人支付的总租金额达到约定的比例时,取得货物所有权的一种兼具租赁和买卖特征的交易形式。如果买受人支付的价款尚未达到约定的比例,此时出卖人可以以租赁为由,有权取回货物。[①] 租买是英国法中的一种制度。在分期付款买卖发展过程中,有的国家也采用此种方式。[②]

分期付款买卖与租售存在一定相似性。例如,买受人都可能最终取得所有权,而且买受人取得所有权之前都已经实际取得了对标的物的占有和使用。但二者也有明显的区别,主要表现在:第一,分期付款买卖是一种特殊买卖,而租售本质上是一种特殊形式的租赁。租售具有混合合同的特点,是租赁合同与买卖合同相结合的产物。第二,分期支付的价金性质不同。分期付款买卖中,买受人支付的是标的物的价款,而租售中,承租人支付的是租赁物的租金。一般而言,价金的数额要高于租金的数额。第三,是否需要返还价金不同。在分期付款的情况下,出卖人不需要返还价金。而在租售中,如果买受人进行购买,但其支付的价

[①] 参见徐炳:《买卖法》,499页,北京,经济日报出版社,1991。

[②] See E. Allan Farnsworth, *International Encyclopedia of Comparative Law*, Vol. Ⅷ, Specific Contracts, Chapter 4, Installment Sales, Tübingen, 1972, p. 3.

款尚未达到约定的比例，则标的物所有权仍然归属于出卖人。第四，在租售中，承租人最终是否购买标的物，取决于出租人和承租人的协议。它能够满足承租人对大型设备的一时之需，但并不确定其将来是否购买。① 如果承租人将来确定购买，也可以采取分期付款买卖的方式。在分期支付了全部约定租金后，承租人既可以将租售合同转变成买卖合同，支付购买价格并取得货物的所有权，也可以放弃购买的权利，从而使租买合同变成租赁合同，并将标的物返还给所有人。②

四、分期付款买卖的效力

分期付款买卖是买卖合同的一种特殊类型，一般买卖合同中对于合同双方的权利与义务的规定对分期付款买卖双方都是适用的。但由于分期付款买卖又是一种特殊的买卖合同类型，所以，在效力方面又具有特殊性，表现在以下几方面：

（一）对出卖人的效力

1. 请求分期支付价款的权利。出卖人在分期付款合同订立之后，享有分期请求支付价款的权利。也就是说，出卖人不享有要求买受人一次性支付全部价款的权利，而是在每一分期所应支付的价款期限到来之前，才享有请求支付该笔价款的权利。尽管买受人享有分期付款的权利，但买受人应当在每一笔支付的价款的期限到来之时负有支付价款的义务。分期付款的期限通常以月为单位，也有的以年或周为单位。③ 需要指出的是，分期付款买卖中，每一期价款的支付期限都需要约定，只有在每一期价款支付期限到来之后，出卖人才能向买受人请求。

2. 在法定条件成就时解除合同的权利。分期付款买卖和一般买卖一样，在

---

① 参见徐炳：《买卖法》，499 页，北京，经济日报出版社，1991。
② 参见董安生等编译：《英国商法》，332 页，北京，法律出版社，1991。
③ 参见房绍坤：《论分期付款买卖》，载《法学论坛》，1997（1）。

符合法定解除条件时，出卖人享有解除合同的权利。但是，针对此种特殊的买卖，法律也规定了限制解除权行使的规则。《合同法》第167条规定："分期付款的买受人未支付到期价款的金额达到全部价款的五分之一的，出卖人可以要求买受人支付全部价款或者解除合同。"解除合同的条件是：第一，买受人在约定的期限内没有按期支付价款。在一般买卖中，买受人都是一次性支付，如果不支付就构成迟延履行。而在分期付款中，买受人应分期支付。买受人在任何一期迟延支付，都构成违约。第二，买受人未支付到期价款的金额达到全部价款的1/5。达到是指不少于1/5。也就是说，只要买受人未支付的价款已经达到总价款的1/5，就构成根本违约，出卖人即有权解除合同。在此需要讨论的是，该条规定究竟属于强行性规定，还是任意性规定？当事人能否通过约定加以改变？笔者认为，该条规定实际上是为了保护处于弱势地位的买受人，其应当理解为强行性规范。一方面，从立法目的考量，该制度设立的目的是限制出卖人解除权的行使，保护买受人的利益。[①] 因为如果当事人没有约定解除条款，出卖人也不能够援引约定要求买受人支付全部价款或者解除合同[②]，这样就保护了买受人的期限利益。另一方面，从实践来看，如果允许当事人约定更低的比例也可以解除合同，则出卖人可能会利用其经济上的优势地位要求买受人接受更低比例的约定，从而使法律的上述规定无法发挥其应有的规范作用。当然，如果出卖人和买受人约定了更为严格的合同解除限制条件（如未支付的价款达到总价款的1/3才能解除），也符合该条的设立目的，应当是有效的。这就是说，在当事人约定与法律规定相比更有利于买受人时，该约定才具有法律效力。如果当事人的约定和法律规定相比不利于买受人时，该约定应被宣告无效。

依据《买卖合同司法解释》第39条，合同当事人双方可以在分期付款买卖合同中约定，出卖人在解除合同时有权扣留已受领价金，但出卖人扣留的金额不

[①] 我国台湾地区"民法"第389条规定："分期付款之买卖，如约定买受人有迟延时，出卖人得即请求支付全部价金者，除买受人迟延之价额已达全部价金五分之一外，出卖人仍不得请求支付全部价金。"这一规定表明，此制度的设立目的是保护买受人。

[②] 参见黄立：《民法债编各论》下册，129页，北京，中国政法大学出版社，2003。

第二节　分期付款买卖

得超过标的物使用费以及标的物受损赔偿额。例如，某人到某4S店就购买奔驰豪华轿车约定了分期付款，双方约定，如果购买人没有按期支付价款达到总价的40％，4S店可以解除合同，同时，有权扣留已支付价款的一定比例。但如何确定使用费？根据上述解释第39条第2款，如果当事人对标的物的使用费没有约定的，人民法院可以参照当地同类标的物的租金标准确定。

3.在符合法定条件下请求支付全部价款的权利。《合同法》第167条规定："分期付款的买受人未支付到期价款的金额达到全部价款的五分之一的，出卖人可以要求买受人支付全部价款或者解除合同。"这就是说，在分期付款买卖中，出卖人一般不得享有要求一次性全部支付价款的权利，但如果符合法律规定的条件，出卖人可以请求买受人一次性支付全部价款。该条规定也被称为期限利益丧失规则，是指买受人迟延支付价款达到法律规定的程度时，依据法律规定，出卖人有权要求买受人支付剩余的全部价款，买受人将丧失其在分期付款买卖中享有的期限利益。[1] 此处所说的期限利益，是指买受人不必一次性支付价款的利益。在分期付款合同中，由于买受人无须一次性支付全部价款，使其不负有过重的负担[2]，并可以将尚无须支付的价款用于他处以获得其他利益。但此种期限利益只是在买受人没有违约的情形才能享有，如果买受人已经构成违约，此时仍使其享有期限利益，既不符合过错责任原则，也不利于对出卖人的保护。因而法律又要对期限利益的丧失作出明确规定，以便平衡当事人双方的利益，实现分期付款买卖的目的。[3] 例如，德国的《分期付款买卖法》第4条及《瑞士债务法》第228条规定："出卖人只有在买受人连续两期给付迟延，而迟延之价额已达到全部价额的十分之一时，才能主张期限利益丧失条款。"我国台湾地区"民法"第389条也有类似规定。借鉴比较法经验，我国《合同法》对于此种权利的行使作出了限制，规定分期付款的买受人未支付到期价款的金额达到全部价款的1/5的，出卖人有权要求其支付全部价款。当然，在此情况下，合同仍然继续

---

[1] 参见房绍坤：《论分期付款买卖》，载《法学论坛》，1997(1)。
[2] 参见郑玉波：《民法债编各论》上册，102页，台北，三民书局，1986。
[3] 参见邱聪智：《新订债法各论》上，146页，注释209，北京，中国人民大学出版社，2006。

有效。

4. 在合同解除后请求买受人支付标的物使用费的权利。依据《合同法》第167条，出卖人解除合同的，可以向买受人要求支付该标的物的使用费。据此可见，出卖人请求买受人支付标的物使用费是其一项权利。因为在合同解除后，当事人应当互负恢复原状的义务，出卖人应当将其所受领的价金返还买受人，买受人也应当将标的物返还出卖人，但买受人在合同存续期间可能已经对标的物进行了一定利用，在合同解除后，买受人使用标的物的行为应构成不当得利，该利益在性质上无法返还，因此，买受人应向出卖人支付标的物使用费。

需要指出的是，标的物的使用费，应当根据标的物的价值、利用状况、买受人获取的利益等因素考虑，可以参考市场上的同类物的租金数额确定。一般来说，标的物价值越高、使用时间越长，其应当支付的使用费也就越高。另外，出卖人返还价款时，可以享有同时履行抗辩的权利，也就是说，如果买受人没有支付使用费，出卖人有权依据《合同法》第66条拒绝返还其价款。

（二）对买受人的效力

1. 请求出卖人交付标的物并移转所有权的权利。在分期付款合同中，买受人享有请求出卖人交付标的物的权利。一般而言，出卖人在买受人支付第一笔款项之后，就应当负有交付标的物的义务。[①] 当然，当事人也可以特别约定，即使买受人没有支付价款，也可以取得标的物的占有。如果当事人没有特别约定，在标的物交付时所有权也应当同时移转。当然，当事人在分期付款买卖中也可以采用所有权保留的方式，此时，出卖人交付标的物的行为并非是移转所有权中的交付，其并不能够产生所有权移转的法律效力，而只是移转标的物的占有。[②] 如果作出了此种特别约定，标的物所有权只有在全部价款支付完毕时才移转。

2. 占有、使用标的物的权利。通常来说，在当事人没有特别约定时，买受

[①] 参见吴志忠：《买卖合同法研究》，198页，武汉，武汉大学出版社，2007。
[②] 参见王轶：《论所有权保留的法律构成》，载《当代法学》，2010（2）。

人支付了第一期价款,就有权要求出卖人交付标的物。而且此种交付应当是现实交付。在买受人占有标的物期间,其不受出卖人的干涉。但买受人只对标的物享有占有、使用的权利,而不享有处分权,因此,买受人无权将标的物转让、抵押、质押,否则,买受人不仅构成违约,也构成对出卖人标的物所有权的侵害。

3. 在合同解除后请求返还价款的权利。如果买受人未按期支付的价款占到全部价款的1/5,以及因其他原因导致合同解除时,当事人应当互负返还义务,按照恢复原状的原则,买受人有权请求出卖人返还已经支付的价款。在返还价款时,买受人可以要求出卖人支付合理的利息。但是,买受人请求返还价款时,也应当支付标的物的使用费,并应当返还标的物。如果出卖人拒绝返还价款,则买受人应当有权留置标的物,以保障其价款返还请求权的实现。

4. 享有分期支付价款的权利。分期付款买卖中,买受人并不是一次性支付价款,而是享有分期支付价款的权利。在分期付款买卖中,买受人享有期限利益,有权按照合同约定的期限支付价款,除法律规定或当事人约定的情形外,出卖人不得请求买受人提前支付价款或者一次性支付全部价款。从实质上讲,分期付款是价金的延缓交付。[①] 从这一意义上说,分期付款买卖具有信用交易的特点。但是,如果买受人没有按期支付价款,且达到总价款的1/5,则将丧失此种期限利益,出卖人有权请求其支付所有价款,这是为保障出卖人能够收回全部价款而设的保障措施,也是买受人严重违约时出卖人可选择的救济方法。[②]

五、标的物毁损灭失的风险负担

在分期付款买卖中,由哪一方负担标的物因意外原因毁损灭失的风险?在比较法上,有些国家对此作出了明确规定。例如,《意大利民法典》第1523条规

[①] 参见吴志忠:《买卖合同法研究》,189页,武汉,武汉大学出版社,2007。
[②] 参见房绍坤:《论分期付款买卖》,载《法学论坛》,1997 (1)。

定:"在保留所有权的分期付款买卖中,买受人自支付最后一期价金时起获得物的所有权,但是风险自物交付时起转移。"我国《合同法》对此未作出规定,该法第142条对买卖合同标的物的风险负担规则作出了规定:"标的物毁损、灭失的风险,在标的物交付之前由出卖人承担,交付之后由买受人承担,但法律另有规定或者当事人另有约定的除外。"这一规定是否可以适用于分期付款买卖?笔者认为,在分期付款买卖中风险负担应当适用交付主义的一般规定。虽然买受人支付全部价款后,标的物所有权才能移转,但标的物毁损灭失的风险应自交付时起移转,而非自所有权移转时起由买受人承担。[1] 理由主要在于:一方面,分期付款买卖属于买卖的一种类型,除非有特别的理由,《合同法》关于买卖合同的规定都应当适用于分期付款买卖。另一方面,在标的物交付后,买受人便以自己所有的意思,占有、使用、收益标的物,其实际享有标的物的收益,并且最有能力控制标的物毁损灭失的风险[2],因此,应当由买受人负担标的物因意外原因毁损灭失的风险。如果是由于买受人的原因或者第三方的原因导致标的物灭失的,此时风险应当由买受人来承担。因为买受人已经实际占有了标的物。当然,如果标的物是因其自身质量问题而毁损灭失,则应当由出卖人负责,买受人有权拒绝支付价金,当然,这已不属于标的物风险负担的范畴。

第三节 凭样品买卖

一、凭样品买卖的概念和功能

凭样品买卖(sale by sample, Kauf nach Muster oder nach Probe),又称货样买卖,是指双方当事人约定出卖人交付的标的物应当符合样品的买卖。所谓样

---

[1] 参见刘贵祥:《合同履行与风险负担制度》,载《法律适用》,2000(9)。
[2] 参见刘得宽:《民法诸问题与新展望》,13页,台北,三民书局,1979。

第三节 凭样品买卖

品,也称为货样,是由当事人选定的用来决定货物的品质、型号、特征、构成乃至功能等的物品。所谓"凭样品",是指出卖人应当向买受人交付与样品及其说明的质量相同的标的物。此种合同不仅可以适用于直接对话的交易,而且可以适用于未能在缔结合同前检查全部商品品质与形状的远程交易。[1]《合同法》第168条规定:"凭样品买卖的当事人应当封存样品,并可以对样品质量予以说明。出卖人交付的标的物应当与样品及其说明的质量相同。"这就在法律上确立了凭样品买卖。

凭样品买卖是一种特种买卖,与一般买卖相比较,其特殊性主要表现在:

第一,凭样品确定标的物的质量、属性等。在一般买卖合同中,当事人必须就出卖标的物的质量作出详细规定,但是在凭样品买卖中,即便当事人在合同订立时,没有亲自见到标的物,也能够凭借样品确定标的物的质量、属性等,样品在订立合同之前已经作为合同的主要内容存在。[2] 也就是说,样品本身构成了凭样品买卖合同中的主要条款。

第二,基于对样品的信赖而订约。在一般买卖中,并不存在样品问题,产品的质量、属性应依约定或法定的标准来确定。但凭样品买卖合同的订立主要是买受人因信赖样品而订立合同。在凭样品买卖合同中,双方当事人必须在合同中明确规定有特定样品的存在。例如,尽管出卖人在橱窗或者展览馆展出了相关样品,但当事人并未在合同中明确约定该合同是凭样品买卖,则即使出卖人交付的标的物不符合样品要求,也并不构成违约。再如,在房屋买卖合同中,出卖人向买受人展示了样板间,但并没有在合同中标明依据样板间进行销售,则也不属于凭样品买卖。

第三,样品是确定出卖人是否按照约定履约的标准。在此种买卖中,因为已经有样品的存在,且依货样即能明确标的物的品质与属性。在凭样品买卖中,样品作为双方意思表示一致的内容,成为判断出卖人是否履行了其主要合同义务的

---

[1] 参见黄立:《民法债编各论》上册,125页,北京,中国政法大学出版社,2003。
[2] 参见胡康生主编:《中华人民共和国合同法释义》,252页,北京,法律出版社,1999。

标准，出卖人应当保障交付的货物符合样品的品质。因此，合同一旦订立，就应当依样品确定出卖人的义务。"样品"就意味着交付的标的物需与样品有相应的品质，否则，即便出卖人交付的货物符合法定质量的要求，但并不符合样品的质量，仍然构成违约。

二、凭样品买卖的成立

凭样品买卖仍然是一种诺成合同，和一般的买卖合同一样，只要当事人意思表示一致合同便宣告成立。但凭样品买卖合同的成立还必须具备以下几个条件：

第一，合同订立前样品已经存在。因为合同中标的物的质量、特征等需要依据样品而确定，所以，样品必须事先已经存在，且必须在合同订立之前由一方提供。在合同订立之后提供的样品，如果双方并不认可其为出卖人交付的标的物的样品，不属于凭样品买卖。[1]

第二，一方向另一方提供了样品，且双方具有明确依据样品订立合同的合意。样品既可以由买受人提供，也可以由出卖人提供。如果双方对彼此提供的样品并不满意，也可以由双方共同信赖的第三方提出或者由第三方特别制作样品。实践中，合同当事人在订立合同磋商过程中就需要对一方提供的样品进行封存、固定，并以此作为订立合同以及今后履行合同的基础。

需要指出的是，凭样品买卖中，样品的交付并不是合同成立或生效的条件，凭样品买卖合同因当事人意思一致而成立，仍然属于诺成合同。如果买受人不是基于看到样品而订约，而是基于对出卖人提供的说明书中的说明，甚至有关产品的介绍等产生信赖而决定订约，尽管此种情形与凭样品买卖合同具有类似之处，有关说明书或产品的介绍可能成为合同的内容，但由于没有依据相关的样品而订约，故此种买卖不属于凭样品买卖。

---

[1] 参见吴志忠：《买卖合同法研究》，219页，武汉，武汉大学出版社，2007。

三、凭样品买卖的效力

凭样品买卖虽然是一种特种买卖，其与一般的买卖并没有本质上的差别，《合同法》中关于买卖合同双方权利与义务的规定也同样适用于凭样品买卖。但凭样品买卖作为一种特殊的合同类型，在效力上具有一定的特殊性，其特殊性主要表现在以下几个方面：

（一）样品的封存和说明义务

《合同法》第168条规定："凭样品买卖的当事人应当封存样品，并可以对样品质量予以说明。"该条实际上确定了凭样品买卖的出卖人的两项义务：一是对样品的封存义务。当事人在订立凭样品买卖合同之前，需要对样品封存。《合同法》第168条使用"应当封存"的表述，说明在凭样品买卖中，出卖人负有封存样品的义务。由于在凭样品买卖中，标的物的品质、特征等都是依据样品来确定的，因而，为了保证出卖人所交付的货物符合样品的质量等，且防止在发生纠纷之后，无法确定交付的货物是否符合样品，需要对样品事先进行封存，以备将来之需。一旦将来货物的品质与样品不符，出卖人就要承担相应的责任。二是说明义务。尽管《合同法》第168条规定了出卖人"可以"对样品质量予以说明，但应当课以出卖人说明样品质量的义务，同时，出卖人不仅负有说明样品质量的义务，还负有说明样品的物理构造、功能等内容的义务。因为在许多情况下，仅封存样品是不够的，由于货物的质量、形状、物理构成以及功能等较为复杂，双方难以知晓，或者存在认识上的差异。此时，出卖人不仅需要封存样品，还需要对样品进行详细说明。在解释上，此种义务也应当理解为是强制性的，如果出卖人没有履行该项义务，在就货物的质量发生争议时，出卖人可能需要承担违约责任。

在凭样品买卖中，样品是合同的主要条款。如果样品被毁损，则损害样品的一方应当负担相应的不利后果。如果出卖人提供样品，该样品在封存后，出现与封存样品不一致的样品，也表明出卖人未尽到封存义务，将构成违约，应承担相应的责任。

（二）符合样品的担保义务

凭样品买卖的特殊性主要在于，当事人约定以样品来确定标的物的品质、型号、功能等，这对于合同的履行以及争议的解决具有重大的意义。这也说明，出卖人应当保证所交付的标的物具备与样品相同的品质、型号乃至功能，此项义务在理论上一般称为"出卖人的符合样品的担保义务"。在凭样品买卖中，样品的存在为出卖人所交付的标的物的质量等的确定提供了一个明确的标准。但如果样品的质量与合同的表述不一致，应当如何确定出卖人的义务？在比较法上大都认为，凭样品的约定实际是一种明示的担保，即出卖人应当保证其所出售的货物应当与展示的样品具有同样的品质和质量。[1] 我国《买卖合同司法解释》第 40 条确立了两个标准[2]：一是合同约定的样品质量与文字说明不一致且发生纠纷时，若当事人不能达成合意，而且样品封存后外观和内在品质没有发生变化的，则应当以样品为准。例如，在购买设备的凭样品买卖中，已交付的设备与合同约定的技术参数不一致，该设备在封存以后，外观与内在品质都没有发生变化，此时就应当以该封存样品设备的质量为准。二是外观和内在品质发生变化，或者当事人对是否发生变化有争议而又无法查明的，则应当以文字说明为准。例如，在购买设备的凭样品买卖中，已封存的样品已被解封，外观已发生改变，但是因何种原因导致被解封无法查明，则只能以合同规定的技术参数为准。另外，在凭样品买卖中，出卖人所交付的标的物的质量与样品品质仅存在轻微差别，不影响买受人合同目的实现的，买受人不应当享有解除权，但其仍可以要求出卖人承担违约责任。

在凭样品买卖中，如果当事人约定分批交付，则每一批交付的货物都应当具有和样品同样的品质。在比较法上，不少国家采这一观点。例如，在美国的 Materials Marketing Corp. v. Spencer 案中[3]，出卖人向买受人提供了瓷砖样品，买受人用该瓷砖为游泳池做装饰，但出卖人交付的第二批瓷砖不符合样品的质量。

---

[1] 参见[美]杰弗里·费里尔等：《美国合同法精解》，4 版，陈彦明译，321 页，北京，北京大学出版社，2009；《美国统一商法典》第 2—314 (2) 条。

[2] 参见奚晓明主编：《最高人民法院关于买卖合同司法解释理解与适用》，596~599 页，北京，人民法院出版社，2012。

[3] 40 s W 3D 172 (text ct app 250).

法院认为，出卖人构成违约。我国《合同法》第168条虽然没有规定在分批交付买卖合同中，出卖人应负有交付符合样品的标的物的义务，但既然其属于凭样品买卖，则出卖人分批交付的货物也应当与样品的品质一致。

（三）隐蔽质量瑕疵担保义务

在凭样品买卖中，出卖人不仅负有保证交付的标的物品质与其所提供的样品具有一致性的担保义务，而且应承担隐蔽质量瑕疵担保义务。该种义务是从买卖合同中出卖人所负担的瑕疵担保义务中产生的，也是由凭样品买卖的特殊性所决定的。在凭样品买卖中，样品是确定出卖人所提交的货物的品质的标准，但样品并不具有排除出卖人隐蔽瑕疵担保义务的功能。同时，如果样品有隐蔽瑕疵的，买受人通常也无法事先发现，并要求出卖人作出修改。此种隐蔽瑕疵会妨碍买受人对标的物的正常使用，甚至对买受人的人身、财产安全构成威胁，所以出卖人既应保证其所交付的货物符合样品的品质标准，还应担保其不具有隐蔽瑕疵。《合同法》第169条规定："凭样品买卖的买受人不知道样品有隐蔽瑕疵的，即使交付的标的物与样品相同，出卖人交付的标的物的质量仍然应当符合同种物的通常标准。"该条实际上确立了出卖人的隐蔽质量瑕疵担保义务。也就是说，如果买受人不知道样品有隐蔽瑕疵，即使交付的标的物与样品质量相同，但样品本身存在隐蔽瑕疵的，出卖人仍需要承担责任。法律确定这一规则的原因在于：一方面，由出卖人承担隐蔽质量瑕疵担保义务，有利于保护买受人的利益。因为在通常情况下，买受人对样品所存在的隐蔽瑕疵并不知情，也无法事先发现，如果出卖人提交的货物仅符合样品品质和规格等，出现隐蔽瑕疵后，买受人无法主张权利，对买受人极为不利，从而损害买受人的利益。另一方面，虽然在凭样品买卖中当事人约定了以样品作为交付标的物的标准，但对于一些产品的质量，法律法规规定了一定的质量标准，在存在这些标准的情况下，样品的质量可能不符合该法定标准，在此情形下，出卖人交付的标的物除了符合样品的要求之外，还应当达到法定的强制性标准所规定的质量。[1] 否则，出卖人仍需要负担隐蔽质量瑕疵

---

[1] 参见吴志忠：《买卖合同法研究》，223页，武汉，武汉大学出版社，2007。

担保义务。

依据《合同法》第169条,出卖人承担隐蔽质量瑕疵担保义务需要具备以下两个条件:第一,样品本身存在隐蔽瑕疵。所谓样品的隐蔽瑕疵,是指样品不符合同类货物所应具备的质量要求,但按照通常的检验方法不易发现。如果能够按照通常的方法检查出样品的瑕疵,由于买受人的过错而没有发现的,则该瑕疵不应当构成隐蔽瑕疵,买受人应当承担相应的责任。第二,在订立合同之前买受人不知情。也就是说,在订立合同时,买受人对样品的隐蔽瑕疵并没有认识,如果已经认识到该样品所存在的瑕疵的,则出卖人就不负有此种担保义务。例如,某单位通过凭样品买卖方式购买一批手表,制表公司所交付的手表符合样品的品质、规格等,但在使用过程中,手表计时出现较大误差。该瑕疵在检验样品时无法被发现,则制表公司仍应负担隐蔽质量瑕疵担保义务,保证手表具有通常的品质(即能够实现准确计时)。如果检验样品可以发现此种瑕疵,或买受人对此瑕疵知情的,则出卖人不再负担隐蔽质量瑕疵担保义务。

问题在于,如果样品是由买受人提供的,而买受人不知道样品存在隐蔽瑕疵,出卖人依据该样品制造了货物,此时,出卖人是否仍需负担隐蔽质量瑕疵担保义务?对此,存在两种不同的观点:一种观点认为,出卖人根据买受人所提供的样品而制造货物,此时符合样品要求就实现了合同质量担保要求,出卖人不应再负担隐蔽质量瑕疵担保义务。[1]另一种观点认为,即使出卖人按照买受人提供的样品供货,但如果标的物存在隐蔽瑕疵,出卖人仍应当负担隐蔽质量瑕疵担保义务。笔者认为,对此应具体分析,根据合同当事人是否了解样品品质的隐蔽瑕疵来确定出卖人是否负担隐蔽质量瑕疵担保义务:如果买受人基于行业领域内的专业知识,能够发现样品存在的隐蔽瑕疵,此时出卖人基于对买受人专业的信赖而依据样品制造货物的,即便标的物存在隐蔽质量瑕疵,出卖人也不应负担质量瑕疵担保义务;如果出卖人基于专业知识,能够或者已经发现样品所存在的

---

[1] 参见吴志忠:《买卖合同法研究》,223页,武汉,武汉大学出版社,2007。

隐蔽瑕疵，但并没有告知买受人，而仍然依据买受人提供的样品而制造货物的，此时出卖人仍应当负担隐蔽质量瑕疵担保义务。总之，在凭样品买卖合同中，如果样品由买受人提供，出卖人是否承担隐蔽质量瑕疵担保义务，应当根据法律规定、合同约定以及诚实信用原则来确定。

第四节 试用买卖

一、试用买卖的概念和特征

试用买卖，也称为试验买卖，是指合同成立时出卖人将标的物交给买受人试用，买受人在一定期限内使用后同意购买并支付价款的买卖。[1] 我国《合同法》第170和第171条对此类合同作出了规定。在试用买卖中，当事人双方约定由买受人试用或者检验标的物，以买受人试用后认可标的物为合同生效条件。如果买受人认可，该买卖合同将生效。[2] 例如，某公司将某产品向甲推销，双方达成协议，该公司在一周内提供产品给甲进行试用，试用期限为一个月，试用期满，甲表示满意的，就购买10件该产品，否则可以拒绝购买。在该案中，合同是否生效取决于试用期满后试用人的决定，试用人正式表示购买时，买卖合同方才生效。

试用买卖也是买卖的一种特殊类型，其特点主要在于：

第一，买受人可试用标的物。在一般的买卖中，双方只要达成协议，合同就成立并生效。但在试用买卖中，双方仅就标的物购买达成协议还不够，必须就标的物的试用作出特别约定。《合同法》第170条规定："试用买卖的当事人可以约定标的物的试用期间。"这实际上确认了此类合同当事人必须就试用达成协议。因为买受人对其购买商品的功能、质量等存在疑虑，需要通过试用的方法来确

---

[1] 参见崔建远主编：《合同法》，4版，392页，北京，法律出版社，2007。
[2] 参见黄茂荣：《买卖法》修订版，525页，北京，中国政法大学出版社，2002。

第三章 特种买卖

定。但有关试用的方法，通常要由当事人来约定；如果没有约定，应当按照诚信原则和标的物的通常用途来确定，但不得超过使用标的物的必要范围和程度。①试用的内容一般包括使用、验证等方式。在试用买卖合同签订之后，虽然在买受人正式决定购买之前，关于买卖标的物部分的约定并没有生效，但关于试用标的物部分的约定已经生效。如果出卖人不按约定交买受人试用时，买受人有权依据试用合同要求出卖人交付标的物并由其试用。

第二，以买受人试用后同意购买为合同的生效条件。在一般买卖中，只要当事人意思表示一致，合同就成立并生效。但在试用买卖中，只有当事人经过试用后，认可标的物的质量、功能等，并明确表示同意购买，才能导致买卖合同正式生效。需要讨论的是，买受人的认可是决定整个合同生效，还是仅决定购买条款生效？一般认为，由于买受人是否决定购买标的物是买卖合同的核心内容，决定了当事人的基本权利、义务是否产生效力，因而，买受人的认可决定了整个合同是否生效。②从这个意义上说，其类似于附生效条件的买卖，也就是说，其以买受人经过试用并认可为合同生效的条件。在买受人正式同意购买之前，合同已经成立，出卖人虽然有义务将物提供给买受人试用，但购买标的物的条款并没有生效。如果双方在合同中约定，以买受人决定购买标的物作为合同的生效条件，则此种买卖不属于试用买卖，而应属于一般的买卖。③

第三，买受人享有决定是否购买的权利。在试用买卖中，买受人试用之后，即便其认可标的物，也可以选择不购买。在试用阶段，买受人可以随时退还标的物。从这个意义上说，试用买卖赋予了买受人决定是否购买标的物的选择权。这是试用买卖不同于一般买卖之处。如果买受人拒绝购买，则属于行使其合同约定的权利。

第四，标的物所有权在交付试用时并没有发生移转。在一般买卖中，适用交付移转所有权的规则，一旦交付，标的物所有权就发生移转。而在试用买卖中，

---

① 参见吴志忠：《买卖合同法研究》，208页，武汉，武汉大学出版社，2007。
② 参见黄立：《民法债编各论》上册，120页，北京，中国政法大学出版社，2003。
③ 参见吴志忠：《买卖合同法研究》，208页，武汉，武汉大学出版社，2007。

第四节 试用买卖

标的物的交付只是使买受人享有占有和使用的权利,而不享有所有权。在试用期间,标的物所有权仍然归属于出卖人。一旦试用期届满,买受人同意购买,就发生简易交付,即从同意时起所有权发生移转。正因为这一原因,如果当事人没有特别约定,买受人也不需要向出卖人支出试用期间使用标的物的费用。依据《买卖合同司法解释》第43条,试用买卖的当事人没有约定使用费或者约定不明确,出卖人主张买受人支付使用费的,人民法院不予支持。

二、试用买卖与相关合同

(一) 试用买卖与凭样品买卖

试用买卖与凭样品买卖具有一定的相似性,两者都是特殊类型的买卖合同,而且,当事人买卖标的物的特点已经通过某种方式事先确定。同时,在合同履行过程之中,出卖人提供的货物也应当与先前的货物相同。但二者之间存在明显差别,主要表现在:第一,是否使用标的物不同。试用买卖中,买受人在订立合同之前,具有使用货物的特点。而在凭样品买卖合同中,样品并不进行使用,而且必须予以封存。第二,是否可以成为标的物不同。在试用买卖中,出卖人交付由买受人使用的货物将会成为买卖的标的物。而在凭样品买卖合同中,样品只是合同标的物的参照物,其本身并不能成为买卖的标的物。第三,标的物的质量担保并不相同。在试用买卖中,出卖人仅仅保证其所提供的试用货物符合一定的质量即可。而在凭样品买卖合同中,出卖人不仅应保证提供的货物符合样品品质的要求,还应负担隐蔽质量瑕疵担保义务,保证其符合同种物的通常标准,符合货物的一般品质。

(二) 试用买卖与借用

试用买卖与借用也有相似性,在试用买卖中,试用期间的使用也是无偿的,类似于买受人无偿借用出卖人的物。但其不同于借用,因为在借用的情形下,当事人订立合同的目的就是无偿借用一方当事人的标的物。而在试用买卖中,虽然也发生对标的物的使用,但当事人订立合同的目的并不是无偿使用标的物,而是

159

对标的物的性能作出评价,从而决定是否缔结买卖合同。

三、试用买卖的性质

关于试用买卖的性质,存在几种不同的观点:一是附停止条件的买卖合同说。此种观点认为,在试用买卖合同中,试用商品本身并未使买卖合同生效,而是在试用人对于所试用的商品表示满意、对试用买卖予以承认之时,买卖合同的效力才因为停止条件成就而发生效力。因此,试用买卖合同是一种附停止条件的买卖合同。[1] 二是附解除条件的买卖合同说。此种观点认为,试用买卖合同成立时即发生法律效力,只是赋予买受人在试用期内享有任意解除权。[2] 因此试用买卖合同是一种附解除条件的合同。三是预约说。此种观点认为,试用买卖是一种具有预约属性的合同。[3]

笔者赞成附停止条件的买卖合同说。首先,附解除条件说存在值得商榷之处。因为一方面,按照此种观点,当事人之间的买卖合同已经成立并生效,但事实上,买受人在订立合同时并未决定购买,因而该买卖合同并没有实际生效,也就谈不上解除的问题。如果采纳此种观点,则与试用买卖的基本性质并不符合,因为试用买卖本质上赋予买受人决定是否购买的权利,在买受人没有同意之前,不能认为合同已经生效。其次,试用买卖合同与预约合同不同。将试用买卖合同视为一种预约,则混淆了试用买卖合同与预约合同的区别。一方面,从内容上看,预约是为了签订本约而作出的,并不涉及本约的具体内容。当事人之间的具体权利义务关系尚需在签订本约时作出具体约定。而试用买卖合同对当事人之间的权利义务关系已经作出了具体的约定,一旦买受人决定购买标的物,则合同生效。另一方面,从性质上看,试用买卖合同是本合同,而预约则是为了订立本合

---

[1] 参见黄茂荣:《买卖法》修订版,525页,北京,中国政法大学出版社,2002。
[2] 参见包颖杰:《论试用买卖合同》,载《学理论》,2010(19)。
[3] 参见隋彭生:《论试用买卖的预约属性》,载《政治与法律》,2010(4)。

同而签订的，其本身并非本合同。①

附停止条件的买卖合同说符合试用买卖的合同性质，主要理由在于：一方面，试用买卖赋予买受人在试用后决定是否购买的权利，此种决定的作出也是关于买卖部分约定是否生效的条件。试用买卖中，除了规定试用人将来购买标的物相关内容外，还要规定出卖人提供一定的产品供试用人试用，以及试用人试用的期间、方式等，这些内容都需要依据试用买卖的成立、生效而确定。因此，如果买受人在试用后未同意购买，合同中有关买卖的部分就不能生效。买卖合同的生效要根据买受人正式通知出卖人其将购买之时来确定。另一方面，试用买卖合同签订之后，有关请求交付标的物供买受人试用的部分内容已经生效，买受人享有试用的权利。但是，其中有关买卖标的物的部分，还必须在买受人决定购买之后才能生效。所以，附停止条件只是就试用买卖中关于买卖部分的约定而言的。

四、试用买卖的成立和生效

试用买卖是诺成合同，双方意思表示一致，合同即可有效成立。试用买卖合同成立之后，即产生了一定的拘束力，出卖人有义务交付标的物供买受人使用，买受人有权要求出卖人向其交付标的物供其试用。但买受人应当在试用期内使用标的物，不得超出这一期限。

试用买卖的生效以买受人决定购买为条件。试用买卖是特殊的买卖，一般买卖不存在试用的问题。但对试用买卖而言，因为当事人特别约定了试用条款，买受人享有保留就标的物进行试用并作出最终决定的权利。② 所以，应当以买受人同意购买作为合同的生效要件。《合同法》第171条规定："试用买卖的买受人在试用期内可以购买标的物，也可以拒绝购买。试用期间届满，买受人对是否购买标的物未作表示的，视为购买。"因此，买受人在试用期间享有决定是否

---

① 参见郭明瑞、王轶：《合同法新论·分则》，48页，北京，中国政法大学出版社，1997。
② 参见吴志忠：《论我国〈合同法〉有关试用买卖规定的完善》，载《暨南学报（哲学社会科学版）》，2008（6）。

购买的权利。试用买卖的买受人在试用期内可以购买标的物,也可以拒绝购买。买受人拒绝购买,并不构成违约。一旦买受人决定购买,合同所附的生效条件成就,买卖合同生效。所以,买卖合同的生效是从买受人正式通知出卖人其将购买之时开始的。自通知时起,买受人已经接受的标的物的所有权发生移转。

五、试用买卖的效力

(一) 对出卖人的效力

在试用买卖中,出卖人的主要义务在于,一旦合同签订,其应当将商品交给买受人。在试用期内,出卖人不得随意取回标的物,也不得干涉买受人以正当、合理的方式试用标的物。在试用期间届满时,买受人明确表示购买,出卖人不得否认合同的效力,也不得拒绝向买受人出卖该标的物。

出卖人应当负担使用费用。此处所说的使用费主要是指买受人在试用期间因使用标的物而应当向出卖人支付的合理使用费。关于买受人是否应当向出卖人支付试用期间的使用费,《合同法》没有明确作出规定,依据《买卖合同司法解释》第43条,试用买卖的当事人没有约定使用费或者约定不明确,出卖人主张买受人支付使用费的,人民法院不予支持。按照反面解释,应当由出卖人负担试用期间的使用费用,司法解释作出此种规定的主要原因在于,由出卖人负担试用期间标的物的使用费,有利于鼓励买受人订立试用买卖合同,而且试用买卖也可以提高出卖人交易成功的可能性,由其负担使用费用也并非不合理。

(二) 对买受人的效力

1. 买受人有权在试用期内试用标的物。《合同法》第170条规定:"试用买卖的当事人可以约定标的物的试用期间。对试用期间没有约定或者约定不明确,依照本法第六十一条的规定仍不能确定的,由出卖人确定。"依据这一规定,首先,在试用合同中,试用期间的确定可以由当事人约定。当事人可以约定一段试

第四节 试用买卖

用期间,但是不能约定无限期试用,否则将与试用买卖的性质不符。其次,如果当事人对试用期间没有约定或约定不明确的,根据《合同法》第61条的规定,可以由当事人事后协议补充;当事人不能达成补充协议的,按照合同有关条款或者交易习惯确定试用期间。最后,根据《合同法》第61条的规定仍然不能确定试用期限的,由出卖人确定试用期间。这是因为在试用买卖中,买受人享有权利而不负担义务,为了实现当事人之间的利益平衡,应当由出卖人享有确定试用期间的权利。

关于该期限的性质,有学者认为其是一个意定除斥期间,目的在于限制形成权的行使。[1] 笔者认为,该期限并不是一种除斥期间,而只不过是当事人约定的行使权利的期限,如果不能明确约定,也要依据《合同法》第61条确定。

2. 买受人享有决定是否购买标的物的权利。《合同法》第171的规定确立了买受人决定是否购买标的物的权利。具体来说,第一,买受人享有决定是否购买标的物的权利。在试用期限内,必须先由试用人试用,试用人决定购买的,才能使买卖合同生效;如果没有同意,则买卖合同并不能生效。第二,试用期届满,买受人对是否购买标的物未作表示的,视为购买。一旦试用期间届满,买受人必须作出同意或不同意的表示,不能使当事人权利义务长期处于不确定状态。买受人的同意可以采取两种形式:一是明示同意。在一般情况下,买受人都应当采用明示同意的方式。此种方式可以是口头的,也可以是书面的,法律上对其形式没有特殊要求。二是默示的同意。在试用期间届满后,只要买受人没有明确表示拒绝,就视为默示的同意。在试用期间内,如果买受人向出卖人支付了价款或者将出卖人提供的试用标的物出租等,也应认为试用人已经接受了标的物。"买受人对是否购买标的物未作表示的,视为购买",因此,即使买受人在试用后保持缄默,依据该规定,此种缄默也具有法律效力,即将其视为买受人同意购买。法律作出此种规定的原因在于:一方面,可以督促买受人尽快决定是否购买,从而使

---

[1] 参见隋彭生:《论试用买卖的预约属性》,载《政治与法律》,2010(4)。

法律关系得以确定，避免买受人拖延作出决定，达到无偿利用他人之物的目的。另一方面，有利于保护出卖人的合理期待，因为在试用买卖中，出卖人需要将标的物交由买受人试用，如果买受人不明确表示不购买，则出卖人即有合理理由相信，买受人认可了标的物的品质，并且愿意购买，法律应当保护出卖人的此种合理信赖。

如果买受人在试用期届满后没有明确表示承认，而是在事后表示承认，那么是否可以发生溯及既往的效力？学者大多认为，试用买卖自买受人承认时生效，不具有溯及力。① 笔者赞成此种观点，因为《合同法》第171条已经规定，试用期间届满，买受人未作表示视为购买，所以买受人未作表示时，自试用期届满之时起合同就已经生效。但合同原则上不能发生溯及既往的效力。例如，某人提供的样品给他人使用，约定的期限届满后，使用人仍然没有表示是否购买，此时应当认为，从约定的试用期满时起，买卖合同生效，而不是自订立试用买卖合同时起生效。

在试用买卖中，买受人应当享有决定是否购买标的物的权利，如果买受人不享有此种权利，该合同可能就不再属于试用买卖合同。依据《买卖合同司法解释》第42条的规定，在如下情况下，当事人之间的合同不再属于试用买卖合同：一是约定标的物经过试用或者检验符合一定要求时，买受人应当购买标的物。例如，双方订立买卖一台设备的合同，但双方明确约定，经过试用表明是合格的，买受人就必须购买。二是约定第三人经试验对标的物认可时，买受人应当购买标的物。例如，双方约定将设备交给第三人使用，只要第三人经过试验认可该标的物的质量，买受人就应当购买。三是约定买受人在一定期间内可以调换标的物。例如，合同明确约定，即使交付的试验品不合格，可以另行调换，则买受人只能调换，而不能拒绝购买。四是约定买受人在一定期间内可以退还标的物。这就意味着，双方约定了在一定期间内，买受人可以任意解除合同，而并非属于试用买卖。在上述情形下，当事人之间的合同关系不再属于试用买卖合同

---

① 参见郑玉波：《民法债编各论》上册，83页，台北，三民书局，1981。

第四节 试用买卖

关系。

3. 买受人不同意购买时的返还义务。如果在试用期间届满后，买受人不同意购买，则其必须向出卖人返还标的物，而不能继续占有该物。因为在试用合同中，试用物归出卖人所有，买受人仅享有在试用期间内占有和使用的权利。出卖人请求买受人返还标的物，既可以基于合同，也可以基于物权请求权提出请求。但是，对于试用过程中因买受人占有和使用标的物所产生的折旧费用，不能要求买受人返还。例如，买受人在试用手机时，可能使手机受到了一定程度的磨损折旧，对于此种折旧不能要求买受人予以补偿。但是因买受人不当使用标的物造成标的物磨损、毁坏的，买受人仍然应当赔偿。

4. 负担试用费用。试用费用是指在试用标的物期间，因试用而支出的费用，此种费用不同于前述买受人因使用标的物而应当向出卖人支付的使用费。例如，在试用期间，使用洗衣机而耗费的电费。再如，试用他人的手机打电话，由此支付的电话费。关于试用费用的承担，我国《合同法》没有明确作出规定，学术界主要有以下三种观点：一是认为应由买受人承担，因为既然是买受人购买，理所当然应当由买受人承担试用费用。二是应由出卖人承担。此种观点认为，试用所产生的费用是出卖人应承担的成本中的必要组成部分，而且该费用占成本的比例一般相对较小，出卖人有足够的经济能力承担这一费用。如果由买受人承担试用期间产生的费用，则会产生同分期付款买卖相类似的后果，而试用买卖主要出现在新产品的推介过程中，有偿试用将不利于激发消费者试用新产品的积极性，从而不利于新产品开拓市场销路。① 三是应由双方公平分摊。此种观点认为，试用费用应当由当事人自由约定，如果当事人没有约定或者约定不明确的，则应当由双方当事人公平分摊。笔者认为，试用费用应当由买受人负担，买受人占有标的物，而且对其进行占有和使用，出卖人难以控制试用费用，由出卖人负担对其不公平。另外，买受人从试用中获得利益，由其支付试用费用，符合权利义务相一

---

① 参见吴志忠：《论我国〈合同法〉有关试用买卖规定的完善》，载《暨南学报（哲学社会科学版）》，2008（6）。

致的原则。

六、试用买卖中的风险负担

在试用期间，标的物因不可归责于双方当事人的事由而遭受毁损灭失时，该风险由谁承担？在试用买卖中，出卖人已经将标的物交付给了买受人，此时，应当由哪一方负担标的物因意外原因毁损灭失的风险？笔者认为，应根据风险是发生在买受人同意购买之前，还是同意购买之后而决定由哪一方负担该风险：如果买受人还没有同意购买，则应由出卖人承担风险，因为此时买卖合同还没有生效，此时，出卖人虽然已经将标的物交付买受人使用，但此种"交付"并非真正意义上的交付，此时，如果标的物因意外原因毁损灭失，该风险仍应当由出卖人负担；如果买受人已经同意购买，则应由买受人承担风险，此时实际上已经发生了交付，即简易交付，应当适用交付移转风险负担的规则，由买受人负担该风险。在此需要讨论的是，如果试用期届满以后，买受人没有表示是否购买，应当由哪一方负担标的物毁损灭失的风险？笔者认为，此时应当由买受人承担，因为根据《合同法》第171条的规定，试用期间届满，买受人未作表示的，应视为购买，既然买受人已经购买，则应由买受人承担风险。当然，如果试用期间届满，买受人表示不愿意购买，则标的物的所有权没有发生移转，此时，仍应当由出卖人承担风险。[①] 正如台湾地区学者黄茂荣所说："在试验买卖，出卖人纵为试验而将标的物交付于买受人，买卖标的物之利益及危险仍直至买受人承认标的物时，方始移转于买受人。"[②]

[①] 参见易军：《债法各论》，62页，北京，北京大学出版社，2009。
[②] 黄茂荣：《买卖法》修订版，527页，北京，中国政法大学出版社，2002。

第五节 招标投标买卖

一、招标投标买卖的概念和特征

《合同法》第172条规定:"招标投标买卖的当事人的权利和义务以及招标投标程序等,依照有关法律、行政法规的规定。"该条对招标投标买卖作出了规定。所谓招标,是指提出招标项目、进行招标的法人或其他组织以招标公告或招标邀请的方式,向不特定人或向特定的多个当事人发出的、以吸引或邀请相对方发出要约为目的的意思表示。所谓投标,是指投标人(出标人)按照招标人提出的要求,在规定的期间内各自秘密地制作投标文件向招标人发出的以订立合同为目的、包括合同全部条款的意思表示。① 由于招标投标采取公开、公平、公正原则,所以采取此种方式订立合同能够保证一些特殊交易有序进行,防止交易过程的腐败。

招标投标买卖的法律特征主要在于:

第一,订约程序的特殊性。在我国,招投标一般分为三个阶段,即招标、投标和中标。我国《招标投标法》对此作出了具体规定,凡是需要进行招投标的项目必须严格依此程序进行,违反招标投标程序订立合同的,需要承担相应的法律责任。

第二,适用范围具有明确的限制。在我国,订立合同一般无须采用招标投标的方式,但对于涉及社会公共利益的项目和利用国家财政资金从事建设和采购等,则依法需要采用招标投标的方式订立合同。例如,建设工程合同、政府采购合同等,依据法律规定必须采取招标投标的方式。② 此外,法律或者行政法规对

---

① 参见王泽鉴:《债法原理》,第1册,244页,台北,自版,1999。
② 《招标投标法》第3条规定:"在中华人民共和国境内进行下列工程建设项目包括项目的勘察、设计、施工、监理以及与工程建设有关的重要设备、材料等的采购,必须进行招标:(一)大型基础设施、公用事业等关系社会公共利益、公众安全的项目;(二)全部或者部分使用国有资金投资或者国家融资的项目;(三)使用国际组织或者外国政府贷款、援助资金的项目。"

必须进行招标的其他项目的范围有规定的,依照其规定。当然,对于依法不需要采用招标投标方式订立的合同,当事人自愿采取此种方式的,法律也认可其效力。

第三,交易方式的竞争性。在招标投标买卖中,采取数个投标人竞争性报价的方式,由招标人选择最合适的报价和条件。当然,招标投标买卖不同于拍卖,拍卖是选择最高价,而招标投标通常是选择最低价。

第四,合同的订立采取书面形式。在招标投标过程中,要采取标书等方式来确定当事人之间的权利义务。因此,招标投标买卖应当采取书面形式,这是由此种买卖的特殊性所决定的,因为招投标涉及多人竞争,采取书面形式有利于保障招标投标程序公开、公平、公正地开展和进行。

第五,法律适用的特殊性。《合同法》第172条规定:"招标投标买卖的当事人的权利和义务以及招标投标程序等,依照有关法律、行政法规的规定。"鉴于招标投标自身的特殊性,我国颁行了专门的《招标投标法》对招标投标活动进行调整,以规范招标投标活动,保护国家利益、社会公共利益和招标投标买卖当事人的合法权益。因此,在涉及招投标的合同时,《招标投标法》有具体规定的,首先适用该法的规定;该法没有规定的,才适用《合同法》的相关规定。

二、招标投标买卖的分类

(一)公开招标和邀请招标

依据我国《招标投标法》第10条的规定,公开招标是指招标人以招标公告的方式邀请不特定的法人或者其他组织投标;而邀请招标则是指招标人以投标邀请书的方式邀请特定的法人或者其他组织投标。公开招标和邀请招标的主要区别在于:

第一,招标方式的不同。前者是以发布招标公告的方式进行招标,后者则是以向特定对象发出投标邀请书的方式作出招标。

第二,参与投标的主体不同。公开招标所采用的招标公告具有公开性,任何主体只要符合招标公告所规定的条件,均可参加招标,因此参与投标的主体是不

特定的法人或其他组织。而在邀请招标中，参与投标的主体则限于招标人发出投标邀请的范围，因此参与邀请投标的主体具有特定性，仅限于收到招标人发出的投标邀请书的特定法人或其他组织。

第三，适用的范围不同。公开招标的公开性较强，能够最大限度地保障招投标过程的公开性、竞争性和公正性。[1] 因此，公开招标的适用范围较为广泛。相对而言，邀请招标的竞争范围仅限于招标人发出投标邀请的特定主体，竞争性相对较弱，因此，邀请招标的适用范围有一定的限制，如果采用邀请招标的，必须经过相关部门的批准。例如，《招标投标法》第11条规定："国务院发展计划部门确定的国家重点项目和省、自治区、直辖市人民政府确定的地方重点项目不适宜公开招标的，经国务院发展计划部门或者省、自治区、直辖市人民政府批准，可以进行邀请招标。"据此，决定了邀请投标不具有普遍性。换言之，公开招标应为一般形式，而邀请招标则需要经批准之后才可进行。

（二）自行招标和委托招标

所谓自行招标，是指招标人自行办理有关招标的相关事宜。依据我国法律的规定，招标人自行办理招标事宜的，应当向有关行政主管部门备案。委托招标则是由招标人自行选择招标代理机构办理招标事宜。实践中，因招标活动具有较强的组织性、规范性和专业性，所以，由招标人委托招标代理机构办理此类事宜，有利于招标活动的顺利进行。[2] 两者的主要区别在于，招标的具体事宜由招标人自行办理还是委托招标代理机构办理。另外，两者的适用范围也不完全相同。例如，某些政府机构如果不宜亲自办理有关招标的具体事宜，则可以委托招标代理机构代为进行。

三、招标投标买卖合同的成立与生效

招标投标买卖一般经过如下三个阶段：

---

[1] 参见孙应征主编：《买卖合同法律原理与实证解析》，460页，北京，人民法院出版社，2005。
[2] 参见孙应征主编：《买卖合同法律原理与实证解析》，461页，北京，人民法院出版社，2005。

1. 招标。招标是以招标公告的方式邀请不特定的法人或者其他组织投标，或者以投标邀请书的方式邀请特定的法人或者其他组织投标。① 从比较法来看，关于招标的性质，两大法系均认为招标属于要约邀请而不是要约。所不同的是，英美法认为招标虽属于要约邀请，但并非没有法律意义。例如，在承包工程合同的招标中，招标内容发出后，在法律上业已构成承包工程合同条件，对承包人、发包方均有约束力。② 如果采用公开招标的形式，需要发出公告。根据《合同法》第15条的规定，此种公告属于要约邀请行为。因为招标人实施招标行为是订约前的预备行为，其目的在于引诱更多的相对人提出要约，从而使招标人能够从更多的投标人中选择条件最佳者并与其订立合同。应指出的是，应当从广义上理解《合同法》第15条所规定的"招标公告"，其包括对不特定人的招标公告以及对特定多数人的招标邀请。③ 不过，如果招标人在招标公告中已明确表示将与报价最优者订立合同，可以认为，该招标公告已经表明招标人愿意受到该意思表示的拘束，因此，该招标已经具有了要约的性质。④

2. 投标。投标是指投标人根据招标人所公布的标准和条件向招标人发出以订立合同为目的的意思表示，在投标人投标以后，必须要有招标人的承诺（即以招标人发出的中标通知书为准），合同才能成立，所以投标在性质上属于要约。

3. 中标。中标是指最终确立中标人。在投标人投标之后，应当进入评标程序。评标委员会应当按照招标文件确定的评标标准和方法，对投标文件进行评审和比较，设有标底的，应当参考标底。评标委员会完成评标后，应当向招标人提出书面评标报告，并推荐合格的中标候选人。

以招标投标的方式缔约，如何认定合同成立的时间？学界对此存在两种不同的看法：第一种观点认为，招标投标活动中，招标人向投标人发出中标通知书，即宣告合同关系成立。此种观点主张应当适用《招投投标法》第45条确定招标

---

① 参见《招标投标法》第10条。
② 参见王泽鉴：《债法原理》，第1册，244页，台北，自版，1999。
③ 参见《招标投标法》第10条、第16条和第17条。
④ 参见刘俊臣：《合同成立基本问题研究》，73页，北京，中国工商出版社，2003。

投标合同的成立时间,该条规定:"中标通知书对招标人和中标人具有法律效力。中标通知书发出后,招标人改变中标结果的,或者中标人放弃中标项目的,应当依法承担法律责任。"第二种观点认为,投标人中标后,还应与招标人签订书面合同,签订书面合同之时才是合同成立之时,因为依据《招投投标法》第 46 条,在中标后,当事人还必须订立书面合同,招标投标合同才能成立。笔者认为,发出中标通知书时双方当事人已经就合同的主要条款达成协议,应当认为合同已经成立。根据《合同法》第 15 条,招标公告属于要约邀请行为,因此招标人发出招标公告和有关文件只是发出要约邀请,而投标人投标则是一种要约行为。依据我国《合同法》第 14 条和第 16 条,要约应当在内容上具体确定,且表明经受要约人承诺,要约人即受该意思表示约束,要约到达受要约人时生效。因此,一旦投标人将其投标书送达招标人处,该项要约便已实际生效,投标人无正当理由不得撤销其要约。否则,投标人随意撤销要约而造成对方信赖利益损失的,投标人应当承担缔约过失责任。一旦招标人向投标人发出中标通知书,招标投标合同即宣告成立。当然,在中标以后,双方还应当继续协商,签订正式的书面合同。

四、招标投标的效力

经过招标投标阶段订立的合同,和一般合同的效力等同。但关于投标书与合同的关系,在法律上值得探讨。笔者认为,合同一般要反映缔约过程的内容,也就是说一方提出要约,另一方作出承诺,该要约和承诺的内容便应当成为合同的内容。对招标投标方式订立的合同而言,其缔约过程相对于一般的交易更为复杂。一方在投标以后,另一方接受其投标,但并非投标的内容都自然转化为合同条款,在中标以后,双方还应当继续协商,签订正式的合同条款。所以,我国《招标投标法》第 46 条规定:"招标人和中标人应当自中标通知书发出之日起三十日内,按照招标文件和中标人的投标文件订立书面合同。招标人和中标人不得再行订立背离合同实质性内容的其他协议。"在协商签订正式合同的过程中,双

方可能会进一步修改投标书的内容，也可能完全保留投标书的内容。这就涉及投标书与合同的关系。根据《招标投标法》的相关规定，二者的关系应为：第一，在投标书与合同不一致的情况下，应当以合同为准。由于合同的内容常常会改变投标书的内容，在此情况下，双方的权利义务就应当由正式的合同来确定。因此，《招标投标法》第48条规定："中标人应当按照合同约定履行义务，完成中标项目。中标人不得向他人转让中标项目，也不得将中标项目肢解后分别向他人转让。"《招标投标法》强调应当按照合同而非投标书来履行合同，这就表明如果合同书和投标书的内容不一致，则应当按照合同的规定来履行。第二，当事人通过事后签订合同对招标投标中的条件进行修改，对此应当按照《招标投标法》第46条的规定，不得实质性地改变招标投标文件的内容。所谓实质内容，是指合同的主要条款，改变这些条款的合同是无效的。例如，如果合同没有约定价款，但投标书中规定了价款，应当认为，当事人的意图是以投标书中规定的价款作为双方的合同价款，因此，投标书规定的价款应当成为合同的组成部分。第三，如果合同中明确规定有关价款等内容以投标书为准，则应当以投标书确定价款。

第六节　拍　卖

一、拍卖的概念和特征

所谓拍卖，是指以公开竞价的形式，将特定物品或者财产权利转让给最高应价者的买卖。[①]《合同法》第173条规定："拍卖的当事人的权利和义务以及拍卖程序等，依照有关法律、行政法规的规定。"拍卖是一种公卖形式，有别于私卖。所谓公卖，是指非由当事人私下就交易条件进行协商，而是将买卖的物品、时

[①] 参见《拍卖法》第3条。

第六节 拍卖

间、地点以及相关的事项予以公告，其所面向的是不特定第三人[①]，公卖在狭义上仅指拍卖。拍卖的法律特征主要表现在：

第一，竞争性。拍卖是竞争买卖的一种，其功能主要是通过竞争机制的引进而确保一个较为公正的市场价格，以避免出现因买卖双方信息不对称、不透明或者出卖人担心其代理人不尽职责而导致的价格疑虑。[②] 因为拍卖的性质是竞争买卖，因而在拍卖中，出卖人是与出价最高的竞买人订立合同。就拍卖及最终的成交而言，主要可通过两种方式实现：一是由各个竞买人竞相出价，如果没有更高价格的出现，最后出价的竞买人即为出价最高者。《拍卖法》第38条规定："买受人是指以最高应价购得拍卖标的的竞买人。"实践中通常采用的是此种方式。二是出卖人渐次落价，直到出现竞买人，在此种拍卖中，是由出卖人不断落价，而非如前种形式中的竞买人竞相提高出价。[③]

第二，公开性。拍卖通常称为公开买卖，区别于私下交易。这就是说，拍卖是对外公开的。在拍卖中，应当公告拍卖的事项，展示拍卖标的物，公布拍卖的时间、地点。通过发出拍卖公告，可以使公众得知拍卖信息，使更多的潜在买受人参与竞买，也可以避免各种纠纷的发生。

第三，多主体参与。在拍卖中，大多采用委托的方式。在拍卖开始前，应当由委托人委托拍卖人进行拍卖。拍卖人受委托人的委托进行拍卖，参与拍卖的买受人成为竞买人，这些买受人参与竞买后只有出价最高者才成为最终的买受人，并与出卖人订立合同。所以在拍卖过程中，涉及委托人、拍卖人和竞买人等多个主体。[④]

第四，法律适用的特殊性。因为拍卖通常需要在专门的拍卖机构进行，因而法律多对拍卖人的资格、竞价及拍定等进行专门规定。在我国，拍卖主要适用《拍卖法》等专门性法律。

[①] 参见徐炳：《买卖法》，490页，北京，经济日报出版社，1991。
[②] 参见孙应征主编：《买卖合同法律原理与实证解析》，467页，北京，人民法院出版社，2005。
[③] 参见黄立：《民法债编各论》上册，135页，北京，中国政法大学出版社，2003。
[④] 参见孙应征主编：《买卖合同法律原理与实证解析》，467页，北京，人民法院出版社，2005。

二、拍卖与相关概念的区别

(一) 拍卖与变卖

所谓变卖,是指直接出卖。从广义上讲,拍卖也属于变卖的方式。二者的主要区别在于:第一,适用的法律规则不同。变卖适用一般的买卖规则,法律并未对变卖设置特殊的程序。而拍卖应遵循《拍卖法》的规定,并按照《拍卖法》的程序进行。第二,是否存在竞价机制不同。拍卖是与最高出价者订立合同,在拍卖中存在一个竞价机制。而变卖一般要在公开市场上针对不特定的多数人进行,由双方当事人进行协商,就交易条件等达成一致。在变卖中并不存在竞价机制,不需要通过由诸多竞买人竞相出价确定最终的买受人。第三,是否存在特殊程序的限制不同。在我国,为了避免竞买人与拍卖人之间、竞买人之间恶意串通而损害他人利益的情形出现,《拍卖法》对拍卖人和竞买人的资格、拍卖程序等作出了明确规定。而法律并没有对变卖当事人的主体资格进行特殊限制。第四,变卖可以委托他人,也可以不委托他人,但拍卖一般需要委托专门的拍卖公司。

(二) 拍卖与招标投标

拍卖与招标投标一样,都是以公开的方式进行的买卖,属于买卖的特殊形式。无论是拍卖,还是招标投标,都存在在一个竞价机制,是由竞买人各自提出条件,出卖人选择其中最有利的条件而达成买卖协议。[1]但拍卖与招标投标的主要区别在于:第一,适用法律不同。拍卖主要适用《拍卖法》,而招标投标则主要适用《招标投标法》。第二,适用范围不同。招标的适用范围较为宽泛,其并不限于买卖,在建设工程等领域都可以采取招标的方式订立合同,而拍卖则只适用于买卖;而且即使就买卖而言,招标不仅适用于买,而且适用于卖,而拍卖只适用于出卖。[2]第三,当事人不同。拍卖的当事人包括委托人、拍卖人和买受人,而招标投标的当事人通常只包括招标人和投标人。第四,报价方式不同。在

---

[1] 参见黄茂荣:《买卖法》修订版,549页,北京,中国政法大学出版社,2002。
[2] 参见徐炳:《买卖法》,491页,北京,经济日报出版社,1991。

拍卖中，所有的竞买人都要参与公开报价，而且可以反复进行多次竞争性的报价。但是在招标投标中，投标人分别进行投标，且只能进行一次报价。① 第五，拍卖通常是与出价最高者订立合同，而招标一般是与出价最低者订立买卖合同。在这一点上招标投标正好是与拍卖相反的。第六，程序不同。我国《拍卖法》和《招标投标法》对二者分别设置了不同程序，应当严格按照这些法定程序来进行。

三、拍卖的分类

拍卖可以分为如下几种类型：

（一）强制拍卖和任意拍卖

强制拍卖，是指依据法律规定而必须发生的拍卖，是由国家机关依强制执行法规定的程序所为的拍卖。② 例如，《民事诉讼法》第 244 条规定："被执行人未按执行通知履行法律文书确定的义务，人民法院有权查封、扣押、冻结、拍卖、变卖被执行人应当履行义务部分的财产。但应当保留被执行人及其所扶养家属的生活必需品。"二者的区别主要在于是否必须要进行拍卖。强制拍卖是必须要进行的拍卖，任意拍卖则主要是根据委托人的意愿来决定，而不是依强制执行法所进行的拍卖。

（二）有保留的拍卖和无保留的拍卖

在有保留的拍卖中，标的物的出卖人会就该物的拍卖设置保留价。在拍卖过程中，竞买人竞相出价，但竞买人所出的最高价没有达到该保留价的，拍卖人可以撤回货物，而不与任何竞买人成交。《拍卖法》第 28 条第 1 款规定："委托人有权确定拍卖标的的保留价并要求拍卖人保密。"对有保留的拍卖而言，在竞买人的最高应价未达到保留价时，该应价不发生效力，拍卖师应当停止拍卖标的物。而对无保留的拍卖而言，无论竞买人的最高出价如何，出卖人都应当与最高

---

① 参见孙应征主编：《买卖合同法律原理与实证解析》，469 页，北京，人民法院出版社，2005。
② 参见郭明瑞、王轶：《合同法新论·分则》，56 页，北京，中国政法大学出版社，1997。

出价的竞买人订立合同。①

四、拍卖合同的成立

拍卖合同作为买卖合同的一种，其成立也需要经历要约和承诺阶段，但作为一种特殊类型的买卖，其成立方式具有特殊性。在拍卖中，需要由竞买人竞价，由出价最高者最终购得拍卖物，进而成立合同。拍卖合同的成立应当经过如下几个阶段：

第一，出卖人的出价。关于拍卖的意思表示的性质，在学理上存在分歧。对此，存在如下几种观点：一是要约邀请说。此种观点认为出卖人的出价不是要约，而属于一种要约邀请。二是要约说。此种观点认为，出卖人的出价已经构成要约，如果竞买人一旦接受，合同成立。三是折中说。此种观点认为，对于出卖人的出价的性质应当分别情况而论，在一般情况下，拍卖的表示属于要约邀请，因此拍卖人发出拍卖的意思表示只是引起竞买人的竞买，而不受到其意思表示的约束。当然，对有保留的拍卖而言，在竞买人的最高出价未能到达保留价时，也可以不拍定而停止拍卖，撤回拍卖的标的物。笔者认为，在通常情况下，出卖人的出价属于一种要约邀请，出卖人提出的价格仅是为了引诱竞买人来发出要约。出卖人在作出此种意思表示之后，理应受该意思表示的约束。因而，出卖人在设定出价之后，不得再变更该出价。但是在竞买人发出要约后，出卖人是否能撤销其要约邀请，拒绝竞买人的购买表示，对此要依据具体情形而定。如果出卖人事先声明保留价的，竞买人一旦向出卖人发出要约，出卖人就不得撤回其出价；如果出卖人事先声明了保留价，而竞买人的最高出价未能到达保留价时，出卖人可以撤回拍卖，从而不受其出价的约束。②《拍卖法》第29条规定："委托人在拍卖开始前可以撤回拍卖标的。"依据该条规定，在拍卖开始前，出卖人可以撤回其要约邀请，但一旦拍卖开始，出卖人一般不得再撤回其要约邀请。

---

① 参见徐炳：《买卖法》，492页，北京，经济日报出版社，1991。
② 参见黄立：《民法债编各论》上册，135页，北京，中国政法大学出版社，2003。

第六节 拍卖

第二，竞买人的出价。一般认为，竞买人的出价在性质上属于要约。当然，一旦出现了更高的竞买价格，出价较低的竞买人的出价便丧失了拘束力。需要指出的是，拍卖作为一种参与性强的特殊买卖，为了能够最大限度地保障竞买人参与的公平性，拍卖人本身不能作为竞买人出价。依据《拍卖法》第22条，拍卖人及其工作人员不得以竞买人的身份参与自己组织的拍卖活动，并不得委托他人代为竞买。对于违反这种规定应当如何处理，学界有不同的观点：一是效力待定说。此种观点认为拍卖人参与竞买的，该合同成为效力待定的合同，只有经过委托人的承认方生效。[1] 二是合同无效说，此种观点认为违反该规定应为无效，但是因其违反强行法的规定，应当承担行政责任。工商行政管理部门应当给予拍卖人或者委托人以行政处罚。[2] 笔者认为，拍卖人不得参与自己组织的拍卖活动，如其参与的，由于其主体不适格，应当认定该合同无效。

第三，拍定。拍定是指拍卖成交，即拍卖人以拍板、击槌或其他惯用方式确定拍卖合同成立或宣告竞争终结的一种行为。一般认为，这种行为在性质上属于承诺。[3] 一旦拍定，则拍卖成交。[4] 但需要指出的是，拍卖成交并不是在拍卖人与竞买人之间成立买卖合同，而是在出卖人（委托人）与竞买人之间成立买卖合同关系。从这个意义上说，拍定的效果归属于出卖人，而非拍卖人。

五、拍卖的效力

拍卖一经拍定，竞买人与出卖人之间就应成立买卖合同关系，竞买人可请求其交付拍卖物，而出卖人可直接请求对方支付价款。出卖人负有交付标的物并移转标的物所有权的义务，并担保标的物不具有瑕疵。需要注意的是，拍卖中的交

---

[1] 参见史尚宽：《债法各论》，97页，北京，中国政法大学出版社，2000。
[2] 参见郭明瑞、王轶：《合同法新论·分则》，591页，北京，中国政法大学出版社，1997；屈茂辉：《合同法》，190页，长沙，湖南大学出版社，2003。
[3] 参见苏惠祥主编：《中国当代合同法论》，79页，长春，吉林大学出版社，1992。
[4] 《拍卖法》第51条规定："竞买人的最高应价经拍卖师落槌或者以其他公开表示买定的方式确认后，拍卖成交。"

第三章 特种买卖

付不同于一般买卖中的交付,在拍卖中,委托人通常是将拍卖的标的物交由专门从事拍卖业务的拍卖人而进行拍卖,因此,在标的物拍定之前,委托人在拍卖开始前应先将标的物移交给拍卖人,这就发生了拍卖中的第一次交付。而在一般买卖中,通常只是由出卖人将标的物移交给买受人,而并不发生上述交付。由于拍卖交易具有特殊性,其风险负担并不能适用买卖合同的一般规则。一般认为,拍卖过程中的风险负担应采所有人主义,即拍卖标的物的风险应随其所有权的移转而移转。在拍卖标的物所有权转移给买受人之前,如果标的物因意外原因毁损灭失的,该风险应当由委托人负担,在标的物交付给买受人后,则应由买受人负担该风险。[①]

拍卖人所拍卖的物品必须合法。法律禁止出售的财产如军用枪支、弹药,属于国家禁止流通物,不得成为拍卖的标的物。限制流通物,如金银、烈性麻醉剂和毒品,以及外币等,只能以法定程序在特定主体之间进行拍卖或者交换。可见,在我国,允许拍卖的标的物应当限于国家允许拍卖或者出让的有使用价值的物品、企业、土地使用权等。[②] 对于买受人而言,在拍定之后,因为合同已经成立,应当按照买卖合同的规则确定当事人之间的权利义务关系。《拍卖法》第39条规定:"买受人应当按照约定支付拍卖标的的价款,未按照约定支付价款的,应当承担违约责任,或者由拍卖人征得委托人的同意,将拍卖标的再行拍卖。"拍卖标的再行拍卖的,原买受人应当支付第一次拍卖中本人及委托人应当支付的佣金。再行拍卖的价款低于原拍卖价款的,原买受人应当补足差额。

关于拍卖人、委托人是否应当对拍卖物承担瑕疵担保义务,一直存在争议。从实践来看,拍卖市场中确实出现了知假拍假、以假乱真的现象,尤其是拍卖有关文物、字画等物品时,拍卖人、委托人可能明知拍卖物是假的,但其事先声明不能保证该物的真假,事后买受人发现其购买的物是赝品,此时,买受人能否请求拍卖人或委托人承担责任?对此,《拍卖法》第61条第2款规定:"拍卖人、委托人在拍卖前声明不能保证拍卖标的的真伪或者品质的,不承担瑕疵担保责

---

① 参见李伟:《关于拍卖的法律特征及当事人权责之探讨》,载《现代法学》,1998 (2)。
② 参见来奇主编:《买卖合同》,197 页,北京,中国民主法制出版社,2003。

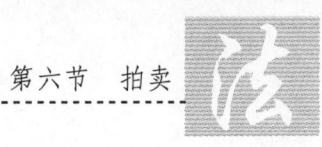

任。"据此，拍卖人、委托人在拍卖前声明不能保证拍卖标的的真伪或者品质的，可依法免除责任。笔者认为，应当对该规则的适用范围进行严格限制，如果拍卖人、委托人明知拍卖物是赝品，在未作声明的情形下仍然将其拍卖，则不应当免除拍卖人、委托人的瑕疵担保义务，买受人仍有权请求拍卖人和委托人承担责任。

第四章

供用电、水、气、热力合同

第一节 供用电、水、气、热力合同概述

一、供用电、水、气、热力合同的概念和特征

供用电、水、气、热力合同，是指当事人一方向另一方约定于一定的或者不定的期间内，向另一方提供电、水、气、热力等生产生活必需物，另一方应当按照一定的标准支付费用的合同。其中，提供电、水、气、热力的一方称为供应人，利用的一方称为利用人。[①] 在现代社会中，随着社会的发展，人们在日常的生产和生活中，电、水、气、热力等是必需的物品，可以说，供用电、水、气、热力合同对于民生具有重要意义。因此，我国《合同法》为了明确当事人的权利义务，保障民生，维护正常的生产生活秩序，在第十章单独对此类合同作出了专门规定。供用电、水、气、热力合同的特点主要在于：

---

① 参见崔建远主编：《合同法》，394 页，北京，法律出版社，2003。

第一节 供用电、水、气、热力合同概述

第一,客体具有特殊性。供用电、水、气、热力合同提供的标的物是一种特殊的物。此类合同的客体与普通物的不同点在于,一方面,其不同于一般的有体物,虽然这些客体是客观存在的,但是,它们又无法以通常的方法固定或保存(如水、气等),或者难以通过外观显现(如电)。另一方面,其又与有体物具有相似性,它们是可以被感知的物。因为电、水、气等是可以作为交易对象的,可以作为物来对待,许多国家民法典明确规定电力等自然力为可以支配的物。正是从这个意义上,它们常常被视为有体物。① 从功能上看,电、水、气、热力关系基本民生,属于基础资源性物品,也关系到国家的重大利益,所以各国都要通过法律形式对这些物品实行宏观控制和管理,因而以这些物品的供应为客体的合同也必然具有特殊性。②

第二,主体具有特殊性。由于在现代社会中,电、水、气、热力等事关社会的基本运行秩序和稳定,并且具有一定的社会服务性质,所以,需要通过专门的机构或组织来提供。在我国,通常是由专门的社会公共机构负责供电、供水等。这些专门社会公共机构以提供电、水、气、热力等社会必需品为业,并且承担一定的社会服务和社会福利功能。③ 所以,供用电、水、气、热力合同的一方当事人不是一般的民事主体,而是社会公共机构。合同的另一方当事人既可能是企事业单位,也可能是普通的社会公众,其具有广泛性、分散性和普遍性的特点。因为这一特点,法律上对供应人的缔约义务以及解除合同的权利作了严格限制。例如,即使出现一方当事人的根本违约,另一方也不得解除,而应由双方进一步协商。尤其是供应一方在我国通常具有垄断地位,而用户别无选择,且在停止供应的情况下,将使用户的生活陷入困境,所以只要供应方具有供应能力,就不能随意解除合同。④

第三,内容具有公益性。如前所述,供用电、水、气、热力涉及千家万户,

---

① 参见史尚宽:《民法总论》,251 页,北京,中国政法大学出版社,2000。
② 参见孙晓编著:《合同法各论》,38 页,北京,中国法制出版社,2002。
③ 参见姚德年、李长城编著:《供用电、水、气、热力合同》,24 页,北京,法律出版社,1999。
④ 参见姚德年、李长城编著:《供用电、水、气、热力合同》,10 页,北京,法律出版社,1999。

关系到基本民生,供用电、水、气、热力合同不仅关系到当事人的利益,而且关系到社会公共利益。[1] 所以,法律上要对此类合同作出特别规定,对供应人的合同自由进行限制。例如,此类合同主体的特殊性决定了合同双方当事人的地位是不平等的,作为提供方的社会公共机构往往独占此种社会必需品的提供,而作为另一方当事人的社会公众,通常并没有选择当事人的权利,如果社会公共机构拒绝向某个当事人提供这项服务,则当事人很可能就根本无法得到此项服务,影响到其最为基本的生产和生活。因此,法律上有必要规定强制缔约义务。

第四,形式具有格式性。供用电、水、气、热力合同通常是通过格式条款订立的。由于合同的标的物是具有社会公益性质的公共事业,也是特殊的商品,供应方往往又具有垄断的地位,所以供应方通常要面对社会不特定的公众订立合同,其数量极为庞大,难以和单个当事人协商。为了提高效率、降低交易费用,这些合同往往都采用格式合同的方式。但因此也导致了供给方有可能利用格式条款损害消费者的权益。[2] 所以,对于此类合同就需要采取立法规制、行政规制、司法规制等方式予以规范。例如,有关产品的定价并不通过和具体消费者协商而确立,而通常是由当地政府统一规定、统一定价,这样一方面节约了交易成本,另一方面也防止垄断企业擅自利用垄断地位获取不正当利益。[3]

第五,属于继续性合同。继续性合同是指并非一次履行完毕,而需通过多次、继续的履行而履行义务的合同。供用电、水、气、热力合同不仅属于继续性合同,而且属于继续性供给合同。所谓继续性供给合同,是指当事人约定一方于一定或者不定的期间内,向对方连续供给定量或不定量的一定种类及品质的物,而由对方按一定的标准支付价款的合同。[4] 这种可持续性实际上在合同订立之时

---

[1] 参见崔建远主编:《合同法》,395 页,北京,法律出版社,2003。
[2] 参见郭明瑞、房绍坤:《新合同法原理》,448 页,北京,中国人民大学出版社,2000。
[3] 参见孙晓编著:《合同法各论》,38 页,北京,中国法制出版社,2002。
[4] 参见韩世远:《合同法学》,417 页,北京,高等教育出版社,2010。

第一节 供用电、水、气、热力合同概述

就已经确定。① 供应电、水、气、热力都不是一次性完成的,而是持续性的,因而属于继续性供给合同的范围。这主要表现在:一是义务履行的持续性。例如,在电力供应合同中,电力的供应与使用是连续的,因而合同的履行方式也处于一种持续状态。供电人在发电、供电系统正常的情况下,应当连续向用电人供电,不得中断;用电人在合同约定的时间内,享有连续用电的权利。二是在履行过程中,供应一方不能以用户尚未支付价款为理由主张同时履行抗辩权而拒绝提供电、水、气、热力②,除非出现了法定条件并履行法定的程序才能解除合同。三是合同解除的效力不具有溯及力,只是对未来发生效力。合同解除之后,当事人不能请求恢复原状。③

第六,具有双务、有偿、诺成性。所谓双务性,是指在供用电、水、气、热力合同中,当事人双方都享有一定的权利,承担一定的义务,双方的权利义务具有一定的对等性。所谓有偿性,是指电、水、气、热力合同中的供应人,以提供这些服务为业,并且在一定程度上以获取利益为目的,所以买受人接受这些服务是需要支付对价的。④ 所谓诺成性,是指双方当事人意思表示一致合同便宣告成立,并不需要特殊的形式作为合同的生效要件。在这些方面,供用电、水、气、热力合同与买卖合同基本相同。

二、供用电、水、气、热力合同与买卖合同

供用电、水、气、热力合同从性质上来看,也属于广义上的买卖合同。这是因为提供电等的一方也要移转标的物的所有权,另一方支付相应的对价。只不过,较之于一般的买卖合同,其标的物具有特殊性。因为这一原因,《合同法》第174条规定:"法律对其他有偿合同有规定的,依照其规定;没有规定的,参

---

① 参见王泽鉴:《债法原理》,104页,北京,北京大学出版社,2009。
② 参见姚德年、李长城编著:《供用电、水、气、热力合同》,10页,北京,法律出版社,1999。
③ 参见黄立:《民法债编各论》上册,144页,北京,中国政法大学出版社,2003。
④ 参见郭明瑞、房绍坤:《新合同法原理》,448页,北京,中国人民大学出版社,2000。

照买卖合同的有关规定。"但是，此类合同与一般的买卖合同具有明显的区别，主要表现在：第一，供用电等合同的标的物具有特殊性。在一般的买卖合同中，标的物是有体物；而在供用电等合同中，标的物主要是无形的物（供水除外）。第二，供用电等合同具有一定的社会公益性。一般的买卖主要是当事人之间的交易，原则上不涉及社会公共利益。而供用电等的合同具有社会公益的特点，所以在买卖合同中出卖人享有的很多权利在这里都受到了严格限制。第三，买卖合同可能是即时清结的，也可能是持续的，而供应合同是持续性的合同。在供用电、水、气、热力合同履行中，为了保障民生，有必要限制同时履行抗辩权的行使。供应人不能够因为用户某一期没有及时支付费用，而行使同时履行抗辩权，直接拒绝继续履行合同。正是因为这一原因，《合同法》将供用电等的合同与买卖合同分开，作为一种特殊类型的合同加以规定。尤其是《合同法》第184条又规定："供用水、供用气、供用热力合同，参照供用电合同的有关规定。"这便表明立法者已经注意到了供用电、水、气、热力合同和普通的买卖合同是具有区别的，其作为特殊的合同类型，不能够直接适用有关买卖合同的内容，而必须优先适用关于供应合同的规则。

三、供用电、水、气、热力合同的订立

供用电等的合同作为合同的一种类型，其订立也要经过要约和承诺两个阶段。但是，此类合同的订立也存在其特殊性，因为其一方当事人是广大的社会公众，往往不可能通过个别协商的方式来订立，通常是以格式合同的方式来订立。近几十年以来，对于此类合同的规范日益加强。其总体的趋势是加强了国家的干预，尤其是在合同订立方面，强化了对消费者权益的保护。例如，在德国，甚至有学者认为，提供电气、煤气、自来水等业务通常由大企业来经营，这些大企业就使用条件及所产生的权利义务订有详细的规定，相对人缺少选择自由，对企业订立的条款也很难变更，这种情况已属于事实合同。[①] 笔者认为，不能以事实合

---

① 参见郭明瑞、房绍坤：《新合同法原理》，93~96页，北京，中国人民大学出版社，2000。

第一节 供用电、水、气、热力合同概述

同说来解释供用电、水、气、热力合同的订立。因为这些合同本身仍然要以意思表示的一致为基础，而不能仅凭事实行为本身就成立合同。但是，也应当看到，此类合同的订立存在特殊性。这种特殊性主要表现为如下几个方面：

第一，强制缔约。所谓强制缔约，是指只要一方提出订立合同的要求，负有强制缔约义务的人依法不得拒绝，必须与之订立合同。法律之所以设置强制缔约制度，旨在防止某些公共服务提供者选择性地提供公共服务、损害广大消费者利益，进而损及大众的公共利益。从比较法上看，在需要采用强制缔约制度的社会关系中，负有强制缔约义务的通常是提供水、电、气等公共服务的大型企业，另一方当事人是普通大众，因为双方当事人在经济实力、谈判能力上存在较大的差异，如果仍然采用传统的绝对合同自由原则，则大型企业可能会肆意利用合同订立的主动权，单方面决定交易对象、交易价格等合同内容，从而使合同相对方处于被动接受的不利地位。因此，双方当事人通过此种合同形成的利益关系就可能严重失衡，最终导致合同内容违背公平正义原则，甚至有可能使合同另一方当事人不能获得必要的公共服务而影响其基本的生存。[1] 因此，强制缔约制度通常适用于向社会提供公共产品或者服务的当事人与广大消费者之间的关系，以及基于维护社会公共利益的需要而必须缔结的合同关系。[2] 我国《合同法》虽然对供用电、水、气、热力合同没有规定强制缔约制度，但在有关特别法之中，对此作出了规定。例如，《电力法》第 26 条规定："供电营业区内的供电营业机构，对本营业区内的用户有按照国家规定供电的义务；不得违反国家规定对其营业区内申请用电的单位和个人拒绝供电"。这就确认了强制缔约义务。

第二，对价格条款的控制。因为供用电、水、气、热力合同关系到社会基本民生，而提供这些社会公共产品的企业往往又具有一定的垄断性，如果对价格没有限制，出于对利润的追求，其很可能肆意提高产品的价格，损害社会公众的利益。为了避免这些情况的产生，国家往往都对这类社会公共产品的价格作出限定，有关的产品提供者通常不能够超出限定价格订立合同。

---

[1] 参见韩世远：《合同法总论》，86 页，北京，法律出版社，2008。
[2] 参见 [德] 海因·克茨：《欧洲合同法》上卷，周忠海等译，14 页，北京，法律出版社，2001。

第三，在缔约过程中对格式条款的限制。供用电、水、气、热力合同一般都采取格式合同的形式订立，这主要是为了节约成本、方便管理和减少漏洞。[①] 但因为此类合同大量采用格式条款，再加上当事人双方地位不平等，作为服务提供者的格式条款提供方很可能就会通过格式条款在缔约过程中谋取不正当的利益，因此法律有必要对条款制作一方作出严格限制。在现实中，供用电、水、气、热力企业规定的"霸王条款"屡见不鲜。例如，有的燃气公司规定要使用燃气必须购买指定品牌的灶具，有的热力公司规定消费者需要交纳所谓管道通过费，才会将热力接入消费者的热力管道中等。因此，在该种合同缔约过程中，需要对格式条款进行必要的限制。在法律上，应当要求供应人一方不得利用其垄断地位，拟定损害消费者利益的格式条款。

第四，在订立合同时，应当遵循法定的程序。例如，申请新装用电、临时用电、增加用电容量、变更用电和终止用电，应当依照规定的程序办理手续。供电企业应当在其营业场所公告用电的程序、制度和收费标准，并提供用户须知资料。

四、供用电、水、气、热力合同的履行

供用电、水、气、热力合同订立之后，当事人双方都应当按照法律和合同的规定履行合同。供应电等合同在履行方面具有特殊性，主要包括：

第一，当事人要遵守法律规定和合同约定。例如，供电企业应当保证供给用户的供电质量符合国家标准。对公用供电设施引起的供电质量问题，应当及时处理。用户对供电质量有特殊要求的，供电企业应当根据其必要性和电网的可能，提供相应的电力。

第二，当事人应当持续履行其给付义务。继续性合同的履行具有其特殊性，即当事人需要在一定的时间段中，不断地作出履行，但其也不同于分期履行。[②]

---

① 参见姚德年、李长城编著：《供用电、水、气、热力合同》，12页，北京，法律出版社，1999。
② 参见王泽鉴：《债法原理》，104页，北京，北京大学出版社，2009。

第一节 供用电、水、气、热力合同概述

在供用电、水、气、热力合同中,并不因一次履行而使合同履行义务完成,只要合同没有终止,就要继续履行,且每次的给付具有一定的独立性,但都属于合同履行的组成部分。问题在于,当事人持续履行其给付义务时,如果有一次或者数次没有达到法定或约定的标准,是否可以适用《合同法》第 166 条第 1 款关于分批交付标的物不符合约定的规定?即:"出卖人分批交付标的物的,出卖人对其中一批标的物不交付或者交付不符合约定,致使该批标的物不能实现合同目的的,买受人可以就该批标的物解除。"有学者认为,如果一次或数次没有履行义务,导致不能实现合同目的的,非违约方应当享有合同解除权。[1] 笔者认为,此种观点有一定的合理性,但考虑到此类合同的特殊性,即便出现此类情形,当事人应当相互协商解决。

第三,当事人应当依据诚实信用原则履行合同义务。供用电、水、气、热力合同牵涉民生,关涉当事人切身利益,所以,合同履行过程中,当事人双方,特别是供用单位应当诚实守信、相互协作,从对方当事人切实需要出发,照顾当事人合理需求。即便在法律没有规定,或当事人没有约定的义务的情况下,也需要遵循一些依据诚实信用原则而产生的义务。

第四,当事人之间的协商义务。供用电、水、气、热力合同不仅是持续性合同,而且又关系到社会公众基本的生产生活,所以当发生争议以后,不能够简单地中止合同,停止公共产品的供给,否则可能严重妨害基本民生,甚至影响正常的社会秩序。继续性合同的特点使双方当事人之间负有协商的义务,而且,因为其关系到基本的民生,提供方不能够因为对方当事人某一期没有及时支付费用,而拒绝继续履行合同。因此,通常法律都规定,当供用电、水、气、热力等合同发生争议时,当事人首先必须经过充分的协商[2],提供电、水、气、热力的一方当事人不能够随意解除合同,《电力法》第 27 条规定:"电力供应与使用双方应当根据平等自愿、协商一致的原则,按照国务院制定的电力供应与使用办法签订供用电合同,确定双方的权利和义务。"这虽然是对合同的订立所作的规定,但

---

[1] 参见韩世远:《合同法学》,418 页,北京,高等教育出版社,2010。
[2] 参见姚德年、李长城编著:《供用电、水、气、热力合同》,10 页,北京,法律出版社,1999。

在合同的履行过程中，当事人也应当按照这一原则，在发生争议的时候首先必须经过充分的协商，防止因合同解除而可能造成的各种损失。

第二节 供用电合同

一、供用电合同的概念和特征

根据我国《合同法》第176条的规定，供用电合同是供电人向用电人供电，用电人支付电费的合同。在实践中，电力供应是最普遍、最重要的合同类型，因而供用电合同具有典型性。依据《合同法》第184条，"供用水、供用气、供用热力合同，参照供用电合同的有关规定"。这就是说，在供应人供用水、供用气、供用热力的情况下，如果法律没有明确的规定，当事人又没有约定或者约定不明的，可以参照供用电合同的规定确立合同当事人之间的权利义务关系。

供用电合同和供用水、气、热力合同一样具有公用性、公益性、持续性等特点。但电力是国家的基本能源，关系到国计民生，电力供应的有序性直接关系到国家经济的正常运转，所以国家要对电力供应在宏观上予以控制。这不仅体现在供用电合同一般要使用格式条款，也体现在国家要对电价实行严格管理。[1] 由于电力的供应与使用是连续的，因而合同的履行方式处于一种持续状态。供电人在发电、供电系统正常的情况下，应当连续向用电人供电，不得中断。用电人在合同约定的时间内，享有连续用电的权利。但其也具有特殊性：一方面，供用电合同的标的物是电，供用电合同主要有两种：一种是工农业和其他生产经营用电合同，另一种是生活消费用电合同。由于在现代社会中，几乎任何活动都离不开电，所以供用电合同在当今的社会生活中具有非常重要的地位。另一方面，合同的主体具有特殊性，供用电合同的主体主要是供电人和用电人。供

---

[1] 参见孙晓编著：《合同法各论》，40页，北京，中国法制出版社，2002。

电人是指依法成立的供电企业或者依法取得供电营业资格的非法人单位。在我国，电力是由国家规定的特定的供电部门及供电局统一供应的，其他任何单位和个人都不得承担专门供电的任务。①用电人主要是指企事业单位和社会一般公众。

二、供用电合同的订立和内容

(一) 供用电合同的订立

供用电合同也要经过要约和承诺阶段，但是，我国法律规定供电人负有强制缔约的义务。《电力法》第26条第1款规定："供电营业区内的供电营业机构，对本营业区内的用户有按照国家规定供电的义务；不得违反国家规定对其营业区内申请用电的单位和个人拒绝供电。"用户提出申请的，供电企业应尽速确定供电方案、并在一定期限内书面正式通知用户，供电人不得无故拖延或拒绝用电人的合理要求。

订立供用电合同必须符合法定的程序，《电力法》第26条第2、3款规定："申请新装用电、临时用电、增加用电容量、变更用电和终止用电，应当依照规定的程序办理手续。供电企业应当在其营业场所公告用电的程序、制度和收费标准，并提供用户须知资料。"可见，为了保护用电人的利益，供电企业必须依法定程序与用电人订立合同。在我国，供电人具有特殊性，一般的单位和个人都不得作为供电人。受供电企业委托供电的营业网点、营业所不是独立的民事主体，不能以自己的名义签订合同，因而不是供电人。②

(二) 供用电合同的内容

《合同法》第177条规定："供用电合同的内容包括供电的方式、质量、时间，用电容量、地址、性质，计量方式，电价、电费的结算方式，供用电设施的维护责任等条款。"供用电合同通常应具备这些条款，这些条款对于明确供用电

---

① 参见姚德年、李长城编著：《供用电、水、气、热力合同》，94页，北京，法律出版社，1999。
② 参见胡康生主编：《中华人民共和国合同法释义》，262页，北京，法律出版社，1999。

合同的供电人和用电人的权利义务有着重要意义。具体来说，供用电合同一般包括如下条款：

第一，供电的方式、质量、时间。所谓供电方式，是指供电人采用何种方式为用户供电，例如，是直接供电还是委托供电，是主供电源还是备用电源等。供电质量，是指供电的频率、电压和供电的可靠性应当符合法定和约定的标准。供电时间，是指自合同生效后，何时开始和终止供电。[1] 在供电时间中，当事人通常也需要约定在出现断电、停电事故时如何恢复用电等。

第二，用电容量、地址、性质。用电容量，是指供电人所认定的用电人受电设备的总容量。用电性质包括行业分类和用电分类，如是生活用电还是生产用电。所谓用电地址，就是指用电人使用电力的地点。

《合同法》第178条规定："供用电合同的履行地点，按照当事人约定；当事人没有约定或者约定不明确的，供电设施的产权分界处为履行地点。"依据这一规定，履行地点首先依据合同自由原则由双方约定。如果没有约定或者约定不明确的，供电设施的产权分界处为履行地点。如何理解供电设施的产权分界处？它是指划分供电设施所有权归属的分界点。分界点电源侧的供电设施归供电人所有，分界点负荷侧的供电设施归用电人所有。在用电人为单位时，供电设施的产权分界处通常为该单位变电设备的第一个磁瓶或开关；在用电人为散户时，供电设施的产权分界处通常为进户墙的第一个接收点。[2] 在实践中，确定供用电合同的履行地，对正确确定供用电合同纠纷的地域管辖也有重要意义，对于履行供用电合同、确定供电设施的维护管理责任也有重要作用。[3]

第三，计量方式。它是指供电人如何计算用电人使用的电量。通常，个人消费用电和企业用电的计量方式是不同的，计量方式是计算用电人所需支付的电费的基础，所以应在合同中对此加以明确约定。在现实生活中，供电人为了计量用

---

[1] 参见胡康生主编：《中华人民共和国合同法释义》，265页，北京，法律出版社，1999。我国《全国供用电规则》第57条也规定了产权分界划分标准。

[2] 参见胡康生主编：《中华人民共和国合同法释义》，267～268页，北京，法律出版社，1999。

[3] 参见魏耀荣等：《中华人民共和国合同法释论（分则）》，105页，北京，中国法制出版社，2000。

第二节 供用电合同

电人在约定时间内所用电量,通常会安装用电计量装置。安装用电计量装置不仅是当事人在供用电合同中约定的主要内容,也是当事人必须遵守的法律规定。[①]例如,《电力法》第31条规定:"用户应当安装用电计量装置。用户使用的电力电量,以计量检定机构依法认可的用电计量装置的记录为准。"

第四,电价。在我国,电价通常由国家统一规定,采取统一定价的方式。《电力法》第35条规定:"本法所称电价,是指电力生产企业的上网电价、电网间的互供电价、电网销售电价。电价实行统一政策,统一定价原则,分级管理。"据此,供电企业不得擅自变更电价。这主要是因为在我国,供电企业都具有垄断性质,如果允许其自由定价,就可能导致电价偏高,对消费者的权益造成损害。

第五,电费的结算方式。为防止双方当事人因供电收费发生争议,应当在合同中约定电费的结算方式。《电力法》第33条规定:"供电企业应当按照国家核准的电价和用电计量装置的记录,向用户计收电费。"一般来说,对于家庭用电可以按照用电量来收费。但是企业用电比较复杂,供电企业可以和用电企业约定特殊的结算方式。例如,当事人可以采取收取电费保证金、预付电费、按月按年结算等方式进行电费的结算。

第六,供用电设施的维护责任。供用电设施是发电设施、变电设施和电力线路设施及有关辅助设施的统称,包括已建的和在建的,处于运行状态、检修状态和备用状态的电力设施。[②] 通常来说,供用电设施应当由供电企业维护。但是,当事人也可以对此作出不同的约定。如前所述,供电设施的产权分界处为履行地点,因此,在产权分界处双方都有维护用电设施的义务和责任。

上述条款只是供用电合同的一般条款,并非合同的必备条款,缺少某些条款也不一定导致合同不成立或无效。此外,除了上述条款,当事人还可以根据具体情形在供用电合同中对其他内容进行约定,如违约责任等。

---

① 参见魏耀荣等:《中华人民共和国合同法释论(分则)》,199页,北京,中国法制出版社,2000。
② 参见魏耀荣等:《中华人民共和国合同法释论(分则)》,102页,北京,中国法制出版社,2000。

三、供用电合同的效力

(一) 供电人的义务

1. 按照国家规定的供电质量标准和约定安全供电

《合同法》第 179 条规定:"供电人应当按照国家规定的供电质量标准和约定安全供电。"据此,供电人负有按照国家规定的供电质量标准和约定安全供电的义务。这主要包括如下内容:一是供电人应按照国家规定的质量标准安全供电。因为电力供应不仅关系到国计民生,也关系着用电人的生命、财产安全,故国家通常会就电力的安全供应制定有关的质量标准。[①] 供电人在供用电力的过程中,应保持电压稳定,使电力供应具有稳定性、可靠性,而不能经常停电、断电。二是供电人应按照约定安全供电。在电力供应过程中,不同的用电人会根据其生产生活的用电需要而就电压、用电设施等进行特别约定,在此情况下,供电人不仅应按照国家规定的质量标准安全供电,还应按照约定安全供电。供电人既应做到其所供电力能够满足用电人的用电需要,还应保障供电的安全。例如,工业用电通常会就电压有特别的要求,在供用电合同作出约定后,供电人就应采取特定的供电设施、设备等保障特定电压。此外,供电人还应保障电力设施的安全。这主要是因为,一旦电力设施的安全不能得到保障,就可能导致失火等事故,造成人员伤亡和财产损害。

《合同法》第 179 条规定:"供电人未按照国家规定的供电质量标准和约定安全供电,造成用电人损失的,应当承担损害赔偿责任。"这就是说,如果供电人违反其安全供电义务给用电人造成损失,应承担损害赔偿责任。例如,供电人所提供的电力电压不稳,致使某工厂无法进行正常的生产。此处所说的赔偿责任,不仅包括赔偿直接损失,而且包括赔偿供用电合同履行后可以获得的利益,但不应超过供电人在订立合同时预见或应当预见到因违反合同可能造成的

[①] 例如,《供电营业规则》第 6 条规定,"供电企业供电的额定电压:1. 低压供电:单相为 220 伏,三相为 380 伏;2. 高压供电:为 10、35(66)、110、220 千伏"。

损失。

2. 中断供电时必须事先通知用电人

《合同法》第 180 条规定:"供电人因供电设施计划检修、临时检修、依法限电或者用电人违法用电等原因,需要中断供电时,应当按照国家有关规定事先通知用电人。"该条确立了供电人在中断供电时必须事先通知用电人的义务。所谓检修,主要是指供电人对供电设施等进行检修,以保障用电安全,包括计划检修和临时检修。在特殊情况下,供电人可能需要检修供电设施或依法限电等而中断供电。所谓依法限电,是指当电力总量不足,供电人需要按照计划分配的,也可能需要暂时中断供电。但是,中断供电的,应当及时通知用电人。因为用电人不知道中断供电的时间和范围,无法提前预防和作出其他准备措施,就有可能导致其生产的停止或者影响用电人的生活。问题在于,供电人应当提前多长时间通知?笔者认为,应当给予用电人合理的准备时间。如果供电人没有提前通知,而造成用电人损失的,供电人应承担损害赔偿责任。

《合同法》第 180 条规定,供电人"未事先通知用电人中断供电,造成用电人损失的,应当承担损害赔偿责任"。因此,供电人所应当承担的损害赔偿责任的构成要件是:一是未履行通知用电人的义务。在实践中,中断供电时有发生,而且在计划检修和临时检修、依法限电等情形下,中断供电也确有必要。但在这些情形下,供电人都应当及时通知用电人。二是因供电人中断供电造成用电人损失。此处所说的损失,既包括因停电造成的直接损失,还应包括中断供电给用电人造成的利润损失等。但这种损失必须是客观的,与供电人的中断供电具有直接因果关系。

3. 及时抢修义务

《合同法》第 181 条规定:"因自然灾害等原因断电,供电人应当按照国家有关规定及时抢修。未及时抢修,造成用电人损失的,应当承担损害赔偿责任。"在实践中,因各种意外可能发生断电,断电的原因可能有如下几种:一是因不可抗力的原因而断电。例如,因地震、海啸等造成电力设施破坏,造成断电。二是因意外事故而断电。例如,因大风、暴雨等造成断电。三是因人为的破坏而导致

第四章　供用电、水、气、热力合同

断电。在这些情形下,供电人虽然不承担违约责任,但是其负有及时抢修的义务。未及时抢修,造成用电人损失的,应当承担损害赔偿责任。这就是说,在因上述原因造成断电时,供电人没有过错,但是,如果其没有及时抢修则是有过错的,应当对因没有及时抢修造成的损失负责。

(二) 用电人的义务

1. 及时交付电费

及时交付电费是用电人的主要义务,因为供用电合同是双务有偿的合同,用电人使用电力,应当支付相应的对价。《合同法》第182条规定:"用电人应当按照国家有关规定和当事人的约定及时交付电费。"这就确立了用电人及时交付电费的义务。此种义务具体表现在:一是应当按照法律规定或当事人的约定标准交付电费。针对电力的特殊性,国家通常针对不同的用电行业规定不同的计费标准,电费的计价通常应严格遵循此种标准。如果在法律上未对电费的具体计价方式和标准作出规定的,当事人也可以作出约定,因此,用电人应根据国家规定或当事人约定的标准,按照用电计量装置的记录计算并支付电费。二是用电人必须按照规定的时间交付电费。通常在合同订立时,供电人要将交付电费的时间告知用电人。在合同约定的时间届满后,供电人应及时查抄电费,按照用电计量装置的记录计算电价,而用电人应及时将电费支付给供电人。针对特殊用电人的电费交付时间,有关的法律法规也作出了具体规定。例如,月用电量大的用电人和临时用电的用电人,其支付电费的时间需要遵循法律的规定。[1] 三是应当按照约定的结算方式如期交付电费,此外,用电人还应对供电人抄表收费等行为提供方便。[2]

《合同法》第182条规定:"用电人逾期不交付电费的,应当按照约定支付违约金。经催告用电人在合理期限内仍不交付电费和违约金的,供电人可以按照国家规定的程序中止供电。"据此,用电人逾期不交付电费的,首先,应当按照约

---

[1] 《供电营业规则》第86条规定:"对月用电量较大的用户,供电企业可按用户月电费确定每月分若干次收费,并于抄表后结清当月电费。"

[2] 参见何志:《合同法分则判解研究与适用》,120页,北京,人民法院出版社,2002。

第二节 供用电合同

定支付违约金。由于当事人通常会在供用电合同中约定违约金（在供用电合同中通常称为滞纳金），所以，用电人逾期不交付电费的，应当按照违约金条款支付违约金。其次，经催告用电人在合理期限内仍不交付电费和违约金的，供电人可以按照国家规定的程序中止供电。由于中止供电将可能影响到用电人的生产和生活，因而法律上对中止供电作出了严格的条件限制。一是必须存在用电人未在合理期限内不交付电费和违约金的行为。严格地说，依据上述规定，必须是用电人同时未交付电费和违约金，如果用电人在合理期限内支付了电费，而仅是尚未交付违约金或部分违约金的，供电人仍不能采取中止供电的措施。二是经催告仍不交付。因为用电人可能因各种原因而未及时交付，所以必须要经催告程序。例如，用电人没有收到缴费通知，也不知道其未交付电费，供电人催告也可以促使其及时交付电费，以保障正常的生产生活。因而，只有经过催告并经过合理期限，用电人仍不交付电费和违约金的，供电人才能中止供电。

在解除合同之后，供电人仍然享有要求用电人支付电费和违约金的权利。但是，因为合同的标的是可消耗物，所以，供电人不能要求用电人恢复原状。

2. 安全用电义务

《合同法》第 183 条规定："用电人应当按照国家有关规定和当事人的约定安全用电。"这就是说，在用电过程中，用电人应当遵守国家有关安全用电的规定。例如，有关规定已经明确要求用电人不能随意安装用电线路、私搭私建、随意拆换，用电人必须遵守这些规定，保障用电安全。此外，当事人也可以在合同中约定出现用电设施不合格或故障时，应当及时告知供电人，或委托专业人士进行维护和维修[①]，以防发生危险或因此留下隐患。保持用电设施处于安全状态，是保证用电安全的前提条件。

《合同法》第 183 条规定："用电人未按照国家有关规定和当事人的约定安全用电，造成供电人损失的，应当承担损害赔偿责任。"在供用电合同中，用电人安全用电不仅关系到其自身的生命财产安全，也关系到供电人的供电安全和正常

[①] 参见崔建远主编：《合同法》，397 页，北京，法律出版社，2003。

第四章 供用电、水、气、热力合同

供电秩序。如果用电人未按照国家有关规定和当事人的约定安全用电，可能会给供电人造成损失。例如，因用电人未按照约定安全用电，引发火灾，将供电人的供电设施烧毁，甚至可能因此而导致某一供电区域内大规模停电，供电人不得不打乱正常的供电计划而进行抢修。在此情形下，应由未按照国家有关规定和当事人的约定安全用电的用电人承担损害赔偿责任。

3. 容忍义务

根据诚信原则，供用电合同的履行需要当事人双方的配合。尤其是在供电过程中，常常可能会因各种原因而进行设备的检修、限电、断电等，都是较为常见的现象，也是为防止危险发生的必要措施。用电人对此应当容忍，而不得随意主张排除妨害、赔偿损失。也只有如此，才能保证正常的电力供应，保障电力使用的安全。

第五章

赠与合同

第一节 赠与合同概述

一、赠与合同的概念和特征

依据《合同法》第185条的规定,赠与合同是赠与人将自己的财产无偿给予受赠人,受赠人表示接受赠与的合同。其中,转移财产的一方为赠与人,接受财产的一方为受赠人。我国是礼仪之邦,中国传统社会注重将互相赠送物品视为社会交往的方式,所谓"赠人玫瑰,手有余香",即体现了赠与在社会中的价值。随着现代市场经济的发展,交换关系已经在社会生活中占据重要位置,但是赠与仍然是公民相互之间实施扶贫救危、尊老爱幼的重要法律手段,通过赠与从事慈善活动也有利于弘扬社会公德。作为调整社会关系的重要法律规范,《合同法》对赠与作出了明确规定,为民众的赠与行为提供了行为指引,并为法官裁判提供了依据。

赠与合同的法律特征主要在于:

第五章 赠与合同

1. 标的是财产

依据《合同法》第 185 条,赠与合同的标的物是"财产"。此处所说的财产应当作广义的理解,不仅包括有体财产,如常见的各种有体物、无体物等,也包括无体财产,如各种债权、股权等。赠与的财产并不限于现实取得的财产,就将来可取得的财产(如未来的利息、工资收入等)进行赠与在法律上也是允许的。但是无偿的劳务合同并非赠与。

赠与是财产权人行使处分权的一种方式,因此,赠与人一般应当对赠与财产享有所有权。《合同法》第 185 条规定:"赠与合同是赠与人将自己的财产无偿给予受赠人,受赠人表示接受赠与的合同。"如何理解此处所说的"自己的财产"?对此有两种观点:第一种观点认为,赠与财产必须是赠与人自己的财产。也就是说,赠与人享有所有权或者处分权的财产,如果将他人财产赠与是无效的。第二种观点认为,赠与的对象可以不限于自己的财产,虽然此时会构成无权处分,但是并不会影响赠与合同的成立,只是当最终赠与合同无法履行时,赠与人要承担违约责任。[①] 笔者认为,从文义解释来看,应当将该条提到的"自己的财产"理解为赠与人享有所有权或处分权的财产。如果赠与人在作出赠与时,对其所赠与的财产并不享有处分权,这不仅会侵害他人的财产权利,而且在赠与之后,真正权利人也可能会向受赠人请求返还受赠的财产,这可能导致受赠人不能取得该受赠财产的所有权,因而,赠与人就可能构成违约,并需要承担违约责任。至于在处分他人财产时是否导致合同无效则是另外一个问题。笔者认为,赠与他人财产构成无权处分,依据《合同法》第 51 条,其在效力上应当属于效力待定的合同。

从广义上理解,任何导致赠与人财产减少、受赠人财产增加的行为都可能构成"给予"[②]。从这个意义上来讲,赠与包括无偿使用等情形。具体来说,广义的赠与可包括如下情形:一是物权的移转等,例如,将自己享有的物权无偿转移给他人。二是无形财产权的无偿让与,如无偿将商标权让与他人。三是债权的无

---

① 参见[日]我妻荣:《债法各论》,周江洪译,6 页,北京,中国法制出版社,2008。
② 郑玉波:《民法债编各论》上册,144 页,台北,自版,1987;邱聪智:《新订债法各论》上,192 页,北京,中国人民大学出版社,2006。

第一节　赠与合同概述

偿让与。四是股票或其他证券的无偿让与。五是使用权的让与。例如，允许他人在一定期间内无偿使用自己的财产，其注重的是当事人之间财产的增减，并不仅限于所有权的移转。[①] 但从狭义上来讲，赠与仅限于所有权的移转。从此种意义上理解的财产赠与，必须发生财产所有权的移转。在这个意义上，赠与和无偿借用是存在区别的。因为无偿借用并未发生所有权的移转，故出借人有权请求借用人返还财产。从比较法上来看，许多国家采纳的是广义的赠与概念，例如，在法国法中赠与要求赠与人放弃持有财产，将财产和权利全部或者一部让与给其他人。[②] 但在特殊情况下，如果某项耐用品长期交付给某人使用，而且对返还的期限没有明确规定，这种借用在实质上已经转化为赠与。[③] 因此，即使不移转所有权也可能成立赠与。笔者认为，应当采纳狭义的"财产给予"概念：一方面，采纳狭义的概念有助于区别赠与和无偿借用。在无偿借用合同中，出借人有权随时要求借用人返还借用物，即使出借人长期不行使该权利，只要没有发生权利的消灭事由，这种权利的效力也不会受到影响。《民法通则意见》第126条规定："借用实物的，出借人要求归还原物或者同等数量、质量的实物，应当予以支持；如果确实无法归还实物的，可以按照或者适当高于归还时市场零售价格折价给付。"然而，赠与人则不享有随时请求返还的权利。可见，无偿借用与赠与的区别就在于是否移转所有权。另一方面，从体系解释上来看，赠与之所以在买卖之后加以规定，是因为其与买卖合同一样，都是移转所有权的合同。例如，《合同法》第187条规定："赠与的财产依法需要办理登记等手续的，应当办理有关手续。"这显然只有在移转所有权的情形下，才有必要办理登记手续。

2. 具有无偿性

赠与是无偿给予他人一定财产的行为。所谓无偿，是指一方履行给付义务，但并未从另一方当事人处获得对价或经济利益。依据《合同法》第185条的规

[①] 参见[日]我妻荣：《债法各论》中卷一，徐进、李又又译，5页，北京，中国法制出版社，2008。

[②] 参见《法国民法典》上册，罗结珍译，685页，北京，法律出版社，2005。

[③] See Christian von Bar and Eric Clive, *Principles, Definitions and Model Rules of European Private Law*, Volume IV, (Munich: Sellier. European Law Publishers, 2009), p. 2801.

第五章 赠与合同

定,"赠与合同是赠与人将自己的财产无偿给予受赠人",如何理解"无偿给予"? 一般认为,无偿性是判断是否构成赠与的决定性标准。此处所说的"无偿",主要是从客观上判断,而不考虑当事人的主观动机。虽然赠与人无偿给予他人财产都有一定的动机,如获得某种精神上的慰藉或者某种声誉,但是动机并不属于对待给付义务的范畴,只要赠与人在移转财产所有权给受赠人时,并未从受赠人处获得对待给付或经济利益的,就应当认为该合同是赠与。[1] 至于在主观上是否希望获得好处,或者是否在主观上获得精神慰藉,则不必考虑。[2]

3. 具有单务性

赠与合同性质上是否为单务合同? 对此存在不同看法。一种观点认为,受赠人也负有一定的义务,即接受赠与的义务,尤其是在我国《合同法》中还承认了附义务的赠与,在这种赠与中,受赠人自然需要履行一定的义务。另一种观点认为,赠与仅仅是赠与人负担主给付义务,受赠人不负担义务,或者不负担主给付义务[3],因此赠与中不存在对待给付(counter-performance)。[4] 笔者认为,赠与合同是一种单务合同,在此种合同中,赠与人只是单方负担义务,但并不享有对应的权利,双方不形成对待给付关系,正是因为赠与合同是单务合同,所以当事人不享有双务合同履行中的抗辩权。即便是附义务的赠与,受赠人所承担的义务也不构成赠与人赠与的对价。至于受赠人接受赠与也只是合同履行的问题,并没有对合同性质本身产生影响,如果事后受赠人不予接受,也是受赠人自己放弃权利,其无须承担某种违反义务的责任。

4. 具有诺成性和不要式性

虽然关于赠与合同究竟是诺成合同还是实践合同存在争议,但笔者认为,赠与合同应当是一种诺成合同。从体系解释来看,赠与合同的成立并不以赠与物的

---

[1] 参见 [日] 我妻荣:《债法各论》,周江洪译,5 页,北京,中国法制出版社,2008。
[2] See Christian von Bar and Eric Clive, *Principles*, *Definitions and Model*, *Rules of European Private Law*, Volume Ⅳ, (Munich: Sellier. European Law Publishers, 2009), p. 2816.
[3] 参见韩世远:《合同法学》,417、426 页,北京,高等教育出版社,2010。
[4] See Christian von Bar and Eric Clive, Principles, *Definitions and Model*, *Rules of European Private Law*, Volume Ⅰ, (Munich: Sellier. European Law Publishers, 2009), p. 2845.

交付为成立要件。只要当事人就赠与达成一致，合同就成立。赠与合同也具有不要式性，这就是说，除了法律特别规定的赠与类型外（如捐赠），赠与合同并不要求采用书面形式，只要双方当事人就具体的赠与事项意思表示一致，赠与合同即可成立。

二、赠与的分类

（一）一般赠与和具有公益性和道德性的赠与

一般赠与就是指《合同法》第185条所规定的赠与，具有公益性和道德性的赠与是指《合同法》第186条第2款所规定的具有救灾、扶贫等社会公益、道德义务性质的赠与。这两种赠与的主要区别在于：第一，赠与人是否享有任意撤销权不同。这就是说，在一般赠与中，赠与人将自己的财产无偿给予受赠人，并可以在赠与财产权利移转前撤销赠与。对于具有公益性和道德性的赠与，依据《合同法》第186条的规定，赠与人不享有任意撤销权。第二，受赠人能否请求赠与人履行不同。就一般赠与而言，赠与人不履行交付赠与物的义务时，受赠人不能强制其履行。但是具有公益性和道德性的赠与，受赠人可以依据《合同法》第188条要求赠与人交付。第三，因赠与人故意或者重大过失致使赠与的财产毁损、灭失的，在一般赠与中，赠与人仅需赔偿因赠与财产的毁损、灭失而发生的财产自身的损失。但在具有救灾、扶贫等社会公益、道德义务性质的赠与中，赠与人还应赔偿由此引发的其他损失。

（二）附义务的赠与和不附义务的赠与

附义务的赠与就是指受赠人在接受赠与的时候，需要履行合同所约定的义务的赠与。《合同法》第190条第1款规定："赠与可以附义务。"因而当事人可以自由设定附义务的赠与。比如，赠与人与受赠人约定，赠与人赠与受赠人一笔钱，而受赠人需要为赠与人看管花园。此类赠与应附何种义务，应由当事人决定。但在法律上，所附的义务与赠与人承担的赠与义务间并不构成对待给付，否则，赠与的性质将发生改变，即不再是赠与，而可能成立买卖或者其他法律关

第五章 赠与合同

系。附义务的赠与和不附义务的赠与一样，赠与人都享有任意撤销权。附义务的赠与和不附义务的赠与的区别表现在：

第一，不附义务的赠与是一般情形，附义务的赠与则是赠与的例外形态，适用法律的特殊规定。不附义务的赠与作为赠与的常态，受赠人仅享有取得赠与财产的权利，而无须承担任何义务。而在附义务的赠与中，赠与人会对其赠与附加一定的条件，受赠人在接受赠与的同时，也负担赠与人所确立的义务。

第二，瑕疵担保义务不同。在一般赠与中，赠与人不负瑕疵担保义务。但在附义务的赠与中，赠与的财产有瑕疵的，赠与人在附义务的限度内承担与出卖人相同的责任。

第三，法定撤销权情形不同。在一般赠与中，受赠人符合《合同法》第192条所规定的情形时，赠与人享有法定撤销权。但在附义务的赠与中，依据《合同法》第192条，赠与人在受赠人不履行赠与合同约定的义务时也享有法定撤销权。

（三）需要登记的赠与和无须登记的赠与

需要登记的赠与，是指法律对其作出专门规定的，需要依法律规定进行登记的赠与。《合同法》第187条规定："赠与的财产依法需要办理登记等手续的，应当办理有关手续。"对于需要登记的赠与，通常是依据法律规定，通过登记才可发生财产权利移转效力的赠与，包括不动产、不动产权利、知识产权等的赠与。无须登记的赠与则是赠与人所作的赠与并无相关的专门规定对登记作出要求的赠与。两者的主要区别在于权利移转的时间不同：对于需要登记的赠与，应当从完成登记之日起发生权利移转，即使当事人之间已经实际交付财产，仍不能认为权利已发生移转；而对于无须登记的赠与而言，则应从交付赠与财产时起发生赠与财产的权利移转。需要指出的是，基于财产管理的需要办理登记，如机动车的赠与，办理登记既是出于管理的需要，也是其取得对抗效力的需要。[1] 在此情况

---

[1] 参见何志：《合同法分则判解研究与适用》，131页，北京，人民法院出版社，2002。

下，因为登记并不是所有权移转的要件，所以登记并不是赠与财产权利移转的要件。由于一般的赠与都是从交付时起发生权利的移转，因而从这个意义上说，无须登记的赠与是一般情形，需要登记的赠与则是赠与的例外形态。

三、赠与合同与相关概念的比较

（一）赠与合同与买卖合同

赠与合同和买卖合同都是诺成合同，都需要移转标的物所有权，且无论是赠与人还是出卖人都应当对于其所处分的财产享有处分权。实践中，商家推出"买一赠一"的活动就属于此种情况，这两种合同有可能结合在一起。但两者存在明显区别，主要体现在：第一，赠与合同中，赠与人移转标的物所有权并不要求受赠人支付对价，而买卖合同中，出卖人移转标的物所有权则要求买受人支付对价。第二，赠与合同是单务合同，而买卖合同是双务合同，即买卖双方当事人互负对待给付义务。第三，在赠与合同中，依据《合同法》第191条的规定，一般情形下，赠与人不负担瑕疵担保义务，对附义务的赠与而言，一般情形下，赠与人只需要在附义务的限度内负担瑕疵担保义务。而在买卖合同中，出卖人应当对买受人负担瑕疵担保义务。

（二）赠与合同与遗赠

遗赠是被继承人在死亡之前作出的、将其财产赠与他人的单方意思表示。《法国民法典》并没有将赠与视为一种合同，而只是将其视为财产取得的一种方式，而且将赠与和遗赠统一规定，这种立法体系也为许多大陆法系民法典所采纳。[①] 但这种立法体例没有严格区分赠与和遗赠，也不妥当。在我国，赠与与遗赠是两种不同的制度，前者受合同法调整，后者受继承法规制。赠与和遗赠的区别主要表现在：第一，法律性质不同。一方面，赠与是合同关系，而遗赠则是被继承人在死亡前作出的将其财产在死亡后赠与他方的单方意思表示，属于单方行

---

① See Christian von Bar and Eric Clive, *Principles, Definitions and Model, Rules of European Private Law*, Volume Ⅳ, (Munich: Sellier European Law Publishers, 2009), p. 2801.

第五章 赠与合同

为的一种。另一方面,赠与合同属生前行为,遗赠行为属于死因行为,以遗赠人死亡为法定生效条件。两者的主要区别在于,赠与必须要在赠与人和受赠人之间形成合意,属于合同行为的一种,而遗赠只是遗赠人的单方意思,而且遗赠只有在遗赠人死亡之后才能生效。第二,法律适用不同。赠与主要由合同法调整,而遗赠则主要由继承法调整。第三,财产的范围不同。赠与人可以将自己所有的财产作为赠与的对象,而遗赠的财产必须扣除为没有收入或者生活有困难的法定继承人所保留的部分。

(三) 赠与合同与无偿提供劳务

无偿提供劳务,是指一方为另一方提供一定的劳务,而对方无须支付报酬的合同。例如,园丁无偿为他人看护花园。[①] 再如,实践中双方约定一方为另一方义务帮工。关于无偿提供劳务是否构成赠与,对此有两种观点:一种观点认为,赠与的标的只能是一定的物,且必须移转所有权,而劳务本身并不是物,也无法移转所有权,即便是无偿提供劳务,也不能够视为赠与。[②] 另一种观点认为,赠与的对象并不限于物,还包括劳务。笔者认为,无偿提供劳务并不属于赠与。在我国,无偿提供劳务的方式有多种,如无偿保管、委任等。这些合同已经由各种类型的有名合同来调整,不应当再在赠与中规范。尤其是我国《合同法》第185条已明确规定,赠与的标的只能是自己的财产,显然,无偿提供劳务的行为并不属于我国《合同法》所规定的赠与。

(四) 赠与和债务免除

债务免除是指债权人免除债务人的债务负担,而债务人无须对其再负履行之责。在债务免除中,因债权人的意思导致债的关系消灭[③],因而债务免除系债权人的单方法律行为。债务人对被免除的债务不再负担履行义务,因此,债务免除和赠与一样,都是无偿给予他人一定的利益。有学者认为,债务免除在性质上是

[①] 参见[日]我妻荣:《债法各论》,周江洪译,2页,北京,中国法制出版社,2008。

[②] See Christian von Bar and Eric Clive, *Principles, Definitions and Model, Rules of European Private Law*, Volume Ⅳ, (Munich: Sellier. European Law Publishers, 2009), p. 2802.

[③] 参见黄立:《民法债编总论》,718页,北京,中国政法大学出版社,2002。

无偿转让债权，而赠与可以任何财产性权利为对象，因而无偿转让债权也应当属于赠与。[1] 笔者认为，赠与并不等同于债务免除，原因在于：一方面，债务免除属于处分权的行使，是单方法律行为，而赠与是双方法律行为。另一方面，在赠与合同中，赠与人有任意撤销权，而在债务免除中，债权人免除债务的行为属于单方行为，一旦该免除的意思到达债务人，该免除即生效，债权人并不享有任意撤销权。

第二节 赠与合同的成立和生效

赠与合同的成立需要经过要约和承诺两个阶段，但在双方达成合意以后，是否还需要实际交付赠与物才能导致合同成立？换言之，关于赠与合同在性质上究竟是实践合同还是诺成合同？对此，各国的法律规定不完全相同。所谓实践合同，是指除当事人双方意思表示一致以外，尚需交付标的物才能成立的合同。所谓诺成合同，是指当事人一方的意思表示一旦为对方同意，即能产生法律效果的合同。两者的区别主要在于二者成立与生效的时间是不同的。关于赠与合同的性质究竟属于诺成合同还是实践合同，主要有如下几种观点：

1. 实践合同说

此种观点认为，赠与合同在性质上是一种实践合同，因此赠与合同只有在实际交付赠与物时才能成立。在赠与物实际交付之前，赠与合同并未成立，受赠人不得请求赠与人交付赠与财产。赠与人也没有义务必须交付赠与财产，故赠与人不交付赠与物也不构成违约。在采实践合同说的情况下，在赠与物交付前，当事人间有关赠与的约定也不属于赠与预约。赠与预约是当事人为赠与而达成的协议，它并不受是否实际交付标的物的影响，只要它是当事人意思表示一致的结果，就具有法律效力。赠与预约作为一种合同，本身具有法律效力，即当事人负

---

[1] 参见 [日] 我妻荣：《债法各论》，周江洪译，1页，北京，中国法制出版社，2008。

有订立本约的义务。而如果将赠与合同界定为实践合同,在交付赠与物之前,当事人之间并没有成立合同关系。所以按照民法的公平原则,如果赠与人未交付赠与物,受赠人不能请求赠与人交付。①

在比较法上,《苏俄民法典》第256条第2款规定:"赠与合同在交付财产时才认为签订",单纯的约定不具有强制执行的效力。我国司法实践很长时间都采纳实践合同的观点。例如,《民法通则意见》第128条规定:"公民之间赠与关系的成立,以赠与财产的交付为准。赠与房屋,如根据书面赠与合同办理了过户手续的,应当认定赠与关系成立;未办理过户手续,但赠与人根据书面赠与合同已将产权证交与受赠人,受赠人根据赠与合同占有、使用该房屋的,可以认定赠与有效,但应令其补办过户手续。"从这一规定来看,该司法解释接受了赠与合同为实践性合同的理论主张。

2. 诺成合同说

此种观点认为,赠与合同在性质上属于诺成合同,即只要赠与人与受赠人之间就赠与的事宜达成合意,合同即宣告成立。当然,赠与人作出赠与的意思表示也是一种允诺,赠与人一旦作出允诺,就应当遵守允诺,否则将有违诚信原则。赠与合同的无偿性只能使赠与人承担较有偿合同的当事人为轻的民事责任,但不能因此而免除赠与人履行交付赠与物这一基本义务。② 如果赠与的合意达成以后,合同仍然不能生效,则赠与合同的订立将毫无意义。在当事人就赠与事项达成合意后,受赠人可能为接受赠与而付出了一定的费用,如果此时认定赠与合同不成立,则可能使受赠人的合同目的落空,这样对受赠人也不公平。③ 在赠与合同成立以后,受赠人应当享有期待权,此种权利也应当受到保护。

罗马法曾经将赠与合同界定为诺成合同,《法学阶梯》中也认可赠与为诺成

---

① 参见王新、秦芳华:《论预约及其责任》,载《律师世界》,1998(7);覃有土:《债权法》,90页,北京,光明日报出版社,1989。
② 参见李明发:《赠与合同的法律问题初探》,载《政法学刊》,1991(1)。
③ 参见王柏等:《赠与合同 供用电、水、气、热力合同》,5页,北京,人民法院出版社,2001。

合同①，此种观点对后世民法产生了影响。《德国民法典》第516条规定："双方当事人约定，一方以自己的财产为另一方获得利益而无偿给予另一方的，为赠与。"这实际上是将赠与合同界定为诺成合同。《日本民法典》第549条规定："赠与，因当事人一方表示将自己财产无偿给予相对人的意思，相对人受诺，而发生效力。"该条规定也将赠与合同界定为诺成合同。

3. 折中说

此种观点认为，对一般的口头赠与，应当视为实践合同，但对于以书面形式达成的赠与合同，则应当认为是诺成合同，因为在双方已经达成书面合同的情况下，赠与人已经作出了正式的允诺，而受赠人可能已经形成了合理的信赖，对这种信赖利益也应当予以保护。《法国民法典》第932条规定："生前赠与，未得到受赠人以明确的文字表示接受之前，对赠与人不发生任何义务约束，亦不发生任何效果。"据此，对生前赠与，必须以书面形式达成，如果没有达成书面形式的赠与合同，且受赠人没有正式接受赠与，则赠与合同不成立。

从我国《合同法》关于赠与合同的定义来看，并没有明确赠与合同究竟是实践合同还是诺成合同，学者对此存在争议，这主要涉及如何理解《合同法》第185条和《合同法》第186条之间的关系。《合同法》第185条规定："赠与合同是赠与人将自己的财产无偿给予受赠人，受赠人表示接受赠与的合同。"而根据《合同法》第186条第1款的规定，赠与人在赠与财产所有权转移之前可以撤销赠与。据此有学者认为，《合同法》上实际是将赠与合同分为两类，即实践性的赠与合同和诺成性的赠与合同。一般的赠与合同是实践性的赠与合同，而公益性赠与合同是诺成合同。也有人认为，我国《合同法》第186条第1款规定的"赠与人在赠与财产的权利转移之前可以撤销赠与"，实际上是指赠与人在赠与财产的权利转移之前可以不交付赠与物，也就是说，撤销赠与的含义是指拒绝交付赠

---

① 《法学阶梯》规定："……当赠与人表示他的意思时，不问是否采取书面方式，赠与即告成立。朕的宪令规定，这些赠与应以买卖为范例，转让是必要的；但是即使并无转让行为，赠与也有完全的效力，并使赠与人负有作出转让的义务。……朕的宪令提高到500个索拉杜斯，因此不超过此数的赠与，无须登记，又规定某些赠与，根本不需要登记，其本身完全有效。"[古罗马]查士丁尼：《法学总论——法学阶梯》，68页，北京，商务印书馆，1989。

与物，但在交付赠与物之前，合同已经成立并生效。据此可见，合同法实际上承认所有的赠与合同都是诺成合同，只不过对一般的赠与合同而言，在赠与财产移转之前，可以拒绝交付赠与物。而对于特殊的赠与合同而言，在合同成立之后，赠与人不得拒绝交付赠与物。

  笔者认为，从我国《合同法》相关条款的文本来理解，赠与合同应当是一种诺成合同。其理由在于：第一，从立法传统来说，只有在法律具有明确规定的情况下，才能够认为其是实践性合同，而在《合同法》第十一章有关赠与合同的条款中，并没有相关实践性合同的表述。而且从各国合同法的发展趋势来看，出于对意思自治和契约自由的尊重，实践合同的类型在逐渐减少，越来越多的合同的成立被认为无须特别的要件，只需要双方当事人意思表示的一致即可成立。将赠与合同作为诺成合同符合合同法的发展趋势。第二，从《合同法》第186条第1款的解释来看，本条规定了赠与人在财产权利移转之前的任意撤销权，有学者据此将赠与合同理解为实践合同。但事实上，《合同法》第186条规定的"撤销赠与"与合同的性质究竟是诺成还是实践合同没有必然的联系，实际上，合同只有在成立以后才能撤销，因此，我国《合同法》所规定的赠与合同是诺成合同，如果认为赠与合同是实践性合同，则在赠与物交付前，合同并未成立，也谈不上撤销合同的问题。因此，不能依据《合同法》第185条将赠与合同解释为实践合同。第三，从赠与他人之物、将来之物的情况看，如果认为赠与合同是实践合同，由于赠与人没有所有权，其无法实际赠与，则即便当事人就赠与事项达成合意，赠与合同也无法成立，受赠人只能依据缔约过失来主张损害赔偿，这也不利于维护合同严守原则。第四，从赠与人负有的义务来看，如果认为赠与合同是实践性合同，那么交付赠与物只是合同成立的要件，而非合同的主给付义务。但从《合同法》的规定来看，转移赠与物实际上是赠与人的主给付义务，而非赠与合同的成立条件，因此，赠与合同是一种诺成合同。

第三节 赠与合同的效力

一、赠与人的主要义务

(一) 依法履行交付财产并移转财产权利的义务

赠与人的主要义务是依照合同的约定将财产权利无偿移转给受赠人。但在确定赠与人交付财产、移转财产权利的义务时，应当区分有体物和无体物。如果赠与财产是有体物，则动产应当采用交付的方式，不动产应采用登记移转方式；对于无形财产而言，则应根据具体情况判断权利移转的方式。例如，建设用地使用权的赠与，应通过办理变更登记的方式完成权利移转；就证券权利而言，由于我国采用无纸化的方式记载证券权利，因而应采用登记的方式进行移转。另外，赠与人必须要依据合同规定的标的、期限、地点、方式、标准等，履行权利移转的义务。由于赠与是单务、无偿的合同，所以在赠与人不愿交付财产的情况下，法律赋予赠与人任意撤销权。在赠与人撤销赠与合同的情形下，受赠人不能请求赠与人履行交付义务。

对于法律规定的特殊的赠与，赠与人不享有任意撤销权，因此，合同一旦成立，赠与人即应当严格按照合同约定履行合同。《合同法》第188条规定："具有救灾、扶贫等社会公益、道德义务性质的赠与合同或者经过公证的赠与合同，赠与人不交付赠与的财产的，受赠人可以要求交付。"此类合同可以区分为三种形态：一是具有救灾、扶贫等社会公益性质的赠与；二是道德义务性质的赠与合同；三是经过公证的赠与合同。经过公证的赠与合同主要是不动产的赠与，因为此类财产的价值比较大，一般需要经过公证。如前所述，赠与是一种单务合同，赠与人不履行交付义务，在法律上不宜强制其履行。但是对上述几类赠与合同而言，因为其事关社会公益、公序良俗以及法律秩序的稳定，事关赠与合同当事人的利益，而且与社会公共利益相联系，所以赠与人不得随意撤销。实践中，对于

公益性的捐助而言,赠与人已经公开表示认捐,如果允许其反悔,会违反诚信原则,欺骗社会公众。而且受赠人通常会基于对赠与人此种公开表示产生信赖,而作出接受履行的准备活动,如果认为此种赠与也可以任意撤销,将会对受赠人造成损害。① 依据《合同法》第188条,赠与人不交付赠与的财产的,受赠人可以要求交付,据此,在赠与人不交付财产的情况下也构成违约,但法律对违约责任进行了限制,赠与人仅承担继续履行的责任,而不需要承担其他违约责任,如支付迟延利息或损害赔偿责任。② 对受赠人而言,其只能请求赠与人继续履行,而无权请求赠与人承担其他违约责任。

(二)特殊情形下的瑕疵担保义务

1. 一般赠与中赠与人不负瑕疵担保义务

所谓瑕疵,是指标的物不符合法定或约定的质量标准,或者不具备标的物通常应有的功能和效用。在法律上,瑕疵的概念是较为宽泛的,一般认为,瑕疵是指不符合法律规定和合同约定的质量标准或不符合物的通常效用。关于赠与人是否负有瑕疵担保义务,存在不同观点。一种观点认为,赠与是一种单务合同,所以不应要求赠与人承担瑕疵担保义务。另一种观点认为,赠与人负有瑕疵担保义务,只不过在赠与人违反此义务时,受赠人不能要求其修补、更换,但应有权请求赠与人赔偿损失。③《合同法》第191条规定:"赠与的财产有瑕疵的,赠与人不承担责任。"依据这一规定,在一般赠与中,赠与人不负瑕疵担保义务。因为赠与是单务无偿的行为,本质上是施惠行为,受赠人接受赠与财产并未支付对价,因而法律上并不要求赠与人负担瑕疵担保义务,这也是赠与合同和买卖合同的重要区别。

但需要指出的是,此处法律只是规定赠与人不负瑕疵担保义务,并不包括权利瑕疵担保义务。因为依据《合同法》第185条,赠与人只能将自己的财产赠与

---

① 参见魏耀荣等:《中华人民共和国合同法释论(分则)》,137页,北京,中国法制出版社,2000。
② 参见胡康生主编:《中华人民共和国合同法释义》,283页,北京,法律出版社,1999。
③ See Christian von Bar and Eric Clive, *Definitions and Model, Rules of European Private Law*, Volume Ⅰ, (Munich: Sellier. European Law Publishers, 2009), p. 2846.

第三节 赠与合同的效力

他人，如果赠与人将不属于自己的财产进行赠与的，应赔偿给受赠人造成的损害。[1] 因此，赠与人仍应负担权利瑕疵担保义务。另外，如果赠与财产存在缺陷，造成受赠人损害的，受赠人仍应有权请求赠与人承担侵权责任。例如，赠与的财产具有缺陷，导致受赠人和第三人财产、人身损害的（如赠与他人食品造成受赠人食物中毒），赠与人仍应承担赔偿责任。

2. 附义务的赠与中赠与人在附义务的限度内承担与出卖人相同的责任

《合同法》第191条规定："附义务的赠与，赠与的财产有瑕疵的，赠与人在附义务的限度内承担与出卖人相同的责任。"依据这一规定，赠与人在附义务的赠与中负有瑕疵担保义务。因为在附义务的赠与中，受赠人也要负担一定的义务，赠与人的行为并不是纯粹的施惠行为，而受赠人毕竟也负有一定的义务，并可能因此蒙受某种不利益，所以，赠与人也应当负有瑕疵担保义务。即在附义务的赠与中，赠与人应当保证其所赠与的财产没有瑕疵。问题在于，如果赠与人违反此种义务，应承担何种责任？依照《合同法》第191条，在附义务的限度内承担责任，是指赠与人在不超过受赠人所附义务具有的价值的限度内承担瑕疵担保义务，以维护当事人双方的利益均衡。这就是说，在附义务的价值的限度内，赠与人所承担的责任与出卖人相同，受赠人所负担的义务越大，赠与人所负担的瑕疵担保义务的范围也就越大。例如，甲赠与乙一批电脑，但要求乙提供相应的配套设施，如果该批电脑出现瑕疵，则应当考虑乙所提供的配套设施的价值，如果该设施的价值是10万元，而造成的实际损害是100万元，那么，其应当在10万元的价值范围内承担违约责任。

3. 赠与人故意不告知瑕疵或者保证无瑕疵的责任

《合同法》第191条第2款规定："赠与人故意不告知瑕疵或者保证无瑕疵，造成受赠人损失的，应当承担损害赔偿责任。"依据这一规定，虽然一般赠与中的赠与人不承担瑕疵担保义务，但在特殊情形下，即在赠与人故意不告知瑕疵或者保证无瑕疵时，赠与人应就赠与物的瑕疵给受赠人造成的损失承担赔偿责任，

---

[1] 参见张新宝、龚赛红：《买卖合同 赠与合同》，220页，北京，法律出版社，1999。

此种责任的构成要件是:

第一,赠与人故意不告知瑕疵或者保证无瑕疵。所谓赠与人故意不告知瑕疵,是指赠与人明知其赠与的财产有瑕疵而对受赠人故意隐瞒。例如,明知赠与的食品已经过期,可能引起食品中毒,仍将该食品赠与他人。所谓保证无瑕疵,是指赠与人明确地担保赠与的财产没有瑕疵或某种特定的瑕疵,但事后该赠与的财产出现瑕疵。例如,赠与人向受赠人郑重承诺赠与的食品无质量问题,但事后发现该食品存在问题。在这两种情形下,表明赠与人具有侵害受赠人的恶意,有可能构成欺诈,此时,赠与人即应当对受赠人负担瑕疵担保义务。

第二,受赠人遭受了损失。《合同法》第191条第2款规定的"造成受赠人损失的,应当承担损害赔偿责任"。如何理解此处所说的受赠人的损失?对此有两种理解。一是广义的理解,即认为此处所说的"损失"是因赠与的财产有瑕疵而造成的财产本身的损失以及由此引发的全部损失,其不仅包括赠与财产本身的损失,如赠与物没有价值,或者赠与物的价值低于其应有的价值,也包括受赠人为接受赠和使用赠与财产而遭受的损失,例如,受赠人为接受赠与物而支出的运输费用,或者因赠与财产缺陷造成受赠人或者相关人员的财产损害或者人身伤害等。二是狭义的理解,即"损失"仅限于赠与财产本身的损失,而不包括因赠与财产瑕疵而造成的其他财产、人身损失。笔者认为,应当从广义上理解受赠人的损失,即该损失不仅包括赠与财产本身的损失,还应包括因使用赠与财产而遭受的其他损失。[1] 毕竟受赠人的损害是因赠与人故意不告知瑕疵或者保证无瑕疵造成的,所有与其具有因果关系的损害都应当赔偿,否则将无法实现该制度设立的目的。另外,考虑到赠与人本身往往具有恶意,也不必对其责任进行限制。

第三,受赠人所遭受的损害是因赠与人故意不告知瑕疵或者保证无瑕疵造成的。在因果关系的判断上,应当采相当因果关系说。如果赠与人证明其行为与损

---

[1] 参见张新宝、龚赛红:《买卖合同 赠与合同》,220页,北京,法律出版社,1999。

第三节 赠与合同的效力

害之间没有因果关系的,则不必承担赔偿责任。例如,受赠人因受领赠与物而支出的费用,即与赠与物的瑕疵不存在因果关系,不应当属于因赠与物瑕疵而造成的损失。

(三)因故意或者重大过失致使赠与的财产毁损、灭失的责任

《合同法》第189条规定:"因赠与人故意或者重大过失致使赠与的财产毁损、灭失的,赠与人应当承担损害赔偿责任。"依据这一规定,赠与人因故意或者重大过失致使赠与财产毁损、灭失的,应当承担损害赔偿责任。此种责任的构成要件是:

第一,赠与财产在交付之前遭受毁损、灭失。一般来说,在赠与财产交付受赠人以后,赠与财产的所有权就移转给了受赠人,如果因意外事件导致赠与财产的毁损灭失,应当由受赠人承受损失,这属于标的物的风险负担问题。在赠与财产交付之前,虽然赠与财产的所有权归属于赠与人,但如果因赠与人的过错导致赠与财产毁损、灭失的,致使赠与物无法交付,受赠人对赠与财产交付的信赖将落空,并可能因而遭受一定的损失。因此,本条的适用范围应限于赠与财产交付之前。[①]

第二,赠与人对财产的毁损、灭失具有故意或重大过失。在赠与财产交付之前,赠与人仍然对其财产负有保管义务。但赠与人并不负有善良管理人的注意义务,而仅对其故意或重大过失负责。如果赠与人只是一般的过失或轻微的过失,而致赠与财产毁损、灭失的,其不应再负交付义务,也不应承担损害赔偿责任。法律规定只有在赠与人具有故意或者重大过失时才需要承担责任,主要是因为赠与合同是无偿合同,当事人双方的权利义务并不对等,因而不宜给赠与人课以较高的注意义务。

第三,赠与合同合法有效。赠与人承担责任的前提是,赠与合同合法有效。如果赠与合同不成立、无效或者被撤销,则赠与人也不必负担此种责任。

在符合上述条件的情形下,赠与人应当向受赠人承担损害赔偿责任。此种损

[①] 参见魏耀荣等:《中华人民共和国合同法释论(分则)》,140页,北京,中国法制出版社,2000。

第五章 赠与合同

害赔偿责任的范围既包括受赠人应当得到的赠与财产的价值，也包括受赠人为接受赠与，进行必要准备而支出的费用。[①] 此种损失实际上就是一种信赖利益的损失，例如，因为信赖赠与人将赠与一套设备而为该设备购买各种零配件，因设备遭受毁损、灭失导致所购买的零配件失去使用价值，由此造成的损失应由赠与人承担赔偿责任。[②] 不过，如果赠与财产是种类物，则赠与人故意或重大过失造成毁损、灭失的，其仍应负担继续履行的义务。

虽然《合同法》第189条规定确立了赠与人在赠与物交付前，因故意或者重大过失致使赠与财产毁损、灭失的责任，但此种责任的适用范围如何，理论上存在不同的看法。一种观点认为，此种义务仅适用于《合同法》第188条所规定的特殊赠与。因为在一般的赠与中，赠与人享有任意撤销权。因而，赠与人故意或重大过失致使赠与财产毁损、灭失的，应将其认定为赠与人行使任意撤销权的行为，故在一般赠与中，赠与人不负有此种义务。另一种观点认为，此种义务既可适用于一般的赠与，也可适用于特殊的赠与。从该条规定的内容来看，并未对其适用范围加以限定，因而笔者赞成后一种观点。主要理由在于：一方面，从《合同法》第189条的文义来看，其并没有限定此种责任的适用范围，因此，无论是一般赠与还是特殊赠与，都可以适用该规则。另一方面，在故意或重大过失情况下，表明赠与人主观上存在重大过错。虽然财产所有权没有移转，毁损、灭失只是造成赠与人的财产损失，但赠与人在没有明确行使任意撤销权的情形下，应对其故意和重大过失行为承担相应的责任。对赠与人课加此种责任也有利于使赠与人能够妥善地保管赠与物。[③] 此外，依据诚信原则，赠与人应负有不得故意毁损赠与标的物的义务，如果允许赠与人通过故意毁损的方式来行使任意撤销权，则与诚信原则是相悖的。因此，赠与人故意或重大过失造成赠与财产毁损、灭失的，应承担损害赔偿责任。当然，在一般的赠与中，如果赠与人在行使任意撤销

[①] 参见魏耀荣等：《中华人民共和国合同法释论（分则）》，141页，北京，中国法制出版社，2000。

[②] See Christian von Bar and Eric Clive, *Principles*, *Definitions and Model*, *Rules of European Private Law*, Volume I, (Munich: Sellier. European Law Publishers, 2009), p. 2852.

[③] 参见魏耀荣等：《中华人民共和国合同法释论（分则）》，141页，北京，中国法制出版社，2000。

权之后因故意或者重大过失致使赠与的财产毁损、灭失的,由于赠与合同关系不复存在,赠与人也无须承担此种责任。

二、受赠人的主要义务

(一)受赠人应当受领交付和接受所有权的移转

赠与人将自己的财产无偿给予受赠人,受赠人是否有义务接受?对此学界存在两种不同的观点:一种观点认为,受赠人无接受的义务,虽然赠与人的财产给予是一种施惠行为,但如果受赠人不愿接受的,其无此种义务。另一种观点认为,受赠人负有接受的义务,但不承担相应的责任。笔者赞成后一种观点。根据《合同法》第185条,在赠与合同中,赠与人是将自己的财产无偿给予受赠人,而且当事人需要就赠与合同的内容达成合意。在达成合意后,受赠人应当受此合意的拘束。因此,在赠与合同订立过程中,赠与人向受赠人发出订立赠与合同的要约时,受赠人并不负有接受该意思表示的义务,但在赠与合同成立后,在赠与人向受赠人交付财产时,受赠人负有受领的义务。赠与合同成立后,如果在赠与人实际交付时,受赠人拒绝受领,也将违反诚实信用原则。从比较法上来看,也有一些国家的法律或者示范法规定了受赠人有接受的义务。[①]

不过,即便认为受赠人负有受领赠与物的义务,也并不意味着,受赠人违反此种义务就需要承担违约责任。从法律上说,此种义务在性质上只是一种不真正义务。所谓不真正义务,是指义务人对自己权益的照顾义务,义务人违反不真正义务并不会导致对他人承担责任,只是使自己承受一种不利益,但并不因此需要承担某种违约责任。因此,在赠与人交付赠与物时,即便受赠人不予受领,其也无须承担违约责任。

---

① 例如,《欧洲示范民法典草案》第4.8—3:301条规定:"(1)受赠人应当受领交付和接受所有权的移转。(2)受赠人采取所有合理的行动以配合赠与人履行其交付义务和移转所有权义务的,即履行了受领交付和接受移转的义务。"

(二) 附义务赠与中受赠人的履行义务

《合同法》第 190 条第 2 款规定:"赠与附义务的,受赠人应当按照约定履行义务。"在法律上之所以要求附义务赠与中的受赠人必须要履行义务,是因为附义务的赠与本质上已经不是一个纯粹的施惠行为,受赠人应当依据约定承担一定的义务。此种义务既可以是作为的义务,也可以是不作为的义务。虽然此种义务附随于赠与,但此种义务也具有一定的独立性,如果受赠人不履行此种义务,则赠与人有权拒绝交付赠与物。

需要指出的是,在附义务赠与中,受赠人是否仅应在赠与财产的价值限度内履行其义务?不少学者认为,受赠人只能在赠与财产的限度内履行其义务。[①] 例如,赠与某学校 100 万元修建图书馆,但要求其购买某种品牌的仪器设备,后来因该设备涨价而致其价格超过了 100 万元,因此,受赠人仅应于 100 万元的限度内承担此种义务。否则,在所附义务的价值超过赠与财产的情况下,如果要求受赠人必须履行此种义务,违反了民法的公平原则。笔者认为,此种观点有一定的合理性。受赠人如果没有履行义务,将产生何种效果?笔者认为,受赠人不履行此种义务时,并不需要承担违约责任,但依据《合同法》第 192 条第 1 款第 3 项的规定,赠与人应有权撤销赠与。例如,当事人在赠与合同中约定,受赠人应当为受赠人提供一定的劳务,后受赠人未按照约定提供劳务时,赠与人虽无权请求受赠人承担违约责任,但应当有权撤销赠与。

第四节 赠与人的撤销权

一、概述

所谓赠与人的撤销权,是指在赠与合同成立以后,赠与人依法所享有的撤销

---

① 参见魏耀荣等:《中华人民共和国合同法释论(分则)》,144 页,北京,中国法制出版社,2000。

第四节 赠与人的撤销权

赠与合同的权利。赠与人的撤销权主要包括一般赠与中的任意撤销权与法定撤销权。在法律上,赠与人的撤销权主要具有如下特点:

第一,撤销权是一种形成权。赠与人的撤销权在性质上属于形成权,只需要赠与人单方意思表示就可以发生效力,而无须相对人的同意。[1] 而且赠与人撤销权的行使受除斥期间的限制,依据《合同法》第192条第2款规定,赠与人的撤销权应当在其知道或者应当知道撤销原因之日起1年内行使。

第二,此种撤销是指撤销已经成立的赠与合同,效力上类似于合同的解除。也就是说,与合同解除类似,赠与合同撤销后,合同的效力自始消灭,赠与人不再负担交付赠与物的义务,已经交付的赠与物,赠与人应有权请求返还。但其与合同解除也存在不同,即在赠与合同撤销后,一般不涉及违约责任的承担问题。

第三,赠与人撤销权行使后,应当发生恢复原状的法律后果。不过,因为赠与合同通常是单务的、无偿的合同,在赠与合同被撤销后,赠与人一般不负有相关的返还义务。

二、一般赠与中的任意撤销权

一般赠与中的任意撤销权,是指一般赠与中,赠与人在赠与财产的权利移转以前,依法享有的可以无条件地撤销赠与合同的权利。《合同法》第186条第1款规定:"赠与人在赠与财产的权利转移之前可以撤销赠与。"这就在法律上确认了赠与人的任意撤销权。此种权利是《合同法》中"合同严守原则"(Pacta sunt servanda)的例外。根据这一原则,合同一旦成立,当事人就应当按照合同约定的内容履行自己的义务。但在赠与合同中,赠与人在实际履行赠与之前,可以任意撤销合同。在法律上确立赠与人任意撤销权的主要原因在于:

第一,赠与人享有任意撤销权符合赠与合同无偿性和非交易性的特征。从等

---

[1] 参见〔德〕迪特尔·梅迪库斯:《德国债法分论》,杜景林、卢谌译,149页,北京,法律出版社,2007。需要指出,此处译者将其译为撤回权,但是从上下文看,应当为撤销权。

第五章 赠与合同

价交换原则来看，合同是反映交易的法律形式，因此合同应反映价值法则，而赠与合同具有无偿性和非交易性，其属于合同交易的例外情形，在性质上并不是一种等价交换。德国学者梅迪库斯认为，"相较于订立有偿合同的情形而言，赠与合同的无偿性使赠与人可以方便地摆脱自己所受到的拘束"①。所以，赠与人对受赠人赠与财产的行为实际上是一种施惠行为。因此，赠与人反悔的，法律一般不应强制其履行合同，交付赠与财产。英美法也明确了赠与因缺乏对价而不能强制交付，这与大陆法承认赠与人享有任意撤销权具有异曲同工之妙。

第二，赠与人享有任意撤销权，一般不会损害受赠人的利益。契约正义属于典型的交互正义，注重当事人之间的利益平衡。② 在赠与合同中，由于受赠人不负担对待给付义务，双方的权利义务严重不对等，因而，应当赋予赠与人任意撤销权，以平衡双方当事人的利益。而且赠与人享有任意撤销权一般也不会损害受赠人的利益，不会导致双方的利益失衡。

第三，赠与人享有任意撤销权与我国赠与合同所采的立法例也有极大关系。如前所述，从比较法上看，既可以将赠与合同界定为诺成合同，也可以将其界定为实践合同。如果将其界定为实践合同，则在赠与物权利移转之前，赠与合同不成立。如此一来，赠与人反悔的，无须任意撤销权的行使，其拒绝交付赠与财产就使得合同不成立，从而保护其利益；但如果将其界定为诺成合同，则只有赋予赠与人任意撤销权才可平衡赠与人与受赠人之间的利益。虽然两种立法例在是否赋予赠与人任意撤销权方面存在区别，但实际上是殊途同归的。③ 我国《合同法》将赠与合同界定为诺成合同，因此，应当赋予赠与人任意撤销合同的权利。

关于《合同法》第186条第1款所规定的赠与人撤销赠与的权利究竟属于撤销权还是撤回权，存在不同观点。一种观点认为，此应为赠与人的撤回权，撤回是指因特种事实的发生，法律准许利害关系人收回其所作的无瑕疵的法律行为，

---

① ［德］迪特尔·梅迪库斯：《德国债法分论》，杜景林、卢谌译，147页，北京，法律出版社，2007。
② 参见谢哲胜：《赠与的效力要件》，载《台湾法研究参考资料》，1998（8）。
③ 参见易军、宁红丽：《合同法分则制度研究》，163～167页，北京，人民法院出版社，2003。

第四节 赠与人的撤销权

因此，应当将该条所规定的赠与人撤销权界定为赠与人的撤回权。[①] 另一种观点则认为，依据《合同法》第 186 条的规定，此权利应为赠与人的撤销权。笔者赞成后一种观点，因为撤回是指意思表示在发出以后，尚未到达意思表示的受领人之前，表意人将其意思表示撤回。只要撤回的通知先于意思表示到达或与意思表示同时到达，该撤回就是有效的。通常，在到达生效主义下，撤回的意思表示要先于意思表示本身到达相对人才能够被视为撤回，否则会被视为撤销意思表示。而赠与人的撤销权是指对于已经成立并生效的赠与合同予以撤销，其针对的是赠与合同本身而非赠与的意思表示，因此，赠与人针对有效的赠与合同所进行的撤销，应当认为是行使撤销权，而不是撤回权。

依据《合同法》第 186 条的规定，赠与人行使任意撤销权应当满足如下条件：

第一，赠与合同已经成立。撤销的对象是意思表示还是合同？对此一直存在争议。这就涉及赠与合同的性质究竟是诺成合同还是实践合同。由于我国《合同法》将赠与合同界定为诺成合同，在当事人没有实际移转赠与财产权利的情况下，合同也能够成立，因而笔者认为，赠与人撤销的对象应当是合同而非意思表示。如果赠与合同没有成立，则撤销权的对象本身就不存在，此时撤销权的行使也就没有任何意义。

第二，赠与人尚未实际移转赠与财产权利。这就确立了行使任意撤销权的时间。一方面，如果赠与人已经实际交付了财产且移转了财产权利，此时再要求撤销，就违背了诚实信用原则，同时也可能会对受赠人的正常生产、生活造成不利影响。因此，赠与人任意撤销权的行使应以赠与人尚未交付移转赠与财产权利为条件，如果已经交付且移转权利的只是赠与财产的一部分，则任意撤销权的行使范围仅限于未交付或未移转权利的部分。另一方面，此处所说的移转财产权利应当区分动产和不动产。[②] 对动产而言，行使任意撤销权的前提是尚未交付；对不

[①] 参见易军、宁红丽：《合同法分则制度研究》，161～162 页，北京，人民法院出版社，2003。
[②] 参见胡康生主编：《中华人民共和国合同法释义》，280 页，北京，法律出版社，1999。

第五章 赠与合同

动产而言，行使的前提则是尚未完成变更登记[①]，在变更登记之前，即便赠与财产已经交付，赠与人仍应有权任意撤销合同。

第三，赠与人行使任意撤销权无须任何理由，只要撤销的意思表示到达受赠人处即生效。在一般赠与中，只要赠与财产的权利尚未移转，赠与人就能够撤销赠与。而且从《合同法》第186条第1款的文义来看，赠与人行使任意撤销权并不需要提供撤销合同的理由。而且，一般赠与的受赠人通常没有任何理由可以对抗赠与人撤销的意思表示。[②]

第四，必须是非公益的赠与、非履行道德义务的赠与以及非经过公证的赠与。《合同法》第186条第2款规定："具有救灾、扶贫等社会公益、道德义务性质的赠与合同或者经过公证的赠与合同，不适用前款规定。"该条确立了赠与人任意撤销权行使的例外情形。具体而言，赠与人任意撤销权行使的例外情形包括三种类型：一是具有救灾、扶贫等社会公益性质的赠与。公益事业是指有关公共利益的事业，对公益事业的资助必须是普遍性的，即不能局限于封闭的、有限的人群。[③] 公益事业是非营利的，受赠人不得利用捐赠的财产从事以营利为目的的活动。二是具有道德义务性质的赠与。它是指当事人约定的赠与事项旨在实现某种道德上的义务，或者履行某种道德上的责任。例如，男女双方在合同中约定，如果将来保持不正当的关系，男方将赠与女方财产，此种赠与是违反公共道德的合同，属无效合同，赠与人不享有任意撤销权。三是经过公证的赠与。公证具有一定的公信力，一般认为，公证是一个社会公权力的证明过程。因此，经过公证的赠与合同，赠与人也不得任意撤销。

对上述几种赠与合同而言，赠与人不得行使任意撤销权，法律作出此种规定

[①] 例如，最高人民法院《关于适用〈中华人民共和国婚姻法〉若干问题的解释（三）》第6条规定："婚前或者婚姻关系存续期间，当事人约定将一方所有的房产赠与另一方，赠与方在赠与房产变更登记之前撤销赠与，另一方请求判令继续履行的，人民法院可以按照合同法第一百八十六条的规定处理。"这实际上是认为，夫妻之间赠与不动产的，也应依照《合同法》中关于赠与合同的规定进行处理。

[②] 参见魏耀荣等：《中华人民共和国合同法释论（分则）》，130页，北京，中国法制出版社，2000。

[③] 全国人大常委会法工委国家行政法室、中国青少年发展基金会编：《中华人民共和国公益事业捐赠法学习辅导读本》，34页，北京，中国民主法制出版社，2000。

第四节 赠与人的撤销权

的原因在于：（1）对公益赠与而言，其目的主要是用于公益事业。另外，在从事公益赠与时，赠与人有可能已经享有了一些优惠措施（如税收优惠等），也可以通过公益赠与建立起良好的形象，因此，赠与人不应任意撤销合同。（2）对具有道德义务性质的赠与合同而言，由于在此类合同中，当事人之间有着道义上的因素，如果允许赠与人任意撤销，与道义不符。例如，成年子女对父母具有赡养性质的赠与；受害人在放弃损害赔偿请求权后，加害人对受害人道义上补偿性的赠与等，赠与人都有一定的道德义务，不能允许当事人通过随意撤销逃避此种义务。（3）赠与合同经过公证后，其就取得了一定的公信力①，不能任意撤销。在赠与合同订立后，如果当事人对赠与合同进行了公证，则表明当事人已经十分审慎地表达了其赠与意思。因此，对经公证证明的赠与合同，赠与人不得任意撤销。

需要指出的是，依据《合同法》第186条第2款，"具有救灾、扶贫等社会公益、道德义务性质的赠与合同或者经过公证的赠与合同"，不得任意撤销。所谓不得任意撤销，是指在赠与合同订立之后，赠与人应当依据合同规定履行其义务，向受赠人交付赠与财产，并移转赠与财产权利。如果其拒绝交付的，受赠人有权要求其履行。需要指出的是，即使在上述合同中，虽然赠与人不得行使任意撤销权，但赠与人仍然能够行使穷困抗辩权。从文义解释来看，《合同法》第195条规定并未排除在上述赠与合同中赠与人的穷困抗辩权。因此，如果赠与人的经济状况显著恶化，严重影响其生产经营或者家庭生活的，仍然可以不再履行赠与义务。

由于任意撤销权的行使是在赠与财产权利移转之前，因而，任意撤销权的行使一般不存在溯及既往的效力，而只是向将来发生效力。在例外情况下，如果在交付赠与财产之后，赠与财产的权利尚未发生移转，则有可能发生溯及既往的效力。但是赠与合同成立后，受赠人为受领赠与物进行了准备，此时，如果赠与人行使任意撤销权，可能使受赠人遭受一定的损失，受赠人是否有权请求赠与人赔

---

① 《公证法》第36条规定："经公证的民事法律行为、有法律意义的事实和文书，应当作为认定事实的根据，但有相反证据足以推翻该项公证的除外。"

偿该损失？笔者认为，在赠与人行使任意撤销权之后，如果因此给受赠人造成损失（如受赠人为接受赠与而租赁场地、交通、食宿等费用损失），受赠人有权基于缔约过失责任要求赠与人赔偿其所受损失，主要理由在于：由于赠与人的承诺，受赠人产生了合理的信赖，并付出了一定的成本，赠与人事后的撤销破坏了这种信赖，并使得受赠人遭受了一定的经济损失，这种信赖和经济利益在法律上应当加以保护，否则对受赠人将不公平。因此，赠与人行使任意撤销权给受赠人造成损失的，基于公平原则，其也应承担一定的赔偿责任。

三、法定撤销权

（一）法定撤销权的概念

所谓法定撤销权，是指在具备法律规定的事由时，由赠与人或者其他撤销权人享有的依法撤销赠与合同的权利。《合同法》第 192 条规定：赠与人可以因下列情形撤销赠与：(1) 受赠人严重侵害赠与人或赠与人近亲属；(2) 对赠与人有扶养义务而不履行；(3) 不履行合同约定的义务。这就在法律上确认了赠与人的法定撤销权。除此之外，《合同法》第 193 条还规定了赠与人的继承人或者法定代理人的法定撤销权，二者共同构成了赠与合同中赠与人法定撤销权的内容。

《合同法》第 192 条、第 193 条所规定的法定撤销权与任意撤销权具有一定的相似性，从广义上说，任意撤销权也是由法律规定的，因此其属于法定撤销权的一种。两者都赋予了赠与人撤销赠与的权利，但两种撤销权存在明显区别，主要表现在：第一，适用范围不同。任意撤销权适用于一般赠与，而法定撤销权既适用于一般赠与，也可适用于特殊赠与。赠与人在行使法定撤销权时必须符合《合同法》第 192 条、第 193 条的规定。对于《合同法》第 186 条第 2 款所规定的特殊赠与而言，赠与人不享有任意撤销权，但其仍享有法定撤销权，即只要出现了第 192 条规定的三种法定撤销事由，赠与人仍然可以行使撤销权。[①] 第二，

---

① 参见胡康生主编：《中华人民共和国合同法释义》，288 页，北京，法律出版社，1999。

第四节 赠与人的撤销权

适用条件不同。任意撤销权仅适用于赠与财产权利未移转的情况,一旦赠与财产权发生移转,赠与人即无权任意撤销合同。但赠与人一方的法定撤销权则不受此限制。同时,任意撤销权在行使时并不需要符合特定条件,也不需要赠与人指出撤销的原因,但赠与人行使法定撤销权必须符合法律规定的适用条件。第三,受赠人是否承担责任不同。对任意撤销权而言,在赠与撤销之后,受赠人可能有权请求赠与人承担缔约过失责任,但其自身一般无须承担责任。但在法定撤销权的情况下,赠与人一方享有法定撤销权一般是因受赠人的原因导致的,因此,受赠人一般不仅无权请求赠与人赔偿其信赖利益损失,而且由于受赠人通常对法定撤销事由的发生具有故意,因而赠与人在行使法定撤销权之后,受赠人还可能需要对赠与人一方承担其他法律责任。第四,是否具有溯及既往的效力不同。在赠与人行使任意撤销权时,赠与财产的权利尚未发生移转,所以任意撤销权一般不具有溯及既往的效力。当然,在交付赠与财产之后,赠与财产的权利尚未发生移转的情形下,任意撤销权可能具有一定的溯及既往的效力。而在法定撤销权中,因赠与财产已经交付给受赠人且权利已经发生移转,法定撤销权的行使具有溯及既往的效力。

(二)法定撤销的事由

依据《合同法》第192条,法定撤销权行使的具体事由包括以下几种情形:

1. 受赠人严重侵害赠与人或赠与人近亲属。这种行为通常包括如下内容:

第一,受赠人实施了侵权行为。此处所说的受赠人的侵权行为不仅指直接侵害赠与人或赠与人近亲属法益的行为,还包括受赠人在侵害国家利益或者社会法益行为过程中间接或者同时侵害赠与人个人法益的行为。[①] 故此行为通常并非仅受《合同法》调整,同时还受《侵权责任法》等法律调整。

第二,此种侵权行为在程度上是比较严重的。关于如何认定该行为在程度上是否严重,有几种观点:一是故意或犯罪行为。我国台湾地区"民法"认为这应

---

① 参见邱聪智:《债法各论》上,245页,台北,自版,1994。

当是故意的或者是要受到刑罚的行为,《法国民法典》也认为必须是"受赠人对赠与人犯有虐待罪、轻罪或者侮辱罪"①。二是程度说。此种观点认为,侵害行为应当不限于故意或者犯罪,只要结果上造成了严重损害即可。②我国《合同法》没有对此作出明确规定,笔者认为,主要应当从结果的角度判断受赠人行为是否构成严重侵害赠与人或赠与人近亲属的行为。在通常情况下,在造成严重结果的情况下,行为人往往具有主观上的故意,但二者并不完全一致,主观故意并不必然导致严重的损害后果,反之,严重的损害后果也不一定源于故意,此处所说的严重主要是针对行为的客观后果而言的,过错因素并不居于重要地位。例如,因殴打赠与人致赠与人残疾,或在网络上传播侮辱、诽谤的言辞而造成赠与人名誉严重受损。

第三,侵害的对象是赠与人本人或者近亲属。近亲属是指关系密切的亲属或者亲等较近的亲属。按照《民法通则意见》第12条的规定,"近亲属"概念外延包括配偶、父母、子女、兄弟姐妹、祖父母、外祖父母、孙子女、外孙子女。也有学者认为,这里近亲属不仅应依亲等,而且应当考虑与赠与人的感情关系,与赠与人亲等虽然疏淡但关系亲密的主体,也可以视为是此处的"近亲属"③。笔者认为,从立法目的考量,该条规定的目的在于保护与赠与人有密切感情联系的亲属的利益,因此,即使不属《民法通则意见》第12条所规定的近亲属范围,但如果其与赠与人有密切的感情联系,如长期同居等,也可以依具体情形将其认定为此处所说的"近亲属"。

2. 对赠与人有扶养义务而不履行。此处所说的扶养义务是否包括约定的扶养义务?从法律解释的规则来看,如果法律未作出区分则解释时也不作区分,既然此处所说的扶养没有仅仅限定于法定的扶养,则应当包括约定的扶养。④《合同法》第192条所规定的"受赠人对赠与人有扶养义务而不履行"应当是指受赠

---

① 易军:《债法各论》,76页,北京,北京大学出版社,2009。
② 参见胡康生主编:《中华人民共和国合同法释义》,288页,北京,法律出版社,1999。
③ 易军:《债法各论》,76页,北京,北京大学出版社,2009。
④ 参见郑玉波:《民法债编各论》上册,158页,台北,三民书局,1986。

第四节 赠与人的撤销权

人有能力履行而没有对赠与人履行扶养义务。例如,双方约定某青年甲对某老人乙尽到扶养义务,则乙去世后将所有的财产赠与甲,在甲没有尽到扶养义务的情况下,乙有权撤销赠与合同。在受赠人对赠与人负有扶养义务而不履行的情况下,受赠人的行为既严重违反了诚信原则,也违反了其应负的法定义务,赠与人一方应有权撤销合同。

3. 不履行赠与合同约定的义务。此处所说的"不履行赠与合同约定的义务"主要是指违反了附义务的赠与中的义务,在一般赠与中,受赠人并不负有特定的义务。而只有在附义务的赠与中,受赠人在接受赠与后,还需要履行合同约定的义务,如果其不履行此种约定的义务的,赠与人可以撤销赠与。其构成要件是:第一,当事人在赠与中约定了受赠人应当履行一定的义务。例如,当事人在合同中约定受赠人在接受赠与人所赠与的设备时,应当提供一定的配套设施。第二,附义务的赠与已经合法生效。如果附义务赠与所附义务违法,或者显失公平等,该合同则是无效或可撤销的。在此情形,就不存在违反义务的问题。第三,受赠人没有履行赠与合同规定的义务。此处所说的"不履行"是否包括部分履行?值得探讨。笔者认为,"不履行"既包括完全没有履行也包括部分没有履行。当然,如果受赠人已经履行了义务的主要部分,赠与人一方是否有权撤销合同,应当由法官根据案件具体情形酌情考量。但应当指出,虽然《合同法》第 192 条中没有指出"不履行"是否是因受赠人的过错所致,但如果受赠人不履行合同义务不是由于可归责于他本身的事由所导致的,则不能适用本条规定,例如,因为不可抗力导致受赠人不能按照附义务的赠与合同建造有关配套设施,在此情形下,受赠人是没有过错的,赠与人一方不能行使撤销权。[①]

(三) 法定撤销权人

法定撤销权人通常是赠与人,但又不限于赠与人。《合同法》第 193 条第 1 款规定:"因受赠人的违法行为致使赠与人死亡或者丧失民事行为能力的,赠与人的继承人或者法定代理人可以撤销赠与。"该条实际上确立了赠与人以外的其

---

① 参见易军:《债法各论》,77 页,北京,北京大学出版社,2009。

第五章 赠与合同

他主体也有权行使法定的撤销权。具体来说：一是赠与人的继承人，这是指在赠与人已经死亡的情况下，应当由赠与人的继承人行使撤销权。如果赠与人有多个继承人，只要有一位继承人行使了此项权利，即可产生撤销合同的效力。二是赠与人的法定代理人，这主要是指在赠与人丧失行为能力的情况下，撤销赠与的权利可以由其法定代理人行使。但赠与人以外的其他主体行使法定的撤销权的条件较为严格，其构成要件是：

1. 受赠人从事了违法行为。此处所说的违法行为应当如何界定？其是否包括《合同法》第192规定的法定撤销的三类情况？有学者认为，违法一词表述不清，应当解释为一种过错行为。[①] 笔者认为，违法行为在这里应当受到严格的限制，因为依照本条意旨，应只适用于受赠人的行为造成赠与人本人丧失民事行为能力或死亡，并不包括造成赠与人以外的人的人身伤害或者违约行为等。例如，受赠人故意加害赠与人，致使其死亡或伤残，即属于该条所规定的"违法行为"。

2. 受赠人从事的违法行为导致了赠与人死亡或者丧失民事行为能力。具体来说：一是违法行为导致赠与人死亡，即赠与人作为民事权利主体的资格已经消灭。二是违法行为导致赠与人丧失民事行为能力，即赠与人从事民事行为的能力受限或丧失。例如，由于受赠人的殴打行为，致使赠与人脑部受到损害，失去了行为能力，则其法定代理人可以行使撤销权，撤销之前的赠与合同。需要指出的是，赠与人死亡或者丧失民事行为能力与受赠人从事的违法行为之间应具有因果关系。

3. 赠与人的继承人或者法定代理人应当在规定期限内行使撤销权。《合同法》第193条第2款规定："赠与人的继承人或者法定代理人的撤销权，自知道或者应当知道撤销原因之日起六个月内行使。"该条就是关于撤销权的行使期限问题，该期间的性质究竟为何尚有争议，一般认为其是除斥期间，不存在中止、中断或者延长的问题。该期限应当从赠与人的继承人或者法定代理人知道或者应

[①] 参见易军、宁红丽：《合同法分则制度研究》，16页，北京，人民法院出版社，2003。

第四节 赠与人的撤销权

当知道具备撤销条件开始计算,经过6个月而消灭。

在比较法上,一些国家法律规定,即使在受赠人严重侵害赠与人的权益的情况下,赠与人享有"原谅"的权利,如果赠与人明确表示原谅的,则赠与人已在法律上放弃撤销权。但赠与人所作出的原谅的意思必须是明确无误的,而不应仅是赠与人的内心意愿;且原谅行为必须是自愿的、不受到任何胁迫的。[1] 在赠与人原谅之后,如果受赠人再从事此类行为的,或有其他撤销事由的,赠与人仍可以行使撤销权。

(四)法定撤销权行使的效果

在行使法定撤销权以后,将发生溯及既往的效力。在当事人之间,应当恢复原状。[2] 这主要是因为法定撤销权的行使一般是在赠与财产已经交付且权利已经发生移转的情况下发生的。所以,一旦赠与人行使法定撤销权,赠与人有权要求受赠人返还受赠财产,恢复原状。如果赠与财产已经毁损、灭失,赠与人也有权要求赔偿赠与物的价值损失。

四、穷困抗辩权

穷困抗辩权(Einrede des Notbedarfs),是指在赠与合同成立后,因赠与人的经济状况严重恶化,如果继续履行赠与合同将造成赠与人生产经营或家庭生活受到严重的影响,赠与人因此享有拒绝履行赠与义务的权利。[3] 此种抗辩权是情势变更原则在赠与合同中的具体运用。有学者认为,在赠与中,还可以适用情势变更的规则。[4] 也就是说,如果订立赠与合同时的基础或周围情势发生实质变更

---

[1] See Christian von Bar and Eric Clive, *Principles*, *Definitions and Model*, *Rules of European Private Law*, Volume Ⅰ, (Munich: Sellier. European Law Publishers, 2009), pp. 2866-2869.

[2] See Christian von Bar and Eric Clive, *Principles*, *Definitions and Model*, *Rules of European Private Law*, Volume Ⅰ, (Munich: Sellier. European Law Publishers, 2009), p. 2845.

[3] 参见郑玉波:《民法债编各论》上册,162页,台北,三民书局,1986。

[4] See Christian von Bar and Eric Clive, *Principles*, *Definitions and Model*, *Rules of European Private Law*, Volume Ⅰ, (Munich: Sellier. European Law Publishers, 2009), p. 2874.

第五章 赠与合同

的，赠与人可以撤销赠与。笔者认为，除了穷困抗辩权之外，赠与人不应再享有情势变更的撤销权。这主要是因为，在赠与合同中，如果在穷困抗辩权之外，再赋予赠与人情势变更的撤销权，将导致其撤销权的适用范围过于宽泛，不利于保护受赠人的利益。《合同法》第 195 条规定："赠与人的经济状况显著恶化，严重影响其生产经营或者家庭生活的，可以不再履行赠与义务。"该条规定赋予了赠与人穷困抗辩权。法律承认穷困抗辩权的主要原因在于：一方面，赠与合同是无偿的单务合同，受赠人因赠与而纯获利益，在赠与人的经济状况显著恶化的情况下，如果强制赠与人履行赠与合同则会严重影响其生计，不应强迫赠与人继续履行赠与义务，否则可能给赠与人的生活或生产造成重大妨害。在此情形下，应当给予赠与人以反悔的机会，否则无法实现当事人之间利益的均衡。另一方面，由于赠与合同是单务合同，受赠人并未履行某种对待给付义务，因而，即使允许赠与人反悔，也不会给受赠人造成实际损害。从比较法上来看，这种减轻赠与人负责事由、限制赠与人责任范围的规定也符合赠与合同的发展趋势。[①]

在赠与人经济状况恶化的情况下，就如何减轻赠与人的责任，比较法上有两种立法例：一是抗辩权主义，即在赠与人陷于穷困之后，赋予赠与人以抗辩权。这种抗辩权一般被称为穷困抗辩权、紧急需要抗辩权、拒绝赠与抗辩权或者赠与履行拒绝权。德国、俄罗斯和我国台湾地区等采取此种立法例。[②] 二是撤销权主义，即赋予陷于穷困的赠与人以撤销权。瑞士法和西班牙民法采取这种立法例。《欧洲示范民法典草案》也采纳了此种观点。[③] 我国《合同法》第 195 条规定的"可以不再履行赠与义务"实际上是赋予赠与人一种抗辩权，即允许赠与人反悔而不再履行赠与义务，即使拒绝履行也不因此而承担违约责任。从法律上看，即便是赠与人出现了上述情况，但如果赠与人自愿履行，法律上仍然予以认可。但在赠与人的经济状况显著恶化的情况下，只有在受赠人请求赠与人履行之后，赠

[①] See Christian von Bar and Eric Clive, *Principles, Definitions and Model, Rules of European Private Law*, Volume Ⅳ, (Munich: Sellier. European Law Publishers, 2009), p. 2821.

[②] 参见易军：《债法各论》，86 页，北京，北京大学出版社，2009。

[③] See Christian von Bar and Eric Clive, *Principles, Definitions and Model, Rules of European Private Law*, Volume Ⅰ, (Munich: Sellier. European Law Publishers, 2009), p. 2872.

第四节 赠与人的撤销权

与人才可以行使抗辩权。如果受赠人没有要求赠与人履行，则赠与人没有行使此种权利的必要。当对方当事人请求赠与人履行给付时，经济状况严重恶化的赠与人可以依法对抗对方的请求权。可见，我国采取的是抗辩权主义的立法例。

穷困抗辩权的构成要件是：第一，赠与合同已经成立，但赠与财产的权利尚未完全移转。《合同法》第195条规定的"可以不再履行赠与义务"，从文义解释来看，此项抗辩权应当在赠与物的权利移转前行使。如果赠与人已经交付了赠与物，或已经移转了赠与财产的权利，则赠与行为已经完成，赠与人也就无法反悔自己的行为，否则会严重影响到受赠人的生产生活，也不利于社会财产关系的稳定。[1] 第二，赠与人的经济状况显著恶化。所谓显著恶化，是指在赠与合同成立之后，赠与人的经济状况出现明显恶化的状态。例如，因为经营不善导致负债明显增多等。如果是轻微的经济状况的变化（如某月工资中奖金有所减少），则不属于显著恶化。此处所说的显著恶化应当仅限于经济状况，而非社会状况、健康状况等其他方面的内容。经济状况出现恶化的时间，必须发生在赠与合同成立之后，此时才能够满足情势变更原则适用的前提条件。在赠与合同成立之前赠与人已经无力捐赠，却仍然作出捐赠的表示，就表明赠与人主观上缺乏诚意[2]，此时仍然允许赠与人援引穷困抗辩权，将违反诚信原则，甚至可能引发道德风险。第三，经济状况显著恶化达到严重影响其生产经营或者家庭生活的程度。所谓严重影响，就是指因为经济状况的恶化导致生活状况急剧下降，或者导致生产活动难以进行。如果赠与人经济情况并未达到严重恶化的程度，其就不能主张穷困抗辩权。此处所说的"影响生产经营"，主要是针对赠与人是企业或者个体经营者的情况，赠与人必须将财产投入正常的生产经营中才能够正常继续经营，如果强制要求赠与人继续履行赠与义务，将对其生产经营活动产生重大影响，此时法律应当允许赠与人提出抗辩。[3] 而"影响家庭生活"主要指因赠与人的经济状况严重恶化，导致其家庭开支严重拮据。如果强制要求赠与人继续履行赠与义务，将会

---

[1] 参见胡康生主编：《中华人民共和国合同法释义》，292页，北京，法律出版社，1999。
[2] 参见胡康生主编：《中华人民共和国合同法释义》，291页，北京，法律出版社，1999。
[3] 参见易军：《债法各论》，87页，北京，北京大学出版社，2009。

对其正常的家庭生活产生重大影响。第四，受赠人已经要求赠与人履行赠与义务。由于此权利为抗辩权，所以赠与人并不能够主动提起这种抗辩，而只能在受赠人请求履行时，以抗辩的形式行使此项权利。

需要指出的是，赠与人在主张穷困抗辩权时，并非解除赠与合同，如果赠与人行使抗辩权仅导致其不履行部分赠与义务，而其事后又因经济状况改善等原因而恢复了经济能力的，则应当继续履行其赠与义务。[1]

五、撤销的效果

《合同法》第194条规定："撤销权人撤销赠与的，可以向受赠人要求返还赠与的财产。"该条规定了撤销权行使的效果。撤销权是一种形成权，一经行使就发生效力，将导致赠与合同消灭。如果财产已经交付，因为赠与法律关系已经消灭，当事人双方就具有恢复原状的义务，赠与人有权针对受赠人行使物权返还请求权，主张赠与物的返还。需要指出的是，在撤销赠与时，如果赠与的财产已经毁损、灭失的，受赠人是否应负有赔偿义务？笔者认为，该条所规定的返还仅限于现有财产的返还，即便赠与人撤销赠与，也不能要求受赠人对赠与财产的毁损、灭失承担赔偿责任。至于受赠人是否构成侵权并承担侵权责任，则应适用其他法律的具体规定。

但是，《合同法》第194条是否仅适用于法定撤销还是也可适用于任意撤销？笔者认为，依据《合同法》第186条的规定，任意撤销权行使的前提是，赠与人赠与财产的权利尚未移转给受赠人，既然赠与物权利尚未移转，自然不存在返还原物、恢复原状的问题，故该条不适用于任意撤销权的情形。因此，该条仅适用于法定撤销，但这不意味着其适用于所有的法定撤销的情形，本条应仅适用于赠与财产权利已经转移的法定撤销的情形。由于法定撤销既可以适用于一般赠与，也可以适用于特殊赠与，因而，对于《合同法》第186条第2款规定的有关具有

---

[1] See Christian von Bar and Eric Clive, *Principles, Definitions and Model, Rules of European Private Law*, Volume I, (Munich: Sellier. European Law Publishers, 2009), p. 2872.

救灾、扶贫等社会公益、道德义务性质的赠与合同或者经过公证的赠与合同,也可以适用法定撤销。在撤销之后,赠与人可以向受赠人要求返还赠与的财产。

六、撤销权的行使期限

《合同法》第192条第2款规定:"赠与人的撤销权,自知道或者应当知道撤销原因之日起一年内行使。"关于该期限的性质如何,学界存在两种观点:一种观点认为该期限属于除斥期间,另一种观点认为此期限为诉讼时效期间。笔者认为,由于诉讼时效主要适用于请求权,而撤销权属于形成权,因而该期限属于除斥期间,该期间一旦开始计算就不产生中止、中断、延长的效果,期限届满则撤销权归于消灭。

第五节　特殊赠与

一、捐赠

所谓捐赠,是指自然人、法人或者其他组织自愿无偿向依法成立的公益性社会团体和公益性非营利的事业单位捐赠财产,并用于公益事业的行为。[①] 捐赠与募捐具有相似性,都可能是向不特定的人公开募集财物,以救助弱者或发展某种社会公益事业的活动。但捐赠与募捐不同,一方面,募捐是有关组织者向社会不特定的人公开募集款物,募捐在性质上应当属于特殊形态的普通赠与行为。[②] 而捐赠强调的是捐赠人自愿赠与自己的财物。另一方面,募捐是以第三人为发起人,发起人并非受赠人,其只是依捐赠协议接受、管理捐赠财产,并将捐赠财产

[①] 参见《公益事业捐赠法》第2条。
[②] 参见邹正荣:《赠与合同问题研究》,载《淮阴师范学院学报》,1998(4)。

依约定用于特定目的，或移转于受赠人或受益人。① 而在捐赠中，不需要由第三人发起，而是由捐赠人自发地进行财物捐赠行为。

与一般赠与相比较，捐赠的法律特征主要表现在：

第一，公益性。所谓公益性，是指捐赠的财产主要用于公益事业。依据《公益事业捐赠法》第3条，公益事业包括：一是救助灾害、救济贫困、扶助残疾人等困难的社会群体和个人的活动；二是教育、科学、文化、卫生、体育事业；三是环境保护、社会公共设施建设；四是促进社会发展和进步的其他社会公共和福利事业。但在一般的赠与中，赠与的财产可以用于多种用途，并不仅限于公益性的用途。

第二，赠与目的的特定性。在一般赠与合同中，赠与的目的可能是多种多样的，但是捐赠中，赠与的目的往往是特定的，而且捐赠人正是基于该特殊的目的而从事捐赠行为。《公益事业捐赠法》第13条规定："捐赠人捐赠财产兴建公益事业工程项目，应当与受赠人订立捐赠协议，对工程项目的资金、建设、管理和使用作出约定。"这就表明，捐赠的财产应用于特定用途。在捐赠中，受赠人与捐赠人订立了捐赠协议的，应当按照协议约定的用途使用捐赠财产，不得擅自改变捐赠财产的用途。如果确需改变用途的，应当征得捐赠人的同意。但一般赠与的目的则不具有上述特定性，受赠财产的用途通常并未被限定，可以由受赠人自己决定，也可以由当事人进行约定。

第三，捐赠财产的管理更为严格。依据《公益事业捐赠法》的规定，捐赠人有权向受赠人查询捐赠财产的使用、管理情况，并提出意见和建议。对于捐赠人的查询，受赠人应当如实答复。受赠人应当公开接受捐赠的情况和受赠财产的使用、管理情况，接受社会监督。而在一般的赠与中，受赠人可以依自己的意思自由地决定受赠财产的用途，通常并不负有向赠与人披露受赠财产使用目的和使用情况的义务。

第四，法律上对捐赠物的权属有明确的要求。《公益事业捐赠法》第9条规

---

① 参见马俊驹、余延满：《民法原论》，3版，658页，北京，法律出版社，2007。

定:"自然人、法人或者其他组织可以选择符合其捐赠意愿的公益性社会团体和公益性非营利的事业单位进行捐赠。捐赠的财产应当是其有权处分的合法财产。"也就是说,公益捐赠中,捐赠人在捐赠时必须对捐赠物享有处分权,否则可能导致捐赠行为无效,捐赠的财产也可能被追回。但在一般赠与中,如果赠与人对赠与财产不享有处分权,则依据《合同法》第51条的规定,该赠与合同属于效力待定的合同。

第五,一般不能任意撤销。对于一般的赠与合同,在赠与物权利转移之前,赠与人可以任意撤销赠与。但是对于捐赠而言,因为捐赠的公益性,捐赠人不得任意撤销捐赠,赠与人只有在符合《合同法》第192条规定的条件时才可以主张法定撤销。

二、附义务的赠与

(一)附义务的赠与的概念和特征

所谓附义务的赠与,是指以受赠人履行一定的义务为条件的赠与,即受赠人接受赠与后负担一定义务的赠与。《合同法》第190条规定:"赠与可以附义务。赠与附义务的,受赠人应当按照约定履行义务。"这就对附义务的赠与作出了规定。附义务的赠与并不是通过独立的合同附加义务,而是当事人在赠与合同中对所附义务作出约定。附义务的赠与不是赠与合同的典型形态,而是一种特殊的赠与合同。

附义务的赠与的法律特征主要表现在:

1. 受赠人依据合同应负有一定的履行义务。在一般的赠与中,受赠人仅享有取得赠与物的权利,并不承担与此相对应的对待给付义务。在附义务的赠与中,虽然受赠人也负有一定的义务,但该义务与赠与人的义务之间并不构成对待给付,因此,附义务的赠与在性质上仍属于单务合同。然而,与一般赠与不同的是,在此种赠与中,赠与人负有将赠与物交付给受赠人的义务,而受赠人应当按照约定负担某种义务。附义务的赠与中的义务并不源于法律规定,而完全是由当

第五章 赠与合同

事人在合同中约定的。此种义务既可能是受赠人向赠与人为一定行为，也可能是受赠人向第三人作出某种履行。义务的设定既可能是为了第三人的利益，也可能是为了受赠人自身的利益，还可能是为了某种社会公共利益。

受赠人应当按照约定履行义务，此种义务是否应当是一种先履行义务？有学者对此持肯定态度，认为受赠人按照约定履行义务将构成赠与合同生效所附条件，而非附义务。[①] 笔者认为，此种义务一般情形下并不是先履行义务，但如果当事人约定受赠人应当履行某种义务的，也可以认为此种义务的履行为先履行义务（例如，当事人约定为赠与物制作配套的设施等）。

2. 在附义务的赠与中，赠与人负有瑕疵担保义务。在一般的赠与中，赠与的财产有瑕疵的，赠与人也不承担瑕疵担保义务。但是在附义务的赠与中，赠与人在附义务的限度内承担与出卖人相同的瑕疵担保义务。附义务的赠与中，其所附的义务并不是作为赠与的对价而存在的，即所附义务不能大于或等于受赠人所获得的利益，通常是低于赠与财产的价值。[②] 因而，即使赠与人违反了瑕疵担保义务，赠与人也仅是在附义务的限度内承担与出卖人相同的违约责任。

3. 在法定撤销权的发生事由上，附义务的赠与具有特殊性。《合同法》第192条规定了法定撤销权的三种事由，第三种事由"不履行赠与合同约定的义务"即赋予附义务赠与中赠与人以法定撤销权。如果受赠人没有履行赠与合同所附的义务，则赠与人有权撤销赠与合同。[③]

附义务的赠与和附生效条件的赠与并不相同。所谓附生效条件的赠与，是指当事人在合同中约定一定的条件，以该条件的成就作为赠与合同生效的条件。例如，父母和某成年儿子约定，父母赠与其子一套住宅，条件是其必须和某女子结婚。其目的就是希望通过赠与住宅的方式，实现其子与该女结婚的目的。附义务的赠与和附生效条件的赠与的区别主要表现在：第一，附条件赠与中通常要求受赠人先履行一定的义务或者说完成一定的条件，条件成就，赠与合同方可生效；

---

① 参见邱聪智：《债法各论》上，314页，台北，自版，1994。
② 参见魏耀荣等：《中华人民共和国合同法释论（分则）》，142页，北京，中国法制出版社，2000。
③ 参见奚晓明主编：《合同法讲座》，332页，北京，中国政法大学出版社，2001。

第五节 特殊赠与

而附义务的赠与中,通常是赠与人先完成赠与,而受赠人在后履行义务。第二,在附条件的赠与中,条件不一定是以义务的形式出现的,其也可能是以一定的事件的发生为条件;而附义务赠与中所附的必须是受赠人的义务。第三,在附义务的赠与中,如果受赠人没有履行义务,赠与人有权请求受赠人继续履行,如果受赠人仍不履行,其有权撤销赠与合同,或者拒绝交付赠与财产。而在附条件的赠与中,如果条件没有成就,合同根本就没有生效,自然不能强求赠与人履行义务。

(二) 附义务的赠与的性质

虽然在附义务的赠与中,受赠人要履行一定的义务,但此种赠与合同仍然是单务、无偿的合同。因为受赠人所负担的义务并不与赠与人所承担的义务之间构成对待给付关系。否则,其在性质上就可能转化为其他类型的双务合同,而不再是赠与合同。一般来说,附义务的赠与所附的义务是有限度的,即使这种义务能够以金钱来计算,它也通常要低于赠与财产的价值,受赠人只是在赠与财产的价值限度内负担履行义务。如果所负的义务超出赠与财产的价值,将使受赠人承受不利的后果。另外,附义务的赠与合同所附的义务,在性质上大多是对受赠人使用赠与物的一种限制。[1] 这种义务一般应当是向第三人履行或向不特定的多数人履行,或实施某种对社会有益的行为等,而不应当是向赠与人作出履行,否则,在性质上将不再是赠与合同,而成为双务、有偿的合同。例如,如果双方当事人在合同中约定,赠与人向受赠人每月赠与1 000元,但受赠人应当帮助赠与人看管其房屋和仓库。此种合同从表面上看是一种赠与,但实质上是一种劳务合同。赠与人向受赠人交付的1 000元不过是劳务的对价。即使对价较低,也只是涉及是否显失公平的问题,但不改变该合同双务、有偿的性质。

在附义务的赠与中,虽然受赠人要履行一定的义务,但该义务与赠与人的赠与义务不构成对待给付。附义务赠与中所附义务与双务合同中的对待给付的区别主要表现在:第一,对待给付是指合同当事人之间相互负有一定的给付义务,在

---

[1] 参见王柏等:《赠与合同 供用电、水、气、热力合同》,14页,北京,人民法院出版社,2001。

当事人之间形成"你与则我与，你不与则我亦不与"的相互依赖的对待给付关系；而在附义务的赠与中，受赠人所附的义务并不对赠与人履行，赠与人并非受赠人履行义务的受领人。实践中，该义务的履行可能是为了保障赠与的顺利完成。例如，赠与人赠与某物，但是需要受赠人提供某种条件，以便赠与物能够正常发挥作用。再如，某人赠与一笔财产给某学校，但要求学校提供场地和配套资金。在这种情况下，虽然受赠人具有一定的负担，但这种负担的履行并非向赠与人作出给付，而是为了使赠与物正常发挥作用。第二，双务合同中的对待给付，就意味着一方当事人能够因对方的对待给付而获得一定的利益，故而双务合同通常为有偿合同。而附义务赠与中，受赠人履行义务并未给赠与人带来直接的利益。例如，父母希望孩子学习成绩优异，便约定如果考试得了满分，就带孩子去海南旅游。此种义务虽然可以给父母带来精神上的满足，但履行该义务所带来的利益仍然归属于孩子，父母获得的只不过是一种心理满足而已。第三，从价值上判断，负担的价值远远低于赠与财产的价值，而对待给付的价值应当与赠与基本相当。[①] 如果负担从价值上已经达到对待给付的程度，就可以认为此类合同已经丧失了无偿性，从而在性质上不应当属于赠与。[②] 第四，是否存在双务合同履行中的抗辩权不同。在双务合同中，一方当事人不履行其义务，对方当事人可以援引双务合同履行中的抗辩权，拒绝作出对待给付；而对附义务的赠与合同而言，其在性质上仍属于单务合同，虽然在受赠人不履行所附义务的情形下，赠与人可以撤销合同或者拒绝转移赠与财产，但赠与人无权援引双务合同履行中的抗辩权。

（三）附义务的赠与中的撤销权

如前所述，赠与合同中的撤销权分为任意撤销权和法定撤销权。从我国《合同法》规定来看，在附义务赠与中，赠与人仍享有任意撤销权。因为一方面，附义务赠与仍然是一种单务、无偿的合同，由其享有任意撤销权符合赠与的性质。另一方面，从文义解释来看，依据《合同法》第186条，仅仅在具有救灾、扶贫

[①②] 参见黄立：《民法债编各论》下册，178页，北京，中国政法大学出版社，2003。

第五节 特殊赠与

等社会公益、道德义务性质的赠与合同或者经过公证的赠与合同中,赠与人不享有任意撤销权,其并没有否定附义务的赠与中赠与人的任意撤销权。

但是在附义务赠与中,赠与人所享有的法定撤销权与一般赠与是不同的。即除了一般赠与中的法定撤销事由外,依据《合同法》第192条,在受赠人不履行赠与合同约定的义务时,赠与人也享有法定撤销权,这有利于督促受赠人履行合同约定的义务。

第六章

借款合同

第一节 借款合同概述

一、借款合同的概念和特征

《合同法》第196条规定:"借款合同是借款人向贷款人借款,到期返还借款并支付利息的合同。"据此,我国合同法中的借款合同,是指借款人将一定数量的货币转移给贷款人,贷款人应当在约定的期限内返还同等数额的货币的协议。在借款合同中,交付金钱的一方称为贷款人,接受金钱的一方称为借款人。合同双方所履行的权利义务都是以金钱数额的形式体现的。[①]

借款合同是最古老的合同形式之一,中国古代通常将借款称为债。《正字通说》所谓"责,逋财也",就是指欠人财物,即债务。《周礼·天官·小宰》云:"听称责以傅别。"一般认为,"称责"是指借贷债务。凡有借贷债务纠纷的,根

[①] 参见奚晓明主编:《合同法讲座》,398页,北京,中国政法大学出版社,2001。

第一节 借款合同概述

据契约借券来判断。① 在古代罗马法中，借贷合同是典型的有名合同，近代各国民法都普遍将借贷合同作为一种有名合同在合同立法中予以规定。从大陆法系的规定看，大多区分了所谓的使用借贷和消费借贷。所谓使用借贷，指借方在合同到期后必须归还所借的标的物；所谓消费借贷（loan for consumption），指标的物是可消耗物，借方取得标的物的所有权，并承担其灭失的风险，在合同到期后，需归还同种类、同品质、同数量的标的物。② 由此可见，消费借贷的对象不仅包括一般的种类物，还包括金钱这种特殊的物，而且消费借贷以支付报酬为原则。消费借贷只能以消费物为标的物，而使用借贷只能以不可消费物为标的物。消费借贷包括了实物和金钱的借贷，因此，在消费借贷概念下，可以分为一般消费借贷和借款，如果消费借贷的对象是金钱，则消费借贷的特征就和借款合同一致，此时消费借贷也就表现为借款合同。从我国《合同法》的规定看，仅规定了借款合同，而没有规定使用借贷和一般消费借贷。所以，从这个意义上说，消费借贷是借款合同的上位概念。我国《合同法》第十二章所规定的借款合同，仅是消费借贷的一种类型。

借款合同的法律特征在于：

1. 标的物的特殊性

借款合同的标的物是金钱，而非具体的实物，因此，借款合同不同于实物借贷（借用）合同（如将自己的小轿车借给他人）。在借款合同中，当事人所转移的是货币的占有、使用、收益、处分权，即所有权。而在实物借贷合同中，借用人所取得的只是实物的使用、收益等权利，而非实物的所有权，其所有权仍然归出借人所有。借款合同也不同于一般消费借贷合同，因为借款合同的标的物只能是金钱，而消费借贷的对象除了金钱还包括其他的种类物，一些日常生活用品，如鸡蛋、牛奶等，均可成为消费借贷的标的物。当然，一般消费借贷的标的物是可消费物。所谓消费物，是指依通常的用途，只能将物耗损、转让才能使用的物，如米面、煤炭等。货币虽然在性质上不能实际消费，但一旦使用就必须转

---

① 参见林尹：《周礼今注今译》，22页，北京，书目文献出版社，1985。
② 参见郑玉波：《民法债编各论》上册，311页，台北，三民书局，1986。

让，实际发生消费的结果，所以也被认为是消费物。① 当然，金钱与一般的可消费物仍存在区别。

2. 移转货币所有权

因为借款合同的标的物是货币，所以当事人之间的权利义务关系具有特殊性，这是由货币的本质特征所决定的。从经济上看，货币是一种种类物，但相比较其他的种类物，货币仍有其特殊之处。货币具有交付即移转所有权的特性，即只要一方当事人将货币交付给另一方当事人，无论交付的原因如何，货币的所有权都即刻移转，此即货币的"占有即所有"规则。因此，在借款合同中，贷款人将货币交付给借款人，则货币的所有权也随之移转给借款人。一些学者认为，借款合同中转移的仅是货币的处分权。② 笔者认为，此种观点值得商榷，因为如果只是移转处分权，则所有权将失去处分权能。而一旦失去处分权能，所有权就会空壳化，因为处分权能是所有权最为核心的权能。而且在借款合同中，当事人所移转的不仅是货币的处分权能，一旦货币交付完毕，则借款人享有对货币的占有、使用、收益和处分权。因此，借款合同是货币完整的所有权的移转，而非仅仅移转处分权能。实践中，一旦借款合同生效，除非合同特别约定，就要由借款人占有并自主使用货币。由于货币的处分权转移给了借款人，借款人可以在法定范围内使用货币以获得收益③，而且有权对货币进行处分，在返还时只需要返还相同种类、数量的货币即可，而不必返还原物。与此同时，作为种类物的货币灭失的风险一并转移给了借款人。④ 因而，在借款合同中，当事人所移转的是借贷物（即货币）的所有权。这一点也是借款合同与租赁合同、使用借贷合同的区别。在租赁或使用借贷合同中，承租人或借用人并不取得租赁物或借用物的所有权，其需要在合同期限届满之后返还原物。

---

① 参见史尚宽：《民法总论》，253页，北京，中国政法大学出版社，2000。
② 参见江平主编：《中华人民共和国合同法精解》，158页，北京，中国政法大学出版社，1999。
③ 参见刘定华等：《借款合同三论》，载《中国法学》，2000（6）。
④ See Christian von Bar and Eric Clive, *Principles, Definitions and Model, Rules of European Private Law*, Volume Ⅲ, Munich: Sellier. European Law Publishers, 2009, p.2461.

3. 主体的特殊性

在借款合同中，通常对借款人并无特殊的要求，但贷款人则具有特殊性。贷款方包括自然人和特定的金融机构。实践中，大量的借款业务都是由特定的金融机构所从事的，而金融机构自身通常具有特殊性，其设立、运营和监管等事项都要适用国家制定的特殊规则，通常是依据法定程序所设立的、具有经营存贷款业务的金融机构。金融机构借贷是借贷合同的典型形式，虽然自然人间也能够互相借款，但是自然人借款适用的规则与金融机构借款有所不同，且并非借款合同的典型形式。从这一意义上说，借款合同的主体具有特殊性。

4. 原则上具有要式性

《合同法》第 197 条规定："借款合同采用书面形式，但自然人之间借款另有约定的除外。"据此，借款合同原则上应当采取书面的形式，但就自然人之间的借款合同而言，法律虽然提倡采用书面形式，但并没有要求其必须采用书面形式。从比较法上看，一些国家如葡萄牙、波兰，对于达到一定数额的借款合同，规定了公证、书面合同等形式要件，只有满足了法定形式要件，借款合同才有效。[①] 我国《合同法》从维护金融安全和秩序，以及有利于金融监管等角度出发，明确规定除自然人之间的借款合同外，原则上应采取书面形式，因此，银行贷款合同属于要式合同。

5. 原则上具有诺成性

借款合同究竟是实践合同还是诺成合同，值得探讨。从比较法来看，绝大多数国家都认为借款合同具有诺成性。例如，《德国商法典》第 488 条和第 607 条等规定，借款合同于当事人之间就借款事项达成一致时成立。但也有少数国家（例如，法国、意大利、比利时等）的主流学说和司法实践将借款合同界定为实践合同。我国《合同法》第 196 条规定："借款合同是借款人向贷款人借款，到期返还借款并支付利息的合同。"可见，借款合同原则上具有诺成性，只要当事人就借款的主要内容达成一致即可，而并没有将货币的实际交付作为合同的成立

---

① 参见《波兰商法典》第 720 条 §1.

条件。之所以将金融机构贷款合同视为诺成合同,原因在于:第一,从文义解释来看,该条并没有规定借款合同自贷款人向借款人提供借款时生效;而且从体系解释来看,诺成合同是合同的一般情形,实践合同是例外情形,如果法律要求借款合同具有实践性,通常会就此作出特殊规定。例如,《合同法》第210条规定:"自然人之间的借款合同,自贷款人提供借款时生效。"依据《合同法》和《民间借贷司法解释》的规定,除自然人之间的借款合同外,其他借款合同均为诺成合同。第二,金融机构贷款标的额通常比较大,合同的订立手续也比较复杂,将金融机构参与的借款合同界定为诺成合同有利于保护双方当事人的利益,也有利于确定当事人相互之间的权利义务关系。在合同订立之后,当事人双方就要依照合同的约定履行一定的义务,如果贷款人到期不贷出款项,则法律会强制其履行义务。此外,此类借款合同从订立到贷款人发放款项之间,往往会有一定的时间差距,如果合同在此期间无法生效,也无助于实现当事人的合理期待。第三,这种借款合同常常设有担保,担保合同作为从合同,其以主合同的生效作为前提,如果主合同必须以借出款项为前提,则担保合同就会迟迟无法生效,这也会影响担保关系中当事人之间的权利义务关系。因此,此类合同属于诺成合同,一旦达成协议,当事人就应当按照协议实际履行,任何一方违反合同都需要承担违约责任。

应当看到,依据《合同法》第210条的规定,自然人之间的借款合同是实践合同。因为自然人之间的借款合同往往数额有限,内容也非常简单,而且借款人和贷款人之间往往具有某些特别的关系(如亲戚、同事、朋友等关系),另外,自然人之间的借款合同也不存在金融机构借贷中的复杂手续和担保等程序,因此,自然人之间的借款合同可以将贷款人实际提供借款作为生效条件。同时,由于自然人通常并不是专业机构,赋予自然人借款以实践性可以给贷款人提供一定的思考时间,在实际提供借款之前,贷款人也可以有反悔的机会。需要指出的是,由于金融机构贷款是借款合同的典型形态,而自然人之间的借款是非典型形态,因而借款合同原则上具有诺成性。

6. 原则上具有双务性、有偿性

关于借款合同是单务合同还是双务合同?从比较法来看,绝大多数大陆法国

第一节 借款合同概述

家都将借款合同当做双务合同和有偿合同,贷款方负有提供借款的义务,而借款方负有返还借款并支付利息的义务。普通法国家也采纳此种观点。[1] 在我国,《合同法》第 196 条规定:"借款合同是借款人向贷款人借款,到期返还借款并支付利息的合同。"据此可见,在金融结构借贷合同中,贷款人负有提供借款的义务,同时享有收取利息的权利;而借款人获得借款的同时,负有到期向贷款人返还本金并支付利息的义务,双方之间所负担的义务形成对待给付关系,所以借款合同原则上具有双务性。即使当事人在借款合同中没有约定利息的,除了法律有特别规定的情形之外,借款人仍应按照中国人民银行关于贷款利息的相关规定支付利息。所以,借款合同原则上应是双务、有偿合同。但是对于自然人之间的借款合同,依据《合同法》第 211 条,"自然人之间的借款合同对支付利息没有约定或者约定不明确的,视为不支付利息。自然人之间的借款合同约定支付利息的,借款的利率不得违反国家有关限制借款利率的规定"。据此,自然人之间如果未就借款利息作出约定的,则视为不支付利息。因此,自然人之间的借款合同原则上具有单务性、无偿性。

二、关于借款合同在民法中的立法体例

关于借款合同在民法中的立法体例,比较法上主要有两种不同的做法:一是借款合同纳入消费借贷的模式。此种模式以德国法为代表,其区分了使用借贷和消费借贷,金钱借款合同被规定在消费借贷之中。根据《德国民法典》第 488 条第 1 项的规定,在货币借贷合同中,贷方有义务交付给借方约定数额的货币,而借方有义务在到期后归还所借货币及利息。借款合同包括各种信贷合同。受《德国民法典》的影响,许多大陆法国家和地区都将借款合同纳入消费借贷之中加以规范。二是借款合同独立于消费借贷的模式,此种模式以法国为代表。《法国商法典》中规定了三种借贷合同,即使用借贷、消费借贷和货币借贷。根据《法国

---

[1] See Christian von Bar and Eric Clive, *Principles, Definitions and Model Rules of European Private Law*, Volume Ⅲ, (Munich: Sellier. European Law Publishers, 2009), p. 2461.

民法典》第1893条的规定，使用借贷和消费借贷一般都是无偿的，而货币借贷是有偿的，在货币借贷合同中必须写明利息支付问题。应当看到，在法律上区分使用借贷和消费借贷还是有意义的。在使用借贷的情况下，债权人享有原物返还请求权，但是在消费借贷的情况下，债权人就不享有此项权利。此外，物的使用借贷通常是无偿合同，而消费借贷通常是有偿合同。[1]

上述两种立法模式都不无道理，但我国《合同法》并没有采取上述立法体例，主要原因在于：一方面，我国《合同法》并没有采取消费借贷的概念，因为消费借贷主要是在自然人之间发生的，产生争议的情形较少，所以立法者认为没有规范的必要。另一方面，考虑到金融机构借贷具有特殊性，所以我国《合同法》以此种借贷形态进行原则性规定，而非泛泛地规定一般的借款合同。笔者认为，区分使用借贷和消费借贷虽然有其意义，但这种区分对于实务并没有十分重要的意义。在消费借贷中，对于货币以外的其他种类物的借贷，其规则类似于借款，其对象是种类物，在返还的时候都是替代物，通常可以参照借款合同的规定适用。而使用借贷则可以类推适用租赁合同中关于标的物的相关权利义务规则。因此，即便我国立法没有明确规定使用借贷和消费借贷，也不影响实践中对相关纠纷的处理。

我国《合同法》第十二章关于借款合同的规定具有自身的特殊性，表现在：第一，该章是以商事合同（即金融机构借贷）为基础而形成的，体现了我国合同法民商合一的特点。第二，该章以金融结构借贷为一般形态，以自然人借款为例外情形，从而设计法律规则。采纳这一模式的原因主要在于：一方面，从我国的金融体系来看，银行和其他金融机构是贷款的主要主体。合法的融资主要是从银行和其他金融机构那里获得资金，这也符合我国金融管控的需要。因而我国合同法主要规定借款合同，而没有像大陆法国家那样采纳更宽泛的消费借贷的概念，这也符合我国金融体制的现状。另一方面，它有利于规范金融秩序。因为银行被纳入整个国家的监管体系之中，为了维护国家的金融秩序，有必要对利率、期限

---

[1] 参见陈卫佐：《德国民法典》，3版，227页，北京，法律出版社，2010。

第一节 借款合同概述

等内容加以规范。因此，规定银行借贷合同，有助于规范银行贷款的行为。第三，该章对于金融机构借贷的相关规定，都体现了国家对此类借款合同的干预，而并非简单地将其交由当事人任意约定，其主要表现在：借款的利息不得预先从本金中扣除（《合同法》（下同）第 200 条）、贷款人有权检查和监督借款的使用情况（第 202 条）、借款利率应按照中国人民银行规定的贷款利率上下限确定（第 204 条）、借款的利率不得违反国家有关限制借款利率的规定（第 211 条）等。法律作出此类规定有利于维护金融安全和金融秩序，有利于确定和保护当事人的合法利益。

三、借款合同和相关合同的区别

（一）借款合同与买卖合同

对借款合同而言，其虽然移转的是货币的占有，但由于货币是特殊的种类物，移转货币的占有就相当于移转了货币的所有权，因而借款合同与买卖合同一样，二者都需要移转标的物的所有权，而且二者都存在货币交付这一过程。此外，在特殊情况下，外汇也可以成为买卖的标的。因此，这两种合同具有一定的相似性，但二者存在明显区别，主要表现在：

第一，主体不同。法律一般不限制买卖合同的主体，无论是自然人还是企业，都可以依法从事买卖活动。但在借款合同中，其主体一般具有特殊性。因为金融机构借贷是借款合同的典型形态，所以法律通常会对作为借款合同一方当事人的金融机构作出严格的规定和限制。此外，尽管借款也可在自然人之间发生，但是按照相关法律规定，企业只能向银行等金融机构进行借贷，企业间相互拆借的行为是无效的。

第二，标的物不同。买卖合同的标的物主要是一般的动产和不动产，而借款合同的标的物则是货币。在借款合同中，贷款人是将一定数额的金钱出借给借款人，借款人分期偿还或在贷款期间届满时偿还全部借款。

第三，是否存在利息的约定不同。在买卖合同中，出卖人须交付标的物并移

第六章 借款合同

转物的所有权，而由买受人支付价款。一般而言，即使买受人提前交付价款，或者采用分期付款的方式支付价款，出卖人也不应向其支付利息[1]，所以买卖合同中不存在有关利息的约定。而在借款合同中，一方交付一定数额的货币，而另一方需要在约定的时间内偿还本金，并支付一定数额的利息。

第四，是否存在瑕疵担保义务不同。在买卖合同中，出卖人要对买受人承担瑕疵担保义务，包括物的瑕疵担保义务和权利瑕疵担保义务，以确保其所出卖的物在品质和数量上符合合同约定，同时保障出卖人所交付的标的物在权利上是清洁的、无瑕疵的。而在借款合同中，由于货币是高度流通物，货币所有权随占有的移转而发生移转，即便贷款人与第三人之间发生金钱往来的纠纷，但其一旦将货币出借给借款人，借款人即取得该笔款项的所有权。一般而言，在借款合同中，贷款人并不负有权利瑕疵担保义务和物的瑕疵担保义务。

第五，债务人的义务不同。在借款合同中，借款人的主要义务是返还借款，并支付利息；而在买卖合同中，买受人的主要义务则是支付价款。借款人返还借款是要归还贷款人所提供的货币，而买受人所支付的价款则是支付买卖标的物的对价。

（二）借款合同和借用合同

借用合同是指出借人将借用物交给借用人无偿使用，借用人在规定的期限内返还原物的协议。传统民法理论区分了使用借贷和消费借贷，借用即为使用借贷（loan for use），是指"当事人约定，一方以物无偿贷与他方使用，他方于使用后，返还其物的契约"[2]。而消费借贷的标的物是种类物，其中也包括金钱，借用人在返还时，只需要返还同种类、同数量的物即可，并不一定要返还原物。在许多国家的法律规定中，借款合同属于消费借贷的一种类型。在传统民法中，借款合同和借用合同都是借贷的具体类型。在我国台湾地区"民法"中，将其总括为一节。但有不少学者也认为，这两种合同存在明显区别，应当分别对待。[3] 我

---

[1] 参见《欧洲示范民法典草案》第4.6—1:101条。
[2] 郑玉波：《民法债编各论》上册，300页，台北，三民书局，1986。
[3] 参见郑玉波：《民法债编各论》上册，300页，台北，三民书局，1986。

国《合同法》未采纳使用借贷和消费借贷的概念，也并未规定借用合同。但鉴于实践中借用合同是大量存在的，因而《民法通则意见》中对此类合同作出了规范。①

借款合同和借用合同虽然有一定的联系，但二者仍存在明显的区别，其主要表现为：第一，标的物不同。借款合同的标的物是金钱，而借用合同的标的物既可以是动产，也可以是不动产，其必须是特定的、不可代替的物，通常不应包括金钱。即使是自然人之间无偿出借金钱的，也应将其认定为借款合同，而非借用合同。第二，是否具有有偿性不同。依据《合同法》和《民间借贷司法解释》的规定，除自然人之间的借款合同外，其他借款合同一般是有偿的。但就借用合同而言，其通常是无偿的。在借用合同规定的使用期限届满时，借用人只需将原借用物归还出借人即可，一般无须支付相应的费用或作出其他补偿。第三，物的所有权归属不同。在借款合同中，作为标的物的金钱具有特殊性，所以金钱一经贷款人提供给借款人，其所有权即发生移转。而在借用合同中，借用人只是临时使用借用物，使用后要返还其所借的原物。所以，借用人获得的只是在一定期间内占有、使用借用物的权利，借用物的所有权仍然属于出借人。第四，返还义务不同。在借款合同中，借款人应按期将相同种类、数量的金钱返还给贷款人。而在借用合同中，由于借用物不能是可消耗的种类物（如煤炭、食品等），而只能是特定的、不可代替物，所以借用人在规定期限内所返还的物应当是其所借的原物。

（三）借款合同和合伙协议

合伙协议是指由全体合伙人协商一致、依法达成的有关共同出资、共同经营、共担风险的协议。在法律上，合伙协议与借款合同存在明显的区别。一般来说，合伙协议是一种共同行为，而借款合同是一种双方行为。在借款合同中，不

---

① 《民法通则意见》第126条规定："借用实物的，出借人要求归还原物或者同等数量、质量的实物，应当予以支持；如果确实无法归还实物的，可以按照或者适当高于归还时市场零售价格折价给付。"第127条规定："借用人因管理、使用不善造成借用物毁损的，借用人应当负赔偿责任；借用物自身有缺陷的，可以减轻借用人的赔偿责任。"

应存在当事人共同出资、共同经营、共担风险等内容。但在实践中,当事人之间也可能订立"保底条款",即在合同中明确规定,合伙一方与其他合伙人共同出资,但该方合伙人只提供资金,并不参与共同经营,分享合伙的赢利,只是到期向其支付一定的利润,也不承担合伙的亏损,即便合伙出现亏损,其仍要收回其出资和收取固定利润。最高人民法院《关于审理联营合同纠纷案件若干问题的解答》四规定:"保底条款违背了联营活动中应当遵循的共负盈亏、共担风险的原则,损害了其他联营方和联营体的债权人的合法权益,因此,应当确认无效。"也有学者认为,此类条款如果发生在自然人之间,且不违反国家有关金融的法律法规的,应将其视为自然人之间的借款合同。

(四)借款合同和委托理财合同

委托理财合同,是指受托方(主要是证券公司或投资公司)接受委托方(主要是客户)的委托,由委托方将一定的资金交付给受托方来进行管理和运作,受托方根据合同的约定和委托方的指示管理该资金的协议。实践中,委托理财行为大量地运用于证券、期货等交易中。借款合同和委托理财合同都涉及资金的交付和移转问题,而且从实践来看,在委托理财合同约定保底条款的情况下,这两种合同极易产生混淆。例如,甲与乙签订委托理财合同,由乙替甲代为理财,在合同中约定每年由乙向甲支付10%的收益,在双方发生争议之后,此种收益究竟是利息还是投资收益,经常发生争议。笔者认为,尽管这两类合同有密切的联系,但二者仍存在明显区别,主要表现在:第一,委托理财合同性质上属于委托合同的一种,其应适用委托合同的相关规定。而借款合同属于《合同法》规定的有别于委托合同的有名合同。第二,是否存在委托理财业务不同。在借款合同中,银行将资金贷给贷款人后,不得干预贷款人正常的运用资金的行为。而在委托理财合同中,受托人要严格按照委托人的指示来从事委托理财行为,以有效地保障客户资产的增值。第三,借款合同中的利息一般是法律规定的。但委托理财合同的收益是不固定的,且该收益的比例完全可以由当事人约定。第四,在借款合同中,提供资金的一方往往是银行等金融机构,而在委托理财合同中,提供资金的一方主要是客户。

第一节 借款合同概述

四、借款合同的分类

(一) 银行借款合同和民间借款合同

根据贷款人的不同,可以将借款合同区分为银行借款合同和民间借款合同。银行借款合同中的"银行"应当从广义上理解,其应当包括各类金融机构。[①] 银行借款合同中,贷款人是金融机构,至于借款人是自然人、企业、还是金融机构,则在所不问。所以,即使自然人向金融机构借款,也属于银行借款合同。

民间借款合同,也称民间借贷合同,是指非金融机构为贷款人而向借款人出借一定数额的货币、另一方按照约定归还借款和利息的合同。《民间借贷司法解释》第1条规定:"本规定所称的民间借贷,是指自然人、法人、其他组织之间及其相互之间进行资金融通的行为。经金融监管部门批准设立的从事贷款业务的金融机构及其分支机构,因发放贷款等相关金融业务引发的纠纷,不适用本规定。"因此,民间借款合同和银行借款合同具有如下区别:一是贷款人不同。银行借款合同的贷款人是银行等金融机构,而民间借款合同的贷款人是非金融机构。二是银行借款合同是诺成合同,而自然人之间的民间借贷合同是实践合同。三是银行借款合同是要式合同,而民间借款合同是非要式合同。四是银行借款合同都是双务有偿合同,而在民间借款合同中,自然人之间的借款合同一般具有单务性。五是适用的法律规则不同。在银行借款合同中,国家通常会就银行等金融机构的放贷行为设置严格的规则和限制。例如,借款人通常需要按照相关规定提供担保,而贷款人应当按照约定对借款的使用情况进行检查和监督等。对于民间借款合同,法律则没有对其程序、担保等事项作出规定。但《民间借贷司法解释》对有关民间借款合同的成立、生效、无效、利息以及复利等作出了特别规定。

(二) 国内借贷和国际借贷

国际借贷是指不同国家的当事人之间在信用授受的基础上进行的货币资金的

[①] 参见郭明瑞、王轶:《合同法新论·分则》,195页,北京,中国政法大学出版社,1997。

有偿让渡。[1] 随着经济全球化的发展，国际资本流动迅速，国际融资在国际资本流动中占据重要地位。国内借贷和国际借贷都是一种借贷关系，而且常常受某个国家内国合同法的调整。但国际借贷与国内借贷不同，二者的主要区别在于：

第一，当事人不同。国内借贷中当事人基本上属于同一个国家或者地区，而国际借贷的借款人和贷款人分别属于不同国家或者地区，所以其实际上是一种跨越国界的债权债务关系。[2] 例如，一家总部设在瑞士的银行向中国的企业提供贷款服务，就属于国际借贷。而由总部设在中国的银行向中国企业贷款则属于国内借贷。

第二，从数额上来看，国际借贷数额通常较大，尤其是国际间的银行贷款，其数额比国内借贷常常要大。

第三，从期限来看，国际贷款的期限往往较长。例如，国际间的长期贷款期限可能达到30年，有时甚至达到50年。而国内贷款的期限往往相对较短。[3]

第四，从担保来看，国际贷款通常是有担保的。当然这种担保的类型往往具有多样性，除了动产或者不动产以外，还可能包括连带担保以及应收账款担保等。但是国内贷款既存在有担保的贷款，也存在没有担保的贷款。

第五，从所适用的规则来看，国际借贷除了适用国内法以外，还可能适用国际惯例。而国内借贷一般适用一国国内的合同法。

第二节 借款合同的订立和内容

一、借款合同的订立原则

与民间借款合同不同，银行借款合同性质上并非实践合同而是诺成合同，只要当事人意思表示一致，合同便可成立。借款合同订立的原则是：

---

[1] 参见左海聪主编：《国际商法》，252页，北京，法律出版社，2008。
[2] 参见郭玉军：《国际贷款法》，7页，武汉，武汉大学出版社，1998。
[3] 参见左海聪主编：《国际商法》，254页，北京，法律出版社，2008。

第二节 借款合同的订立和内容

1. 如实告知借款用途等真实情况的原则

依据《合同法》第199条的规定，在订立借款合同时，借款人有义务按照贷款人的要求提供与借款有关的业务活动和财务状况的真实情况。关于此种义务的性质如何，理论上存在多种观点：一是先合同义务说。此种观点认为，由于合同尚未成立，因而该义务属于一种先合同义务。二是合同义务说。这种观点认为，该义务属于合同义务的延伸。三是法定义务说。这种观点认为，由于合同尚未实际成立，因而不属于合同义务，此外，先合同义务实际上是缔约磋商中的一种照顾保护义务，故如实告知的义务也不是先合同义务，而是一种法定义务，类似于保险合同订立时被保险人的告知义务。笔者认为，此种义务是一种法定义务，不是先合同义务或合同义务。法律之所以要求借款人负有如实告知真实情况的义务，主要是基于如下考虑：第一，是为了方便国家对借款人借款用途的监管，以防止借款人将所借款项用于从事非法活动。第二，根据诚实信用原则，借款人向贷款人如实告知其真实业务活动和财务状况，也可以使贷款人对借款人的偿还能力进行判断，从而决定是否对其进行借贷。第三，有利于保护贷款人的利益。借款人如实告知其真实情况，有利于贷款人对其进行监督，确保借款人按期偿还本息，防止因贷款欺诈造成国有资产流失。

依据《合同法》第199条，借款人应当如实告知的内容包括：第一，与借款有关的业务活动。业务活动是指借款人所从事的生产经营活动，借款人所借款项应用于从事生产而非生活用途，借款人如果是将款项用于扩大生产、进行投资，则应当向贷款人如实告知项目的风险、预期收益等情况。第二，财务状况。这是指借款人的资产状况，包括其盈利能力、负债状况、固定资产和流动资产状况等。因为借款人的资产将构成偿还贷款的责任财产，所以了解借款人的资产状况，有利于贷款人正确评估借款人未来的偿还能力。

2. 提供必要担保的原则

为了保障借款人到期偿还贷款、实现贷款人的债权，《合同法》第198条规定："订立借款合同，贷款人可以要求借款人提供担保。担保依照《中华人民共和国担保法》的规定。"此处所说的"可以"，包括可以要求提供担保，也包括不要求提供

担保。但是笔者认为，从立法目的来看，应当将此处所说的"可以"理解为法律对于商业贷款所设置的一般原则是应当提供担保。这就是说，在特殊情况下，经商业银行审查、评估，对于借款人资信良好，确能偿还贷款的，可以不提供担保，但一般都需要提供担保。[①]《商业银行法》第7条规定："商业银行开展信贷业务，应当严格审查借款人的资信，实行担保，保障按期收回贷款。"第36条第1款规定："商业银行贷款，借款人应当提供担保。商业银行应当对保证人的偿还能力，抵押物、质物的权属和价值以及实现抵押权、质权的可行性进行严格审查。"因此，依体系解释，在一般情况下，借款合同中办理贷款业务应当要求借款人提供担保，但对民间借款合同而言，借款人也可以不提供担保。

依据《合同法》第198条的规定，借款合同的担保依照《担保法》的规定设定，但在《物权法》颁行后，借款合同的担保主要应当依据《物权法》设定。因为在《合同法》制定之时，有关担保的法律制度主要由《担保法》进行规定。但是2007年《物权法》通过之后，设立担保不仅应当依据《担保法》的规定，更应当遵循《物权法》的规定。担保的形式可以多样化，既包括人的担保，又包括物的担保；既包括抵押，又包括质押；担保合同既可以在借款合同中一并规定，也可以单独签订。担保合同应当以主合同的生效为前提。在借款人无力偿还贷款时，贷款人有权依法处理担保财产，并依照清偿还债的程序受偿。

关于企业之间借贷合同的效力，我国法律一直没有作出明确规定。《经济合同法》和《合同法》均回避了这一问题。为了维护金融秩序，司法实践一般认为此类借款为无效合同。例如，最高人民法院《关于对企业借贷合同借款方逾期不归还借款的应如何处理问题的批复》（法复［1996］15号）规定："企业借贷合同违反有关金融法规，属无效合同。"中国人民银行《贷款通则》第61条也规定："企业之间不得违反国家规定办理借贷或者变相借贷融资业务。"但是，此种规定与我国长期以来对金融的严格管控有密切关系。近年来，随着金融体制改革的深入，融资方式逐渐趋于灵活和宽松，理论界和实务界都积极呼吁，企业之间

---

① 参见《商业银行法》第36条第2款。

第二节 借款合同的订立和内容

的相互拆借在一定程度上有利于企业的经营活动，不宜简单地认定企业之间的借贷合同无效。对企业之间偶尔的、以自有资金进行的、不违背法定利率范围的借贷合同，许多法院也都承认其效力。① 此种做法有一定的合理性。当然，如果企业之间的借款利率违反了国家有关利率的规定，则应当认定其无效。在无效后的损失计算方面，如当事人约定的利率过高，可以按同期银行贷款利率计算。对于出借企业以牟取暴利为目的而与借用企业签订的借贷合同，应当宣告该合同无效，并对当事人约定的高出法定利率的利息部分不予保护或予以收缴。②

3. 遵守法定利率的原则

《民法通则》第90条规定："合法的借贷关系受法律保护。"该条规定也要求当事人之间约定的利率必须符合法律规定。其不仅适用于金融机构借款，而且适用于自然人之间的借款，作为贷款人一方的金融机构和自然人都应当遵循国家针对借贷利率的相关规定，而不得从事高利贷等行为。

二、借款合同的内容

《合同法》第197条规定："借款合同采用书面形式，但自然人之间借款另有约定的除外。借款合同的内容包括借款种类、币种、用途、数额、利率、期限和还款方式等条款。"据此可见，借款合同的主要包括如下内容：

1. 借款种类。借款种类是指金融机构针对不同的贷款对象和贷款需求而提供的贷款类型。例如，按照借款的时间，借款可以分为短期借款和长期借款；按照借款的作用，短期借款又可分为生产周转借款或商品周转借款、临时借款、结算借款、预购定金借款、专项储备借款等。

2. 币种。所谓币种，是指贷款人所提供的借款是以人民币还是以外币予以

---

① 参见《聚焦合同法律适用问题，推动商事司法审判发展——就合同法司法实务问题访最高人民法院民二庭庭长宋晓明》，载奚晓明主编：《商事审判指导》，2009年第4辑，北京，人民法院出版社，2009。
② 参见山东省高级人民法院民二庭：《合同纠纷审判实践中的若干疑难问题》，载《山东审判》，2008（3）。

发放。在借款合同中，借款人应当以其所借的同种币种归还。根据我国现行的外汇管理规定，在中国境内，禁止外币流通，不得以外币计价结算。当然，法律并不禁止外币借贷，如果借款人所借的币种是外币，当事人无特定约定的，其应归还外币。

3. 借款用途。所谓借款用途，是指借款的使用目的。借款用途通常是由借款的种类和条件所决定的，各金融机构在借贷管理中通常会对借款用途作出较为严格的限制，以保证资金能够按期收回，从而确保资金安全。① 尤其是在借款人将借款用于非法目的、从事违法活动的情况下，就会违反借款合同的订立目的。一般来说，当事人应当在合同中明确约定借款用途，如果合同没有约定，则难以确定借款人是否改变了借款用途，也难以认定借款人是否违约。

4. 数额。所谓数额，是指借款数量的多少，包括借款总金额以及分批支付借款时每一次需支付借款的金额。在借款合同中，数额属于必备条款，如果数额无法确定，则合同不能成立。从实践来看，数额是借款合同中非常重要的条款，它对借款合同的相关条款都会产生影响，如利率、借款人是否需要提供担保以及担保金额等。

5. 贷款利率。贷款利率，是指借款期限内利息数额与本金额的比例。在我国，金融机构贷款利率包括贷款的基准利率和法定利率，由中国人民银行统一管理，中国人民银行确定的利率经国务院批准后执行。②《合同法》第 204 条规定："办理贷款业务的金融机构贷款的利率，应当按照中国人民银行规定的贷款利率的上下限确定。"贷款利率条款是借款合同的主要条款。贷款利率可分为固定利率与浮动利率。所谓固定利率，是指约定一个确定的利率不再变动，而浮动利率则可以随银行业的平均利率水平而发生相应的变化、进行相应调整。无论是固定利率还是浮动利率，都应当遵循中国人民银行的相应规定。③ 此外，《合同法》第 211 条第 2 款规定，"自然人之间的借款合同约定支付利息的，借款的利率不得违反国家有

---

① 参见肖玉萍编著：《借款合同》，26 页，北京，法律出版社，1999。
② 参见肖玉萍编著：《借款合同》，27 页，北京，法律出版社，1999。
③ 参见肖玉萍编著：《借款合同》，28 页，北京，法律出版社，1999。

关限制借款利率的规定"。这就是说,对民间借款合同而言,当事人虽然可以自由约定利息,但当事人所约定的利息不得违反国家有关限制借款利率的规定。

6. 贷款期限。贷款期限是从借款合同订立后到应当还清本息的期间。贷款期限与有效期限是不同的,有效期限是指合同从订立到终止的期限,而贷款期限是指从借款人取得借款到应当归还贷款的期限。例如,合同规定的有效期限为 3 年,而贷款期限可能短于或等于该期限,且借款人可能在贷款到期后没有归还贷款,此时合同依然是有效的。在实践中,贷款期限通常分为短期、中期和长期贷款。短期贷款,是指贷款期限在 1 年以内(含 1 年)的贷款。中期贷款,是指贷款期限在 1 年以上(不含 1 年)5 年以下(含 5 年)的贷款。长期贷款,是指贷款期限在 5 年(不含 5 年)以上的贷款,但一般不得超过 10 年。[1] 不同的贷款期限,直接影响贷款的利率高低。

7. 还款方式。还款方式是指贷款人和借款人约定以什么结算方式偿还借款给贷款人。例如,借款人是到期后一次偿还本金和利息还是分期返还,或是先逐期返还利息,到期后一次还本等。[2]

除以上内容外,当事人还可以对其他需要约定的内容进行约定。上述内容并非借款合同全部都应具备的条款,欠缺上述合同条款也并不当然导致合同不成立,只要具备了当事人及贷款数额条款,合同即告成立,至于其他的内容,完全可以由当事人事后协商或者依据《合同法》第 61 条等规定进行填补。

第三节　借款合同的效力

一、贷款人的主要义务

(一)按照约定提供借款

依据《合同法》第 201 条,贷款人负有依照约定向借款人提供借款的义务。

---

[1] 参见《贷款通则》第 8 条。
[2] 参见魏耀荣等:《中华人民共和国合同法释论(分则)》,167 页,北京,中国法制出版社,2000。

具体来说，该项义务包括如下几项内容：第一，贷款人必须按期提供贷款。在借款合同中，按期提供贷款是贷款人所负担的一项主给付义务。也就是说，借款合同成立以后，贷款人必须及时向借款人提供贷款，不得拖延提供借款的期限，否则应承担违约责任。这是因为实践中，迟延提供贷款不仅会使借款人无法得到足额资金，也会妨碍借款人正常的生产经营活动。例如，借款人急需贷款人提供的款项购买生产设备，而贷款人未如期提供借款的，则可能造成借款人无法按时进行生产和加工。第二，贷款人必须按照约定的数额、币种向借款人提供借款。而且贷款人必须足额提供贷款，不得将利息预先扣除。如果当事人就币种作出特别约定的（例如，提供美元等），则贷款人必须如期提供约定币种的借款。第三，如果当事人对借款的具体交付方式有约定，那么贷款人也必须按照约定方式提供。例如，当事人在借款合同中约定贷款人应当将借款直接打入借款人在某个银行的账户，贷款人应当按照该约定履行提供贷款的义务。

依据《合同法》第201条的规定，如果贷款人未按照约定的日期、数额提供借款，因此造成借款人损失的，借款人有权请求贷款人赔偿损失。例如，当事人约定贷款人应采用银行转账的方式将约定的款项划拨到借款人的账户的，贷款人违反此种约定造成借款人损失的，应当赔偿损失。此处所说的损失如何确定？有学者认为，在此情况下，应当按照《合同法》第113条的规定赔偿借款人所遭受的全部损失，包括借款人可得利益的损失。[1] 笔者认为，此种解释过于宽泛，应当对借款人的损失进行适当限制。因为贷款人没有及时提供贷款，借款人也应当积极采取措施避免损失的发生或扩大，对于因借款人没有尽到其减轻损失的义务而造成的损失，贷款人不必负责。这里既包括没有提供足额贷款的差额损失，也包括因为没有及时得到足额的资金导致借款人受到的其他损失。例如，农民由于没有及时得到足额资金，导致其不能够按时购买种子和化肥，错过了最佳播种时间而遭受的损失。

---

[1] 参见何志：《合同法分则判解研究与适用》，167页，北京，人民法院出版社，2002。

第三节 借款合同的效力

(二) 按照法律的规定收取利息

1. 遵循国家有关利率的规定

《合同法》第 204 条规定:"办理贷款业务的金融机构贷款的利率,应当按照中国人民银行规定的贷款利率的上下限规定。"这就意味着,在金融机构借款合同中,借款利率的确定应遵循国家的相关规定。我国在现行借贷利率的管理体制上实行贷款的基准利率和法定利率,由中国人民银行提出方案报经国务院批准后实施。中国人民银行依据国家有关贷款政策对各类金融机构的各种人民币、外币贷款、同业往来拆借的利率进行管理。关于贷款利率的确定,办理贷款业务的各类金融机构可在中国人民银行总行制定的利率浮动幅度范围内,以法定利率为浮动基础,并按照中国人民银行规定的贷款利率的上下限自行确定各种类、各档次的贷款利率。① 此外,对于自然人之间的借款合同,当事人可以自由约定是否支付利息以及利息的具体数额,但借款的利率不得违反国家有关限制借款利率的规定。

2. 不得预先扣除利息

《合同法》第 200 条规定:"借款的利息不得预先在本金中扣除。利息预先在本金中扣除的,应当按照实际借款数额返还借款并计算利息。"该条实际上确立了两项规则:一是借款的利息不得预先在本金中扣除。实践中,有些贷款人利用借款人急需获得金钱的窘迫地位,事先在本金中将利息扣除,剩余的价款作为本金发放给借款人。因此,借款人实际获得的贷款就低于合同约定的数额,这显然有失公平;同时,利息通常是在本金支付之后才能够产生,如果预先减去利息,显然加重了借款人的负担,不利于保护借款人的利益。因此该条禁止预先扣除利息的做法。二是利息预先在本金中扣除的,应当按照实际借款数额返还借款并计算利息。如果贷款人违反法律规定在出借时仍然先扣除利息,则借款人只需要按照实际借款的数额返还财产并计算利息。例如,借款人贷款 100 万元,这 100 万元的利息是 4 万元,贷款人如果在出借时先扣除 4 万元,只交付给借款人 96 万

---

① 参见肖玉萍编著:《借款合同》,27~28 页,北京,法律出版社,1999。

元，那么最终借款人还款时只需要按照贷款 96 万元计算本金和利息。法律作出此种规定主要是为了保障交易的公平，防止贷款人利用其优势地位损害借款人的利益。需要指出的是，扣息也是金融机构主张债权的一种方式，具有中断诉讼时效的效力，但其通过扣息主张权利的意思表示应能够传达到特定的相对人，否则不产生中断诉讼时效的效力。①

在此需要探讨的是，关于复利是否应当受到保护的问题。对民间借贷合同而言，依据《民间借贷司法解释》第 28 条的规定，在法律规定的限度内，当事人约定的复利条款有效。关于银行借款合同能否约定复利条款，《合同法》没有作出规定，这就为金融机构计算复利提供了可能。中国人民银行于 1990 年发布的《利率管理暂行规定》就允许金融机构计收复利。考虑到法律没有禁止性规定，而中国人民银行相关规定对此持肯定态度，所以，应当允许金融机构计收复利。②

（三）保密

所谓保密义务，是指贷款人应当对借款人在银行借贷中的相关信息保守秘密，未经允许不得向他人非法披露。贷款信息反映了贷款人的资产状况、财务状况和信用信息，其既可能属于个人隐私的范围，在借款人为企业的情况下，也可能属于企业的商业秘密。贷款人理所当然应当为借款人保守秘密。此外，借款人对自己财产（包括债务）本身也有一定的规划，如果公开借款行为本身，这种规划就很可能无法实现，影响借款人的利益和安全。③依据《贷款通则》第 23 条，贷款人应当对借款人的债务、财务、生产、经营情况保密，但依照法律的规定应当披露借款人的借款信息的，则贷款人有披露的义务。例如，依据我国《刑事诉讼法》的规定，公安机关在侦查过程中，有权依照法律规定的程序查询借款人的贷款情况。

---

① 参见山东省高级人民法院民二庭：《合同纠纷审判实践中的若干疑难问题》，载《山东审判》，2008（3）。

② 参见何志：《合同法分则判解研究与适用》，203 页，北京，人民法院出版社，2002。

③ See Christian von Bar and Eric Clive, *Principles*, *Definitions and Model*, *Rules of European Private Law*, Volume Ⅳ, (Munich: Sellier. European Law Publishers, 2009), pp. 2484-2485.

第三节 借款合同的效力

二、借款人的主要义务

(一) 支付利息

依据《合同法》第205条的规定,借款人应当按照约定的期限支付利息,这是借款人的主给付义务。一般来说,在金融机构借款合同中,当事人通常会就利息支付条款作出明确约定。依据合同的规定,借款人首先应当按约定的数额支付利息。例如,依据合同按年结息或按月结息。其次,借款人必须按照规定的期限支付利息。支付利息的期限可以有多种方式,如当事人可以约定在借款期限届满时和本金一起支付,也可以约定在借款期限内分批向贷款人支付,还可以采用按季度结息的方式。[①]

对银行借款合同而言,如果合同没有明确约定利息支付条款,则借款人应当依照人民银行关于贷款利率的规定支付利息。这是因为金融机构借款合同和一般的自然人借款合同不同,其具有明显的商事合同性质。借款人支付的利息是贷款人取得贷款的效益及利益所在[②],因此,在当事人没有约定利息时应认定为合同附有利息。《合同法》第205条规定:"对支付利息的期限没有约定或者约定不明确,依照本法第六十一条的规定仍不能确定,借款期间不满一年的,应当在返还借款时一并支付;借款期间一年以上的,应当在每届满一年时支付,剩余期间不满一年的,应当在返还借款时一并支付。"这就在法律上确定了在支付利息的期限不明确时的处理办法。具体来说,对支付利息的期限没有约定或者约定不明确的,应当依照《合同法》第61条的规定处理,首先应当由当事人进行协议补充,如果达不成补充协议的,可以根据合同的有关条款和交易习惯确定,如果交易习惯是按照按季度结算,则即便合同中没有明确约定,也可以按照按季结算的方式。如果按照第61条的规定仍然不能够确定的,可采取如下办法:第一,借款期间不满一年的,应当在返还借款时一并支付,这就是说当借款期限不满一年

[①] 参见胡康生主编:《中华人民共和国合同法释义》,303页,北京,法律出版社,1999。
[②] 参见魏耀荣等:《中华人民共和国合同法释论(分则)》,185页,北京,中国法制出版社,2000。

的,在支付本金的时候,应当连同利息一起支付,因为借款期限不满一年的情况,期限较短,在我国通常采取年利率的情况下,没必要在不满一年的期限内再分成数个支付期间分别支付利息,这样可以免于无端为双方当事人增加履行成本。第二,借款期间一年以上的,应当在每届满一年时支付,从该规定看我国实际上采用了以年利率作为计算和支付利息的标准方式。第三,剩余期间不满一年的,应当在返还借款时一并支付。例如,当事人约定借款期限为两年半,在前两年期限中,都是满一年后支付利息,但是最后半年经过以后,应当在还款的同时支付最后半年的利息。①

(二) 按照约定的时间和数额收取借款

《合同法》第201条第2款规定:"借款人未按照约定的日期、数额收取借款的,应当按照约定的日期、数额支付利息。"据此可见,我国《合同法》实际上是确立了借款人收取借款也是一种义务。关于收取借款是否是借款人的义务,理论上尚有争议。一种观点认为,收取借款是借款人的一种权利,而非义务,借款人可以不去收取借款。只是在未收取借款时,并不能够免除合同中约定的还本付息的责任。这种责任并非是违反收取义务的违约责任,而是合同中本身约定的合同责任,这两种责任的性质并不一致。另一种观点认为,收取借款是一种义务,如果合同生效后借款人不收取借款的,就会对贷款人的资金利用和资金使用的效率产生影响。②《合同法》第201条虽然是从借款人未及时收取借款所应承担的利息责任作出的规定,但实际上该规定也确立了借款人负有的及时收取借款的义务。在法律上确立借款人的及时收取借款的义务的主要理由在于:一方面,从保障合同订立的目的实现的角度来说,如果借款人没有及时收取借款,则可能会打乱银行的金融计划。因此,在合同订立以后,没有法律规定的原因,贷款人不得随意变更或解除借款合同。贷款人未按照约定的日期、数额提供借款,造成借款人损失的,应当赔偿损失。反之,借款人未按照约定的日期、数额收取借款的,也应当按照约定的日期、数额支付利息。另一方面,借款人未按期收取借款,也

---

① 参见胡康生主编:《中华人民共和国合同法释义》,304页,北京,法律出版社,1999。
② 参见魏耀荣等:《中华人民共和国合同法释论(分则)》,178页,北京,中国法制出版社,2000。

第三节 借款合同的效力

应承担一定的责任。此种责任就是按照约定的日期、数额支付利息。此时支付的利息在性质上具有违约金的性质。如前所述,借款合同是一种诺成合同,当合同订立之后,借款人就有收取借款的义务,如果其没有按期收取借款,就需要承担相应的责任。此外,从比较法上看,一些国家的法律或示范法也规定了借款人收取借款的义务。例如,《欧洲示范民法典草案》第 4.6—1:103 条规定:"(1) 贷款是采取货币贷款形式的,借款人应当依合同约定,在一定期间内以一定方式领取贷款。(2) 借款人领取贷款的时间无法依合同加以确定的,借款人应当在贷款人提出请求后的合理期限内领取贷款。"需要指出的是,该规定主要是针对金融机构作为贷款人的情形,自然人之间的借款是以贷款人实际交付借款给借款人时合同才发生法律效力,因此该条规定并不适用于自然人之间的借款。[1]

依据《合同法》第 201 条,借款人按照约定的时间和数额收取借款的义务主要包括:一是借款人应按照约定时间收取借款。借款合同通常会对借款人收取借款的时间进行约定,其应按照约定收取借款。这既有利于借款人及时将借款投入使用,也能为贷款人将来收回借款作出准备。二是借款人应按照约定数额收取借款。在借款合同就借款数额作出约定后,借款人不能少收或拒绝贷款人按照约定所提供的借款数额。借款人违反此种义务,仍然应当按照约定支付利息。

(三) 按照约定用途使用借款

《合同法》第 203 条规定:"借款人未按照约定的借款用途使用借款的,贷款人可以停止发放借款、提前收回借款或者解除合同。"该条虽然是针对借款人未按照约定用途使用借款的责任而作出的规定,但也确立了借款人负有的按照约定用途使用借款的义务。在法律上之所以要求借款人必须按照约定用途使用借款,主要是因为:一方面,借款用途涉及贷款人贷款资金的安全,与借款人能否按期偿还借款也有着直接的关系。[2] 例如,如果借款人未按照约定将所借款项用于购置工厂的生产设备,而是将其投入房地产建设,这无疑会增加借款人的还款风险,也会增加贷款人如期收回贷款的不确定性。另一方面,如果借款人按照合同

---

[1] 参见魏耀荣等:《中华人民共和国合同法释论(分则)》,170 页,北京,中国法制出版社,2000。
[2] 参见魏耀荣等:《中华人民共和国合同法释论(分则)》,180 页,北京,中国法制出版社,2000。

第六章 借款合同

约定的借款用途使用借款，不仅可以实现借款的目的，而且能够最大限度地发挥借款的效益，增加如期返还借款的可能性、确定性。例如，某公司因开发新能源需要借款，银行根据其申请对该项目进行可行性评估之后，认为其已经有良好的研究基础和市场前景，且属于国家政策扶植的项目，进而决定提供借款。如果借款人未将借款用于开发新能源，不仅会造成借款目的的落空，也会增加贷款人收回贷款的风险。此时，只有借款人按照约定用途使用借款才能保障贷款人的利益。在借款人收取所借款项之后，其有权按照借款用途自行使用、收益和处分借款。

就借款人所负的按照约定用途使用借款的义务而言，主要是指借款人必须按照合同所规定的贷款用途对借款实行专款专用，不能挪作他用。例如，合同明确规定所借款项应用于新能源开发的，借款人必须将其用于该用途，而不能擅自改变借款用途。从实践来看，借款合同大多约定了借款用途，贷款人在合同生效后，有权检查借款人的使用情况，以防止借款人挪作他用。[1] 即使合同没有对借款用途作出约定，借款人也应当负有此种义务。此外，借款人必须按照法律的规定使用借款，不得将借款用于非法目的。例如，将借款从事赌博，或者放高利贷等。

（四）按期还款

《合同法》第 206 条规定："借款人应当按照约定的期限返还借款。"据此，借款人负有按期还款义务，即借款人应按照合同约定的还款期限返还借款。借款人的此项义务属于贷款人可单独提出请求的主给付义务。[2] 这项义务具体包括：第一，借款人应当按照约定的期限及时还款。通常在订立借款合同时，当事人会就还款期限作出明确约定。如果当事人之间存在约定的，借款人应严格按照约定的期限返还借款。借款人在订立合同时就应当准备按期还款，在合同生效后使用借款时，也应当积极筹措资金、创造各种还款条件，借款期限一到，借款人应及

---

[1] 参见肖玉萍编著：《借款合同》，26 页，北京，法律出版社，1999。
[2] Vgl. Brox/Walker, Besonderes Schuldrecht, 31. Auflage, 2006, S. 230. 转引自韩世远：《合同法学》，442 页，北京，高等教育出版社，2010。

第三节 借款合同的效力

时还款，否则，贷款人有权请求借款人承担违约责任。第二，如果当事人未就返还借款的期限作出约定或约定不明确的，依据《合同法》第 206 条的规定，当事人可以事后达成补充协议，如果不能达成补充协议，应根据合同的有关条款和交易习惯来确定还款期限，如果当事人仍不能就还款期限达成协议，则借款人可以随时返还，贷款人可以催告借款人在合理期限内返还，但应当给借款人必要的准备时间。第三，合同约定了还款方式的，应当按照约定的方式返还，如当事人约定分期返还的，则借款人应当每期按照约定的数额返还，否则，应当支付逾期的利息。① 在国际贷款中，通常会存在加速到期的约定。所谓加速到期，是指由于约定事件（包括违约事件和终止事件）的发生，合同双方约定，将他们之间没有到期的合约视为已经到期。② 此种情形通常适用于国际银团贷款中，其是否适用于国内的借款合同，值得探讨。这种约定虽然保护了特定债权人的利益，但是它可能并不符合公平原则。笔者认为，在国内借款合同中一般不宜肯定此种约定的效力。即使当事人就此作了约定，也应当认为其属于无效的格式条款。实践中，一些借款合同生效之后，银行已经将款项借出，但在还款期限届满之前，如果银行发现借款人经营不善，资金链存在断裂的危险，银行能否要求提前返还借款？笔者认为，在此情形下，如果借款人没有提供担保，则银行可以援引《合同法》第 68 条的规定，主张不安抗辩权，要求借款人提供担保。如果借款人事先已经提供了担保，则银行无权提前收回款项。

我国《合同法》第 209 条规定，"借款人可以在还款期限届满之前向贷款人申请展期。贷款人同意的，可以展期"。所谓借款展期，是指借款人在合同约定的借款期限届满不能偿还借款，在征得贷款人同意的情况下，延长原借款的期限，使借款人能够继续使用借款。③ 一般而言，借款人应按期返还借款。借款人不按期偿还借款，贷款人有权追回贷款，并按银行的规定加收罚息。但在现实生

---

① 参见孙晓编著：《合同法各论》，109 页，北京，中国法制出版社，2002。
② 参见贾静：《国际金融衍生交易中净额结算的法律性质》，载《对外经济贸易大学学报》，2001(6)。
③ 参见魏耀荣等：《中华人民共和国合同法释论（分则）》，192 页，北京，中国法制出版社，2000。

活中，借款人可能因市场需求等变化而无法按照约定期限返还借款。在这种情况下，依据《合同法》第 209 条，借款人不能按期归还贷款的，其应当在贷款到期日之前，向贷款人申请贷款展期。这主要是为了给贷款人预留考虑时间。允许借款人向贷款人提出展期申请，但是否同意展期应由贷款人自行决定。申请保证贷款、抵押贷款、质押贷款展期的，还应当由保证人、抵押人、出质人出具同意的书面证明。① 如果贷款人不同意展期的，借款人不能按期返还借款的，贷款人有权要求其承担相应的违约责任。

（五）接受贷款人检查、监督

《合同法》第 202 条规定："贷款人按照约定可以检查、监督借款的使用情况。借款人应当按照约定向贷款人定期提供有关财务会计报表等资料。"依据这一规定，借款人在使用借款的过程中，应当按照约定接受贷款人的检查和监督。在借款合同中，通常规定了贷款人有权检查、监督借款人的借款使用情况，了解借款人的计划执行、经营管理、财务活动、物质库存等情况。如果发现借款人使用借款造成损失浪费或利用借款进行违法活动的，贷款人有权追回贷款本息。一旦合同作出了此种约定之后，借款人应当配合贷款人的检查、监督行为的展开，并应当按照约定向贷款人定期提供有关财务会计报表等资料，这些资料包括资产负债表、损益表、财产状况变动表、现金流量表、附表及会计报表附注和财务状况说明书等。② 借款人应当按照约定向贷款人定期提供有关财务会计报表等资料。当然，贷款人对借款人贷款资金的使用情况所进行的检查、监督应严格依合同的约定进行，不得干预借款人的正常经营活动。③ 借款方如不按合同规定使用贷款，贷款方有权收回部分贷款，并对违约部分参照银行规定加收罚息。

问题在于，如果合同没有对贷款人的检查、监督权作出明确约定，贷款人是否仍享有此种权利？笔者认为，即使合同没有作出此种约定，贷款人仍应享有此项权利。一方面，《合同法》第 202 条对贷款人的检查、监督权作出了规定，该

---

① 参见《贷款通则》第 12 条。
② 参见魏耀荣等：《中华人民共和国合同法释论（分则）》，180 页，北京，中国法制出版社，2000。
③ 参见魏耀荣等：《中华人民共和国合同法释论（分则）》，179 页，北京，中国法制出版社，2000。

规定的主要目的在于强调贷款人不应超出约定的范围行使该项权利,不得对借款人的正常生产、生活造成妨碍,但这并不意味着合同未作出此种约定时,贷款人不享有检查、监督权。从这一意义上说,贷款人的检查、监督权在性质上属于一种法定权利。另一方面,允许贷款人在没有约定时也享有此种权利,既有利于维护贷款人的利益,也有利于使借款人能够按照约定用途使用借款,实现借款目的。在现实生活中,借款人的财务状况不可能总是处于订立合同时的状态,其经营状况会不断出现变化,借款人按照贷款人的要求,及时提供有关计划、统计、财务会计报表及资料,有利于保证贷款的合理使用和按期归还。此外,从比较法上看,各国也都对贷款人的检查、监督权作出了规定。例如,《欧洲示范民法典草案》第4.6—1:105条规定:"借款合同将贷款的使用限定于特定用途的,借款人应贷款人的请求应当向贷款人提供必要信息,以便贷款人核实贷款的用途。"因此,即使在合同没有作出约定的情况下,贷款人也享有此种权利,而借款人不得无故拒绝或者阻碍贷款人正当的检查监督。[①] 但当事人可以将贷款人所享有的检查、监督权具体化,如权利的内容,行使的时间、方式等,如果有此种约定,贷款人应当按照约定行使其检查、监督权。

第四节 违反借款合同的责任

一、借款人的违约责任

所谓借款人的违约责任,是指借款人违反借款合同所约定的义务而应承担的责任。在法律上应当区分违反借款合同和违反担保合同的责任。担保合同实际上是借款合同的从合同,担保人违反担保合同,如擅自处分担保物等,应当依据担保合同承担责任。如果借款人提供担保的,其违反担保义务也应当承担担保责

[①] 参见孙晓编著:《合同法各论》,108页,北京,中国法制出版社,2002。

任，在法律上应当将其与违反借款合同的责任区分开来。借款人违反合同主要包括如下三种情况：

（一）违反贷款用途使用借款

《合同法》第203条规定："借款人未按照约定的借款用途使用借款的，贷款人可以停止发放借款、提前收回借款或者解除合同。"据此，借款人违反贷款用途使用借款，没有按照合同约定来使用借款，贷款人有权请求其承担违约责任。在此情形下，贷款人可以采取如下三种措施：一是停止发放借款。这是针对分期发放贷款的情形，如果是一次性发放贷款的，则无法采取此种制裁措施。二是提前收回借款，这实际上是提前终止合同。提前收回借款在贷款业务中被称为"加速到期条款"，它是因为借款人的违约行为而造成的，因此可以视为对借款人的违约行为的制裁。但问题在于，此时利息应当如何计算？是应当按照实际贷款期限计算，还是按照合同约定的期限计算？笔者认为，利息仍然应当按照合同约定的期限来进行计算，这主要是因为合同终止是由借款人的违约行为所导致的，应当由借款人负担相应的不利后果。三是解除合同。在借款人违反规定使用贷款时，贷款人享有法定解除权，可以直接行使解除权而解除合同。从性质上看，《合同法》上述规定已经将未按照约定的用途使用借款视为一种根本违约的情形，从而赋予贷款人一种法定解除权，贷款人有权解除合同。而且在合同解除后，贷款人仍有权请求借款人承担违约责任。

借款人应当承担的违约责任主要包括：一是支付违约金。如果借款合同专门就借款人未按照约定用途使用借款而规定违约金条款的，借款人应当向贷款人支付违约金。二是损害赔偿。如果因借款人未按照约定用途使用借款，而是将所借款项用于其他用途，因而导致借款本金及利息无法返还等的，其应当承担损害赔偿责任。不仅如此，借款人违反贷款用途使用借款还可能会承担行政责任。例如，某个国有企业将借贷资金违规投入股市等行业的，企业的主要负责人应当承担相应的行政责任。

（二）未按照约定的期限返还借款

《合同法》第207条规定："借款人未按照约定的期限返还借款的，应当按照

第四节 违反借款合同的责任

约定或者国家有关规定支付逾期利息。"依据这一规定,借款人不能按期还款的,应当承担相应的违约责任。借款人不仅应当向贷款人返还其所借的本金及利息,还应按照约定支付逾期利息。通常而言,逾期利息具有惩罚性,而且会高于借款合同所约定的一般利息。从比较法上看,有些国家的法律也采取了此种做法。①依据这一规定,第一,借款人未按照约定的期限返还借款。在借款合同中,双方当事人通常会就具体的还款期限作出明确约定,借款人应严格按照该期限返还借款。一旦借款人未按期归还借款,则贷款人不需要证明自己受到损害或者债务人存在过失,就可以主张支付迟延利息。第二,应当按照约定或者国家有关规定支付逾期利息。这就是说,如果当事人就逾期利息有明确约定的,则借款人应按照约定予以支付。如果借款合同未约定逾期利息的计算标准的,应当按照国家有关规定确定逾期利息的数额。《中国人民银行关于人民币贷款利率有关问题的通知》(银发〔2003〕251号)第3条规定:"逾期贷款(借款人未按合同约定日期还款的借款)罚息利率由现行按日万分之二点一计收利息,改为在借款合同载明的贷款利率水平上加收30%~50%;借款人未按合同约定用途使用借款的罚息利率,由现行按日万分之五计收利息,改为在借款合同载明的贷款利率水平上加收50%~100%。"该规定是目前国家针对逾期利息的计算标准所作出的具体规定。在当事人没有就逾期利息作出约定的情况下,应依据该规定计算逾期利息数额。

在合同没有约定借款人分期还款时,借款人分期还款的,则应当将其视为部分履行,借款人未按照约定还款的,贷款人有权请求其承担违约责任,在具有《合同法》第94条规定的法定解除合同事由时,贷款人可以解除合同。

在此需要讨论的是,借款人是否有权提前偿还借款?《合同法》第208条规定:"借款人提前偿还借款的,除当事人另有约定的以外,应当按照实际借款的期间计算利息。"这就对借款人提前返还借款的行为作出了规定。依据合同法一般原理,在合同履行期确定以后,债务人原则上应当按期限履行,但是由于

---

① 例如,我国台湾地区"民法"第233条第1项和第2项规定:"迟延之债务,以支付金钱为标的者,债权人得请求依法定利率计算之迟延利息。但约定利率较高者,乃从其约定利率。对于利息,无须支付迟延利息。"

履行期限涉及期限利益，而期限利益一般属于债务人，按照私法自治原则，债务人可以通过提前履行处分自己的期限利益。从《合同法》第208条的文义来看，借款人可以提前还款，但在提前还款的情况下，依据该条规定，如果当事人对提前还款的法律效果有特别约定的，则应按照该约定处理；在没有约定的情况下，则应按照实际借款的期间计算利息。例如，借款合同约定的借款期限是10年，但借款人在借款之后的第5年提出偿还全部借款，其应当支付的利息应是5年的利息，而非10年的利息。因此，从《合同法》第208条规定来看，并没有将提前还款作为一种违约对待，但该条规定允许当事人通过特别约定，确定提前还款所应当支付的未实际借款期间的利息。尤其是为减轻或避免汇率和利率波动的风险，借款人往往争取在贷款协议中订立提前还款条件，而贷款人往往要求在协议中规定，如借款人提前还款，应付给贷款人一笔补偿金，以弥补贷款人收回投资的利息损失。[①] 依据合同自由原则，当事人的此种约定也是有效的。

二、贷款人的违约责任

（一）未按期足额发放贷款

贷款人的主合同义务即按期足额发放贷款。如果贷款人未按期足额发放贷款，即应当向借款人承担违约责任。所谓未按期发放贷款，是指贷款人未能按照合同约定的期限将贷款发放给借款人。所谓未足额发放贷款，是指借款人发放贷款时的数额少于合同约定的数额。贷款人未按期足额发放贷款的行为构成违约，借款人有权请求其承担违约责任。

（二）违反保密义务的责任

如前所述，在签订借款合同时，借款人负有如实告知的义务，因此贷款人能够掌握借款人的相关个人信息和营业信息，同时，在借款合同履行中，贷款人还

[①] 参见左海聪主编：《国际商法》，257页，北京，法律出版社，2008。

有权检查借款人的资金使用情况和经营情况,也可能因此掌握借款人的商业信息。贷款人对于其所知悉的借款人的信息负有保密义务,贷款人泄露此种信息造成借款人损失的,既构成违约,也侵害了借款人就此类信息而享有的权利,构成违约责任与侵权责任的竞合,应当承担赔偿责任。

第五节 民间借贷合同

一、民间借贷合同的概念和特征

所谓民间借贷合同,是指非金融机构为贷款人而向借款人出借一定数额的货币,另一方到期归还相应货币的合同。[①] 应当指出的是,《合同法》第210、211条将民间借贷合同的主体限于自然人之间,但《民间借贷司法解释》扩大了民间借贷合同的范围,规定只要贷款人一方不是经金融监管部门批准设立的从事贷款业务的金融机构及其分支机构,则当事人所订立的借款合同就属于民间借贷合同。《民间借贷司法解释》将民间借贷合同区分为自然人之间的民间借贷合同与非自然人之间的民间借贷合同,与以金融机构为贷款人的借款合同相比,民间借贷合同的主要特点在于:

1. 贷款人为非金融机构。民间借贷合同的贷款人具有特殊性,即贷款人是金融机构以外的自然人、法人或者其他组织,这也是民间借贷合同与一般借款合同的主要区别。民间借贷合同主要发生在亲属、朋友等具有人身信任关系的主体之间,一般也不约定担保事项,在此类法律关系中,当事人的诚信成为合同履行的保证。

2. 自然人之间的民间借贷合同是实践合同。《合同法》第210条规定:"自然人之间的借款合同,自贷款人提供借款时生效。"依据该条规定,自然人之间的民间借贷合同在性质上属于实践合同,当事人之间仅达成借款的合意,借款合

[①] 参见《民间借贷司法解释》第1条。

同并不能生效,必须贷款人实际提供借款,借款合同才能生效。法律之所以将自然人之间的借贷合同界定为实践合同,主要原因在于:一方面,自然人之间的借款合同一般发生在亲属、朋友之间,当事人之间具有很强的人身信赖关系,在贷款人实际提供贷款前,应当给予贷款人重新考虑是否提供借款的权利。因此,对自然人之间的借款合同而言,即便当事人已经就借款事项达成合意,也不应当直接认定当事人之间的合同已经生效。将自然人之间的借款合同界定为实践合同,有利于保护贷款人的利益,即在借款提供之前,贷款人自己的财产状况可能发生变化,其对借款人的信用状况也可能产生疑虑,在此情况下,应当允许贷款人随时撤回允诺。① 另一方面,自然人之间的借款合同一般数额较小,在当事人达成合意后,即便贷款人不实际提供借款,也不会对借款人的生产、生活造成重大影响,而且自然人之间的借款合同大多为无偿的。因此,有必要将自然人之间的借款合同界定为实践合同。

3. 非要式性。《合同法》第 197 条第 1 款规定:"借款合同采用书面形式,但自然人之间借款另有约定的除外。"从文义解释来看,法律并不要求自然人之间的借款合同必须采用书面形式,而且从体系解释来看,《合同法》第 197 条针对借款合同规定必须采用书面形式,同时规定,"但自然人之间借款另有约定的除外",这就意味着,该条允许自然人之间以约定来排除书面形式的要求。鉴于要式性的规定属于法律的强制性规定,不能通过约定排除,而既然《合同法》允许当事人在自然人之间的借款合同中排除书面形式的要求,因此,自然人之间的借款合同应当是不要式合同;更何况,在实践中,当事人大多采取非书面形式订立借款合同,只要当事人有证据证明借款合同存在,法院一般也认可该借款合同的效力。②

---

① 参见杜万华主编:《最高人民法院民间借贷司法解释理解与适用》,173 页,北京,人民法院出版社,2015。
② 值得注意的是,《民间借贷司法解释》第 2 条规定,"出借人向人民法院起诉时,应当提供借据、收据、欠条等债权凭证以及其他能够证明借贷法律关系存在的证据",能否据此认定民间借贷合同属于要式合同呢?笔者认为,该条虽然规定了出借人应当提供借据、收据、欠条等债权凭证,但其只是借贷合同成立的证明,而不是民间借贷合同的成立条件,民间借贷合同具有不要式性。

4. 主要具有单务性。如前所述，银行借款合同是双务、有偿的合同，此类借款合同中即使未约定利息，也推定为有息。但民间借贷合同与此不同，《合同法》第211条规定："自然人之间的借款合同对支付利息没有约定或者约定不明确的，视为不支付利息。自然人之间的借款合同约定支付利息的，借款的利率不得违反国家有关限制借款利率的规定。"《民间借贷司法解释》第25条第1款规定："借贷双方没有约定利息，出借人主张支付借期内利息的，人民法院不予支持。"由此可见，自然人之间的民间借贷合同以无息为原则，只有在当事人特别约定了利息条款的情形下，该借款合同才属于有偿的民间借贷合同。如果当事人没有约定借款人支付利息的义务，则借款人有权拒绝贷款人支付利息的请求，可见，民间借贷合同主要是单务合同。

二、民间借贷合同的生效

(一) 自然人之间民间借贷合同的生效

如前所述，我国《合同法》规定自然人之间的民间借贷合同是实践合同，但从实践来看，就自然人之间的借款合同而言，贷款人提供借款的方式多种多样，实践中发生的纠纷也较多，因此，有必要明确特定情形下借款合同的生效时间。《民间借贷司法解释》第9条具体规定了以下几种情形下借款合同生效的时间：

1. 贷款人以现金方式提供借款的，则借款合同的生效时间为借款人收到借款的时间。就自然人之间的借款合同关系而言，贷款人大多以现金的方式提供借款，因此，依据《民间借贷司法解释》第9条的规定，贷款人以现金方式提供借款的，在借款人收到借款时，借款合同才能生效。

2. 以银行转账、网上电子汇款或者通过网络贷款平台等形式支付的，自资金到达借款人账户时。随着互联网技术的发展，以银行转账、网上电子汇款、通过网络贷款平台等方式进行的民间借贷合同日益普遍，对此类借款合同而言，准确认定其生效时间对于明晰当事人之间的权利义务关系具有重要意义。由于银行、网络等平台在性质上是交付借款的方式，并没有改变自然人之间的借款合同

作为实践合同的性质,因而,以银行转账、网上电子汇款或者通过网络贷款平台等形式支付的,在借款到达借款人账户时,合同才能生效。

3. 以票据交付的,自借款人依法取得票据权利时。此处所说的票据主要是指汇票、本票、支票。借款人通过票据方式取得借款的,以票据交付的,取得票据权利才能获得借款,但取得票据权利的行为必须合法。票据行为必须符合法律行为的构成要件,不得存在欺诈、胁迫等要件,我国《票据法》对票据的形式要件具有严格要求,票据在形式上必须符合这些要求,否则可能导致票据无效,借款人也无法实际取得借款。[1] 因此,以票据的形式交付借款的,应当以其依法实际取得票据权利的时间作为借款合同的生效时间。

4. 出借人将特定资金账户支配权授权给借款人的,自借款人取得对该账户实际支配权时。从交易实践来看,有的贷款人将自己银行的账户交给借款人支配,在此情形下,贷款人虽然没有直接将借款交付借款人,但在此情形下,借款人也能够实际支配、控制借款,其能够产生与实际交付借款相同的效果。因此,在出借人将特定资金账户支配权授权给借款人的情形下,借款人能够实际行使控制、支配账户内的资金,则可以认定借款人已经实际取得借款,借款合同也开始生效。

5. 出借人以与借款人约定的其他方式提供借款并实际履行完成时。按照私法自治原则,对自然人之间的借款合同而言,当事人可以自由选择以何种方式交付借款。因此,该项对当事人以其他方式交付借款时合同的生效时间作出了兜底规定,该规定中"实际履行完成"应当是指贷款人已经将借款实际交付借款人。

虽然法律将自然人之间的借款合同规定为实践合同,但该规则在性质上属于任意性规定,当事人可以约定,一旦当事人就借款事项达成合意,合同即可有效成立。在此情形下,贷款人就不再享有"毁约权",其应当按照约定提供借款,否则借款人有权请求其承担违约责任。

---

[1] 例如,《票据法》第22条规定:"汇票必须记载下列事项:(一)表明'汇票'的字样;(二)无条件支付的委托;(三)确定的金额;(四)付款人名称;(五)收款人名称;(六)出票日期;(七)出票人签章。汇票上未记载前款规定事项之一的,汇票无效。"由此可见,出票人在签发汇票时,应当在汇票上记载上述事项,否则将导致汇票无效。

（二）非自然人之间民间借贷合同的生效

《民间借贷司法解释》将民间借贷合同区分为自然人之间的借款合同和非自然人之间的借款合同。非自然人之间的借款合同包括一方是自然人而另一方是法人或者其他组织的借款合同，或者双方当事人均为法人或者其他组织的借款合同。非自然人之间的借款合同虽然属于广义上的民间借贷合同，但其与自然人之间的民间借贷合同不同，一般不具有互助的性质，而且其一般是有偿的，借款人通常是基于自己的生产、经营需要而借款，而贷款人订立合同则一般是为了获得贷款利息。因此，当事人一旦订立合同，双方当事人都应当严格依据合同履行，而不得随意毁约。正是基于上述原因，《民间借贷司法解释》第10条规定："除自然人之间的借款合同外，当事人主张民间借贷合同自合同成立时生效的，人民法院应予支持，但当事人另有约定或者法律、行政法规另有规定的除外。"依据这一规定，非自然人之间的民间借贷合同一般自成立时生效。因此，非自然人之间的借款合同在性质上属于诺成合同，一旦当事人就借款事项达成合意，合同即生效，任何一方当事人都不得随意毁约。对非自然人之间的民间借贷合同而言，将其界定为诺成合同，则合同一旦成立，贷款人的贷款收益一般就是可以预期的，这也有利于资金的有效利用。

三、企业借贷合同原则上有效

（一）企业之间的借贷合同

《民间借贷司法解释》将企业之间的借贷合同纳入民间借贷合同的范围。所谓企业之间的借贷合同，是指企业之间基于生产、经营需要而订立的，一方按照约定向对方提供借款，另一方按照约定还款并支付利息的合同。在我国，长期以来，企业之间的借贷合同很多时候是被作为无效合同处理的。[①] 但是，近年来，

[①] 例如，中国人民银行《贷款通则》第61条规定："各级行政部门和企事业单位、供销合作社等合作经济组织、农村合作基金会和其他基金会，不得经营存贷款等金融业务。企业之间不得违反国家规定办理借贷或者变相借贷融资业务。"中国人民银行在1998年《关于对企业间借贷问题的答复》中明确规定，企业之间的借款合同是违反国家法律和政策的，应当认定无效。

随着我国市场经济的发展，特别是搞活企业和鼓励创新的需要，企业之间借款尤其是相互拆借资金的现象十分普遍，各种变相的借款（如通过投融资方式借款、以补偿贸易的方式借款等）十分活跃。各类形式企业之间的借款在社会生活中，尤其对于解决中小企业贷款难的问题也发挥了重要作用。因此，如果是为了解决本单位发展所需资金，严格禁止此类借款合同，则不利于本企业生产、经营活动的进行，也会妨碍经济的发展。因此，《民间借贷司法解释》第11条规定："法人之间、其他组织之间以及它们相互之间为生产、经营需要订立的民间借贷合同，除存在合同法第五十二条、本规定第十四条规定的情形外，当事人主张民间借贷合同有效的，人民法院应予支持。"依据该条规定，一方面，企业之间订立借款合同必须是为了生产、经营的需要，此种借款才有利于促进经济的发展。另一方面，企业之间的借款合同不存在合同无效的事由。具体而言，企业之间的借款合同不得存在《合同法》第52条以及《民间借贷司法解释》第14条所规定的情形，否则企业之间的借款合同无效。《民间借贷司法解释》虽然允许企业之间出于生产、经营的需要订立借款合同，但企业不得从事经常性的、以放贷为主业的借款活动，否则，不仅会规避法律关于金融活动资质的要求，而且可能对金融秩序的稳定产生一定的影响，该行为应当构成《民间借贷司法解释》第14条第1项所规定的"套取金融机构信贷资金又高利转贷给借款人，且借款人事先知道或者应当知道的"情形，应属无效合同。

（二）企业与本企业职工之间的借款合同

我国法律法规一直禁止企业以借款的形式向职工集资，例如，最高人民法院1999年发布了《关于如何确认公民与企业之间借贷行为效力问题的批复》，该批复将企业以借贷名义向职工非法集资的合同认定为无效合同，这就严格限制了企业以借款合同的形式向职工融资的空间。如果企业以借款合同的形式向职工筹集资金是为了本单位生产、经营的需要，一概否定此类合同的效力，可能不利于企业的发展，也不利于保护企业职工的利益。因此，《民间借贷司法解释》第12条规定："法人或者其他组织在本单位内部通过借款形式向职工筹集资金，用于本单位生产、经营，且不存在合同法第五十二条、本规定第十四条规定的情形，当

事人主张民间借贷合同有效的,人民法院应予支持。"依据该条规定,企业以借款合同的方式向本企业职工筹集资金在一定条件下是合法的,即该借款必须是"取之于单位,用之于单位"①。具体而言:一方面,企业只能向本单位内部的职工借款,而不得向其他单位的职工借款;另一方面,企业向职工借款的目的必须用于本单位生产、经营活动,而且采取的方式必须是借款方式。

四、民间借贷合同的无效

所谓民间借贷合同的无效,是指民间借贷合同因违反法律的强制性规定和公序良俗而无效。我国《合同法》第52条虽然对合同无效的事由作出了规定,但并不具体,这也给司法实践认定民间借贷合同的效力带来了一定困难。哪些民间借贷合同应当有效,哪些应当无效,各地法院认识不一。因此,《民间借贷司法解释》第14条在《合同法》第52条规定的基础上,对民间借贷合同的无效事由作出了细化规定。依据该条规定,在以下情形下,应当认定民间借贷合同无效:

1. 套取金融机构信贷资金又高利转贷给借款人,且借款人事先知道或者应当知道。所谓套取金融机构的信贷资金,实际上就是指从金融机构处获得信用贷款,然后以营利为目的转贷给他人。行为人在套取银行贷款后,再次转贷的,不仅违反了其与银行之间的借款合同,未按照约定的用途使用借款,而且使信用资金脱离了国家监管机关的监管,尤其行为人从事此种行为,使自己变相成了金融机构,其从该转贷行为中获取高额利息,也会扰乱金融秩序。因此,此种行为应被确认无效。

2. 以向其他企业借贷或者向本单位职工集资取得的资金又转贷给借款人牟利,且借款人事先知道或者应当知道的。如前所述,企业可以以生产、经营等目的向自己本单位的职工借款,但如果企业向本单位职工借款后,并没有"取之于单位,用之于单位",而是转贷他人,这实际上构成了非法集资,可能扰乱金融

---

① 杜万华主编:《最高人民法院民间借贷司法解释理解与适用》,225页,北京,人民法院出版社,2015。

秩序，涉嫌非法吸收公众存款，转贷牟利，甚至可能构成犯罪。[1] 但是此处所说的合同无效，是指企业将从其内部职工所借款项转贷给他人的借款合同无效，而不是指企业与其内部职工之间的借款合同无效。同时，依据该条规定，该合同无效的必要条件之一，是借款人知道或者应当知道企业转贷借款的目的是牟利。

3. 出借人事先知道或者应当知道借款人借款用于违法犯罪活动仍然提供借款的。一方明知借款人借款是为了赌博、走私等违法犯罪活动而贷款的，属于非法借贷，此类借款合同依法不予保护。对于非法借贷，考虑到其内容的违法性，应当认定合同无效。

4. 违背社会公序良俗的。所谓公序良俗包括公共秩序与善良风俗，是一个国家经济社会发展所必需的一般道德。例如，贷款人明知借款人借款是为了嫖娼，而仍然提供借款，则该借款合同应属无效合同。

5. 其他违反法律、行政法规效力性强制性规定的。该规定是借款合同无效的兜底性条款，因为法律不能对民间借贷合同的无效事由进行完全列举，而且随着经济社会的发展，民间借贷合同无效的情形也将日益多样化和复杂化。所以，该条作出兜底性的规定，有利于弥补具体列举的不足。当然，为了鼓励交易，法院在适用该规则时应当严格适用，应当尽量肯定借款合同的效力。

五、民间借贷合同的借款利息

（一）借款利息的约定

利息、利率是民间借贷最核心的问题，也是法律对民间借贷进行规范的重点，《合同法》第211条规定："自然人之间的借款合同对支付利息没有约定或者约定不明确的，视为不支付利息。自然人之间的借款合同约定支付利息的，借款的利率不得违反国家有关限制借款利率的规定。"关于民间借贷合同的利息，《民间借贷司法解释》第25条确立了以下两个规则：

---

[1] 参见《刑法》第176条。

第五节 民间借贷合同

1. 自然人之间的借款合同原则上是无偿的，除非当事人有特别约定，才应当支付利息。《民间借贷司法解释》依据《合同法》第211条的规定，于第25条规定："借贷双方没有约定利息，出借人主张支付借期内利息的，人民法院不予支持。""自然人之间借贷对利息约定不明，出借人主张支付利息的，人民法院不予支持。"据此，对自然人之间的借款合同，如果没有约定利息，也视为无息借款。当然，即便是无偿借款合同，如果借款人未按期还款，则在还款期限届满后，贷款人仍有权请求借款人支付逾期还款期间占有资金的利息。

依据《民间借贷司法解释》第31条的规定，如果当事人没有约定利息，但借款人自愿支付利息或者违约金的，一般应当承认该行为的效力，贷款人保有该利益并不构成不当得利。这主要是因为，在借款合同中，借款人使用了贷款人的资金，即便其自愿向贷款人支付利息，贷款人也不应当构成不当得利。而且，在当事人没有就利息事项作出约定时，借款人是否自愿支付利息属于其私人事务，按照私法自治原则，在借款人自愿支付利息的情形下，法律应当肯定其效力。当然，依据该条规定，如果借款人自愿支付的利息超过年利率的36%，则超出36%的部分，借款人仍有权请求贷款人返还。

2. 非自然人之间的借款合同原则上是有偿的。对非自然人之间的借款合同而言，其一般是有偿的，因此，《民间借贷司法解释》第25条规定："除自然人之间借贷外，借贷双方对借贷利息约定不明，出借人主张利息的，人民法院应当结合民间借贷合同的内容，并根据当地或者当事人的交易方式、交易习惯、市场利率等因素确定利息。"依据该条规定，对于非自然人之间的借款合同而言，即便当事人对借贷利息约定不明，也推定当事人之间的借款合同是有偿的，借款人仍应当向贷款人支付利息。但是，对此类借款合同而言，如未约定利息，法院在计算利息时，并不能直接根据人民银行的贷款利率计算利息数额，而应当由法院根据借款合同的内容、交易习惯以及市场利率等因素确定利息数额，这也是此类合同不同于银行借款合同的重要特点。

（二）民间借贷的借款利率

我国立法和司法实践历来禁止高利贷。《民法通则》第90条规定："合法的

借贷关系受法律保护。"该条的立法本意就是禁止设立高利贷。①《民间借贷司法解释》采用了分类的规范,其既没有完全禁止高利率,也没有完全放任高利率。该司法解释第26条第1款规定:"借贷双方约定的利率未超过年利率24%,出借人请求借款人按照约定的利率支付利息的,人民法院应予支持。"据此,该条在参考金融市场平均利率的基础上,确定了24%为判断标准的规则。根据司法解释起草者的观点,民间借贷的固定利率上限应当高于金融市场的平均利率,但又不得过度高于实体经济的利润率。②否则,就会导致民间借贷资金不会流向实体经济,可能加剧金融风险。③所以将民间借贷规制的上限规定为24%,总体符合这一发展水平。④因此,只要当事人约定的利率未超过年利率的24%,则贷款人可以直接申请强制执行。

根据《民间借贷司法解释》第26条第2款的规定,"借贷双方约定的利率超过年利率36%,超过部分的利息约定无效。借款人请求出借人返还已支付的超过年利率36%部分的利息的,人民法院应予支持"。据此,该条确立了如下规则:第一,以年利率36%作为当事人约定的利率的上限,超出36%以外的利息,不受法律保护。第二,对于年利率24%至36%之间约定的利息,如果当事人之间已经自愿履行,且未发生争议,那么法院也应当认可该履行行为的效力。第三,对于超过36%的部分,即便当事人已经实际履行,法律也不承认其效力,在此情形下,贷款人保有超出36%的部分的利息,构成不当得利,借款人有权请求其返还。

(三)复利问题

为了控制高利贷问题,我国立法和司法实践在历来禁止计算复利。所谓复利,是指将利息计入本金,并以此为本金再次计算所生的利息。这就是实践中所

---

① 参见魏耀荣等:《中华人民共和国合同法释论(分则)》,197页,北京,中国法制出版社,2000。
② 参见杜万华主编:《最高人民法院民间借贷司法解释理解与适用》,460页,北京,人民法院出版社,2015。
③ 参见袁春湘:《民间借贷法律规制研究》,113页,北京,法律出版社,2015。
④ 有关报告显示,全国民间借贷利率为23.5%,而农村地区的民间借贷利率为25.7%。参见杜万华主编:《最高人民法院民间借贷司法解释理解与适用》,461页,北京,人民法院出版社,2015。

说的"利滚利"、"驴打滚"。关于民间借贷的复利问题,《民间借贷司法解释》第28条规定:"借贷双方对前期借款本息结算后将利息计入后期借款本金并重新出具债权凭证,如果前期利率没有超过年利率24%,重新出具的债权凭证载明的金额可认定为后期借款本金;超过部分的利息不能计入后期借款本金。约定的利率超过年利率24%,当事人主张超过部分的利息不能计入后期借款本金的,人民法院应予支持。"从该条规定来看,《民间借贷司法解释》并没有完全禁止复利,因为法律上要禁止的并不是复利,而是高利的复利。[1] 复利本身只要没有超出法律所规定的最高利率标准,则应当认定其有效。但是复利也应当有一定的限制予以规范。即在当事人约定复利的情况下,只要最终计算的利率没有超出法律规定的最高利率标准,该复利的约定就是有效的,如果最终计算的利率超出了法律规定的最高利率标准,则超出的部分无效。例如,甲向乙提供100万元贷款,如果当事人约定的月利率为2%,则折算成年利率为24%,该约定符合法律规定的上限,应当有效。在6个月后,当事人约定,将前6个月的利息纳入本金,6个月后,当事人之间借款合同的本金则为112万元。但如果当事人约定的月利率为5%,则当事人所约定的年利率就是60%,则超出36%的部分不受法律保护,在6个月后,如果当事人约定,将前6个月的利率算入本金,则依据司法解释的规定,仅能将24%以内的部分算入本金,即6个月后新订立的借款合同本金仍是112万元,超过的部分不纳入本金。

(四)利息不得从本金中预先扣除

利息从本金中预先扣除的方法被称为"抽头"、"贴水贷款",对于此种情形,《合同法》第200条规定:"借款的利息不得预先在本金中扣除。利息预先在本金中扣除的,应当按照实际借款数额返还借款并计算利息。"《民间借贷司法解释》进一步重申了《合同法》的上述规则,于第27条规定:"借据、收据、欠条等债权凭证载明的借款金额,一般认定为本金。预先在本金中扣除利息的,人民法院应当将实际出借的金额认定为本金。"依据该条规定,如果贷款人预先扣除了本

---

[1] 参见郑孟状、薛志才:《论放高利贷行为》,载《中外法学》,1992(3)。

金，则以贷款人实际交付的借款数额为本金数额，贷款人预先扣除的利息不再纳入本金数额。如果贷款人将利息从本金中预先扣除，其无权请求借款人按照约定的本金数额还本付息。

六、逾期利息问题

（一）逾期利息的概念和特征

所谓逾期利息，是指当事人约定的，在借款合同期限届满后，借款人未按照约定归还借款时应当向贷款人支付的利息。逾期利息具有如下法律特征：

1. 逾期利息由当事人作出约定。逾期利息应当由当事人事先作出约定。如果当事人事先没有约定逾期利息事项，则贷款人无权请求借款人支付逾期利息，而只能依据不当得利返还请求权请求借款人支付占有资金期间的费用。当然，当事人既可以在借款合同中约定逾期利息事项，也可以单独就逾期利息作出约定；当事人既可以在借款合同订立前约定逾期利息，也可以在借款合同订立后对其作出约定。

2. 逾期利息本质上是当事人就借款人违约责任所作出的约定。逾期利息是借款人未在约定期限内归还借款而应当向贷款人支付的利息，其本质上是当事人就借款人违约责任所作出的约定，因此，关于逾期利息的支付等问题，在当事人没有约定的情况下，可以适用合同法总则关于违约责任的一般规则。

3. 逾期利息本质上是贷款人应当享有的收益。逾期利息是贷款人依据约定所享有的收益，其本来是借款人应当支付的，因借款人逾期未还款而应当向贷款人支付的利息。[1] 因此，贷款人收取逾期利息并不构成不当得利。

（二）逾期利息的计算

关于民间借贷合同逾期利息的计算，《民间借贷司法解释》第 29 条、第 30 条确立了如下规则：

---

[1] 参见袁春湘：《民间借贷法律规制研究》，257 页，北京，法律出版社，2015。

第五节 民间借贷合同

1. 允许当事人就逾期利息的利率作出约定。按照私法自治原则，当事人可以在民间借贷合同中就逾期利率作出约定，因此，《民间借贷司法解释》第29条第1款规定："借贷双方对逾期利率有约定的，从其约定，但以不超过年利率24%为限。"依据这一规定，如果当事人就逾期利率已经作出了约定，则应当按照当事人约定的利率标准计算逾期利息数额。当然，该条也对当事人约定逾期利率的自由进行了一定的限制，即当事人约定的逾期利率不得超过年利率24%。

2. 当事人未约定逾期利率时逾期利息的计算。依据《民间借贷司法解释》第29条第2款的规定，在当事人约定了逾期利息但没有约定逾期利率或者对逾期利率约定不明时，应当区分以下情形分别处理：(1) 如果当事人没有约定借期内的利率，则贷款人有权主张按照6%的年利率标准请求借款人支付逾期利息。按照司法解释起草者的观点，根据近年来中国人民银行发布的一年期的基准贷款利率大致为6%的情况，考虑到同期同类贷款利率种类较多，计算复杂，为统一裁判标准，本条规定按照年利率6%计算利息。[①] (2) 如果当事人约定了借期内的利率，则贷款人有权请求借款人按照借期内的利率标准支付逾期利息。

3. 逾期利息与违约金或其他费用的适用关系。当事人在约定逾期利息的同时，也可能同时约定了违约金责任，在此情形下，如何准确适用各种责任，值得探讨。依据《民间借贷司法解释》第30条的规定，如果当事人同时约定了逾期利息、违约金时，在借款人逾期还款的情形下，贷款人有权选择主张逾期利息、违约金或者其他费用，也可以一并主张上述各种责任，但贷款人请求的总额不得超过年利率的24%。

[①] 参见杜万华主编：《最高人民法院民间借贷司法解释理解与适用》，507页，北京，人民法院出版社，2015。

第七章

租赁合同

第一节 租赁合同概述

一、租赁合同的概念和特征

租赁在汉语中由"租"和"赁"组成,其最初是与租赁他人田地联系在一起的。《说文》中解释道:"租,田赋也。"因此,租的含义最初与租赁土地、田地有关。"赁"的本义是给人做雇工。[①] 从租赁的字义可以看出,租赁最初是指有偿使用他人土地而应当交田赋,后来扩大到泛指对财产的使用或有偿地让渡财产的使用。《合同法》第 212 条规定:"租赁合同是出租人将租赁物交付承租人使用、收益,承租人支付租金的合同。"因此,租赁合同是出租人暂时让渡财产的使用、收益权能以获取租金的合同。其中,交付租赁物供对方使用、收益的一

[①] 例如,《史记·栾布列传》称:"穷困,赁佣于齐,为酒人保。"《史记·范雎传》称:"臣为人庸赁。"可见,赁是指为人打短工、出卖体力的意思,后泛指借给别人财产收取报酬。

第一节 租赁合同概述

方,称为出租人,使用他人租赁物并支付租金的一方,称为承租人。租赁合同也是实践中常见的一类合同,它是指当事人一方(出租人)将自己的财产交付他方(承租人)使用,他方为此支付约定的租金,并在租赁关系终止后返还原物的协议。

租赁合同的法律特征主要是:

1. 仅移转占有和使用权

租赁合同的目的不在于移转标的物的所有权,而只是移转标的物的占有与使用权,这是其与买卖、赠与合同的最大区别。因此,租赁合同成立后,承租人在合同存续期间内享有对租赁标的物的占有和使用权,而处分权仍属于出租人。由于租赁合同中的承租人享有对物的占有和使用权,因而租赁不同于保管合同。因为保管合同中,保管人虽然取得对标的物的占有权,但是却不能使用标的物,除非合同当事人有特别的约定。不过,租赁合同是使承租人获得债权性的使用权,而不是物权性的使用权,这是其与用益物权的区别所在。承租人所享有的对租赁物的使用收益权,虽然具有某些物权特征,但在法律上,租赁权是一种债权,因此不能获得物权请求权的保护。

2. 具有有偿、双务性

在租赁合同中,承租人使用租赁物不是无偿的,其使用出租人的财产需以交付租金为前提。租赁与一般的无偿借用合同的区别就在于使用财产是否有偿。在无偿借用合同中,借用人取得出借人的财产,不需要支付租金,也不需要支付其他对价。如果承租人无须交付租金,则租赁合同的性质就转化成借用合同。租赁合同需要交付租金的特点也是其与借款合同的区别之一,虽然借款合同也是有偿的,但借款合同中借款人支付的是利息,而租赁合同中承租人支付的是租金。《合同法》第212条规定:"租赁合同是出租人将租赁物交付承租人使用、收益,承租人支付租金的合同。"因此,支付租金是租赁合同的重要特点。

在租赁合同中,出租方和承租方都享有权利并负有义务。出租人必须将租赁物交付给承租人,而承租人必须按期支付租金。任何一方当事人在享有权利的时候,都以负担和履行一定的义务为代价,双方所负担的义务形成对待给付关系,因此,租赁合同是双务合同。正是因为这一特点,所以它可适用双务合同的同时

履行抗辩规则。

3. 标的物是有体物和非消耗物

由于在租赁合同中，承租人需要占有、使用租赁物，因而租赁合同的标的物应当是有体物和非消耗物。一方面，租赁的标的物必须是有体物，只有对有体物才能够进行占有、使用，在租赁期满后才能返还，而无形财产则无法加以占有和使用。① 另一方面，租赁是将财产交付给承租人占有使用，并在租期届满后返还给出租人。因此，租赁合同的标的物必须是不可消耗物，从比较法上来看，许多国家都规定，有关租赁的规则只能够适用于耐用品（durable goods）的租赁。② 一次性使用的物品或很快能够被消耗完的物品，就不能作为租赁的标的，因为到期后无法返还。例如，食品属于消耗物，利用以后就要消耗掉，不能租赁。

4. 具有期限性

如前所述，租赁权不是物权，原因在于其受到严格的期限限制，租赁合同通常是出租人将其财产交给承租人在一定期限内占有、使用、收益，承租人只能在一定期限内对标的物占有、使用、收益。从比较法来看，各国法律在定义租赁合同时，都要规定租赁合同的期限，即租赁合同只能够持续一定的时间，不能够永久地持续下去。③ 我国《合同法》中规定，租赁合同最长不能超过20年，超过期限的约定是无效的。

5. 具有继续性

租赁合同是继续性合同，这是因为此类合同不是一次履行完毕的，承租人可以持续地对租赁物进行占有、使用和收益。因此，在租赁合同解除时，也仅对未来发生效力，无法发生溯及力。在租赁合同解除之前，承租人对标的物的占有、使用是有效的，即便在合同解除之后，承租人此前的占有使用仍然是有效的，合同解除的效力只针对解除之后发生。

---

① 参见胡康生主编：《中华人民共和国合同法释义》，313页，北京，法律出版社，1999。
② 如《奥地利民法典》第1090条就规定只有耐用品才能够用于租赁。关于非耐用品的租赁，只在少数国家得到承认，大多数国家尚未承认非耐用品的租赁。
③ See Kare Lilleholt et al. , *Lease of Goods*, Oxford University Press, 2008, p. 115.

6. 具有诺成性、不要式性

租赁合同只需双方当事人意思表示一致即可,而无须实际交付标的物。就形式要件而言,法律对一般的租赁合同并没有形式要件的要求,但是《合同法》第215条规定,"租赁期限六个月以上的,应当采用书面形式。当事人未采用书面形式的,视为不定期租赁"。这就是说,租赁合同原则上是不要式合同,当事人可以采取口头或书面的形式。根据这一规定,以6个月作为一个时间界分,租赁期不满6个月的,可以不采取书面形式,但是租赁期在6个月以上的,就应当采取书面形式。书面形式有助于确定当事人的权利义务,避免发生纠纷,同时在纠纷发生后,也便于判断事实,也便于当事人的举证。但是书面形式的要求并不是法定成立或者生效要件,如果当事人没有采取书面形式的,并不导致合同的无效。需要注意的是,法律对于房屋租赁合同要求采取书面形式,以满足备案等的需要。

租赁合同在实践中被广泛采用,且与社会经济生活以及公民的日常生活息息相关。尤其是近几年来,我国房地产、汽车、大型设备等各种租赁市场蓬勃发展,在我国社会生活中,通过房屋租赁,可以改善公民的居住条件、满足其居住需求。《合同法》关于租赁合同的规定有利于规范此种租赁行为,促进租赁业的发展。租赁合同的功能在于:第一,促进物的使用价值的有效利用。通过租赁使需要使用财产的人能以较小的代价获得物的使用价值,而使物的所有权人在保留其所有权的前提下实现物的价值,从而避免财产的闲置。第二,出租人通过租赁物的出租,可以收取租金,将其闲置的财产租赁他人使用,从而实现物尽其用。[1] 同时,承租人通过支付一定的租金而取得对他人之物的占有使用,就无须购买同样的物品,而租金一般较物品售卖的价金为低,因此也可以节约承租人的费用支出。第三,通过对房屋、汽车等财产的租赁,能够满足人们居住和其他生活需要。因此,租赁合同在我国《合同法》中占据重要的位置。

---

[1] 参见黄立:《民法债编各论》上册,194页,北京,中国政法大学出版社,2003。

二、租赁的分类

(一) 动产租赁和不动产租赁

这是根据租赁的财产是动产还是不动产而作出的区分。动产租赁就是指出租人将其动产的占有、使用和收益权以有偿的方式交付给承租人享有,而承租人支付租金的动产利用方式。例如,汽车、船舶、自行车、耐用消费品等的租赁。不动产租赁,是指出租人将其不动产交给承租人使用,承租人交付租金,并在合同终止时将不动产返还给出租人。不动产租赁合同是财产租赁合同中的一种,它具有财产租赁合同的一般特征,但其标的物是不动产。这两种租赁合同的区别主要表现在:

第一,租赁的财产不同。在动产租赁合同中,租赁的财产为动产;而不动产租赁的标的物是不动产。一般而言,如果动产的价值不是太高,当事人不一定订立正式的书面合同,而不动产租赁则一般需要采用书面形式。例如,就房屋租赁合同而言,依据《城市房地产管理法》第54条的规定,房屋租赁合同应当采用书面形式。

第二,是否涉及居住权的保护不同。动产主要涉及财产的利用,而不动产租赁尤其是房屋租赁,还涉及对承租人以及与其共同居住的人的居住权的保护问题。在法国,曾有判决认为,房屋出租合同不能剥夺承租人为其亲友提供住宿的权利[1],有关合同必须尊重承租人的家庭生活权利,出租人的宗教信念不能导致租赁合同的解除等。[2] 我国《合同法》第234条规定:"承租人在房屋租赁期间死亡的,与其生前共同居住的人可以按照原租赁合同租赁该房屋。"第233条规定:"租赁物危及承租人的安全或者健康的,即使承租人订立合同时明知该租赁物质

---

[1] Cass. civ. 3ème, 6 mars 1996, RTD. civ. 1996, p. 897, obs. J. Mestre et 1024, obs. J.-P. Marguénaud.

[2] Cass. civ. 3ème, 18 décembre 2002, Bull. civ. III, n°262; D. 2004, somm., p. 844, obs. Damas; RTD. civ. 2003, p. 290, obs.

第一节 租赁合同概述

量不合格，承租人仍然可以随时解除合同。"因此，在不动产租赁尤其是房屋租赁合同中，当代合同法越来越多地体现了人文关怀，而动产租赁中一般不存在这一问题。

第三，维修义务不同。动产租赁合同中，一般由承租人负担标的物的维修义务。而在不动产租赁中，对标的物的维修义务一般由出租人负担。此外，在不动产租赁合同中，当代法律还要求合同当事人承担保护环境等义务。例如，在德国法上的房屋租赁合同中，就会涉及环境保护的问题，出租人负有节能、减少废物排放等方面的环境保护义务。而动产租赁合同则不存在此类问题。

第四，期限不同。动产租赁的期限一般较短，而不动产租赁的期限一般较长。《合同法》第214条规定："租赁期限不得超过二十年。超过二十年的，超过部分无效。租赁期间届满，当事人可以续订租赁合同，但约定的租赁期限自续订之日起不得超过二十年。"该规定通常适用于房屋租赁合同。

（二）一般租赁和特殊租赁

此种区分是根据法律渊源的不同而作出的区分。所谓一般租赁，是指《合同法》第十三章中所规定的租赁合同。特殊租赁是指《合同法》规定的融资租赁、《海商法》规定的船舶租赁、《民用航空法》规定的航空器租赁、《农村土地承包法》规定的土地承包经营权租赁等。从比较法上来看，大多数国家规定有关租赁的规则同样适用于船舶或者飞机的租赁合同。[①] 一般租赁和特殊租赁的区别主要在于：

第一，法律适用不同。一般租赁主要适用《合同法》的相关规定，而特殊租赁除了融资租赁以外，主要适用《合同法》以外的其他法律。对于特殊租赁而言，在其他法律没有规定的情况下，可以参照适用《合同法》关于租赁合同的一般规定。但是哪些内容可以适用《合同法》的规定，要根据双方的具体约定来确定。例如，租赁合同中关于出租人负担维修义务的规定，并不适用于融资租赁合同以及船舶、航空器等的租赁。

---

① See Kare Lilleholt et al., *Lease of Goods*, Oxford University Press, 2008, p.116.

第七章 租赁合同

第二,合同订立的方式和程序不同。按照特别法优于普通法的原则,如果其他法律对于特殊租赁合同的成立有特别规定的,则应当优先适用该特别规定。例如,关于房屋租赁,要进行备案,适用《城市房地产管理法》的规定。

第三,租赁合同的标的物不同。一般租赁合同的标的物是普通的动产和不动产。而特殊租赁合同中,其标的物往往是特殊的动产,例如船舶、飞行器等。这些特殊的动产在法律上的地位类似于不动产,以登记作为权利变动的要件。

(三) 定期租赁和不定期租赁

这是根据合同中是否规定了租赁期限条款而作出的区分。所谓定期租赁合同,就是有确定租期的租赁合同,或者虽然没有规定明确的租期,但是在事后可以达成协议确定租期,或者可以通过合同的相关条款、使用租赁物的目的、交易习惯来确定租赁期限的合同。[1] 所谓不定期租赁合同,是指没有约定租期或者租期约定不明,而且事后也不能够确定租期的租赁合同。一般而言,合同中规定了租期的就是定期租赁合同,没有规定租期的就是不定期租赁合同。从比较法上来看,有的国家的法律只允许定期租赁,但大多数国家规定当事人可以自由约定定期租赁和不定期租赁。[2] 如果没有明确的约定租赁期间,合同当事人可以通过通知结束租赁关系。[3]

定期租赁合同和不定期租赁合同的区别主要表现在:第一,合同的期限是否可以确定不同。定期租赁合同的租赁期限在合同中有着明确的约定;即使没有约定,事后也能够通过当事人的补充协议加以确定。而不定期租赁合同的期限是不确定的,何时终止取决于当事人一方或双方的意思表示。第二,法律效果上不同。定期租赁合同中,期限届满时承租人必须交还租赁物,否则构成违约。不定期租赁合同因为租期尚未确定,所以返还租赁物的时间也不能确定。第三,是否可以随时解除合同不同。不定期租赁合同中的出租人可以随时解除租赁合同,当

---

[1] 参见乔燕主编:《租赁合同》,20 页,北京,人民法院出版社,2000。

[2] See Christian von Bar and Eric Clive, *Principles, Definitions and Model, Rules of European Private Law*, Volume Ⅲ, (Munich: Sellier. European Law Publishers, 2009), p.1459.

[3] 参见《奥地利民法典》第 1113 条;《荷兰民法典》第 7:228 条第 1 款;《法国民法典》第 1737 条;《德国民法典》第 542 条等。

第一节 租赁合同概述

然,在解除前应当提前通知承租人,并应为承租人留出合理的期限以准备履行。第四,形式要件不同。根据我国《合同法》第 215 条,租期在 6 个月以上的定期租赁合同应当采用书面形式,否则将视为不定期租赁合同。因为其租期较长,而且一般而言这些合同中租赁物的价值都较大,如果不采取书面形式,在发生纠纷后就不容易取证。如果未采取书面形式,当事人口头约定了租赁期限,在当事人没有发生争议的情况下,可以按照当事人的口头约定来处理,此时的租赁合同为定期租赁;在当事人对租赁期限有争议时,应当视为不定期租赁。根据这一规定,定期租赁和不定期租赁是可以相互转化的。

三、租赁合同和相关合同的比较

(一) 租赁合同与买卖合同

租赁合同与买卖合同具有相似性。如果租赁期限很长,出租人享有的所有权已经没有实际的意义,此时租赁与买卖从经济上说已无实际区别。在一些租赁合同中,当事人也可以约定在租赁期限届满后,由承租人购买租赁物的残余价值,此时该合同性质则由租赁转化为买卖。但在法律上,租赁和买卖存在明显的区别,主要表现在:一方面,在是否移转标的物的所有权上不同。一般认为,凡是永久移转所有权的合同,就属于买卖合同;而暂时性地移转使用权的合同,则属于租赁合同。租赁合同中存在优先购买权、买卖不破租赁等对承租人优先保护的规则;而买卖合同中不存在对哪一方特殊保护的问题。另一方面,买卖的标的物非常宽泛,既可以是现在的物,也可以是将来的物。但是对于租赁而言,通常必须是现存的物。无形的、将来的物等都不能作为租赁合同的标的物。此外,二者在风险负担规则方面存在明显区别。就标的物的风险负担而言,在买卖合同中依照交付转移风险;而在租赁合同中其风险始终归属于出租人。

在实践中,租赁容易与结合所有权保留的分期付款买卖发生混淆。在上述分期付款买卖中,买受人在付清最后一笔款项之前,标的物的所有权并没有发生转让,仍然由出卖人享有。在这一期间内,其和租赁合同具有相似性,买受人和承

租人都没有取得标的物的所有权,但都有权使用标的物。然而,两者之间存在明显的区别。表现在:第一,分期付款买卖合同仍然是以转让标的物所有权为目的的,只要正常支付价款,买受人就能够取得标的物所有权。而租赁合同中,即便承租人按期支付租金,也仍然无法取得标的物的所有权。第二,在分期付款买卖合同中,买受人享有对标的物所有权的期待权,但在租赁合同中,由于不涉及标的物所有权的移转,因而承租人并不能享有对租赁物所有权的期待权,只有在出租人将租赁物出售给第三人的情况下,承租人才享有优先购买权。第三,分期付款买卖合同中的买受人支付的是价金,而在租赁合同中,承租人支付的是租金。这两者不可能同时并存,一方当事人不可能既支付租金,又支付价金。

(二) 租赁合同与借用合同

租赁合同和借用合同都以利用他人的物为目的,都是取得他人之物的占有、使用、收益权能,因此,二者具有较多的相似性。但我国《合同法》仅规定了租赁合同,而没有规定借用合同。需要指出的是,虽然《民法通则意见》第126条规定了借用合同,但《合同法》并未将其作为一种独立的有名合同予以规定。从实践来看,民事主体之间经常通过互借来实现互通有无、互相帮助,借用也是实践中广泛采用的一种物的利用方式。

借用合同和租赁合同的主要区别在于,借用合同特别是公民之间的借用一般是无偿的,而租赁合同则是有偿的,出租人向承租人提供一定的财产一般是为了追求一定的经济利益。据此可以有效认定当事人之间合同关系的性质,如果利用他人的财产是有偿的,则即便当事人名义上使用的是借用合同,其在性质上也应当属于租赁合同。另外,借用合同一般只是临时的利用,期限较短,而租赁合同的期限相对较长。

第二节 租赁合同的内容

出租人和承租人订立租赁合同时,双方就合同的标的物、租金、期限等条款

第二节 租赁合同的内容

达成一致的意思表示之后，合同视为成立。《合同法》第213条规定："租赁合同的内容包括租赁物的名称、数量、用途、租赁期限、租金及其支付期限和方式、租赁物维修等条款。"根据该条规定，租赁合同的内容应当包括：

一、租赁物

（一）租赁物的名称

租赁合同的标的物可以是动产也可以是不动产。租赁合同的标的物，是法律允许可供出租的财产，以有体物为限。租赁合同标的物的特点在于：第一，合法性。动产和不动产都必须是法律允许出租的物，法律规定的违禁品（如枪支武器、毒品等）不得作为租赁标的物。在我国，土地也不得作为租赁的标的物。第二，有体性。一般来说，无体物即权利不能作为租赁的标的物，至于有偿利用他人的权利（例如专利权和商标权许可等），大多属于许可合同范围，不是租赁合同的内容。第三，不可消耗性。由于在租赁合同中，承租人不仅要利用租赁物，而且在合同终止时，要把原租赁物返还给出租人，因而租赁合同的标的物必须是非消耗物。如果物只能供一次消费，使用后无法返还，则其不能作为租赁的标的物。第四，具有使用价值。租赁的目的就是要使承租人能够获得使用、收益权能，如果标的物本身不具有使用价值，就无法实现租赁的目的。第五，特定性。租赁合同的标的物应当是特定的物。当事人双方签订租赁合同时，应当对租赁物加以明确界定。如果是不动产，应当约定不动产的具体位置、建筑面积、使用面积、结构等级、完损等级、主要装修设备等信息。如果是动产，应将型号、特征等具体标明。租赁物可以是特定物，也可以是种类物。对动产来说，租赁物大多是种类物，但是在交付时，一般都可以特定化。[①]

需要探讨的是，违章建筑的出租是否应一概宣告无效？《租赁合同司法解释》第2条规定："出租人就未取得建设工程规划许可证或者未按照建设工程规划许

[①] 参与胡康生主编：《中华人民共和国合同法释义》，316页，北京，法律出版社，1999。

第七章 租赁合同

可证的规定建设的房屋，与承租人订立的租赁合同无效。"笔者认为，违章建筑的出租是不合法的，但是否应当一概宣告该出租行为无效，要依据具体情形而定，考虑到实践中的特殊情况，如果建设单位在一审法庭辩论终结前取得建设工程规划许可证或者经主管部门批准建设的，则标的物的违法状态已经被消除，从鼓励交易出发，也应当允许其有效。但如果违章建筑属于危房，危及他人人身安全，涉及公共安全，则出租此种违章建筑的合同应当被宣告无效。

（二）租赁物的数量

数量主要是针对动产而言的，例如租用车辆的数量。明确数量之后既可以确定出租人的交付义务，也可以明确承租人的返还义务。

（三）租赁物的用途

所谓用途，是指承租人计划将租赁物投入使用的用途和目的。例如，租赁他人房屋是用于生活居住还是从事商业办公等。因为租赁物的用途直接关系物的使用范围、方式、方法等。例如，双方约定一方租赁他方的汽车用于载人，其就不能将该汽车用于载货。如果明确约定将汽车用于短途运输，就不能将汽车用来从事长途货运。

二、租金

租金是指因承租人对出租人提供的租赁物进行使用、收益而支付的对价。租金的方式可以是多样化的，除了货币之外，其他的对价形式也属于法律允许的范围。例如，双方约定，一方将车辆提供给另一方使用，但另一方必须每天负责接送其上下班。这种提供劳务的方式也属于租赁合同的租金。从比较法上来看，一些国家的合同法也认可租金形式的多样性。[①] 我国《合同法》也只是要求承租人支付租金，并没有将租金限定为货币。

在租赁合同中，当事人应当就租金的数额、支付方式、支付期限等作出明确

---

① 例如，在英国法中，无论是在普通法还是实定法中，租金可以是货币或者是其他的价值形式。See Kare Lilleholt et al., *Lease of Goods*, Oxford University Press, 2008, p. 115.

第二节 租赁合同的内容

约定,以免事后发生争议。关于租金的标准,国家有统一规定的,应依统一标准确定,国家没有统一规定的,应由当事人双方参照有关规定,按照公平合理、协商一致的原则议定。租金通常以金钱支付,但双方亦可约定以其他物的交付代替租金的支付。

除了租金之外,还涉及押金的问题。租赁房屋一般都还约定有押金。在不交付租金的情况下,押金是否可以转化成租金?一般认为,有约定的应当依据当事人的约定,在没有约定的情况下,押金具有保证金的作用,可以转化成租金。

三、租赁期限

(一) 租赁期限的概念

租赁期限是租赁合同所约定的当事人权利义务的存续期间。租赁期限不仅关系租赁物的使用期限,还关系租赁物的交还时间等。租期的计算可以按照年、月、日计算,也可以按照周计算,甚至按小时计算。租赁合同没有规定期限的,当事人双方可以随时终止合同。但是,在租赁期限内,如果承租人不按照规定的方法使用租赁物,擅自将租赁物转租或逾期不交纳租金,出租人可以依法律规定或合同约定而终止合同。如果租赁物有缺陷,而出租人不予修理,致使承租人不能继续使用时,承租人也可以终止合同。《合同法》第232条规定:"当事人对租赁期限没有约定或者约定不明确,依照本法第六十一条的规定仍不能确定的,视为不定期租赁。当事人可以随时解除合同,但出租人解除合同应当在合理期限之前通知承租人。"依据这一规定,首先,当事人可以对租赁期限进行约定,但不得超过法定的最长期限。其次,当事人对租赁期限没有约定或者约定不明确,应当依据《合同法》第61条由当事人签订补充协议。再次,如仍不能达成事后补充协议的,该租赁合同应视为不定期租赁。对不定期租赁而言,当事人可以随时解除合同,但当事人解除合同应当在合理期限内通知对方。

(二) 租赁的最长期限

租赁的最长期限是指法律确定的租赁合同最长的存续期限。从比较法来看,

第七章　租赁合同

许多国家都规定了租赁期限，例如，《日本民法典》第604条规定，租赁期限不得超过20年。我国台湾地区"民法"第449条第1项规定，租赁契约的期限不得超过20年，逾越20年的，缩短为20年。我国《合同法》第214条第1款规定："租赁期限不得超过二十年。超过二十年的，超过部分无效。"因此，无论是动产还是不动产租赁，最长的期限是20年。法律上规定20年最长租赁期限的原因在于：第一，租赁本身是对物的一种临时性的使用，对期限要有一定的限制，否则就在性质上和买卖混淆。租赁期限可以是定期的，也可以是不定期的，但不能是永久的，否则将使租赁物所有权人事实上丧失了对物的占有、使用和处分权能，这就使租赁合同在性质上转化为买卖合同。第二，租赁是一种合同，承租人的权利是一种债权，债权本身都是有期限限制的，如果允许当事人创设长期甚至无期的租赁合同，则相当于将债权物权化、变相创设新的物权类型。而我国采取物权法定的原则，不允许当事人自行创设新的物权类型，因此，有必要规定租赁合同的最长期限。第三，从有利于发挥租赁物的利用效率来看，如果租赁期限过长，出租人就不愿投入过大成本对租赁物进行维修改良，如此则不利于租赁物的有效利用。

关于《合同法》第214条规定的20年的期限，其性质究竟如何，有几种不同的观点。一是诉讼时效说。此种观点认为，20年的期限属于诉讼时效。二是除斥期间说。此种观点认为，20年的期限属于除斥期间。三是合同的有效期限说。此种观点认为，20年的期限是法律特别规定的合同有效期限。笔者赞成第三种观点，所谓"约定的租赁期限自续订之日起不得超过二十年"，显然其既不是诉讼时效，也不是除斥期间，而只是合同有效期限。不过，违反该期限，并非导致整个条款无效，而只是部分无效。也就是说，超过20年的部分无效，20年以内的部分仍然有效。此种20年期限并非当事人请求获得人民法院保护的期限，而只是租赁合同本身的期限，而且，诉讼时效是可以中止、中断或延长的，但20年的租赁合同期限并不能中止、中断或延长。另外，20年的期限也不是除斥期间，除斥期间原则上适用于形成权，而租赁合同当事人享有的权利并非形成权。

但是，如果租期届满、当事人仍然确有需要利用租赁物的，法律也并不完全禁止当事人再续签或者重新签订租赁合同、重新约定新的租赁期限，从而达到延

长利用租赁物的目的。①《合同法》第 214 条第 2 款规定:"租赁期间届满,当事人可以续订租赁合同,但约定的租赁期限自续订之日起不得超过二十年。"因此,租赁期限届满之后,当事人可以续订租赁合同。

(三)租赁期间届满后重新订立合同

《合同法》第 236 条规定:"租赁期间届满,承租人继续使用租赁物,出租人没有提出异议的,原租赁合同继续有效,但租赁期限为不定期。"这就是说,在租赁期限届满之后,承租人应当将租赁物返还给出租人,合同关系终止。但如果承租人继续使用租赁物,而出租人又不表示反对的,此种行为的性质如何?对此存在三种观点:一是新签订合同说。此种观点认为,在此情况下,相当于双方当事人重新签订了一个非书面形式的合同。二是期限变更说。此种观点认为,在此种情形下,双方延长了原合同的期限,从而继续履行原租赁合同。三是债务更新说。此种观点认为,这种不定期租赁合同的成立,就是租赁合同的法定更新。这是基于法律规定而成立的租赁合同,并非当事人直接通过意思表示而成立的租赁合同。② 笔者认为,期限变更说较为合理。原因主要在于:一方面,依据此种学说,合同的主要条款不变,只不过租赁期限要延长而已,此种解释也符合立法原意。另一方面,此种观点有利于保护承租人。因为当事人仅仅变更了合同履行期限,不必就合同其他条款进行协商,从而节省了交易成本。需要指出的是,此种变更并非采取当事人达成协议的方式,而是通过实际履行以及对该履行的默认而达成的。不过,在此情形下,当事人之间的租赁合同已转化为不定期租赁合同,应适用《合同法》关于不定期租赁的相关规定。

四、租赁物的维修条款

租赁物的维修条款,是指当事人在合同中约定的应由哪一方具体负担租赁物

---

① 参见胡康生主编:《中华人民共和国合同法释义》,319 页,北京,法律出版社,1999。
② 参见杨立新主编:《最高人民法院审理城镇房屋租赁合同纠纷案件司法解释理解与运用》,5 页,北京,中国法制出版社,2009。

的维修义务、费用等条款。从《合同法》的相关规定来看，已经明确租赁物的维修义务由出租人承担。但根据商业习惯和民间习俗，在一些租赁合同中，承租人也可能负有维修义务。例如，在我国许多地区，房屋租赁就存在"大修为主，小修为客"的说法，表明承租人也负有一定的维修义务。当事人在合同中约定了租赁物的维修条款之后，可以改变《合同法》对维修义务的相关规定。因此，当事人可以自由约定由哪一方负担租赁物的维修义务。

除上述条款外，当事人还可以就违约责任、争议解决方式等作出约定。但上述条款是租赁合同应当约定的重要条款，其中有关租赁物和租金的条款属于合同的必备条款，缺少了这些条款，合同不能成立。一般来说，只要当事人就租赁物和租金的支付达成合意，就可以认为租赁合同已经成立，至于租期等规定可以再通过法定的方式加以填补。当事人可以特别约定合同成立应当采用特殊方式，例如，某些财产租赁需要承租人交付押金，或者必须提供担保，那么，满足这些特殊方式后合同才能成立。

第三节　租赁权

一、租赁权概述

租赁权，是指承租人依据法律和合同约定而对租赁财产所享有的权利。租赁权主要是依据合同而产生的，但其效力受到法律保护。此种权利的内容主要是承租人对出租人的财产享有占有、使用和收益的权利。租赁合同的目的决定了出租人履行交付义务，必须以将租赁物直接交于承租人占有为必要，不能采用非移转占有的交付方式，否则，租赁合同的目的就难以达到。租赁权虽然不发生所有权的变动，但是，出租人必须将出租物的占有、使用和收益权能让渡给承租人。[1]

---

[1] 参见王轶编著：《租赁合同　融资租赁合同》，48页，北京，法律出版社，1999。

第三节 租赁权

关于租赁权在法律上究竟是债权还是物权，学界存在不同看法：

一是物权说。此种观点认为，租赁权在性质上属于物权。租赁权的物权化使得租赁权在一定程度上具有了物权的效力。在我国，也有学者认为，"在租赁合同存续期间，出租方不得将该租赁物再出租给第三人，即就同一物上只能设立一个租赁权"，并以此作为租赁权物权化之一种表现。①

二是债权说。此种观点认为，租赁权在本质上仍然属于债权而非物权。在绝大多数大陆法国家，租赁权在传统上被认为是合同债权的内容。例如，在奥地利、法国、德国都是如此。在学说上，占主流的观点认为，承租人对租赁物使用的权利应当受到限制，其只能在出租人所允许的范围内使用，而且承租人的权利也并非是一种财产权，没有写入土地登记簿的必要。②

以上两种观点都不无道理。应当承认，租赁权确实具有某些物权的特点。这主要表现在：一方面，租赁合同成立以后，承租人取得对租赁物的占有、使用和收益的权利，法律保护承租人的租赁权，并排斥出租人和第三人的侵犯。另一方面，从租赁权的发展来看，许多国家的法律为了强化对承租人利益的保护，确保承租人对不动产的有效利用，在特殊情况下，使租赁权物权化。这具体表现在许多国家法律都确认了买卖不得击破租赁的规则，赋予租赁权具有对抗第三人的效力，即在租赁合同成立后，即便出租人将租赁物出售给他人，买受人也不能随意终止租赁合同，而必须继续履行租赁合同，承租人得以继续享有租赁权。因此，在理论上，一些学者将租赁权称为"相对支配权"（relatives Herrschaftsrecht）③。租赁权的物权化有利于保护承租人的利益，即在出租人将租赁物的所有权让与第三人后，原租赁合同对新所有人继续存在，新所有人必须尊重承租人已享有的合法权益，承认租赁合同的效力。但是，笔者以为，从本质上来讲，租赁权仍然属于债权，其主要原因在于：

---

① 参见江平主编：《中华人民共和国合同法精解》，166 页，北京，中国政法大学出版社，1999。
② See Kare Lilleholt et al., *Lease of Goods*, Oxford University Press, 2008, p. 113.
③ 张双根：《买卖不破租赁》，载王洪亮等主编：《中德私法研究》第 1 卷，北京，北京大学出版社，2006。

第七章　租赁合同

第一，租赁权不具有对世性，承租人的权利并不能够对抗不特定的第三人，只能对抗出租人，不能对抗第三人。"一物一权"乃是物权排他性效力的表现，而租赁权仍然是由合同法所规范的法律关系，当事人基于合同的约定而确定各自的权利义务。承租人只能对出租人主张权利，而且租赁物的所有权仍然归出租人。因此，租赁权只能对抗特定的合同相对人，其在性质上属于债权。

第二，租赁权具有期限性。物权中的所有权是不具有期限限制的，他物权虽然有期限限制，但期限都比较长，例如，建设用地使用权的期限可以长达70年之久。但是租赁合同中都必须约定租赁权的存续期限，而且该期限都比较短。《合同法》第214条规定："租赁期限不得超过二十年。超过二十年的，超过部分无效。租赁期间届满，当事人可以续订租赁合同，但约定的租赁期限自续订之日起不得超过二十年。"据此可见，相对于物权而言，租赁权具有明显的期限限制，而且期限较短。租赁权的期限限制也会影响当事人的权利义务。例如，《合同法》第221条规定："承租人在租赁物需要维修时可以要求出租人在合理期限内维修。出租人未履行维修义务的，承租人可以自行维修，维修费用由出租人负担。因维修租赁物影响承租人使用的，应当相应减少租金或者延长租期。"依据该条规定，租赁期间内租赁物的维修义务由出租人负担，法律作出此种规定的重要原因在于，租赁权在性质上属于合同债权，而不是一个长期稳定的权利，由承租人负担维修义务会不当加重其负担。例如，如果某人租赁他人的房屋，时间也不长，他还要负担维修的费用等，这样成本过高，而且，一旦租赁合同终止，他要返还租赁物，维修房屋时的材料无法取回，甚至支付的费用都很难补偿。但用益物权人应当负担相关设施的建造和维修费用。例如，在他人的土地上设定地役权并建造设施，只能由设施建造者承担费用。

第三，租赁权的支配性较弱。与一般物权不同，租赁权的支配性较弱。从本质上说，租赁权是一种债权，是基于租赁合同对租赁物的管领和占有而产生的一种权利，其对标的物进行支配的属性并不明显。在租赁合同中，承租人对租赁物的利用方式受到严格限制：一方面，承租人对租赁物使用和收益的权能受到限制。对于租赁物的使用，要受到租赁合同的限制。例如，如果租赁合同约定租赁

第三节 租赁权

的目的是民用居住,那么承租人就无权利用租赁物从事经营活动。另一方面,承租人一般无权处分租赁物。由于出租人对租赁物享有所有权,而承租人只是对租赁物进行债权性的利用,所以承租人无权处分租赁物。

第四,租赁权的生效无须进行登记。租赁权的发生和变动并不以登记为效力发生的依据,这与一般的不动产物权显然不同。一般的不动产物权必须以登记作为其效力发生和变动的依据,而租赁权的发生只需当事人的合意即可发生。

二、租赁权的物权化——买卖不破租赁

(一) 买卖不破租赁的概念

买卖不破租赁,是指在租赁期间,租赁物的所有权变动,并不导致租赁关系的解除。《合同法》第229条规定:"租赁物在租赁期间发生所有权变动的,不影响租赁合同的效力。"该条确立了买卖不破租赁的规则,使租赁权在实际上具有了物权的效力。如前所述,租赁权在当代发展的重要趋势之一,就是租赁权的物权化,许多国家的法律为了强化对承租人的保护、促进对租赁物的有效利用,大多承认了这一规则。例如,在德国法中,动产租赁人的占有受到《德国民法典》第986条第2款的保护;在意大利法中,如果承租人占有租赁物,则新的所有权人必须尊重既存的租赁关系。[①] 依照《奥地利民法典》第1120条的规定,在存在租赁合同的情况下,依据法律行为移转租赁物的所有权时,只要承租人占有租赁物,则租赁合同对新所有人同样产生效力,而原所有权人是共同责任人。各国立法大都承认这一规则的主要原因在于,不动产对当事人利益重大,而且具有稀缺性,如果出租人将租赁物出售,而不赋予承租人对抗买受人的权利,承租人的租赁权将会落空,其仅能针对出租人主张违约责任,这对承租人而言是不公平的,也不利于保护居住权。严格地讲,"买卖不破租赁"只是一种形象的说法,其本意是指,任何租赁物所有权的变动都不得影响租赁合同的效力。例如,赠与、确

[①] See Christian von Bar and Eric Clive, *Principles, Definitions and Model Rules of European Private Law*, Volume Ⅲ, (Munich: Sellier. European Law Publishers, 2009), p. 1588.

第七章　租赁合同

权等,都可能导致租赁物的所有权变动,也都要适用这一规则。因而,这一规则的适用不限于买卖。

(二) 买卖不破租赁的适用条件

法律上之所以要确立买卖不破租赁的规则,是为了稳定租赁关系,保护承租人的居住权。依据《合同法》第229条的规定,该规则的适用应当具备如下条件:

第一,租赁合同必须已经成立并生效。因为买卖不破租赁主要是为了保护承租人的利益,而承租人占有租赁物必须基于有效的租赁合同,如果租赁合同尚未成立或被宣告无效,则承租人无权占有租赁物。

第二,承租人取得了对租赁物的占有。因为买卖不破租赁效力的发生,以承租人对租赁物具有一定的支配利益为前提。如果承租人尚未取得对租赁物的占有,也不能主张买卖不破租赁。另外,从第三人角度来看,如果其知道租赁物已经处于承租人的占有之下,则可以认为租赁关系已经成立生效,因而第三人应当知道该租赁物之上存在租赁合同的负担,即便其购买该租赁物,也不能解除租赁合同,租赁物之上的权利负担仍然存在。但是如果承租人尚未取得对租赁物的占有,则第三人没有理由知道租赁关系的存在,此种情形即不应适用买卖不破租赁规则。①

如果承租人占有租赁物之后,因各种原因中止对租赁物的占有,是否仍适用该规则?例如,承租人未经出租人同意转租,导致直接占有的中断。一些学者认为,在租赁存续期间,在承租人中止对租赁物占有的情形下,不得适用买卖不破租赁规则。② 问题在于,如何理解"中止占有"?即便是未经同意转租的情况下,租赁关系仍然是在出租人与承租人之间,而且承租人也是间接占有人。笔者认为,此处所说的"中止占有"限于承租人基于自己的意思而将租赁物返还给出租人,如果承租人被第三人侵夺占有、非基于自愿而丧失占有,则仍然视为占有持续,并不属于此处所说的"中止占有"。

---

① 参见王泽鉴:《民法概要》,288页,北京,北京大学出版社,2009。
② 参见韩世远:《合同法学》,457页,北京,高等教育出版社,2010。

第三节 租赁权

第三，在租赁期间内发生所有权的变动。如何理解"所有权变动"？学界对此存在不同观点：一种观点认为，买卖不破租赁中所有权的变动原因限于买卖，也就是说，出租人在租赁合同的有效期间内，将租赁物所有权转让给第三人。[①] 另一种观点认为，此处所有权变动的原因不限于买卖，只要租赁物所有权在租赁期间内发生变动，不论是基于买卖，还是基于互易、赠与、遗赠等原因，都应当适用买卖不破租赁规则。[②] 笔者赞成第二种观点，在租赁合同存续期间内，引起租赁物所有权变动的原因可以有多种，买卖是其中最为典型的一种类型，但不应将其限于买卖。从《合同法》第229条的文义来看，其使用"租赁物在租赁期间发生所有权变动"的表述，并未将其限于因买卖而导致的所有权变动。另外，从该制度的设立目的来看，如果将其适用范围限于因买卖发生的所有权变动，可能会影响租赁关系的稳定。

关于所有权变动的时间点，依据《合同法》第229条的规定，限于在租赁期间内发生。如何理解租赁期间？一种观点认为，租赁期间是指从合同生效之后，到合同终止的期间。而另一种观点认为，租赁期间特指从出租人交付租赁物，到承租人返还租赁物为止的期间。笔者认为，《合同法》第229条虽然没有明确限定租赁物所有权变动的时间点，但应当将该时间点界定为出租人将租赁物交付承租人之后，在交付租赁物之前，如果出租人将财产转让给第三人，不应适用买卖不破租赁规则，在此情形下，由于出租人的原因导致承租人的订约目的落空，承租人有权请求出租人承担违约责任；但在租赁物交付以后，租赁物所有权发生变动的，则应当适用买卖不破租赁的规则。此外，因租赁物交付以前的原因导致租赁物所有权在租赁期间发生变动的，承租人也应有权主张买卖不破租赁。

第四，主要适用于不动产。关于买卖不破租赁的规则是否仅适用于不动产？从比较法上来看，一些国家的立法规定这一规则仅适用于不动产。例如，《德国民法典》第566条规定："所出租的住房在交给承租人后，被出租人让与给第三

---

① 参见胡康生主编：《中华人民共和国合同法释义》，339页，北京，法律出版社，1999。
② 参见韩世远：《合同法学》，456页，北京，高等教育出版社，2010。

第七章　租赁合同

人的，取得人代替出租人，加入到在出租人的所有权存续期间因使用租赁关系而发生的权利义务中。"我国《合同法》第229条对此采纳了"租赁物"的表述，而没有明确限定为"动产"或"不动产"。对之进行文义解释，"租赁物"显然既包括动产，也包括不动产。由此可见，我国《合同法》规定无论动产或不动产，都适用买卖不破租赁规则。这实际上是扩张了买卖不破租赁的适用范围。[①] 但笔者认为，此处有必要采用限缩解释，将其限于不动产。[②] 买卖不破租赁规则的立法目的，主要是保障承租人的居住利益。不动产的承租人应当享有居住的权利，这属于基本人权的范畴。正是考虑到租赁权人的居住利益的保障，才在例外情形使租赁权具有了物权的效力。对于动产而言，因不涉及居住权的问题，不必适用该规则。且动产通常是种类物，在市场上可替代性强，即便租赁关系因所有权变动受到影响，承租人也可以通过租赁、购买等方式实现其利用物的目的。如果承租人需要较长时间的使用，其可以直接到市场上进行购买。

（三）买卖不破租赁的效力

买卖不破租赁的效果是"不影响租赁合同的效力"。所谓不影响租赁合同的效力是指原租赁合同仍然有效，对承租人来说，既不需要终止原租赁关系，也无须订立新的租赁合同而成为新的租赁合同的承租人。[③] 虽然《合同法》第229条使用"不影响租赁合同的效力"的表述，但是，其实际的法律后果应当是在承租人和租赁物的新所有人之间形成租赁合同关系。如果取得租赁物所有权的人要求承租人搬出房屋，则新的所有人将违反租赁合同，承租人可以主张继续履行、损害赔偿等违约责任。由此可见，买卖不破租赁的规则赋予承租人对抗新的所有权人的权利。也就是说，新的所有权人要求承租人搬出房屋，承租人有权拒绝。

[①] 参见胡康生主编：《中华人民共和国合同法释义》，339页，北京，法律出版社，1999。

[②] 如王文宇教授指出："即使'保护经济上弱者'为民法立法之初的立法理由，时至今日，承租人之资力与出租人相较，常非经济上之弱者，故此一立法理由已显不足。……盖自规范目的而言。租赁契约物权化的立法，本可自提升土地使用效益等观点而予以正当化，而无须假借'保护经济上弱者'之名。"

[③] 参见胡康生主编：《中华人民共和国合同法释义》，339页，北京，法律出版社，1999。

三、租赁权的保护

如前所述,租赁权在本质上仍然属于债权,因此,在租赁权受到侵害时,承租人只能依据租赁合同来主张自己的权利,而不能主张物权请求权。一般来说,因出租人的原因导致承租人不能行使租赁权,则出租人的行为构成违约,承租人有权要求出租人承担违约责任。

如果因第三人的行为侵害租赁权、导致承租人的租赁权受到妨害或侵害时,承租人如何保护其权利?例如,第三人非法撬掉出租房屋的门锁,擅自搬进去居住。在此种情形下,不仅承租人的租赁权受到侵害,而且出租人的所有权也受到侵害。毫无疑问,出租人可以基于其所有权而有权对第三人主张物权请求权,要求第三人停止侵害、恢复原状、赔偿损失。在第三人侵害承租人的占有时,虽然承租人不能基于所有权或者合同债权而对第三人主张权利,但是,承租人却有权基于其有权占有的状态而对第三人主张排除妨害、返还租赁物、赔偿损失等。我国《物权法》第 245 条规定:"占有的不动产或者动产被侵占的,占有人有权请求返还原物;对妨害占有的行为,占有人有权请求排除妨害或者消除危险;因侵占或者妨害造成损害的,占有人有权请求损害赔偿。"因此,在第三人侵害租赁权的情况下,承租人有权行使占有保护请求权,并得以直接向第三人请求排除妨害、返还租赁物以及赔偿损失。当然,承租人也可以请求出租人及时排除妨害,由出租人请求该第三人停止侵害,以保障承租人的租赁权。

第四节 租赁合同的效力

一、出租人的义务

(一)按照约定交付租赁物

《合同法》第 216 条规定:"出租人应当按照约定将租赁物交付承租人,并在

第七章 租赁合同

租赁期间保持租赁物符合约定的用途。"由此可见,交付租赁物是出租人的首要义务,只有当出租人将租赁物交付给承租人,承租人才能够实现对租赁物的占有、使用和收益,从而实现合同的目的。① 所谓交付租赁物,就是指出租人将其对租赁物的占有移转给承租人。此处所说的交付,应当从狭义上理解,将其限于实际交付。如果租赁物为第三人占有,出租人能否将向第三人的返还请求权移转给承租人而完成租赁物的交付?有学者认为,在此情况下,可以由承租人向第三人主张标的物的返还请求权。② 笔者认为,除非经承租人同意,否则不能通过此种方式来替代交付。出租人按照约定交付标的物,也包括应按照规定的时间将租赁物交付承租人使用,所交付的租赁物在质量和性能等方面应符合合同的要求。如果出租人违反这一义务,致使承租人不能按期使用或不能正常使用租赁物,承租人有权请求出租人修理、替换,必要时也可解除合同并请求出租人赔偿损失。出租人不履行维修义务而影响承租人使用时,承租人有权代为修理或请求解除合同,代修的费用应由出租人负担,承租人可以在租金中扣除。

在此需要讨论出租人的无权处分问题。从法律上讲,出租人所出租的财产应当是自己有权处分的财产。但是出租人出租他人财产时,该租赁合同是否有效?一种观点认为,根据《合同法》第212条:"租赁合同是出租人将租赁物交付承租人使用、收益,承租人支付租金的合同。"此处只规定"租赁物",而没有强调该租赁物必须是出租人自己的财产。所以,当出租人以他人财产进行出租时,合同仍然有效。③ 另一种观点认为,租赁物必须是出租人有权处分的财产。如果出租人以他人财产出租,该租赁合同应宣告无效。笔者认为,原则上说,出租人应当以自己的财产出租,但出租人未经他人许可而将其财产出租,也并不当然导致租赁合同的无效。从《合同法》第212条的文义来看,该条并没有明确要求出租人只能以自己的财产出租,也未规定以他人财产出租将导致合同的无效。因而可以认为,出租人他人财产的合同并非当然无效。由于财产出租行为仍然是对租赁

---

① See Kare Lilleholt et al. , *Lease of Goods*, Oxford University Press, 2008, p.113.
② 参见吴启宾:《租赁法论》,33页,台北,五南图书出版公司,1998。
③ 参见郭明瑞、王轶:《合同法新论·分则》,104页,北京,中国政法大学出版社,1997。

第四节 租赁合同的效力

物的处分，因而出租他人财产实际上构成无权处分。依据《合同法》第51条的规定，此时将构成效力待定行为。

问题在于，在出租人无权出租他人财产的情况下，承租人能否善意取得租赁权？有人认为，如果相对人是善意，则其也能够依据善意取得规则而取得租赁权。[①] 笔者认为，由于租赁权在性质上属于债权而非物权，所以不应适用善意取得规则。当出租人以他人财产进行出租时，如果出租人事后取得处分权或者他人事后进行了追认，则其无权处分的效力得到补正，其进行的出租就属于有权出租。如果出租人事后既没有取得处分权，也没有得到真正权利人的追认，根据《合同法》第51条的规定，该租赁合同的效力将由待定状态转化为无效状态。

（二）维修义务

《合同法》第220条规定："出租人应当履行租赁物的维修义务，但当事人另有约定的除外。"这就从法律上规定了出租人的维修义务。所谓维修，是指在租赁期限内，租赁物出现了损坏、不能保持租赁物处于约定用途时，对租赁物进行修缮使其恢复正常的使用功能。维修可以保证承租人能够正常使用租赁物。维修不仅包括损坏之后的修复，还包括日常的保养和维护。租赁合同一旦生效，租赁物交由承租人使用后，出租人仍应负担租赁物的修缮义务。出租人之所以负有维修的义务，是因为一方面，出租合同成立之后，租赁物仍然归出租人所有，所有人应当修缮其所有的物，使其适合承租人使用。如果租赁物交付以后，承租人不能利用，则可能影响承租人缔约目的的实现。另一方面，出租人也有义务保持租赁物符合约定用途的状态。所谓保持租赁物符合约定用途的状态，是指出租人不仅负有交付的义务，而且应当在租赁期间保持租赁物符合约定的用途，这是出租人应当负有的主给付义务。也就是说，只有履行此种义务才能够使承租人实现对租赁物的正常占有和使用，从而达到租赁目的。如果租赁物不符合约定的利用状态，可能导致承租人租赁目的的无法实现。因此，在租赁期间内，出租人有义务保持租赁物符合约定的用途。还需要指出的是，出租人所负有的保持租赁物符合约

[①] 参见王轶：《论无权处分行为的效力——以物权变动模式的立法选择为背景》，载《中外法学》，2001（3）。

定用途状态的义务，是其负有的维修和修缮租赁物义务的前提和基础。正是因为出租人有义务保持租赁物处于符合用途的状态，所以在租赁物出现缺陷时，出租人应当进行修缮。此外，出租人承担修缮义务也有利于租赁物的完好，从而可以延长租赁物的使用时间，这也有利于保护出租人对租赁物的所有权。而且租赁物的状态良好也有利于出租人继续出租以获取租金收益，这也是符合出租人利益的。因此，从根本上讲，承担维修义务也是符合出租人利益的。[1] 同时，出租人修缮租赁物也是一种权利，因为出租人为了保持租赁物的完好状态，必要时有权利进行修缮，而且在修缮时承租人有义务进行配合。[2]

在当事人没有特别约定的情况下，应当由出租人在合理期限内承担维修义务。之所以要求出租人必须在合理期限内进行维修，是因为维修的期限长短直接关系到承租人对租赁物的使用。维修的请求既可以由承租人提出，也可以由出租人主动维修。如果承租人提出维修的要求，则出租人应当在合理期限内维修。确定"合理期限"，要综合考虑物的损坏程度、承租人需要维修的紧急状态以及出租人的维修能力等因素确定。[3] 在确有必要修缮的情况下，承租人应当向出租人提出修缮的要求，因为标的物在承租人的占有之下，是否有必要进行修缮，承租人最为清楚。尽管法律规定必须由出租人修缮，但是由于租赁的情况非常复杂，各地的交易习惯也不完全一样。为了充分尊重当事人意思自治，法律允许当事人进行特别约定，即当事人可以约定由承租人负责维修。一旦作出此约定，则改变了法律的规定。

依据《合同法》第220条，出租人履行维修义务应当具备如下条件：

第一，租赁物确有维修的必要。所谓维修的必要，是指保持租赁物符合合同约定和缔约目的所需要的使用、收益状态。《合同法》第221条规定："承租人在租赁物需要维修时可以要求出租人在合理期限内维修。"此处所说的"需要维修"，主要是指在租赁物出现不适于使用的状况时，有必要通过维修使其恢复合

---

[1] 参见胡康生主编：《中华人民共和国合同法释义》，326页，北京，法律出版社，1999。
[2] 参见吴启宾：《租赁法论》，34页，台北，五南图书出版公司，1998。
[3] 参见胡康生主编：《中华人民共和国合同法释义》，328页，北京，法律出版社，1999。

第四节 租赁合同的效力

同订立时的状况。租赁物的受损必须是承租人正常使用租赁物的过程中所造成的损坏，而不是因承租人的过错而导致租赁物的损坏。例如，承租人租用他人汽车，交给没有驾驶执照的人驾驶，造成汽车损坏，此时，出租人不仅不负有维修的义务，而且还有权请求承租人承担赔偿责任。有观点认为，租赁物的任何不适于承租人利用的状态都属于应当维修的情况，出租人负担维修义务有利于使租赁物达到约定的使用、收益状态。① 但从《合同法》的规定来看，租赁物应当维修的情况是指出现了合同约定的、影响承租人使用的情况。笔者认为，应当对出租人的维修义务进行严格限定，即依据合同的约定和缔约目的，判断租赁物是否处于合同约定的使用状态。维修一般仅限于租赁物出现损坏的情形，对于毁损灭失的，则一般无法通过修缮来恢复，而只能重建或者更换，因此就不适用维修条款。

第二，必须具有维修的可能。出租人对标的物的维修，必须具有维修的可能性，即在租赁物损坏之后，能够通过修缮来恢复原状。如果对财产造成的损害在客观上不能修复，或者维修的代价太高，则没有必要进行修复。例如，租赁物已经灭失就已无维修必要。维修的可能不能单纯从物理和技术上判断，还要从经济和交易上来判断。例如，维修价格甚至超出了租赁物本身的价值，就没有必要进行维修。如果租赁物已经无法修复，严重影响到承租人的正常利用，承租人有权退租或者要求减少租金而不能请求出租人维修。

第三，租赁物的毁损不能归责于承租人。在租赁期限内，非因承租人的原因造成的租赁物的毁损，出租人应当负有维修的义务。但如果是因为承租人的原因造成租赁物的毁损（例如承租人擅自装修，将墙壁凿穿破损），其无权要求出租人承担维修义务。问题在于，在因承租人原因而造成租赁物的损害时（如承租人因侵权行为而造成租赁物毁损），出租人是否仍需进行修缮？对此有两种不同的观点：一种观点认为，出租人仍然负有维修的义务，但承租人也负有损害赔偿义务，这两种义务属于不同的义务。② 我国《合同法》第 220 条并没有区分租赁物

---

① 参见吴启宾：《租赁法论》，34页，台北，五南图书出版公司，1998。
② 参见［日］我妻荣：《债法各论》，周江洪译，444页，北京，中国法制出版社，2008。

毁损的原因，而只是规定出租人应当负担租赁物维修的义务，即便是因为承租人的原因造成租赁物的毁损，出租人也负有维修的义务。[1] 另一种观点认为，出租人有权拒绝修缮，因为在因承租人的原因造成租赁物损坏的情况下，承租人的赔偿就是对租赁物进行修缮[2]，所以出租人就不必进行修缮。笔者认为，如果租赁物遭受他人侵害，会产生侵权责任的问题，而一旦侵权损害赔偿的费用足以修缮租赁物，则不必要使出租人继续承担修缮义务，在此种情形下可以考虑由行为人承担恢复原状的侵权责任。相反，如果因承租人的原因造成租赁物的损害，则承租人无权要求出租人承担维修义务，否则不仅有失公平，而且容易引发道德风险。从比较法上看，各国也一般规定，只有在租赁物的毁损不能归责于承租人时，出租人才负有维修义务。

在具备上述条件时，出租人应当及时修缮租赁物，出租人怠于履行维修义务的，承租人可以自行维修，费用由出租人负担。《合同法》第221条规定："承租人在租赁物需要维修时可以要求出租人在合理期限内维修。出租人未履行维修义务的，承租人可以自行维修，维修费用由出租人负担。因维修租赁物影响承租人使用的，应当相应减少租金或者延长租期。"依据该条规定，如果出租人在合理期限内没有尽到维修义务的，承租人可以自行维修，维修费用由出租人负担。同时，依据该条规定，对租赁物进行维修而暂时影响承租人对租赁物的使用的，实际上导致承租人租赁权受损，此种损失应当由出租人进行补偿。在出租人履行维修义务的过程中，因为维修而影响了承租人的使用，导致承租人对租赁物的实际使用期限要短于合同约定的租赁期限，从而遭受了一定损失的，对于此种损失，也应当由出租人承担，即由出租人根据租赁物的维修时间的长短，来弥补承租人的损失。补偿的方式，一是相应减少租金。减少的程度应当与承租人不能使用租赁物的损失状况相适应。二是适当延长租期，但出租人应当在延长的期限内免收租金。

问题在于，如果出租人没有尽到维修义务，在此情况下，承租人是否可以享

---

[1] 参见崔建远主编：《合同法》，3版，371页，北京，法律出版社，2003。
[2] 参见邓基联主编：《房屋租赁合同纠纷》，3页，北京，法律出版社，2010。

第四节 租赁合同的效力

有一种同时履行抗辩权,有权拒绝支付相应的租金?根据《合同法》第 221 条的规定,承租人因维修而导致无法使用租赁物时,有权要求减少租金。该条实际上承认承租人在此种情形下享有同时履行抗辩权,其有权要求减少支付相应的租金,但没有规定可以拒绝支付租金。笔者认为,出租人交付租赁物并保持租赁物符合约定的用途与承租人支付租金之间形成了一种对价关系,出租人不履行义务,承租人应可以行使同时履行抗辩权。① 因此,出租人不修缮,承租人有权基于同时履行抗辩权而拒付租金。

(三) 瑕疵担保义务

瑕疵担保义务,是指出租人应当保证其享有出租租赁物的权利,以及租赁物的质量能够满足合同约定的租赁目的。瑕疵担保义务包括物的瑕疵和权利瑕疵担保义务两种。

1. 物的瑕疵担保

《合同法》第 216 条规定:"出租人应当按照约定将租赁物交付承租人,并在租赁期间保持租赁物符合约定的用途。"该条规定出租人应当在租赁期间保持租赁物符合约定的用途,这实际上确立了出租人物的瑕疵担保义务。此种担保义务包括:首先,租赁物应当符合约定的用途。如果合同约定了租赁物的特定用途的,租赁物就应当符合该用途。例如,当事人在合同中约定由出租人提供长途运输的载货大汽车的,则出租人所提供的载货大汽车就应满足此用途。其次,如果合同没有对租赁物的用途作出约定的,则出租人应当保证租赁物具有通常的作用。例如,电冰箱能够正常制冷,起到储藏的作用;汽车能够正常行驶,起到交通工具的作用等。出租人只有履行此种义务,才能够保证承租人能够正常使用租赁物,以便当事人能够实现订立合同的目的。

有学者认为,出租人瑕疵担保义务有两个时点:一是在交付租赁物时,出租人就应当保证租赁物处于能够正常使用的状态;二是在租赁期间内也要保证租赁物能够符合约定的用途,使得承租人能够正常使用。② 笔者认为,从《合同法》

---

① 参见郑玉波:《民法债编总论》上册,100 页,台北,三民书局,1986。
② 参见胡康生主编:《中华人民共和国合同法释义》,322 页,北京,法律出版社,1999。

第 216 条的规定来看,出租人应当在"租赁期间"保持租赁物符合约定的用途,即自交付租赁物开始直到租赁期间届满的时间段内,出租人都应当保证租赁物能够处于正常使用的状态。

如果承租人在订立合同时已经明知租赁物具有质量瑕疵而仍然愿意承租,通常认为承租人已经自负风险,在租赁合同生效之后,承租人无权基于租赁物的瑕疵而要求出租人承担维修义务、减少租金或者解除承租关系。在比较法上,各国大多规定承租人仅在出租人恶意不告知租赁物的瑕疵时,承租人才有权主张上述权利。[①] 我国法律虽然对此没有明确规定,但一般认为,只要出租人履行了说明义务、没有故意隐瞒租赁物存在瑕疵的情况,承租人仍然愿意承租的,则承租人应当承担危险。但是在特殊情况下,即使承租人明知标的物的瑕疵,也不能免除出租人的瑕疵担保责任。《合同法》第 233 条规定:"租赁物危及承租人的安全或者健康的,即使承租人订立合同时明知该租赁物质量不合格,承租人仍然可以随时解除合同。"这是对出租人租赁物瑕疵担保义务的例外规定。我国《合同法》作出该规定的立法目的在于,强化对生命健康权的保护。这就是说,即使承租人订立合同时明知租赁物质量不合格、危及承租人的安全或健康的,虽然租赁合同已经生效,则承租人仍然随时有权解除合同。从比较法上来看,许多国家和地区的立法都作出了类似的规定。[②]《合同法》第 233 条仅适用于"租赁物危及承租人的安全或者健康的"情形。所谓"危及",是指存在现实的、紧迫的危险和威胁,即损害尚未发生但有发生的可能性。判断"危及"应当采用常人的标准,即一般人都认为存在威胁人的健康和安全的状况时,即便承租人或出租人不认为存在任何危险,也仍然认为存在"危及"安全和健康的情况。如果租赁财产本身有瑕疵,影响正常的租用,但不会影响承租人的健康或安全,则不适用该条规定。问题在于,危及安全和健康的对象是否仅限于承租人?是否包含租赁物的具体使用

---

① 参见《德国民法典》第 536b 条。
② 例如我国台湾地区"民法"第 424 条规定:"租赁物为房屋或其他供居住之处所者,如有瑕疵,危及承租人或其同居人之安全或健康时,承租人虽于订约时知有瑕疵,或已抛弃其终止契约之权利,仍得终止契约。"

第四节 租赁合同的效力

人？笔者认为，"危及"的对象不仅包括承租人本人，也包括其家庭成员和其他共同居住的人。还要看到，我国《合同法》第233条在适用范围上不限于房屋租赁，还包括其他租赁物，如附属物等。也就是说，任何租赁物只要危及承租人的健康或安全，即使订立合同时明知此种情形的存在，承租人也都可以随时解除合同。[1]

出租人违反此种物的瑕疵担保义务，其所承担的责任仍然属于违约责任，也就是说，所谓的瑕疵担保责任本身就属于违约责任的一种类型，并不存在单独的、特殊的瑕疵担保责任。

2. 权利瑕疵担保

权利瑕疵担保，是指出租人应当保证在租赁期间，不因第三人主张权利而影响承租人对租赁物的正常使用。在比较法上，许多国家的法律也对此作出了规定。例如，根据《法国民法典》第1726条和第1727条，出租人的担保义务表现为担保不得有任何第三人对租赁物提出权利主张（譬如，不得有第三人提出所有权、役权或存在其他承租人等主张）。[2] 我国《合同法》第228条规定："因第三人主张权利，致使承租人不能对租赁物使用、收益的，承租人可以要求减少租金或者不支付租金。第三人主张权利的，承租人应当及时通知出租人。"该条实际上确认了出租人的权利瑕疵担保义务，即出租人应当保证租赁物不因第三人主张权利而使承租人不能对租赁物进行使用、收益。[3] 出租人违反此种义务，租赁合同仍然有效，但出租人应当承担违约责任。由于租赁合同是以承租人一方取得租赁物的使用、收益为目的的合同，出租人负有将租赁物交付承租人使用的义务，因而，租赁合同的出租人应当是租赁物的所有权或使用权人。[4] 在租赁合同中，

---

[1] 参见胡康生主编：《中华人民共和国合同法释义》，345页，北京，法律出版社，1999。

[2] Paul-Henri Antonmattei, Jacques Raynard, Droit civil, Contrats spéciaux, LexisNexis, Litec, 2008, p. 246.

[3] 有学者认为，我国《合同法》在租赁合同中没有规定权利瑕疵担保，但是依据《合同法》第174条的规定，有偿合同可以参照买卖合同的规定，而《合同法》在买卖合同中规定了权利瑕疵担保（《合同法》第150条），因此该条关于权利瑕疵担保的规则也可以适用于租赁合同。参见韩世远：《合同法学》，451页，北京，高等教育出版社，2010。

[4] 参见王轶编著：《租赁合同 融资租赁合同》，5页，北京，法律出版社，1999。

第七章　租赁合同

出租人擅自出租他人之物，致使在租赁期间内租赁物被他人主张权利的，出租人通常构成根本违约行为，承租人有权要求解除合同，并有权请求出租人承担违约责任。

承租人因未尽到权利瑕疵担保义务而承担违约责任的构成要件是：

第一，租赁物因存在权利瑕疵而被第三人主张权利。权利存在瑕疵的情形主要是指出租人将并不属于自己所有或经营管理的财产出租给他人。例如，某个共有人未经其他共有人同意而擅自将共有物出租，或者房屋的借用人将借用的房屋出租给他人，这些都属于无权处分的情形。实践中，如果抵押权设定在租赁合同之前，则抵押权人行使抵押权会对承租人造成不利的影响，此时，承租人也有权请求出租人承担违约责任。

第二，因第三人主张权利致使承租人不能对租赁物使用、收益。即便第三人对租赁物主张权利，但如果没有影响承租人对租赁物的使用、收益，承租人也无权请求出租人承担违约责任。例如，第三人对租赁物主张权利时，出租人得知之后，立即与第三人达成协议解决了权利纠纷，则承租人的权益并未受到具体影响，此时，承租人即无权请求出租人承担违约责任。

第三，承租人对于瑕疵的存在不知情。如果承租人明知存在瑕疵，即明知出租人对租赁物没有处分权，仍然与之订立合同，则应由其自己承担相应的后果。① 因为此时承租人明知该风险的存在而仍然签订合同，应当自负风险。

关于违反权利瑕疵担保义务的后果，依据《合同法》第 228 条，在出租人构成无权处分的情况下，租赁合同仍然有效，出租人因为违反了对承租人所应负的保证承租人取得租赁物的使用、收益权的义务，应当承担违约责任。② 根据《合同法》第 228 条，在出租人违反瑕疵担保义务的情况下，承租人可以要求减少租金或者不支付租金。究竟采取何种责任形式，应当根据此种权利瑕疵对承租人的影响程度而定。承租人究竟主张减少租金还是拒付租金，应当根据出租人违反瑕疵担保义务的后果对承租人的影响程度来决定，如果出租人违反瑕疵担保义务只

---

① 参见胡康生主编：《中华人民共和国合同法释义》，338 页，北京，法律出版社，1999。
② 参见王轶编著：《租赁合同 融资租赁合同》，5 页，北京，法律出版社，1999。

第四节 租赁合同的效力

是给承租人造成暂时不能使用租赁物,或者部分租赁物无法使用,则承租人仅有权要求减少租金;如果出租人违反瑕疵担保义务导致承租人在较长的期限内无法使用租赁物,则承租人有权拒付租金。但在第三人主张权利时,承租人应当负有向出租人及时通知的义务。① 因为承租人是租赁物的直接占有人,如果第三人向其提出权利主张,则承租人应当及时通知出租人,如此既有利于纠纷的解决,也有利于保障其自身的租赁权。

(四)费用返还义务

所谓费用返还,是指在租赁关系存续期间内,承租人已经支付了必要费用和有益费用,出租人应当将该费用返还给承租人。《合同法》第221条规定:"承租人在租赁物需要维修时可以要求出租人在合理期限内维修。出租人未履行维修义务的,承租人可以自行维修,维修费用由出租人负担。因维修租赁物影响承租人使用的,应当相应减少租金或者延长租期。"该条确认了承租人的费用返还请求权。具体而言,包括如下几点:

1. 必要费用的返还。所谓必要费用,是指维持租赁物处于正常使用状态而由承租人支出的费用。例如,机器零部件的更换、维修费等。凡是本应由出租人承担而承租人已经支出的费用,都构成必要费用。关于必要费用的范围,通说认为,必要费用不仅指维持原状的费用,也包括保持租赁物符合基本状态的费用。② 依据《合同法》第221条的规定,应当是由出租人负担租赁物的维修义务,但在出租人未履行维修义务的情况下,由承租人自行维修、支付了维修费用的,则承租人有权向出租人主张必要费用的返还。因为出租人应当保持租赁物适于正常使用的状态,支付必要费用属于其合同义务,承租人支付了此种费用,自然应当允许其请求出租人返还。出租人不履行此项义务的,承租人可以相应地减少租金数额或者在租金中扣除。③ 关于返还租赁物的费用负担问题,通常有约定要依约定,没有约定则应由承租人承担。

---

① 参见王利明等:《合同法》,2版,407页,北京,中国人民大学出版社,2007。
② 参见郑玉波:《民法债编总论》上册,107页,台北,三民书局,1986。
③ 参见崔建远主编:《合同法》,413页,北京,法律出版社,2007。

2. 有益费用的返还。所谓有益费用，是指租赁物在客观价值上增加的费用。《合同法》第 223 条第 1 款规定："承租人经出租人同意，可以对租赁物进行改善或者增设他物。"依据这一规定，在租赁期间，如果承租人认为对租赁物有必要进行改善或增设他物，经出租人同意，承租人可以以自己的费用进行改善或增设他物。对有益费用的判断，一是必须要征得出租人的同意。依据我国《合同法》，只有在出租人同意的情况下，承租人才有权对租赁物进行改善、增设他物。如果未经出租人同意而对租赁物进行改动增设，则不能构成有益费用，甚至可能构成对出租人所有权的侵害。二是要依据客观标准来判断。如果一般人都认为此种行为增加了租赁物的价值，则该价值就属于有益费用，出租人应当返还相应的价款给承租人。通常认为，有益费用应当仅限于合同终止时租赁物增加的价值额，而不能以承租人实际支付的数额为准。[1]

二、承租人的义务

（一）支付租金

租金是承租人按规定有偿使用租赁物所支付的对价[2]，支付租金是承租人的主给付义务。《合同法》第 226 条规定："承租人应当按照约定的期限支付租金。"关于租金的支付，有以下问题值得探讨：

1. 租金的数额。租金的数额通常由合同约定。但在合同没有约定的情况下，当事人应当根据《合同法》第 61 条的规定，事后达成补充协议，或者根据市场行情来确定租金的水平。考虑到市场租金水准的变动性，当事人也经常在合同中并不约定某一固定的租金数额，而是规定了某种特定的浮动性计算系数，根据这一系数可计算出某一特定时间的租金数额。此种做法不能被认为租金约定不明确。如果始终缺乏租金条款，也没有其他方法可以确定租金的存在及其标准，则

---

[1] 参见魏耀荣等：《中华人民共和国合同法释论（分则）》，219 页，北京，中国法制出版社，2000。
[2] 例如，法国法上使用了"对价（contrepartie）"这一词。

第四节 租赁合同的效力

合同的性质即发生改变,此时合同有可能变为无偿借用合同。① 在美国法中,当出现承租人迟延支付租金的情况时,如果租金的市场价格高于约定的租金价格,出租人可以就迟延期间的租金要求赔偿约定租金和市场租金的差价损失,因为如果没有承租人的违约,出租人本来可以获得更高的租金。② 这一经验是值得借鉴的,在计算租金损失时,可以考虑迟延支付的租金与市场价值之间的差价损失。

2. 支付的期限。如果当事人约定了租金的支付时间,则承租人应当按照约定的时间支付租金。《合同法》第 226 条规定:"对支付期限没有约定或者约定不明确,依照本法第六十一条的规定仍不能确定,租赁期间不满一年的,应当在租赁期间届满时支付;租赁期间一年以上的,应当在每届满一年时支付,剩余期间不满一年的,应当在租赁期间届满时支付。"因此,如果当事人就租金的支付期限没有约定或者约定不明确的,应当按照如下规则确定支付时间:第一,应当依照《合同法》第 61 条确定支付期限。这就是说,当事人可以事后达成协议,无法达成协议的,可以考虑合同的相关条款和交易习惯确定。第二,如果依据该规定仍不能确定的,租赁期限不满 1 年的,应当在租赁期限届满时支付。第三,如果租赁期限在 1 年以上的,每届满 1 年时支付。也就是说,每年支付一次租金。但是支付期限是从合同生效满 1 年时计算。例如,在 2014 年 9 月签订租赁房屋的合同,租赁期限为 3 年,但当事人没有明确约定支付租金的期限,也无法通过《合同法》第 61 条的规定来确定,此时就应当在 2015 年 9 月、2016 年 9 月和 2017 年 9 月分期支付租金。

一般来说,如果当事人双方约定了支付租金的期限,则属于定期债务。《合同法》第 227 条规定:"承租人无正当理由未支付或者迟延支付租金的,出租人可以要求承租人在合理期限内支付。承租人逾期不支付的,出租人可以解除合同。"这就是说,即便当事人就租金的支付期限有约定,出租人要想解除合同,

---

① Paul-Henri Antonmattei, Jacques Raynard, Droit civil, Contrats spéciaux, LexisNexis, Litec, 2008, p. 236.

② See William H. Lawrence, William H. Henning, Understanding Sales and Leases of Goods, Matthew Bender & Co., Inc., 1995, p. 285.

则仍然负有催告的义务。但如果当事人事后达成补充协议，允许分期支付，则该定期债务就转化成分期支付债务。由于租赁合同是继续性合同，就违约的确定而言，分期支付的，每次到期不支付也构成违约。

(二) 合理使用租赁物

在租赁期间内，承租人只对租赁物享有使用权，而不享有所有权，但此种使用也并非无限制的任意使用。因为承租人使用租赁物时，使用的范围非常宽泛，使用的方式也多种多样。对于同一财产的使用，不同的承租人有不同的目的。因此，有关使用的方法必须要由当事人之间的协议、租赁的目的以及相关默认规则来确定。[1] 就租赁物的使用而言，承租人负有如下义务：

1. 合理使用租赁物。《合同法》第 217 条规定："承租人应当按照约定的方法使用租赁物。对租赁物的使用方法没有约定或者约定不明确，依照本法第六十一条的规定仍不能确定的，应当按照租赁物的性质使用。"依据这一规定，首先，承租人应当按照约定的方法使用租赁物。这就是说，合同约定了应当如何使用租赁物的，当事人应当依据其约定。如果当事人约定了租赁物用途的，就应当按照该用途使用。[2] 例如，当事人约定房屋只能用于居住，而不能用于商业经营，承租人应当遵守这一约定。其次，对于使用方法没有约定或者约定不明确的，应当依照《合同法》第 61 条的规定来确定。这就是说，由当事人事后达成补充协议，不能达成补充协议的，按照合同有关条款或者交易习惯确定。最后，如果不能按照《合同法》第 61 条的规定确定的，应当按照租赁物的性质使用。所谓租赁物的性质，是指租赁物本身的属性或功能。例如，客运汽车不应当用于货物运输。[3] 按照租赁物的性质使用，也就是按照租赁物通常的用途进行使用。

从合理使用租赁物的后果来看，《合同法》第 218 条规定："承租人按照约定的方法或者租赁物的性质使用租赁物，致使租赁物受到损耗的，不承担损害赔偿责任。"这就是说，按照约定的方法或者租赁物的性质使用租赁物，即使租赁物发生损耗，也是一种自然的损耗，出租人不能要求承租人承担损害赔偿责任。例

---

[1] See Kare Lilleholt et al., *Lease of Goods*, Oxford University Press, 2008, p. 108.
[2][3] 参见魏耀荣等：《中华人民共和国合同法释论（分则）》，211 页，北京，中国法制出版社，2000。

第四节 租赁合同的效力

如，租赁他人的设备，对于设备的正常折旧、价值贬损，只要承租人是合理使用的，就不应赔偿此种损失。因为租赁物虽然是不可消耗物，但是，其也有合理损耗的问题，任何财产都会折旧，承租人按照约定的方法或者租赁物的性质使用租赁物，表明其是依据合同进行的合理使用。因为承租人已经支付租金，这实际上是其合理使用租赁物的对价，也就不必再为租赁物的合理损耗承担赔偿责任。

2. 使用租赁物而产生的收益的归属。《合同法》第225条规定："在租赁期间因占有、使用租赁物获得的收益，归承租人所有，但当事人另有约定的除外。"在租赁期限内，使用租赁物所获得的收益，主要是指租赁物所产生的孳息。此种孳息究竟是归承租人所有还是归出租人所有，这首先要根据当事人的约定来确定。如果没有约定，依据《合同法》的上述规定，归承租人所有。法律上作出此种规定的理由在于，承租人承租的目的在于使用、收益物品的价值，使用和收益往往是不可分割的。因此，租赁合同对此没有特别规定时，孳息归承租人所有也符合租赁合同的目的。另外，财产在承租人占有之下，新产生的孳息也在承租人占有之下，在此情况下一定要求承租人转移孳息给出租人也是困难的。

3. 不合理使用租赁物的后果。《合同法》第219条规定："承租人未按照约定的方法或者租赁物的性质使用租赁物，致使租赁物受到损失的，出租人可以解除合同并要求赔偿损失。"据此，在承租人不合理使用租赁物的情况下，出租人所享有的权利主要包括：一是解除合同。之所以允许其解除合同，是因为承租人对租赁物的不合理使用已经构成了根本违约，属于基本义务的违反，出租人原则上享有解除权。但是，解除合同的后果通常比较严重，对于承租人的影响较大，所以应当受到一定限制，即只有在不合理使用租赁物达到比较严重的程度时，出租人才有权主张解除合同。如果只是轻微地、暂时违反约定方式使用租赁物，而并没有给租赁物造成严重的后果的，则不一定要解除合同。二是赔偿损失。在解除合同之后，如果出租人还存在其他损失，则有权要求承租人赔偿。但如果出租人认为不解除合同对其更为有利，则可以继续租赁，而主张损害赔偿。[①]

[①] 参见胡康生主编：《中华人民共和国合同法释义》，326页，北京，法律出版社，1999。

第七章 租赁合同

(三) 妥善保管租赁物

《合同法》第222条规定："承租人应当妥善保管租赁物，因保管不善造成租赁物毁损、灭失的，应当承担损害赔偿责任。"这就确立了承租人的妥善保管租赁物的义务，这也是承租人所应当负有的基本义务。但这并不是说租赁合同本身是一个混合合同（即租赁和保管合同的混合体），因为租赁合同不是保管合同，承租人订立租赁合同的目的是使用而不是保管租赁物。不过，承租人在租赁合同中，对租赁物进行妥善保管，这既有利于其自己对租赁物的利用，也符合出租人的利益。

那么，如何判断承租人是否尽到"妥善保管"的义务？由于租赁的财产是他人财产，所以承租人要尽到比保管自己的财产更高的注意义务。另外，租赁合同是有偿合同，在有偿合同中，当事人负担的通常是善良管理人的注意义务。具体来说，妥善保管义务包括了如下几个方面的内容：

第一，将租赁物置于适当地点。这主要是针对动产租赁而言的，例如，租赁他人的机器设备就不应当将机器置于阴暗潮湿的地方，以防止机器生锈。租赁他人的汽车，应当在停车场停放，不应随意停放在路边。

第二，对租赁物应当采用适当的方法进行管理。此处所说的适当的方法，是指使租赁物处于良好状态的方法，尤其是要避免租赁物的毁损灭失。有人认为，《合同法》第222条没有规定对租赁物防火、灭火的责任。实际上，防火灭火的义务是在我国特别法中规定的，毫无疑问，承租人也要遵守相关法律规定。除合同另有规定以外，承租人不得擅自转让、转租租赁物，也不得擅自对租赁物进行拆毁、改装或作其他改变。如果承租人不按规定要求使用租赁物，出租人有权解除合同。如因承租人保管、使用不当，致使租赁物损坏的，承租人应负赔偿责任。

第三，因保管不善造成租赁物毁损、灭失的，承租人应当承担损害赔偿责任。如何理解"保管不善"？对此存在不同的理解。有学者认为，《合同法》上述规定采用了"保管不善"的用语，本身存在立法缺陷，因为该概念没有标明究竟

第四节 租赁合同的效力

是承租人主观上的过错还是客观上的过错，用语模糊。[1] 对如何界定"保管不善"，存在如下不同标准：一是主观标准，即因为承租人具有抽象轻过失。我国台湾地区"民法"第432条规定，承租人应对抽象轻过失承担责任，即须以善良管理人的注意保管租赁物。[2] 但存在例外情形，在因失火而导致租赁物的毁损、灭失时，只有承租人存在重大过失才负赔偿责任。此种标准采纳的就是主观判断标准。[3] 二是客观标准。即只要没有尽到保管义务造成损害，承租人都要承担赔偿责任。当然，保管义务的具体内容，既包括合同的约定，也包括法律的规定。三是严格责任标准。即只要是标的物受到了损害，都认为是保管不善造成，承租人都应当赔偿。笔者认为，一方面，不应对承租人的赔偿责任采严格责任原则，不能说只要租赁物毁损灭失的，就可直接认定为保管不善，进而要求承租人承担责任，这对承租人未免过于苛刻。在租赁物毁损灭失的情形，应当进一步确定造成租赁物毁损灭失的原因，进而认定承租人的责任。另一方面，关于是否应当区分承租人的故意、重大过失和一般过失，从而确定承租人的责任，《合同法》并没有作出特别规定。因此，只要承租人保管不善导致租赁物的毁损、灭失，不考虑承租人的过错程度，都应当使其承担完全赔偿责任。[4] 从这个意义上讲，主要应当采用主观标准判断承租人是否尽到了妥善保管义务，当然，如果法律对承租人的保管义务作出了规定，或者当事人对承租人的保管义务作出了约定，承租人未尽到此种义务导致租赁物毁损、灭失的，出租人也有权请求承租人赔偿。

此外，如果租赁物出现毁损、灭失，承租人应当及时通知出租人，并采取措施避免损失的扩大。例如，承租人可以自行维修的，就应当及时进行维修，不能因维修义务归出租人，就怠于进行维修，从而导致租赁物的毁损、灭失。[5] 承租人不得随意将租赁物交给他人使用，否则，将对由此造成的损害承担赔偿责任。

---

[1] 参见易军、宁红丽：《合同法分则制度研究》，16页，北京，人民法院出版社，2003。
[2] 参见林诚二：《民法债编各论》上，274页，北京，中国人民大学出版社，2007。
[3] 参见黄茂荣：《债法各论》，第1册，22页，北京，中国政法大学出版社，2004。
[4] 参见隋彭生：《合同法要义》，524页，北京，中国政法大学出版社，2003。
[5] 参见魏耀荣等：《中华人民共和国合同法释论（分则）》，217页，北京，中国法制出版社，2000。

（四）不得擅自转租

《合同法》第224条规定："承租人经出租人同意，可以将租赁物转租给第三人。承租人转租的，承租人与出租人之间的租赁合同继续有效，第三人对租赁物造成损失的，承租人应当赔偿损失。承租人未经出租人同意转租的，出租人可以解除合同。"在租赁关系存续期间内，承租人负有不得擅自转租的义务。因为我国对于房屋的租赁采取备案制度，如果允许随意转租，则将导致国家无法对房屋租赁状况进行管理和监控，造成租赁市场的混乱和无序。另外，擅自转租也侵害了出租人的权益，尤其是在租赁关系中，出租人对承租人有一定的信任，擅自转租也会破坏当事人之间的信任关系。转租包括两种情况：

1. 经出租人同意的转租

经过出租人同意的转租，是指在租赁合同中允许承租人转租，或者合同中虽然没有约定转租条款，但是转租后取得了出租人的同意。经出租人同意的转租，并不导致原租赁法律关系发生实际的变动。这就是说，承租人和出租人的原有法律地位不变，出租人与承租人之间的合同关系继续有效，出租人与次承租人之间并不产生合同关系。有观点认为，次承租人可以直接将租金交付给出租人。[1] 笔者认为，如果合同没有进行约定，则次承租人不能直接向出租人交付租金。因为次承租人并没有直接与出租人签订合同，其签订合同的对方当事人是承租人。如果次承租人直接向出租人交付租金，则有违合同关系的相对性，而且对于出租人而言，次承租人并没有向其履行交付租金的义务。

在此需要讨论的是，如果取得出租人关于转租的同意，承租人是否可以将整个租赁权转让出去，由次承租人替代其成为承租人？对此，学说上有两种不同观点。一种观点认为，租赁权作为债权可以转让，此种转让就是一种债权让与。[2] 另一种观点认为，租赁权虽然属于债权，但应当注重承租人的人格信任关系，除非当事人之间有特别约定，以不得转让为原则。[3] 笔者认为，出租人允许转租，

---

[1] 参见胡康生主编：《中华人民共和国合同法释义》，333页，北京，法律出版社，1999。
[2] 参见郑玉波：《民法债编各论》上册，243页，台北，三民书局，1981。
[3] 参见王泽鉴：《民法概要》，287页，北京，北京大学出版社，2009。

并不意味着就允许承租人将整个租赁权进行转让，因为在法律上，转租并不影响原租赁关系的主体变化。而租赁权的转让将发生租赁关系的主体变化，即原承租人退出租赁关系，由新的受让人替代。因此，除非是出租人明确表示同意租赁权的整体转让，否则，承租人并不能将租赁权整体转让给次承租人。当然，如果取得了出租人的同意，承租人也可以将租赁权转让。

2. 未经出租人同意的转租

承租人未经出租人的同意而擅自将租赁物转租给他人，构成无权处分。虽然承租人擅自转让的只是占有权、使用权，并非转让他人的财产所有权，但承租人擅自将其占有权、使用权转让他人，也属于非法处分他人财产所有权权能的行为。关于非法转租在法律上的效力，历来存在三种不同的观点：一是无效说。此种观点认为，非法转租行为是无效的，因为非法转租不仅侵害了出租人的所有权，而且违反了承租人与出租人之间的租赁合同，所以，一旦出租人对非法转租的行为提出异议，就应当宣告该行为无效。[1] 二是有效说。此种观点认为，非法转租行为是有效的，只是不得对抗出租人。因为法律关于禁止转租的目的在于保护出租人的利益，但出租人可以通过行使解除租赁合同的权利以及请求承租人承担违约责任的方式来维护其利益，没有必要将转租合同宣告无效。[2] 三是效力待定说。此种观点认为，在未经出租人同意的情况下，承租人擅自转租的，构成无权处分，应属于效力待定的行为。[3]

笔者认为，在承租人擅自转租的情况下，不应承认合同有效，因为一方面，《合同法》第224条规定："承租人经出租人同意，可以将租赁物转租给第三人。"从反面解释来看，转租必须经过出租人同意，如果认为未经出租人同意的转租行为都是有效的，则该条规定将形同虚设。另一方面，从所有权的内容来讲，出租人作为所有权人，有权决定租赁物的转租，如果转租未经其同意就可以生效，则属于对其所有权的侵犯。再者，如果允许擅自转租，也不利于社会管理。例如，

---

[1] 参见杜万华：《合同法精解与案例评析》，446~447页，北京，法律出版社，1999。
[2] 参见邓基联主编：《房屋租赁合同纠纷》，105页，北京，法律出版社，2010。
[3] 参见黄松有主编：《民事审判实务问答》，113页，北京，法律出版社，2005。

次承租人违法擅自改装改建，或者利用房屋从事违法活动，允许承租人擅自转租，可能难以有效控制和管理此类行为。

在承租人擅自转租的情况下，转租合同也并非当然无效，主要理由在于：第一，如果承租人的擅自转租行为事后得到出租人同意，则该转租行为便具有合法性，在转租人和次承租人之间就形成了有效的租赁关系。当然，转租合同与原租赁合同仍然是两种不同的合同。如果出租人不同意转租，则转租合同的效力是否受到影响，取决于出租人是否解除合同。如果出租人以承租人违约为由而请求解除合同，则租赁合同被解除后，承租人不再享有租赁权，自然无权将租赁权转让给他人。[①]第二，从《合同法》第224条的规定来看，未经出租人同意的转租，构成违约，出租人可以享有解除权，这已经足以保护出租人的权益。可见，《合同法》承认转租合同被解除以前是有效的。第三，如果出租人不行使对租赁合同的解除权，该转租合同也继续有效。这是因为在未经出租人同意的转租情况下，仅涉及出租人的利益，而不涉及社会公共利益，所以，擅自转租并没有违反强制性规定。就出租人的利益而言，法律已经赋予其解除权，其完全可以通过解除权的行使而保护其权益。而且擅自转租并不会损害出租人的租金债权，在出租人未解除租赁合同时，一旦认定转租合同无效，既违反了当事人的意思，也会使法律关系复杂化。如果出租人不解除合同，出租人不得请求次承租人返还租赁物。因为既然出租人不中止租赁关系，就意味着承租人仍然享有租赁权。

笔者认为，擅自转租是一种效力待定行为，因为在擅自转租的情况下，构成对出租人财产权的无权处分，依据《合同法》第51条的规定，无权处分行为属于效力待定的法律行为，应当取得出租人的追认。如果出租人认可该行为，则合同有效；如果出租人拒绝追认，则转租行为无效，但原租赁合同的效力不受影响。同时，鉴于擅自转租已经构成对合同义务的违反，出租人也有权在不确认转租合同无效的情况下，要求承租人承担违约责任。

依据《合同法》第224条，在擅自转租的情况下，出租人可以解除合同。这

[①] 依日本判例及德国的学说，如果出租人不中止租赁关系，出租人仍然可以所有权为据，向次承租人主张除去妨害。

第四节 租赁合同的效力

是因为承租人未经出租人同意而转租,违反了租赁合同中的义务,尤其是考虑到擅自转租可能会给出租人造成重大损害,因而这种违约通常构成根本违约,出租人应享有解除合同的权利。例如,次承租人可能会改变租赁物的用途,采用不当的方式使用租赁物等。因此,擅自转租构成根本违约,应当允许出租人解除合同。当然,如果出租人拒绝接受转租,而要求次承租人返还,则应当先解除与承租人之间的租赁合同,才能够向次承租人要求返还,在租赁合同被解除之前,次承租人基于承租人与其之间的租赁合同而占有租赁物,仍然属于有权占有。因此,在这种情况下,出租人不能要求次承租人返还租赁物。

(五)对租赁物进行维护

维护义务,是指将出租物保持为出租时的状态的义务。例如,依据《法国民法典》第1919-2条的规定,承租人有义务"将出租物保持于其被出租时的状态"①。我国《合同法》第223条第1款规定:"承租人经出租人同意,可以对租赁物进行改善或者增设他物。"依反面解释,承租人未经出租人同意,不得对租赁物擅自进行改善和增设他物。因为租赁权本质上不是一种物权,而只是债权。尽管承租人可以使用租赁物,但其对租赁物的支配力较弱,不能擅自处分租赁物,也不能随意对其进行改造,否则将会侵害出租人对租赁物的所有权。例如,承租人在出租的房屋上乱搭乱建,或者将承租的房屋私自改造,都会损害出租人的利益。从比较法上来看,《欧洲示范民法典草案》第4.2-5:106条规定:"承租人无权就其维护和改良租赁物请求补偿。"此处所说的是未经出租人允许而进行的改良和维护。经出租人同意,可以对租赁物进行改善或者增设他物,其根本原因在于承租人应当尊重出租人的所有权。

《合同法》第223条第2款规定:"承租人未经出租人同意,对租赁物进行改善或者增设他物的,出租人可以要求承租人恢复原状或者赔偿损失。"这就是说,承租人未经出租人同意,对租赁物进行改善或者增设他物的,将产生如下法律后果:一是出租人有权要求恢复原状。这就是说,承租人未经出租人同意,对租赁

---

① Paul-Henri Antonmattei, Jacques Raynard, Droit civil, Contrats spéciaux, Lexis Nexis, Litec, 2008, p.243.

物进行改善或者增设他物,即使是有价值的,也不适用添附制度。此时,出租人有权要求承租人将增设的他物予以拆除,将已经改善的租赁物恢复到租赁前的状态,由此产生的费用由承租人负担。二是赔偿损失。承租人未经出租人同意,对租赁物进行改善或者增设他物,也可能会给出租人造成损害。例如,出租房屋被改造之后,主体结构已经被破坏,需要对房屋进行重新修缮,甚至是重建,由此造成的损失应当由承租人承担。

(六)返还租赁物

当租赁合同终止时,承租人应及时将租赁物返还给出租人。这既是出租人享有的所有权的效力的体现,也是承租人依据租赁合同所应当负有的义务。《合同法》第235条规定:"租赁期间届满,承租人应当返还租赁物。"如果逾期交还,造成出租人损失的,承租人应承担损害赔偿责任。

在租赁期限届满之后,租赁关系不复存在,承租人应当向出租人返还租赁物,而无权继续占有、使用租赁物,否则将构成无权占有。在无权占有的情况下,出租人有权基于物权请求权或侵权请求权要求承租人返还租赁物。在无权占有期间,承租人基于租赁物而获得的收益,构成不当得利,应当返还给出租人。《合同法》第235条规定:"返还的租赁物应当符合按照约定或者租赁物的性质使用后的状态。"这就是说,一方面,如果当事人对返还租赁物的状态有特别约定的,承租人应当返还符合约定状态的租赁物。一般来说,租赁物都是有体物和非消耗物,在租赁期间一般不会发生租赁物的灭失,但有可能导致其价值的贬损或外形的改变,以及使用功能的降低等,因而在返还原物时,如果当事人约定了返还租赁物应当达到某种状态,承租人有义务达成此种状态。另一方面,在双方当事人没有约定的情况下,就应当达到按照租赁物的性质在正常使用之后所应当具有的状态。例如,租赁电视机,在使用一年之后,按照正常的使用情况,电视机的外观可以出现一定的老化和折旧状态,但是如果电视机完全毁坏、不能收视,此种状态就不符合《合同法》第235条的要求。

第五节　承租人的优先购买权

一、优先购买权的概念和特征

优先购买权，又称为"先买权"，是指特定的民事主体依照法律规定享有的优先于他人购买某项特定财产的权利。《合同法》第 230 条规定："出租人出卖租赁房屋的，应当在出卖之前的合理期限内通知承租人，承租人享有以同等条件优先购买的权利。"这就确立了租赁合同中承租人的优先购买权。从实践来看，随着我国住房制度改革，房屋出租市场不断发展，房屋买卖中涉及承租人优先购买权的争议日益增多，但是由于我国现行法律法规对处理此类纠纷规定得比较原则，实践中经常发生纠纷。因而，在合同法中具体明确承租人的优先购买权规则，具有十分重要的意义。

承租人优先购买权具有如下特点：

第一，它是一种法定的权利。承租人优先购买权虽然是在合同法中规定的权利，但它不是当事人自由约定的权利，而是法律规定的权利。法律上确认承租人的优先购买权，往往有其特殊的政策考量。就承租人的优先购买权而言，主要是为了保护承租人的权益不受侵害，维护租赁关系的稳定，实现承租人的居住利益。[1] 该项权利的设定也是法律对出卖人所附加的义务，它作为合同法中规定的强制性的义务，可以自动成为买卖关系的组成部分。

第二，它是依附于债权的权利。承租人优先购买权是基于租赁合同产生的，其具有依附于债权的特点。这主要表现在：一方面，如果租赁合同无效或被撤销，则承租人的优先购买权也将不复存在。另一方面，优先购买权不能独立于债权而转让，也不能分别由两个主体享有租赁债权和优先购买权。因此，此种优先

---

[1] 参见戴孟勇：《房屋承租人优先购买权制度之研究》，载崔建远主编：《民法九人行》，第 4 卷，65 页，北京，法律出版社，2010。

购买权可以看作是债权产生的特殊效力。

第三,它是优先于其他人订立买卖合同的请求权。优先购买,顾名思义,就是指在同等条件下,权利人享有优先于第三人购买承租房屋的权利。此种优先是在与第三人所享有权利的对比中体现出来的。但关于优先购买权的内容,学界存在不同看法。有学者认为,它不仅是优先购买的权利,而且可以产生强制缔约的效力,即强制出租人和承租人订立买卖合同。一旦优先购买权人明确向出租人提出在同等条件下优先购买房屋的请求,出租人就负有强制缔约的义务。此种观点值得探讨。笔者认为,承租人优先购买权并不具有强制缔约的效力,主要原因在于:一方面,从立法目的上看,设定承租人优先购买权的目的是维护承租人正常稳定的生产、生活秩序,实现其居住权,通过这一规则可以实现这一目的,因此,并没有必要给予承租人强制缔约的权利。另一方面,强制缔约是以双方没有同等的缔约能力为前提的,而在承租人优先购买权制度中,当事人的缔约能力往往没有差异。因而在法律上没有必要赋予优先购买权具有强制缔约效力。

第四,它是具有对抗第三人效力的债权。优先购买权是一种债权,而债权都具有相对性,不具有排他性。但从债权中产生的优先购买权却具有特殊性。此种优先购买权不仅可以对抗出卖人,而且可以对抗第三人。这主要表现在:如果第三人在侵害承租人优先购买权的情况下购买标的物,承租人有权确认该买卖关系无效,并要求将标的物出卖给自己。优先购买权是一种具有物权效力的权利,但其本身并不是物权,其依附于租赁权,是法律、行政法规创设的一项财产请求权,而非实质意义上的物权。[1] 就承租人优先购买权的本质而言,其应当是一种具有某些物权效力的权利,它虽然可以对抗第三人,但它还不是一种特殊的物权:一方面,按照物权法定原则,物权必须要由法律明确规定才能产生,在立法

---

[1] 参见杨立新主编:《最高人民法院审理城镇房屋租赁合同纠纷案件司法解释理解与运用》,149 页,北京,中国法制出版社,2009。

第五节 承租人的优先购买权

无明确规定的前提下,将承租人的优先购买权界定为物权,有违物权法定原则。[1] 另一方面,承租人对租赁物的支配力较弱,其不能基于优先购买权直接支配标的物,而只能要求出卖人将该标的物优先转让给自己。由此可见,优先购买权实际上是一种不确定的权利,也有学者将其称为机会权利。[2] 还要看到,优先购买权不是物权,因为其在性质上只是一种附从性的权利,它是附随于主权利的权利[3],也是一种请求出卖人与之缔约并在同等条件下优先购买的权利。

第五,它的行使有明确的期限限制。优先购买权有明确的期限限制,优先购买权人在规定的期限内不行使优先购买权,将丧失优先购买租赁物的权利。例如,承租人的房屋优先购买权是3个月,该期限应当如何计算呢?笔者认为,只要告知优先购买权人,从告知之日起,优先购买权人应于3个月内作出是否购买的答复。

关于优先购买权究竟是形成权,还是请求权,在学界存在不同的看法。形成权说认为,承租人将行使优先购买权的意思通知给出租人,不需要出租人表示同意,就可以与其成立房屋买卖合同。[4] 形成权的作用即在于依据权利人的意思形成、消灭或者变动法律关系,换言之,在同等条件下,权利人的意思可以直接成立买卖合同,从而优先购买权的行使无须强制缔约理论来规范。[5] 而请求权说认为,承租人行使优先购买权必须要向出租人提出请求,要求解除其与第三人的合同,并同意与承租人订立房屋买卖合同。两种观点的本质区别在于,承租人能否依自己单方的意思表示而宣告出租人与第三人订立的买卖合同无效,并在不经过出租人同意的情况下,直接与其订立房屋买卖合同。笔者认为,优先购买权本质上仍是请求权,理由在于:第一,承租人所享有的对抗第三人的效力是有限的,

---

[1] 参见杜万华、冯小光、关丽:《〈关于审理房屋租赁合同纠纷案件具体应用法律若干问题的解释〉的理解与适用》,载《人民司法》,2009 (21)。

[2] 参见王福祥:《论优先购买权》,载《法制与社会发展》,1995 (2)。

[3] 参见戴孟勇:《先买权:理论与立法》,载《岳麓法学评论》,第1卷,48页,长沙,湖南大学出版社,2000。

[4] 参见崔建远主编:《合同法》,5版,433页,北京,法律出版社,2010。

[5] 参见张家勇:《试析优先购买权的法律性质》,载《西南民族学院学报·哲学社会科学版》,1999 (1)。

因为其毕竟不是物权，不能直接产生对抗第三人的效力。尤其是在第三人是善意的情况下，采形成权说对于第三人的保护极为不利。第二，如果认可其为形成权，则实际上给出卖人强加了一种就合同的内容必须作出承诺的义务，这和强制缔约没有本质差异。此种观点显然给出租人施加了不合理的义务，且与出租人所享有的所有权存在冲突，如此甚至将导致优先购买权具有优于所有权的效力。第三，从我国司法实践来看，并没有承认其为形成权，侵害优先购买权的后果只是赔偿损失，而不是要直接在出租人和承租人之间形成合同关系。笔者认为，优先购买权的实质就是法律赋予承租人享有的、在出租人出卖房屋时优先于其他人订约的请求权，在此种权利受侵害时，承租人可以请求出租人赔偿损失。

二、优先购买权的行使条件

（一）权利人适格

优先购买权的主体应当是承租人。但承租人必须基于合法有效的租赁合同才能主张优先购买权。如果租赁合同无效或者已被撤销、解除，则租赁合同已经不存在，自然承租人也不享有优先购买权。问题在于，次承租人是否享有优先购买权，对此学界一直存在争议。笔者认为，经出租人同意的次承租人应当享有对承租房屋的优先购买权。我国《合同法》第230条规定："出租人出卖租赁房屋的，应当在出卖之前的合理期限内通知承租人，承租人享有以同等条件优先购买的权利。"该规定并没有对享有优先购买权的"承租人"作出特别限制，因此，承租人既包括第一承租人，也包括次承租人。我国司法实践实际上也承认了此种观点。[①] 笔者认为，在合法转租的情况下，次承租人也应当享有优先购买权，因为这是符合出租人的意志和利益的。既然出租人同意承租人转租，表明次承租人享有的权利也是符合出租人的意志和利益的。为了保障次承租人的居住利益，经出

---

① 例如，2008年《江苏省高级人民法院关于审理城镇房屋租赁合同纠纷案件若干问题的意见》第19条规定："承租人经出租人同意转租租赁房屋的，承租人不享有优先购买权；次承租人要求行使优先购买权的，人民法院应予支持。"

第五节 承租人的优先购买权

租人同意转租的次承租人应当享有对承租房屋的优先购买权。

承租人在行使优先购买权时，有可能与共有人的优先购买权发生冲突。关于承租人的优先购买权与共有人的先买权的竞合问题，在学理上有不同的看法：第一种观点认为，按份共有人优先购买权与承租人优先购买权不可能发生竞合，在按份共有人转让其份额时，只能由其他按份共有人行使优先购买权，在出租人转让租赁物时，只有承租人才能行使优先购买权，因为份额与实物非属同一，故不发生竞合问题。① 第二种观点认为，法定优先购买权皆为物权性权利，在共有人与承租人优先购买权发生竞合情况下，宜根据先设物权优于后设物权的原理，先产生的优先购买权优于后产生的优先购买权实现。② 第三种观点为我国台湾地区司法实务界通说，认为承租人的先买权效力优于共有人的先买权。③ 依据《租赁合同司法解释》第24条，"房屋共有人行使优先购买权的"，承租人不得行使优先购买权。据此可见，共有人的优先购买权应当优先于承租人的优先购买权。司法解释作出此种规定的原因主要在于：一方面，共有人优先购买权是基于共有关系而产生的，而承租人的优先购买权是基于债权关系而产生的。即使租赁权已经物权化，但就其效力而言，与纯粹的物权相比较仍然是受限制的，也就是说，租赁权本质上仍然属于合同关系，而共有权属于物权关系，按照物权优先于债权的原理，在租赁权与共有权发生冲突的情况下，应当使共有权优先于租赁权。另一方面，从时间上看，共有关系发生在先，租赁关系发生在后，即便租赁权物权化以后，发生在先的物权也应当优先于发生在后的物权。此外，法律设定承租人的优先购买权，目的在于使承租人取得租赁物所有权，继续保持其对该物的占有、利用。如果共有人优先购买权与承租人优先购买权发生竞合，由共有人的权利优先，有利于稳定财产关系。

（二）买受人适格

在承租人行使优先购买权过程中，不仅要考虑权利人是否享有优先购买权、

---

① 参见张驰：《权利优先行使辨析》，载《法学》，1996（4）。
② 参见张家勇：《论优先购买权》，中国人民大学1998年硕士学位论文，38页。
③ 参见王泽鉴：《共有人优先承买权与基地承租人优先承买权之竞合》，载王泽鉴：《民法学说与判例研究》，第3册，246页以下，北京，中国政法大学出版社，1998。

第七章 租赁合同

是否与他人的优先购买权相冲突,还要考虑买受人是否适格。这是因为在优先购买权行使中,不仅涉及出租人与承租人之间的合同关系,还涉及出租人与买受人之间的合同关系。依据我国《合同法》的规定,只有在出租人出卖房屋的情况下,承租人才依法享有优先购买权。如果出租人不是将房屋出卖给他人,而仅将房屋赠与第三人,或者因征收、人民法院或者仲裁机构生效的法律文书、继承或者遗赠等将房屋所有权转移给第三人的,承租人就不能享有优先购买权。[①] 正是因为优先购买权仅在出卖的情况下方可发生,故而就要考虑买受人的适格问题。

依据《租赁合同司法解释》第24条,在买受人不适格的情况下,承租人不能行使优先购买权。具体来说:

1. 买受人为出租人的近亲属

如果房屋买卖在近亲属之间进行,虽然当事人之间签订了买卖合同,而且约定了一定的价款,但考虑到双方当事人亲属关系的存在,这种交易并非市场经济条件下通常的交易;合同中约定的价格通常并非市场价格,往往是所谓的"半卖半送"。因此,如果允许承租人行使优先购买权,以同等价格优先购买房屋,对出租人和买受人都是不公平的,也不利于近亲属之间相互扶养、协助。

2. 买受人善意取得租赁房屋

为了保护善意第三人的利益、维护交易安全,《物权法》第106条规定了善意取得制度。由于我国目前租赁权尚不能办理登记,买受人通常不知道所购买的房屋上租赁权的存在,因而其通常是善意的;如果其在支付合理对价且办理登记手续的情况下,即取得了完整的、干净的房屋所有权。承租人自然不能再行主张优先购买权,而只能向出租人要求损害赔偿。依据《租赁合同司法解释》第24条,"第三人善意购买租赁房屋并已经办理登记手续的",承租人不得行使优先购买权,该规则的法理基础即在于善意取得制度。

(三) 必须在同等条件下行使

优先购买权的行使前提是承租人与其他买受人处于同等条件之下。所谓"优

---

① 参见邓基联主编:《房屋租赁合同纠纷》,22页,北京,法律出版社,2010。

第五节 承租人的优先购买权

先",只是在同等条件下的优先,同等条件是对优先购买权人行使先买权的限制。此种限制尊重了作为出卖人的所有人的所有权,不至于因优先购买权的行使,使出卖人的利益遭受损失。由于有同等条件的限制,出卖人出卖的标的物能够确定出合理的市价,同时,在确立优先购买权以后也并没有剥夺其他人的购买机会。然而,我国审判实践中对"同等条件"的内涵历来存在两种不同观点:一是绝对同等说,此种观点认为承租人认购的条件应与其他买受人绝对相同和完全一致。二是相对同等说,此种观点认为承租人购买条件与其他买受人条件大致相等,即为有同等条件。这两种看法都有道理,但也不完全妥当。第一种观点在适用中过于严格,尤其是因其他买受人所提供的条件(如提供某机会)承租人不能做到,但承租人可以以多付金钱的办法来弥补这些附加条件的不足,则不能苛求承租人提出的条件必须与其他买受人的条件完全一致。第二种观点在适用中伸缩性过大,也不利于操作。笔者认为,同等条件并不要求先买人和出卖人订立的合同与出卖人和他人订立的合同的条款完全相同。事实上,要求两个合同的内容绝对一致也是毫无必要的,同等条件应当主要指的是价格条件,也就是说,先买权人支付的价格应当与其他买受人支付的价格条件相同。除价格条件外,同等条件还应当适当考虑租赁物使用方式或使用用途、环境因素、品牌效应、无形资产的增值以及其他可能影响出租人经济利益的因素,此外,也应当适当考虑支付方式。但支付方式的确定必须从根本上影响到出卖人的基于合同所应当获得的利益。例如,第三人允诺一次付清,则先买权人不得主张分期支付。但如果出卖人不允许第三人延期付款,则先买权人除非为出卖人提供了充分而适当的担保,否则也不得请求延期付款。[①] 所以,价格条款是第一位的,而根本上影响到出卖人利益的支付条件是第二位的。至于其他交易条件,如是现金支付还是转账支付,只要没有从根本上影响到出卖人的利益,出卖人不能以此作为同等条件。

另外,仅就价格而言,同等条件的确定也应当考虑由出卖人事先确定一个房屋价格的幅度。出卖人应当事先确定一个出售房屋的价格条件,可将该价格条件

---

① 参见《德国民法典》第 509 条。

规定一个幅度，例如，出卖人将在某价款至某价款之间出售其房屋，并将其价格条件告知先买权人。如果先买权人表示在此价格条件内，其愿意优先购买，则出卖人在与第三人协商缔约时，只要是在该价格条款之内所确定的价款，在确定以后都应提前通知先买权人。如果超过这一幅度，就不必再通知先买权人。当然，也可以由先买权人事先确定一个价格幅度，通知出卖人。只要出卖人在该价格条款内达成的交易，都应当由先买权人优先购买。这就是说，应首先与优先权人协商一个大致价格，然后再寻找买受人，由此也可避免或减少关于价格条件发生的纠纷。

（四）应当在合理期限内行使

1. 出卖人的通知义务

依据《合同法》第230条的规定，出卖人在出卖之前，应当在合理期限内通知承租人。

笔者认为，在承租人行使优先购买权之前，出租人应当向优先购买权人负有通知的义务。这种通知既可以是在意欲出售时明确告知，也可以是在与第三人达成交易之前通知，告知的内容既包括价格，也包括其他重要的交易条件。出卖房屋通知的到达是先买权人权利期限计算的起点，也是先买权人知晓交易条件、行使先买权的前提。如没有收到通知，先买权无行使的可能；如权利人在收到通知后的法定期间内不行使先买权，则视为弃权。可见，出卖人的通知义务是行使先买权的关键。从实践来看，先买权受到侵害的主要情况就是出卖人出售时不通知先买权人。但值得注意的是，《租赁合同司法解释》第24条规定，"出租人履行通知义务后，承租人在十五日内未明确表示购买的"，承租人即不得再主张优先购买。从这一规定来看，出租人向承租人通知时，只要给承租人留出必要的考虑时间（15日）即可。换言之，出租人只要提前15日通知承租人就履行了其通知义务。

2. 承租人行使优先购买权的期限

承租人自收到通知之后，也不能无限期地享有优先购买权。否则，期限过长会导致出卖人长期不能出卖，这不仅将使得其处分权受到影响，而且可能使其丧失最佳的出售时机，从而对其造成损害。同时，如果出卖人和第三人之间的法律关系处于不稳定状态，也会造成第三人的损害。《租赁合同司法解释》第24条规

定,"出租人履行通知义务后,承租人在十五日内未明确表示购买的",承租人主张优先购买房屋的,人民法院不予支持。这就是说,承租人在接到通知之日起15日内不行使优先购买权,就意味着其以沉默的方式放弃了优先购买权,因此,即便其事后再行主张优先购买权,也不能得到法院的支持。

(五) 优先购买权应当依据诚信原则行使

优先购买权的行使也应当符合诚信原则。例如,在某个案例中,出租人出售价值约一亿元的不动产,而承租人所承租的面积仅占其总面积的5%,其是否可以享有优先购买权? 笔者认为,在此情况下,依据诚信原则,承租人不能就全部不动产享有优先购买权。但是,究竟承租人所承租房屋占全部出售房屋的面积达到多大的比例,才享有优先购买权? 根据有关司法解释,应当从诚信原则出发,考虑承租人的部分房屋与房屋的其他部分是否可分、使用功能整体性是否明显、承租人承租的部分房屋占全部房屋的比例来进行综合考虑,决定承租人是否可以行使优先购买权。①

三、优先购买权的保护

在侵害优先购买权的情况下,究竟应当产生何种效力,理论上存在两种不同的观点:一是无效说,此种观点认为,承租人可以请求转让合同无效,要求将已经转让出去的应有份额归于自己;根据最高人民法院《民法通则意见》第118条(已失效)后半段的规定,"出租人未按此规定出卖房屋的,承租人可以请求人民法院宣告该房屋买卖无效"。显然,该意见采无效说。二是损害赔偿说,此种观点认为,在优先购买权受到侵害的情况下,不应当确定转让合同无效,而应当由

---

① 最高人民法院于2005年7月26日发布的[2004]民一他字第29号《关于承租部分房屋的承租人在出租人整体出卖房屋时是否享有优先购买权的复函》中指出:"……经研究认为:目前处理此类案件,可以从以下两个方面综合考虑:第一,从房屋使用功能上看,如果承租人承租的部分房屋与房屋的其他部分是可分的、使用功能可相对独立的,则承租人的优先购买权应仅及于其承租的部分房屋;如果承租人的部分房屋与房屋的其他部分是不可分的、使用功能整体性较明显的,则其对出租人所卖全部房屋享有优先购买权。第二,从承租人承租的部分房屋占全部房屋的比例看,承租人承租的部分房屋占出租人出卖的全部房屋一半以上的,则其对出租人出卖的全部房屋享有优先购买权,反之则不宜认定其对全部房屋享有优先购买权。请你院结合以上因素,根据案件具体情况,妥善处理。"

优先购买权人请求出租人承担损害赔偿责任。但关于优先购买权人请求赔偿的依据和范围，存在不同的看法。有人认为，应当基于缔约过失责任，赔偿优先购买权人的费用损失。也有人认为，应当基于违约责任，赔偿优先购买权人的利润损失。最高人民法院《租赁合同司法解释》第21条规定，出租人出卖租赁房屋未在合理期限内通知承租人或者存在其他侵害承租人优先购买权情形，承租人请求出租人承担赔偿责任的，人民法院应予支持。但请求确认出租人与第三人签订的房屋买卖合同无效的，人民法院不予支持。可见，该司法解释采损害赔偿说。但该司法解释并没有进一步规定侵害优先购买权的赔偿范围。

笔者赞成损害赔偿说，理由主要在于：一方面，无效说增加了交易成本。房屋所有人已经与第三人就房屋买卖达成了协议，并支出了交易成本，如果宣告合同无效，可能导致财富的浪费。另一方面，无效说不符合鼓励交易原则。如果认定买卖合同无效，就导致恢复原状等后果，不符合效率原则，也与《合同法》鼓励交易的宗旨不符。从房屋买卖的市场来看，只要承租人可以证明损失存在，通过赔偿其损失，就足以保障其权益，而不必使其获得特定的房屋。不过，如果承租人确有足够的证据证明买受人与出租人恶意串通，则可以按照《合同法》第52条第2款的规定，以恶意串通损害第三人利益为由主张合同无效。

需要指出的是，无论是缔约过失说还是违约责任说，都不能解释优先购买权人请求赔偿的依据。笔者认为，此处所说的赔偿的范围是实际损失，即优先购买权人要获得类似房屋所多支出的价款损失，以及在购买房屋过程中支出的费用损失。这些损失都是因为出租人侵害承租人优先购买权而造成的，所以出租人应当赔偿。

第六节 租赁合同的风险负担

在租赁合同中，租赁物可能因各种原因而遭受毁损、灭失，这可能是基于可

第六节 租赁合同的风险负担

归责于承租人的原因所致，如承租人违反约定使用大功率电器而引发火灾，致使租赁物被烧毁；也可能是基于不可归责于承租人的原因所致。其中，不可归责于承租人的原因主要包括三种情形：一是出租人未及时履行维修义务，造成租赁物毁损、灭失的。如出租人未及时对租赁房屋进行加固，导致租赁房屋倒塌的。二是不可抗力的作用，如地震、海啸等。三是意外事件的作用。如承租人租用汽车在行驶过程中，因某人违章驾驶致使该汽车被撞坏，而承租人本身对此并无过错。[1] 在这三种情形中，后两种情形都是租赁合同双方当事人都没有过错，即不可归责于任何一方当事人。《合同法》第231条规定："因不可归责于承租人的事由，致使租赁物部分或者全部毁损、灭失的，承租人可以要求减少租金或者不支付租金；因租赁物部分或者全部毁损、灭失，致使不能实现合同目的的，承租人可以解除合同。"该条对租赁物的风险负担作出了规定。从该条规定来看，如果因不可归责于承租人的事由，致使租赁物部分或者全部毁损、灭失的，承租人可以要求减少租金或者不支付租金。这就意味着，租赁物的风险由出租人负担，在此情形下，承租人支付租金的义务应被减轻或免除。

租赁合同风险负担主要涉及以下两个问题：一是租赁物因不可归责于双方的事由而发生毁损灭失，从而导致究竟由哪一方当事人负担租赁物毁损灭失风险的问题。二是租赁物毁损灭失以后，租赁合同因此部分或全部地不能履行，在此情况下，承租人是否应当继续交付租金的问题。一般说来，合同法中的风险负担问题，是指合同标的物在意外毁损灭失情况下，损失由哪一方负担的问题。因此，第一个问题实际上是租赁物的风险问题。第二个问题实际上是租金风险即债的风险的问题，严格地说，它不是合同法上讲的物的风险负担问题，但价金风险也常常被归入风险负担的范畴之中。[2] 二者虽有区别，但并非毫无关联，因为租赁物毁损灭失的风险责任负担，决定着价金风险的分配。[3]

---

[1] 参见胡康生主编：《中华人民共和国合同法释义》，341页，北京，法律出版社，1999。

[2] 参见［英］施米托夫：《国际贸易法文选》，赵秀文译，324页，北京，中国大百科全书出版社，1993。

[3] 参见王轶编著：《租赁合同 融资租赁合同》59页，北京，法律出版社，1999。

第七章 租赁合同

（一）租赁物的风险负担

租赁物的风险负担既包括租赁物的全部灭失，也包括租赁物的部分灭失。从比较法上看，自罗马法以来就形成了由物的所有人负担风险的规则①，即天灾归物权人负担②，如因水灾、鸟害以及其他可能发生的类似灾害（如敌人入侵带来的破坏）等不可抗力而造成的损失应由出租人承担。③《法国民法典》第1732条规定：承租人对于承租期间发生的灭失或毁损，应负赔偿的责任；但如承租人能证明灭失或毁损的发生非出于其过失者，不在此限。据此，承租人应当承担租赁物的风险，但如果承租人能证明该损害后果是不可抗力导致的，则可以免责。《德国民法典》虽然没有对租赁物毁损、灭失风险的一般规则作出规定，但在第582a条第1款中规定："承租人以估计价值接受有附属物的土地，并负有义务，在用益租赁终止时返还估计价值的，承租人承担附属物意外灭失和意外毁损的风险。"据此，《德国民法典》采纳了承租人负担风险的模式。

我国《合同法》没有明确规定应当由谁承担风险，但从《合同法》的相关规定来看，可以看出《合同法》实际上采纳了由出租人负担风险的规则。一方面，《合同法》第231条规定因不可归责于承租人的事由发生租赁物的毁损灭失以后，承租人可以要求减少租金或者不支付租金，这实际上是由出租人承担风险；另一方面，因租赁物部分或者全部毁损、灭失，致使不能实现合同目的的，承租人可以解除合同。可见，我国《合同法》实际上是采纳了由出租人负担风险的原则。笔者认为，由出租人负担租赁物毁损灭失的风险是合理的，主要理由在于：在租赁关系中，所有权并没有发生移转，仍然由出租人享有所有权，由于租赁大多是不动产租赁，而不动产的价值较大，在发生标的物毁损灭失之后，完全由承租人承担风险，承租人通常是难以承受的。另外，在租赁关系中，移转的是标的物的使用权，承租人只是取得了对标的物的占有、使用权，其从标的物中享有的利益是有限的④，由承租人

---

① 参见崔建远主编：《合同法》，4版，416页，北京，法律出版社，2007。
② 参见崔建远：《关于制定合同法的若干建议》，载《法学前沿》，第2辑，北京，法律出版社，1997。
③ 参见[意]桑德罗·斯奇巴尼选编：《债·契约之债》IV.1，丁玫译，64页。转引自郭明瑞、王轶：《合同法新论·分则》，99页，北京，中国政法大学出版社，1997。
④ 参见黄茂荣：《买卖法》，446页，北京，中国政法大学出版社，2002。

第六节 租赁合同的风险负担

负担风险显然是不公平的。

(二) 租金的风险负担

在租赁物毁损灭失以后，导致承租人不能实际地利用租赁物，承租人是否应当继续交付租金？这涉及租金的风险负担问题。《合同法》第 231 条规定："因不可归责于承租人的事由，致使租赁物部分或者全部毁损、灭失的，承租人可以要求减少租金或者不支付租金；因租赁物部分或者全部毁损、灭失，致使不能实现合同目的的，承租人可以解除合同。"可见，在此情况下，承租人可以要求减少租金或不支付租金。这实际上是由出租人负担租金风险。依据该条规定，在因不可归责于承租人的事由，致使租赁物部分或者全部毁损、灭失的情形下，承租人可行使的权利包括如下几项：

1. 减少或不支付租金

租赁物毁损首先影响租金的支付。对已经使用租赁物的期间，承租人仍应当支付相应的租金。时间点的判断是从标的物受损影响使用开始。根据权利义务相对等的原则，承租人在无法使用租赁物的情况下，其应有权主张相应租金部分不交付的抗辩，从而实现出租人和承租人利益的平衡。[1] 具体分析如下：

首先，在租赁物部分毁损、灭失的情况下，承租人可于何时主张减少租金的请求权，对此存在争议。一种观点认为，如果租赁物仍有修缮可能时，承租人仅得对出租人请求履行修缮义务，而不得主张减少租金。换言之，承租人仅于修缮不能时才享有减少租金请求权。另一种观点认为，在可能修缮的情况下，承租人享有选择权，其可以选择请求出租人修缮义务的履行，或者请求减少租金。[2] 笔者认为，承租人在请求减少租金的同时，也有权要求出租人对租赁物继续修缮。如果租赁物虽有部分灭失，但不影响租赁物的使用、收益，则不发生租金的减少问题。[3] 有关减少或不支付租金的比例，应当根据灭失部分的比例来确定。[4] 当然，确定灭失部分的比例，不应以灭失部分的面积大小为标准，而应以灭失部分

---

[1] 参见邱聪智：《新订债法各论》上，257 页，北京，中国人民大学出版社，2006。
[2][3] 参见卫耕编著：《租赁合同 融资租赁合同》，59 页，北京，法律出版社，1999。
[4] 参见崔建远主编：《合同法》，4 版，416 页，北京，法律出版社，2007。

的使用收益的价值大小为标准。

其次,关于承租人请求减少租金是否具有溯及力的问题。一般认为,承租人请求减少租金的抗辩权只对未来生效,即从租赁物受损开始,承租人才享有此种抗辩权,因此这种抗辩权不能溯及既往。由于租赁合同是继续性合同,对于已经支付的租金,承租人不得主张返还,但如果承租人在合同成立之初已经支付全部租金的,则出租人应返还合同不能履行的这段期间的租金,但对于已经实际履行的期间内的租金,承租人不得请求返还。

最后,如果只是造成租赁物部分毁损灭失的,一般情形下,承租人只能针对毁损灭失的部分未来的租金的支付提出抗辩,对已经支付的租金不能要求返还。但如果该部分的毁损灭失影响到了整体租赁物的使用,承租人可拒绝支付全部租金。例如,某套房屋的厨房部分严重受损,导致承租人无法在房屋内居住生活,从而不得不另行暂时承租其他房屋,则厨房部分的受损就影响到了租赁物整体的使用。在此情形下,承租人有权拒绝支付就租赁物整体而产生的租金。此外,如果因租赁物毁损、灭失导致合同无法履行的,承租人有权拒付租金,当事人可以通过协议解除合同。[1]

需要指出的是,在因意外风险发生标的物毁损、灭失的情况下,是否减少或者免除租金,应当由承租人提出请求,法院不得依据职权减少或者免除租金。依据《合同法》第231条的规定,是否减少租金应基于承租人的请求,承租人不提出相关请求的,出租人仍有权请求承租人支付全部租金。

2. 解除合同

依据《合同法》第231条,如果标的物因部分或全部毁损、灭失而导致承租人对其无法利用的,则承租人有权减少或不支付租金,而且有权解除合同。立法者基于对出租人和承租人双方之间的利益衡量,在租赁物的毁损灭失尚未导致无法实现合同目的时,表明租赁物虽然暂时存在使用上的障碍,但是经过修复等可以恢复,则基于物尽其用的原则,承租人应当继续承租标的物,只是可以要求减

---

[1] 参见魏耀荣等:《中华人民共和国合同法释论(分则)》,230页,北京,中国法制出版社,2000。

少租金的支付。如果租赁物出现任何一点毁损情况，都允许承租人解除租赁合同，则必将造成租赁物的闲置浪费，也有违物尽其用原则。但是，在标的物的毁损情况较为严重，或者完全灭失时，则承租人承租标的物的目的已经无法实现，此时租赁合同对其而言不具有任何价值，立法者为保护承租人的利益，赋予其解除租赁合同的权利。该条所规定的"致使不能实现合同目的"主要是指标的物毁损、灭失导致当事人订立租赁合同时所追求的目的不能实现。例如，承租人租赁房屋是为了居住，但是现在已经无法居住。又如，承租人租赁房屋是为了开店，但是该房屋已经不再适合作为商铺使用。一般认为，轻微的毁损或部分灭失，不影响承租人对标的物的利用的，则承租人只能要求减少租金，而不能解除合同。

第七节　租赁合同的终止

一、租赁合同终止的原因

（一）期限届满

在通常情况下，租赁关系都是因期限届满而终止。对定期租赁合同而言，租赁期限届满之后，如果当事人没有续订合同，则合同关系终止。对于不定期的租赁合同而言，当事人可以随时提出终止合同的请求，但应当给对方一个合理的准备期限。

（二）因违约而解除合同

因违约而解除合同，仅限于严重违约的情形。租赁合同的双方当事人都可能构成严重违约，此时非违约方都有权要求解除合同，其主要包括两种情形，一是一方根本违约。例如，承租人经催告之后仍不支付租金，或者擅自转租，出租人都有权解除合同。二是一方预期违约。如果承租人明确地表示，其将不支付租金，则属于预期违约。在预期违约的情况下，依据《合同法》第94条第2款的

规定，非违约方也可以解除合同。此外，如果当事人就合同解除权有特别约定的，解除条件的成就或解除权的行使也可以导致租赁关系的终止。

(三) 因不可抗力而解除合同

依据《合同法》第94条，"因不可抗力致使不能实现合同目的"，当事人可以解除合同。不可抗力是指出现了当事人所不能预见、不能避免并不能克服的客观情况。不可抗力而导致合同的解除的规定，可以适用于所有类型的合同，也包括租赁合同。例如，房屋因为地震而倒塌，则出租人和承租人都可以解除租赁合同。

(四) 因情势变更而解除合同

情势变更是指合同订立之后，客观情况发生了重大变化，合同订立、履行的条件和基础已经发生了重大变化，此时如果仍然继续履行合同，将明显对一方当事人不利，因此，另一方当事人可以请求法院变更或解除合同。例如，因规划改变，导致房屋被列入拆迁计划，致使居住环境发生重大变化，不再适合承租人的居住和生活，承租人此时即有权请求解除合同。

二、与承租人共同居住人的租赁权

《合同法》第234条规定："承租人在房屋租赁期间死亡的，与其生前共同居住的人可以按照原租赁合同租赁该房屋。"在比较法上，这一规则被很多国家所认可。早在20世纪70年代，法国法院即以判例形式确认了这一规则。[①] 依据我国《合同法》的这一规定，与承租人生前共同居住的人虽然不是合同当事人，但在承租人死亡之后，其有权要求继续租赁该房屋，显然，这一制度的目的在于保护共同居住人的居住权。尽管允许无合同关系的人在例外情况下享有合同上的权利已突破了合同相对性原则，但从保护弱者权利、保障人权的角度来看，法律作出此种规定也是十分有必要的。依据《合同法》第234条，与承租人共同居住的

---

① Cass. civ. 3ème, 6 mars 1996, RTD. civ. 1996, p. 897, obs. J. Mestre et 1024, obs. J.-P. Marguénaud.

第七节 租赁合同的终止

人享有租赁权必须符合两个条件:

第一,承租人在房屋租赁期间死亡。这是指承租人在租赁期限届满之前便去世,租赁合同尚未到期。如果租赁期限届满后承租人才去世,则不存在继续履行租赁合同的问题。在租赁期间内承租人死亡的,由于租赁合同尚未到期,只要共同居住人继续按照合同约定的价款交付租金,一般并不损害出租人的利益,因而应当维持合同的效力。

第二,必须是与承租人生前共同居住的人。如何界定生前共同居住的人的范围?一种观点认为,生前共同居住的人主要是指与承租人共同生活的近亲属,这些人虽然没有参与缔约,但是与承租人共同生活,处于事实上的受益人的地位,从租赁合同中获取利益。另一种观点则认为,生前共同居住的人不限于近亲属,还包括了近亲属以外的其他人,只要是共同居住的人,甚至是未婚同居者也可以主张继续履行租赁合同。笔者赞成第二种观点。从《合同法》第234条的文义来看,该条并不注重共同居住人与承租人之间是否具有血缘关系,而只是注重保护同居者的共同生活利益关系。所以,不能简单以血缘关系来判断其范围。需要指出的是,我国《合同法》这一条文的保护对象较为宽泛,"与其生前共同居住的人"不限于承租人的配偶、子女,还应当包括与其共同居住的其他亲属,以及其他不具有亲属关系的共同居住人(如长期共同居住的人)。共同居住人一般与承租人有一定期限的共同生活经历,具体的时间长短,应当根据案情决定。一般而言,与承租人共同居住期限较短的人,不宜认定为共同居住人,因为其与承租人共同居住的时间较短,可以认为尚未形成稳定的共同生活利益关系。由此可见,我国《合同法》对此的保护范围较为宽泛,十分注重保护相关当事人的居住利益。

依据《合同法》第234条,如何理解允许与其生前共同居住的人"按照原租赁合同租赁该房屋"的含义?对此,有几种不同观点:一种观点认为,此种情况属于法定的租赁权的移转,即因为承租人在租赁期限内死亡,租赁权移转给共同居住人,在性质上属于"租赁权的法定让与"[①]。另一种观点认为,承租人死亡

[①] 崔建远主编:《合同法》,417页,北京,法律出版社,2007。

后，生前与承租人共同居住的人可以继续租赁原住房，但应与出租人办理续租手续，变更承租人。① 即生前共同居住的人应当与承租人重新签订合同，法律赋予其居住权，当其提出签订合同时，出租人不得拒绝。笔者认为，前一种观点更为妥当。一般而言，在主体已经死亡时，不能依照法律行为使其权利发生移转，但是可以根据法定的原因而移转，即因法定原因使死者生前的权利义务发生概括移转。这就意味着，与承租人生前共同居住的人只需通过继续交付租金、履行承租人的义务就可以享有租赁合同中约定的各种权利，而并不需要与出租人签订一个新的合同。所谓"按照原租赁合同租赁该房屋"，是指如果出租人单方面擅自变更内容（如增加租金），则属于违约行为。当然，承租人也不得要求变更租赁合同的内容，例如，如果承租人要求减少租金、延长租期等，出租人也有权拒绝。

在合同期限内可以继续履行，但是在合同期限届满之后，如果双方当事人没有就合同的续期达成一致协议的，则租赁合同因期限届满而终止。

三、租赁关系终止后的效力

（一）租赁期间届满承租人返还租赁物的义务

《合同法》第235条规定："租赁期间届满，承租人应当返还租赁物。返还的租赁物应当符合按照约定或者租赁物的性质使用后的状态。"依据这一规定，租赁期间届满之后，承租人继续占有租赁物即失去法律依据，应及时将租赁物返还给出租人。如果租期届满以后，承租人继续占有租赁物或者将租赁物转租，则可能构成无权占有，在此情形下，出租人有权基于物权请求权、占有返还请求权、不当得利返还请求权或者侵权请求权要求承租人返还租赁物。即使承租人仅占有租赁物而没有通过转租获得利益，也可构成不当得利。② 问题在于，出租人应当基于何种请求权主张？笔者认为，在此情况下，出租人可以享有侵权请求权、物权请求权和不当得利请求权，可在这三种请求权中选择一种对其最为有利的请求

---

① 参见胡康生主编：《中华人民共和国合同法释义》，345～346页，北京，法律出版社，1999。
② 参见王泽鉴：《民法债编总论·不当得利》，230页，台北，自版，1990。

第七节 租赁合同的终止

权而行使。

（二）恢复原状的义务

依据《合同法》第 235 条，返还的租赁物应当符合按照约定或者租赁物的性质使用后的状态。这就是说，租赁关系终止以后，承租人负有恢复原状的义务，这是合同终止的一般效力在租赁合同中的体现。所谓"符合约定"的状态，是指当事人对合同结束后租赁物应当具有的状态有特别约定，则应当符合此种约定。例如，租赁汽车时，双方约定租赁期间届满时，汽车应当至少是七成新，则承租人对于汽车的使用和磨损状况，不能使汽车低于七成新的状态，否则就违反了合同的约定。所谓符合"租赁物的性质使用后的状态"，是指租赁物在正常状态下经过使用，应当达到的状态。也就是说，承租人按照约定的用途利用租赁物，也会构成租赁物的正常损耗，但是只要在正常的损耗范围之内，则仍然符合合同的约定。但如果此种损耗明显超出正常使用所造成的损耗的范围，则不属于按照租赁物的性质正常使用后的状态，此时承租人就构成违约。例如，房屋租赁结束时，出现墙壁严重污染、窗户破损的情况，而按照租赁合同的约定，承租人对房屋的使用是进行生活居住，按照一般人的观念，对房屋的生活居住不可能出现墙壁严重受污、窗户破损的情况，因此，在此情形下，承租人也构成违约。

如果在租赁期限内，承租人未经出租人同意对租赁物进行了改善或增设他物，则应当恢复原状。对此，《合同法》第 223 条已有明确规定。此外，相关司法解释也对此作出了规定。① 依据这些规定，如果承租人的改善行为或增设他物的行为取得了出租人的同意，就不必恢复原状，甚至可以向出租人请求有益费用的返还。而如果未经出租人同意而改善租赁物或增设他物的，则承租人应当恢复原状。当然，当事人在租期届满后也可以约定出租人以一定的价格购买相关的增设物。例如，在租期届满后，当事人可以约定由出租人以一定价格购买承租人增

---

① 《租赁合同司法解释》第 12 条规定："承租人经出租人同意装饰装修，租赁期间届满时，承租人请求出租人补偿附合装饰装修费用的，不予支持。但当事人另有约定的除外。"第 13 条规定："承租人未经出租人同意装饰装修或者扩建及生的费用，由承租人负担。出租人请求承租人恢复原状或者赔偿损失的，人民法院应予支持。"

设的装饰物。

（三）后合同义务的承担

在租赁合同终止以后，当事人均负有依据诚实信用原则而产生的附随义务。例如，合同终止后，在承租人没有新的邮寄地址接受信件时，出租人对于寄来的承租人的信件不能丢弃，而应当保管其信件并通知承租人取回信件，此时，出租人保管承租人信件和通知承租人的义务就属于后合同义务。后合同义务也可以是基于交易习惯而产生的义务。诚信原则和交易习惯既是后合同义务产生的基础，也是判断当事人是否存在合同义务的重要标准。

第八章

融资租赁合同

第一节 融资租赁合同概述

一、融资租赁合同的概念

融资租赁合同（financial leasing，finance lease）又称"金融租赁"[1]，是指出租人根据承租人的要求和选择，出资购买承租人所选定的设备并出租给承租人使用，承租人分期交付租金，租期届满后，承租人根据融资租赁合同可以退回、续租或留购租赁设备的协议。有关的国际公约对融资租赁合同也予以确认。例如，《国际融资租赁公约》（unidroit convention on international financial leasing）[2] 第1条规定：融资租赁交易涉及两份合同、三方当事人。典型的融资租赁结构是：一方（出租人）根据另一方（承租人）的要求，与第三方（供货方）订

---

[1] 中国银行业监督管理委员会令2007年第1号《金融租赁公司管理办法》。
[2] 该公约是国际统一私法协会制定的，1988年5月28日在加拿大首都渥太华召开的国际外交会议上通过。

第八章 融资租赁合同

立一项合同（买卖合同）。根据此合同，出租人按照承租人在与其利益有关范围内所同意的条款取得工厂、资本、货物或其他设备（设备），并且与承租人订立一项合同（租赁合同），以承租人支付租金为条件授予承租人使用设备的权利。在比较法上，一些国家的法律对此种合同也予以确认。我国《合同法》第237条规定："出租人根据承租人对出卖人、租赁物的选择，向出卖人购买租赁物，提供给承租人使用，承租人支付租金的合同。"与前述定义相比较，《合同法》基本上借鉴了国际上关于融资租赁规定的经验，即采纳了将融资租赁作为两类合同三方当事人结合的观点，不过在有关的具体制度设计方面，与《国际融资租赁公约》和《美国统一商法典》的相关规定有所不同。

融资租赁起源于20世纪50年代的美国，经过数十年的发展，已经成为世界上最具生机与活力的朝阳产业。对融资租赁的概念，在比较法上存在广义和狭义两种理解：一是狭义说，即认为融资租赁是一种特殊的租赁，并不包括买卖的内容。尽管在学理上，美国一些学者常常认为，融资租赁是一个三方当事人的关系，而且是由作为租赁合同的第三方的出卖人而非出租人向租赁人承担租赁物的质量担保。融资租赁不仅是一个商法上的概念，还可能包含对租赁物整个经济价值的融资。[①] 但《美国统一商法典》采狭义的融资租赁概念，该法典第2A-103条（g）规定："'融资租赁'指这样一种租赁，就该租赁而言：（1）出租人不选择、制造或者提供（租赁）货物；（2）承租人因租赁而取得货物或者货物的占有权和使用权。"我国《金融租赁公司管理办法》第3条规定："本办法所称融资租赁，是指出租人根据承租人对租赁物和供货人的选择或认可，将其从供货人处取得的租赁物按合同约定出租给承租人占有、使用，向承租人收取租金的交易活动。"该办法也采取了狭义的概念。二是广义说，此种观点认为，融资租赁既包括租赁也包括买卖，前述《国际融资租赁公约》第1条即采纳了这一观点。我国《合同法》第237条规定："融资租赁合同是出租人根据承租人对出卖人、租赁物的选择，向出卖人购买租赁物，提供给承租人使用，

[①] See Schroth, Peter W. Financial, "Leasing of Equipment in the Law of the United States", 58 *Am. J. Comp. L.* (2010). at 327.

第一节 融资租赁合同概述

承租人支付租金的合同。"通常认为，该条采取了广义说。因为从定义上看，该条明确提到了出卖人，表明出卖人在融资租赁合同中处于一方当事人的地位。《合同法》第 237 条在对融资租赁合同所做的界定上，明确增加了出卖人这一主体。这种增加不是一种简单的列举，而是在实质上改变了司法解释对这一概念的定义。

我国《合同法》采广义说具有其合理性。理由在于：第一，规定出卖人作为融资租赁合同的当事人，有利于维护出卖人的权益。在融资租赁合同中，大量的内容涉及出卖人，虽然出卖人不能决定和干涉出租人与承租人之间的约定，但是出租人与承租人之间合同的履行状况往往直接关系到出卖人的权利能否得到实现。例如，承租人是否按期支付租金，有可能影响到出租人是否能够向出卖人支付价金。

第二，规定出卖人作为融资租赁合同的当事人，也有利于对出卖人形成有效的约束。因为出卖人往往需要对承租人从事标的物的运送、装配等工作，将出卖人纳入当事人的范围，有利于承租人直接对出卖人主张权利。否则，承租人在出卖人运送标的物时出现违约情况，则无法直接向出卖人主张权利，而只能请求出租人向出卖人主张权利，如果出租人怠于向出卖人主张权利，那么承租人的权利将无法得到及时、有效的救济。因此，出卖人作为融资租赁合同的当事人，承租人就可以直接向出卖人主张交付标的物的权利，从而可以对出卖人形成有效的约束。

第三，出卖人作为融资租赁合同的当事人，有利于承租人直接向出卖人提出请求。在租赁合同中，一旦发现租赁物有质量不合格等情况，承租人应当获得救济。但是，如果出卖人和承租人之间不存在合同关系，则承租人难以向其主张权利。所以在一般的融资租赁合同中，出租人和承租人是当事人，但如果出租人和承租人认为出卖人直接与其诉讼内容相关而主张将出卖人列为当事人，则法院应当将出卖人列为当事人。融资租赁交易中出卖人占有相当重要的地位，因此有学者主张融资租赁合同具有三方主体，即出租人、承租人、出卖人，此种观点不无

道理。①

从实践来看，采广义说也符合融资租赁合同交易中的真实情况。因为实践中绝大多数的融资租赁交易基本上都采取两个合同和三方当事人结合的模式。法律规则都是客观经济生活的反映，我国合同法也应当考虑融资租赁交易的现实，妥当确定合同当事人。

二、融资租赁合同的特征

依据《合同法》第237条，融资租赁合同是指出租人根据承租人对租赁物的特定要求和对供货人的选择，出资向供货人购买租赁物，并租给承租人使用，承租人按约定支付租金，在租赁期满时，返还租赁物或者按约定的办法取得租赁物所有权的协议。此种合同的特征主要在于：

1. 内容具有复合性

融资租赁合同是由买卖合同和融资租赁合同结合在一起，并由三方当事人组成的合同。② 由于融资租赁合同是融资租赁交易的重要组成部分，此类交易通常在承租人和出租人之间签订融资租赁合同以后，由出租人按照承租人的要求，向出卖人购买标的物，交付给承租人使用。③ 在此种关系中，实际上存在买卖合同和租赁合同的结合，其中包括三方当事人，即出卖人、出租人（买受人）、承租人。因此，融资租赁合同是由出卖人和买受人（出租人）之间的买卖合同以及出租人和承租人之间的租赁合同构成的。不过，融资租赁合同在生效以后，其法律效力并不完全等同于买卖、租赁合同。仅就出租人对承租人所负担的义务而言，其并不同于一般租赁中出租人的义务，如其并不负担租赁物的维修义务，也不负

---

① 参见陆永棣：《融资租赁合同的法律特征》，载《经济与法》，1993 (10)。
② 参见王轶编著：《租赁合同 融资租赁合同》，129页，北京，法律出版社，1999。
③ 参见何志：《合同法分则判解研究与适用》，274页，北京，人民法院出版社，2002。

担租赁物的瑕疵担保义务。① 就买卖合同而言，融资租赁合同的出卖人向承租人而非买受人（出租人）履行交付标的物和瑕疵担保义务，也不同于买卖合同。所以融资租赁合同不是买卖合同和租赁合同的简单相加，而是一种相互交错在一起的关系。一般认为，融资租赁集借贷、租赁、买卖于一体，是将融资和融物结合在一起的交易方式。②

2. 具有融资和融物双重目的性

融资租赁合同具有融资和融物的双重功能，这是融资租赁合同不同于租赁合同和金钱借款合同的特点。一方面，融资租赁合同具有融资功能。在设立融资租赁时，出租人（通常是专业的融资租赁公司或者金融公司）支付了标的物的全额价款，应承租人的要求购买了标的物。实际上，这相当于是出租人贷款给承租人，用以购买后者所需要的租赁物。所以，它通常被认为是信贷的一种形式。③ 另一方面，融资租赁合同具有融物的功能。这是因为承租人从出租人那里获得的并非现金，而是实物，同时，承租人要向出租人支付现金形式的租金。承租人在支付租金之后，又取得对租赁物的使用、收益等权利。因此，就出租人与承租人之间的关系而言，既有融资的特点，又有融物的特点。

3. 出租人具有特殊性

一般的租赁合同对出租人的身份并没有特别的限制，但是在融资租赁合同中，出租人应当具有融资租赁业务的资质。④ 这是因为租赁公司从事融资租赁，其应当具有从事融资的资质和实力，这是融资租赁合同主体上的特征。在我国，考虑到融资租赁交易具有融资性，只有经有关部门批准许可经营的公司，才有从事融资租赁交易、订立融资租赁合同的资格。此类公司在设立的条件、程序、经营活动等方面，法律都有严格的规定。因此，这类公司都是特殊的企业法人。在

---

① 《合同法》第 244 条规定："租赁物不符合约定或者不符合使用目的的，出租人不承担责任，但承租人依赖出租人的技能确定租赁物或者出租人干预选择租赁物的除外。"《合同法》第 247 条规定："承租人应当妥善保管、使用租赁物。承租人应当履行占有租赁物期间的维修义务。"

② 参见何志：《合同法分则判解研究与适用》，274 页，北京，人民法院出版社，2002。

③ Pascal Puig, Contrats spéciaux, 2e éd., Dalloz, Paris, 2007, p. 348.

④ 参见王轶编著：《租赁合同 融资租赁合同》，134 页，北京，法律出版社，1999。

融资租赁中,对承租人则没有特殊要求,它既可能是企业,也可能是一般的消费者。例如,在汽车融资租赁中,普通消费者也可以成为承租人。在承租人是普通消费者的情况下,不仅适用《合同法》关于融资租赁的规定,同时也要适用《消费者权益保护法》的相关规定。

4. 所有权和使用权的长期分离

在融资租赁中,合同生效之后,租赁物虽然被交付给承租人使用,但是所有权归属于出租人,形成所有权和使用权长期分离的状态。这与一般租赁合同是有区别的,一般的租赁合同是为了满足临时性使用标的物的需要,所以,其期限不能过长。按照我国《合同法》的规定,不能超过 20 年。所以,一般租赁虽然存在所有权和使用权的分离,但是分离的时间较短,而在融资租赁中,法律并没有设置最长租赁期限,所以其分离的时间往往较长。融资租赁合同所具有的融资和融物的双重功能决定了,它要实现所有权和使用权的长期分离。在融资租赁合同中,出租人将财产交给承租人长期使用,只享有观念上的所有权,支配色彩已经非常淡化,因此,主要发挥的是一种担保的功能。[1] 由于将租赁物长期交给承租人使用,承租人长期自主的占有并使用能够有效地实现租赁物的使用功能。

5. 具有双务、诺成、要式性和继续性

融资租赁合同是双方互负对待给付义务的合同,因为出租人要履行其按照承租人的要求购买标的物并交付承租人使用的义务。承租人要履行其支付租金等义务。融资租赁合同的成立和生效并不以标的物的实际交付为要件,属于诺成性的合同。换言之,只要双方意思表示一致,合同即成立。同时,《合同法》第 238 条第 2 款规定:"融资租赁合同应当采用书面形式。"之所以要采用书面形式,是因为此类合同内容复杂,且涉及多方当事人,并且合同的标的物一般价值较大。所以,采用书面形式有利于提醒当事人注意合同交易的细节和风险,并可以预防纠纷。即使当事人之间发生了纠纷,书面合同还可以起到固定证据的作用,有利于保护当事人的权利。融资租赁合同也是一种继续性合同,因为此类合同不是一

---

[1] See Schroth, Peter W. Financial, "Leasing of Equipment in the Law of the United States," 58 *Am. J. Comp. L.* 323 – 351 (2010).

第一节　融资租赁合同概述

次履行完毕的，而是长期、持续履行义务的合同。

融资租赁包括了售后回租。所谓售后回租，是指承租人将其自有物转让给出租人，再通过租赁的方式获得对该物的占有和使用。售后回租主要是为了使承租人获得现金流的保障。[①] 在以售后回租方式订立融资租赁合同的情形下，承租人应当使出租人取得租赁物的所有权，然后再从出租人处租回该物。《融资租赁合同司法解释》第2条规定："承租人将其自有物出卖给出租人，再通过融资租赁合同将租赁物从出租人处租回的，人民法院不应仅以承租人和出卖人系同一人为由认定不构成融资租赁法律关系。"可见，其也认可了售后回租的方式。

融资租赁通常发生在企业之间，因此，一般将融资租赁合同作为商事合同对待，许多国家对此进行了单独的立法。只有极少数国家（地区）在民法典中加以规定（例如《魁北克民法典》将融资租赁在其债法中规定）。我国《合同法》采民商合一的体例，所以，将融资租赁合同作为一种有名合同加以规定。

三、融资租赁的标的物

关于融资租赁的标的物，是否仅限于动产，存在不同观点。在比较法上，不少国家都将不动产纳入融资租赁合同标的物的范围。例如，《俄罗斯联邦融资租赁法》第3条规定："任何可以用于经营活动的非消耗物，包括公司和其他资产、建筑物、在建物、设备、交通工具和其他不动产和动产，都可以作为租赁物。"可见，不动产在这里被明确规定为可以作为融资租赁的客体。在德国，虽然没有明确的法律规定，但实践中融资租赁的客体也包括动产和不动产。韩国、哈萨克斯坦、乌兹别克斯坦等国也都认可不动产可以成为融资租赁的对象。[②] 从美国的法律规定来看，也是完全允许将不动产作为融资租赁合同的对象的[③]，而且在交

---

① 参见[德]迪特尔·梅迪库斯：《德国债法总论》，杜景林、卢谌译，483页，北京，法律出版社，2003。

② 参见李鲁阳主编：《融资租赁若干问题研究和借鉴》，231~351页，北京，当代中国出版社，2007。

③ 参见李鲁阳主编：《融资租赁若干问题研究和借鉴》，96页，北京，当代中国出版社，2007。

易实践中，不动产的融资租赁占据着重要的位置。笔者认为，融资租赁合同的标的物既包括动产也包括不动产，但是不动产仅限于房地产。主要理由在于：

第一，《合同法》第十四章关于融资租赁合同的规定中，采用了"租赁物"这样的表述，从文义解释来看，可以认为其包括动产和不动产。尤其是《融资租赁合同司法解释》第1条并没有否定不动产可以作为融资租赁的客体，而只是规定应当结合标的物的性质、价值、租金的构成以及当事人的合同权利和义务，对是否构成融资租赁法律关系作出认定，据此，不动产也可以作为融资租赁的标的物。

第二，不动产适合于作为融资租赁的对象。不动产本身能够体现融资、融物的特点，也可以在一个交易中体现两个合同、三方当事人之间的关系，有利于节约交易成本。针对目前存在的房产融资租赁，国家税务总局曾发布文件，明确了相应的税收征收规则，已经很好地解决了房产融资租赁中的税收问题。目前，很多金融租赁公司都开展了房产融资租赁业务，且投入资金量大、租赁期限又长，成为一些金融租赁公司的支柱性业务。由此表明，不动产可以作为融资租赁的对象。

第三，以不动产作为融资租赁的对象，有利于促进融资租赁业的发展。在我国，融资租赁市场还处于发展的初级阶段。各种类型的融资公司都在探索融资租赁业务。房屋融资租赁的风险相对于一般设备要小得多，是不可多得的融资租赁物。在目前适格的租赁物并不太多的背景下，需要包括房产在内的不动产作租赁物以培育市场。从实践来看，房地产融资租赁可以成为与贷款买房效果相同却功能不同的另一种买房方式，以替代房屋买卖的单一模式，从而降低买房人可能面临的风险和一次性的投资成本。

第二节 融资租赁合同与相关合同

一、融资租赁合同和租赁合同

关于融资租赁合同的性质，不少学者认为其仍然属于租赁合同的一种类型。

第二节 融资租赁合同与相关合同

此种观点最初为德国学者弗卢梅（Flume）所倡导，他认为，融资租赁是以物的使用为目的，而非以取得物的所有权为目的，租金不是租赁物的对价而是租赁物使用的对价。[①] 我国也有学者认为，融资租赁合同仅指出租人和承租人之间的合同，出租人和出卖人之间的合同虽然与融资租赁合同存在关联，但并非融资租赁合同本身。[②]

应当看到，融资租赁合同和租赁合同之间确实具有一定的相似之处。例如，承租人都要承租他人的财产，都要向出租人支付一定的租金，且两种租赁可以相互转化。例如，在一般的租赁中，如果当事人在合同中增加了融资条款，从而转化为融资租赁。从广义上讲，融资租赁仍然属于租赁的一种，其自身所具有的融资的特点并不能改变其作为租赁合同的本质属性。正是因为融资租赁合同和租赁合同之间存在相似之处，所以，法律上有关租赁合同的规则，也可以准用于融资租赁合同。至于具体哪些租赁合同的内容可以适用于融资租赁，我国《合同法》没有规定。笔者认为，就租赁本身而言，融资租赁与传统租赁合同没有本质区别的部分，可以参考适用租赁合同的规定。但是其中涉及融资租赁合同本身的特点，与租赁合同具有本质区别的部分，就不能类推适用租赁合同的规定。例如，有关融资租赁合同中租赁物的毁损灭失风险的承担问题，《合同法》并没有作出规定，但是根据国际惯例和当事人一般的合同安排，都是由承租人来承担的，这部分就不能够准用租赁合同的内容。

但是租赁合同和融资租赁合同也具有明显的区别。我国《合同法》分别在第十三章和第十四章对这两种合同类型作出规定，这表明立法者认为，融资租赁合同具有独立于租赁合同的特征。两者除了目的和功能存在区别之外，还存在如下区别：

第一，所有权和使用权的分离程度不同。在租赁合同中，出租人享有租赁物的所有权，其只是将租赁物在短期内将物交付给承租人使用，但出租人对其租赁物仍然具有一定的支配力。与此相适应，出租人也负担不少义务，例如，对租赁

---

① 参见李鲁阳主编：《融资租赁若干问题研究和借鉴》，38页，北京，当代中国出版社，2007。
② 参见佟强：《关于融资性租赁问题的理论探讨》，载《中外法学》，1992（2）。

物负有维修的义务。但是在融资租赁合同中,所有权和使用权是长期分离的,出租人将财产出租以后,主要目的是获得租金,通常并不希望恢复对物的占有和使用。因为这一原因,在租金的计算上两种合同存在区别:在租赁合同中,承租人支付的租金是其享有使用权的对价;而在融资租赁中,承租人所支付的租金,一般是租赁物所有权的对价,其中既考虑了出租人取得租赁物的成本,也考虑了其正常的经营利润。我国《合同法》第243条规定:"融资租赁合同的租金,除当事人另有约定的以外,应当根据购买租赁物的大部分或者全部成本以及出租人的合理利润确定。"表明了两者在这方面的区别。

第二,对租赁物的选择权不同。在租赁合同中,出租人在租赁之前已经取得了租赁物,承租人不能要求出租人为了租赁的需要而购买租赁物。而在融资租赁合同中,承租人根据自己的需要选择出卖人和租赁物。租赁物是为了满足承租人的需要,根据承租人的选择而从出卖人处购得。正因为如此,融资租赁的租赁物的通用性差,而且租赁物通常只能由承租人使用,为了确保出租人能通过融资租赁交易获取利润,融资租赁合同的租金往往具有特殊性,通常包括设备购置成本、融资成本、手续费及利润。[1] 在一般的租赁合同中,承租人虽然可以选择是否签订租赁合同,但是一旦选择签订合同,就只能租赁出租人提供的标的物,而无权选择其他标的物。这有别于融资租赁合同中由承租人指定所要租赁的标的物的做法。

第三,租赁的期限不同。我国《合同法》第214条规定租赁合同的期限不能超过20年,但对融资租赁合同则没有作出此种限制。实践中,融资租赁的租赁期限一般较长,融资租赁合同的期限往往与财产的使用期限相近[2],一般占租赁物预期寿命的大部分(约占70%以上)。[3] 这主要是因为融资租赁具有融资的功能,出租人订立合同的目的并非是要重新获得对标的物的占有和使用,所以,一

---

[1] 参见闫海、尹德勇主编:《租赁合同融资租赁合同实务操作指南》,239页,北京,中国人民公安大学出版社,2000。

[2] Pascal Puig, Contrats spéciaux, 2e éd., Dalloz, Paris, 2007, p. 346.

[3] 参见李鲁阳主编:《融资租赁若干问题研究和借鉴》,22页,北京,当代中国出版社,2007。

第二节　融资租赁合同与相关合同

般由承租人在租赁物的使用寿命内进行充分利用。

第四，租赁期限届满后标的物的归属不同。在一般的租赁合同中，租赁期限届满后，标的物仍然归属于出租人，承租人应当返还租赁物。在融资租赁合同中，租赁期限届满后，租赁物所有权虽然归属于出租人，但是，出租人往往与承租人协商，将标的物无偿转让或折价转让给承租人，而且期满后的出售价格比市场价格要明显优惠得多，以鼓励承租人购买标的物。[①] 这是由融资租赁合同的特点所决定的，即在融资租赁合同中，出租人购买租赁物，是基于承租人融资的需要而选择的，是针对承租人的特定需求而购买的，因而在期限届满后，标的物返还给出租人并不能发挥其效用，所以一般要折价或无偿转让给承租人，以实现物尽其用的效果。

第五，瑕疵担保义务的负担不同。一般而言，融资租赁合同中租赁物都是由承租人自己选择的，所以出租人并不承担瑕疵担保义务，而是由出卖人直接对承租人负担瑕疵担保义务。但是在一般的租赁合同中，出租人向承租人提供租赁物，必须负担瑕疵担保义务，包括物的瑕疵担保义务与权利瑕疵担保义务，以确保承租人能够按照合同约定的目的和用途使用租赁物。

第六，风险负担不同。在融资租赁合同中，标的物交付给承租人之后，毁损灭失的风险就由承租人承担。因为标的物由承租人选择购买，并且由承租人使用，其有能力控制标的物的风险，因而其应当对标的物意外毁损灭失的风险承担责任。而在一般的租赁合同中，出租人应当负担标的物毁损灭失的风险。[②]

第七，租赁物维修义务的承担不同。在融资租赁合同中，租赁物的维修义务由承租人承担，因为标的物是根据承租人的需要而购买，承租人在使用标的物的过程中，也具有专门的技术与人员来对其进行养护、维修。但是在一般的租赁合同中，《合同法》第220条规定："出租人应当履行租赁物的维修义务，但当事人另有约定的除外。"因此，应当由出租人负担租赁物的维修义务。

[①] Pascal Puig, Contrats spéciaux, 2e éd., Dalloz, Paris, 2007, p.346.
[②] 参见李鲁阳主编：《融资租赁若干问题研究和借鉴》，22页，北京，当代中国出版社，2007。

二、融资租赁合同与借款合同

融资租赁合同和借款合同的关系十分密切,因此,在学理上,有一种观点认为,融资租赁合同的本质在于出租人融通资金让承租人可以取得机器以及设备的使用,而非出租人在取得租赁物的所有权后,享有从租赁物获得收益的权利。[1]例如,法国学者 Calen 提出货币借贷契约说,认为融资租赁就是一种货币借贷。而德国学者 Borggrafe 则认为,融资租赁是以利用供与为目的,但却不仅是以物的利用可能为中介,更重要的是一种融资的给付。[2] 应当看到,承租人签订融资租赁合同,往往是因为其缺乏资金、不能自己购买标的物,所以通过融资租赁的方式,由出租人根据承租人的要求购买标的物,然后由承租人使用。就此而言,其与借款具有相同的功能。在实践中,也存在名为融资租赁合同,实为借款合同的情况。例如,当事人只订立融资租赁合同而无买卖合同,或者虽订立了买卖合同,但却没有按约履行,在此情况下就只有融资而无融物的特点。这些都是常见的名为融资租赁实为借款的合同。如果订立融资租赁合同时,承租人并没有指定租赁物,则依具体情况,可认为融资租赁合同不成立,只能按无效借款合同处理。[3]

不过,融资租赁合同和借款合同毕竟是两种不同的有名合同类型,具有明显的区别,主要表现在:

第一,功能不同。借款合同主要具有融资的功能。而融资租赁合同不仅具有融资的功能,还具有融物的功能。因此,融资租赁合同不同于单纯的金钱借款合同。借款合同主要目的在于融资,一般不牵涉标的物的实际占有、使用。

第二,是否以融物为内容不同。融资租赁合同在功能上兼具融资和融物双重属性,一般而言,出租人只能亲自或委托他人去寻找出卖人,其本身不能在向承

---

[1] 参见高圣平、乐沸涛:《融资租赁登记与取回权》,8 页,北京,当代中国出版社,2007。
[2] 参见李鲁阳主编:《融资租赁若干问题研究和借鉴》,39 页,北京,当代中国出版社,2007。
[3] 参见陈燕蒙、俞宏雷:《融资租赁合同效力的认定》,载《人民司法》,1996 (2)。

第二节 融资租赁合同与相关合同

租人提供一笔贷款以后，委托承租人去寻找出卖人，否则便成为企业之间变相的金钱借贷。而借款合同是以直接的融资为内容的合同，并不具有融物的内容。

第三，对主体资格的要求不同。对借款合同而言，为维护金融秩序的稳定，法律一般会对借款合同的主体进行严格限定。而从事融资租赁行为的出租人，尽管成立融资租赁公司也有严格的要求，但较之于设立银行，要求显然要宽松一些。正是因为对借款合同主体存在较多的限制，所以许多企业才采取融资租赁合同的方式来进行融资。

第四，是否移转所有权不同。在融资租赁合同中，租赁财产在交付后不发生所有权的移转。租赁期限内，租赁物的所有权归出租人所有，而承租人只是享有使用权。而在借款合同中，由于金钱的占有推定为所有，因而一旦贷款人将金钱移转给借款人，则金钱的所有权将发生移转，由借款人享有。

三、融资租赁合同与分期付款买卖合同

分期付款买卖合同，是指双方当事人在合同中约定，出卖人先交付标的物，买受人分次支付合同价款的一种特种买卖合同。[1] 德国学者 Ebenroth 认为，租赁公司对于租赁物件仅限于担保利益[2]，故融资租赁合同在性质上属于保留所有权的分期付款买卖。分期付款也包括融资租赁这种合同形式，因为就融资租赁而言，其在实质上也是对整个租赁物的价款分期支付。[3] 在我国，也有学者认为，融资租赁交易中的承租人享有在租赁期限届满后购买租赁物的选择权，这一点与所有权保留的分期付款买卖中的买受人，在支付最后一期价款后即取得买卖标的物的所有权在本质上是相同的。而且出租人虽然仍然享有租赁物的所有权，但是，其所有权主要是为了担保租金债权，其在交付租赁物于承租人后，除了担负

---

[1] 参见郑玉波：《民法债编各论》上册，101页，台北，三民书局，1986。
[2] 参见李鲁阳主编：《融资租赁若干问题研究和借鉴》，38页，北京，当代中国出版社，2007。
[3] 参见［德］迪特尔·梅迪库斯：《德国债法分论》，杜景林　卢谌译，483页，北京，法律出版社，2007。

承租人部分给付或不能给付的危险之外,并不负担其他的风险,这与保留所有权分期付款买卖中的出卖人也没有本质的区别。[①] 据此,这些学者认为,融资租赁合同就是保留所有权的分期付款买卖合同,笔者认为,虽然二者存在一定的联系,但二者区别是明显的,主要表现在:

第一,分期付款买卖是买卖的一种特殊形式,仍然符合买卖的基本属性。而融资租赁是一种具备买卖合同某些特征的租赁形式。虽然采用了租金的分期支付方式,但其本身并不是买卖,也不是分期付款买卖。

第二,分期付款买卖通常与所有权保留相结合,形成所有权的逐渐移转。在分期付款买卖中,所有权并不是一次性的移转,而是通过价金的不断支付,最终实现所有权的移转。但在融资租赁合同中,所有权并非通过价金的支付而逐渐移转,出租人仍然保有租赁物的所有权。

第三,付款的性质不同。融资租赁合同中,支付的款项是租金,是标的物的使用费,而分期付款方式支付的价款是标的物的价款。

第四,合同期限届满后物的归属不同。在融资租赁合同中,租赁期限届满后,租赁物原则上归属于出租人,当事人也可以协商归承租人所有。而且,当事人不必在合同中明确规定标的物的归属问题。《合同法》第 250 条规定:"出租人和承租人可以约定租赁期间届满租赁物的归属。对租赁物的归属没有约定或者约定不明确,依照本法第六十一条的规定仍不能确定的,租赁物的所有权归出租人。"但是,在分期付款买卖合同中,一般都会在满足一定的条件后(通常是价金支付完毕)使标的物所有权归买受人取得,因为买卖的目的就是移转标的物所有权。

第五,由于融资租赁合同具有融资功能,涉及国家金融秩序与安全,因而许多国家将融资租赁业务纳入金融监管的范围。在我国,对于融资租赁也实行了必要的金融监管。而分期付款仅仅涉及出卖人与买受人双方,一般不会对金融秩序造成影响,所以对此类活动并不需要实行金融监管。

---

① 参见高圣平、乐沸涛:《融资租赁登记与取回权》,14 页,北京,当代中国出版社,2007。

第三节 融资租赁合同的历史发展

融资租赁合同是现代社会的产物,而一般的租赁甚至可以追溯到奴隶社会。例如,在《汉谟拉比法典》中就有关于租赁和类似内容的条文。在18世纪和19世纪早期,英国和美国就已将财产寄托(bailments)制度被适用于租赁,斯韬雷(Story)大法官就撰写过很多关于财产寄托制度的著名判决。[1] 现代意义上的融资租赁肇始于19世纪后期的英国和美国。大约在19世纪70年代,有轨电车、火车的购买即部分采取了融资租赁的方式。19世纪英国的铁路货车长期租赁,实际上就是融资租赁,只是当时还没有采用"融资租赁"的概念。[2] 而在19世纪晚期,宾夕法尼亚州和纽约州的法律已经正式认可了融资租赁制度。[3] 但是即便如此,直到20世纪40年代,真正的融资租赁才在铁路运输领域发展出来,所以说,这一法律制度实际上是20世纪中期以后才发展起来的。[4]

作为法律制度的融资租赁最初始于第二次世界大战以后,由于欧洲遭受严重的战争创伤,急需从战争中恢复,但又面临严重的资金紧张,因而出现了类似融资租赁的做法,但并没有制度化。20世纪60年代中期,欧洲各国开始出现专业的融资租赁公司,随着业务的普遍开展,融资租赁日益制度化和体系化。以法国为例,其是在20世纪60年代才引入融资租赁这一形式的,1966年7月2日的第66—455号法律专门规范了企业的融资租赁交易。根据该部法律的规定,企业如要从事融资租赁业务,须经过金融市场管理局(AMF)的特别许可。而个人从事融资租赁业务,称为"有购买选择权的租赁(LOA)",则由其他的特别法来调

---

[1] See Joseph Story, *Commentaries on the Law of Bailments* (1832).
[2] 参见李鲁阳主编:《融资租赁若干问题研究和借鉴》,104页,北京,当代中国出版社,2007。
[3] See Schroth, Peter W. Financial, "Leasing of Equipment in the Law of the United States", 58 *Am. J. Comp. L.* (2010), at p. 326.
[4] See James A. Montgomery, Jr., "The Pennsylvania Bailment Lease", 79 *U. Pa. L. Rev.* 920 (1931).

整。目前，在法国，个人融资租赁交易通常适用于汽车租赁。①

　　融资租赁制度主要是在美国逐渐发展和完善起来的。第二次世界大战以后，由于美国经济的高速发展，资金供求矛盾很大，而传统的银行贷款往往条件苛刻，难以满足大量中小企业的融资需要，再加上折旧制度的压力，工商企业在资金运转上发生问题，难以购置新的机器设备。在这种情况下，以长期租赁为经营基础的融资租赁遂应运而生。② 1952 年，美国人 H. 杰恩费尔德创立美国租赁公司，为了规避苛刻的金融监管，开始从事融资租赁（Finance Lease）专门业务，这是最早以公司的形式经营融资租赁业务。1954 年，全球第一家独立的融资租赁公司在美国成立，自此之后，融资租赁业在美国迅速发展。③ 融资租赁业务的快速发展还得益于配套的税法制度和银行监管制度的变化：一是 1954 年的美国税法明确规定了投资税收抵免政策和设备加速折旧政策，这些积极的税收刺激政策推动了设备资本融资的发展；二是 1963 年美国货币监理署（U. S. Comptroller of the Currency）发布第 3400 号解释令，特别授权国内银行可以拥有和出租设备，这一解释令连同此前州特许银行的同类授权一起，允许商业银行可以从事融资租赁业务。④ 1975 年，美联储颁布了税务机构用以判断某个交易是否属于租赁的指导意见，这也鼓励了融资租赁业务的展开。⑤ 然而，立法始终没有能够跟上融资租赁交易的发展，直到 1980 年，商法中都没有关于融资租赁的规则。针对有关融资租赁的纠纷，美国的法庭往往类推适用有关不动产租赁、买卖和担保交易的相关规则。1978 年修正的《统一商法典》包含了一条规定，即"判断租赁的目的是否是提供动产担保，需要依照具体个案的内容加以确定"。由于该规则

---

① Pascal Puig, Contrats spéciaux, 2e éd., Dalloz, Paris, 2007, p. 345.

② See Peter K. Nevitt, Frank J. Fabozzi, *Equipment Leasing* (Pennsylvania: Frank J. Fabozzi Associates, 2000), pp. 21-27.

③ See Sudhir P. Amembal (eds), *International Leasing: The Complete Guide* (Amembal & Associates, 2000), p. 1.

④ See Ian Shrank, Arnold G. Gough, Jr (eds), *Equipment Leasing-Leveraged Leasing* (New York City: Practising Law Institute, 2010), pp. 1-7.

⑤ See Gordon D. Alter & Francis Zou, *Legal Authority for Leasing*, in 1 Ian Shrank & Arnold G. Gough, Jr., *Equipment Leasing-Leveraged Leasing* 13: 2 (4th ed. 1999).

第三节 融资租赁合同的历史发展

将融资租赁作为一种动产担保方式,且该规则没有将融资租赁作为一种单独的交易类型加以确定,因而一直受到学者批评。[1] 9 年后,在《美国统一商法典》的修订中,法典常务编委会主席小基奥弗雷·C·哈泽德(Geoffrey C. Hazard, Jr.)在 UCC 第一编和第十二编修正案的前言中指出:应当将融资租赁作为一项独立的制度加以规定。[2] 最终,《美国统一商法典》在第 2A 编,专门将融资租赁作为一种独立的动产交易类型,从而在法律上完善了融资租赁制度。融资租赁在法律制度上的确认,也极大地促进了此种交易的发展。目前在美国,融资租赁业已经成为仅次于银行信贷的第二大融资方式。

从世界范围来看,融资租赁已经成为巨大的产业,对各国国民经济产生了重要影响。由于融资租赁实现了融资和融物的巧妙结合,所以,其适应了现代市场经济发展的需要。[3] 一方面,它解决了承租人的融资需要。承租人急需某种机器设备,一次性购买存在支付困难,通过融资租赁的方式,可以减轻承租人的压力。在这一交易形态之下,生产企业根据自身的需求,直接向制造商谈好机器设备后,经由租赁公司或金融机构出资购买,由后者以租赁的方式交给生产企业使用,以此达到以融物的方式满足融资的目的。租赁公司或金融机构虽为名义上的所有权人,但租赁物所有权的大部分风险与利益均已移转给承租人,而所谓租金实际上就是融资的分期返还。[4] 另外,在租期届满以后,承租人对是否购买租赁物享有选择权,从而很好地保证了承租人的利益。另一方面,它解决了承租人融物上的需要。融资租赁可以满足企业对大型机器设备的需求,尤其是通过租金支付而不是价款支付的方式,使其以较少的资金获得了对机器设备的使用权,这对于中小企业的设备更新和生产规模扩大等都具有十分重要的意义。而且,承租人所获得的对租赁物的使用权是长期性的债权性使用权,从而实现了所有权和经营权适度分离。此外,税法上的优惠以及规避金融管制也是导致融资租赁业发展的

---

[1] U. C. C. , 1987 Amendments, Official Comment to revised 1 - 201 (37).
[2] 参见梁慧星主编:《民商法论丛》,第 2 卷,524 页,北京,法律出版社,1994。
[3] 参见郝昭成等主编:《融资租赁的税收》,9 页,北京,当代中国出版社,2007。
[4] 参见许忠信:《从国际金融法之观点论融资性租赁立法规范之必要性》,载《月旦法学杂志》,2007 (4)。

第八章　融资租赁合同

重要原因。例如，如果承租人要自己购买机器设备等，其要按照折旧来摊销成本，而通过租赁的方式，其成本是通过租金的形式表现的。正因为如此，至20世纪90年代中期，世界融资租赁投资在资本形式中的比例已上升到24%。[1] 著名国际租赁专家阿曼波先生认为，"融资租赁是当今世界上最具生机与活力的产业之一。它为设备及不动产融资提供了便利。它刺激了经济的发展、扩大了就业而且增加了税收。它影响着我们生活的每一部分，因为它涵盖了汽车、家具、飞机、厨房设备、电脑、通讯设备以及医院设备"[2]。1988年由55个国家通过的《国际融资租赁公约》，对此种金融交易方式加以确认。[3]

在我国，融资租赁起步较晚，直到改革开放初期，融资租赁才开始被引入中国。1980年6月，中国国际信托投资公司与日本东方租赁公司、北京市机电设备公司合资组建的中国东方租赁公司的成立，标志着我国现代融资租赁业正式诞生。从此，融资租赁对于我国引进外资、融通资金、促进经济发展起到了不可低估的作用。2006年年底，银监会对12家金融租赁公司以及一百多家兼营融资租赁业务的机构实行监管。[4] 2004年年底，商务部一共分两批批准了二十多家内资企业作为融资租赁业务的试点。在此之后，融资租赁业务得到了进一步的发展。[5] 据不完全统计，截至2007年，我国融资租赁业累计引进外资约70亿美元，累计租赁业务达1 900亿元人民币。[6] 而截止到2010年，我国融资租赁业务总量已经达到了7 200亿元人民币。[7] 1995年《民用航空器法》第三章第4节"民用航空器租赁"，1992年《海商法》第六章"船舶租用合同"，其中也涉及了融资

---

[1] 参见朱家贤：《租赁合同 融资租赁合同》，158页，北京，中国法制出版社，1999。
[2] Sudhir P. Amembal, *International Leasing：the Complete Guide*, Volume one p. 5. 2000 Amembal and Amembal, V. S. A.
[3] 我国也已加入该公约，但该公约尚未生效。
[4] 参见郝昭成等主编：《融资租赁的税收》，9页，北京，当代中国出版社，2007。
[5] 参见李鲁阳等主编：《融资租赁的监管》，4页，北京，当代中国出版社，2007。
[6] 参见欧阳卫民主编：《中国金融融资租赁业的现状和出路》，20页，北京，中国金融出版社，2000。
[7] 参见《2010年金融租赁行业风险分析报告》，见 http://doc.mbalib.com/view/78c39a82e7b5a9518897fcaf18261d8e.html，访问日期：2011年4月2日。

租赁的问题。1996年最高人民法院颁布《关于审理融资租赁合同纠纷案件若干问题的规定》,2014年颁布《融资租赁合同司法解释》为我国司法实践中规范融资租赁提供了法律依据。1999年的《合同法》第十四章专门规定了融资租赁合同。该章全面系统地对融资租赁作了系统规范,可以说是目前我国有关融资租赁合同的主要法律依据。此外,有关的行政规章对此也作出了规定,例如,中国人民银行于2000年6月30日公布实施的《金融租赁公司管理办法》,对融资租赁公司的审批、设立、业务范围和监管等都作了全面的规定。商务部于2005年颁布的《外商投资租赁业管理办法》对外商投资融资租赁公司的管理作了全面的规定,这些法律法规对我国融资租赁的健康发展发挥了重要的作用。

第四节 融资租赁合同的成立与生效

一、融资租赁合同的成立

融资租赁合同的成立,是指当事人之间就合同的主要条款达成了意思表示一致。通常情况下,对于融资租赁合同来说,只要当事人的意思表示一致即可成立,无须其他要件。但是在学理上,关于融资租赁合同是否应当以交付标的物作为成立的要件,理论界存在如下不同看法:

1. 诺成合同说。这种观点认为,融资租赁合同属于诺成性合同,只要当事人意思表示一致就生效,无须以标的物的交付作为合同的成立要件,故合同依法成立的时间即为生效时间。

2. 实践合同说。此种观点认为,融资租赁合同是要物合同,自承租人收到出卖人所交付的标的物时起生效,当事人另有约定的除外。

笔者赞成诺成合同说,因为要物合同需要法律的明确规定,其对于当事人施加了特殊的义务,增加了协商成本,所以合同在法律没有明确规定的情况下,通常应当认为是诺成合同。法律对融资租赁合同是否为要物合同并未作出明确规

定，故其为诺成合同。尤其应当看到，如果将融资租赁合同规定为实践合同，将无法合理分配出租人和承租人就租赁物的相关权利义务。例如，不交付租赁物或者交付租赁物不符合合同的规定，本应当由出卖人承担责任，如果成为实践合同，将出现由出租人承担责任的情形。在此情况下，承租人无法向出卖人主张违约责任。

二、融资租赁合同应当采用书面形式

《合同法》第238条第2款规定："融资租赁合同应当采用书面形式。"融资租赁合同采用书面形式的原因在于：第一，当事人人数较多。在融资租赁合同中，一般会涉及三方当事人。第二，法律关系较为复杂。融资租赁合同是两个合同的结合，既有买卖，又有租赁，法律关系较为复杂，因此需要以书面形式订立的合同来明确界定各方的权利义务关系。第三，履行期限较长。在履行期限届满后，涉及租赁物的归属问题，对当事人的权利义务影响重大，因此应当以书面形式加以确定。第四，可能具有涉外因素。有些融资租赁合同可能涉及外国产品，有些可能涉及外方当事人，因此，融资租赁合同经常具有涉外因素，如果不采用书面形式，将无法明确各方的权利义务关系。

三、融资租赁合同生效的时间

融资租赁合同的生效，涉及租赁合同与买卖合同的关系问题，因为租赁合同与买卖合同之间的联系非常密切。关于融资租赁合同的生效时间，存在不同的看法：

（一）独立生效说

此观点认为，买卖合同与租赁合同相互独立、互不影响，一个合同的成立、生效并不影响另一个合同的成立、生效。出租人与承租人所订立的租赁合同一般应自成立起生效。再从融资租赁合同中的出租人与承租人所订立的租赁合同的内

第四节 融资租赁合同的成立与生效

容看，它一般只是约定一方有交付租赁物的义务，另一方则有缴纳租金的义务，不必约定须待出租人交付租赁物后才生效。如果出租人到期不交付租赁物，则为违约，应承担违约责任。因此，出租人与承租人之间的租赁合同的成立和生效亦即整个融资租赁合同的成立与生效。[①] 此种观点的优点是可以防止融资租赁合同中的两方当事人恶意串通，欺诈损害另一方当事人的利益。

独立生效说的缺点在于，其否定了买卖合同与租赁合同之间的密切联系，剥夺了在买卖合同上有重大利益的承租人对该合同生效的参与决定权利，实质上否定了承租人在买卖合同中实质上的买受人地位，有违融资租赁合同的本质。

（二）非独立生效说

该理论认为，融资租赁合同由两个有着有机联系的合同构成，因此，买卖合同与租赁合同不能独立生效。该理论又分为两种不同的观点：一种观点认为，租赁合同签订之后，出租人和出卖人之间还应当签订一个买卖合同，应当以买卖合同的生效时间为融资租赁合同的生效时间。另一种观点认为，融资租赁合同必须以买卖合同的订立为前提。该观点认为，虽然有时先签订租赁合同，有时先签订买卖合同，但租赁合同的生效依一般合同的生效规则，而买卖合同则应在租赁合同订立后方可生效。[②] 但租赁合同成立并生效后，有可能买卖合同并未生效。如因供应商对买卖合同临时有异议等导致买卖合同不成立，此时对于出租人而言履行租赁合同就存在很多困难。总体上看，非独立生效说确实把握了租赁合同和买卖合同之间的相互关系，也注意到了两者之间的密切联系，但是其不足在于，没有注意到融资租赁合同是一种独立的交易类型，如果认为融资租赁合同必须以买卖合同的生效为前提，买卖合同不生效则融资租赁合同也不生效力，不利于当事人信守融资租赁合同。

（三）租赁合同交付生效说

此种观点认为，融资租赁合同是要物合同，即租赁合同自供应商交付设备并

[①] 参见李尤武：《关于融资租赁合同几个问题的探讨》，载《华中师范大学学报（哲社版）》，1995（3）。
[②] 参见徐维熔、王忆华、王成芝：《租赁会计与实务》，150页，北京，中信出版社，1990。

第八章 融资租赁合同

经承租人验收和向出租人出具接受设备的收据后才生效。就租赁与买卖的关系而言,租赁合同自当事人双方签订合同之日起成立,但合同自承租人收到出卖人交付的标的物时生效。① 因为出租人与承租人订立租赁合同,合同已成立,但并未生效,须待用户验收货物后且承租人受领交付且支付第一期租金,租赁合同才为有效,即租赁期间开始计算,用户负租金交付义务。② 这一观点虽然强调了交付的标的物对当事人权利义务确定的重要意义,但我国现行法没有规定租赁合同是一种实践合同,即使强调融资租赁合同的租赁性质,也不能够因此确定其必然是要物合同,因此其缺乏法律上的依据。

笔者认为,在融资租赁合同中,虽然租赁合同与买卖合同有密切的联系,但是这并不意味着融资租赁合同的生效必须以买卖合同的生效为前提条件,实践中通常有以下两种方式:第一种情况是由出卖人、出租人和承租人三方共同签订融资租赁合同,其中详细规定了三方当事人在融资租赁交易当中的权利义务内容,在此种情况下,以各方当事人达成合意作为融资租赁合同的生效时间是没有争议的。第二种情况是由出租人和承租人签订租赁合同,出租人依承租人的选择和特定的出卖人签订买卖合同,在这种情况下才有讨论买卖合同和租赁合同关系的可能。从这些情况来看,既然融资租赁合同的目的包括融物和融资两个部分,出租人是根据承租人的选择和要求而与出卖人订立买卖合同,且出卖人要直接向承租人交货,买卖合同也可以成为融资租赁的一部分。但是,这并不意味着,融资租赁合同必须以买卖合同的生效为前提条件,也不意味着,融资租赁合同的生效以买卖合同标的物的交付为要件,其原因在于:一方面,从实践来看,当租赁合同签订时,买卖合同可能尚未签订,承租人与出租人签订租赁合同之后,有可能由出租人按照承租人对标的物的要求,亲自或委托他人去寻找出卖人。如果在此时否认租赁合同的效力,则承租人的信赖利益将无从得到保护。另一方面,合同的生效问题应当尊重私法自治的原则,由当事人自己决定。在当事人没有就生效顺序作出明确约定的情况下,买卖合同和租赁合同应当依据各自生效条件来确定生

---

① 参见胡康生主编:《中华人民共和国合同法释义》,356 页,北京,法律出版社,1999。
② 参见梁慧星:《融资性租赁若干法律问题》,载《法学研究》,1993 (2)。

效时间，买卖合同生效以后，可以成为融资租赁合同的组成部分，而不能笼统地认为，融资租赁合同必须以买卖合同的生效为前提。还应当看到，如果将融资租赁合同的订立与买卖合同的订立等同起来，则融资租赁合同中任何一方违反合同时，对方当事人都无法获得救济。例如，出租人不按时寻找出卖人，或者合同签订后承租人未按照合同约定支付第一期租金，导致出租人没有足够的资金购买，如此，则不利于保护守约方的利益。

第五节　融资租赁合同的内容

一、融资租赁合同的主要条款

《合同法》第238条第1款规定："融资租赁合同的内容包括租赁物名称、数量、规格、技术性能、检验方法、租赁期限、租金构成及其支付期限和方式、币种、租赁期间届满租赁物的归属等条款。"据此可见，《合同法》第238条的规定主要从租赁的角度规定了融资租赁合同的主要条款，具体来说包括：

（一）租赁物

租赁物包括租赁物名称、数量、规格、技术性能、检验方法。租赁物内容是融资租赁合同的必备条款。通常来说，租赁物都是价格高昂、使用寿命较长的动产，尤其是大型机器设备。从我国实践来看，航空器、船舶等都是常见的租赁物。如果购买的是进口的技术设备，有关海关的关税、增值税及其他税款、运费等由谁支付也应约定清楚。[①]

（二）租赁期限

租赁期限，是指融资租赁合同从生效至终止的时间。融资租赁以承租人对设备的长期使用为前提，因此，租赁期限一般比较长，相当于租赁设备的估计使用

---

① 参见魏耀荣等：《中华人民共和国合同法释论（分则）》，245页，北京，中国法制出版社，2000。

寿命的大部分年限。由于融资租赁合同需要考虑出租人收回全部成本与合理利润的年限,所以,期限通常较一般的租赁合同更长。租赁期限的长短决定着租金的数额,期限越长,租金也就越低。

(三) 租金

租金条款,包括租金构成及其支付期限和方式、币种。关于租金,一般需要确定如下几个问题:

1. 租金的构成或计算。《合同法》第243条规定:"融资租赁合同的租金,除当事人另有约定的以外,应当根据购买租赁物的大部分或者全部成本以及出租人的合理利润确定。"该条实际上是关于租金构成的规定,通常融资租赁合同的租金由成本、购买租赁物的费用、利息等组成。依据该规定,租金应当考虑如下因素确定:第一,购买租赁物的大部分成本或者全部成本。全部成本是指标的物在租赁期间,其使用价值全部耗尽,无法再租赁给他人使用,此时承租人就需要支付相当于租赁物全部的成本作为租金。大部分成本是指如果在租赁结束后,标的物仍有一定的使用价值,出租人还可将之出租给他人继续使用,此时,就只需要收回标的物大部分的成本。购买租赁物的成本主要是其价款,也包括相关的费用。例如,出租人支付的运输费、保险费、律师费、谈判费用等。第二,合理利润。在融资租赁合同中,出租方通常是企业,其从事融资租赁交易的目的就是要获得利润。对于利润是否合理,判断标准一般是行业的平均利润水平。

关于租金的确定,是否完全由当事人自由约定?笔者认为,依据《合同法》第243条的规定,在当事人没有约定的情况下,应当按照这一规则由人民法院确定合理的租金数额。如何理解该条所说的"当事人另有约定"?一种观点认为,"另有约定"是指对于租金的另有约定。也就是说,当事人在融资租赁合同中没有规定租金条款,而在协议达成之后,另行确定租金。另一种观点认为,"另有约定"是指对于租金的计算标准另有约定,也就是说,当事人不是按照取得租赁物的成本和利润来确定租金,而是采用其他的方式计算租金。笔者认为,"另有约定"就是指只要当事人没有就租金本身作出约定,就应当按照这一规则来确定

租金的具体数额。问题在于，如果当事人约定的租金过高，具有变相高利贷的特点，法院是否可以进行干预？笔者认为，如果租金过高、显失公平，承租人可以要求法院适当减少和变更租金。

2. 关于币种的约定。融资租赁的标的物也可能需要在国外购买，此时，当事人可能需要在租金支付中就币种作出约定。当事人就币种所作的约定，也往往影响到其利益。因为国际汇率在不断发生变动，有些货币急剧贬值，所以，币种的约定对当事人利益关系非常重大。

3. 支付方式。支付方式包括以现金、支票等支付。通常来说，承租人都是多次支付租金，因为融资租赁的目的之一是融资，如果承租人可以一次支付租金，其就可以通过买卖的方式来实现缔约目的。因为租金是多次支付的，所以，出租人需要借助租赁物实现其担保的功能。在实践中，出租人也可能考虑到租赁物的担保功能不能完全保护其利益，而要求承租人另外提供担保，如设立保证等。

4. 支付期限。融资租赁合同是长期的继续性合同，其期限通常较长，租金支付都是分期支付的，所以，一般需要对于租金支付期限进行明确约定，以防止当事人发生争议。

（四）租赁期间届满租赁物的归属

在一般租赁中，租赁物的所有权在法律上仍然归属于出租人，所以租赁期届满之后，承租人负有返还租赁物的义务。但是在融资租赁中，虽然在租赁期间内依据法律的规定，租赁物仍然归属于出租人所有，但是出租人的所有权实际上只是承租人租金的担保，租赁物是为了承租人特别定作或者选择的，其对于承租人以外的人而言，可能没有直接的利用价值，并且由于租赁期间很长，在届满后，返还租赁物对出租人而言也没有太大的意义。所以，在融资租赁合同中，租赁期间届满以后，标的物的归属常常需要重新约定。通常承租人有选择权，一般有三种方式，即续租、退租和购买。无论采取哪一种方式，都需要在合同中明确约定。

二、融资租赁合同中的特别条款

按照合同自由原则,当事人可以根据其需要,在《合同法》第 238 条规定的主要条款之外约定特别条款,只要不违反法律规定,这些条款都应当认可其效力。通常,当事人自由约定的条款主要包括如下几种:

(一)中途解约禁止条款

所谓中途解约禁止条款,是指出租人和承租人约定,在融资租赁合同存续期间,双方都不得任意解除合同。融资租赁合同是长期性、继续性的合同,出租人是按照承租人的指定购买租赁物,而非基于自己的需要购买,而且很难向其他人出租。如果融资租赁合同中途被解约,对于出租人来说,在取回标的物以后,难以实现其使用价值,可能造成资源浪费。所以,在融资租赁合同中,当事人需要特别约定禁止中途解约。通过规定中途解约禁止条款,对于承租人而言,就能够保证其对标的物享有长期稳定的使用权;对于出租人而言,因为禁止中途解约,就不会使其遭受标的物浪费的损失。

需要讨论的是,如果当事人约定了中途解约禁止条款,是否实际上排除了《合同法》第 94 条关于法定解除权的适用?换言之,《合同法》第 94 条是否可以通过当事人合意加以排除?笔者认为,《合同法》第 94 条的规定属于任意性规定,如果当事人有特别约定,就不能适用该条的规定。因而,如果当事人约定了中途解约禁止条款,就排除了《合同法》第 94 条的适用。这就是说,如果当事人约定了该条款,即便发生了一方根本违约的情形,另一方也不得随意解除合同。

(二)风险负担条款

风险负担条款,是指双方约定在租赁物交付之后,如果发生标的物的意外毁损灭失,应当由谁承担损失。通常而言,由于租赁物都是基于承租人的特别需要订购的,承租人知悉标的物的管理和使用方式,而且对其进行长期的占有和控制,所以,在租赁物交付之后,应当由承租人来负担标的物毁损灭失的风险。但

是，鉴于我国《合同法》没有对融资租赁中租赁物的风险负担作出明确规定，当事人通常就有必要约定风险负担条款，以防止出现纠纷。如果当事人对此作出了特别约定，各国判例和通说均承认此类条款是有效的。[1]

(三) 担保条款

担保条款，是指出租人和承租人约定的，担保租金债权实现的条款。在融资租赁合同中，出租人为了保障租金权益的实现，往往要求承租人签署担保条款，提供一定的担保，包括物的担保和人的担保（例如担保公司的保证）。这是因为一方面，出租人订立合同的目的就是要获得租金。另一方面，租金的支付期限较长，如果承租人一旦经营状况恶化，就不能够按期支付租金。还要看到，设定了担保条款也有利于保护承租人。例如，当事人可以约定，在出现周转不灵的状态时，可以通过执行保证金等来获得周转的时间。在此情况下，承租人预付的保证金类似于预付款，其实质作用是使承租人在融资租赁所涉及的融资中自己承担一定份额。[2]

此外，当事人还可以在合同中约定租赁物的使用、保养、维修、保险、违约责任、合同发生争议后的解决方法等。

第六节 融资租赁合同的效力

一、出租人的主要义务

(一) 按照约定交付标的物

《合同法》第239条规定："出租人根据承租人对出卖人、租赁物的选择订立的买卖合同，出卖人应当按照约定向承租人交付标的物。"依据这一规定，出租人的主要义务是依据合同交付标的物。一是按照约定的质量、数量等交付标的

---

[1] 参见佟强:《关于融资性租赁问题的理论探讨》,载《中外法学》,1992 (2)。
[2] 参见朱家贤:《租赁合同 融资租赁合同》,210页,北京,中国法制出版社,1999。

物。有关标的物的质量、数量等，通常是按照承租人的要求而确定的。在实践中，都是由出卖人直接将标的物交付给承租人。如果买卖合同的标的物与融资租赁合同的标的物不符合，则承租人有权拒绝履行自己的义务。二是按照约定的期限交付标的物。标的物的交付期限对于承租人的利益影响也较大，因而，如果当事人有约定的，应当按照约定的期限交付。三是按照约定的地点进行交付。当事人通常约定了标的物的交付地点，如以航空器为租赁物的，可能以承租人的公司住所地为交付地点。如果当事人没有约定的，应当适用《合同法》第62条的规定确定交付地点。如果出卖人交付的标的物不合格，或者未按照约定的期限、地点等交付，则承租人有权拒绝受领。

《合同法》第239条规定："出卖人应当按照约定向承租人交付标的物，承租人享有与受领标的物有关的买受人的权利。"由此确立了融资租赁合同中的承租人对买卖合同中出卖人的权利。严格地说，承租人并不是买卖合同的买受人，但依据《合同法》的这一规定，承租人享有买受人的受领权利。这就意味着，一方面，无论买卖合同中是否约定承租人享有受领权，承租人都可以依据《合同法》关于买卖合同的规定，享有买受人的部分权利，如受领权、请求交付的权利、检验标的物的权利、在标的物质量不合格的情况下拒绝接受的权利等。这些权利都属于"与受领标的物有关的买受人的权利"。另一方面，此种权利是依据法律的规定由承租人享有的，因为此项权利体现了融资租赁合同的特殊性。所以，法律上需要对其作出特别规定。既然承租人享有受领的权利，其也负有相应的义务，即在规定的时间、地点受领标的物，并且应当按照合同的约定支付运输费用等。从买卖合同的角度来看，融资租赁合同具有利益第三人合同的特点。这是因为出租人和出卖人之间订立了买卖合同，使承租人享有了与受领标的物有关的买受人的权利。

在融资租赁合同中，出租人在与出卖人订立买卖合同时，是否有义务告知出卖人其订立合同的目的是进行融资租赁？一种观点认为，出租人并不负有此种告知义务。如果没有告知，则出卖人将标的物交付给出租人即可。另一种观点认为，出租人负有此种告知义务，出租人未告知出卖人其取得租赁物的目的是租给

第六节 融资租赁合同的效力

承租人，承租人无权向出卖人主张受领标的物、索赔等买卖合同权利，由此造成的承租人损失，由出租人承担赔偿责任。笔者认为，出租人不仅负有告知义务，而且还应当和出卖人进行明确的约定。其原因主要在于：买卖合同实际上是为了履行融资租赁合同而订立的，如果出租人不履行告知义务或者与出卖人作出明确约定，就无法保证承租人权利的实现。另外，如果出租人不事先告知出卖人，无法实现买卖合同与租赁合同的相互衔接。例如，出卖人不知道其将向承租人交货，就不能保证承租人的权利实现。

（二）保证承租人对租赁物的占有和使用

《合同法》第245条规定："出租人应当保证承租人对租赁物的占有和使用。"据此，出租人负有保证承租人对租赁物的占有和使用的义务，此项义务也称为保障承租人和平占有的义务。也就是说，在出卖人将租赁物交付给承租人后，出租人应当保障承租人能够持续、和平地占有和使用租赁物。具体而言，应当包括：第一，出租人具有不得妨碍承租人利用标的物的义务。妨碍，就是指因出租人的行为导致承租人不能正常地使用标的物。融资租赁的目的之一就是要使承租人获得对标的物的占有和使用。从实践来看，出租人为了保障自己租金债权的实现，可能与承租人约定，其享有监督租赁物使用的权利。但是，出租人行使其监督租赁物使用的权利，不能够影响和妨碍到承租人对租赁物的正常占有和使用。因为承租人订立租赁合同的目的，就在于取得对租赁物独占的、完整的使用权。第二，出租人负有保障租赁物不受到第三人追夺的义务。这就是说，出租人负有权利瑕疵担保义务，避免第三人对租赁物主张权利。例如，出租人不得将标的物用于偿债，而使得第三人要求承租人返还标的物。第三，出租人虽然可以转让标的物，但是，不能因转让而影响承租人的占有和使用。

在租赁期间内，出租人是否可以转让标的物？我国《合同法》并没有作出明确规定。对此，理论上存在不同的观点。一种观点认为，出租人可以转让，但要适用一般租赁合同中"买卖不破租赁"的规则。另一种观点认为，出租人不能转让租赁物，因为我国从事融资租赁业务需要取得特许，如果融资租赁公司将自己出租的标的物出卖，可能违反国家对融资租赁行业的监管秩序。笔者认为，出租

人有权转让标的物。尽管从实践来看,转让租赁物的情况较少,但是法律上不宜一概禁止。依据《合同法》第242条,出租人仍然享有租赁物的所有权。承租人虽然依照租赁合同享有对租赁物的占有、使用和收益的权能,但是处分的权能仍然由租赁物的所有权人即出租人享有。虽然在融资租赁交易中,出租人享有的所有权仅仅是名义上的,主要具有担保的功能,但是,这并不妨碍其处分标的物。因此,出租人可以对租赁物进行法律上的处分,将其进行出售、抵押等。但是,出租人转让租赁物,不能影响承租人的占有和使用,如不能因第三人主张权利导致承租人不能正常行使租赁权。由于在出租人转让租赁物的情形,也可以适用一般租赁合同中的"买卖不破租赁"原则,因而即便是出租人在合同履行期间将租赁物出售,买受人也不得向承租人主张取回租赁物。

(三)协助承租人行使索赔的权利

《合同法》第240条规定:"出租人、出卖人、承租人可以约定,出卖人不履行买卖合同义务的,由承租人行使索赔的权利。承租人行使索赔权利的,出租人应当协助。"依据这一规定,当事人之间可以通过约定的方式确定由承租人行使索赔的权利。为了保证承租人能够行使该项权利,法律规定,即便当事人作出了此种约定,承租人行使索赔权利的,出租人也应当协助。此处所说的"协助"主要包括如下几个方面的内容:一是帮助寻找出卖人。在一些融资租赁中,出卖人是承租人指定的,承租人很容易找到;而在另一些融资租赁中,承租人只是确定了租赁物,而没有确定出卖人,由出租人具体确定出卖人,在发生争议后,出租人就应当帮助承租人寻找出卖人。二是帮助提供证据。在买卖合同的签约过程中,主要是出租人和出卖人之间磋商谈判,所以,出租人应当提供合同文本、订约资料等证据材料。三是诉讼过程中的协助义务,例如,出租人要出庭作证等。依据《合同法》第240条,即便当事人没有约定,出租人也应当负有协助的义务。因为只有在充分履行协助义务后,承租人才能实现其索赔权。依据《融资租赁合同司法解释》第18条的规定,承租人行使索赔权时,出租人未及时提供必要的协助,导致承租人损失的,承租人有权请求出租人承担相应的责任。

第六节 融资租赁合同的效力

(四) 不得擅自变更买卖合同的内容

《合同法》第241条规定:"出租人根据承租人对出卖人、租赁物的选择订立的买卖合同,未经承租人同意,出租人不得变更与承租人有关的合同内容。"依据这一规定,虽然买卖合同是在出租人与出卖人之间签订的,承租人并没有参与合同的订立。但因为租赁物是依据承租人的要求而购买选定的,订立买卖合同最终是为了履行融资租赁合同。所以,出租人在与出卖人订立买卖合同时,必须按照其与承租人之间的约定来确定相关合同内容,而不得擅自变更与承租人有关的合同内容。实践中,擅自变更主要包括如下几种情形:一是擅自变更标的物。例如,出租人未按照合同的约定,而擅自变更标的物的种类和内容。二是擅自变更交付租赁物的时间。租赁物的交付时间直接影响承租人的使用,因此,不得擅自变更。例如,出租人违反其与承租人的约定,推迟交付租赁物的时间,从而影响到承租人的经营活动。三是擅自变更标的物的质量。有关标的物的质量通常要在合同中有明确的约定,对于这种明确的约定出租人不能够擅自变更,如果当事人在合同中没有直接约定,出租人应当根据交易习惯,购买通常标准的租赁物。四是擅自变更标的物的交付地点。《合同法》严格禁止出卖人变更这些内容,是为了使当事人实现订立融资租赁合同的目的,充分发挥租赁物的最大效用。如果出租人擅自变更与承租人有关的合同内容,实际上已经构成了对其与承租人之间约定的违反,承租人有权主张违约责任。

(五) 不得因设定担保而妨碍承租人行使租赁权

依据《合同法》第242条的规定,出租人享有租赁物的所有权,因此,在租赁关系存续期间,出租人有权在租赁物上设定担保。如果出租人和承租人就租赁物上设立担保有特别约定的,依其约定。没有约定的,也应当允许出租人设定担保。例如,融资租赁期间为10年,但是,在届满9年时,出租人将标的物设置担保。此时,债权人愿意接受该担保的,表明其自愿承受标的物上的残余利益。但是,出租人在租赁物上设立担保,不得妨碍承租人行使其租赁权。因为设定担保可能导致第三人的追夺,进而危及承租人的使用。在比较法上,一些国家的法律规定,出租人有权以借款的目的,将拟购买的租赁物设定担保,但事先应当将

租赁物上的权利负担通知承租人。① 这一做法值得我们借鉴。这就是说，如果出租人设定了担保，并且事先告知了承租人，承租人愿意接受的，仍然可以达成融资租赁交易。反之，如果出租人没有事先告知承租人，并妨碍了承租人行使租赁权，则承租人可能要求其承担相应的责任。

（六）附随义务

在融资租赁合同中，双方都负有依诚信原则所产生的附随义务。就出租人而言，其应当负有必要的告知、说明、协助等附随义务。例如，依据我国《合同法》第244条的规定，出租人原则上不承担物的瑕疵担保责任，但是，如果出租人明知租赁物有瑕疵，而没有告知承租人，则违反了附随义务。② 如果承租人有证据证明出租人和出卖人之间有恶意串通的行为，出租人仍然应当承担瑕疵担保责任。在融资租赁关系存续期间，承租人的权利的行使都有赖于出租人的协助。例如，如果承租人行使索赔权，出租人应当协助（如出租人提供买卖合同的文本、提供出卖人的地址和联系方式等），这实际上是基于诚实信用原则所产生的附随义务。

二、承租人的主要义务

（一）支付租金

《合同法》第248条规定："承租人应当按照约定支付租金。承租人经催告后在合理期限内仍不支付租金的，出租人可以要求支付全部租金；也可以解除合同，收回租赁物。"在融资租赁合同中，收取租金是出租人订立合同的主要目的，因此，支付租金是承租人的主要义务。所谓"按照约定支付租金"，就是指承租人应当按照约定的时间、地点、方式、币种等支付租金。如果承租人没有按照约定支付租金，经催告后在合理期限内仍不支付租金的，出租人可以要求其支付全部租金。这实际上是指出租人可以要求承租人支付所有尚未到期的租金，从而加

---

① 参见《俄罗斯联邦融资租赁法》第18条。
② 参见胡康生主编：《中华人民共和国合同法释义》，361页，北京，法律出版社，1999。

第六节 融资租赁合同的效力

速债务到期,其目的在于保障出租人的租金债权。与此同时,出租人也可以解除合同,收回租赁物。在融资租赁合同中,出租人常常按照合同约定交付了租赁物,其主给付义务已经履行完毕,而承租人的租金是分期支付的,只有督促其按时、足额支付租金,才能保障出租人的租金债权。

在标的物意外毁损、灭失的情况下,承租人是否负有继续支付租金的义务?这涉及融资租赁合同中的风险负担问题。所谓融资租赁合同中的风险负担,是指租赁物意外毁损、灭失的风险应当由何人承担的问题。对此,我国《合同法》并没有作出明确规定。笔者认为,对此问题,首先应当考虑当事人是否通过合同作出了约定。如果作出了约定,就应当尊重当事人的约定。在当事人没有约定,而在租赁期间内发生租赁物意外毁损、灭失的风险时,应当由承租人负担风险。这就意味着,在标的物意外毁损、灭失的情况下,承租人仍然负有继续支付租金的义务。作出此种考虑的主要理由在于:第一,出租人享有的所有权主要具有担保功能,不能因此要求其承受标的物毁损、灭失的风险。融资租赁合同具有融资的功能,出租人所享有的所有权主要具有担保功能,因此,不能简单地认为,出租人享有所有权,其就应当负担标的物毁损、灭失的风险。在这一点上,融资租赁合同与租赁合同是不同的,不能类推适用租赁合同的一般规则。第二,承租人占有标的物,并对其进行了实际控制。在融资租赁关系存续期间,标的物置于承租人的占有、控制和管领之下,承租人更容易知悉标的物所面临的风险,以及如何消除此种危险。由承租人负担风险责任,从效率的角度来看,有利于减少事故预防的成本,例如,承租人可以通过投保防范风险。[1] 此外,由承租人负担标的物毁损、灭失的风险,也有利于避免和防范承租人的道德风险。如果承租人占有、使用标的物,却又不必负担标的物毁损、灭失的风险,则极容易引发承租人恶意导致标的物毁损、灭失的道德风险。第三,虽然从原则上说,物的风险由所有人负担,但是在融资租赁的情形,承租人实际上享有了相当于所有人的权益,仅仅只是缺少名义上的所有权。因此,要求承租人承担风险,符合权利义务对等的原

---

[1] 参见梁慧星:《融资性租赁契约法律性质论》,载《法学研究》,1992(4)。

则。第四,从比较法的经验来看,有关的国际公约和示范法对此也作出了规定。例如,《国际统一私法协会租赁示范法草案》第11条第1款规定:"融资租赁中,(租赁物)灭失风险由承租人承担。如果没有约定风险转移时间,则自租赁合同签订之时,灭失风险即转移由承租人承担。"同条第2款规定:"融资租赁之外的其他租赁,灭失风险仍由出租人承担,并不转移予承租人。"《俄罗斯联邦民法典》第669条规定:"自交付租赁物之时起,租赁物的风险由承租人负担,但融资租赁合同另有规定的除外。"这表明,承租人承受风险的规则在比较法上是受到认可的。

既然风险应当由承租人负担,那么,在承租人占有租赁物期间,租赁物毁损或者灭失,出租人有权要求承租人继续履行合同义务。也就是说,在租赁期间,租赁物毁损或者灭失的风险应由承租人承担。租赁物毁损或者灭失的,不影响承租人按照融资租赁合同应承担的义务,即其仍然应当继续支付租金。

应当指出的是,承租人也可能基于合同约定而直接享有对出卖人的索赔权。依据《融资租赁合同司法解释》第6条的规定,承租人对出卖人行使索赔权,并不影响其履行融资租赁合同项下支付租金的义务。不过,在承租人依赖出租人的技能确定租赁物或者出租人干预选择租赁物的情形,承租人有权主张减轻或者免除相应的租金支付义务。

(二)及时受领租赁物

虽然《合同法》第239条确认了承租人享有受领的权利,但按照权利义务一致的原则,承租人也相应地负有受领租赁物的义务。这就是说,出卖人向其交付标的物时,承租人也应当像买受人一样负有受领义务。承租人之所以负有受领的义务,原因在于:一方面,租赁物是基于承租人的选择而购买的,出租人并不了解租赁物的特点和性能,也没有受领租赁物的技术和能力,因此接受租赁物不仅应为承租人的权利,还应当是其义务,承租人应按照约定的时间、地点和方式受领租赁物。另一方面,如果出租人和出卖人约定了由出卖人向承租人交付标的物,此时,出租人已无法受领标的物,如果承租人不负有受领标的物的义务,则买卖合同中的交付就无法顺利进行。从比较法的经验来看,许多国家也都采纳了

378

第六节　融资租赁合同的效力

这一做法。①

虽然承租人享有受领权并负有受领义务,但在特殊情况下,承租人可以拒绝受领租赁物。例如,租赁物严重不符合约定的,在此情况下,承租人不仅可以拒绝受领标的物,而且可以依据《合同法》第66条关于同时履行抗辩的规定,拒绝支付租金。

依据《融资租赁合同司法解释》第5条的规定,有下列情形之一的,承租人可以拒绝受领租赁物:一是出卖人交付的租赁物严重不符合约定。二是出卖人未在约定的交付期间或者合理期间内交付租赁物,经承租人或者出租人催告,在催告期满后仍未交付的。当然,为了尽量促成合同的成立和履行,应当严格限定承租人拒绝受领标的物的条件。② 在符合上述条件的情况下,承租人拒绝受领租赁物时,应当及时通知出租人,如果承租人没有及时通知出租人,或者无正当理由拒绝受领租赁物,造成出租人损失,出租人有权向承租人主张损害赔偿。

(三) 妥善保管和使用义务

《合同法》第247条第1款规定:"承租人应当妥善保管、使用租赁物。"作出此种规定的原因是:承租人不享有标的物的所有权,而只是享有占有和使用租赁物的权利,在租赁期满以后,其原则上应当返还租赁物。所以,承租人应当妥善保管和合理使用标的物,避免因保管不善而损害出租人的权益。所谓"妥善"保管,是指应当根据善良管理人的标准来进行保管,它要求比处理自己的事务更为谨慎。例如,承租人没有按照惯例将其租赁的船舶停靠在港口进行必要的维护维修,就是没有尽到其妥善保管的义务。所谓合理使用,是指承租人应当按照租赁物的性质和通常方法进行使用。例如,租赁他人的载人小轿车,不能用于货物运输。如果标的物在租赁期间毁损、灭失,应当由承租人承担损失,且不能免除其支付租金的义务。

---

① 例如,《国际统一私法协会融资租赁示范法草案》第13条第1款规定:"在以下情况下认为是承租人受领了租赁物:承租人向出租人或供货人表示租赁物符合合同的约定;承租人在合理的检验机会之后没有拒收租赁物;承租人使用了租赁物。"

② 参见奚晓明主编:《最高人民法院关于融资租赁合同司法解释理解与适用》,107页,北京,人民法院出版社,2014。

(四) 不得擅自处分租赁物

《合同法》第 242 条规定："出租人享有租赁物的所有权。"因此，在租赁关系存续期间内，承租人无权非法转让租赁物，也不得在租赁物上设置担保，否则构成对出租人所有权的侵害。问题在于，如果承租人将租赁物转让，是否适用善意取得的规则？笔者认为，如果符合条件，应适用善意取得制度。因为买受人完全可能不知道标的物是租赁物，一旦符合善意取得的要件，融资租赁合同可以适用善意取得。问题在于，如果租赁物已经登记，买受人有查阅义务，买受人如果没有查阅，应认为买受人是恶意的，此时，就不能适用善意取得制度。

在承租人非法转让租赁物的情形，第三人可能基于善意取得租赁物所有权或其他权利。依据《融资租赁合同司法解释》第 9 条的规定，承租人或者租赁物的实际使用人，未经出租人同意转让租赁物或者在租赁物上设立其他物权，第三人依据《物权法》第 106 条关于善意取得的规定，可以取得租赁物的所有权或者其他物权。但是，在如下四种情形，出租人主张第三人物权权利不成立的，人民法院应予支持：一是出租人已在租赁物的显著位置作出标识，第三人在与承租人交易时知道或者应当知道该物为租赁物的。二是出租人授权承租人将租赁物抵押给出租人并在登记机关依法办理抵押权登记的。三是第三人与承租人交易时，未按照法律、行政法规、行业或者地区主管部门的规定在相应机构进行融资租赁交易查询的。该规定实际上要求第三人在交易时负有查询义务，如果未尽到该义务，则不应当适用善意取得制度。四是出租人有证据证明第三人知道或者应当知道交易标的物为租赁物的其他情形。此种规定体现了立法者对出租人的保护，并严格限制了善意取得制度在融资租赁合同中的适用。[①]

(五) 维修义务

《合同法》第 247 条第 2 款规定："承租人应当履行占有租赁物期间的维修义务。"这就确立了承租人的维修义务。在一般的租赁合同中，出租人负有维修的

---

① 参见江必新主编：《融资租赁合同纠纷》，185 页，北京，法律出版社，2014。

第六节 融资租赁合同的效力

义务，应当负有保证承租人对租赁物使用的义务。但是，在融资租赁合同之中，出租人并不负有维修义务，而应由承租人承担该义务。法律上作出此种规定的原因在于：一方面，融资租赁中承租人享有实质意义上的所有人权益，与此相适应，其也应当负有维修租赁物的义务。另一方面，承租人对标的物和出卖人进行了选择，而且具有专业技术，因此承租人才最有能力对标的物进行维修。此外，由承租人负担此种义务，有利于促使其妥善保管和使用标的物，从而更能够达到融资租赁合同的缔约目的。依据上述规定，承租人的维修义务限于占有租赁物期间，这就意味着，只有在占有租赁物期间，承租人才负有此种义务，而在租赁物交付之前以及租赁物返还给出租人之后，承租人就不再负有此种义务。而且，如果在租赁期间，租赁物被出租人取回或因其他原因而丧失占有，承租人也不再负有维修义务。

（六）承担租赁物造成第三人损害的赔偿责任

《合同法》第246条规定："承租人占有租赁物期间，租赁物造成第三人的人身伤害或者财产损害的，出租人不承担责任"。依据这一规定，承租人应当承担租赁物造成第三人损害的赔偿责任。其构成要件是：第一，租赁物造成了第三人的损害。此种损害既包括人身伤害，也包括财产损害。严格地说，租赁物造成的损害包括两类情况：一是租赁物在正常使用过程中对第三人造成了损害，例如，承租人租赁汽车，因为交通事故导致他人损害，在此情况下应当由承租人承担责任。二是租赁物自身固有的缺陷造成了第三人的损害，在此情况下，如果租赁物的缺陷是制造者造成的，那么承租人在承担责任后还可以向制造者追偿。对租赁物属高度危险作业设备而致第三人损害的情形，出租人不负损害赔偿责任。[1] 无论是何种情形，都属于该条中所说的租赁物造成第三人的损害。第二，租赁物造成损害发生于承租人占有租赁物期间。通常来说，它是指租赁物自交付承租人之日起至租赁期限届满租赁物被返还给出租人之日止。承租人的占有既包括直接占有，也包括间接占有。第三，租赁物造成第三人损害，此种损害包括人身或财产

---

[1] 参见胡康生主编：《中华人民共和国合同法释义》，363页，北京，法律出版社，1999。

损害两种类型,但如果租赁物是因为第三人原因造成损害(如有人擅自将承租人的汽车开走撞伤他人),则应当由第三人负责。

需要指出的是,《合同法》第246条虽然规定出租人不承担责任,但是并没有明确承租人是否负责,据此有学者认为,不能从该条中解释出承租人应当负责。笔者不赞成此种看法,该条规定出租人不承担责任,这就意味着,承租人应当负责,毕竟标的物处于其占有之下,其应当以占有人的身份对第三人承担责任。

(七)依据约定向出卖人索赔的权利

《合同法》第240条规定:"出租人、出卖人、承租人可以约定,出卖人不履行买卖合同义务的,由承租人行使索赔的权利。承租人行使索赔权利的,出租人应当协助。"因此,在出卖人不履行合同义务时,如交付的货物不合格或迟延,承租人有权直接请求其承担责任,出卖人也应修理、替换以及赔偿损害。法律作出此种规定的主要原因在于:第一,因承租人受领标的物,并对标的物进行验收,因此,承租人对于标的物是否符合合同约定的情况最为了解,应当由承租人行使索赔的权利。第二,因承租人对标的物进行实际使用,如果标的物存在瑕疵或功能上的缺陷,承租人持有第一手资料,只有其才能够提出不合格的证据,而出租人一般是融资租赁公司,对于标的物具体的性能、使用方法、操作规范等情况并不了解,因此出租人应当协助承租人行使索赔的权利。第三,有利于简化索赔权的行使程序。因为按照合同相对性规则,此种索赔的权利应当由出租人行使。如果不移转索赔权,则需要形成两个诉讼,即首先由承租人向出租人主张权利,然后再由出租人起诉出卖人。而如果法律直接允许承租人起诉出卖人,则极大地简化了索赔权的行使程序,节约了权利行使的成本。需要指出的是,《合同法》第240条的规定只是在当事人通过约定移转索赔权的情形下,出租人负有协助承租人行使索赔权的义务。笔者认为,在当事人没有约定的情形,从《合同法》上述规定来看,仍然应当由出租人向出卖人主张违约的请求权,在此情况下,也就不存在协助的义务。

从法律上来说,承租人取得索赔权,究竟是基于何种基础?依据我国《合同

第六节　融资租赁合同的效力

法》第 240 条的规定，显然，该规定明确地指出，承租人取得索赔权，必须以约定的方式。但从比较法上来看，考虑到融资租赁合同的特殊性，一些国家的法律直接规定了承租人所享有的索赔权。例如，《国际融资租赁公约》第 10 条第 1 款规定："供应商根据供应协议所承担的义务亦应及于承租人，如同承租人是该协议的当事人而且设备是直接交付给承租人一样。"依该条规定，出卖人对出租人的义务及于承租人，因而，在出卖人违约的情况下，承租人可直接请求出卖人承担责任。据此，有学者解释为，该公约的规定旨在赋予承租人索赔权，从性质上看，此种索赔权是基于法律规定产生，而非基于约定产生。赋予承租人对出卖人的法定请求权，这既方便了出租人，也有利于保护承租人的利益，便利承租人的权利救济。[①] 此种观点不无道理。笔者认为，《合同法》的上述规定确实存在一定的缺陷，因为依照该规定，只有在当事人有约定时，承租人才能享有索赔权。从反面解释的角度来看，当事人没有约定，承租人就不能取得索赔权。而且，承租人要取得索赔权，需要三方的约定。这显然就严格限制了承租人索赔权的行使。在当事人没有约定的情形，承租人也应当有权向出卖人主张索赔。事实上，我国《合同法》也规定，承租人应当享有与受领标的物有关的买受人权利，与此相一致，其也应当依法享有对出卖人的索赔权。

一旦当事人在合同中约定了索赔权的转移，承租人享有和出租人同等的权利，也就是说，出租人所享有的所有的索赔权都转移给承租人。如果索赔权已经转移给承租人，承租人就享有类似于买受人的权利，从而可以直接向出卖人请求修理或者交付同等条件的替代物。而如果索赔权没有转移给承租人，承租人则不享有类似于买受人的权利，他只能及时通知出租人，出租人再向出卖人主张权利，如请求修理或者交付同类的替代物。

承租人在行使索赔权时，合同继续有效。出租人已移转租赁物追索权给承租人的，承租人拒绝受领租赁物，应当及时通知出卖人在合理期限内修复或者交付同类替代物，这实际上是主张实际履行的救济方式。因此导致租赁物交付迟

---

① 参见吴君年、李兰秋：《〈国际融资租赁公约〉与我国融资租赁法律的比较》，载《华东政法学院学报》，2001 (5)。

第八章　融资租赁合同

延的，承租人可以向出卖人请求赔偿。但出租人未移转租赁物追索权给承租人的，承租人拒绝受领租赁物，应及时通知出租人。出租人应当通知出卖人在合理期限内修复或者交付同条件替代物，融资租赁合同继续履行。因此导致货物交付迟延的，出卖人和出租人共同对承租人承担责任。

（八）到期后返还租赁物

依据《合同法》第 250 条的规定，融资租赁合同期限届满后，如果当事人没有对租赁物的归属作出约定，或者约定不明确的，租赁物的所有权仍归出租人所有，承租人负有返还义务。在融资租赁合同期间届满后，除当事人明确约定租赁物归承租人所有的外，如果因租赁物毁损、灭失或者附合、混同于他物导致承租人不能返还的，依据《融资租赁合同司法解释》第 10 条的规定，出租人有权请求承租人予以合理补偿。

第七节　融资租赁合同的解除

一、融资租赁合同中解除权的限制及其必要性

融资租赁合同是为了承租人对租赁物的长期使用而订立的合同，为了实现融资租赁合同的缔约目的，就应当保持租赁物的利用关系的稳定性。这也决定了，对于此类合同的解除应当有比较严格的限制。从比较法上来看，各国法律对融资租赁合同的解除都有比较严格的限制，不适用一般的合同解除事由。[①]

我国《合同法》对融资租赁合同的解约没有严格限定，笔者认为，虽然《合

[①] 例如，《美国统一商法典》新增第二编第 2A—407 条规定："如果合同不是消费租赁而是融资租赁……则承租人在租赁合同中作出的承诺在没有得到接受承诺一方同意的情况下不能取消、终止、修改、拒绝履行、免予履行或替代履行。"《国际融资租赁公约》第 10 条规定了中途解约之禁止："(1) 供货商根据供货协议所承担的义务亦应及于承租人。如同承租人是该协议的当事人而且设备是直接交付给承租人一样。但是，供货商不应因为同一损害同时对出租人和承租人负责。(2) 本条不应使承租人有权不经出租人同意终止或撤销供货协议。"这些经验值得借鉴。

第七节 融资租赁合同的解除

同法》没有规定，但是考虑到此类合同的特殊性以及比较法上经验的借鉴，应当认可限制合同解除的规则。在融资租赁合同中，针对合同的解除通常有严格的限制，这是平衡当事人双方的利益的结果，主要理由在于：

第一，因为租赁物是按照承租人的要求购买的，并不是以出租人的需求为出发点购买的。所以，如果承租人可以任意解除合同，租赁物就回归出租人，而出租人实际上不需要该物。所以，如果允许融资租赁合同随意解除，就可能导致租赁物的闲置，从而损害出租人的利益。

第二，出租人已经为租赁物的购买投入了大量的成本，如果承租人任意解除，会严重影响出租人的利益。因为出租人购买租赁物所需资金除自有资金外，绝大部分是来自第三者的融资（如从银行贷款）。且出租人还要投入各种税收、保险费、手续费等，在固定租赁期间采用租金形式分期偿还。出租人需从承租人支付的租金中偿还其从第三者手中融资所需支付的本息，如果允许承租人单方解约，则出租人就很难收回其投入的资金，更难偿付融资本息及其他资金成本。[①]所以，如果融资租赁合同的解除不受到严格限制，就可能因承租人解除合同而导致一系列的连锁反应，给相关当事人都带来不利影响。

第三，从承租人的角度考虑，如果合同的解除不受严格限制，也可能给其造成重大不利影响。融资租赁是一项以融物为手段、以融资为目的的业务，它可以缓解承租人缺乏资金又难以获得贷款的困难。在合同签订前，承租人可能已做好生产准备，对租赁物件使用的配套设施也可能投入了相当的资金。在租赁物交付之后，承租人要将其投入生产经营活动之中，如果出租人解除合同的权利不受严格限制，承租人的生产经营计划将被打乱，可能使承租人蒙受极大损失。

据此，许多学者认为，从融资租赁合同的法律性质及经济目的看，禁止中途解约是有其合理性的。[②] 在没有特别约定的情形下，原则上如果没有正当的理由，不应允许当事人解除合同。在这个意义上，融资租赁合同的解除事由在解释上应当作严格限制，尤其是对《合同法》第 94 条所规定的根本违约的情形要作

[①] 参见高圣平、乐沸涛：《融资租赁登记与取回权》，12 页，北京，当代中国出版社，2007。
[②] 参见梁慧星：《融资性租赁契约法律性质论》，载《法学研究》，1992（4）。

严格限定。

二、违约解除的事由

从法律上看，虽然应对当事人的解除权有一定的限制，但这并非意味着要禁止当事人解除合同。一方面，违约解除是对违约行为的救济。虽然融资租赁合同具有其特殊性，但是如果完全不允许解除，就可能导致当事人无法得到充分的救济。甚至因非违约方严格受到合同的拘束，反而使其利益受损。另一方面，在融资租赁中，《合同法》第94条关于解除权的规定属于一般性的规定，毫无疑问，其也应当可以适用于融资租赁合同。笔者认为，在当事人没有特别约定禁止解约的情形下，虽然应当对《合同法》第94条规定的法定解除事由作严格界定，但仍然应当允许当事人享有法定解除权。

（一）出租人解除合同的事由

笔者认为，有下列情形之一，出租人可以要求解除融资租赁合同：

1. 承租人擅自处分租赁物。在融资租赁合同中，租赁物的所有权仍然归属于出租人，而且此种所有权还具有担保租金债权实现的功能。在租金全部支付完毕之前，未经出租人同意，承租人将租赁物进行抵押、转让、转租或投资入股的，不仅严重违反了合同约定，而且侵害了出租人的所有权。鉴于承租人擅自处分租赁物已经使得合同目的落空，此时应当允许出租人解除合同。《合同法》并没有对承租人擅自处分租赁物时出租人的法定解除权作出规定，但《融资租赁合同司法解释》第12条第1项规定："承租人未经出租人同意，将租赁物转让、转租、抵押、质押、投资入股或者以其他方式处分租赁物的。"依据该条规定，在承租人通过转让、转租、抵押、质押、投资入股或者其他方式擅自处分租赁物时，出租人有权解除合同。

2. 承租人不支付租金，严重影响出租人租金债权的实现。依据《融资租赁合同司法解释》第12条第2项的规定，如果当事人在合同中约定，承租人未按照合同约定支付租金，则出租人有权解除合同，在此情形下，承租人未按照约定

第七节 融资租赁合同的解除

的期限和数额支付租金属于出租人的约定解除事由，出租人可以在催告后解除合同。同时，《合同法》第248条规定："承租人应当按照约定支付租金。承租人经催告后在合理期限内仍不支付租金的，出租人可以要求支付全部租金；也可以解除合同，收回租赁物。"该条是专门针对融资租赁承租人违反支付租金义务而作出的规定。依据该规则，出租人要解除融资租赁合同，必须符合几个条件：一是承租人应当按照约定支付租金而未按期支付。没有按期支付的情况，包括迟延支付和拒绝支付。在融资租赁合同关系中，租金一般是分期支付的，到了规定的应当支付租金的时间而未支付，就构成对支付租金义务的违反。二是出租人应当进行催告。即便承租人违反了交付租金义务的期限规定，迟延交付租金，出租人也不得直接解除合同，而应当先进行催告。出租人应当确定合理的期限，要求承租人支付租金，这一合理期限应当考虑个案的情形，如租金的数额等。笔者认为，催告应当针对迟延交付的情形，而不应当适用于拒绝交付的情形。在承租人拒绝交付的情形，再要求出租人先进行催告，并没有意义，而且，此时承租人的行为已经构成根本违约，因而出租人可以直接解除合同。三是承租人经催告后在合理期限内仍不支付租金。合理期限应当根据具体情况来判断，主要应当考虑交易习惯、准备履行的期限等。承租人经过合理期限仍然不履行，才构成根本违约。

问题在于，承租人没有交付租金是否应当有比例的限制，应当达到多大的比例？在比较法上，有的国家规定了一定的比例限制。[1]《融资租赁合同司法解释》第12条第3项也对承租人未按照约定支付租金时出租人的法定解除权作出了规定，依据该条规定，如果当事人没有将其约定为合同解除事由，则在承租人欠付租金达到两期以上，或者数额达到全部租金15%以上，则出租人可以在催告后解除合同。

3. 导致出租人合同目的无法实现的其他情形。根据《融资租赁合同司法解释》第12条第4项的规定，在"承租人违反合同约定，致使合同目的不能实现的其他情形"下，出租人也有权解除合同。例如，在售后回租的情形，因承租人

---

[1] 例如，《塞尔维亚融资租赁法》第28条第2款规定，"如果承租人在支付第一期租金后连续迟延支付其金额达到总租金的四分之一的租金的"，出租人有权要求其支付其余的租金连同利息。

387

的原因导致出租人无法取得租赁物的所有权。售后回租主要是为了使承租人获得现金流的保障。① 在以售后回租方式订立融资租赁合同的情形下,承租人应当使出租人取得租赁物的所有权,然后,再从出租人处租回该物。但是,如果因承租人的原因导致出租人无法取得租赁物的所有权(例如,承租人在订立合同前已经在租赁物上设立了其他物权),此时,出租人的订约目的无法实现,应当使出租人享有解除合同的权利。

4. 因为当事人以外的原因,导致租赁物毁损、灭失,租赁合同无法继续履行。依据《融资租赁合同司法解释》第 11 条第 2 项的规定,在租赁物因不可归责于双方的原因意外毁损、灭失,且不能修复或者确定替代物的情形下,当事人有权解除合同。该条实际上是《合同法》第 94 条第 1 项的具体化,如果因意外事件而导致租赁物毁损、灭失,此时,出租人失去对租赁物的所有权,租赁合同已无法履行,可合意解除合同,也可由出租人解除合同。② 因此,如果因当事人以外的原因导致租赁物毁损、灭失,则出租人有权解除合同,同时,依据《融资租赁合同司法解释》第 15 条的规定,在此情形下,出租人解除合同后,其仍有权要求承租人按照租赁物折旧情况对其给予补偿。

(二) 承租人解除合同的事由

承租人应当在如下几种情况行使法定解除权:

1. 由于出租人的过错致使承租人无法对租赁物占有和使用的。《融资租赁合同司法解释》第 13 条规定:"因出租人的原因致使承租人无法占有、使用租赁物,承租人请求解除融资租赁合同的,人民法院应予支持。"在承租人占有租赁物之前,虽然融资租赁合同已经生效,但因为出租人的原因导致出卖人不能向出租人交付租赁物的,承租人可以行使解除权。毕竟买卖合同是在出卖人和出租人之间订立的,可能因出租人的原因而使得出卖人不向承租人交付货物。此时,若要求承租人继续受合同约束将有损于承租人的利益。在此情况下,承租人无法取

---

① 参见[德]迪特尔·梅迪库斯:《德国债法总论》,杜景林、卢谌译,483 页,北京,法律出版社,2003。

② 参见俞宏雷:《论融资租赁合同的中途解约》,载《法学》,1996 (10)。

得货物，其订立融资租赁合同的目的无法实现，应当赋予承租人解除权。

2. 出租人与出卖人的买卖不存在。《融资租赁合同司法解释》第11条第1项规定："出租人与出卖人订立的买卖合同解除、被确认无效或者被撤销，且双方未能重新订立买卖合同的。"依据该条规定，在出租人与出卖人订立的买卖合同被解除、被确认无效或者被撤销的情形下，承租人有权解除合同，因为在此情形下，承租人无法正常占有和使用租赁物，其合同目的将无法实现，此时，承租人应有权解除合同。

3. 因出卖人的原因致使融资租赁合同的目的不能实现的。根据《融资租赁合同司法解释》第11条第3项的规定，在因出卖人的原因致使承租人合同的目的不能实现时，承租人有权解除合同。例如，在承租人依赖出租人的技能确定租赁物或者由出租人干预选择租赁物时，如果出租人不必履行供货义务，且出租人在合理期间内未能提供符合约定的替代物，承租人即有权解除合同。依据《合同法》第244条的规定，在融资租赁中，出卖人和租赁物通常是由承租人指定的，所以，出租人不必承担租赁物的风险，该风险应当由承租人自行承受。但是，如果承租人依赖出租人的技能确定租赁物或者由出租人干预选择租赁物，表明租赁物的选择很大程度上体现的是出租人的意志，因而出卖人没有交付租赁物的风险由出租人承受。此时，如果出卖人没有履行供货义务，出租人又不能在合理期间内提供符合约定的替代物，就构成根本违约，承租人享有解除合同的权利。与前述解除事由"由于出租人的过错致使承租人无法对租赁物占有和使用的"不同，此处强调承租人依赖出租人的技能确定租赁物或者由出租人干预选择租赁物。而前述解除事由的适用前提是，承租人自己选择租赁物。

4. 由于不可归责于当事人的原因，使租赁物灭失或毁损致不能修复，在此情形下，承租人已经无法占有、使用租赁物。因为租赁合同无法履行，故而，当事人可以协商解除合同。

三、合同解除的效果

在融资租赁合同解除之后，应当产生恢复原状的法律后果。不过，考虑到融

资租赁合同的特点,此种合同的解除并不具有溯及既往的效力,而仅向未来发生效力,这类似于大陆法系国家合同法上的"终止"。合同解除后,出租人有权要求承租人返还租赁物,承租人也负有返还的义务。出租人要求返还租赁物,可以基于合同解除的效力而产生,也可以基于其所有权人的地位而产生。因为承租人占有租赁物是基于合同的约定,出现合同终止或解除的情况时,承租人便丧失了占有的基础,其占有为无权占有,出租人作为租赁物的所有权人有权直接向无权占有人,即承租人行使所有物返还请求权,承租人应当将租赁物按照其交付时的状态返还给出租人。一旦承租人不支付租金,出租人享有返还请求权,从而也可以担保租金债权的实现。[1]

在合同解除后,如果因当事人一方的违约而造成另一方的损失,非违约方也可以请求违约损害赔偿。按照我国《合同法》的规定,合同解除与违约损害赔偿是可以并存的。例如,因承租人的过错导致合同被解除,出租人损失了其可能获得的合理利润,可以要求承租人予以赔偿。

第八节 融资租赁合同的终止

一、融资租赁合同终止的原因

与一般的租赁合同一样,融资租赁合同的终止主要基于如下原因:

1. 租赁期限届满。融资租赁合同是设定债权性使用权的合同,其应当有一定的期限,否则,与该合同的性质相悖。在租赁期限届满之后,承租人可以返还标的物、购买标的物或者续租。除非承租人与出租人协议继续租赁,否则,融资租赁合同将因租赁期限届满而终止。

2. 融资租赁合同的解除。此处所说的解除包括法定解除和约定解除。其中,

---

[1] 参见王轶编著:《租赁合同 融资租赁合同》,167页,北京,法律出版社,1999。

第八节 融资租赁合同的终止

法定解除的原因主要包括：一方当事人根本违约、不可抗力等。尽管从法定解除的角度，应当对当事人的解约事由作出严格限制，但在法律上也不禁止当事人解除合同。按照合同自由原则，当事人也可以协议解除合同，或者约定一方解除合同的条件。我国《合同法》第93条第1款规定："当事人协商一致，可以解除合同。"同条第2款规定："当事人可以约定一方解除合同的条件。解除合同的条件成就时，解除权人可以解除合同。"对于融资租赁合同解除的限制，并不意味着不允许当事人约定解除。因为当事人双方作出约定，表明其愿意在一定条件下解除合同，按照合同自由原则，应当允许。

3. 承租人丧失主体资格。例如，承租人因破产被兼并、解散等。在承租人破产的情形下，融资租赁合同的缔约目的无法实现，其应当终止。但是，在承租人的破产管理人移转融资租赁合同中的权利的情况下，如果其义务已经履行完毕，应当予以允许。但如果其义务尚未履行完毕，破产管理人应当就权利和义务进行概括移转，并得到出租人的同意。

4. 当事人约定的其他事由。例如，当事人约定，出租人合并、分立，合同自动终止。不过在标的物毁损、灭失的情形，合同没有终止，承租人仍负有支付租金的义务。

二、融资租赁合同终止后的效果

在融资租赁合同终止以后，承租人负有返还租赁物的义务，出租人享有请求返还标的物的权利。在合同终止之后，当事人双方依据诚信原则，也负有附随义务。例如，出租人负有就其知悉的商业秘密保密的义务。需要指出的是，在融资租赁合同中，也可能因有关当事人的破产产生租赁物的归属、合同的履行、合同的解除等问题。《合同法》第242条规定："出租人享有租赁物的所有权。承租人破产的，租赁物不属于破产财产。"该条只是对在承租人破产的情况下，出租人享有的取回权作出了规定，在融资租赁合同中，破产所涉及的法律后果比较复杂，需要专门加以探讨。

(一) 承租人破产及其后果

《合同法》第 242 条从两个方面确立了对出租人的保护规则：

1. 租赁物不属于破产财产

破产财产是指应依破产程序分配给破产债权人的破产人的财产，破产财产包括债务人在进入破产程序前所有的财产，其应当依据《企业破产法》规定的程序和方式在债权人之间进行公平分配。破产财产的范围非常宽泛，既包括物，也包括权利（如知识产权、债权）。但是破产财产不包括他人所有的财产。在融资租赁的情形，租赁物的所有权归属于出租人，由于其不属于承租人的财产，因而在承租人破产时，它不应成为承租人的破产财产。《合同法》第 242 条规定："承租人破产的，租赁物不属于破产财产。"该条规定是符合国际上通行做法的。《国际融资租赁公约》第 7 条规定："出租人对设备的所有权可有效地对抗承租人的破产受托人（包括清算人、管理人，或被指定为债权人全体的利益而管理承租人财产的其他人）和债权人，包括已经取得扣押或执行令状的债权人。"我国《合同法》的规定与该规定是一致的。

2. 出租人享有取回权

出租人享有取回权，是指在承租人破产的情形，出租人作为租赁物所有人享有的从破产管理人处取回租赁物的权利。[①] 出租人的取回权是破产法上取回权的一种具体表现形态。《企业破产法》第 38 条规定："人民法院受理破产申请后，债务人占有的不属于债务人的财产，该财产的权利人可以通过管理人取回。但是，本法另有规定的除外。"出租人享有取回权就是依据该条规定而产生的权利，并为《合同法》所确认。融资租赁中出租人取回权的特征在于：第一，它是实体性的权利，而非程序性的权利。取回权本质上是由所有权派生出来的。就融资租赁关系而言，虽然租赁物在承租人的占有之下，但它仍归出租人所有，并非是承租人所有之物，所以在承租人破产时，其不应当列入承租人的破产财产范围，由债权人公平分配。第二，它针对的客体是租赁物。因为出租人只是对于租赁物享

---

① 参见朱家贤：《租赁合同·融资租赁合同》，29 页，北京，中国法制出版社，1999。

有所有权，对于其他物并不享有所有权。在租赁物发生添附的情形下，则应当依据添附的规则确定物的所有权，然后再明确出租人是否享有取回权。第三，它的行使不需要通过诉讼程序。在融资租赁中，出租人行使其取回权，并不以诉讼为必要。当然，如果破产管理人提出异议，如否认取回权的存在，此时取回权人可以向受理破产申请的法院提起诉讼，请求确认其权利。[①] 第四，取回权的行使不属于破产清算程序的范畴。出租人行使取回权需要通过破产管理人来进行，但取回权的行使不属于破产清算程序的范畴。这就是说，既不需要依照破产程序申报，也不需要等待破产财产的变价和分配，而可以直接从破产管理人控制的财产中取回。

出租人行使取回权，主要是通过要求承租人的破产管理人返还租赁物的方式来行使。如果破产管理人不返还租赁物，出租人可以起诉到人民法院以保障自己的权利。当然，在出租人取回租赁物时，因为承租人可能已经支付了租金，这就涉及租赁物的价值与出租人债权的差价问题。由于租赁物的价值有可能超过出租人应当收取的租金及违约金或者实际损失，此时，出租人应当折价支付给承租人的破产管理人。如果出租人不给予补偿，承租人的破产管理人可以拒绝返还租赁物。

（二）出租人破产及其后果

在出租人破产的情形下，出租人的破产管理人是否可以行使合同解除权？对此，我国《合同法》并没有明确规定。一般认为，在此情形下，破产管理人不得解除融资租赁合同。[②] 笔者赞成此种看法。出租人破产不应导致融资租赁合同的解除，理由在于：一方面，承租人已经实际占有、使用租赁物，如果出租人的破产管理人任意解除合同，会给承租人的生产经营带来不利影响。尤其是在承租人已经支付了绝大部分租金的情形，出租人的破产管理人解除合同取回租赁物，对承租人来说极为不合理。另一方面，出租人的破产管理人不必解除合同，也可以保障出租人的权益。虽然出租人已经宣告破产，但是，其可以通过转让租赁物所

---

① 参见王轶编著：《租赁合同 融资租赁合同》，164～166页，北京，法律出版社，1999。
② 参见梁慧星：《融资性租赁若干法律问题》，载《法学研究》，1993（2）。

有权、合同债权等方式保障自身的权益,而不必解除融资租赁合同。

虽然出租人的破产管理人不能解除合同,但是,其可以转让合同中的权利。因为出租人的破产管理人不得解除融资租赁合同,而其继续履行合同也存在一定的困难。此时,为了平衡出租人和承租人的利益,就有必要允许其将合同转让给第三人。这样既使承租人可以继续占有、使用租赁物,实现其融资、融物的目的,又可以避免因出租人破产而导致合同无法履行而损害承租人的利益。例如,在租赁物存在瑕疵的情形,承租人要主张权利,而出租人又已经破产,如果不允许转移该合同,就会使承租人行使权利遇到障碍。

三、融资租赁合同期限届满后租赁物的归属

(一) 融资租赁合同期限届满后所有权的归属关系

融资租赁合同期限届满后租赁物所有权的归属,原则上应当依当事人约定来确定,如无约定则一般归出租人所有。具体来说,确定所有权的归属应当采用如下两项规则:

1. 依据约定确定归属。《合同法》第250条规定:"出租人和承租人可以约定租赁期间届满租赁物的归属。对租赁物的归属没有约定或者约定不明确,依照本法第六十一条的规定仍不能确定的,租赁物的所有权归出租人。"据此,当事人可以约定租赁期限届满后租赁物的归属。因为租赁物经过长期使用,其可能几乎没有剩余的价值,尤其考虑到它是根据承租人的特殊需要而购买的,对于出租人而言,可能无法使用。如果在当事人对租赁物的归属没有约定或者约定不明确的情况下,应当依据《合同法》第61条的规定确定租赁物归属。依据该条规定,一是要由当事人达成补充协议。二是如果不能达成补充协议,按照合同有关条款和交易习惯确定。例如,如果合同相关条款规定为:"租赁期满,双方没有约定,合同自动续期。"据此可以解释为,允许承租人继续承租,则在租赁物归属上可以理解为,出租人保留所有权。

2. 没有约定或者约定不明确,租赁物的所有权归出租人。约定是对租赁物

第八节 融资租赁合同的终止

归属的特殊安排,在没有约定时,租赁物的所有权归出租人。这一规则也是符合国际通行做法的。例如,《国际融资租赁公约》第 9 条第 2 款规定:"当租赁协议终止时,承租人应将处于前款规定状态的设备退还给出租人,除非承租人行使权利购买设备或继续为租赁而持有设备。"因为在融资租赁合同中,出租人并没有将租赁物的所有权转让给承租人。承租人虽然依照租赁合同享有对租赁物的占有、使用和收益的权能,但是处分的权能仍然由租赁物的所有权人即出租人享有。如果在租赁期间内,承租人没有经过出租人的同意,将租赁物转让、抵押、出租等,都构成对出租人权利的侵害。如果租赁物附合于其他动产、不动产上时,将可能改变出租人对租赁物享有的权利。租赁物附合后的动产、不动产转让时,在租赁物价值范围内的转让价款归出租人。

一般情况下,融资租赁合同终止后,如果当事人对租赁物的归属没有约定或者约定不明确,则租赁物的所有权应当归属于出租人。但在特殊情形下,考虑到案件的具体情况,也可以由承租人取得所有权,并给予出租人合理的补偿。《融资租赁合同司法解释》第 4 条规定,因承租人原因导致合同无效,出租人不要求返还租赁物,或者租赁物正在使用,返还出租人后会显著降低租赁物价值和效用的,人民法院可以判决租赁物所有权归承租人,并根据合同履行情况和租金支付情况,由承租人就租赁物进行折价补偿。

需要指出的是,在融资租赁合同订立前,双方当事人是否可以通过合同约定,由出租人向承租人转让所有权?对此,两大法系的规定并不完全相同。一是肯定说。在许多大陆法系国家(如法国),允许当事人在合同中设立提前转让所有权的协议。[1] 二是否定说。在英美法系国家,大多禁止当事人作出此种规定。例如,《美国统一商法典》规定,凡出现承租人有权不支付额外对价,或者仅支付名义对价续租,或者购买租赁物件的条款的,任何合同都不属于租赁合同,而应视为有担保利益的其他合同,如买卖或贷款。笔者认为,如果当事人事先约定出租人转移所有权给承租人,并非导致合同无效,但是,该合同在性质上已经发

---

[1] 参见李鲁阳主编:《融资租赁若干问题研究和借鉴》,49 页,北京,当代中国出版社,2007。

生了改变，不再属于融资租赁合同，而属于分期付款买卖合同。因为融资租赁合同的根本特点在于其属于租赁，即出租人保留所有权，而承租人仅仅只是享有对标的物的占有和使用权。如果标的物的所有权在合同订立时就已经转移给了承租人，则在性质上转化为买卖。即便当事人在合同中约定的是"租金"，但实际上，其属于价金而非租金。因此，当事人提前约定转移所有权，就使得该合同转化为分期付款买卖合同。

（二）在融资租赁合同期限届满后所有权归属的确定方法

在融资租赁合同期限届满之后，当事人可以约定租赁物的归属。毕竟融资租赁合同已经终止，此种约定不会对合同的性质产生影响。尤其是就融资租赁合同而言，重新确定租赁物的归属更有必要。因为在融资租赁合同中，租赁物是按照承租人的指定购买的，对出租人本无利用价值，而且融资租赁的主要目的是融资，出租人无意再将其取回利用，所以出租人与承租人协商确定租赁物的归属可以实现双方的利益。在融资租赁合同期限届满后，当事人一般采用"退租、续租、留购"等方法来确定所有权的归属，具体而言：

1. 退租。是指在融资租赁合同期限届满后，承租人将租赁物返还给出租人。

2. 续租。在租赁期限届满以后，承租人可以与出租人协商，以确定是否延长租赁期限。如果延长租赁期限，则该合同继续有效，只不过，租赁期限条款将要变更。

3. 留购。是指承租人与出租人协商通过支付一定价款的方式以取得租赁物的所有权。从实践来看，承租人往往支付名义性的价款，就可以获得租赁物的所有权。应当看到，在融资租赁合同期限届满后，出租人虽然依法享有所有权，但其所有权主要具有担保租金债权实现的功能，一旦承租人不支付租金，出租人享有取回权，从而担保租金债权的实现。[1] 在租赁期限届满以后，租赁物对出租人已没有利用价值，还不如留在承租人手上以发挥其应有的作用。在期满之后如果返还租赁物，该物对于出租人的意义不大，所以可以协商处理，转让给承租人。

---

[1] 参见王轶编著：《租赁合同 融资租赁合同》，167页，北京，法律出版社，1999。

第八节 融资租赁合同的终止

在融资租赁合同中,由于租赁期限届满后,承租人有三种选择权以确定租赁物所有权的归属,这显然与分期付款买卖不同。在分期付款买卖中,买受人有权获得标的物所有权的期待权,在支付最后一笔价款后即获得标的物所有权。[①] 通常来说,究竟采取上述三种方式中的哪一种方式,由当事人协商。如果没有特别的约定,则合同因期限届满而终止。

（三）租赁物价值的部分返还

租赁物价值的部分返还,是指在当事人约定了租赁期限届满租赁物归承租人所有或期满之前出租人解除合同,应当返还租赁物与债权额之差。《合同法》第 249 条规定:"当事人约定租赁期间届满租赁物归承租人所有,承租人已经支付大部分租金,但无力支付剩余租金,出租人因此解除合同收回租赁物的,收回的租赁物的价值超过承租人欠付的租金以及其他费用的,承租人可以要求部分返还。"在此情形,出租人因为合同的解除,获得了超出其合同约定的利益,此种利益称为"中途解约而取得的利益"。如果此种利益完全归出租人,将使得出租人和承租人之间利益失衡。如果合同约定租期届满后租赁物归承租人的,租金通常高于平均水平,在分期支付的过程中,其可能因一时资金周转困难或经营不善而无力继续支付。但是,毕竟承租人已经支付了大部分,如果仅仅因一时不能支付,而使其无法最终获得租赁物,对承租人损失较大。出租人收回租赁物后,其取得了租赁物的所有权。同时,租赁合同的解除,又使出租人取得了大部分租金,而承租人交付租金,又不能获得租赁物,出租人就取得了其不应获得的利益。如果当事人约定了清算条款,则可以依据约定进行清算。但是,如果当事人没有相关的约定,则应当适用《合同法》第 249 条的规定,允许承租人请求部分返还。

依据《合同法》第 249 条,租赁物价值的部分返还应当满足如下要件:第一,当事人约定租赁期间届满租赁物归承租人所有。这就是说,当事人已经作出了特别约定,租赁期限届满后排除了出租人享有所有权。此时,考虑到期满后要

---

① 参见李鲁阳主编:《融资租赁若干问题研究和借鉴》,23 页,北京,当代中国出版社,2007。

第八章　融资租赁合同

将所有权移转给承租人,租金通常较高,才有可能发生租赁物的剩余价值如何处理的问题。如果租赁物归出租人所有,则没有设立这一规则的必要。第二,承租人已经支付了大部分租金,但无力支付剩余租金。如果承租人已经支付了全部租金,则出租人不可能解除合同;而如果承租人支付的租金较少,解除合同后承租人的实际损失不大,这两种情形都没有适用该规则的必要。第三,出租人行使解除合同的权利,并收回租赁物。出租人收回租赁物以解除融资租赁合同为前提,而且根据本条规定,出租人解除合同的原因是承租人欠付租金。如果融资租赁合同没有解除,出租人不可能收回租赁物,也不可能返还租赁物的部分价值。第四,收回的租赁物的价值超过承租人所负的债务。在融资租赁合同解除之后,出租人就可以要求承租人返还租赁物。出租人收回租赁物的主要目的是保障其债权的实现。但是,其收回的租赁物的价值如果超过承租人欠付的租金以及其他费用的,承租人可以要求部分返还。这实际上是不当得利返还制度的具体化。[①]

第九节　融资租赁合同中的违约责任

一、承租人的违约行为及其责任

承租人的违约行为主要表现:一是未交付租金,二是擅自处分租赁物。依据《融资租赁合同司法解释》第12条第1款的规定,"承租人未经出租人同意,将租赁物转让、转租、抵押、质押、投资入股或者以其他方式处分租赁物的",出租人有权解除合同,因此,承租人擅自处分租赁物的行为也构成违约。

在承租人违反租金支付义务时,出租人有两种选择:一是要求承租人支付全部租金。这可以理解为是加速到期的规定,因为承租人的违约,使得原本没有到

[①] 参见王轶编著:《租赁合同　融资租赁合同》,160页,北京,法律出版社,1999。

第九节 融资租赁合同中的违约责任

期的、应当分期支付的租金加速到期,从而保障出租人的权益。二是出租人有权解除合同,收回租赁物。在一定程度上,这是出租人的所有权具有担保功能的体现。事实上,出租人享有的所有权与通常的所有权存在区别,其主要功能在于担保租金债权的实现。[①] 在合同解除以后,因为合同关系已经终止,承租人继续占有标的物就构成无权占有。此时,出租人可以基于其所有权而主张标的物的返还。

二、出租人的违约行为及其责任

(一) 出租人违反交付义务的责任

出租人违反交付义务的行为主要表现为:一是在融资租赁合同订立后,未与出卖人订立买卖合同,导致承租人无法取得租赁物。二是虽然出租人与他人订立了买卖合同,但是没有按照承租人选定的出卖人和租赁物而订立合同。三是因为出租人的原因,导致出卖人不能及时向承租人交付租赁物。例如,因为出租人没有付清相关的报关费用,导致出卖人迟延交付标的物。[②] 在出租人违反交付义务的情形下,应当考虑违约的程度,采用适当的补救方式。在出卖人迟延交付的情形下,出租人可以向出卖人主张权利,也可以由承租人向出卖人行使索赔权。

(二) 出租人违法干预承租人对租赁物和出卖人的选择的责任

依据《融资租赁合同司法解释》第 19 条,租赁物不符合融资租赁合同的约定且出租人实施了违法干预承租人对租赁物和出卖人的选择行为,应当承担相应的责任。此种行为主要包括如下几种:一是出租人在承租人选择出卖人、租赁物时,对租赁物的选定具有决定作用。如果出租人对承租人选择出卖人、租赁物具有决定作用,则应当负担相应的瑕疵担保责任,但如果出租人只是向承租人提供

[①] 参见胡康生主编:《中华人民共和国合同法释义》,365 页,北京,法律出版社,1999。
[②] 参见俞宏雷:《论融资租赁合同的中途解约》,载《法学》,1996 (10)。

相关的信息,并没有起决定作用,则出租人不应承担责任。[①] 二是出租人干预或者要求承租人按照出租人意愿选择出卖人或者租赁物。例如,融资租赁公司影响承租人,要求其购买自己关联企业的产品,最终该产品不符合使用目的。[②] 三是出租人擅自变更承租人已经选定的出卖人或者租赁物。承租人主张其系依赖出租人的技能确定租赁物或者出租人干预选择租赁物的,对上述事实承担举证责任。

(三)出租人违反保证承租人占有、使用租赁物义务的责任

在融资租赁合同中,出租人对承租人负有的重要义务,就是要保证承租人对租赁物的占有和使用。此种义务称为"保证和平占有"的义务。出租人违反该义务,应当承担相应的责任。《融资租赁合同司法解释》第17条规定,出租人有下列情形之一,影响承租人对租赁物的占有和使用,承租人有权请求出租人赔偿相应损失:一是无正当理由收回租赁物。在融资租赁合同存续期间,出租人应当保障出租人对租赁物的占有和使用,出租人无正当理由收回租赁物的,承租人有权请求出租人赔偿损失。二是无正当理由妨碍、干扰承租人对租赁物的占有和使用。例如,出租人要求承租人将租赁物送回出租人处检验,因此给承租人造成的损失,承租人也有权请求出租人赔偿。三是因出租人的原因导致第三人对租赁物主张权利。第三人对标的物主张权利,必然影响承租人对租赁物的利用。例如,因出租人将第三人的财产出租,致使第三人追夺,影响承租人的占有和使用。[③] 四是不当影响承租人对租赁物占有、使用的其他情形。除上述情形外,如果出租人有其他影响承租人对租赁物占有、使用的情形,造成承租人损失的,承租人也有权请求出租人赔偿损失。

(四)违反协助承租人行使索赔权的义务的责任

如果出租人违反了协助承租人行使索赔权的义务,也应当承担违约责任。按

---

① 参见奚晓明主编:《最高人民法院关于融资租赁合同司法解释理解与适用》,279页,北京,人民法院出版社,2014。

② 参见房绍坤、郭明瑞主编:《合同法要义与案例析解(分则)》,253页,北京,中国人民大学出版社,2001。

③ 参见奚晓明主编:《最高人民法院关于融资租赁合同司法解释理解与适用》,254页,北京,人民法院出版社,2014。

第九节　融资租赁合同中的违约责任

照《融资租赁合同司法解释》第18条的规定，出租人有下列情形之一，导致承租人对出卖人索赔逾期或者索赔失败，承租人有权要求出租人承担相应责任：一是明知租赁物有质量瑕疵而不告知承租人，导致承租人损失的，承租人有权请求出租人赔偿损失。二是在承租人行使索赔权时，未及时提供必要协助。依据《合同法》第240条的规定，承租人向出卖人行使索赔时，出租人应当进行协助，出租人未尽到协助义务的，承租人有权请求出租人赔偿。三是出租人怠于行使融资租赁合同中约定的，只能由出租人行使对出卖人的索赔权。依据《合同法》第239条的规定，对出卖人的索赔权可由承租人主张，但如果当事人约定相关的索赔权只能由出租人主张，而出租人怠于主张索赔、造成承租人损失的，承租人有权请求出租人赔偿。[①] 四是怠于行使买卖合同中约定的只能由出租人行使对出卖人的索赔权。在融资租赁关系中，按照合同相对性原则，部分对出卖人的索赔应当由出租人主张，如果出租人怠于行使只能由其行使对出卖人的索赔权，造成承租人损失的，承租人有权请求出租人赔偿。

（五）出租人不承担物的瑕疵担保责任

《合同法》第244条规定："租赁物不符合约定或者不符合使用目的的，出租人不承担责任，但承租人依赖出租人的技能确定租赁物或者出租人干预选择租赁物的除外。"该条规定实际上确认了出租人免于承担物的瑕疵担保责任的规则，这也符合国际上通行的做法。例如，《国际融资租赁公约》第8条第1款规定："除本公约或租赁协议另有规定外，出租人不应对承租人承担设备方面的任何责任，除非承租人由于依赖出租人的技能和判断以及出租人干预选择供应商或设备规格而受到损失。"法律作出此种规定的理由主要在于：第一，原则上，出租人是按照承租人的选择来购买租赁物。换言之，出租人是为了承租人而特别订购租赁物的，租赁物的质量等都是承租人自己选择的结果，因此，承租人应当承担自己选择的后果。第二，承租人可以通过行使其向出卖人索赔的权利来保障其权益。依据法律规定，出租人已经向承租人移转了向出卖人索赔的权利。如果发现

[①] 参见奚晓明主编：《最高人民法院关于融资租赁合同司法解释理解与适用》，262页，北京，人民法院出版社，2014。

租赁物存在瑕疵,承租人可以及时向出卖人主张索赔,从而维护承租人的利益。即使出租人不承担瑕疵担保责任,也不会损害承租人的权益。[1] 第三,依据法律规定,承租人享有受领标的物的权利。既然承租人享有受领租赁物的权利,其应当承担验货的义务,如果发现瑕疵应当及时提出,而出租人没有确定租赁物,甚至可能没有接受租赁物,也就不应当要求其承担过重的义务。第四,融资租赁合同的性质是融资。出租人订立该合同的目的,主要是收取租金,在承租人确定了标的物之后,其一般不会也不必考虑标的物的性质。所以,也不可能要求其承担瑕疵担保责任。第五,出卖人承担自己所交付标的物的瑕疵担保责任,足以保证承租人的利益,且符合《合同法》关于买卖合同的基本规则。在《合同法》上,出卖人负有瑕疵担保义务。只不过在融资租赁中,买卖合同的出卖人不是向买受人即出租人担保此项义务,而是依约定向租赁物的占有者、使用者即承租人承担。[2]

依据《合同法》第 244 条的规定,出租人不承担瑕疵担保责任规则的适用条件是:第一,租赁物已经交付给承租人。如果租赁物没有交付给承租人,而交付给了出租人,出租人尚未交付给承租人,在此情况下,如果标的物出现瑕疵,出租人也应当向承租人负责。第二,租赁物不符合约定或者不符合使用目的。这又分为两种情况:一是租赁物不符合约定。这就是说,只要出卖人向承租人交付的标的物不符合约定,出租人都不负责。此处所说的不符合约定,是指买卖合同中的约定。二是不符合使用目的。这通常是指买卖合同没有对租赁物的质量、功能作出约定的,应当考虑其使用目的,也就是说,应当考虑租赁物的特殊目的来确定其应有的质量。应当说,此处规定了默示担保。第三,不存在承租人依赖出租人的技能确定租赁物或者出租人干预选择租赁物的情况。所谓依赖出租人的技能确定租赁物,是指在出租人和出卖人订立买卖合同时,租赁物的确定是借助于出租人的专业知识、经验等而确定的。出租人并非不了解标的物的情况,而且,承租人是基于对出租人的信赖确定了租赁物。所谓出租人干预选择租赁物,是指在选购租赁物的过程中,出租人影响了承租人选择租赁物,导致承租人不能按照自

---

[1] 参见魏耀荣等:《中华人民共和国合同法释义(分则)》,256 页,北京,中国法制出版社,2000。
[2] 参见马思萍:《论融资租赁合同的基本特征》,载《当代法学》,1999(6)。

己的意愿选择租赁物。例如，出租人要求承租人购买自己关联企业的产品，但该产品不符合使用目的。[①]

三、租赁物对第三人侵权的出租人免责规则

所谓租赁物对第三人的侵权责任，是指因租赁物本身及其设置、使用、保管等造成第三人的财产损害或者人身伤害而应当承担的责任。我国《合同法》第246条规定："承租人占有租赁物期间，租赁物造成第三人的人身伤害或者财产损害的，出租人不承担责任。"据此，在融资租赁合同关系存续期间内，租赁物造成第三人损害的，出租人应被免责。法律作出此种规定的原因在于：一方面，由于承租人对租赁物具有完全的控制力，因而如果发生对第三人侵权，应当由承租人承担责任。另一方面，由承租人承担责任，有利于风险的防范。因为在融资租赁中，租赁物处于承租人的占有之下，由承租人承担责任有利于督促其更好地保管、使用租赁物，避免租赁物的使用给其他人造成损害。由于承租人是风险的实际控制人，由其负责更有利于督促其防范风险。此外，由承租人承担责任，也有利于对第三人的保护。在租赁物对第三人造成损害的情况下，第三人可能难以知晓出租人，但是其比较容易获悉承租人，因而由受害人向承租人请求赔偿比较便利。

[①] 参见房绍坤、郭明瑞主编：《合同法要义与案例析解（分则）》，235页，北京，中国人民大学出版社，2001。

第九章

承揽合同

第一节 承揽合同概述

一、承揽合同的概念和特征

承揽合同是承揽人按照定作人提出的要求完成一定的工作,并将工作成果交付给定作人,定作人接受该工作成果,给付约定报酬的合同。《说文解字》云:"承,奉也,受也。""揽",是指揽持、把持。因而,从字面来看,承揽就是揽下他人的工作而交付工作成果。《合同法》第 251 条规定:"承揽合同是承揽人按照定作人的要求完成工作,交付工作成果,定作人给付报酬的合同。"

承揽合同是一种历史悠久的有名合同。在罗马法上,承揽为劳力的租赁,属于赁借贷契约的一种,规定为承揽赁借贷。[1] 法国沿袭罗马法的体例,也将承揽

---

[1] 按照罗马法学家保罗的说法,"当我们让人为我们做某事时,就是赁借贷"。例如:"我以赁借贷的方式请人盖一栋房子。承揽人用自己的钱完成了全部工作,并且已经向我转移了房屋所有权。但是,这也是赁借贷,因为我们是就承揽人的工作缔结契约的,这一工作是他应该完成的。"参见 [意] 桑德罗·斯奇巴尼选编:《债 契约之债》,丁玫译,76 页,北京,中国政法大学出版社,1994。

第一节 承揽合同概述

视为租赁的一种。《法国民法典》第1708条规定："租赁契约可分为两种：物的租赁契约和劳动力的租赁契约。"第1710条规定："称劳动力的租赁者，谓当事人约定，一方为他方完成一定的工作，他方支付约定报酬的契约。"[1] 德、日与上述立法体例不同，例如，《德国民法典》第631条规定："因承揽契约，承揽人负有完成约定工作的义务，定作人负有支付约定报酬的义务。""承揽契约的标的，得为制作或变更一物件或另一件通过劳动或劳务给付而产生的成果。"可见，在德国法中，承揽合同为一种由承揽人提供一定的工作成果的独立的有名合同。我国学理和立法上将承揽合同列为独立于租赁合同、借款合同以及提供劳务类合同的一类独立的合同，同时又将建设工程合同从一般的承揽合同中划分出去，分为一般承揽合同与建设工程合同。由此表明，我国《合同法》不仅将承揽合同规定为有名合同，而且将承揽合同与其他合同清晰地区别开来。承揽合同的法律特征主要是：

1. 性质上属于结果之债

所谓结果之债，是指依据法律规定、当事人约定以及交易惯例，只有因债务人的行为实现了特定后果时，债务人才履行了其义务的债。例如，在承揽合同中，承揽人必须交付特定的工作成果，其才履行了义务。在结果之债中，如果没有完成工作成果，债务人就要承担违约责任，只有因不可抗力才能够使得债务人免责。[2] 承揽合同以承揽人完成一定工作并交付工作成果为目的。仅仅提供劳务并不意味着承揽人义务的完成，在承揽合同中，承揽人必须将其劳务最终凝结为一定的工作成果、一定的物，并将之交付给定作人，才真正实现了合同目的。定作人的目的是获取一定的工作成果，并不仅仅是获得承揽人所提供的劳务本身。[3]

2. 工作成果具有特定性

所谓工作成果的特定性，是指承揽人按照定作人的特定要求而完成工作成

---

[1] 《法国民法典》，李浩培、吴传颐、孙鸣岗译，238、239页，北京，商务印书馆，1979。

[2] See Reiner Schulze (ed.), *New Features in Contract Law*, Sellier European Law Publishers, 2007, p.192.

[3] 参见崔建远主编：《合同法》，4版，425页，北京，法律出版社，2007。

果。在承揽合同中，承揽人最终所完成的工作成果应当是符合定作人在合同中所作出的要求的成果，具体来说，一是工作成果必须按照定作人的要求来完成，其工作要求通常具有特定性。而工作成果是特定承揽人提供劳务的结果，其质量等有赖于特定承揽人的技术、经验、技能等。故而承揽人完成的工作成果自然也应当是特定的。二是工作成果最终必须属于定作人所有，而并不属于承揽人。在提供劳务最终形成工作成果之后，承揽人必须通过交付，将其所有权归还于定作人。如果承揽人完成一定的工作成果，目的是自己取得所有权，则在性质上可能属于《物权法》中的添附等形态，而非承揽合同。三是工作成果的制作材料（或者说被加工物）可能由定作人提供（即包工不包料），也可能是承揽人提供（即包工包料）。[1] 但无论是何人提供的，在承揽开始之际，工作成果的制作材料已经因定作人的提供或者定作人的选择而特定化。

3. 具有一定的人身属性

从广义上讲，承揽合同属于一种提供劳务的合同，其与交付标的物的合同不同，具有一定的人身属性。一方面，定作人选择与某一承揽人订立合同，都是基于对特定承揽人技术、经验、技能等的信赖。因而，承揽人应当按照定作人的要求，凭借其自身的技术、经验、技能而提供一定的劳务，完成一定的工作成果。另一方面，承揽人不能将其承揽的主要工作交由第三人完成。此外，如果定作人丧失了对承揽人的此种信赖时，定作人对承揽合同享有任意解除权。

4. 具有双务、有偿、诺成性

《合同法》未要求承揽合同的成立或生效以特定给付为条件，只需双方达成合意即可成立，故其为诺成合同。从《合同法》对承揽合同的规定来看，该合同中承揽人负有按照定作人的要求完成工作，交付工作成果的义务，而定作人则负有给付报酬的义务，故而该合同为双务、有偿合同。我国法律要求承揽合同中必须包含物的交付，即承揽人必须交付工作成果，因此，承揽合同必须是有偿的，如果约定为无偿，则构成赠与。

---

[1] See Werner Lorenz, *International Encyclopedia of Comparative Law*, Vol. Ⅷ, Specific Contracts, Chapter 8, Contract for Work on Goods and Building Contracts, Tübingen, 1976, p. 3.

承揽合同不仅是典型的有名合同，而且在提供劳务的合同中其也具有基础性。虽然我国《合同法》将建设工程合同独立出来，但在建设工程合同的订立、履行等过程中，《合同法》第 287 条明确规定："本章没有规定的，适用承揽合同的有关规定。"

二、承揽合同的内容

承揽合同的内容，是指承揽合同的一般条款。《合同法》第 252 条规定："承揽合同的内容包括承揽的标的、数量、质量、报酬、承揽方式、材料的提供、履行期限、验收标准和方法等条款。"该条是关于承揽合同的一般条款的规定。虽然其属于承揽合同的一般条款，但没有标明其是必须具备的条款，除了标的、质量、报酬以外，其他的条款可由当事人决定是否写入合同。

（一）标的

承揽合同的标的是承揽合同中权利义务所指向的对象，具体而言，就是承揽人为定作人交付的工作成果。当事人在承揽合同中就合同的标的进行特别约定时，不仅要规定承揽的类型，还需要对具体成果的名称、规格、性能、款式、成分以及标的的色泽、图案、式样、味道、触感、音质、新鲜度等内容作出特别约定。《合同法》第 251 条第 2 款规定："承揽包括加工、定作、修理、复制、测试、检验等工作。"所有这些都应当属于承揽人所从事的具体工作，也是标的所指向的对象。但具体从事哪一类工作，应当在合同中加以明确。我国《合同法》不仅对承揽合同的定义做了界定，而且对承揽的具体工作形式进行了列举。具体来说，承揽的类型包括如下几种：

第一，加工（process），是指一方使用他人的财产加工改造为具有更高价值的财产，易言之，其是指在定作人提供材料的基础上，经过承揽人以自己的技能、设备和劳力，按照定作人的要求，将定作人提供的材料加工成某种成品。[1] 例如，服装店根据顾客的要求，用顾客提供的布料为其裁缝衣服。在加工的情况下，加工

---

[1] 参见魏耀荣等：《中华人民共和国合同法释论（分则）》，371 页，北京，中国法制出版社，2000。

人已对加工物的形成提供了自己的劳动。加工是承揽的典型形态,在实务中,承揽也通常被称为加工。

在各国立法中,加工有狭义和广义两种情况。狭义的加工,指改造他人的动产而为新动产的事实,如把丝织成绸缎等。罗马法及法国民法主张这种观点。广义的加工不仅包括改造他人的动产为新动产,也包括加工于他人动产的表面,如在他人木板上作画、镀金等。加工的标的仅限于动产。加工一般都是利用他人的动产进行改造而加工成新的动产。但从最广义上来理解,在特殊情况下,也可能利用他人的动产进行加工形成不动产。例如,利用他人的建筑材料而建成房屋,此种情况亦可属于加工。因为加工的标的仍然是动产,只不过加工成果为不动产而已,在确定加工物的归属时,也可以适用加工物的规定。[1] 我国《合同法》中已经专门规定了建设工程合同,所以,此种类型的加工通常应当包括在建设工程合同中。

第二,定作,是指承揽人按照定作人的要求以自己的财产来完成工作并提交工作成果。加工和定作的区别,主要表现为材料的区别,加工是定作人提供材料,而定作则是承揽人提供材料。在定作的情况下,通常来说,完全是由承揽人自备全部的材料,例如,裁缝店为顾客制作衣物,尽管选料是由定作人选取,而裁缝店根据定作人所选取的材料来完成衣物。而在加工的情况下,尽管不要求全部材料都由定作人提供,但至少主要材料是要由定作人提供的。

第三,修理,是指通过承揽人的劳务将定作人毁损的物品恢复其通常应有的使用状态。它既包括承揽人为定作人修复损坏的动产,如修理汽车、手表、电器、自行车、鞋等;也包括对不动产的修缮,如检修屋顶的防水层。[2]

第四,复制,是指承揽人按照定作人的要求,根据定作人提供的样品,重新制作类似的成品,定作人接受复制品。复制包括复印文稿,也包括拓印、临摹等行为。

第五,测试,是指承揽人根据定作人的要求,利用自己的技术和设备为定作

---

[1] 参见谢在全:《民法物权论》上,302页,台北,自版,1997。
[2] 参见崔建远主编:《合同法》,4版,424页,北京,法律出版社,2007。

第一节　承揽合同概述

人提供的样品以及所从事的活动，是否具备某种功能和性能而进行检测试验。例如，对汽车质量进行的碰撞测试等。

第六，检验，是指承揽人以自己的技术和设备等为定作人提供的样品的功能、问题、质量等进行检查化验。例如，各类专业检测机构，对食品是否含有专业添加剂所做的检测。检验与测试的区别主要表现在，测试主要利用物理方法检测样品的某种属性，而检验则是利用化学或者生物的方法进行检测。

我国《合同法》所列举的承揽事务的范围比较宽泛，但与有的国家相比，《合同法》所规定的承揽的内涵相对较小。例如，德国法上的承揽是指完成特定工作的合同，其不以最终提交工作成果为必要。因此，德国法上的承揽不仅包括了我国《合同法》中承揽的内容，还包括了《合同法》委托合同中事务委托或者服务的内容。《欧洲合同法原则》第3：101条关于加工承揽范围的规定，也包括了对既有的动产或者不动产、有形物或者无形物维修、维护、保洁的情况。由此可见，其包括了一些并不提供工作成果的服务合同，如维护、保洁等，这些服务合同在我国通常被纳入委托合同的范围。从这一意义上说，我国《合同法》所规定的承揽合同的范围是有严格限制的。

（二）数量

虽然承揽不是大批量的购买，而是加工承揽特定物，但是数量也是承揽的一个重要因素。因为许多承揽并非是定作一个物，而有可能是多数物的定作。数量不确定，合同标的物也不明确。例如，定作家具，应当约定定作的数量。制造设备，也应当约定制造的台数。当事人在合同中不仅要规定数量，还要规定数量的计算单位。

（三）质量

质量，是指用度、量、衡来确定标的物的性质。质量除了应当达到当事人约定的规格、功能之外，还应当包括强度、硬度、弹性、延度、抗蚀性、耐水性、耐热性、传导性、牢固性等性能。当事人在订立合同时，应当尽量将合同条款规定明确。如果没有约定的质量标准，应当按照货物的平均品质水平来确定其标准。有些工作成果在短期内很难发现其缺陷，因此当事人一般都约定有质量保证

期。[①] 如果在保证期内出现质量问题，除因定作方的原因造成的之外，承揽方应负责修复和退换。

（四）报酬

报酬主要是指承揽人完成工作之后，定作人应当向其支付酬金。承揽人之所以完成一定的工作，就是要获得报酬，两者之间构成对价关系。报酬条款也是承揽合同的主要条款，是必备的条款，在承揽合同中应当约定报酬的具体数额、计算方法、支付方式、支付时间等。在我国合同法中，承揽为有偿合同，需要规定报酬。

（五）承揽方式

承揽方式，是指应当由承揽人独立完成还是可以转承揽。一般来说，如果没有明确约定采用何种承揽方式，都应当由承揽人亲自、独立完成，未经定作人允许，不得转承揽。

（六）材料的提供

材料是完成承揽工作必备的物质条件，由哪一方提供材料，意味着权利义务的内容不同。通常在承揽合同中，材料的提供应由双方当事人进行约定。如果当事人没有约定或约定不明确的，应当认为由定作人提供。至于实践中所出现的"包工包料"的承揽，实际上是当事人之间的特别约定。材料的提供除了约定提供人以外，还必须约定提供的时间、地点、数量、质量。如果是由承揽人提供材料，定作人还有权要求承揽人提供发票以便支付材料费用。

（七）履行期限

履行期限包括双方当事人履行合同的时间。广义上讲，履行期限还包括提供材料、完成工作、支付报酬的时间等。承揽合同通常规定当事人履行义务的期限，包括三方面：一是履行义务的开始期限，即承揽人着手工作的期限；二是履行义务的中间期限，即局部完成任务或部分交付工作成果的期限；三是履行义务的终了期限，即全部完成任务或最后交付工作成果的期限。[②] 在具体的承揽合同

[①] 参见胡康生主编：《中华人民共和国合同法释义》，373页，北京，法律出版社，1999。
[②] 参见谢鸿飞编著：《承揽合同》，38页，北京，法律出版社，1999。

中,如何规定履行义务期限,由双方当事人约定。此处所讲的履行期限,主要是指承揽人交付工作成果和定作人支付报酬的时间。关于承揽人交付成果的时间,尤其是像建设工程、船舶的制造等,应当规定明确的交付时间,但是自然人之间的承揽可能没有明确规定履行期限。此时应当根据工作的性质和工作成果的完成时间来确定履行期限。例如,要求别人代为打印书稿,则应当在书稿打印完成之时,作为履行交付的期限。

关于交付工作成果日期的计算,双方有约定的,按约定的方法计算;没有约定的,承揽人自备运输工具送交定作物的,以定作人接收的戳记日期为准;委托运输部门运输,以发运定作物时承运部门签发戳记的日期为准;自提定作物的,以承揽人通知的提取日期为准,但承揽人在发出提取定作物的通知中,必须留给定作人以必要的途中时间。

(八)验收标准和方法等条款

这主要是指材料的验收和工作物的验收。一方面,任何一方约定交付材料时,对方应当及时进行验收,以确定是否符合合同要求。另一方面,在工作成果交付时,定作人也应当及时验收。在验收时,当事人还应当约定验收的标准和具体的方法。如果没有约定,应当按照交易习惯或者同类产品或服务的通常标准来确定。

需要指出的是,这些条款只是承揽合同的一般条款,缺少这些条款并不必然导致合同不成立。另外,按照合同自由原则,当事人也可以约定这些条款以外的条款,甚至可以通过约定使其成为合同的主要条款。

三、承揽合同与其他类似合同的区别

(一)承揽合同与买卖合同

买卖合同和承揽合同都是有偿、双务的合同。在承揽合同中,承揽人应当交付工作成果,定作人负有支付报酬的义务,因而,承揽合同的当事人之间也形成了一种交易关系,在这一点上,其与买卖合同具有相似性。尤其是在承揽合同

第九章 承揽合同

中，如果由承揽人提供加工材料，就涉及合同本身究竟是买卖还是承揽这一问题。例如，《德国民法典》第651条规定了买卖法适用的特别规定，其中就有关于加工承揽合同的规则，如果加工人用自己的材料制造出了一个不可分物，在添附的情况下，加工人也要将自己添附的材料出售给定作人。[1] 在我国，许多学者认为，由承揽人提供材料的情况下，此种合同兼有买卖的性质。先要由承揽人取得所有权，然后再依买卖的规则，将材料的所有权移转给定作人。也是就说，从交付之日起，才能移转所有权。[2] 在承揽合同中，承揽人将工作成果交付给定作人，由此获得约定的报酬。而在买卖合同中，出卖人向买受人交付标的物而接受价金。从合同的有偿性来看，它们也是相似的。但笔者认为，承揽合同与买卖合同之间仍然存在明显的区别，主要体现在：

1. 目的不同。买卖合同是以一方移转所有权而另一方支付价款为目的，而承揽合同是以一方完成特定的工作成果而另一方支付报酬为目的。[3] 依据这一区分，如果双方当事人在合同中约定，一方按照对方的要求提供一定的工作成果，就属于承揽合同，而不是买卖合同。

2. 标的物不同。承揽合同的标的物是特定的工作成果，在订立合同时是不存在的。它要在合同订立后，由承揽人依照约定通过其设备、技术和劳力创造出来。而买卖合同订立时，合同标的物一般是已经存在的，标的物为未来之物的买卖合同是特殊现象。此外，承揽合同的标的物总是特定物，而买卖合同的标的物既可以是特定物，也可以是种类物。

3. 是否享有监督检查的权利不同。在承揽合同中，承揽人应按照定作人交付的任务完成工作，定作人有权对承揽人进行必要的监督检查。如果承揽人未按约定的条件和期限进行工作，不能按时保质完成工作的，定作人有权解除合同并要求赔偿损失。在买卖合同中，买受人只能在合同履行期限到来时才能要求出卖

---

[1] See Werner Lorenz, *International Encyclopedia of Comparative Law*, Vol. Ⅷ, Specific Contracts, Chapter 8, Contract for Work on Goods and Building Contracts, Tübingen, 1976, p. 3.

[2] 参见史尚宽：《债法各论》，312页，台北，自版，1960。

[3] 参见李勇主编：《买卖合同纠纷》，27页，北京，法律出版社，2011。

第一节 承揽合同概述

人履行，一般无权过问出卖人组织生产的过程。

4. 是否以人身信任为基础不同。承揽合同具有浓厚的人身信赖性质，该合同的订立是以定作人对特定承揽人的能力和技能的信赖为基础的。[①] 因而，承揽人应当以自己的设备、技术和劳力，完成主要工作任务；承揽人未经同意擅自将主要工作交给第三人完成的，定作人可以解除合同并追究其违约责任。而且在承揽合同中，定作人还享有任意解除权。而买卖合同通常并不以人身信任为基础，买受人取得标的物的所有权一般并不考虑出卖人的能力、技能等个人特点，因而只要标的物质量合格，究竟是由谁制造该标的物对买受人并没有意义，买受人也无权就此提出请求。

（二）承揽合同和劳务合同

劳务合同（work contract），是指当事人之间达成的一方提供一定劳务，另一方支付报酬的合同。劳务合同有广义和狭义两种理解。广义的劳务合同，是指由一方提供一定的劳动，另一方支付报酬的协议。只要是标的为劳务的合同，均可纳入该类合同。它包括了我国《合同法》中的承揽、建设工程、运输、保管、仓储、委托、行纪、居间等各种合同类型。从这个意义上理解，承揽合同也是一种提供劳务的合同。许多国家的法律都有关于标的物的加工（processing）可以适用有关劳务合同的规定。[②] 从狭义上来讲，劳务合同是指雇用合同，它是自然人之间约定一方受雇于另一方，并为另一方提供劳务，另一方给付报酬的合同。在我国，雇用合同是一种典型的民事合同，它通常是劳动合同之外的一种劳务合同。承揽合同与雇用合同的区别主要在于：

第一，工作的独立性不同。承揽合同中，承揽人利用自己的设备、技术和劳力独立进行工作，工作时间、地点、进程由其自主决定，定作人只是有权进行必要的监督检查，原则上不能对其具体工作进行指示。而雇用合同中，受雇人是完

[①] 参见崔建远主编：《合同法》，4版，427页，北京，法律出版社，2007。
[②] 例如《奥地利民法典》第1165条；《法国民法典》第1787条；《德国民法典》第631～650条；《希腊民法典》第681～702条；《意大利民法典》第1655～1677条和《波兰民法典》第1207条。在实践中，荷兰、葡萄牙和西班牙也采用同样的做法。

全按照雇主的要求而从事一定的工作，雇员的工作地点、时间等由雇主确定，雇主可以告诉雇员"做什么"以及如何去做。[①] 在承揽合同中，承揽人要承担一定的风险，而在雇用合同中，对于雇员而言，则无风险负担这一问题，所发生的风险通常是由雇主承担。

第二，义务性质不同。承揽合同中承揽人所负的是结果性义务，承揽人不仅要独立完成工作，还要交付约定的工作成果。而在雇用合同中，雇员只是按照雇主的要求而从事工作，并不要求其提供一定的工作成果。

第三，利益的归属不同。承揽合同中，承揽人提供一定的工作成果，定作人要向其支付报酬。而在雇用合同中，雇主向雇员支付的是工资，通常是按照一定期限来计算的，并不是按照其所提供的工作成果来计算的。

第四，承担合同执行过程中造成损害的责任不同。根据我国《人身损害赔偿司法解释》第9条，雇员进行雇用活动造成损害，赔偿责任由雇主承担；雇员仅在故意或者重大过失时承担连带责任。而在承揽合同中，承揽人因执行承揽事项，对第三人造成损害的，原则上应当由承揽人自己负责，定作人不承担责任。定作人仅在指示、选任、定作中有过失时，才应对承揽人造成的损害承担赔偿责任。

（三）承揽合同与劳动合同

劳动合同是劳动者和用人单位（企业、事业、机关等）之间所订立的关于确立、变更或终止劳动权利和义务关系的协议。劳动合同不是一般的民事合同，其是由《劳动合同法》调整的一种特殊类型的合同，承揽合同与劳动合同也有一定的联系。从完成一定工作这一特征来看，承揽合同与劳动合同相似，劳动合同也要求提供一定的劳务和完成一定的工作。在实践中，一些承揽合同可能是以劳动合同的形式出现的；尤其是独立承揽人与用人单位之间的关系是以劳动合同的形式出现的。但笔者认为，二者存在明显差异，具体表现在：

第一，是否具有隶属关系不同。承揽合同的当事人双方是平等的，彼此间不存在隶属关系。承揽人在完成工作的过程中是按照自己的意志来安排生产和工

---

① 参见徐爱国编著：《英美侵权行为法》，248页，北京，法律出版社，1999。

作,并且要自己承担风险完成工作。承揽人不能享受定作人的劳动保险,也不承担对方内部规定的义务。而劳动者在同企业、事业单位订立劳动合同以后,便参加到这些组织中去,要在该组织的领导下进行劳动。在劳动合同中,劳动者与用人单位之间形成了一种隶属关系。劳动合同签订后,劳动者必须加入用人单位的组织中去,成为其中一员,承担该单位分配的劳动工作任务,按该组织的内部劳动规章进行工作,同时享受该单位的劳动保险待遇。

第二,合同形式不同。《劳动合同法》第 10 条规定:"建立劳动关系,应当订立书面劳动合同。"而承揽合同是不要式的合同,当事人之间订立承揽合同并不需要采用书面形式,只要其就承揽事项达成合意,合同就可成立。

第三,是否需要提供工作成果不同。劳动合同以劳动者提供的劳务过程为标的,至于此种劳务过程的实现是否一定导致相应工作成果的完成,尚不确定,此项内容也不属于合同的内容。因此,两者属于不同性质的合同关系。依照承揽合同,承揽人应向定作人交付约定的劳动成果,按照等价交换的原则取得约定的报酬。而依照劳动合同,劳动者应按照约定从事劳动,并根据按劳分配原则取得报酬。承揽合同以完成特定的工作成果为标的,定作人并不仅仅是为了获得承揽人提供劳务的过程本身。[①] 在劳动合同关系中,提供劳务的一方只是提供一定的劳务,并不保证特定的结果出现,因此,其属于方式性义务;而在承揽合同中,承揽人要完成特定的工作成果,属于结果性义务。

第四,是否提供材料、设备不同。承揽合同中材料可以由定作人提供,也可以由承揽人提供,但通常是由承揽人提供的。而劳动合同中,劳动者在用人单位指定的时间、地点进行劳动,其设备、原材料都是用人单位提供的。

第五,适用的法律依据不同。我国法律中,为了强化对劳动者权益的保护、建立和谐的劳动关系,劳动合同适用专门的法律。我国已于 2008 年实施了《劳动合同法》(2013 年修正),详细规定了有关劳动合同的相关问题;承揽合同则应适用《合同法》。

[①] 参见崔建远主编:《合同法》,4 版,425 页,北京,法律出版社,2007。

四、承揽合同的分类

(一) 主承揽和次承揽

所谓主承揽,是指由承揽人独立从事一定工作并交付工作物的承揽,在此种承揽中,承揽人独立完成工作,并不转包给他人。次承揽也称为再承揽,是指承揽人以定作人的名义,将其工作全部或一部交给他人完成,并支付报酬的承揽合同。我国《合同法》要求承揽人独立完成工作,但并不禁止转承揽。经过定作人的同意,承揽人可以将其承揽的主要工作转交给第三人,或者将承揽的辅助工作交给第三人完成。在此情况下,就形成了次承揽。① 这两种承揽的区别主要在于:第一,主承揽是承揽活动的常态,而次承揽则是特殊情形。通常情况下定作人都是基于对特定承揽人的信任订立合同的,自然也应当由承揽人亲自完成工作。第二,主承揽是主承揽人和定作人之间的协议,所以,无所谓经过定作人同意的问题。而次承揽原则上限于辅助工作的完成,此时,不需要定作人的同意;如果对主要工作发生次承揽,则必须经过定作人的同意。第三,合同关系的当事人不同。承揽合同的当事人包括定作人和承揽人双方;次承揽合同的当事人则是承揽人和次承揽人。次承揽合同与原承揽合同各为独立的承揽合同,次承揽合同的成立与否、效力如何,与原承揽合同无关。如次承揽合同不成立或无效,不影响原承揽合同的效力。基于合同的相对性,次承揽人与原定作人之间不发生权利义务关系,原定作人无权请求次承揽人完成一定的工作并交付工作成果,次承揽人对原定作人无报酬请求权。②

(二) 单独承揽和共同承揽

所谓单独承揽,是指承揽人为一人的承揽。共同承揽,是指承揽人为二人以上的承揽。共同承揽与次承揽相比,虽然其也有多个承揽人,但是在共同承揽中,多个承揽人均是由定作人选定,而次承揽中的次承揽人是由承揽人选择的。

---

① 参见韩世远:《合同法学》,184页,北京,高等教育出版社,2010。
② 参见郑玉波:《民法债编各论》下册,349页,台北,三民书局,1981。

单独承揽和共同承揽的主要区别在于：第一，承揽人的人数不同，单独承揽人只有一个，共同承揽人是多个。第二，权利义务内容不同。单独承揽的情况下，承揽人自行承担权利义务；而在共同承揽中，多个承揽人对定作人承担连带债权债务。在共同承揽中，如果承揽人不履行义务而造成定作人损害，共同承揽人应当承担连带赔偿责任。《合同法》第267条规定："共同承揽人对定作人承担连带责任，但当事人另有约定的除外。"这就意味着，在当事人没有特别约定的情况下，共同承揽人都要对定作人承担连带责任。如果承揽人违约，定作人有权请求任何一个承揽人承担全部赔偿责任。

（三）一般承揽和特别承揽

一般承揽，是指由《合同法》所规定的承揽。特别承揽，是指根据其他法律法规的规定而形成的承揽。建设工程合同在合同法上属于特殊承揽，一般是在特别法中作出规定，但是我国《合同法》也对其作出了一些规定。因此，建设工程承揽属于承揽的特殊形态。两者的主要区别在于，一般承揽是承揽的常态，而特别承揽是特殊形态。法律关于一般承揽的规定与对特别承揽的规定，形成了一般法与特别法的关系。《合同法》第287条规定："本章没有规定的，适用承揽合同的有关规定。"可见，承揽合同的有关规定，对建设工程合同也是可以适用的。

第二节　承揽合同的效力

一、承揽人的主要义务

（一）亲自完成主要工作

《合同法》第253条规定："承揽人应当以自己的设备、技术和劳力，完成主要工作，但当事人另有约定的除外。"这就在法律上确认了承揽人有亲自完成主要工作的义务。因为承揽合同是定作人基于对承揽人的能力、资历、技术等方面的信任而订立的，如果承揽人随意将主要工作交给其他人完成，则破坏了此种信

任关系。尤其是,有一些承揽工作要求承揽人具备特殊的资格、技能、设施和条件等才能进行。再如,开办电器维修公司,就必须具有检测设备和技术人员。所以,法律不允许承揽人随意转承揽给他人。如果承揽人随意将工作转交他人,则可能导致当事人的订约目的不能实现。

承揽人亲自完成主要工作的义务,可以从两个方面理解:一是承揽人应当以自己的设备、技术和劳力完成主要工作。法律上要求承揽人必须以自己的设备、技术和劳力完成承揽工作的主要部分,是因为承揽人的设备、技术和劳力是决定其工作能力的重要因素,也是定作人选择该承揽人完成工作的决定因素。[1] 但是,"自己的设备"不仅应包括承揽人自己所有的设备,也应当包括自己租用的设备。承揽人租赁他人的设备,或者雇用他人也符合法律的要求。二是承揽人必须自己完成"主要工作"。所谓"主要工作",是指完成承揽合同约定任务中的主体性、基础性的或者说大部分的工作。主要工作一般对工作成果的质量起着决定性作用,通常来说,其技术要求也相对较高。例如,在定制服装时,量体裁剪和整体裁剪是承揽人的主要工作。[2] 当然,在具体的合同类型中,还要根据合同的性质和当事人的约定来确定主要工作的具体内容。就承揽人所负有的亲自完成主要工作的义务而言,双方当事人可以另行作出约定。《合同法》第254条规定:"承揽人可以将其承揽的辅助工作交由第三人完成。"依据该条规定,承揽人可以不经定作人同意而将辅助工作交由第三人完成。所谓"辅助工作",是相对于"主要工作"而言的,它是指承揽工作中主要工作之外的部分,一般而言,辅助工作只是对主要工作起协助和完善性质的工作,其并不构成承揽工作的主要内容,但是可以协助承揽工作的完成。[3] 例如,在加工产品的承揽合同中,承揽人完成产品的加工之后,将包装工作交给第三人完成,则第三人的工作就属于辅助工作的性质。《合同法》第254条规定:"承揽人将其承揽的辅助工作交由第三人完成的,应当就该第三人完成的工作成果向定作人负责。"这就是说,当承揽人

---

[1] 参见魏耀荣等:《中华人民共和国合同法释论(分则)》,276页,北京,中国法制出版社,2000。
[2] 参见胡康生主编:《中华人民共和国合同法释义》,376页,北京,法律出版社,1999。
[3] 参见魏耀荣等:《中华人民共和国合同法释论(分则)》,275页,北京,中国法制出版社,2000。

第二节　承揽合同的效力

将辅助工作交由第三人完成时，并不发生的合同的转让，承揽人仍是作为承揽合同的一方当事人，对于第三人完成的工作成果向定作人负责。例如，在承揽任务完成的过程中，需要由其他单位完成部分辅助工作（如检测等），承揽人可将该部分辅助工作交由第三人完成，但是承揽人应对第三方所完成工作成果的质量向定作人负责。

如果承揽人未经定作人同意，而将其所承揽的主要工作交由第三人完成的，则应承担责任。《合同法》第253条规定："未经定作人同意的，定作人也可以解除合同。"在此情形下，定作人有两种选择：一是继续保持合同关系，承揽人应当对第三人完成的工作部分负责，但定作人也可请求承揽人承担违约责任。[①] 二是解除合同。如果定作人不愿意接受第三人完成主要工作的情况，则可以解除合同，因为承揽合同是基于定作人与承揽人之间的相互信赖关系而成立的，如果这种信赖关系被破坏，则定作人可以解除合同。

（二）按照约定选定材料，并接受定作人检验

《合同法》第255条规定："承揽人提供材料的，承揽人应当按照约定选用材料，并接受定作人检验。"这就确立了承揽人按照约定选用材料，并接受定作人检验的义务。在承揽合同中，究竟应当由承揽人提供材料，还是应由定作人提供材料？从比较法来看，不同国家的具体法律规定有所差异。在有些国家，法律规定应当由承揽人提供材料[②]，但这些规则并不是强制性的，根据合同自由原则，承揽人在实践中完全可以通过约定来改变法律规定。我国《合同法》并没有具体规定应由承揽人还是定作人负担提供材料的义务。笔者认为，在当事人没有明确约定的情况下，应当由定作人提供材料。一方面，在承揽合同中，承揽人是按照定作人的要求完成工作，交付工作成果。在加工承揽中，承揽人所提供的主要还是一种服务，即将原材料加工成特定产品，在承揽人所负担的义务中通常是不包含提供材料的义务的。因此，在当事人没有约定时，只有由定作人提供材料，才

[①] 参见胡康生主编：《中华人民共和国合同法释义》，376页，北京，法律出版社，1999。
[②] 例如，《意大利民法典》第1658条；《葡萄牙民法典》第1210条；《瑞士债务法》第364条等都有类似规定。

能使承揽人较好地完成承揽工作和任务。另一方面，依据《合同法》第253条，承揽人仅负有应当以自己的设备、技术和劳力完成主要工作的义务，从解释上来看，其并未要求承揽人以自己的材料完成主要工作，这实际上是确定了在当事人没有明确约定的情况下，应由定作人负担提供材料的义务。此外，从比较法来看，根据《奥地利民法典》第1166条的规定，如果由承揽人提供原材料，有可能会导致加工承揽合同转化为买卖合同，而如果由定作人提供，通常就只是承揽合同。[①] 这就涉及合同性质是否发生转换的问题，同时也涉及承揽人制作出来的工作物的归属问题。[②]

合同中如果明确约定由承揽人提供材料的，则承揽人负有按照约定选定材料的义务，在实践中，也可以根据交易习惯确定承揽人负有提供材料的义务。例如，在现实生活中，承揽人帮助他人粉刷墙壁，在没有特别约定的情况下，按照行业惯例，都是由承揽人自备涂料来完成工作。如果依据合同约定和交易习惯由承揽人提供材料的，承揽人负有按照约定选用材料，并接受定作人检验的义务。在承揽人提供材料的情况下，承揽人应当按照约定时间、数量和质量选用材料。在比较法上，大多数国家都认为，承揽人应当承担类似于买卖合同中出卖人的瑕疵担保责任。我国《合同法》对此虽然没有明确规定，但是在解释上应当认为，承揽人对其提供的材料负有瑕疵担保义务。承揽人以次充好或者故意隐瞒材料瑕疵而造成工作成果质量不符合约定的，应当承担违约责任。在承揽人提供材料时，承揽人应当接受定作人的检验。如果该材料经过检验不合格，从而导致工作延误，并造成损失的，应当由承揽人负责。

（三）检验和受领定作人提供的材料

《合同法》第256条规定："承揽人对定作人提供的材料，应当及时检验，发现不符合约定时，应当及时通知定作人更换、补齐或者采取其他补救措施。"这就确定了承揽人检验和保管定作人提供的材料的义务。如前所述，在当事人没有明确约定的情况，应当由定作人提供材料。但当事人也可以在合同中特别约定定

---

①② See Werner Lorenz, *International Encyclopedia of Comparative Law*, Vol. Ⅷ, Specific Contracts, Chapter 8, Contract for Work on Goods and Building Contracts, Tübingen, 1976, p. 39.

第二节 承揽合同的效力

作人提供材料的义务。在定作人提供材料时，承揽人负有检验和保管该材料的义务。具体包括如下内容：

第一，及时检验定作人提供的材料的义务。在定作人提供材料的情况下，承揽人应当及时检验定作人所提供的材料，如果发现材料不符合约定，则承揽人有权拒绝，并且要求定作人替换。如果经承揽人检验，定作人提供的原材料符合约定，承揽人应当确认并告知定作人。

第二，如果发现材料质量不符合合同约定的要求时，及时通知定作人更换、补齐或者采取其他补救措施的义务。所谓更换，是指替换，即用合格的材料替换掉不合格的材料。所谓补齐，是指材料数量不足时，承揽人有义务立即通知定作人按照约定补充。采取其他补救措施，包括支付价款、由承揽人代购等其他方式。承揽人未及时检验原材料，或经检验发现不合格而未及时通知定作人的，由承揽人承担责任。

第三，不得擅自更换定作人提供的材料，不得更换不需要修理的零部件的义务。依据《合同法》第256条第2款，"承揽人不得擅自更换定作人提供的材料，不得更换不需要修理的零部件"。例如，在修理手表时，修理师故意将定作人手表中贵重的零部件偷换成廉价的零部件。承担此种义务既是诚信原则的具体要求，又有利于维护定作人的合法利益。如果确实有必要进行更换，按照诚信原则，也应当以中等品质以上的零部件进行更换。不需要修理的部分，则不得更换。承揽人使用定作人提供的原材料，还应当符合约定的损耗量，尽量避免材料的损失浪费。

（四）及时通知义务

《合同法》第257条规定："承揽人发现定作人提供的图纸或者技术要求不合理的，应当及时通知定作人。因定作人怠于答复等原因造成承揽人损失的，应当赔偿损失。"在承揽合同中，承揽人应当按照定作人提供的图纸来进行施工，才能保证工作成果符合合同的要求。因此，一旦承揽人发现提供的图纸或技术要求不合理，就应当及时通知定作人。因为一方面，只有承揽人及时通知，定作人才能及时采取措施，修正或更改不合理的图纸或技术要求；另一方面，要求承揽人

及时通知，有利于加工承揽工作的正常进行，并保证承揽人能够按照定作人的要求完成工作，交付工作成果，也有利于防止纠纷的发生。未及时通知定作人的，怠于通知期间的误工损失由承揽人自己承担，造成工期拖延，给定作人造成损失的，承揽人应当赔偿定作人损失。

依据该条规定，"因定作人怠于答复等原因造成承揽人损失的，应当赔偿损失"，这就是说，定作人在收到承揽人的通知之后，应在规定期间或合理期间内给予答复，并采取措施。同时，该条所规定"因定作人怠于答复等原因"，不仅是指定作人未及时答复，还包括未根据需要采取必要的措施（如修改图纸和技术要求）。因定作人怠于答复等原因，使承揽人造成工期延误或者因重新修改或返工等，由此造成承揽人损失的，应当由定作人承担赔偿责任。需要指出的是，此处没有规定因定作人怠于答复等原因造成定作人损失的，应当如何处理。笔者认为，因定作人怠于答复等原因造成承揽人损失的，其应当承担责任。如果因此造成自身损失的，由于该损失是因定作人的过错而造成的，且工作成果是为定作人的利益而作出的，因而定作人理应自担损失。

（五）接受定作人的监督检验

《合同法》第260条规定："承揽人在工作期间，应当接受定作人必要的监督检验。"这就确立了承揽人有接受定作人监督检验的义务。所谓监督检验，是指定作人在承揽人工作期间，对承揽人的工作（如工程进度等）进行必要的检查、监督，对材料的使用是否符合图纸和技术的要求等进行必要的检验。所谓必要，是指为了实现合同目的而必需的监督检验。判断"必要的监督检验"，应当依据合同的性质和工作的难度等因素具体确定。具体而言：一是合同中已经约定定作人监督检验的范围，定作人有权进行监督、检验。二是如果根据承揽工作的性质，对承揽工作质量进行检验，保证工作如期完成，承揽人就负有接受定作人的监督检验的义务。承揽人不得以合同未约定而拒绝。但定作人在检验前，应当通知承揽人检验的时间和内容，以便于承揽人对工作作出适当的安排。之所以在法律上确立此种义务，主要原因在于：一方面，承揽人是按照定作人的要求完成一定的工作，所以，承揽人在完成工作的过程中，应接受定作人必要的检查，以保

第二节 承揽合同的效力

证承揽人所完成的工作完全适合定作人的需要。为了保障工作的成果符合约定，定作人有必要进行检查监督。例如，承揽人使用的材料是否符合环保的要求、是否被偷换，这些都会影响到最终的工作成果。另一方面，在工作成果完成之后，定作人很难对工作成果完成过程中所出现的问题进行检验。比较法上也大多承认定作人享有此种权利。[1] 应当指出的是，监督、检验是法律赋予定作人的一项权利，定作人可以自主决定是否行使，即便定作人没有行使这种权利，在承揽人所交付的工作成果不合格的情况下，定作人仍有权请求承揽人承担违约责任。

《合同法》第260条规定："定作人不得因监督检验妨碍承揽人的正常工作。"因此，定作人在监督检验承揽人的工作时，不得妨碍承揽人的正常工作，也不能将其在监督检验过程中所获知的承揽人的商业秘密透露给他人。定作人进行监督检验虽然是为了保障工作成果符合合同约定的质量标准等，但其监督检验活动应保持在合理的限度内，否则将会给承揽人加工、修理等活动的正常开展造成不便，对其正常工作造成妨碍，给承揽人带来不合理的负担。对于定作人不合理的监督、检验工作，承揽人有权拒绝。[2] 如果因定作人不合理的监督、检验活动给承揽人的正常工作造成妨碍，定作人有义务排除妨碍。

（六）妥善保管定作人提供的材料

《合同法》第265条规定："承揽人应当妥善保管定作人提供的材料以及完成的工作成果，因保管不善造成毁损、灭失的，应当承担损害赔偿责任。"依据这一规定，承揽人的保管义务包括三方面：一是妥善保管定作人提供的材料的义务。定作人既要妥善保管材料，也要妥善保管定作人提供的设备、包装物及其他物品等。一般而言，定作人所提供的材料是承揽人进行加工承揽工作的基础，一旦定作人所提供的材料发生意外毁损、灭失的，通常承揽人很难再进行加工承揽工作。由于对定作人提供的材料仍由定作人享有所有权，承揽人因保管不善造成定作人损失的，应承担损害赔偿责任。例如，某人将车辆交给汽车店修理，修理

---

[1] 参见《欧洲合同法原则》第3：106条。在德国，监督检验也是定作人所享有的一项权利而非义务。
[2] 参见魏耀荣等：《中华人民共和国合同法释论（分则）》，228页，北京，中国法制出版社，2000。

店就负有妥善保管的义务。① 二是对加工、修理的物负有妥善保管的义务。在大多数国家法律中，承揽人都负有防止加工、修理的物毁损、灭失的义务。在德国法上，承揽人所负担的此种义务是涵盖在诚实信用这一一般条款之中的。② 例如，定作人将一块手表交给承揽人修理，在承揽人修理期间，其应当妥善保管该块手表，不应将手表置于潮湿的地方致使手表生锈。三是对完成的工作成果负有妥善保管义务。对于承揽人完成的工作成果的意外毁损、灭失风险，一般采用交付主义。在工作成果交付之前，应由承揽人自担风险，其当然负有妥善保管义务。在交付前，虽然标的物毁损、灭失的风险由承揽人负担，但如果承揽人没有尽到善管义务而导致标的物在交付前就毁损、灭失的，则意味着其无法在约定的期限内交付标的物，这对于定作人来说也是一种损失，因为他期限已经经过而无法获得预期的工作物。所以，在定作期限内，承揽人在交付工作物之前，也应当对标的物妥善保管，以防止发生标的物的毁损、灭失。因违反这一义务而造成损害，承揽人应当承担损害赔偿责任。③

（七）完成并交付工作成果

在承揽合同中，承揽人所应履行的义务在性质上属于结果性债务，因此，承揽人应完成定作人交付的工作并交付工作成果，这是承揽人所负担的基本义务。《合同法》第261条规定："承揽人完成工作的，应当向定作人交付工作成果，并提交必要的技术资料和有关质量证明。"这就确立了承揽人的交付工作成果的义务。具体来说，交付工作成果的义务主要包括如下几项内容：

第一，承揽人负有按期交付工作成果的义务。如果承揽人因自己的过错不按约定的期间开始工作，或不按规定的进度履行义务，或未按约定期限交付工作成果的，其应承担违约责任；未经定作人同意，提前交付定作物，定作人有权拒收。一般来说，如果工作成果的交付迟延不是因为不可抗力造成的，而是因承揽

---

① 参见《法国民法典》下册，罗结珍译，1332页，北京，法律出版社，2005。
② See Christian von Bar and Eric Clive, *Principles, Definitions and Model, Rules of European Private Law*, Volume I, (Munich: Sellier. European Law Publishers, 2009), p.1766.
③ 参见韩世远：《合同法学》，486页，北京，高等教育出版社，2010。

第二节 承揽合同的效力

人自身原因造成的，则承揽人就应当承担违约责任。关于没有在规定的期限内交付工作成果，定作人是否可以要求承揽人实际履行，各国法律规定不同。在大陆法国家，可以要求实际履行；但英美法国家并没有作出规定。[①] 笔者认为，如果承揽人未按期交付工作成果的，其已经构成违约，根据合同法总则的规定，承揽人应承担违约责任，并负有继续履行的义务。

第二，承揽人应当按照合同规定的质量交付。在比较法上通常要求，承揽人必须交付符合要求的工作成果。同时，工作成果应当与合同的约定相一致。[②] 有关工作成果的质量要求，通常是在合同中特别约定的，因为承揽人都是根据定作人的要求完成工作，所以，质量的要求往往都是具体的、特殊的，而不是根据一般的标准确定的。承揽人应按照定作人对标的物的具体要求完成，非经定作人同意，不得擅自修改或变更，更不能偷工减料、粗制滥造、以次充好。未按合同规定的质量交付定作物或完成工作，定作人同意利用的，应当按质论价，不同意利用的，应当负责修整或调换，并承担逾期交付的责任，经过修整或调换后，仍不符合合同约定的，定作方有权拒收并可要求赔偿损失。

承揽人也应当提交必要的技术资料和有关质量证明。此种义务不是附随义务，而是法定义务。必要的技术资料主要是指使用说明、结构图纸、技术数据等，这些资料与工作成果直接相关，缺少这些资料，定作人将无法对工作成果进行验收，也无法正常使用工作成果。此处所说的质量证明，是证明工作物的质量达到合同约定的质量标准的证明文件，如权威检测部门出具的质量合格证明书等。不提供此种质量证明，将难以判断工作物的质量是否符合合同的约定。[③]

第三，承揽人应当按照合同规定的数量交付。承揽人未按规定的数量交付的，应照数补齐，少交部分定作人不再需要的，定作人有权解除合同或要求赔偿损失。例如，承揽人按照他人的要求定做10套西服，但在规定的期限内只能交付一套，定作人有权拒绝接受其交付的一套西服。承揽人未按合同规定包装标的

[①②] See Werner Lorenz, *International Encyclopedia of Comparative Law*, Vol. VIII, Specific Contracts, Chapter 8, Contract for Work on Goods and Building Contracts, Tübingen, 1976, p.21.

[③] 参见胡康生主编：《中华人民共和国合同法释义》，388页，北京，法律出版社，1999。

物的,应负责返修或重新包装,并承担因此而支付的费用。

(八)保密义务

《合同法》第266条规定:"承揽人应当按照定作人的要求保守秘密,未经定作人许可,不得留存复制品或者技术资料。"这就在法律上确立了承揽人所负有的保密义务。因为承揽人在订立和履行承揽合同的过程中,可能会了解定作人的一些商业秘密和技术秘密,这些秘密一旦泄露出去,将会给定作人造成损失。所以,在工作期间,承揽人应当对定作人的技术资料、信息和文件等妥善保管。在承揽合同终止后,承揽人应当将有关定作人的信息资料返还给定作人保管,承揽人不得私自复制和保留这些技术信息资料。例如,为定作某台设备,定作人提供了图纸,则承揽人不得私自复制该图纸。当然,如果定作人要求定作的设备完全属于承揽人自有的技术范围和系列产品,则相关的技术信息属于承揽人所有,就不负有此种保密义务。需要指出的是,保密义务不仅适用于合同订立前,而且在合同关系结束后,此项义务也仍然存在。

二、定作人的主要义务

(一)依照合同提供材料

《合同法》第256条规定:"定作人提供材料的,定作人应当按照约定提供材料。"据此确定了定作人应当按照合同约定及时提供材料的义务。所谓材料,是指承揽人从事承揽工作所需要的原材料,如制作家具的木材,制作衣服的面料等。材料是承揽工作的基础,简称为工作基底(Subtract)。[①] 在定作人提供材料的情况下,承揽人在接收材料时必须列出详细的收货清单。定作人应当按照合同的约定向承揽人提供材料,而且其所提供材料的数量、质量都应当符合约定。此外,定作人应当按照约定的时间、地点、方式向承揽人提供材料,否则因此造成承揽人损失的,承揽人有权请求定作人赔偿。

在合同未对材料的提供作出约定的情况下,应当由谁负担提供材料的义务?

---

① 参见崔建远:《承揽合同四论》,载《河南省政法管理干部学院学报》,2010(2)。

第二节 承揽合同的效力

笔者认为,在承揽合同中,承揽人的义务主要是提供劳务并提交工作成果,因此,在通常情况下应当由定作人提供材料,如果定作人未及时提供材料,导致承揽人因停工待料而遭受损失的,应当由定作人承担赔偿责任。

如果发现定作人提供的材料出现瑕疵,承揽人应当及时通知定作人更换。如果承揽人没有发现瑕疵而使用这些材料制作成工作成果,并导致最终成果的瑕疵,如何确定责任,法律上并没有明确规定。从比较法上来看,各国对此的规定也不完全一致。大多数国家规定,如果定作人的材料有缺陷并造成了损害,没有过错的承揽人仍然有权获得报酬。① 笔者认为,定作人有义务提供符合工作需要的材料,因为定作人自己提供材料,其更应该了解这些材料的隐蔽瑕疵,将发现隐蔽瑕疵的义务移转给承揽人负担,对承揽人是不公平的。如果因此而遭受损害,定作人应当承担责任。② 但对于表面瑕疵而言,因为该瑕疵是显而易见的,在此情况下,考虑到承揽人的特殊技能和资质等情况,如果其能够检查而不检查的,承揽人也应承担责任。

(二)接收并验收工作成果

定作人应及时接收标的物,从承揽合同债务的性质来看,其属于结果性债务,因为合同目的就是要交付工作成果。所以,在工作成果完成之后,承揽人应当及时通知定作人,并向定作人交付工作成果。与此同时,定作人有义务接受工作成果。《合同法》第261条规定:"定作人应当验收该工作成果。"从该条看出,承揽人负有交付的义务,而定作人负有接收和验收的义务,虽然法律仅采用"验收"的表述,但是,验收本身也包括了接收的含义。立法者的原意是验收义务,包括了定作人负有接收工作物的义务。有学者认为,依据合同约定工作成果归属于定作人的,定作人有权不接受工作物,如果不接受,则承揽人有义务代为保管,并有权主张保管费。笔者认为,此种看法不妥。即使约定工作成果归定作

---

① 例如,《法国民法典》第1790条;《阿根廷民法典》第1630条;《巴西民法典》第1240条等。新近的立法表明,如果承揽人从定作人处获得材料,在通常情况下,由于承揽人具有特别的职业技能,其应当负有告知材料缺陷的义务,其也应当合理预见到这种缺陷所造成的损害。否则,承揽人也应当承担一定的责任。

② See Werner Lorenz, *International Encyclopedia of Comparative Law*, Vol. Ⅷ, Specific Contracts, Chapter 8, Contract for Work on Goods and Building Contracts, Tübingen, 1976, p. 43.

人,定作人也必须要验收,才能确定工作成果是否符合合同的约定。验收是接收的前提,只有验收合格的工作物,定作人才愿意接收。如果通过验收发现工作物不合格,定作人有权拒绝接受并要求承揽人承担违约责任。验收具有判断承揽人是否履行了合同义务的功能。尤其需要指出的是,在法律上验收还具有移转工作成果风险的功能,一旦验收合格,则工作成果的风险应由定作人承担。

定作人应当按照合同规定的期限验收标的物。承揽人已经通知定作人要求定作人验收,定作人在合理期限内不验收的,承揽人应当暂时保管该工作成果,以避免财富的损失和浪费。《合同法》第261条规定,"定作人应当验收该工作成果",从文义解释来看,其中包含了要求其在合理期限内验收的义务。定作人经检验发现承揽标的物不符合约定或有明显瑕疵的,应于接收后立即通知承揽人,以便双方及时进行核实并分清责任。如果定作人在接收工作成果的同时,并未提出瑕疵抗辩,而此种瑕疵在承揽人工作结束的时候是可以通过检验发现的,表明定作人已经认可该瑕疵,承揽人则不再对此瑕疵承担责任。如果工作成果仅存在细小的瑕疵,定作人有权要求承揽人修补、替换,但在不构成根本违约的情况下,不应拒绝接受该工作成果。承揽人将工作成果的占有转移给定作人之时,定作人无正当理由而拒绝接受工作成果的,定作人应支付报酬。[1]

(三)支付报酬

1. 定作人支付报酬的义务

定作人支付报酬的义务是其主给付义务。《合同法》第263条规定:"定作人应当按照约定的期限支付报酬。对支付报酬的期限没有约定或者约定不明确,依照本法第六十一条的规定仍不能确定的,定作人应当在承揽人交付工作成果时支付。"这一规定包含了如下内容:

首先,定作人负有支付报酬的义务。如果定作人无故拒绝或迟延给付承揽报酬,则应负不履行或迟延履行合同的责任。在这种情况下,承揽人有权拒绝交付承揽标的物,以保护自己的债权。

---

[1] Christian von Bar and Eric Clive, *Principles, Definitions and Model*, *Rules of European Private Law*, Volume I, (Munich: Sellier. European Law Publishers, 2009), p.1775.

第二节 承揽合同的效力

其次，定作人支付报酬的期限应当按照合同的约定进行。如果没有约定或者约定不明的，就要按照《合同法》第61条的规定，通过补充协议的方式来确定，或者按照合同条款的解释以及交易习惯来确定。

再次，如果通过上述方式仍然不能确定报酬支付时间的，则应当在承揽人交付工作成果时支付。在比较法上，一般认为，除非当事人已经就报酬的支付达成协议的，定作人有义务在工作完成且工作成果交付之时支付报酬。[1] 例如，粉刷墙壁，只有在全部粉刷完毕之后，定作人才支付报酬。修理电器只有在修理完毕之后，定作人才需要支付报酬。对于定作人来说，在合同没有约定的情况下，其接受定作物的期限，也就是其支付报酬或价款的期限。如果承揽人没有完成工作并交付工作成果，则定作人可援用同时履行抗辩权，拒绝支付报酬或价款。但如果承揽人所完成的工作成果经验收合格，定作人无故不支付报酬的，承揽人有权拒绝交付工作成果。即使工作成果存在微小的瑕疵需要修理，定作人仍须支付报酬。

最后，依据《合同法》第263条，工作成果部分交付的，定作人应当相应支付。一般来说，定作人给付报酬的时间是在承揽人交付工作成果之后。如果承揽人是分批分段交付的，定作人亦可分批支付报酬，即每接收部分承揽标的物时即支付与此相当的报酬。如果工作成果不是一次性整体交付的，而是分期、分批交付的，则在报酬支付期限没有明确约定、也无法确定的情况下，每交付一部分工作成果，承揽人都有权主张定作人应当支付相应部分的报酬。例如，定做3套不同类型的家具，约定分3次交付，而关于支付报酬的时间无法确定，则每交付一套家具，承揽人都有权要求定作人支付该套家具的报酬。此外，定作人在支付报酬的同时，如果是承揽人提供材料的，定作人还应当支付材料的费用。如果是定作人自己提供材料，则没有必要支付任何材料费用。

2. 定作人未向承揽人支付报酬或者材料费等价款产生的承揽人的留置权

《合同法》第264条规定："定作人未向承揽人支付报酬或者材料费等价款

---

[1] Christian von Bar and Eric Clive, *Principles, Definitions and Model*, *Rules of European Private Law*, Volume Ⅰ, (Munich: Sellier. European Law Publishers, 2009), p.1776.

第九章 承揽合同

的,承揽人对完成的工作成果享有留置权,但当事人另有约定的除外"。这就在法律上确认了承揽人的留置权。所谓留置权,是指债权人按照合同约定占有债务人的财产,在债务人不按照合同约定期限履行债务时,有权留置该财产并实现债权的权利。在承揽合同中,法律上之所以规定承揽人享有留置权,是因为在此类合同中定作人很少有为承揽人提供担保的,承揽人完成工作成果并交付后,如果不能收到报酬,则其权利无法得到保障。为了保障承揽人的债权,有必要赋予其留置权,以担保债权的实现。

依据《合同法》第264条,承揽人享有留置权应当符合如下几个条件:

第一,定作人未向承揽人支付报酬或者材料费等价款。定作人没有支付费用的情形包括如下几种:一是定作人未支付报酬。定作人不支付报酬就意味着其未履行主要义务。二是定作人没有支付材料费。如果是承揽人提供材料的,定作人没有支付材料费的,承揽人也可以留置工作物。三是定作人没有支付其他费用。除了报酬、材料费以外,定作人还可能要支付其他费用,如保管费等。由此可见,我国《合同法》对留置担保的范围规定得较为宽泛,不限于报酬。但是,对于这些费用,必须是在交付工作成果时已经产生的,才能成为留置的对象。问题在于,如果定作人未支付价款具有正当的理由,则承揽人是否可以留置?例如,定作人主张承揽人的工作成果不符合合同约定,承揽人是否可以留置?笔者认为,在此需要确定定作人是否具有违反合同约定方面的问题,才能决定承揽人是否享有留置权。

第二,承揽人合法占有属于定作人的工作成果。需要指出的是,承揽人之所以可以留置工作物,是因为工作物属于定作人所有。如果承揽人对工作物享有所有权,则没有必要留置。[①] 对此,虽然《合同法》第264条没有明确规定,但是,在解释上,承揽人行使留置权的前提是,工作成果的所有权归属于定作人。如果工作成果的所有权归承揽人,则承揽人应当以同时履行抗辩权来保护自己请求定作人支付报酬的权利。从承揽合同的具体情况来看,在交付工作成果之前,其所

---

① 参见崔建远:《承揽合同四论》,载《河南省政法管理干部学院学报》,2010 (2)。

第二节 承揽合同的效力

有权归属并非确定地归定作人。如果双方约定,在工作成果交付之前,所有权归属于承揽人,则承揽人无必要留置。留置的前提是留置权人对标的物的占有,假如没有占有,则无法主张留置权。例如,制造设备、裁缝衣物,则取得对工作物的占有。

第三,当事人没有排除留置权的特别约定。如果当事人在合同中明确规定不得发生留置权,则当事人此种排除留置权的约定是有效的,承揽人就不得主张留置权。当事人的此种约定可以在承揽合同订立之时作出,也可以在承揽合同订立之后作出。

《物权法》第233条规定:"留置财产为可分物的,留置财产的价值应当相当于债务的金额。"这一规则也可以适用于承揽合同中的留置。如果工作成果是可分物,承揽人行使留置权可以按照比例原则,留置其债权范围内的部分。例如,定作10台设备,其中定作人已经支付了一部分价款,此时如果承揽人只留置两台设备就足以保障其债权,则无须留置全部设备。不过,承揽人在留置工作物之后,不能立即主张实现留置权,而应当与定作人约定一个履行期间,给定作人预定履行合同的准备时间。

(四)协助义务

在承揽过程中,为了保障承揽人完成的工作成果符合合同约定,其应当获得定作人的协助。《合同法》第259条规定:"承揽工作需要定作人协助的,定作人有协助的义务。"此处规定"承揽工作需要定作人协助的",表明协助义务要依据承揽合同的具体情形确定。通常,其来自三个方面:一是合同约定。例如,合同明确规定定作人在合同履行期间应当对承揽人的工作提供场地、提供必要的技术资料等协助义务,则定作人应当按照合同的约定完成这些协助义务。二是承揽工作的性质。这是指根据承揽工作的性质,如果缺少定作人的协助,则承揽人很难完成承揽工作。例如,必须借助于定作人提供的图纸、技术信息等才能够完成工作等。三是交易习惯或者诚实信用原则。

《合同法》第259条规定:"定作人不履行协助义务致使承揽工作不能完成的,承揽人可以催告定作人在合理期限内履行义务,并可以顺延履行期限;定作

人逾期不履行的,承揽人可以解除合同。"可见,定作人不履行协助义务的法律后果主要包括两个方面:一方面是顺延履行期限。这就是说,在定作人未履行协助义务的情况下,承揽人首先应当催告其在合理期限内履行,因为其不履行协助义务,导致工作不能如期完成,就可以顺延履行期限。另一方面,承揽人可以解除合同。但承揽人行使解除权必须符合如下条件:第一,定作人不履行协助义务致使承揽工作不能完成的。如果定作人不履行协助义务并没有导致工作不能完成,没有影响到承揽人完成工作,承揽人不能解除合同。第二,承揽人催告定作人在合理期限内履行义务。《合同法》第259条规定采用了"可以"的提法,事实上这里是指"应当"或者"必须",不经过催告程序,承揽人不能解除合同。第三,催告以后定作人在合理期限内没有履行义务。合理期限通常要根据定作人应协助的义务所需要的时间来判断。承揽人解除合同的,应当通知定作人,通知到达定作人时,解除生效。

第三节 承揽合同中的风险负担

一、承揽合同中的风险负担的概念

承揽合同中的风险负担涉及承揽人所完成的工作成果在定作人没有受领之前,因不可归责于双方的事由发生毁损、灭失,也包括定作人提供的材料发生意外的毁损、灭失,以及承揽人在工作成果发生毁损、灭失后定作人是否支付报酬的风险。[①] 由此可见,在承揽合同中,风险具有特殊性,主要表现在:一是风险类型的多样性。在承揽合同中,风险类型不仅包括物的毁损、灭失的风险,还包括价金的风险。就物的毁损、灭失风险而言,其既包括工作成果的风险,也包括材料的风险。二是风险负担判断标准的多样性。在承揽合同中,风险负担的判断

---

① 参见黄立:《民法债编各论》上册,443页,北京,中国政法大学出版社,2002。

第三节 承揽合同中的风险负担

标准既有所有人主义，也有交付主义，在承揽合同中，工作成果的归属都要考虑合同的具体情况，并非一概归属于承揽人或定作人。

二、承揽合同中的风险负担规则

（一）材料的风险负担

关于材料的风险，通常要区分是由定作人提供还是由承揽人自己提供而确定。如前所述，在承揽合同中，一般都是由定作人提供材料。承揽人在占有定作人所提供的材料时，发生材料的意外毁损、灭失的（例如，因为发生火灾导致修缮房屋的木料被毁损），承揽人是否应承担此种风险？各国大多规定了谁提供材料就应当由谁负担材料毁损、灭失的风险规则。[1] 这就是说，原则上采取所有人主义，即由原材料的提供方即定作人承担风险，而承揽人不负毁损、灭失的风险。但如果承揽人具有过错，承揽人应当负责。[2] 我国《合同法》对此并没有作出明确的规定，但《合同法》第265条规定："承揽人应当妥善保管定作人提供的材料以及完成的工作成果，因保管不善造成毁损、灭失的，应当承担损害赔偿责任。"笔者认为，通过对该条进行解释，可以认为该条主要采纳的是所有人主义，即定作人提供的材料应由定作人承担材料风险。主要理由在于：

第一，通过对该条进行反面解释，可以认为如果材料不是因为承揽人保管不善而毁损、灭失的，承揽人不承担责任。这就是说，定作人所提供的材料的毁损、灭失并非是由承揽人的过错而造成，定作人就应承担此种风险。我国《合同法》实际上认为只要承揽人妥善地保管了定作人提供的材料以及完成的工作成果，则发生标的毁损、灭失的风险由定作人承担。

第二，在定作人提供材料的情况下，材料的所有权仍归属于定作人。在承揽

---

[1] 参见崔建远主编：《合同法》，4版，432页，北京，法律出版社，2007。
[2] 例如，《法国民法典》第1789条规定："在承揽人仅供给劳动力或操作的情形，材料灭失时，承揽人仅对其本身的过失负担赔偿责任。"《德国民法典》第644条第1款第3项规定："承揽人对定作人所提供的材料的意外灭失或意外毁损，不负其责任。"

人接受定作人提供的材料之后，材料的所有权并不发生移转，承揽人所提供的只是加工承揽服务。一般而言，应由定作人负担其所提供的材料的毁损、灭失风险。

第三，按照权利义务一致性的原则，承揽人从该承揽合同中所获得的利益并不是来自该材料，而是来自定作人所支付的报酬。定作人所支付的报酬是承揽人对材料进行加工承揽工作，完成一定工作成果的对价。换言之，承揽人只有在最终交付工作成果以后，才能从定作人支付的报酬中获取利益。定作人虽然交付了材料，但是承揽人并没有取得定作人所提供的材料的所有权，且对材料不享有任何收益，如因不可抗力等而造成的毁损、灭失风险由承揽人负担，当事人之间的利益就会处于一种不平衡状态。① 因此，应当采纳所有人主义，由定作人承担材料的毁损、灭失风险。②

如果材料是由承揽人自己提供，从比较法上来看，大多认为应由其负担材料毁损、灭失的风险。③ 一方面，在承揽人自己提供材料的情况下，定作人并没有占有该材料，要求定作人负担风险并不有利于风险的防免。对于定作人而言，在材料是由承揽人自己提供的情况下，定作人不知道承揽人提供的材料是什么，哪些材料发生了毁损、灭失，要由定作人承担风险显然是不合理的。另一方面，承揽人自己对于材料既享有占有权也享有所有权，对于自己提供的材料的毁损、灭失的风险理所当然应由承揽人自己承担。

（二）工作成果的风险负担

关于承揽人所完成的工作成果毁损、灭失的风险负担，从比较法上来看，有的国家对工作成果的毁损、灭失的风险的负担采取"所有人主义"。承揽人仅于

---

① 参见易军、宁红丽：《合同法分则制度研究》，75页，北京，人民法院出版社，2003。
② 参见谢鸿飞编著：《承揽合同》，17页，北京，法律出版社，1999。
③ 参见崔建远主编：《合同法》，4版，432页，北京，法律出版社，2007。

其有过错时才应负担此种风险。[1] 也有许多国家法律规定以交付验收为移转标准。[2]

我国有学者主张，承揽合同中工作成果的风险负担原则上应采交付主义，即在承揽人占有工作成果期间，发生工作成果的意外毁损、灭失应当由承揽人负责。而交付之后，定作人占有工作成果的，则由定作人承担风险。[3] 笔者赞成这一看法。在承揽合同中，首先要确定该工作成果的所有权究竟属于谁。如果双方没有特别约定，应当采取交付主义。这就是说，如果承揽人完成了工作成果并已经交付给定作人，此时工作成果的所有权移转给了定作人，如果发生了工作成果的意外毁损、灭失风险，就应当由定作人承担。这主要是因为工作成果在未交付之前，占有和所有权都归承揽人，理所当然应当由承揽人负担风险。但在工作成果交付之后，所有权已经发生移转，且工作成果处于定作人的控制之下，因此，由工作成果的所有人（即定作人），负担工作成果的毁损、灭失风险是合理的。如果因为定作人受领迟延，此定作物仍然处于承揽人的控制之下，在此期间发生意外，造成标的物毁损、灭失，由于该意外的发生与定作人的违约有一定的联系，因而应当由定作人来承担风险。[4]

交付主义是一般原则，如果当事人双方已经明确约定工作成果所有权的归属时，应当由所有人始终承担风险。

（三）关于承揽人所应当获得的报酬的风险

关于承揽人所应当获得的报酬的风险，实际上是一种债的风险，而并不是物的毁损、灭失的风险。就价金风险或者说报酬而言，应当由承揽人自行负担。承

---

[1] See Christian von Bar and Eric Clive, *Principles, Definitions and Model, Rules of European Private Law*, Volume Ⅰ, (Munich: Sellier. European Law Publishers, 2009), p. 1783.

[2] 例如，《德国民法典》第644条规定："承揽人负担风险，直到工作被验收之时。定作人陷于验收迟延的，风险即转移给定作人。对于定作人供应的材料的意外灭失和意外毁损，承揽人不承担责任。"

[3] 参见李永军、易军：《合同法》，559页，北京，中国法制出版社，2009。

[4] 《德国民法典》在第644条第1款中规定："承揽人负担风险，直至工作被验收之时。定作人陷于迟延的，风险转移给定作人。"

第九章 承揽合同

揽人通过提供约定结果的方式履行其义务,而定作人则支付约定的费用。①《德国民法典》第644条第1款只是规定了工作成果的风险负担问题,但是,解释上认为,该条也包括了报酬的风险,即如果承揽人负担风险,则其也丧失了请求定作人支付报酬的权利。例如,已经修理好的鞋在鞋匠那里意外地灭失时,鞋匠没有义务向顾客赔偿损害。但是鞋匠也不能请求报酬,因为在修好的鞋被验收之前,鞋匠负担风险。②我国《合同法》第261条规定,"承揽人完成工作的,应当向定作人交付工作成果,并提交必要的技术资料和有关质量证明。定作人应当验收该工作成果。"但该条中并没有规定有关工作成果和报酬的风险移转问题。笔者认为,在报酬的风险负担上,如果在工作成果交付之前,鉴于工作成果的所有权原则上是由承揽人所享有,此时工作成果发生不可归责于当事人任何一方的毁损、灭失时,应当采取债务人主义,即由承揽人承担灭失风险。但如果成果已经交付,或者根据双方的特别约定,在未交付之前一旦完成就由定作人取得所有权,则风险应当由债权人承担。③

第四节 承揽合同的终止

一、承揽合同终止的原因

1. 承揽人依据合同的规定交付了工作成果

在承揽合同中,承揽人按照合同规定的时间、地点、质量标准和要求等交付了工作成果,履行其义务。经定作人验收,承揽合同就因履行而终止。《合同法》

---

① 参见《法国民法典》第1787条;《德国民法典》第631条;《葡萄牙民法典》第1207条;《瑞士债务法》第363条;《日本民法典》第632条;《阿根廷民法典》第1493、1629条;《奥地利民法典》第1151条;《比利时民法典》第1787条;《巴西民法典》第1237条;《智利民法典》第1996条第5款;《埃及民法典》第646条;《埃塞俄比亚民法典》第2610条。

② Vgl. Medicus, Schuldrecht II, Besonderer Teil, 11. Aufl. 2003, S. 169.

③ 参见崔建远主编:《合同法》,433页,北京,法律出版社,2007。

第261条规定了定作人的验收义务,但其并没有规定定作人拒绝验收的后果。笔者认为,定作人拒绝验收应构成违约,但在此情形下,承揽人交付工作成果的义务并没有履行,其仍应通过提存的方式履行其合同义务。

2. 定作人解除合同

(1) 约定解除权。如果当事人约定了特定的解除事由,如果条件具备,就可以解除合同。例如,当事人约定,承揽人工作迟延一个月,定作人可以解除合同。

(2) 法定解除权。

定作人的法定解除权分为两种:一种是依据合同法总则和《合同法》第十五章规定的因承揽人违约而使定作人享有的解除权。例如,《合同法》第253条第2款规定:"承揽人将其承揽的主要工作交由第三人完成的,应当就该第三人完成的工作成果向定作人负责;未经定作人同意的,定作人也可以解除合同。"定作人行使此种解除权,可以导致合同终止。二是《合同法》所规定的定作人的任意解除权。所谓任意解除权,是指定作人可以不以任何理由而随意解除承揽合同。《合同法》第268条规定:"定作人可以随时解除承揽合同,造成承揽人损失的,应当赔偿损失。"这就在法律上确立了定作人的任意解除权,法律规定任意解除权的主要原因在于:一方面,承揽合同是基于定作人对承揽人的高度信任而订立的。定作人对承揽人资质、能力等方面的高度信任是维系合同的基础。另一方面,合同是为了定作人的利益,如果定作人认为不需要,则承揽合同就失去意义,应当允许解除。尤其是任意解除权的行使不会给承揽人造成损失,因为从承揽合同的性质而言,既然是为了定作人的需要而成立,如果定作人不再需要,应当有权解除合同。赋予定作人任意解除权对于保护定作人的利益十分必要,也没有损害承揽人的利益。如果其不享有任意解除权,定作人只能坐视承揽人完成他所不需要的工作,并按照合同支付报酬,对定作人的利益可能造成极大的损害。[①] 这样处理,既可以避免给定作人造成更大的浪费,也不会给承揽人造成

[①] 参见谢鸿飞编著:《承揽合同》,159~165页,北京,法律出版社,1999(11)。

不利。①

任意解除权具有如下法律特征：

第一，任意解除权是由定作人享有的权利。法律上仅仅赋予定作人享有任意解除权，承揽人并不享有相应的权利。因为承揽的工作是为了定作人的利益而进行，定作人的利益可能会改变，如果定作人认为不再需要此种承揽合同的工作成果，则有权解除合同，否则，将一个定作人不需要的工作成果交给他，并不符合其利益，而且有违其意思表示。② 如果允许承揽人任意解除，则可能导致定作人的合理期待的丧失，而且，从实践来看，定作人大多是消费者，而承揽人大多是经营者，如果允许承揽人任意解除，也会造成对消费者利益的损害。

第二，任意解除权是一种形成权。所谓形成权，是指基于行为人单方的意思表示就可以发生某种法律效果的权利。在该项制度中，定作人单方面作出解除合同的意思表示，就可以导致合同解除的法律效果，所以属于一种形成权。在合同有效期限内，定作人可以不经过承揽人的同意而单方面解除承揽合同，但应当将解除合同的意思表示通知承揽人。当然，承揽人对定作人行使任意解除权有异议时，可以向法院提起诉讼。③

第三，任意解除权是合同有效期内存在的单方解除权。这就是说，定作人所享有的任意解除权必须是在承揽合同有效期间内发生，虽然《合同法》第268条采用"随时"一词，但并不意味着任何时候都可以解除合同。定作人只有在合同有效期内才能行使解除权。

第四，任意解除权是一种法定的解除权。定作人的任意解除权是合同法直接赋予的权利，当事人在行使解除权时，无须任何理由，类似于依法提前终止合同。问题在于，《合同法》第268条的规定是强制性的规定，还是任意性的规定？当事人能否通过约定排除？笔者认为应当允许当事人通过约定来排除。例如，当事人约定在合同有效期内，任何一方不能终止合同，则相当于排除了解除权。因

---

① 参见胡康生主编：《中华人民共和国合同法释义》，401页，北京，法律出版社，1999。
② 参见胡康生主编：《中华人民共和国合同法释义》，401页，北京，法律出版社，1999。
③ 参见陈柳青：《浅议承揽合同定作人之任意解除权》，载《理论观察》，2010 (4)。

第四节 承揽合同的终止

为法律规定定作人的任意解除权是为了保护定作人的利益，如果定作人放弃或限制此种权利，也属于私法自治的范畴，法律上不必禁止。

定作人在解除合同之后，应当及时通知承揽人。从解除的后果来看，其不具有溯及既往的效力。定作人的任意解除权，仅向未来发生效力，不能溯及既往。因此，解除权行使以后，当事人双方不负有恢复原状的义务。只不过，承揽人不再继续履行其完成工作成果的义务。从法律上看，定作人享有此种权利，可能是因为未来的工作成果不符合其需要。① 但是，对于解除之前已经完成的工作，定作人应当支付报酬或者赔偿损失。

因为行使任意解除权造成承揽人损失的，定作人应当负赔偿责任。此种赔偿责任是法定责任，不以过失为前提，无论是否有过失，只要造成损害，都要赔偿。② 赔偿的范围包括已经投入和将要投入的人力物力的损失。问题在于，未完成的工作报酬是否在损害赔偿范围之内？法律规定定作人的任意解除权是为了定作人的利益设计的，在非因承揽人的事由而导致合同解除，因定作人行使任意解除权，给承揽人造成的全部损失都应当赔偿。需要注意的是承揽人应当获得的报酬的计算。就承揽人已经完成的工作成果部分，定作人有义务支付相应的报酬。问题在于，对于未完成的部分，报酬是否仍然应当支付？笔者认为，定作人也应当支付未完成部分的报酬，但是，应当扣除承揽人因合同解除而免于支付的费用，如因为要完成工作成果承揽人应当投入的材料和人工费用等。至于承揽人已经投入的材料等费用，因为这些费用已经计算到了报酬之中，则不必另行赔偿。而如果材料费等是独立支付的，则也应当赔偿。对于其他附带的损失也应赔偿。例如，将材料运往工地而应当支付的运输费用。③

3. 承揽人解除合同

承揽人同样享有法定的和约定的解除权。如果合同约定了解除事由，在其出现之后，承揽人也可以解除合同。如果法律规定承揽人在特定情况下享有解除

---

① 参见李永军、易军：《合同法》，562页，北京，中国法制出版社，2009。
② 参见韩世远：《合同法学》，495页，北京，高等教育出版社，2010。
③ 参见李永军、易军：《合同法》，562页，北京，中国法制出版社，2009。

权,在符合法律规定的条件时,承揽人也有权解除合同。例如,《合同法》第259条规定:"承揽工作需要定作人协助的,定作人有协助的义务。定作人不履行协助义务致使承揽工作不能完成的,承揽人可以催告定作人在合理期限内履行义务,并可以顺延履行期限;定作人逾期不履行的,承揽人可以解除合同。"这就确认了承揽人在特定情况下享有法定的解除权,一旦行使此种解除权就导致合同的终止。但需要指出的是,承揽人不享有类似于定作人所享有的任意解除权。

4. 当事人破产

无论是承揽人破产,还是定作人破产,都可以导致承揽合同无法继续履行。而承揽合同又是建立在双方信任的基础上,因此,破产可以导致合同的终止。但是,在破产后,破产管理人应当进行清算,针对有关报酬支付等债权进行清理。在特殊情况下,如果有必要继续履行的,破产管理人也有权决定继续履行合同。

二、承揽合同终止的法律后果

合同终止以后,当事人之间的债的关系消灭。当然,合同终止的原因不同,相应的法律后果也不同。例如,在合同解除的情形,当事人可能负有恢复原状的义务,甚至可能要承担损害赔偿责任。就合同履行而言,承揽人应合法地取得报酬,而定作人取得工作成果。

在确定合同终止的法律效果时,应当明确定作物的所有权的归属。它是指承揽人在完成工作成果之后,该工作成果归谁所有。这直接关系到当事人之间的权利义务关系。尤其是在承揽合同中,有关所有权的归属,直接决定着工作物在交付之前的风险负担问题。关于工作成果的归属问题,通常情况下是有约定的,应当根据约定来确定归属。问题在于,在合同没有约定归属时,如何确定?是以谁提供材料为标准,还是以提供劳务为标准?对此存在几种不同观点。

一是定作人所有说。此种观点认为,工作物的所有权归属于定作人(原始取

第四节 承揽合同的终止

得),承揽人有移转工作物所有权的义务①,假如工作成果不归定作人所有,而归属于承揽人,那么,承揽人对该工作成果保管不善,造成毁损、灭失的,应自担风险,由风险负担规则解决,谈不上对定作人承担损害赔偿责任。②

二是材料提供者所有说。此种观点认为,关键看谁提供材料。在承揽人提供材料的情况下,先要由承揽人取得所有权,后再依买卖的规则,将所有权移转给定作人。也是就说,从交付之日起,才能移转所有权。③ 尤其就不动产而言,如果由承揽人提供的材料建造的建筑物,则首先由承揽人取得所有权,然后再移转给定作人。④ 也有人认为,如果确实定作人包工包料,一揽子付费,且定作人已经付费,则应该归定作人。但是在没有付费的情况下,在承揽人提供的材料、劳务的基础上形成的工作成果,定作人不能享有所有权,否则对承揽人极不公平。

笔者认为,在主要由承揽人的劳动形成工作成果的情况下,原则上应采用交付主义。理由在于,一方面,采用交付主义是由于动产的公示方式是交付,从交付中比较容易判定物权的变动,占有的移转这一外观事实就可以作为物权变动的标志。另一方面,交付主义也比较符合公平原则。在交付后发生占有的移转,谁占有和实际控制标的物,谁就可以更好地保管好标的物,防范各种意外风险和他人的侵夺。如果加工承揽服务对于最终的工作物的价值增值具有决定性影响,则硬性规定工作物的所有权属于材料提供者,显然不公平。反之亦然。还应该看到,交付主义并不会导致对定作人不公的局面,即使不承认他对工作物享有所有权,他根据合同,仍然有权请求承揽人实际履行合同,交付标的物。如果标的物在交付前所有权已移转给定作人,那么承揽人可能不会非常认真和细心地照管工作物。当然,如果是由定作人提供材料,承揽人所提供的劳动的增值部分较少,在此情况下,应当认定工作成果工作物归定作人。

需要指出的是,《合同法》第264条赋予承揽人对工作成果的留置权,该条

---

① 参见邱聪智:《新订债法各论》中,43页,北京,中国人民大学出版社,2006。
② 参见崔建远:《承揽合同四论》,载《河南省政法管理干部学院学报》,2010(2)。
③ 参见史尚宽:《债法各论》,312页,台北,自版,1960。
④ 参见郑玉波:《民法债编各论》上册,359页,台北,三民书局,1981。

规定留置权的主要目的是担保报酬的支付,并不直接涉及所有权的问题。其设立的目的主要是保障承揽人获得报酬的权利;在定作人提出了交付工作物的请求时,如其未支付报酬,则承揽人可以以此为由作为抗辩,对抗对方交付工作物的请求权。

合同终止以后,双方当事人还应当负担一定的后合同义务。即在合同终止后,基于诚实信用原则,双方当事人还应当负担一定的保护、保密等后合同义务。例如,在承揽合同履行过程中,定作人负有一定的协助义务,承揽人可能因此掌握定作人相关的技术资料,按照诚实信用原则,承揽人应当负有保密义务。

第五节 违反承揽合同的责任

一、违约责任的归责原则

关于承揽合同中违约责任的归责原则,存在两种不同的观点:一是严格责任说。此种观点认为,我国合同法总则中确立了严格责任原则,如果法律没有特别的规定,就应当适用这一归责原则。二是过错责任说。这就是说,当事人是否应当承担违约责任,要考虑其是否具有过错。从比较法上来看,在《欧洲合同法原则》和《欧洲示范民法典草案》中,实际上区分了结果性债务和方式性债务,方式性债务采取过错责任原则,而对于结果性债务采严格责任原则。在结果性债务下,债务人只有在发生不可抗力的情况下才能够免责。① 此种做法也值得借鉴。笔者认为,在结果性债务中,债务人应当提交成果,不宜过多地考虑过错问题。承揽合同中的债务是结果性债务,其原则上应当采严格责任,但是,在特殊情况下,也应当考虑导致结果发生的原因,从这个意义上说,也要适当考虑当事人

---

① See Reiner Schulze (ed.), *New Features in Contract Law*, Sellier European Law Publishers, 2007, p. 192.

第五节 违反承揽合同的责任

的过错。另外，在法律有特别规定的情况下，也应当适用过错责任。例如，《合同法》第265条规定："承揽人应当妥善保管定作人提供的材料以及完成的工作成果，因保管不善造成毁损、灭失的，应当承担损害赔偿责任。"此处所说的"保管不善"实际上包含了过错的含义，因此，该条规定的责任就属于过错责任。

二、承揽人的违约责任

1. 工作成果不符合质量要求的责任

依据合同规定的质量交付工作成果是承揽人的主给付义务，违反此种义务自然应当承担违约责任。《合同法》第262条规定："承揽人交付的工作成果不符合质量要求的，定作人可以要求承揽人承担修理、重作、减少报酬、赔偿损失等违约责任。"这一规定确立了，承揽人违反约定的质量要求应当承担违约责任。此种责任的承担必须符合如下条件：

第一，承揽人交付的工作成果不符合质量要求。通常来说，承揽合同中的质量要求都是在合同中明确约定的。凡是不符合合同约定的质量要求的，都构成违约。如果合同没有特别约定质量标准和要求，则应当符合工作成果的通常效用。[1] 但是，不符合质量要求的表现形式是多种多样的，例如，没有按照定作人指明的材料施工，将定作人提供的材料偷换，或者不按照合同约定的技术要求、技术条件和图纸进行工作，违反规定的技术规程等。但是，无论是何种形态，最终都应当表现为，交付的工作成果不符合质量要求。所以，判断承揽人是否应当承担瑕疵履行的责任，关键是要明确成果是否符合质量要求。

第二，工作成果经验收不合格。承揽人完成了工作成果之后，应当由定作人验收。只有经过验收合格，才能认为承揽人已履行了合同义务。定作人的验收是明确工作成果是否符合质量要求的重要环节。如果经验收确定不符合约定的，定

---

[1] 参见郭明瑞、王轶：《合同法新论·分则》，229～230页，北京，中国政法大学出版社，1997。

作人应当通知承揽人。定作人在承揽人提出验收的要求后，在合理期限内没有验收，或者超出合理期限没有提出异议，视为工作成果合格。①

第三，工作成果不符合质量要求，不可归责于承揽人。如果工作成果不合格是因为定作人的原因造成的，承揽人不承担瑕疵履行的责任。有学者认为，承揽人承担的瑕疵履行责任是一种无过错责任。② 笔者认为，虽然合同法总则确立了严格责任，但是，就承揽合同而言，并非完全不考虑过错。尽管承揽合同所确立的债务属于结果性债务，但是，在确定责任时必须要考虑不能实现特定的给付结果的原因。如果确实是因为定作人的原因造成的，承揽人则不应当负责。

依据《合同法》第262条，在承揽人完成的工作成果不符合质量要求的情况下，定作人可以要求承揽人承担修理、重作、减少报酬、赔偿损失等违约责任。具体来说，承揽人的责任形式包括如下几种：一是修理、重作。所谓修理，通常也称为修复，是指在交付的工作成果不符合质量要求时，承揽人以自己的费用修理该工作成果。所谓重作，就是指承揽人通过制作等方式形成替代的工作成果。从承揽合同来看，修理、重作更符合定作人的合同目的。二是减少报酬。所谓减少报酬，是指就承揽人交付的工作成果以质论价。减少报酬就意味着，定作人接受了不符合质量要求的工作成果，只不过，根据其不符合质量要求的情况要求减少报酬的支付。三是赔偿损失。这就是说，因为交付不合格的工作成果，造成定作人的损失，应当赔偿。例如，因交付的工作成果不合格，导致定作人未能履行其他的合同义务，定作人对其他人承担的赔偿也属于此处所说的损失。

2. 不按期交付工作成果的责任

承揽人交付工作成果，不仅要符合质量要求，而且应当符合约定的期限。承揽人在规定的期限内不交付工作成果的，要承担违约责任。但承揽人如果能够证明是由于定作人的原因造成的迟延，或者由于不可抗力致使定作物或原材料毁损、灭失的，承揽人在取得合法证明后，可免于承担违约责任，但应当采取积极措施，尽量减少损失。

---

① 参见魏耀荣等：《中华人民共和国合同法释论（分则）》，293页，北京，中国法制出版社，2000。
② 参见王洪亮：《承揽合同·建设工程合同》，31页，北京，中国法制出版社，2000。

3. 因保管不善造成损害的责任

《合同法》第265条规定,承揽人的保管义务包括两个方面:一是对于定作人提供的材料负有保管义务,二是对工作成果负有保管的义务。违反这两项义务,都可能构成违约责任。对于定作人提供的材料造成毁损的,可能构成侵权。对工作成果保管不善造成损害,是否构成侵权,要根据工作成果在交付前的所有权归属来确定。如果是由承揽人自己提供原材料,则一般而言,交付前工作成果的所有权属于承揽人所有,并不归定作人所有,承揽人保管不善造成工作物毁损、灭失的,可能构成违约。但如果是由定作人提供原材料并约定工作物一旦完成就属于定作人所有的,则承揽人造成工作物毁损、灭失的,就可能构成对定作人所有权的侵害,也需要承担侵权责任。

三、定作人的责任

1. 定作人未按照约定支付报酬的责任

在承揽人交付工作成果之后,定作人应当支付报酬,这是其主给付义务。因而,在定作人未按照约定支付报酬的情况下,其应当承担违约责任。问题在于,在未支付报酬的情况下,承揽人享有留置权,由此产生两个问题:一是在承揽人不行使留置权的情况下,其是否可以请求定作人承担违约责任?毫无疑问,承揽人不行使留置权,只不过使其无法获得物权性的担保而已,不应影响其请求定作人承担违约责任。二是在承揽人行使留置权的情况下,其是否可以请求定作人承担违约责任?笔者认为,原合同义务和违约责任具有同一性,留置权的担保范围既包括原合同义务也包括违约责任,因此,行使留置权之后,如果还不能使承揽人的报酬等债权实现的,承揽人仍然有权要求定作人履行支付报酬的义务和承担违约责任。

2. 因提供材料、图纸等不合格造成损害的责任

从比较法上来看,许多国家的法律都规定了定作人因提供材料、图纸等不合格造成损害的责任。例如,《德国民法典》第645条、《希腊民法典》第699条等都规定了关于因为定作人提供了材料而造成承揽物损害的责任。显然,这仍然是

将其作为一种合同责任而规定的。① 我国《合同法》也对此作出了规定。该法第257条规定:"承揽人发现定作人提供的图纸或者技术要求不合理的,应当及时通知定作人。因定作人怠于答复等原因造成承揽人损失的,应当赔偿损失。"需要指出的是,此处所说的赔偿损失仍然属于违约责任,而非侵权责任。

3. 中途变更承揽工作要求造成损害的责任

《合同法》第258条规定:"定作人中途变更承揽工作的要求,造成承揽人损失的,应当赔偿损失"。定作人中途变更是否是定作人的权利?对此有几种观点:一是任意变更说。此种观点认为,从解释上来看,举重以明轻,既然定作人依法可以随时解除合同,也应允许其中途变更。二是无权变更说。此种观点认为,定作人变更造成损失要赔偿,就意味着法律上禁止变更。三是比例说。《意大利民法典》第1661条规定,定作人可以变更,但是变更额不能超过约定总价的1/6,否则承揽人可以解除合同并主张补偿。笔者赞成第一种观点。既然《合同法》第258条规定"定作人中途变更承揽工作的要求",就意味着允许定作人中途变更承揽工作的要求。只不过,定作人在变更后应当赔偿因此给承揽人造成的损失。

---

① See Werner Lorenz, *International Encyclopedia of Comparative Law*, Vol. Ⅷ, Specific Contracts, Chapter 8, Contract for Work on Goods and Building Contracts, Tübingen, 1976, p. 42.

第十章

建设工程合同

第一节 建设工程合同概述

一、建设工程合同的概念和特征

所谓建设工程合同,是指发包人与承包人所签订的由承包人按照要求完成工程建设,发包人支付一定价款的合同。建设一词虽然存在不同的理解,但一般认为主要是指建筑物的活动,包括建设工程的勘察、设计、施工等活动。[①] 建设工程合同有广义和狭义两种,广义上的建设工程合同包括建筑物的勘察、设计、建造、装修、改进、修缮等各种合同,而狭义上的建设工程合同仅仅是指建设工程的勘察、设计和施工合同。我国《合同法》采纳了狭义的概念,《合同法》第269条规定:"建设工程合同是承包人进行工程建设,发包人支付价款的合同。"

建设工程合同是承揽合同的一种,或者说是其是承揽合同的一种特殊类型,

---

① 参见欧海燕:《标准建筑合同比较研究——以中英为视角》,1页,北京,法律出版社,2010。

第十章 建设工程合同

建设工程合同从承揽合同中适当分离是现代合同法中新的发展。罗马法中的承揽借贷合同（locatio conductio operis）不仅包括加工合同，而且包括建筑合同，这一传统也被后世的大陆法系国家所遵从。但是从总体上来说，这种立法例在一定程度上忽视了这两种合同在具体条件上的差异。例如，大陆法系国家的法律针对建设施工合同确立了"专业技能缺乏之过失"（Imperitia culpae annumeratur）[1]。这一规则可以追溯至罗马法学家赛塞斯（Celsus），他已经明确提出了在上述情况下，有关施工者责任的问题。[2] 可见，建设工程合同具有特殊性。近几十年来，随着合同法的发展，一些国家的合同法已经逐步将建设工程合同分离出来，作为一种单独的合同类型。我国《合同法》在规定了承揽合同之后，单设一章专门规定建设工程合同，将其从承揽合同中分离出来，适应了建设工程管理的特殊需要。《合同法》关于建设工程合同的规定，不仅对全面规范建设工程合同，保障建设工程的质量具有重要意义，而且对解决因建设工程引发的各种争议提供了基本的法律依据。

建设工程合同的法律特征主要是：

1. 标的物的特殊性

在承揽合同中，承揽人所完成和交付的工作成果通常是动产，而非不动产。在建设工程合同中，合同的标的物不是一般的加工定作成果，而是建设工程。所谓建设工程，是指通过实施一定的建设活动而建造的土木工程、建筑工程、线路管道和设备安装工程及装修工程等。建设工程合同不仅包括国民经济中的基本建设，还包括各种建筑物、构筑物及其附属设施的设计、勘察和施工。在各种建设工程合同中，建设活动主要是围绕建筑物、构筑物及其附属设施所展开的承揽活动而进行，其最终的工作成果是附着于土地的地上定着物。无论是勘测、设计还是施工，都是围绕着不动产而展开的。[3] 但需要指出的是，我国实践中所言的建

---

[1] Imperitia culpae annumeratur. Ignorance, or want of skill, is considered a negligence, for which one who professes skill is responsible. Dig. 50, 17, 132; 1 Bouv. Inst. n. 1004.

[2] D. 19. 1. 13 pr. And D. 19. 2. 9. 5.

[3] 例如，《欧洲合同法原则》第2：101条规定：关于建筑合同是指建造一个不动产的结构，或者实质性地改变不动产的结构。按照该条的规定，对不动产和无体物的修改也适用建筑合同的规定。

第一节 建设工程合同概述

设工程,并不能完全等同于不动产或者建筑物、构筑物及其附属设施,是指建筑面积、体量达到法定标准,需要一定的资金投入,且需要申请施工许可证的不动产建设。在建设工程合同中,建造房屋是最为典型的,也是最常见的一种类型。

2. 主体的特殊性

对建设工程合同中发包人的资质,法律一般并无特殊要求,但要求承包人应当具备特定的资质。这是因为建设工程通常具有资金投入量大、工程复杂、技术含量高、专业性强的特点,尤其是建设工程的质量不仅涉及发包人的利益,而且更关系到社会上不特定第三人的人身财产安全,甚至关系到国计民生和社会稳定。所以法律对于建设工程承包人的资质有明确要求,从事承包活动的承包人必须具备法律明确规定的资质。如果合同中的承包人未达到特定要求,就可能导致承包合同的无效。《施工合同司法解释》第1条明确要求,承包人要取得建筑施工企业资质,而且不得超越资质等级,否则将导致施工合同无效。

3. 合同种类的多样性

《合同法》第269条第2款规定:"建设工程合同包括工程勘察、设计、施工合同。"当事人在订立建设工程合同的时候,可以分别订立勘察、设计、施工合同,因此建设工程合同可以包括三类合同,即工程勘察合同、工程设计合同、建设工程施工合同。需要指出的是,建设工程合同虽然包括了多种合同类型,但这并不意味着建设工程合同是混合合同。因为混合合同是在一个合同中结合了多种有名合同的内容,且这些结合的合同并非《合同法》所规定的合同,同时混合合同也无法归入《合同法》所明确规定的任何一种有名合同类型之下。而建设工程合同虽然也包括多种合同,但是通常这些合同类型,如工程勘察、设计、施工合同,都是分别订立的,即使当事人所订立的建设工程合同同时包括勘察、设计和施工这三项内容,但因其在《合同法》中有特别的规定,因而仍是一种有名合同而非混合合同。

4. 性质上是结果之债

从本质上讲,建设工程合同仍属于结果之债。这就是说,承包人应提供质量合格的建设工程,作为发包人支付价款的对价。结果之债的基本原则可追溯至现代的法国法,波蒂埃在其有关的债法论文中就提出了实际履行工程的义务(lege artis) 是一项基础性的义务,据此,施工方或者发包人通常会承诺给对方一个确定的结果。那么其就必须承担结果之债 (obligation de résultat),换句话说,无论是施工方还是发包方,不仅承诺要认真履行工程,而且要承诺按照工程合同约定以及根据行业标准来完成工程。建设工程合同作为一种结果之债,其特别强调的是承包人所提交的工作成果既应符合当事人约定的标准,还应符合国家规定的质量标准,因为承包人所提交的工作成果与居住人及第三人的生命财产安全有着直接、密切的联系。考虑到建设工程质量事关公共利益,因此对建设工程的质量较之于一般承揽的工作成果而言,应当具有更高的要求。从我国来看,国家对建设工程质量规定了施工验收规范和质量检验标准,其中不少是强制性规范,即便当事人没有约定或者另有约定,也要按照国家标准来执行。国家对于建设工程验收的组织、实施等也有直接规定。

5. 合同管理的特殊性

建设工程的质量关系到人民群众的基本生活,关系到国家的基础设施建设和国民经济的正常运转,所有工程建设都要坚持"百年大计,质量第一"。为了强化建设工程的质量管理,就有必要建立严格的建设工程质量的监管机制。由此决定了在建设工程合同中,需要体现较多的国家干预。我国《合同法》对建设工程合同管理的特殊性主要表现在:一是对承包人的资质进行了明确的要求,依据《合同法》的相关规定,欠缺相应资质将直接导致合同无效。二是建设工程的发包必须要实行招标、投标。三是对建设计划实行严格的审批制度。四是有关的法律法规对建设工程合同所应设立的主要条款存在强制性规定,对于验收、监理、价款等都有特别规定。[①] 五是对于特定领域的建设工程,还存在其他特别法律法规的特别要求。例如,从事核电站建设工程,还需要遵守核电领域的相关规定,取得相关资质,接受相关行政监管。

6. 具有要式、双务、有偿性

《合同法》第 270 条规定:"建设工程合同应当采用书面形式。"由此可见,

---

① 参见黄强光编著:《建设工程合同》,4 页,北京,法律出版社,1999。

第一节 建设工程合同概述

建设工程合同具有要式性。从性质上来说，该条是关于建设工程合同形式的强制性规范，当事人不能通过协议排除。这是因为建设工程合同的权利义务关系复杂、标的物巨大、履行期限比较长。为了避免可能出现的争议，有必要强制当事人采用书面形式。此外，建设工程合同的要式性也方便国家进行相关管理。

依据《合同法》第269条，在建设工程合同中，承包人负有进行工程建设，及时提交质量合格的建设工程的义务，发包人负有及时支付价款的义务。因此，建设工程合同具有双务性和有偿性。

还需要指出的是，在建设工程合同领域，不仅有《合同法》对此类合同进行专门调整，有关机构和行业组织也制定了大量的标准化合同。虽然这些规定不能够被称为法律，但是在司法实践中，也对法官的裁判起到重要的参考。[①] 例如，德国有关行业协会制定了《建设工程合同一般规则》(General Condition for Construction Works)，其在德国的适用范围非常广泛。在英国，建筑领域大量采用标准建筑合同文本，这对于降低交易费用和防止纠纷发生都具有重要作用。[②]

二、建设工程合同和相关概念的区别

(一) 建设工程合同和一般承揽合同

如前所述，建设工程合同是承揽合同的一种特殊形态，但由于现实的需要，法律又必须对建设工程合同作出特别的规定，进行特别的调整。因而，在比较法上关于建设工程合同和承揽合同的关系主要有两种立法例：一是统一适用承揽合同的规则，例如，在德国，建筑合同包含在其民法典债法第八章第九节的承揽合

[①] See Werner Lorenz, *International Encyclopedia of Comparative Law*, Vol. Ⅷ, Specific Contracts, Chapter 8, Contract for Work on Goods and Building Contracts, Tübingen, 1976, p. 11.

[②] 参见欧海燕：《标准建筑合同比较研究——以中英为视角》，61页，北京，法律出版社，2010。

第十章 建设工程合同

同中。① 二是独立于承揽合同作出特别规定。例如，在奥地利，有专门的标准合同调整建筑合同。② 在此种立法体例下，承揽并不适用于已经存在的建筑物或其他不动产之上的建筑活动。建设工程合同是为了建造新的建筑物，而承揽在于对已经存在的物进行修补、更换等。③

我国《合同法》在第十五章中规定了承揽合同。立法者考虑到建设工程合同的复杂性和重要性，因此又在第十六章中专门规定了建设工程合同。但由于建设工程合同和承揽合同之间具有很大的共通性，因而《合同法》第287条又规定："本章没有规定的，适用承揽合同的有关规定。"这表明建设工程合同与承揽合同在一定程度上具有相似性，其都以完成一定的工作为目的，标的物都具有特定性，因而承揽合同中的一些规定，对建设工程合同都是可以适用的。例如，关于承揽合同中一方提供材料的，另一方具有检验义务的规定，以及关于承揽人发现定作人提供的图纸不合理，应当及时通知等规定，对建设工程合同都可以适用。但建设工程合同和一般承揽合同也是存在区别的，主要表现在：

第一，工作成果不同。一般承揽合同的工作成果通常是动产，而建设工程合同的工作成果主要是建设工程，包括建设房屋、公路、桥梁、水库等各种建设工程。④ 其主要涉及的是不动产。

第二，权利义务内容不同。在建设工程合同中，建筑物的质量合格与否不仅会影响居住者的居住利益，甚至会威胁社会公众的安全。因此，建设工程合同的当事人的权利义务内容要比一般的承揽合同更为复杂，例如，工程建设不仅有发包、承包、监理和验收等法定程序，还需遵循法律规定的严格管理要求。

第三，合同主体的资质要求不同。在一般的加工承揽合同中，对承揽人的资

---

① 《法国民法典》也是将建设工程合同规定于第八编第三章包工与承揽一节中，建筑活动既可以针对有形的，也可以针对无形的财产，专门针对建筑合同的规则从《法国·民法典》第1792条到第1793条。

② See Rummel [-Krejci], ABGB Kommentar, arts. 1165, 1166, no. 9.

③ See Christian von Bar and Eric Clive, *Principles, Definitions and Model, Rules of European Private Law*, Volume Ⅰ, (Munich: Sellier. European Law Publishers, 2009), p.1754.

④ 参见胡康生主编：《中华人民共和国合同法释义》，440页，北京，法律出版社，1999。

质并无特殊要求,而在建设工程合同中,承包人必须具有相应的资质。尤其是在建设工程中,可能涉及多个主体,因为工程的建造需要勘察、设计、监理、施工等各个环节。我国《合同法》第272条第3款规定,"禁止承包人将工程分包给不具备相应资质条件的单位"。在建设工程合同中,要求承包人具有特定的资质既有利于保证建设工程的质量,也有利于保护公民的人身安全。

第四,在加工承揽合同中,主要是由定作人提供材料,而在建设工程合同中,一般由承包人自备材料。合同当事人也可以具体约定究竟由哪一方提供材料。

(二)建设工程合同和买卖合同

建设工程合同和买卖合同也存在一定的联系。例如,承包人建造了多余的附属设施或者其他建筑,在建设工程合同签订以后,当事人又约定购买其附属设施或者其他建筑。或者如果建筑商提供的材料是从供货商处获得,并按照市价支付一定的价款,这就形成了另外一种法律关系,即材料的买卖关系。[①] 但建设工程合同和买卖合同之间存在明显的区别:一方面,从性质上看,它们属于性质完全不同的两种合同类型,买卖主要是移转标的物所有权的合同,而建设工程合同则是完成一定工作,并交付一定工作成果的合同。另一方面,买卖合同仅发生在出卖人与买受人之间,而建设工程合同的合同类型及合同主体都具有多样性。依据《合同法》第269条,建设工程合同包括工程勘察合同、工程设计合同和建设工程施工合同。因此,建设工程合同的主体包括发包人、承包人或勘察人、设计人和施工人。

(三)建设工程合同和委托合同

建设工程合同包括工程勘察合同、工程设计合同和建设工程施工合同。其中,有些具体的合同(如建设工程设计合同)在性质上属于委托合同,受托人应当根据委托人的要求,向委托人提供一定的服务或者完成一定的工作(即完成工程设计工作)。这表明建设工程合同和委托合同有一定的相似性。虽然两者都是

[①] See Werner Lorenz, *International Encyclopedia of Comparative Law*, Vol. Ⅷ, Specific Contracts, Chapter 8, Contract for Work on Goods and Building Contracts, Tübingen, 1976, p. 43.

受托人按照委托人的要求从事一定的工作,但两者之间也有一定的区别,主要表现在:第一,建设工程合同中的承包人要以自己的名义,按照发包人的要求从事建设工程活动,但在委托合同中,受托人大多以委托人的名义从事行为。第二,建设工程中必须要交付特定的工作成果,即对债务履行的结果有特别的要求,而在委托合同中并不一定对结果有特定的要求。第三,在建设工程合同中,对承包人有特别的资质要求,而在委托合同中却并不一定存在对受托人的特别资质要求。第四,在委托合同中,受托人应当按照委托人的指示处理委托事务,且负有报告的义务。但在建设工程合同中,承包人是按照自己制订的计划和安排进行工程建设,其所负担的主要义务是按期完成工程建设,并交付质量合格的建设工程。第五,合同当事人的权利义务内容不同。例如,在委托合同中,委托人享有介入权。而在建设工程合同中,发包人则不享有此种权利。再如,建设工程竣工后,发包人应当根据施工图纸及说明书、国家颁发的施工验收规范和质量检验标准及时进行验收。而委托人一般不负有此种验收义务。

第二节 建设工程合同的订立

建设工程合同的订立,应当适用合同订立的一般程序(如经过要约和承诺阶段)。但是,法律对建设工程合同也作出了特殊规定,例如,要求当事人签订书面合同。由于建设工程尤其是重大工程的工程价值较大、直接关系到国计民生,在一定程度上体现了社会公共利益。所以,法律对其订立也作出了特殊规定。订立建设工程合同,应当遵循如下几项原则:

一、必须遵守法定的程序

与一般承揽合同的订立不同,在我国,订立任何建设工程合同都要依据一定的程序,根据有关法律规定,一般工程项目的确定程序较为复杂。在项目确定过

第二节　建设工程合同的订立

程中，一般要经过以下几个阶段，即提出项目建议；编制可行性报告，选定建设地点，经过批准后，才能根据可行性研究报告，进行勘察设计；初步设计经批准后，根据批准的初步设计、技术设计、施工图纸和总概算等签订施工合同；组织施工。[①]　建设工程开工前，建设单位应当按照国家有关规定向工程所在地县级以上人民政府建设行政主管部门申请领取施工许可证。

《合同法》第273条规定："国家重大建设工程合同，应当按照国家规定的程序和国家批准的投资计划、可行性研究报告等文件订立。"为保障国家重大建设工程的质量，国家对重大建设工程实施严格的监督管理。所谓国家重大建设工程，是指列入国家重点投资计划，且投资额巨大，建设周期较长，由国家全部投资或者参与投资的工程。[②]　例如，城市旧城区的改造、地铁、高速铁路的修建等。国家重大建设工程对国民经济通常具有重大影响，一般需要经过严格批准。具体来说，国家重大建设工程合同的订立一般应满足如下要求：

1. 符合国家规定的程序。在订立国家重大建设工程合同的过程中，其所应遵循的法定程序主要是由《建筑法》、《招标投标法》等有关的法律法规规定的。例如，依据《招标投标法》第3条，对于中华人民共和国境内进行大型基础设施、公用事业等关系社会公共利益、公众安全的项目、全部或者部分使用国有资金投资或者国家融资的项目，其中包括项目的勘察、设计、施工、监理以及与工程建设有关的重要设备、材料等的采购，必须进行招标。《建筑法》第16条规定："建筑工程发包与承包的招标投标活动，应当遵循公开、公正、平等竞争的原则，择优选择承包单位。"

2. 合同的内容符合国家批准的投资计划、可行性研究报告等文件。国家重大建设工程项目还需要进行项目选址的报批、征地等一系列重大程序，并严格纳入国家计划进行管理。国家重大建设工程合同的订立，应符合国家批准的投资计划、可行性研究报告等文件。

[①②] 参见胡康生主编：《中华人民共和国合同法释义》，413页，北京，法律出版社，1999。

二、承包人具有相应的资质等级

建设工程项目的承包人是与发包人签订合同的具体组织勘察、设计、施工的人。由于建设工程本身的特殊性，承包人必须要具备特定的资质。从比较法来看，自罗马法确立了"专业技能缺乏之过失（Imperitiaculpaeannumeratur）"规则以后，大陆法国家都要求建筑方应具有相应的资质。[1] 在《法国民法典》制定过程中，法典的起草者波蒂埃认为，建筑施工人必须具有特定的专业技术要求[2]，《法国民法典》虽然未对此作出明确规定，但在法国的有关特别法中对此作了规定。为了确保建设工程质量和安全，我国《建筑法》等有关法律也对建设工程的承包人规定了资质要求。[3] 依据这些规定，在建设工程领域，无论是建设工程的施工、勘测还是设计，均要求承包人具备一定的资质等级。从事建筑活动的专业技术人员，也必须具有与其从事的建筑活动相适应的法定执业资格。经资质审查合格，取得了相应的资质等级证书后，才能在许可的范围内从事建筑活动。[4] 法律严格禁止承包人在无资质和超越资质的情况下承揽建设工程，禁止承包人以任何形式借用其他企业的资质等级承揽工程。[5] 设置承包人资质等级条件要求，核心目的是保证建设工程质量，故而在订立建设工程合同之后，承包人应当自行完成建设工程主要部分。为了避免发包人或者承包人规避资质等级要求，在订立建设工程合同之后通过转包或者变相转包的方式将其交给不具有相应资质

---

[1] 例如，早在17世纪，法国学者多玛（Domat）认为，施工方应当具备一定的职业技术和水平，即技术保证（spondetperitiamartis, guaranteeshisskill），而缺乏这种职业技术和水平则被认为是施工方的过失。See Werner Lorenz, International Encyclopedia of Comparative Law, Vol. Ⅷ, Specific Contracts, Chapter 8, Contract for Work on Goods and Building Contracts, Tübingen, 1976, p. 59.

[2] See Werner Lorenz, *International Encyclopedia of Comparative Law*, Vol. Ⅷ, Specific Contracts, Chapter8, Contract for Work on Goods and Building Contracts, Tübingen, 1976, p. 59.

[3] 《建筑法》第12条规定："从事建筑活动的建筑施工企业、勘察单位、设计单位和工程监理单位，应当具备下列条件：……（二）有与其从事的建筑活动相适应的具有法定执业资格的专业技术人员；（三）有从事相关建筑活动所应有的技术装备；（四）法律、行政法规规定的其他条件。"

[4] 参见《建筑法》第13条。

[5] 参见王建东：《建设工程合同法律制度研究》，86页，北京，中国法制出版社，2004。

的单位实际承担建设工作,《合同法》第272条明确规定:"禁止承包人将工程分包给不具备相应资质条件的单位。"这也就是说,次承包人也应当具有相应的资质等级。

需要讨论的是,如果发包人或者承包人不符合法律规定的资质要求,其所订立的建设工程合同的效力如何?对此,主要存在两种不同观点:一是合同未生效说。此种观点认为,如果不具有相应的资质,该种合同并未生效。从司法实践来看,对承包人未取得相应的资质并不一概认定无效,如果在建设工程竣工之前能够取得一定资质,该种行为即可有效。二是无效说。此种观点认为,既然《合同法》、《建筑法》等法律、行政法规明确要求承包人应当具备相应的资质等级,而且这些规定是强制性规定,在承包人不具备相关资质时,其所订立的合同不仅违反了强行法的规定,而且损害了发包人的利益甚至是国家利益,该合同自然应当无效。[1]依据《施工合同司法解释》第1条的规定,承包人未取得建筑施工企业资质或者超越资质等级订立的合同无效,没有资质的实际施工人借用有资质的建筑施工企业名义订立的合同无效。由于建设工程的质量安全通常直接关系到国计民生和社会公共利益,认定合同无效对于保障建设工程施工的质量具有重要意义。

不过,为贯彻鼓励交易原则,该解释第5条规定:"承包人超越资质等级许可的业务范围签订建设工程施工合同,在建设工程竣工前取得相应资质等级,当事人请求按照无效合同处理的,不予支持。"依据该条规定,如果承包人在建设工程竣工前取得相应资质等级,合同也可以确认为有效。如果认为承包人不具备相应资质就直接导致合同无效,且无法补正,则不利于鼓励交易。正是通过这种补正的方式,可以尽量避免合同无效,有利于鼓励交易,也有利于解决相关纠纷。由此可见,此种无效应当属于可以补正的无效。所谓可以补正,指当事人对于无效合同可以进行修正,消除其无效的原因,从而使合同变为有效合同。

应当看到,不具备相应的资质等级并不意味着完成的建设工程质量当然不合

---

[1] 上述两种观点,请详细参见宋纲、杨宇:《超资质建设工程施工合同效力辨析》,载《人民司法》,2001(7)。

格。例如，某个施工单位的技术、资本等实力雄厚，仅因不具备已完成的建设工程业绩而无法取得相应资质等级的情形，其实际从事施工行为并不一定会影响建设工程的质量。因此，《施工合同司法解释》第2条规定："建设工程施工合同无效，但建设工程经竣工验收合格，承包人请求参照合同约定支付工程价款的，应予支持。"当然，该规定只不过是对合同无效后如何平衡当事人利益所作出的特殊规定，因此，不宜将所有不具备资质等级而订立的合同解释为有效的合同。

三、必须经过招标与投标程序

在建设工程合同中，合同订立可以采取两种方式：一是直接发包的方式，即发包人经过批准或按照有关规定，直接与承包人协商订立合同。二是招标投标的方式。所谓建设工程招标投标是指作为招标方的发包人发布招标公告，邀请特定或者不特定的具备相应资质、有意承包工程项目的承包人作为投标方，向自己提出工程报价及其他工程条件，根据投标结果确定建设工程合同承包人的行为。《合同法》第271条规定："建设工程的招标投标活动，应当依照有关法律的规定公开、公平、公正进行。"通过招标与投标方式订立建设工程合同，有助于实现公平竞争、降低工程造价，同时也有利于确保建设工程的质量。[①] 依据上述规定，建设工程的招标投标活动应当公开、公平、公正进行。所谓公开，是指所有招投标依法需要公开的信息都要公开，遵循法定的程序进行，不能暗箱操作。所谓公平，是指发包人必须公平地对待投标人，无论是公开招标还是邀请招标，不能专门为某个投标人设置有利条件或者对某个投标人设置不利条件。投标人也必须采用正当的手段参与竞争，不能通过恶意串通的方式，相互勾结，损害其他投标人或者发标人的利益。所谓公正，是指发包人在选择投标人时必须客观公正，从最有利于建设工程承包这一角度出发，选择最具有优势条件的投标人。如果依据招标程序确定了合同的内容，则当事人应当按照招标过程确定的内容订立

[①] 参见黄强光编著：《建设工程合同》，23页，北京，法律出版社，1999。

合同。

需要讨论的是，如果建设工程合同的订立应采用招标投标方式，但其未经招标投标程序的，是否应被认定无效？对此存在不同的看法。《施工合同司法解释》第1条第3项规定，"建设工程必须进行招标而未招标或者中标无效的"，建设工程合同无效。据此，建设工程必须进行招标而未招标或者中标无效的，建设工程合同无效。法律上之所以认定此类合同无效，一方面是因为没有经过招标投标程序，就很难避免合同订立中违法行为的发生，难以通过公开、公平、公正的原则来确定承包人，保证工程质量。另一方面，未经招标投标而订立建设工程合同，因违反了强行法的规定，也无法通过某种方式对其效力进行补正。

四、禁止非法分包和转包

（一）禁止非法分包

所谓分包，是指承包人将其承包的工程项目中的一部分，交由第三人完成。分包是相对于转包而言，二者的根本区别在于，在转包行为中，原承包人将其工程全部倒手转给他人，自己并不实际履行合同约定的义务，而在分包行为中，承包人只是将其承包工程的某一部分或几部分再分包给其他承包人，承包人仍应就承包合同约定的全部义务的履行向发包人负责。[①] 分包既可以是指总承包人将其所承包的部分工作交由第三人完成，也可以是勘察、设计、施工承包人将其承包的部分工作交由第三人来完成。无论采取何种形式，其都只是将所承包的整个建设工程项目中的某个部分转交第三人完成。如果仅是交由总承包人或勘察、设计、施工承包人的内部机构来完成的，并不构成分包。例如，承包人承包之后，将勘察、设计、施工项目再次分包给其他人。在经发包人同意而进行分包后，承包关系的主体并未发生变化，但第三人也要对发包人负责。《合同法》第272条第2款规定："第三人就其完成的工作成果与总承包人或者勘察、设计、施工承

[①] 参见魏耀荣等：《中华人民共和国合同法释论（分则）》，316页，北京，中国法制出版社，2000。

包人向发包人承担连带责任。"依据该规定,在分包的情况下,如果第三人所完成的工作成果存在瑕疵,承包人应与第三人承担连带责任。该规定在一定程度上加重了第三人责任,突破了合同相对性规则。这主要是为了维护发包人的合法利益,保障建设工程质量。

我国法律并不完全禁止分包,但需要具备法定的条件才能分包。分包所应符合的法定要件主要包括:

第一,必须取得发包人的同意。《合同法》第272条第2款规定:"总承包人或者勘察、设计、施工承包人经发包人同意,可以将自己承包的部分工作交由第三人完成。"一般来说,建设工程的承包人是经过严格的招标投标程序而被选定的,即便第三人具有相应的资质,但其所完成的工作也未必符合发包人的要求,所以总承包人或者勘察、设计、施工承包人进行分包的,应取得发包人同意。如果允许承包人任意分包,不仅会损害发包人与承包人之间的信任关系,也会违反有关法律的规定。所以,凡是未经发包人同意而进行的分包,都构成非法分包。

第二,第三人应具有相应的资质条件。《合同法》第272条第3款明确规定:"禁止承包人将工程分包给不具备相应资质条件的单位。"依据这一规定,在经发包人同意进行分包的情况下,承包人所选定的第三人应具有承担建设工程施工、安装等项目的资质条件。《施工合同司法解释》第7条规定:"具有劳务作业法定资质的承包人与总承包人、分包人签订的劳务分包合同,当事人以转包建设工程违反法律规定为由请求确认无效的,不予支持。"从反面解释来看,如果是有资质的承包人与总承包人、分包人签订的劳务分包合同,应当是有效的。《建设工程质量管理条例》第78条也要求分包人必须具有相应的资质条件。在我国,建设工程市场具有严格的市场准入条件,承包人所选定的第三人也需要满足严格的资质要求,如果承包人将取得的建设工程分包给不具有相应资质的单位,不仅会损害发包人与承包人之间既有的信任关系,也可能危及建设工程的质量安全。

第三,建设工程主体结构的施工必须由承包人自行完成。这就是说,在分包的情况下,并不是说承包人可以将其所承包的建设工程项目的任何部分交由第三人完成,《合同法》第272条第3款明确规定:"建设工程主体结构的施工必须由

承包人自行完成。"依据这一规定,实行施工承包的,建设工程主体结构的施工必须由承包人以自己的技术、资金、设备和人员自行完成,即使发包人同意,也不得将建设工程主体结构的施工分包给他人。[①] 所谓建设工程的主体结构,是指立于地基基础之上,接受、承担和传递建设工程所有上部荷载,维持上部结构整体性、稳定性和安全性的有机联系的系统体系,例如,房屋中的承重墙、顶梁等。主体结构是建设工程结构安全、稳定、可靠的载体和重要组成部分,既是保证建设工程安全和人们生命财产安全的基础,也是建设工程抵御自然灾害、保证生命财产安全的关键。因此,承包人应当亲自完成建设工程的主体结构的施工,不能转包给第三人。

第四,不得将承包的全部建设工程肢解以后以分包的名义分别全部转包给第三人。承包人将其所承包的建设工程肢解以后全部分包给第三人,实际上就意味着承包人自身不再承担任何合同约定的义务,这不仅会破坏发包人与承包人之间的信任关系,也极可能会危及建设工程的质量安全。因此,《合同法》严格禁止承包人从事此种行为。

第五,禁止分包单位将其承包的工程再分包。我国《合同法》第272条第3款规定:"禁止分包单位将其承包的工程再分包。"虽然我国《合同法》允许承包人将其建设工程分包,但在分包之后,第三人作为分包单位不得将其承包的工程再进行分包,其需独立完成这部分建设工程。因为层层分包之后,不仅难以对建设工程质量进行监控、管理,而且层层分包也会导致建设成本上升,工程质量也必然下降,大量的偷工减料、掺杂使假都与此有关。因此,我国《合同法》明确禁止再次分包。

不符合上述条件的分包属于非法分包,是法律所禁止的行为。在合法分包的情况下,依据《合同法》第272条,第三人就其完成的工作成果与总承包人或者勘察、设计、施工承包人向发包人承担连带责任。因此,如果分包人完成的工作不符合要求的,第三人应与总承包人向发包人承担连带责任。

---

① 参见魏耀荣等:《中华人民共和国合同法释论(分则)》,411页,北京,中国法制出版社,2000。

（二）禁止转包

所谓转包，是指承包人将其所承包的工程项目整体转让给第三人，或者将其承包的全部建设工程予以肢解，并以分包的名义交由第三人承担，其自身不再承担建设工程项目的勘察、设计或施工工作。有些学者认为，转包有狭义和广义之分，广义上的转包应包括分包在内，由此转包也并不是完全为法律所禁止的；而狭义上的转包则仅指《合同法》等法律明确禁止的承包人将其承担的工程项目全部交由第三人完成的行为。[1] 笔者认为，从《合同法》的规定来看，转包和分包存在明显区别。依据《合同法》第272条的规定，承包人不得将其承包的全部建设工程转包给第三人，因此，法律禁止转包，但在符合法定条件下允许分包。这是因为，建设工程合同通常是依据严格的法律程序订立的，如采取招投标形式，转包行为实际上规避了法定的合同订立程序，且具有很大的危害性，可能导致工程质量难以控制，最终会对工程质量产生重大影响，因此法律明确禁止转包行为。[2]

转包的特点主要在于：一是承包人将其所承担的工程项目全部转让，而非部分转让。二在转包之后，承包人不再实际履行合同约定的义务。为了严格保障建设工程质量，我国《合同法》明确规定，即使经发包人同意进行分包的，承包人也应自行完成建设工程的主体结构。三是转包有两种形态，《合同法》第272条第2款规定："承包人不得将其承包的全部建设工程转包给第三人或者将其承包的全部建设工程肢解以后以分包的名义分别转包给第三人。"依据这一规定，无论是承包人将其承包的全部建设工程转包给第三人，还是将其承包的全部建设工程肢解以后以分包的名义分别转包给第三人，都是法律所禁止的转包行为。

（三）非法分包和转包的效力

在非法分包和转包以后，如何认定该种合同的效力？对此学者有三种观点。一是无效说。该种观点认为，非法分包和转包行为违反《建筑法》的强行性规定，所以该种合同无效。二是未生效说。该种观点认为，将建设工程非法转包和

---

[1] 参见马俊驹、余延满：《民法原论》，3版，695~696页，北京，法律出版社，2007。
[2] 参见魏耀荣等：《中华人民共和国合同法释论（分则）》，316页，北京，中国法制出版社，2000。

第二节 建设工程合同的订立

分包,只是没有取得发包人的同意。三是违约说。此种观点认为,承包人将建设工程非法分包和转包,仅仅是对合同内容的违反,构成了违约。《施工合同司法解释》第 4 条规定:"承包人非法转包、违法分包建设工程或者没有资质的实际施工人借用有资质的建筑施工企业名义与他人签订建设工程施工合同的行为无效。人民法院可以根据民法通则第一百三十四条规定,收缴当事人已经取得的非法所得。"依据该条规定,非法分包和转包的合同无效。因为一方面,非法转包与分包违反了法律的禁止性规定。我国《合同法》虽然主要是任意性规定,但对于分包、转包的规定,仍然属于强制性规定,违反该种规定的行为无效。更何况《建筑法》等法律法规已经对此行为有明确的禁止性规定①,此种规定应属于效力性强制性规定,违反该规定的行为无效。另一方面,非法转包和分包损害了公共利益。因为建设工程质量既关系到国计民生,也关系到社会公众的生命财产安全,如果进行非法转包和分包,则有可能导致建设工程质量下降,甚至出现"豆腐渣"工程,会损害社会公共利益。

在非法分包或转包的情形下,承包人不仅违反了相关法律规定,应当承担法律责任,同时,承包人的行为也构成违约,发包人有权请求其承担违约责任。因为法律关于承包人必须在取得发包人同意的情况下才能分包,以及有关分包和禁止转包的规定,不仅是《合同法》所确定的强行性规范,而且是对承包人法定义务的确认。不管该项义务是否由当事人约定,都应转化为合同的重要组成部分。违反了该种义务,也有可能构成违约,应当承担违约责任。

在实践中,工程建设可能大量涉及安装设备、安装管线、清理施工场地等具有劳务作业性质的活动,此类活动也具有一定的专业性,承包人也需要将这些活动分包给具有法定资质的企业,由此订立的相关的分包合同也应当是有效的。因此,《施工合同司法解释》第 7 条规定:"具有劳务作业法定资质的承包人与总承包人、分包人签订的劳务分包合同,当事人以转包建设工程违反法律规定为由请求确认无效的,不予支持。"这就肯定了建设工程合同中相关分包合同的效力。

---

① 参见《建筑法》第 28 条和第 29 条。

第十章 建设工程合同

第三节 建设工程合同的类型

一、建设工程合同类型概述

《合同法》第269条第2款规定:"建设工程合同包括工程勘察、设计、施工合同。"因此,建设工程合同是由建设勘察合同、建设设计合同和建设施工合同构成的。这三种合同类型是根据建设工程的步骤及参与主体和合同类型的差异而作出的分类。在某些情况下,如果承包人实行总承包,同一个合同涵盖以上三种合同,则此种区分就没有太大必要。但如果采取分别订约的方式,则就有必要对其作出上述区分。依据《合同法》第272条的规定,发包人可以与总承包人订立建设工程合同,也可以分别与勘察人、设计人、施工人订立勘察、设计、施工承包合同。因此,发包人可以仅与总承包人订立一个建设工程合同,其中包括勘察、设计和施工三个部分,也可以与各个主体分别订立合同,从而形成三种类型的合同。

(一)总承包合同

所谓总承包,是指发包人与总承包人就建设工程各个方面的内容订立一个总合同,其包括勘察、设计、施工承包合同等各个合同。总承包合同又称为"交钥匙承包",该种称谓形象说明了总承包人需要负责工程的各个项目建设,直至整个工程竣工,并向发包人交付整个建设工程成果。由于在总承包合同中,总承包人要从事勘察、设计、施工等各个方面的工作,因而总承包人通常具有勘察、设计、施工等各个方面的资质,并且能够独立完成整个工程项目。[1]

较之于单个的勘察、设计、施工合同,总承包合同当事人之间的权利义务关系更为清晰。在总承包合同订立之后,总承包人需要自行完成合同义务,发包

---

[1] 参见胡康生主编:《中华人民共和国合同法释义》,409页,北京,法律出版社,1999。

有权请求总承包人按期交付质量合格的建设工程。当然，在符合分包条件的情况下，总承包人也可以将其承包的部分工作交由第三人完成，第三人就其完成的工作成果与总承包人一起向发包人承担连带责任。

（二）单项工程承包合同

所谓单项工程承包，是指发包人采取订立专业承包的方式，分别与勘察人、设计人、施工人订立勘察、设计、施工承包合同。单项工程承包与总承包不同：发包人需要与多个相对人订立合同，单项工程承包合同的发包人仅有一个，而承包人有多个。各承包人分别对建设工程的勘察、设计、施工，按照阶段的质量、工期、工程造价等与发包人产生债权、债务关系。[①] 在单项工程承包合同中，发包人分别与勘察人、设计人、施工人订立合同，发包人与各承包人分别形成合同关系，各承包人需要就合同规定的勘察、设计、施工等工作对发包人负责。虽然订立单项工程承包合同的程序复杂，但其可以吸引更多的在勘察、设计、施工某个方面具有较强优势的企业参与工程的勘察、设计、施工等工作，这有利于保障建设工程的质量。

究竟是采取总承包还是单项工程承包，应完全由发包人根据工程的建设需要，以及整个建设工程项目的特点来自由决定。《合同法》第272条第1款规定："发包人不得将应当由一个承包人完成的建设工程肢解成若干部分发包给几个承包人。"依据这一规定，发包人在进行发包时，应由一个承包人独立完成的建设工程，不得将其拆分而交由多个承包人承担同一任务。例如，在某一图书馆的建设过程中，发包人不得将图书馆的施工任务中一部分交给甲施工单位，而将另一部分施工工作交由乙施工单位。因为如果将工程肢解以后进行发包，不仅会造成工程成本上升，质量难以监控，而且会导致多个建筑主体相互之间难以协调、配合，也会为建设工程领域中承包人的寻租行为提供可乘之机，对最终责任的确定和追究制造障碍。另外，这种做法也可能导致整个工程建设在管理和技术上缺乏应有的统筹协调，造成施工秩序的混乱和责任不清，严重影响工程建设质量。[②] 基于这一原因，我国《合同法》严格禁止发包人将应由一个承包人完成的建设工

---

① 参见王利明、崔建远：《合同法》，305页，北京，北京大学出版社，2003。
② 参见胡康生主编：《中华人民共和国合同法释义》，410页，北京，法律出版社，1999。

程予以肢解而进行发包。

二、勘察、设计合同

(一) 勘察、设计合同概述

《合同法》第269条第2款规定："建设工程合同包括工程勘察、设计、施工合同。"所谓建设工程勘察、设计合同，是指发包人与勘察人、设计人之间订立的由勘察人、设计人完成发包人委托的勘察设计任务，而发包人支付相应价款的合同。勘察是指根据发包人的要求，对工程的地理状况进行调查，包括对工程进行测量、查明、分析，评价建设场地的地质地理环境特征和岩土工程条件，编制建设工程勘察文件的活动等。[1] 勘察主要是对地形、地貌和地质条件、周边环境进行选址、勘测；通过勘察，方可确定是否适合在某地进行特定的施工工作。设计是指设计人按照委托人的要求，对工程结构进行设计，对建设工程所需的技术、经济、资源、环境等条件进行综合分析、论证，编制建设工程设计文件的活动。[2] 勘察是设计的前提，在完成建设工程勘察的基础上，方可展开建设工程设计。

虽然勘察、设计可以分别订立合同，但在实践中，勘察和设计又通常联系在一起。《建设工程质量管理条例》第5条明确强调，"从事建设工程活动，必须严格执行基本建设程序，坚持先勘察、后设计、再施工的原则"。因此，工程勘察是工程建设的第一个环节，而设计人又必须根据勘察人所提供的勘察结果，进行因地制宜地设计。例如，经勘察人勘察之后，某一地区地震多发，设计人在得知这一勘察结论之后，在进行设计时应加强建设工程的防震设计。正是因为勘察与设计常常是密切联系在一起的，因而在法律上，勘察、设计合同通常是作为一种合同类型对待的。依据《合同法》第272条的规定，发包人可以与总承包人订立一个包括勘察、设计和施工在内的合同，也可以与勘察、设计人分别订立勘察、设计合同，从而形成独立的勘察与设计合同。

---

[1] 参见胡康生主编：《中华人民共和国合同法释义》，415页，北京，法律出版社，1999。
[2] 参见魏耀荣等：《中华人民共和国合同法释论（分则）》，320页，北京，中国法制出版社，2000。

第三节 建设工程合同的类型

由于勘察、设计是开展建设工程施工的前提，对于保障建设工程质量有着重要的意义，因而，对于建设工程勘察、设计，国家也同样实行资质管理，要求建设工程勘察、设计单位具有一定的资质，并且应当在其资质等级许可的范围内承揽建设工程勘察、设计业务，不得超越其资质等级许可的范围或者以其他建设工程勘察、设计单位的名义承揽建设工程勘察、设计业务。

（二）建设工程勘察、设计合同的内容

《合同法》第274条规定："勘察、设计合同的内容包括提交有关基础资料和文件（包括概预算）的期限、质量要求、费用以及其他协作条件等条款。"据此，建设工程勘察、设计合同一般应当具备下列条款：(1) 提交有关基础资料和文件（包括概预算）的期限。有关的基础资料和文件应包括经批准的项目可行性研究报告或项目建议书、城市规划许可文件、概预算、工程勘察资料等。合同还应明确发包人应向设计人提交的有关资料和文件，当事人应当在合同中约定相关资料和文件的名称、份数、提交的时间等相关事宜。由于有关资料和文件的提交将直接影响工程的进度，所以在合同中需要约定提交有关基础资料和文件（包括概预算）的期限。(2) 勘察设计工作的质量要求，包括发包人对勘察设计工作提出的标准（如建筑物的合理使用年限设计要求、设计深度要求、设计人配合施工工作的要求等），工作成果检验方法，工作成果的质量标准等。(3) 勘察、设计费用。它是指发包人对勘察人、设计人在完成勘察、设计工作之后所支付的报酬。[①]
(4) 其他协作条件。这主要是指发包人应对勘察、设计人的工作开展提供便利，协作其进行勘察、设计。例如，发包人应为勘察、设计人提供现场工作条件。《合同法》作出上述规定，既可以明晰双方当事人之间的权利义务关系，也可以尽量避免或减少纠纷。

（三）建设工程勘察、设计合同的效力

1. 发包人的主要义务

(1) 及时提供有关资料和文件。依据《合同法》第274条的规定，勘察、设

[①] 参见魏耀荣等：《中华人民共和国合同法释论（分则）》，321页，北京，中国法制出版社，2000。

计合同应当明确约定发包人提供有关基础资料和文件的期限,因此,发包人应当按照合同的约定按时提交有关勘察设计所需要的基础资料、技术资料以及计划任务书、选址报告等。发包人不仅应按时提交有关资料和文件,还应保证其所提交的有关资料和文件的质量,使其能够满足勘察、设计的需要。因为发包人未及时提交或提供资料有误,或未按期提供资料造成工期延误的,应由发包人负责。[①]如果发包人未尽到此种义务导致勘察、设计的费用增加,则应当由发包人承担增加的费用。

(2) 按期支付费用。发包人应当按照合同约定的期限和方式支付相应的费用。一般情形下,该费用是分期支付的,发包人应按照合同约定及时支付费用。如果合同没有约定分期支付的期限的,发包人应分别在勘察、设计人完成勘察、设计任务之后支付费用。因发包人提供的资料不准确等原因而造成勘察、设计的返工、停工或者修改设计,发包人应当按照勘察人、设计人实际消耗的工作量增付费用。

(3) 接受工作成果。在勘察、设计合同中,勘察、设计人依据合同约定最终提交勘察、设计报告后,发包人也有义务及时接受该工作成果。

(4) 协作义务。《合同法》第285条规定:"因发包人变更计划,提供的资料不准确,或者未按照期限提供必需的勘察、设计工作条件而造成勘察、设计的返工、停工或者修改设计,发包人应当按照勘察人、设计人实际消耗的工作量增付费用。"依据这一规定,发包人应为勘察、设计人的工作开展提供必需的便利条件,使其能够了解建设工程项目的有关情况,在勘察、设计人进入场地进行实地考察时,发包人应为其提供必要的工作条件和便利。[②]

2. 勘察人或设计人的主要义务

(1) 按期从事勘察、设计工作。勘察、设计人在实施勘察、设计活动时,应当严格按照合同约定的标准和要求进行工程测量、技术设计等工作。勘察和设计单位应当以项目批准文件、城市规划、工程建设强制性标准、国家规定的建设工

---

①② 参见郭明瑞、王轶:《合同法新论·分则》,247页,北京,中国政法大学出版社,1997。

第三节 建设工程合同的类型

程勘察、设计深度要求以及相关专业规划的要求等为依据，按时完成建设单位约定的勘察和设计项目，并向发包人提交建设工程勘察、设计文件。

（2）按照约定的质量标准完成工作。在勘察、设计的过程中，勘察、设计人应严格按照合同约定和国家的相关规定开展建设工程项目的勘察、设计工作。例如，设计文件中选用的材料、构配件、设备，应当注明其规格、型号、性能等技术指标，其质量要求必须符合国家规定的标准。[1]

（3）及时提交工作成果。勘察、设计人的主要义务是提交工作成果，以方便建设工程施工的开展，所以其应当按照合同约定及时提交工作成果。如果勘察、设计人未按照合同约定及时提交工作成果，发包人有权请求其承担违约责任。

（4）附随义务。一方面，勘察、设计人负有保密义务。勘察、设计人对于发包人提供的有关资料和图纸等应当保密，不得对外泄露。另一方面，在交付工作成果之后，如果确有需要，勘察人、设计人继续对其报告进行说明或者参加有关工程竣工验收工作的，依据诚实信用原则，其应当参与。[2] 建设工程勘察、设计单位应当在建设工程施工前，向施工单位和监理单位说明建设工程勘察、设计意图，解释建设工程勘察、设计文件。在施工过程中出现勘察、设计问题时，建设工程勘察、设计单位应当及时予以解决。

《合同法》第280条规定："勘察、设计的质量不符合要求或者未按照期限提交勘察、设计文件拖延工期，造成发包人损失的，勘察人、设计人应当继续完善勘察、设计，减收或者免收勘察、设计费并赔偿损失。"依据这一规定，勘察、设计的质量不合格或未及时提交工作成果，构成违约，勘察、设计人应承担违约责任。如因此种违约行为造成发包人损失的，发包人有权请求勘察人、设计人承担如下三种违约责任：一是继续履行。即勘察人、设计人应当继续完善勘察、设计工作。二是减收或者免收勘察、设计费。既然勘察、设计人所负担的主要义务是提交工作成果，所以如果质量不合格或者其未及时提交工作成果的，发包人有

---

[1] 参见王建东：《建设工程合同法律制度研究》，309页，北京，中国法制出版社，2004。
[2] 参见郭明瑞、王轶：《合同法新论·分则》，247页，北京，中国政法大学出版社，1997。

权减少或拒付勘察、设计费。三是赔偿损失。即因为违约行为造成发包人损失的，发包人有权请求勘察、设计人赔偿。

三、施工合同

（一）施工合同概述

施工合同，又称为建设工程承包合同，是指发包人与承包人之间签订的、由承包人从事一定的施工活动并提交建设工程成果，发包人应依据合同约定支付报酬的协议。此类合同是建设工程合同的主要类型和典型形态，同时也是工程建设质量控制、进度控制、投资控制的主要依据。建设工程施工包括各类房屋建筑及其附属设施的建造、装修装饰和与其配套的线路、管道、设备的安装，以及城镇市政基础设施工程的施工。不同的施工内容可以分别订立不同的施工合同。建设工程施工合同可以通过招标发包或者直接发包的方式订立。

依据建设工程施工的时间长短，可以将施工合同分为长期施工合同和短期施工合同。此种分类的主要意义在于：对施工期在一年以上的大中型项目，应签订长期施工合同。建设单位应根据已批准的总工程项目，初步设计和总概算同施工单位签订总合同（或总协议书），双方即可据此进行施工准备工作，然后每年再根据批准的年度基本建设计划及工程概算签订年度施工合同。如果全部工期在一年以下的，当事人可签订短期施工合同。施工工作应当在约定的工期内完成，此类合同可以不必签订总合同。

（二）施工合同的内容

《合同法》第275条规定："施工合同的内容包括工程范围、建设工期、中间交工工程的开工和竣工时间、工程质量、工程造价、技术资料交付时间、材料和设备供应责任、拨款和结算、竣工验收、质量保修范围和质量保证期、双方相互协作等条款。"因此，施工合同的内容包括如下几项：

第三节 建设工程合同的类型

1. 工程范围。工程范围是指施工的界区,它是施工人进行施工的工作范围[①],即施工人应当在何地进行施工。

2. 建设工期。建设工期是施工人完成建设工程施工的期限,建设工期是施工合同的必备条款。建设工期不仅关系到发包人何时可以接受工作成果,也关系到工程质量。例如,如果发包人缩短工期,有可能会造成施工人仓促施工而影响工程质量。

3. 中间交工工程的开工和竣工时间。在施工过程中,可能存在一些阶段性工程,这些工程在完成后需要及时交付验收,此类工作属于中间交工工程。例如,在修建铁路的过程中,桥墩的施工通常属于中间交工工程。对此类工程的开工和竣工时间,应在合同中作出明确约定,以保证最终工程能够顺利完成。

4. 工程质量。这是施工合同的重要条款,其包括施工的方案、技术标准、建设质量和安全标准等。虽然我国法律法规对建设工程质量有明确规定,但不同的建设工程项目有不同的质量要求。因此,当事人需要在建设施工合同中就工程质量作出具体约定。通常而言,当事人对工程质量的约定只能高于国家所规定的标准,而不应低于此类标准。

5. 工程造价。工程造价是指施工人建造工程所需要的费用,包括材料费、人工费等。建设工程造价应当按照国家有关规定,由发包单位与承包单位在合同中约定。工程造价并不等同于发包人所应支付的全部费用,但是明确了工程造价之后,对于明确工程款的数额具有重要参考意义。

6. 技术资料交付时间。其主要是指发包人提交给施工人的各种施工资料,如勘察、设计文件等,它对于顺利施工、保证工程质量具有重要意义。

7. 材料和设备供应责任。其主要是指应由哪一方来具体供应施工中所需要的材料和设备。通常施工中的有关材料和设备应由施工人自己提供,并最终计入工程造价之中。但当事人也可以对此作出特别约定。例如,有一些材料施工人无法提供,或者发包人有特别要求的,可以由发包人提供。再如,合同也可以约定

---

① 参见魏耀荣等:《中华人民共和国合同法释论(分则)》,322页,北京,中国法制出版社,2000。

由发包人委托施工人购买,并由发包人支付费用。如果需要就此作出特别约定的,合同应予载明。

8. 拨款和结算。拨款既包括工程所需费用的支付,也包括工程分期交付之后工程款的支付。结算是指在工程交付以后,按照当事人的约定方式或者根据实际造价等确定工程款。① 两者的区别主要在于,拨款只是合同约定的由发包人支付给施工人的费用,但其并非结算时发包人所应实际支付的工程款。通常来说,如果实际结算的工程款高于拨款数额,则应当以实际结算的工程款计算;如果实际结算的工程款低于拨款数额,则施工人应当退还多出部分。

9. 竣工验收。它是指工程完成之后,应当经过发包人的验收,经验收合格,发包人才予以接受并支付工程款。

10. 质量保修范围和质量保证期、双方相互协作等条款。保修范围主要是指在工程交付之后,在合理使用期内,施工人所应负有的保修范围和责任。以上这些条款有的是合同的必备条款,有的是非必备条款,当事人在约定时可以进行选择,也可以约定这些条款之外的其他条款。

四、委托监理合同

所谓建设工程监理,是指具有相应资质的工程监理企业,接受建设单位的委托,依照法律、法规以及有关技术标准、设计文件和建设工程承包合同,代表建设单位对承包人在施工质量、建设工期和建设资金等方面所从事的专门性监督管理活动。②《合同法》第 276 条规定:"建设工程实行监理的,发包人应当与监理人采用书面形式订立委托监理合同。发包人与监理人的权利和义务以及法律责任,应当依照本法委托合同以及其他有关法律、行政法规的规定。"依据这一规定,发包人应当与监理人订立委托监理合同,此种合同的主要特征在于:

第一,委托任务具有专门性。在委托监理合同中,监理人所从事的主要活动

---

① 参见魏耀荣等:《中华人民共和国合同法释论(分则)》,323 页,北京,中国法制出版社,2000。
② 参见胡康生主编:《中华人民共和国合同法释义》,420 页,北京,法律出版社,1999。

第三节 建设工程合同的类型

是对承包人在施工质量、建设工期和建设资金等方面进行专门性的监督管理，如控制工程建设的投资、建设工期和工程质量，进行工程建设合同管理，协调有关单位间的工作关系。工程监理单位应当代表建设单位对施工质量实施监理，并对施工质量承担监理责任。发包人为了保证工程的质量，控制工程的造价和工期，有必要采用监理的方式。一些工程项目如由国家规定需要实施强制监理的，发包人必须订立此类合同。如果无强制性规定的，则由发包人自由决定是否订立委托监理合同。[1] 工程监理单位应当依照法律、法规以及有关技术标准、设计文件和建设工程承包合同，代表建设单位对施工质量实施监理，并对施工质量承担监理责任。

第二，主体具有特殊性。在委托监理合同中，监理人必须具有专门的资质。国家对工程监理实行资质等级管理，工程监理单位应当依法取得相应等级的资质证书，并在其资质等级许可的范围内承担工程监理业务。[2]

第三，合同须采用书面形式。建设工程实行监理的，发包人应当与监理人采用书面形式订立委托监理合同。这有利于明晰发包人与监理人之间的权利义务关系，确立各自的责任，使监理人能够更好地对承包人的活动进行监督管理，保证工程质量，保证建设工程按期保质交付使用。建设工程是否需要实行监理，原则上由发包人自行决定。但对于使用国家财政资金或者其他公共资金建设的工程项目，则依据相关法律规定，必须实行强制监理，当事人必须通过订立书面合同以有效实行工程监理。[3] 工程建设监理合同一般应当包括下列条款：监理的范围和内容、双方的权利与义务、监理费的计取与交付、违约责任、双方约定的其他事项。依据《合同法》第276条的规定，委托监理合同须采用书面形式。

建设工程监理合同的效力主要是监理人应当按照发包人的委托对承包人进行有效的监督管理，因此，监理人所从事的活动主要是为了发包人的利益而进行的，并有利于保证工程质量。为保障监理人妥善履行监理职责，工程监理单位与

---

[1] 参见胡康生主编：《中华人民共和国合同法释义》，421页，北京，法律出版社，1999。
[2] 参见《建设工程质量管理条例》第34条。
[3] 参见魏耀荣等：《中华人民共和国合同法释论（分则）》，325页，北京，中国法制出版社，2000。

被监理工程的承包单位以及建筑材料、建筑构配件和设备供应单位不得有隶属关系或者其他利害关系,工程监理单位不得转让工程监理业务。[①] 在施工监理过程中,工程监理单位应当选派具备相应资格的总监理工程师和监理工程师进驻施工现场。未经监理工程师签字,建筑材料、建筑构配件和设备不得在工程上使用或者安装,施工单位不得进行下一道工序的施工。未经总监理工程师签字,建设单位不得拨付工程款,不得进行竣工验收。

第四节 建设工程施工合同的效力

建设工程合同的种类繁多,当事人之间具体的权利和义务不同。在建设工程施工合同中,发包人和承包人的主要义务包括:

一、发包人的主要义务

(一) 按期支付工程价款

《合同法》第269条规定:"建设工程合同是承包人进行工程建设,发包人支付价款的合同。"据此,在建设工程合同中,支付价款的义务是发包人的主要义务,是承包人进行工程建设的对价。在建设工程合同中,承包人需要凭借其技术、人员等进行工程建设,并提交一定的工作成果,而发包人应当按照约定支付价款。工程款的支付方式也是多样的,如可以采用预付款、期中付款、竣工后结算三种形式。如果合同约定采取一次性支付的,则不能采取分期支付的方式。关于价款的支付标准,依据《施工合同司法解释》第16条的规定,当事人对建设工程的计价标准或者计价方法有约定的,按照约定结算工程价款。

发包人应按照约定的期限支付工程价款。从比较法来看,关于工程款的支付

---

① 参见《建筑法》第34条。

第四节 建设工程施工合同的效力

时间可以按照完成总体工程时支付相应的价款;或者在完成单位工程时支付一定的价款;也可以按照约定的时间支付一定的工程款。[①] 具体的期限由当事人具体约定。如果当事人没有约定期限,大多数国家以工程交付时为支付时间。[②] 在实践中,对于工程款支付的时间也可以约定在"验收合格之日"、"交付使用之日"、"申请验收之日"等不同的时间支付。我国《合同法》第279条规定:"验收合格的,发包人应当按照约定支付价款,并接收该建设工程。"这就是说,工程款支付的期限应当按照当事人的约定来确定,但支付工程款必须以工程经验收合格为前提。

依据《施工合同司法解释》第17、18条的规定,当事人对欠付工程价款利息计付标准有约定的,按照约定处理;没有约定的,按照中国人民银行发布的同期同类贷款利率计息,利息从应付工程价款之日计付。当事人对付款时间没有约定或者约定不明的,建设工程已实际交付的,为交付之日;建设工程没有交付的,为提交竣工结算文件之日;建设工程未交付,工程价款也未结算的,为当事人起诉之日。由于按期支付工程价款是发包人的主要义务,此种义务的不履行,将会导致发包人的根本违约。依据我国《合同法》第286条的规定,发包人未按照规定支付工程款的,承包人享有法定抵押权。在发包人拖欠工程款的情形,承包人不仅有权要求其继续支付,而且有权要求其支付利息。

(二)按期提供原材料、设备、场地、资金、技术资料

建设工程是一个复杂的整体工程,如果要按时保质完成工程,则不仅需要承包人按照合同的约定及时进行工程建设,而且需要发包人在整个建设工程中对承包人的建设活动进行密切协助。从比较法来看,各国法律制度大都规定发包人负

[①] See M. Barendrecht et al., *Principles of European Law: Services Contracts*, Sellier European Law Publishers, 2007, p. 313.

[②] 如《荷兰民法典》第7:758条;《希腊民法典》第694条;《意大利民法典》第1665条;《德国民法典》第641条。在英国,一旦工作成果最终完成后,就应当支付费用。See M. Barendrecht et al., *Principles of European Law: Services Contracts*, Sellier European Law Publishers, 2007, p. 375.

第十章 建设工程合同

有提供协助的义务。[①] 这种义务既来自法律规定，也来自诚信义务。[②] 我国《合同法》第 283 条规定："发包人未按照约定的时间和要求提供原材料、设备、场地、资金、技术资料的，承包人可以顺延工程日期，并有权要求赔偿停工、窝工等损失。"依据这一规定，发包人具有如下协助义务：

第一，按照合同的约定及时提供原材料和设备。如果合同规定由发包单位提供建筑材料、设备或构件的全部或一部分时，则发包单位应按质、按量、按时地把约定供应的材料、设备、构件送到指定地点，并交付承包单位使用。笔者认为，发包人提供原材料和设备的义务在性质上属于合同义务而非法定义务。在通常情况下，承包人应当自己提供原材料和设备，尤其是对设备而言，通常只能由承包人自己准备施工设备，但是当事人根据工程施工的特殊需要，也可以特别约定由发包人提供原材料。例如，由于发包人对原材料有特殊的要求，而市场上难以购买，则可以约定由发包人提供原材料。但是如果合同没有特别约定，则应当由承包人自己提供原材料和设备。如果由承包人提供原材料的，则原材料的采购费用应当计入工程价款之中。

第二，按照合同约定及时提供场地。承包人进行施工，必须要及时进入场地施工，并且需要有一定的场地堆放建筑材料和施工设备。由于施工场地一般都是由发包人选定的，所以发包人有义务按照合同的约定及时为承包人提供施工场地。为此，如果需要进行拆迁清场的，则发包人在施工前应负责办理正式工程和临时设施界区内的土地征用、民房拆迁、施工用地和施工现场障碍物的拆除工作。此外，发包人还应负责接通场外水源、电源和运输道路等。

第三，按照合同约定及时提供资金的义务。这里所言的资金是指工程进度款，主要是为了建设工程而投入的材料款和劳务费用，它是工程款的一部分；因为建设工程往往涉及大量的资金投入，承包人需要发包人前期投入一定的资金，使承包人能够及时购买原材料和设施，并能够聘请施工人员。因此，合同约定工

[①] 如《德国民法典》第 642、643 条；《奥地利民法典》第 1168 条。

[②] 如《荷兰民法典》第 6；248 条；《意大利民法典》第 1375 条。See M. Barendrecht et al., *Principles of European Law：Services Contracts*, Sellier European Law Publishers, 2007, p. 333.

第四节 建设工程施工合同的效力

程进度款按月付款或按工程进度拨付的,则发包人应当按照该约定按期及时支付。

第四,按照合同约定及时提供技术资料的义务。技术资料是与施工有关的、由发包人掌握的资料,主要包括勘察数据、设计文件、施工图纸以及说明书等。[①] 技术资料是保障工程顺利进行的必要条件,发包人应当按照合同的要求,及时全面地提供相关的技术资料,不得无故拖延或者隐瞒该技术信息,否则应当对承包人承担违约责任。

依据《合同法》第283条,发包人违反上述义务,承包人享有以下权利:一是承包人可以顺延工程日期,如发包单位供应的材料、设备、构件的质量不符合约定,或数量不足以及迟延供应,因此造成停工、窝工或影响竣工时间和质量时,其损失应由发包单位承担。二是承包人有权要求赔偿停工、窝工等损失。工程中途停建、缓建或由于设计变更以及设计错误造成的返工,发包方应采取措施弥补或减少损失,同时,赔偿承包方由此而造成的损失。

(三)及时检查隐蔽工程

《合同法》第278条规定:"隐蔽工程在隐蔽以前,承包人应当通知发包人检查。发包人没有及时检查的,承包人可以顺延工程日期,并有权要求赔偿停工、窝工等损失。"这就确立了发包人对隐蔽工程的及时检查义务。所谓"隐蔽工程",是指敷设在装饰表面内部的工程,如排水工程、电器管线工程、地板基层、护墙板基层、门窗套板基层、吊顶基层等。隐蔽工程在隐蔽以前,应该及时进行检查,在隐蔽之后再进行检查,不仅成本过高,也可能难以准确检查并发现问题。对于隐蔽工程,特别是基础工程结构的关键部位,一定要经过检验合格,并做好原始记录,才能进行下一道工序。依据《合同法》第278条,隐蔽工程在隐蔽以前,承包人应当通知发包人检查。这就是说,承包人负有及时通知的义务,而发包人在接到承包人对于隐蔽工程的交工验收通知后,应及时到现场进行检查和验收;发包人如未按时到现场检查验收,承包人可以暂停施工,顺延工程日

---

① 参见胡康生主编:《中华人民共和国合同法释义》,434页,北京,法律出版社,1999。

期，并有权要求发包人赔偿停工、窝工等损失。

（四）及时验收竣工工程

工程在竣工之后，发包人应当及时组织验收。所谓竣工验收，是指建设工程已经按照设计要求完成了全部工作，拟交付给发包人投入使用，由发包人依据国家关于竣工验收的相关规定，对该工程是否符合合同的条件所进行的检查与考核工作。关于验收的标准，发包人应当根据施工图纸及说明书进行验收。参加验收的人员应当以施工图纸及说明书、国家颁发的施工验收规范和质量检验标准为依据，实事求是地对工程质量作出评价。关于验收的内容，一是工程是否符合规定的建设工程质量标准；二是承包人是否提供了完整的工程技术资料；三是承包人是否有建设工程质量检验书；四是工程是否具备国家规定的其他竣工条件。实践中，当事人往往对实际竣工日期产生争议。对此，《施工合同司法解释》第14条规定，应当分别情形确定实际竣工日期：一是建设工程经竣工验收合格的，以竣工验收合格之日为竣工日期；二是承包人已经提交竣工验收报告，发包人拖延验收的，以承包人提交验收报告之日为竣工日期；三是建设工程未经竣工验收，发包人擅自使用的，以转移占有建设工程之日为竣工日期。

如果因为发包人的原因而迟延验收，就可能导致承包人不能及时交付，无法及时获得价款，风险不能及时移转。因此，因为发包人的原因不能及时交付，应当由发包人承担相应的后果。依据《施工合同司法解释》第20条的规定，如果当事人在合同中特别约定，发包人收到竣工结算文件后，在约定期限内不予答复，视为认可竣工结算文件的，按照约定处理。承包人有权请求按照竣工结算文件结算工程价款。

由于建设工程质量关系到不特定第三人的利益，因而建设工程必须经过验收合格之后，才可以交付使用。《合同法》第279条规定："验收合格的，发包人应当按照约定支付价款，并接收该建设工程。"在验收之后，如果合格，发包人就应当支付价款。如果发包人不及时验收，导致承包人不能及时交付建设工程，该建设工程毁损灭失的风险应当由发包人来承担。《施工合同司法解释》第13条进一步确认，"建设工程未经竣工验收，发包人擅自使用后，又以使用部分质量不

符合约定为由主张权利的，不予支持；但是承包人应当在建设工程的合理使用寿命内对地基基础工程和主体结构质量承担民事责任"。

（五）接收建设工程

《合同法》第279条确立了发包人在验收合格后负有接收建设工程的义务。对发包人而言，竣工验收是接收工程的前提，但竣工验收并不等同于接收。如果验收不合格，发包人可以拒绝接收；如果验收合格，则应该及时接收。没有正当理由而不及时接收的，发包人应负担风险。在竣工验收之前，发包人擅自使用工程的，如果发生质量问题，发包人应当承担一定的责任。如未经验收，发包人就使用建筑物，视为建筑物已经接收。

二、承包人的主要义务

（一）按期完成工程

按期完成工程并及时交付工作成果，是承包人的主要义务。在施工过程中，承包人应当及时进入场地开展施工，保证每个阶段的工期顺利完成。承包人应当独立完成主体工程的施工，不得将主体工程分包他人或者将其承包的全部建设工程肢解以后以分包的名义分别转包给第三人。承包人不得将工程转包给第三人，或将工程分包给不具备相应资质条件的单位。承包人在工作期间要掌握好工程的进度，必须在规定的期间内完成合同约定的工作。[①] 如果当事人对于工程量的确定有约定的，按照合同约定；如果当事人没有在合同中约定工程量，依据《施工合同司法解释》第19条的规定，则按照施工过程中形成的签证等书面文件确认，如果承包人未能提供相关的签证文件，但承包人能够证明发包人同意其施工的，则可以按照当事人提供的其他证据确认实际发生的工程量。

如果承包人未能按期交工，发包人是否有权主张解除合同？从比较法的发展来看，以前大多认为超过规定期限而无法完成合同内容，债权人可以解除合同，

---

① See Werner Lorenz, *International Encyclopedia of Comparative Law*, Vol. Ⅷ, Specific Contracts, Chapter 8, Contract for Work on Goods and Building Contracts, Tübingen, 1976, p. 30.

债务人无法得到任何的报酬。① 但现在一些国家的判例学说认为，可以考虑各种具体因素，不必解除合同。② 从《合同法》第275条的规定来看，建设工期为建设工程合同的必备条款。《施工合同司法解释》第8条第2项规定，"合同约定的期限内没有完工，且在发包人催告的合理期限内仍未完工的"，发包人请求解除建设工程施工合同的，法院应予支持。因此，如果承包人在合同约定的期限内没有完工，且在发包人催告的合理期限内仍未完工的，则发包人有权请求解除合同。

(二) 保证工程质量

保证工程质量是承包人的基本义务。为了保证建设工程质量，承包人应当认真做好施工前的准备工作。例如，承包人应做好施工场地的平整，以及施工现场内用水、用电、道路和临时设施的施工，还要编制施工组织设计和工程预算。承包人应当严格按照施工图纸和操作规程施工，确保工程质量。如果工程是分阶段施工的，则每一阶段的工程都必须达到预计的质量标准。在施工过程中，承包人必须按照工程设计图纸和施工技术标准施工，不得擅自修改工程设计，如果发现设计文件和图纸有差错的，应当及时提出意见和建议。承包人在施工中不得偷工减料、以次充好。③

《合同法》第281条规定："因施工人的原因致使建设工程质量不符合约定的，发包人有权要求施工人在合理期限内无偿修理或者返工、改建。经过修理或者返工、改建后，造成逾期交付的，施工人应当承担违约责任。"由此可见，在建设工程质量不合格的情况下，如果该种建筑质量的瑕疵可以补正，可以采取修理、返工、改建的方式继续履行。法律作出此种规定的主要原因就在于：一方面，建设工程的价值比较大，而建筑质量不合格的情形又比较复杂，在大多情况下，此种不合格都是可以通过修补等方式来弥补的，如果一旦存在不合格就一概

---

① See Hudson and Wallace, *Hudson's Building and Engineering Contracts* (3th ed., London 1970, p. 608).

② See Nees v. Weaver, 222 Wis. 492, 269 NW 266 (1936).

③ 参见马俊驹、余延满：《民法原论》，699页，北京，法律出版社，2007。

第四节　建设工程施工合同的效力

允许当事人解除合同，不仅会造成严重的浪费，而且难以保障建设工程的顺利进行。另一方面，在建设工程质量不合格的情形下，由承包人在合理期限内对建设工程无偿修理或者返工、改建，对发包人也是有利的，这也便于其继续利用该建设工程，满足其经济需要。对承包人而言，如果完全采用损害赔偿的违约责任形式，也会不当加重其责任。

（三）提交竣工验收

《合同法》第279条第2款规定："建设工程竣工经验收合格后，方可交付使用；未经验收或者验收不合格的，不得交付使用。"因此，在建设工程完成之后，承包人应当及时将工程提交发包人进行竣工验收。实践中，承包人应按期完成基本建设工程，在完成之后，承包人应遵守国家有关交付验收规则，做好交付准备工作，如绘制竣工图等，将建设工程交付给发包人。隐蔽工程由于其自身的特殊性，承包人应当在工程隐蔽前通知发包人检验，并办理验收交接手续，经双方签字盖章后，即发生交付的法律效力。如果整个工程可以分为若干单项工程的，则在单项工程竣工之后，承包人都应当及时向发包人提出书面交工验收通知。发包人在接到通知后，应当及时验收。

工程经验收合格，发包人应当向承包人签发交工验收证书。如果合同约定有保修期的，在保修期内，建设工程因承包人的原因出现质量问题，承包人应负责无偿修理。承包人未按期交付工程的，应承担相应的违约责任。

（四）接受发包人监督

比较法上，一般都确认了发包人有权监督承包人的建设施工活动或检查建筑物，当然，发包人的检查行为应当采用合理的方式，而不能妨碍建筑人从事正常的建筑工作。[①]《合同法》第277条规定："发包人在不妨碍承包人正常作业的情况下，可以随时对作业进度、质量进行检查。"该条对发包人的检查权利作出了规定，由此也确立了承包人接受发包人合理监督检查的义务。具体而言，该项义务主要表现在：一是承包人有义务接受发包人在任何时候对工程作业进度、质量

[①] See M. Barendrecht et al., *Principles of European Law：Services Contracts*, Sellier European Law Publishers，2007，p.357.

进行检查。《合同法》第 277 条采用"随时"二字，就表明发包人可以在任意时间进行检查。二是发包人的检查以不妨碍承包人正常作业为前提。所谓不妨碍，是指发包人的检查不得影响工程的正常进度，否则将会造成工期的延误。例如，发包人要求进入正在紧张施工的工地进行现场勘查检验，则必将造成工地的停工，此种检查就妨碍了承包人的正常作业。

需要指出的是，虽然发包人享有检查和监督的权利，承包人也负有相应的义务。但即便发包人未对建设工程进行检查监督，施工人也不得主张其对建设工程质量不合格免责。也就是说，即便双方约定了要由发包人监督，发包人没有尽到监督义务导致瑕疵，承包人也不能以此作为不承担责任的抗辩。[①] 而且从《合同法》第 277 条的规定可以看出，检查、监督建设工程是发包人的权利，即便发包人不对建设工程进行检查、监督，承包人也仍应当对建设工程质量不合格承担责任。

（五）防止损害

《合同法》第 282 条规定："因承包人的原因致使建设工程在合理使用期限内造成人身和财产损害的，承包人应当承担损害赔偿责任。"该条规定确立了建设工程质量问题造成损害之后的赔偿责任。此种责任的构成条件应包括：第一，在验收合格之后的合理期限内发生损害。在验收合格之前，建设工程尚未投入使用，因此造成损害的，自然应由承包人承担责任。但在验收合格之后，承包人是否仍应承担责任？依据法律规定，承包人的责任并不因验收合格而得以免除，只要是在合理使用期限内因承包人的原因致使建设工程造成人身和财产损害的，承包人都应当承担责任。当然，此种责任不是无限期的，应当在建设工程的合理使用期限内产生。通常，合理期限应当依据有关法律法规来确定。[②] 第二，此种损害须是因承包人的原因造成的。这就是说，在工程竣工交付之后，只要发包人在

---

① See M. Barendrecht et al., *Principles of European Law: Services Contracts*, Sellier European Law Publishers, 2007, p. 357.

② 例如，建设部于 2005 年制定的《民用建筑设计通则》第 1.0.4 条规定："以主体结构确定的建筑耐久年限分下列四级：一级耐久年限 100 年以上适用于重要的建筑和高层建筑。二级耐久年限 50～100 年适用于一般性建筑。三级耐久年限 25～50 年适用于次要的建筑。四级耐久年限 15 年以下适用于临时性建筑。"

合理使用期限内,因承包人的原因导致建设工程造成他人损害的(如承包人因偷工减料、使用不合格的建筑材料以及未严格按照设计的图纸进行施工建设导致建设工程质量存在问题),承包人即应当承担责任,否则其就无须承担责任。第三,因为质量不合格造成他人损害,此种损害既包括对财产造成的损害(如建筑物漏雨造成家具浸泡、家电腐蚀),也包括对人身造成的损害(如建筑物砖瓦脱落砸伤行人)。此种损害既包括对发包人的损害,也包括对合同外的第三人所造成的侵权损害。

《合同法》第282条也确立了承包人所应当负有的防止损害的义务,承包人应当防止建筑物对他人造成损害,包括防止对他人人身和财产的损害。[①] 承包人保证建设工程安全的义务既存在于建设期间,也存在于建设工程完成之后。在比较法上,许多国家都规定了防止损害的义务[②],《欧洲合同法原则》也对建筑商的此种义务作出了具体规定。[③] 由于建设工程质量不合格,将可能会给不特定第三人造成人身或财产损害,因而我国《合同法》第282条明确规定了承包人防止损害的义务。

第五节 承包人的建设工程优先权

一、建设工程优先权的概念和特征

所谓建设工程优先权,是指在建设工程竣工以后,发包人未按照约定支付价

---

① 参见胡康生主编:《中华人民共和国合同法释义》,432页,北京,法律出版社,1999。
② 例如,依据《德国民法典》第242条,建筑商对合同另一方的财产负有基于诚信原则所产生的附随义务并且不能造成对另一方的生命健康的危害。建筑商对第三人造成的损害负有赔偿责任。Staudinger Kommentar BGB, art. 635 p. 6, 7.
③ 《欧洲合同法原则》中规定,如果导致缺陷的原因不能确定,那么建筑商需要为此承担风险。为了预防缺陷的发生,建筑商负有让客户有机会监控整个建筑过程的义务。并且建筑商有义务收集目前施工状况的相关信息,比如建筑物所在地的地质状况。此外,其还有义务使用确保工程质量的材料以及其他的物资,并且对整个施工工程负有充分的注意义务。See M. Barendrecht et al., *Principles of European Law: Services Contracts*, Sellier European Law Publishers, 2007, p. 312.

第十章　建设工程合同

款,承包人对其承包的建设工程,通过折价、拍卖等方式而获得的价款优先受偿的权利。从比较法上来看,许多国家的法律均确认了建设工程优先权。① 例如,《德国民法典》第 648 条规定,建设工程或建筑工程一部分的承揽人,就其由契约产生的债权,对定作人的建筑用地得请求让与保全抵押权。如工作尚未完成,承揽人得对与给付的劳务相符的一部分报酬和在报酬中未计算在内的垫款,请求让与保全抵押权。此请求权得为预告登记,须有定作人之同意或代替同意之判决和登记,始成立抵押权。《合同法》第 286 条规定:"发包人未按照约定支付价款的,承包人可以催告发包人在合理期限内支付价款。发包人逾期不支付的,除按照建设工程的性质不宜折价、拍卖的以外,承包人可以与发包人协议将该工程折价,也可以申请人民法院将该工程依法拍卖。建设工程的价款就该工程折价或者拍卖的价款优先受偿。"这就规定了承包人享有的建设工程优先权。由于在建设工程承包合同中,发包人拖欠承包人工程款的现象十分严重,在实践中,许多承包人是带资建设,而在工程完工之后,发包人不及时支付工程款,将使得承包人正常的经营受到极大影响,许多承包人资金周转严重困难,甚至发生破产。尤其是拖欠工程款也使一些承包人的职工不能领到工资和报酬,由此也影响社会安定。《合同法》为了强化对承包人的保护,维护社会的稳定,设定了建设工程优先权。可见,《合同法》规定建设工程优先权具有重要的社会现实意义。

建设工程优先权具有以下特征:

第一,此种权利为法定权利。一般而言,优先权都是由法律直接规定的,建设工程优先权也不例外。作为一种法定的权利,其与抵押权、质权等约定的担保物权存在明显不同,主要表现在:一方面,此种权利的享有以符合法律规定的条件为前提,只要符合法律规定的条件,承包人即享有此种权利,而无须与发包人协商设定。在何种情形下债权人可以享有优先权,完全由法律以列举的方式明确规定。另一方面,在符合法律规定的情况下,承包人所享有的优先权的效力也是

---

① 《日本民法典》第 337~339 条规定继受了法国民法中的优先权,建立了先取特权制度,根据这一制度,不动产工事的先取特权,因为工事开始前登记其费用预算额而保存其效力,并可先于抵押权而行使。

第五节 承包人的建设工程优先权

由法律规定的。此外,在承包人的优先权与其他担保物权发生竞合时,也需要由法律对优先权的顺位作出规定。如《法国民法典》第2096条规定:"优先权债权人为数人时,各债权人之间,依各自优先权的不同性质,确定优先受偿的顺位。"我国有关司法解释也对建设工程优先权与抵押权等权利之间的顺位进行了明确的规定。①

第二,此种权利的内容是就建设工程的变价优先受偿。所谓优先,是承包人针对其所承包的建设工程,在拍卖、变卖之后,就拍卖、变卖、折价所得价款得以优先其他债权人受偿。优先的含义是通过与发包人的其他债权人的权利比较而确立的,因为虽然建设工程归属于发包人,但发包人未能按期支付工程款,承包人可以依法就其所承包的工程进行拍卖、变卖、折价,并就所得价款优先受偿。从这一点来讲,优先权具有类似于物权的效力。但是由于此种优先权缺乏一定的公示方法,且物权法未承认其属于物权,按照物权法定原则,优先权在性质上仍然不属于物权。此种优先权的主体只能是建设工程的承包人。其他主体如承包人的债权人,即便因发包人的迟延付款而受到损害,也不能主张此种优先权。

第三,此种权利的设立无须公示。一般物权的产生必须要经过一定的公示方法,例如动产要交付并移转占有,不动产应当登记,而优先权的取得不以占有和登记为要件。因为优先权是直接依据法律规定产生的,且物权法没有将其作为一种物权加以承认,所以其无须进行公示。只要承包人符合法律规定的条件,即可取得此种权利。正是由于优先权的这一特征,它可以有效地保护法律应当优先保护的利益,实现立法的目的。不过,尽管建设工程优先权在产生时不需要登记,但如果要使此种优先权具有优先于物权(如抵押权)的效力,为了维护善意第三人的利益、保护交易安全,此种优先权就必须要登记,使一般物权人能够在设定物权时知道某个特定的债权人是否享有优先权。例如,建设工程承包人的优先权要优先于一般抵押权,应当将工程款预先登记。

第四,此种权利的标的是承包人所建设的工程本身。承包人的优先权仅限于

---

① 参见最高人民法院2002年6月20日《关于建设工程价款优先受偿权问题的批复》(法释〔2002〕16号)。

其所承包的建设工程本身,这就意味着只能针对建筑物而主张优先权,且此种建筑物必须是承包人所承包的建筑物。因为此种优先权设定的目的,就是要保证承包人的工程价款得到及时支付。所以,承包人行使优先权也只能针对其所建造的建筑物本身来主张。超出这一范围,就可能损害其他承包人或发包人的利益。一般而言,承包人对其所建造的建筑物在交付之前都由其进行占有,这也便利承包人行使优先权。尽管从《合同法》第286条的规定来看,在建设工程交付之后,承包人仍然可以享有优先权。但是,在实践中,如果建设工程已经交付给发包人,则承包人再主张优先权将会存在较多障碍。

第五,此种权利仅适用于建设工程合同。《合同法》第286条将此种权利规定在建设工程合同之中,表明其仅适用于建设工程合同,而不适用于建设工程合同以外的承揽合同关系。在一般的加工承揽合同中,如果定作人逾期不支付价款,则承揽人不享有优先权。有些学者对此提出了批评,认为在一般承揽中,承揽人的劳动价值并不比不动产的加工等承揽小,而且往往要更大一些;而且在承揽工作中,承揽人常常要提供一些原材料,但承揽人在定作人不支付报酬时,却不能行使留置权,这对承揽人明显不公,因此该优先权应当适用于一般的承揽关系。[①] 笔者认为,由于承揽合同范围较为广泛,如果允许一般承揽合同的承揽人都享有优先权,则优先权的范围就未免过于宽泛。更何况,在一般承揽合同中,如果定作人不支付价款,承揽人可以享有留置权,法律没有必要使一般承揽合同中的承揽人在留置权之外另享有优先权。由于建设工程投资额大、技术性强、质量要求高、需利用土地等资源、影响环境等原因[②],因而《合同法》第286条将此种法定优先权的适用范围限于建设工程合同。

建设工程合同虽然包括勘察、设计、施工合同,但此种权利主要适用于施工合同。因为只有施工合同中的承包人才会产生建筑物,而勘察、设计合同中的承包人并不从事具体的工程建造,其主要是提供意见和咨询服务。因此,在解释上

[①] 参见谢鸿飞编著:《承揽合同》,135页,北京,法律出版社,1999。

[②] 参见王建东:《建筑工程合同法律制度研究》,49页,北京,中国法制出版社,2004。

应当将此种法定优先权的适用范围限于建设工程施工合同。[①]

二、建设工程优先权的性质

关于建设工程优先权的性质，历来众说纷纭，主要有三种不同的观点：

1. 法定留置权说。此种观点认为，该权利在性质上属于法定留置权，因为承包人是在发包人预期不支付工程款的情况下对建造的工程予以留置。《担保法》第84条第1款规定："因保管合同、运输合同、加工承揽合同发生的债权，债务人不履行债务的，债权人有留置权。"建设工程承包合同在性质上就是承揽合同，所以因建设工程承包合同发生的债权也可以发生留置。

2. 法定抵押权说。此种观点认为承包人的优先受偿权应当属于法定抵押权，因为一方面，承包人的优先受偿权具有从属性、不可分性、追及性等抵押权的一般特点；另一方面，在建设工程合同的履行中，承包人与发包人通常要共同指派施工代表，共同负责对施工现场的管理，相互配合；承包人必须接受发包人的检查和监督，发包人并未绝对地丧失对工程的占有和控制。这些都表明，此种权利不以移转标的物的占有为必要，因此符合抵押权的一般特点。

3. 优先权说。此种观点认为，建设工程优先权在性质上是优先权，因为承包人的优先受偿权既不是抵押权也不是留置权，而只是对承包人所享有的因建设工程所产生的承包之债的优先权。

笔者认为，将《合同法》第286条理解为法定留置权的观点有一定道理，因为留置权也大多是在承揽合同中发生的，它是指一方按照合同约定占有对方的财产，并为对方从事修理、保管等行为，对方不按照合同约定支付价款，并超过约定期限的，占有人有权留置该财产，并可以以留置财产折价或者以变卖该财产的价款优先受偿。但建设工程优先权并不等同于留置权。因为一方面，留置权通常以动产为标的，而建设工程作为不动产，不得作为留置权的标的；另一方面，在

[①] 参见吴庆宝：《最高人民法院司法政策与指导案例：建设工程卷》，199页，北京，法律出版社，2011。

留置权中，留置权人所留置的财产是债务人交付的动产，而在承包人的建设工程优先权中，承包人享有优先受偿权的财产是由其自己建造而成的，而非发包人交付的财产。

承包人的建设工程优先权也不是抵押权，主要原因在于：一方面，根据《物权法》的规定，不动产抵押权必须经过登记才能设定，未经登记，抵押合同仅在抵押人和抵押权人之间发生效力，而不能发生创设物权的效力。相反，《合同法》第286条所规定的承包人的建设工程优先权不需要经过登记也可以设定，这与不动产抵押权的性质是不符合的。另一方面，抵押权一般不移转占有，而在承包人的建设工程优先权中，不存在财产的移转占有问题，而且建设工程实际由施工人占有，这与抵押权不移转抵押物的占有也不相同。

笔者认为，承包人的建设工程优先权在性质上应当是一种法定优先权。其根据在于：第一，它是由法律直接规定的担保特种债权实现的权利，是法律为了维护社会的公平和秩序，赋予债权人对某种特殊的债权即工程款的请求权，享有优先于其他债权人而优先受偿的权利。从比较法来看，国外有关的法律也采纳了优先权概念。例如，日本民法继受法国民法中的优先权建立了先取特权制度，根据这一制度，不动产工事的先取特权，因于工事开始前登记其费用预算额而保存其效力，并可先于抵押权而行使。[①] 优先权的概念比较准确地概括了承包人的优先受偿权的性质和特点，因此，应当将《合同法》第286条所规定的权利解释为优先权。第二，强调此种权利的性质为优先权，也是为了将其与担保物权区别开，因为担保物权都需要采用一定的公示方法，但优先权并没有法定的公示方法，所以优先权在性质上不同于担保物权。第三，如果承包人的优先受偿权是一种担保物权，则直接可以适用《物权法》的相关规则，在《合同法》中就不必对其作出专门规定，这可能使《合同法》第286条的规定失去存在意义。

---

① 参见《日本民法典》第337至339条。

第五节 承包人的建设工程优先权

三、建设工程优先权的适用条件

1. 发包人未支付工程款。在建设工程合同中，发包人在工程建设完成以后，对竣工验收的工程应当按照合同约定的方式和期限进行工程决算，支付价款，并及时向承包人支付价款后接受工程。而承包人一旦收到工程价款即应当及时将该建设工程交付给发包人，发包人也应当接受该工程。但是在发包人未及时支付工程款时，法律为了保护承包人的利益，设置了优先权制度。因此，优先权必须以发包人未支付工程款为行使的条件和前提。需要指出的是，此处所说的工程款并非承包人对发包人享有的全部债权。根据最高人民法院《关于建设工程价款优先受偿权问题的批复》第3条，建设工程价款包括承包人为建设工程应当支付的工作人员报酬、材料款等实际支出的费用，但不包括承包人因发包人违约所造成的损失。报酬是指从事建设工程施工活动的人员的劳务费用；材料款是指由承包人提供原材料时，购买原材料所支付的价款。除此之外，还包括设备、运输管理等实际支出的、直接用于工程建设的费用。但发包人在合同履行期间因违约而应当承担的赔偿责任，并不属于工程款本身，而是因不支付工程款而引发的损失，因此不应纳入优先权的保障范围之内。

2. 经催告仍未支付。在发包人不按期支付工程款的情况下，承包人尚不能立即享有优先权，而应当催告发包人在合理期限内支付工程款，如果发包人经催告后支付了工程款，则承包人便不享有优先权。只有在催告之后，发包人仍然不支付工程款，则承包人才可以行使优先权。课以承包人催告义务相当于给予发包人一个宽限期，使其有一定的准备时间去筹措款项、履行支付义务。在这一宽限期经过之后，发包人仍未支付建设工程价款的，承包人就可以行使优先权。

3. 标的为竣工验收合格的建设工程。一方面，如果工程没有竣工，则承包人尚不享有工程价款的请求权，因此无权主张优先权。另一方面，只有在竣工验收合格的情况下，发包人才应当按照约定支付工程价款。如果工程验收不合格，发包人不仅有权拒绝支付工程价款，而且有权请求承包人承担违约责任。在此情

况下，承包人当然无权享有并行使法定优先权。正是从这个意义上，许多学者将该优先权称为建设工程价款优先受偿权。需要指出的是，建设工程的范围也应当包括装饰装修工程。国务院颁发的《建设工程安全生产管理条例》第2条第2款规定："本条例所称建设工程，是指土木工程、建筑工程、线路管道和设备安装工程及装修工程。"因此，也应当将装饰装修工程纳入建设工程的范围之内。

四、建设工程优先权的效力

（一）建设工程优先权具有优先于一般债权的效力

《合同法》第286条规定："发包人未按照约定支付价款的，承包人可以催告发包人在合理期限内支付价款。发包人逾期不支付的，除按照建设工程的性质不宜折价、拍卖的以外，承包人可以与发包人协议将该工程折价，也可以申请人民法院将该工程依法拍卖。建设工程的价款就该工程折价或者拍卖的价款优先受偿。"依据这一规定，发包人逾期不支付的情况下，承包人对建设工程应当采取如下方式进行变价：

一是折价。折价即由双方协商确定建设工程的价格，折抵债务人所欠的债务。折价首先要求标的物按其性质是可以折价的。例如，国家重点工程、具有特定用途的工程等，不宜折价或拍卖的，则不能折价。其次，折价必须要经由双方当事人达成一致协议，而不能由一方当事人自行决定折价的价格。在折价过程中，双方可以参照市场价格，如果工程的价值大于债务总额的，承包人应当返还多余的价值给发包人；折价之后仍然不足的部分，由发包人继续承担支付义务。

二是拍卖。双方不能达成折价协议或协议规定不明确，只能请求法院拍卖建设工程。需要指出的是，《合同法》第286条规定只允许法院以拍卖的方式处置建设工程，而不允许以变卖的方式进行处置。

在通过折价或拍卖的方式将建设工程变价之后，承包人有权从变价所得价款中优先受偿。此处所说的优先原则上是针对发包人的一般债权人优先受偿，例如，发包人在经营过程中对第三人欠下债务，如果这些债权人在法院主张拍卖建

第五节 承包人的建设工程优先权

设工程,承包人基于其优先权可依法优先于这些债权人受偿。

(二)建设工程优先权与抵押权的竞合

在建设工程优先权和抵押权同时并存的情况下,应当由哪一种权利优先受偿,对此存在如下不同观点:第一,一般抵押权优先说。此种观点认为,法定优先权并没有经过登记,而且没有公示,因此第三人很难知道,而一般抵押权大多经过了登记,所以根据我国《担保法》第54条规定,抵押物已登记的先于未登记的受偿,应当由一般抵押权优先。第二,法定优先权优先说。此说认为,法定优先权应当优先于一般抵押权受偿,因为法定优先权是直接依法产生的,不需要公示,可以直接对一般抵押权产生优先效力。第三,依成立的先后定其次序。[①] 此种观点认为,在法定优先与一般抵押之间很难说哪一种物权比另一种更优先,两种物权都应当受到平等的保护,应当根据其设立的时间先后顺序,来确定应当优先保护哪一种权利。第四,平等受偿说。即在法定优先权与抵押权发生冲突的情况下,由于两项权利都具有优先受偿的效力,任何一项物权都不能优先于另一物权,因而,可以将两项物权视为具有同等效力的权利,应使其权利人平均受偿。

笔者认为,如果发包人未按照约定支付工程价款,承包人固然可以请求发包人承担违约责任,但是违约责任在许多情况下并不能充分保护承包人的利益。其主要原因在于,发包人在兴建工程的过程中为了融资,常常要将土地使用权或在建工程以及已经建成的工程抵押给他人。在承包人和发包人的其他债权人同时向发包人主张清偿债务的情况下,其他享有抵押权的债权人就会要求行使抵押权,对发包人已经竣工验收合格的工程优先受偿,因此,两种权利在受偿顺序上会产生一定的冲突。在此情形下,是否可以根据"先来后到"的原则,确定法定优先权和一般抵押权的效力?笔者不赞成此种观点,原因在于:一方面,对一般物权采用"先来后到"的原则是必要的,但是就建设工程法定优先权与抵押权的受偿顺序而言,适用"先来后到"的原则缺乏法律依据。另一方面,如果采用"先来

---

① 参见谢鸿飞编著:《承揽合同》,138页,北京,法律出版社,1999。

第十章 建设工程合同

后到"的原则，必然要就法定优先权的成立时间予以确定。但在实践中，建设工程优先权大多未登记，因此很难确定建设工程优先权的产生时间。如果将其时间界定为建设工程竣工并验收合格、发包人应当付款而未付款之时，则多数一般抵押权的成立时间通常要早于法定优先权。这样一来，一般抵押权就都会优于法定优先权，这显然不利于保护承包人的利益。

最高人民法院《关于建设工程价款优先受偿权问题的批复》规定："人民法院在审理房地产纠纷案件和办理执行案件中，应当依照《中华人民共和国合同法》第二百八十六条的规定，认定建设工程的承包人的优先受偿权优于抵押权和其他债权。"这就确立了建设工程优先权应当优先于一般抵押权的规则，确立这一规则的主要原因在于：

1. 从性质上看，建设工程承包合同仍然是一种承揽关系，它和一般的承揽没有本质的区别。如果在一般的承揽中，动产的承揽加工人可以享有留置权，且此种留置权应当优先于一般动产抵押权。那么，在建设工程承包中，由于建设工程优先权实际上类似于法定的留置权，因而也应当优先于一般抵押权。

2. 在发包人拖欠的工程款中，相当一部分是承包人应当支付给工人的工资和劳务费。根据《民事诉讼法》的规定，在执行债务人的财产时，应当对工人的工资等优先支付，这也符合我国《劳动合同法》保护劳工利益的宗旨。如果因为一般抵押权优先受偿，导致承包人的工程款不能实现，则工人的工资将难以保障，这显然有违《劳动合同法》的立法旨意。

3. 承包人通常并没有雄厚的资金优势，其垫付工程款以后，将使其所有的资本都投在建设工程上，一旦发包人不支付工程款，不仅会使其血本无归，而且使其无法再从事承包经营活动，甚至会导致其破产，这也不利于社会秩序的稳定。

4. 承包人通常在发包人支付工程款以前，就实际占有其建造的建设工程，如果要由一般抵押权人优先受偿，承包人必然不会轻易地交出建设工程，这样也容易引起纠纷。更何况，如果承包人认为其辛苦建造建设工程后，工程款不能得到支付，则有可能会采取各种方法毁损工程，或者通过改变建设工程的用途等，

第五节　承包人的建设工程优先权

使其不能发挥作用，从而造成社会财富的损失和浪费。因此，肯定法定优先权具有优先效力，也有利于充分发挥建设工程的经济效用，避免社会财富的浪费。①

应当指出，优先权优先于一般抵押权必须具备一个条件，即工程款是预先登记的。关于优先权是否需要登记的问题，也值得探讨。从比较法上来看，有的国家规定应当登记。② 关于我国《合同法》规定的优先权是否应当登记，学界看法并不一致。笔者认为，如果建设工程优先权只优先于一般债权，可以不必登记，但如果承包人所享有的建设工程优先权要优先于抵押权等其他担保物权，则应当以工程款已经预先登记为条件，该登记的工程款也是承包人优先权实现的最高数额。如果实际结算的工程款高于登记的数额，则承包人只能在登记数额内享有优先于其他担保物权受偿的效力。如果低于登记的数额，则应当以实际结算的数额为准。从比较法上来看，也有些国家立法要求承揽人优先权的取得必须经过登记，或要求将费用预先登记。例如，《日本民法典》第338条前段规定："不动产工事先取特权因于工事开始前，将其费用之预算额登记，而保存其效力。"

工程款应当预先登记的原因在于：一方面，抵押权等担保物权作为一种物上担保的形态，是最有效的保障债权的手段。如果因为工程款的拖欠导致承包人所享有的优先权要优先于抵押权等其他担保物权而受偿，抵押权等担保物权就不能起到有效保障债权实现的目的，这对交易安全也会造成妨害。如果建设工程优先权没有经过登记，则抵押权人很难了解将来可能发生的承包人的优先权，这可能不利于发挥抵押权制度的功能；但如果工程款已预先登记，抵押权人已事先知道优先权的存在，则其继续接受债务人以建设工程作出的抵押，意味着其已自愿接受抵押权可能无法实现的风险。另一方面，对建设工程的工程款进行预先登记也有利于避免和减少纠纷。建设工程在竣工以后，如果工程款不是在合同中明确确定且不允许决算后加以变更，则当事人很可能就工程款的数额发生争议，要求工程款预先登记则可以有效解决这一难题。更何况，如果发包人与承包人恶意通

---

① 参见张国炎：《论建筑承揽商法定抵押权》，载《社会科学》，1998（7）。
② 例如，在德国民法上，优先权应进行登记，未经登记，优先权不得成立。但承揽人之优先权若发生转让，在转让之前必须进行登记。

谋，故意虚报工程款，在承包人的优先权受偿以后，一般抵押权人的利益将难以实现，建设工程的工程款预先登记将有效避免此类问题产生。还要看到，要求建设工程款预先登记也有利于保护发包人的利益。如果当事人没有将建设工程款预先登记，则一般抵押权人将难以了解建设工程上是否存在法定优先权，更难以了解该法定优先权的具体范围和数额，这可能导致一般抵押权人不会同意发包人以建筑物作为抵押标的，或者提高放款的条件。这可能提高发包人的融资成本，显然也不利于保护发包人的利益。因此，笔者认为，未经登记，该优先权仅能产生对一般债权人的优先效力，而不能产生对其他物权如抵押权的优先效力。

（三）建设工程优先权不得对抗消费者作为商品房买受者的权利

最高人民法院《关于建设工程价款优先受偿权问题的批复》规定，"消费者交付购买商品房的全部或者大部分款项后，承包人就该商品房享有的工程价款优先受偿权不得对抗买受人"。这就是说，承包人的优先权不得对抗作为消费者的房屋买受人的权利。因为房屋不是一般的生活资料，而是公民赖以安身立命的场所，也是公民基本的财产。保护公民的房屋所有权实际上也是保护公民最基本的财产权和生存权，因此建设工程的承包人不能因其行使优先权而影响房屋买受人的权利的实现。当然，买受人享有的权利必须经过预告登记以后才能产生类似物权的效力，如果没有经过预告登记，买受人只是享有一般的债权，不能产生对抗建设工程承包人优先权的效果。

第六节　建设工程合同的违约责任

一、发包人的违约责任

发包人的违约责任主要包括如下几种：

一是未按期支付工程款所应承担的责任。依据《合同法》第269条的规定，在建设工程合同中，支付工程款是发包人的主要合同义务，如果发包人没有按期支付

第六节 建设工程合同的违约责任

工程款，承包人有权要求发包人继续支付，并有权要求解除合同、赔偿损失。另外，依据《施工合同司法解释》第2条的规定，即使建设工程合同无效，但建设工程经验收合格的，承包人也有权请求发包人参照合同约定的价款支付工程款。

二是未及时提供原材料、设备、场地、资金等的责任。在建设工程合同中，承包人顺利施工可能需要发包人及时提供原材料、设备等，当事人也可以在合同中约定由发包人提供相应的设备、原材料等。在此情况下，如果发包人违反其负有的提供相关的设备、原材料等义务，造成承包人无法顺利施工，或者造成承包人其他损失的，依据《合同法》第283条的规定，承包人有权顺延工程日期，并有权请求发包人赔偿其停工、窝工等损失。

三是因发包人的原因造成工程质量不合格而产生的责任。在建设工程合同中，承包人顺利进行相关的施工活动可能需要发包人的协助，如承包人可能需要发包人提供原材料、设备，或者提供相关的技术实施方案等，如果因发包人所提供的原材料、设备等不符合约定的质量标准，或者发包人所提供的技术实施方案存在缺陷，并因此导致建设工程质量不合格的，承包人有权请求发包人承担违约责任。《施工合同司法解释》第12条对此作出了规定，即因发包人提供的设计有缺陷，或者因发包人提供或者指定购买的建筑材料、建筑构配件、设备不符合强制性标准，或者因发包人直接指定分包人分包专业工程，从而造成建设工程质量缺陷的，发包人应当承担过错责任。当然，如果承包人有过错的，其也应当承担相应的过错责任。

二、承包人的违约责任

建设工程的承包人，即承包工程建设的单位，包括对建设工程实行总承包的单位和承包分包工程的单位。[①] 承包人的违约责任包括如下几种：

一是未能按期交工，应承担支付违约金和赔偿损失的责任。建设工程合同

---

① 参见魏耀荣等：《中华人民共和国合同法释论（分则）》，308页，北京，中国法制出版社，2000。

中，按照约定期限交工是承包人的主合同义务之一。如果承包人未能在约定的期间内完成建设工程，则构成违约，发包人有权请求其承担违约责任。在约定的交工期间届满后，承包人未能交工的，依据《施工合同司法解释》第8条的规定，发包人有权催告承包人在合理的期限内完工，承包人在该合理的期限内仍未完工的，发包人有权请求解除合同，并请求承包人承担违约责任。

二是因建设工程质量不合格应承担的责任。在建设工程合同中，与发包人订立合同的是承包人，所以，承包人应当对建设工程质量不合格承担责任。如果因承包人的原因导致建设工程质量不合格，则发包人有权请求承包人承担违约责任。因为依据法律规定和合同约定，承包人应按照约定保证建设工程的质量，如果承包人未能严格依照规定进行施工，则发包人有权请求承包人承担违约责任。《施工合同司法解释》第11条规定："因承包人的过错造成建设工程质量不符合约定，承包人拒绝修理、返工或者改建，发包人请求减少支付工程价款的，应予支持。"当然，如果建设工程质量不合格是因发包人的原因或者其他原因造成的，则承包人无须承担责任，否则对承包人将过于严苛，也有悖于责任自负原则，且不符合公平原则。[①]

三是与分包的第三人承担连带责任。依据《合同法》第272条，在总承包人或勘察、设计、施工承包人经发包人同意将其所承担的部分建设工程项目分包的，就第三人所完成的工作成果，应由总承包人或勘察、设计、施工承包人与该第三人向发包人承担连带责任。法律规定其承担连带责任，有利于督促总承包人、第三人等在工程建设过程中尽到合理的注意义务，保证工程建设的质量。

此外，因建设工程的质量不合格造成他人财产或人身损害的，承包人还应当承担赔偿责任。例如，因为建筑物质量不合格，导致瓦片脱落砸伤行人。《合同法》第282条规定："因承包人的原因致使建设工程在合理使用期限内造成人身和财产损害的，承包人应当承担损害赔偿责任。"

[①] 参见胡康生主编：《中华人民共和国合同法释义》，431页，北京，法律出版社，1999。

第六节 建设工程合同的违约责任

三、施工人的违约责任

建设工程施工是施工人按照建筑设计标准和勘察、设计文件等来建造建设工程的行为。建设工程施工既可以由承包人亲自完成，也可以由承包人委托的施工单位来完成，因此，施工人与发包人之间可能没有合同关系。依据《合同法》第281条的规定，如果因施工人的原因导致建设工程的质量不符合约定，则发包人有权要求施工人在合理期限内修理或者返工、改建，而且发包人无须向施工人支付相应的报酬。当然，从该条的规定来看，《合同法》第281条强调"因施工人的原因致使建设工程质量不符合约定"，可见，《合同法》对施工人的责任采取的是过错责任。

《施工合同司法解释》第25条规定："因建设工程质量发生争议的，发包人可以以总承包人、分包人和实际施工人为共同被告提起诉讼。"因此，在施工过程中，因施工单位的原因造成建设工程质量不合格的，施工人应当对建设工程的质量问题承担责任。从预防损害的角度考虑，由施工单位承担建设工程质量不合格的责任也是合理的，因为施工人是最直接的建设工程建造者，要求其承担责任既可以督促其严格按照法律法规和工程勘察、设计文件进行施工，也可以避免因建设工程的质量不合格而对公众的生命财产安全造成威胁。

在施工中，许多合同当事人是建筑企业的项目（经理）部，其是建筑企业因经营需要为特定项目所设立的临时机构，一般随着项目的产生而组建，随着项目的结束而解散。在法律上，如果建筑企业成立项目公司，则属于独立的法人，一般可以认定为施工人。而如果此类项目（经理）部属于企业的分支机构，则不具备独立的民事主体资格，不能独立对外承担民事责任[①]，此时仍然以施工人作为合同相对人。

[①] 参见山东省高级人民法院民二庭：《合同纠纷审判实践中的若干疑难问题》载《山东审判》，2008(3)。

四、其他主体的违约责任

此处所说的其他主体,主要是指分包关系中的分包人。《施工合同司法解释》第25条规定:"因建设工程质量发生争议的,发包人可以以总承包人、分包人和实际施工人为共同被告提起诉讼。"第26条规定:"实际施工人以转包人、违法分包人为被告起诉的,人民法院应当依法受理。实际施工人以发包人为被告主张权利的,人民法院可以追加转包人或者违法分包人为本案当事人。发包人只在欠付工程价款范围内对实际施工人承担责任。"据此可见,承包人将工程转包、分包给其他人,但不应当免除其对工程质量的责任,承包人应当就第三人的行为对发包人负责,因为在此情况下,次承包人、分包人在法律上应当是承包人的债务履行辅助人,承包人应当就其行为对发包人负责。

五、责任形式

（一）实际履行

在建设施工合同中,如果建设工程质量不合格是因为施工人的原因所致,发包人有权要求施工人在合理期限内无偿修理或者返工、改建。经过修理或者返工、改建后,造成逾期交付的,施工人应当承担违约责任。可见,在此情形下,施工人负有实际履行的责任。依据《合同法》第281条的规定,实际履行是承担其他违约责任的前提。只有在施工人经过修理或者返工、改建后,造成逾期交付的,才应当承担其他违约责任。就发包人的违约责任而言,如果发包人没有及时提供场地、原材料、设备等,其也负有继续履行的义务;如果发包人没有按期支付工程款,其也负有继续支付的义务,并应当承担其他违约责任。

（二）违约金

在建设工程合同中,当事人之间通常会就质量不合格约定违约金条款,违约金通常有两种形态,一是因质量不合格而应支付的违约金,二是因迟延交付的违

第六节　建设工程合同的违约责任

约金,这两种形式在建设工程合同中都有可能适用:如果当事人同时约定了质量不合格的违约金与迟延交付的违约金,在工程质量未达到约定标准的,非违约方有权请求违约方承担质量不合格的违约金,或者要求返工、改建、修理的,另一方在采取质量改进措施后,导致建设工程逾期交付的,则非违约方还有权请求违约方承担迟延交付的违约金。违约金的约定可以使双方当事人在订立合同之初就完全了解将来违约可能需要承担的责任,并可以使守约方无须通过耗时的诉讼程序来获取补偿。[1]因此,在建设工程合同中,如当事人约定有违约金的,应优先适用,确定质量不合格的一方责任人所应承担的责任。

(三)损害赔偿

在合同关系中,当事人一方违约的,非违约方可以请求违约方承担损害赔偿责任。一般而言,损害赔偿的数额仍应视其所遭受的损害而定,并由其承担举证责任。损害赔偿不仅包括实际损失,而且包括可得利益的损失。例如,因工程延期交付导致发包人对购房人所支付的违约金,或者发包人不能正常使用该工程而导致利润的损失。

(四)减少工程款

《施工合同司法解释》第11条规定:"因承包人的过错造成建设工程质量不符合约定,承包人拒绝修理、返工或者改建,发包人请求减少支付工程价款的,应予支持。"因此,如果工程质量不合格,而承包人又拒绝修理、返工或改建的,发包人还可以请求减少工程款。如果当事人就减少工程款的数额达成协议的,应当承认该协议的效力。如果双方无法就此达成协议,发包人可以请求人民法院确定减少工程款的具体数额。法院应当考虑建设工程合同的具体情况,尤其是工程质量不合格的严重程度、工程质量不合格对工程价值的影响、返工等需要支出的费用等合理确定。

(五)解除合同

此处所说的解除合同,是指因违约而发生的解除。除了《合同法》第94条

---

[1] 参见欧海燕:《标准建筑合同比较研究——以中英为视角》,143页,北京,法律出版社,2010。

关于合同解除的规定以外，我国相关司法解释还针对建设工程合同专门规定了解除问题。

1. 发包人的解除权

如果因为承包人的违约行为，导致根本违约，发包人有权解除建设工程施工合同。为了统一司法裁判，《施工合同司法解释》第8条明确规定，如果承包人有如下四种违约行为，则发包人有权解除合同：一是明确表示或者以行为表明不履行合同主要义务的；二是在合同约定的期限内没有完工，且在发包人催告的合理期限内仍未完工的；三是已经完成的建设工程质量不合格，并拒绝修复的；四是将承包的建设工程非法转包、违法分包的。在上述情形下，发包人有权解除合同。

2. 承包人的解除权

发包人的违约行为，也可能构成根本违约，此时，承包人也享有合同解除权。依据《施工合同司法解释》第9条的规定，如果发包人未按约定支付工程价款，或者提供的主要建筑材料、建筑构配件和设备不符合强制性标准，或者发包人不履行合同约定的协助义务，致使承包人无法施工，且在催告的合理期限内仍未履行相应义务，承包人有权请求解除建设工程施工合同。当然，在上述情形下，必须发包人的行为构成根本违约时，承包人才能解除合同。

在建设工程施工合同解除以后，要发生恢复原状的后果。但是，建设工程具有其特殊性，其往往都是为了特定发包人的需要而建造的，而且，如果其已经建成，恢复原状会造成巨大的浪费。因此，《施工合同司法解释》针对建设工程施工合同解除的后果作出了特殊规定。依据该司法解释第10条第1款的规定，建设工程施工合同解除后，如果已经完成的建设工程质量合格，发包人应当按照约定支付相应的工程价款；如果已经完成的建设工程质量不合格，修复后的建设工程经竣工验收合格，发包人有权请求承包人承担修复费用；如果已经完成的建设工程质量不合格，修复后的建设工程经竣工验收仍然不合格，承包人则无权请求支付工程价款。另外，如果因建设工程不合格造成的损失，发包人有过错的，其也应承担相应的民事责任。

第十一章

运输合同

第一节 运输合同概述

一、运输合同的概念和特征

运输合同又称运送合同，是指承运人将旅客或者货物安全及时地送达运输地点，由旅客、托运人或者收货人支付票款或者运输费用的合同。《合同法》第288条规定："运输合同是承运人将旅客或者货物从起运地点运输到约定地点，旅客、托运人或者收货人支付票款或者运输费用的合同。"根据这一规定，运输合同主要包括旅客运输合同和货运合同两大类。

交通运输是国民经济的重要组成部分，涉及生产、流通、分配和消费等各个环节。在德国研究运送法规的学者间流行着一句话："没有（货物）运送，就没有经济。"[1] 随着现代社会物流的发展，货物运输成为一种常见的运输方式。运

---

[1] 林一山：《运送法》，3页，台北，自版，2005。

第十一章 运输合同

输的方式除了原来的公路运输、内河运输、铁路运输、海上运输等运输方式之外，航空运输也在实践中广为采用。随着运输业的发展，出现了新的运输方式，如多式联运合同。针对运输方式的多样性，我国有关法律，如《铁路法》、《民用航空法》、《海商法》等，都对运输合同进行了规定。我国《合同法》单列第十七章对运输合同的一般规则进行了规定，这也是处理各类运输纠纷的基本裁判规则。以上单行法律的运输规则与《合同法》的相关规则构成了运输合同法律制度的整体。

运输合同的适用范围广泛，由于运输的情况十分复杂，承运的对象、运输方式、运输工具种类繁多，有关运输合同的法规规定也各不相同。因此，各种具体的运输合同，在内容和形式上存在很大的差别，但它们都具有如下特征：

1. 主体的特殊性

运输合同中，主体为承运人与托运人、旅客。所谓承运人，是指与托运人订立合同的主体。[1] 在民商分立的国家和地区，运输合同多受商法调整，承运人是以运输为营业、运输物品或旅客并收取费用的人。[2] 在我国，承运人都是需要取得客运或货运资质，或取得运输许可的人。对于铁路运输、航空运输等，法律上对承运人的资格有严格的限制。[3] 所谓托运人，在货运合同中，是指托送货物的人，托运人可以是自然人，也可以是法人或者其他组织。旅客是客运合同的一方当事人，其也是承运人运输的对象。

运输合同的主体还包括收货人。在货物运输中，一些托运人常常为了第三人的利益而运输货物，因此货运合同的当事人，除托运人和承运人外，还应当包括第三人，即收货人。正是因为这一原因，《合同法》第288条将收货人也规定为运输合同的当事人。虽然收货人不参与签订合同，但合同所产生的领取货物的权利就自然转由收货人享有，承运人必须按照合同规定向收货人交付货物。[4] 我国

---

[1] 参见邱聪智：《新订债法各论》中，338页，北京，中国人民大学出版社，2006。
[2] 参见林诚二：《民法债编各论》中，300～301页，北京，中国人民大学出版社，2007。
[3] 例如，《民用航空法》第92条规定："设立公共航空运输企业，应当向国务院民用航空主管部门申请领取经营许可证，并依法办理工商登记；未取得经营许可证的，工商行政管理部门不得办理工商登记。"
[4] 孙林：《运输合同》，24页，北京，法律出版社，1999。

第一节 运输合同概述

《合同法》还为收货人设定了一些义务，如及时提取货物的义务、检验货物的义务、支付运费的义务等，这些义务在性质上是法定而非约定的。① 因此，收货人负担义务并不影响货运合同涉他合同的性质。从我国司法实践来看，在托运人与收货人不一致时，一旦合同规定第三人为收货人，则在承运人将货物运送到目的地以后，收货人就有权请求承运人交付货物。就运输合同的性质而言，一旦托运人确定第三人为收货人，该合同应被认为是利益第三人合同。

2. 客体的特殊性

运输合同的客体是运送行为。关于何为运输合同的客体，学界一直存在争议。笔者认为，无论是客运合同还是货运合同，其客体都应当是承运人利用交通工具使物品或旅客发生空间变动的行为。② 即使在旅客运输合同中，其客体也应当是承运人运送旅客的行为，而不是旅客本身。之所以将运输合同的客体界定为运送行为，主要原因在于：一方面，在旅客运输合同中，旅客支付价款这一主要义务所指向的应是承运人的运输行为，而非旅客本身。在货运合同中，托运人或收货人支付价款所针对的也是承运人运输货物的行为，而非针对货物本身。另一方面，运送行为不是简单从事利用交通工具运送的行为，必须由承运人将旅客或货物安全、及时运送到目的地，运送行为才能完成。因而，从广义上说，运输行为是一种提供劳务的行为。③ 正是基于这一原因，有些学者认为，由于承运人需要安全、及时地将旅客或货物运送至目的地，所以运输合同须完成一定的结果，因而运输具有承揽合同的性质，甚至有学者认为，运输合同是承揽合同的一种。④ 此种看法也表明运输合同具有服务合同的性质，其以运输行为为客体。

---

① 参见张代恩：《运输合同·保管合同·仓储合同》，75页，北京，中国法制出版社，1999。严格地说，收货人一般并不支付运费，而由托运人支付。我国《合同法》第292条虽规定"收货人……应当支付运输费用"，似乎是针对承运人签发提单的情况下，收货人应根据提单上所载之费用进行支付。倘由托运人填写之托运单，通常并无运费之记载。另一方面，《合同法》第309条倒是规定了收货人逾期提货，应支付保管费，否则，承运人有留置权。

② 参见郭明瑞、王轶：《合同法新论·分则》，256页，北京，中国政法大学出版社，1997。

③ 参见马俊驹、余延满：《民法原论》，3版，700页，北京，法律出版社，2007。

④ 参见邱聪智：《新订债法各论》中，342～343页，北京，中国人民大学出版社，2006。

3. 具有标准性

运输合同一般为标准合同。由于运输合同中的承运人大多是以运输为营业的企业，而托运人和旅客都可能是普通的消费者，其很难与承运人具有同等的谈判地位，与承运人单独订立合同的费用也通常较高，所以运输合同一般采用标准合同的形式。[①] 在我国，运输合同（其书面形式有货运单、提货单、客票）的主要内容和条款（如注意事项、违约责任、运费、票价）一般是由国家授权交通运输部门统一制订的，双方当事人无权自行变更。对托运人和乘客而言，他们要托运货物、乘坐交通工具就必须接受国家规定的条件，否则，合同就无法有效成立。国家将运输合同规定为标准合同，目的是更好地维护双方当事人的利益，从而防止发生由承运人控制运输工具而任意加收运费的现象。

4. 具有诺成性、双务性、有偿性

运输合同是诺成合同，只要双方当事人就合同内容意思表示一致，合同即可成立，而无须实际交付标的物。《合同法》第293条规定："客运合同自承运人向旅客交付客票时成立，但当事人另有约定或者另有交易习惯的除外。"应当指出的是，该条并不是将实际交付客票作为客运合同的成立要件，只是意味着交付客票可以证明合同已经成立，双方只要就旅客购票事项达成合意，合同即宣告成立。[②]

运输合同是双务的、有偿的合同。在运输合同中，承运人从事运输行为，托运人或者旅客负有支付运费或票款的义务，因此，运输合同在性质上属于双务、有偿合同。尽管在实践中，运输合同也存在无偿的情况（例如，超市专门设置免费接送购物者的车辆进行运送），但由于承运人通常是专门从事运输业务的企业，这就决定了运输合同一般为有偿合同。根据《合同法》第288条的规定，托运人应当支付票款或者运费，如果不支付票价或者运费的，承运人可以拒绝运输。由此也表明了运输合同是有偿合同。

[①][②] 参见魏耀荣等：《中华人民共和国合同法释论（分则）》，351页，北京，中国法制出版社，2000。

二、运输合同与相关概念的区别

（一）运输合同与承揽合同

运输合同与承揽合同一样，都要完成一定的工作，并且要提供一定的工作成果，在运输合同中，不仅要运输货物或旅客，还要把货物或旅客安全、及时地运送到目的地。因此，许多学者认为，此类合同也具有结果的要求，因而属于一种特殊的承揽合同。[1] 也有学者认为，运输行为必须借助一定的交通工具实施，如通过火车、汽车、轮船等进行运输，而仅以人力搬运物品或人身（如背负他人过河），仅成立承揽合同而不成立运输合同。[2] 笔者认为，就运输合同而言，虽然其性质与承揽合同颇为相近，但与承揽合同存在明显区别，主要表现在：一方面，在运输合同中，安全、及时运输主要是对承运人运输行为的具体要求，而不是对运输结果的要求。承运人须向旅客或托运人提供运送服务，而不是某项工作成果。[3] 从此种意义上来讲，运输合同并不是一种提供工作成果的合同，而是一种提供服务的合同。而在承揽合同中，承揽人所提供的是一种工作成果。另一方面，从提供服务的性质来看，承揽人需要对材料进行加工进而形成工作成果，而运输人则要借助一定的运输工具对旅客或货物进行运输，其在性质上并不属于加工行为。还应当看到，在货运合同中，还可能存在收货人，但承揽合同并不存在收货人，一般也不存在利益第三人。

（二）运输合同与委托合同

运输合同与委托合同具有相同之处，因为在货运合同，通常由托运人委托承运人运输货物，并将货物交给特定的收货人，据此有学者认为，运输合同是托运人委托承运人运送货物或旅客的合同，因此运输合同属于委托合同的一种类型。

---

[1] 参见韩世远：《合同法学》，509 页，北京，高等教育出版社，2010。
[2] 参见江平主编：《中华人民共和国合同法精解》，224 页，北京，中国政法大学出版社，1999。但我国台湾地区学者大多认为运输工具并不重要，即使是以人力搬运也构成运输。参见欧阳经宇：《民法债编各论》，184 页，台北，汉林出版社，1978。
[3] 参见郭明瑞、王轶：《合同法新论·分则》，256 页，北京，中国政法大学出版社，1997。

从比较法的视角而言，在有些国家，运输合同采用委托合同的形式。① 笔者认为，尽管运输合同与委托合同具有相似之处，但二者也存在明显区别，主要表现在：首先，在运输合同中，承运人是特定的，通常是法律明确规定的专门从事运输合同的主体，但在委托合同中，该种主体并不是特定的。其次，在客运合同中，旅客也可能是作为运输对象而存在的，但在委托合同中一般不存在该种情形。再次，在运输合同中，承运人所从事的运输行为一般为事实行为，而委托合同中，受托人依据委托合同的约定不仅可为事实行为，也可为法律行为。最后，在委托合同中，委托人具有介入权，但在运输合同中，相关的合同主体不享有该种权利。

（三）运输合同与保管合同

承运人在运输的过程中也可能需要对旅客所托运的行李或托运人的货物进行保管。但在运输合同中，保管货物并非是作为承运人的独立的合同义务而存在的，而是其所承担的安全运送义务的组成部分。而在保管合同中，保管人所负担的主要义务是保管寄存交付的保管物。就保管货物的责任而言，二者也存在较大差异。依据我国《合同法》第302条和第311条的规定，在旅客托运的行李或托运人所交付的货物发生毁损、灭失时，承运人除证明是因不可抗力、货物本身的性质或者合理损耗以及托运人、收货人的过错造成的，应承担损害赔偿责任。但在保管合同中，因其多为无偿合同，所以依据《合同法》第374条的规定，如果"保管是无偿的，保管人证明自己没有重大过失的，不承担损害赔偿责任"。

三、运输合同的分类

运输合同种类很多，根据不同的标准可以对它们作不同的分类：

（一）货运合同和旅客运输合同

以运输合同的标的划分，可分为货运合同和旅客运输合同。货运合同是指将

---

① 参见邱聪智：《新订债法各论》中，343~344页，北京，中国人民大学出版社，2006。

特定的货物运送至特定地点，由托运人或者收货人支付费用的合同。货物运输的种类很多，一般可以分为一般货物的运输合同、特种货运合同（如运送鲜活货物，包括易腐货、易变质货物和活动物等货物的合同）、危险货运合同（指运输易燃、易爆，有剧毒和放射性的物品的合同）。所谓旅客运输合同，就是由承运人将旅客安全、及时送达目的地，旅客支付票款的合同。由于这两类合同基本概括了货运合同的两种类型，因而我国《合同法》主要将运输合同分为货运合同与客运合同两类。货运合同和旅客运输合同的主要区别在于：

第一，运输对象不同。在客运合同中，承运人所运输的通常是旅客本身，而在货运合同中，承运人所运输的对象则是托运人所交付的货物。在客运合同中，由于其涉及旅客的身体及生命，所以在具体的规则适用上与一般的货物运输存在区别。

第二，当事人不同。客运合同一般不存在收货人，其当事人是旅客和承运人。而货运合同中一般还存在以第三人作为收货人的情形，即如果托运人与承运人约定将货物交付给特定的第三人（即收货人）的，收货人作为货运合同的当事人，有权主张承运人履行交付货物等义务。

第三，义务内容不同。在客运合同中，承运人负有将旅客安全运送至目的地的义务，所以《合同法》第 301 条规定，承运人在运输过程中，应当尽力救助患有急病、分娩、遇险的旅客。但在货物运输中，不存在该种义务。

（二）铁路、公路、水上（海上和内河）、航空运输合同

从运输工具来看，可以区分为铁路运输合同、公路运输合同、水上（海上和内河）运输合同、航空运输合同。在实践中，按照运输工具来进行分类也具有一定的意义，主要表现在：一是适用的法律根据不同。我国专门颁布了《民用航空法》、《铁路法》、《海商法》等，分别规定了各种特殊交通工具的运输合同。二是从免责事由来看，在航空运输中，一般认为不可抗力不能作为免责事由，而在其他运输方式中则可以适用。三是从承运人的特殊要求来看，一般来说，在航空、铁路运输中都对承运人的资质有相对严格的要求。在国外，通常认为这些承运人

为公共承运人（common carrier），其与私承运人（private carrier）是有区别的。① 在我国，铁路运输是由铁路部门专营，对航空运输企业的资质也有严格要求。

（三）单一承运人的运输合同与联运合同

从运输方式来看，可分为单一承运人的运输合同与联运合同。单一承运人的运输，是指仅由单一的承运人负担运输义务的合同。联运合同，是指两个以上的承运人采用相同或不同的交通工具进行运输的合同。其中，两个以上交通工具的运输合同可以区分为单式联运合同和多式联运合同。所谓单式联运合同，是指有多个承运人的，托运人与第一承运人订立运输合同之后，由第一承运人与其他承运人以相同运输方式完成同一货物运输的合同。所谓多式联运合同，也可称为复式运送②，是由两种或两种以上不同运输方式的承运人形成承运人一方，与托运人或旅客订立的协议。从我国《合同法》的现有规定来看，单式联运和多式联运合同中承运人的责任承担规则也有较大区别。

联运合同又包括国内联运合同和国际联运合同。两者的主要区别表现在：一是运输区段的不同。国内联运合同是指在一国之内通过联运方式实现运输目的的合同，而国际联运合同的运输区段则不仅限于一国范围之内，而且会涉及不同地域或不同国家间的运输，从而实现运输位移。二是适用法律不同，在国内联运合同中，所适用的主要是一国的国内法，而在国际联运合同中，通常会有国际条约的适用，而不仅仅限于国内法，如在国际联运合同中，会涉及华沙公约或国际公路货物运输公约（CMR）的适用。

（四）国内和远洋运输

国内运输主要是指运输路线发生在一个国家内部的运输，包括陆路、公路以及铁路运输等。而远洋运输主要是指在一国或多国海域进行的、运输路线发生在一个国家之外的运输。由于海洋运输情形较为复杂，涉及的问题很多，一般应制定专门的海洋运输法对此进行调整。我国也专门制定《海商法》对远洋运输作出

---

①② 参见林一山：《运送法》，11页，台北，自版，2005。

特别规定，以正确调整海上运输关系、船舶关系，维护当事人各方的合法权益。

四、运输合同的订立

（一）运输合同自合同当事人就主要条款达成合意之日起成立

关于运输合同是诺成合同还是实践合同，存在两种不同的观点。第一种观点认为，运输合同是实践合同，必须交付货物或客票才能成立。运输合同除了要由托运人和承运人就合同的主要条款达成协议外，还必须要托运人将托运的货物交付给承运人，合同才能成立。第二种观点认为，运输合同是诺成合同，原则上双方达成合意即可，无须实际交付标的物。笔者认为，运输合同应当属于诺成合同，主要原因在于：一方面，在运输合同中只要双方当事人就运输事项的主要内容达成一致，合同就宣告成立，并不需要在交付货物时成立。如果要等到交付货物时货运合同才宣告成立，则不利于保护托运人的利益。承运人很可能以托运人未交付货物，而不提前进行运输的准备，或者在托运人交付货物前随意终止谈判。例如，在铁路运输中，未在运输计划中为托运人提前预留火车车皮，而导致托运人的货物无法实现运输。另一方面，即便在旅客运输合同中，承运人所交付的客票只是合同成立的凭证，而不应当是合同成立的条件，旅客运输合同在性质上也属于诺成合同。

（二）从事公共运输的承运人负有强制缔约义务

我国《合同法》对运输合同的订立规定了特定的要求，即对从事公共运输的承运人规定了强制缔约义务。强制缔约又称为契约缔结之强制，或强制性合同，是指在若干特殊之情形，个人或企业负有应相对人之请求，与其订立合同的义务，即对相对人之要约，非有正当理由不得拒绝承诺。我国《合同法》规定了公共承运人的强制缔约义务。《合同法》第289条规定："从事公共运输的承运人不得拒绝旅客、托运人通常、合理的运输要求。"《合同法》对从事公共运输的承运人施加强制缔约义务，其必要性在于：一是为了维护社会公众的利益，因为从事公共运输须具备特别许可的资格，没有经过许可的不能对此营运，也就是说，从

事公共运输的人对这种运输具有垄断权,如果不课以它们强制缔约义务,将会对社会公共的出行便利造成很大影响。二是为了维护旅客的利益。如果旅客通常合理的要求都得不到满足,将会严重损害旅客的利益。此外,课以从事公共运输的承运人强制缔约义务也有利于维护正常的运输秩序。满足旅客通常合理的要求,既是营运许可所规定的内容,也是维护正常运输秩序的需要。

违反强制缔约义务的法律后果如何?强制缔约的直接效力在于,负有强制缔约义务的一方当事人必须受强制缔约规定的约束,不能拒绝社会上不特定相对人的缔约请求。① 从法律上看,强制缔约义务虽然是在合同法中规定的,但其性质属于强行性规范,而不是任意性规范,当事人不能约定排除其适用。负有强制缔约义务的一方必须应相对人的请求与其订立合同。如果负有缔约义务的一方拒绝订立合同,其应当承担相应的法律后果,即要承担损害赔偿等责任。②

五、运输合同的效力

(一) 承运人的主要义务

1. 安全、及时运送的义务。《合同法》第 290 条规定:"承运人应当在约定期间或者合理期间内将旅客、货物安全运输到约定地点。"根据该条规定:第一,承运人必须按照规定的时间进行运输,这就要求承运人在约定的期限内或者合理期间内进行运输,如果合同对运送期限有明确规定,则承运人应当在合同约定的期限内运输,如果没有规定期限,则承运人应当在合理期限内运输。如果承运人未能在规定的运输期间内将旅客或货物运输到目的地,将承担违约责任。第二,及时将旅客、货物安全运输到约定地点。约定的地点是指在运输合同中明确规定的目的地,通常是在旅客持有的票证上或者承运人签发的运输单据、提货单据上明确载明的运输目的地。承运人只有将旅客或者货物安全送达目的地,才能说明

---

① MünchKomm/Busche, vor § 145, Rn. 23.
② Staudinger/Bork, vor § 145, Rn. 20; MünchKomm/Busche, vor § 145, Rn. 12; Bamberger/Roth/ Eckert, § 145, Rn. 16.

承运人对合同义务履行完毕。[①] 在运输过程中，承运人不能在半途中要求旅客下车或者将货物下架，更不能将旅客或货物错误送到当事人约定以外的地点。因错误送达造成托运人和旅客损失的，承运人应当承担赔偿责任。第三，应当将旅客和货物安全送到约定的地点。承运人仅将旅客与货物送到合同约定的地点是不够的，还需要将旅客或货物安全送达。所谓安全送达，是指必须在运输过程中保障旅客与货物的安全。在旅客运输合同中，承运人自始至终都应当负有保障旅客安全的义务，不仅要保证旅客的人身安全，而且要消除各种安全隐患，保证旅客安全到达目的地。对于货物而言，安全就是要按照托运时候的包装方式、形状构造等到达目的地。在运输过程中，即使由于外来原因，造成旅客伤害或者货物毁损的，承运人也需要对此负责。

2. 按照约定的或者通常的运输路线运送的义务。《合同法》第291条规定："承运人应当按照约定的或者通常的运输路线将旅客、货物运输到约定地点。"这就是说，在运输中，承运人应当按照约定的或者通常的运输路线进行运输。其包括两个方面：一是按照约定的运输路线运送。约定的路线是合同当事人明确约定的路线。有时候，当事人为了保障旅客或者货物的安全，可能舍近求远，或者走人们并不通常行走的路线。但只要双方约定了路线，承运人就应当按照该路线行驶。二是按照通常的运输路线运送。通常的路线，是指人们一般的、惯常行走的路线。一般而言，运输路线是已经确定较为安全的路线，特别是在航空运输中，运输路线的改变将会增加运输的风险。[②] 通常路线大多是由承运人设计，并公之于众的，且该路线常常与运输费用有密切联系，线路越长，运输费用越高。[③] 但如果当事人事先已就运输路线进行约定的，即使该约定与通常的路线不符，承运人也应当按照约定的运输路线进行运输。当然，在特殊情况下，如果原来的运输路线不畅通或者出于救助等原因，如在铁路运输中出现了山体滑坡，原来的运输路线无法通行，则承运人可以与托运人协商改变运输路线，因此而增加的费用由

---

① 参见王利明、崔建远：《合同法》，305、314页，北京，北京大学出版社，2003。
② 参见胡康生主编：《中华人民共和国合同法释义》，450页，北京，法律出版社，1999。
③ 参见魏耀荣等：《中华人民共和国合同法释论（分则）》，360页，北京，中国法制出版社，2000。

双方共同协商确定。再如,《海商法》第 49 条第 2 款规定:"船舶在海上为救助或者企图救助人命或者财产而发生的绕航或者其他合理绕航,不属于违反前款规定的行为。"在此情况下,承运人的合理绕行具有法定理由,不需要取得旅客或者承运人的同意。

《合同法》第 292 条规定:"承运人未按照约定路线或者通常路线运输增加票款或者运输费用的,旅客、托运人或者收货人可以拒绝支付增加部分的票款或者运输费用。"依据该条规定,承运人未按照约定路线或者通常路线运输,实际上已经构成了违约,应当承担相应的违约责任。如果当事人已经在合同中约定了违约金或者损害赔偿金,则应当依该约定确立责任。在没有约定救济方式的情况下,旅客、托运人或者收货人可以拒绝支付增加部分的票款或者运输费用。这就是说,承运人无权要求收取增加的费用,旅客、托运人或者收货人也不负有相应的义务。例如,在运输过程中,出租车司机故意绕行,则因此增加的费用应当由承运人自行负责。当然,如果因为此种行为造成了托运人、旅客等的其他损失,受害人也可以要求赔偿损失。

3. 从事公共运输的承运人应满足旅客、托运人通常、合理的运输要求。《合同法》第 289 条规定:"从事公共运输的承运人不得拒绝旅客、托运人通常、合理的运输要求。"该条对从事公共运输的承运人施加了一种强制缔约的义务。所谓公共运输,是指面向社会公众的,由取得营运资格的营运人所从事的商业运输行为。其特点主要表现在以下几个方面:第一,服务对象的不特定性。从事公共运输的对象并不是特定的某些人或者某个人,而是公众。例如,某个企业有专门接送公司员工的班车或者从事较为固定路线运输货物的货车,由于运输对象是确定的,因而不属于公共运输。第二,承运人要有专门的运输许可。一般而言,我国对运输的经营实行特许,根据相关的法律规定,从事运输的人需要具有相关部门的特别许可。如果未取得特许资格,不得从事公共运输事务。第三,承运人从事商业运营,并且根据审批的固定路线、价格以及时间进行营运。而且这种运输路线、营运时间、运输价格具有较为固定的特点,非经批准同意,不得随便进行

第一节 运输合同概述

更改。① 第四，内容的格式化。在公共运输中，由于运输的时间、价格、路线都需在特别许可中予以载明，并且需要接受相关部门的监督，所以，合同的主要内容已经较为固定。托运人或者旅客不具有洽谈的能力，而承运人也不能对此进行随便更改，它是一种典型的格式化合同。

强制缔约的内容是从事公共运输的承运人不得拒绝旅客、托运人通常、合理的运输要求，此处所说的"通常、合理的运输要求"主要是就缔结合同而言的。也就是说，双方在订立合同时，托运人和旅客提出了与承运人缔约的要求，只要其要约的内容是通常的、合理的，承运人就应当接受该要约。通常的、合理的要求包括运输线路的确定、运输工具的要求、票价的确定等。但如果该要求是不合理的，则承运人有权拒绝。例如，托运人选择的线路非常危险，或者愿意支付的运输费用过低，则该运输要求就不是通常的、合理的，承运人有权拒绝。需要指出的是，可以对"通常、合理的运输要求"作扩大解释，将其解释为包括运输过程中的要求。在运输过程中，承运人对旅客所提出的通常合理的要求应当予以满足，例如，航空运输中应当提供基本的能够保障旅客正常饮用的相关物品，如饮料、矿泉水等；头等舱旅客应当有空调设备。值得注意的是，通常、合理的运输要求不能根据个别旅客来进行确定，而应当根据交易习惯进行确定。②

4. 附随义务。承运人除了需要履行根据合同约定的义务之外，还需要履行根据诚信原则而产生的附随义务。也就是说，在运输旅客或者货物的过程中，由于出现了其他外来原因或者合同订立时没有预见的情况，承运人应当将该种情况及时告知托运人。如在货物运输过程中，由于运输途中连续降雨，货物发生变质、霉烂，承运人应当及时告知托运人，并且需要采取一定的措施，以防止损失的进一步扩大。

（二）旅客和托运人的义务

1. 托运的货物符合适合运输的要求。这就是说，一是托运的货物必须符合

---

① 参见胡康生主编：《中华人民共和国合同法释义》，447页，北京，法律出版社，1999。
② 参见胡康生主编：《中华人民共和国合同法释义》，448页，北京，法律出版社，1999。

第十一章 运输合同

法律允许托运的要求，对于违禁品、易燃、易爆、有毒的物品以及其他禁止托运的货物，承运人有权予以拒绝。二是托运的货物符合托运本身的要求。在运输合同中，由于装载工具的限制，托运的货物必须符合托运的要求，如货物的大小、形状等应符合托运的要求。如果不符合要求，则承运人可以拒绝托运。因此，《合同法》第289条规定："从事公共运输的承运人不得拒绝旅客、托运人通常、合理的运输要求。"这就说明，只要是不合理的运输要求，承运人都可以予以拒绝。

2. 支付票价以及运输费用的义务。旅客或托运人应当按照合同的约定或者交易习惯，按照托运的货物的质量等支付相应的票款与运输费用。对此，《合同法》第292条规定："旅客、托运人或者收货人应当支付票款或者运输费用。"关于运输费用和票价，国家通常会作出规定，如果没有规定，则应该由当事人协商确定，或者按照通常的交易习惯予以确定。一般而言，运输费用的确定是和运输的线路、货物的数量、交通工具的种类等因素联系在一起的。对于货物运输而言，如果当事人没有特别约定，一般都是在完成运输任务以后支付。在运输过程中，除了运输费用之外，若出现必要的杂费，如保险费、装卸载货物的费用的必要支出，应当由托运人或者旅客承担。

一般而言，客运或者货运的费用由旅客或者托运人支付，如果由收货人支付运费，则必须在运输单据上明确载明。例如，《海商法》第69条第2款规定："托运人与承运人可以约定运费由收货人支付；但是，此项约定应当在运输单证中载明。"在运输单据上已经载明了货物由收货人承担运费支出，表明承运人对此予以认可。如果收货人没有支付款项，则承运人有权留置货物，由此产生的风险和损失应由托运人承担。

3. 附随义务。在运输过程中，托运人也具有与承运人协作、如实告知等附随义务。如果合同出现了运输合同中所没有约定的客观情况，此时，托运人应当进行密切配合。

第二节 客运合同

一、旅客运输合同的概念和特征

客运合同,也称为旅客运输合同,是指承运人应将旅客及其行李包裹按约定时间运送到目的地,而旅客应支付约定运费的合同。在我国,铁路、公路、海上、内河、航空等各运输企业都办理旅客运输。客运合同是运输合同的一种类型,其基本特征在于:

1. 客运合同的标的是运输旅客及其自带行李的行为。客运合同不同于一般的合同,其运输对象具有特殊性。一般而言,在客运合同中,订立客运合同的主体同时也是客运合同所指向的对象。[1] 而在货运合同中,承运人的运输行为所指向的是托运人所交付的货物。正因如此,在客运合同中,承运人所应负担的义务具有特殊性。例如,承运人负有救助义务,其在运输过程中,应当尽力救助患有急病、分娩、遇险的旅客。此外,在客运合同中,承运人还负有将旅客的自带行李运送至目的地的义务。所谓自带行李,是指依照法律的相关规定或合同约定,旅客可以于限定的标准内被允许自带,而不必另行向承运人支付运费的行李。[2]《合同法》第296条规定:"旅客在运输中应当按照约定的限量携带行李。超过限量携带行李的,应当办理托运手续。"因此,在客运合同中,自带行李的携带也属于客运合同的一个条款,合同一经成立,旅客就应当遵守有关随身携带行李的规定。[3] 而对于旅客托运的行李,则应当适用货物运输的有关规定。

2. 客运合同是诺成的、不要式的合同。客运合同属于不要式合同,旅客乘坐火车、汽车、轮船、飞机等运输工具时,需要持有承运人发售的有效客票(车

---

[1] 参见郭明瑞、王轶:《合同法新论·分则》,258页,北京,中国政法大学出版社,1997。
[2] 参见孙晓编著:《合同法各论》,220页,北京,中国法制出版社,2002。
[3] 参见魏耀荣等:《中华人民共和国合同法释论(分则)》,368页,北京,中国法制出版社,2000。

票、船票、飞机票），客票是乘客据以乘坐火车、飞机、船只等的票据，也是乘车的证明。在客票需要有纸化的情况下，客票必须实际交付。在无纸化的情况下，客票并不需要实际给付，只需要相应的证明即可。但客票的交付并不是客运合同的成立要件，只要当事人就运输事项达成一致，合同即宣告成立。可见，客运合同是一种不要式合同，该种合同一般无须采用书面形式。

应当注意的是，《合同法》第293条规定："客运合同自承运人向旅客交付客票时成立，但当事人另有约定或者另有交易习惯的除外。"客运合同成立一般不需要当事人订立正式的书面合同，但旅客需要交付票款，承运人向旅客交付车票。如何理解该条所规定的"客运合同自承运人向旅客交付客票时成立"？客运合同属于诺成合同还是实践合同？对此有两种不同的观点：一种观点认为，客运合同是实践合同，必须交付客票时才成立，即使当事人达成合意，并不能认为该种合同成立，而只有在承运人交付车票的情况下，合同才成立。另一种观点认为，客运合同是诺成合同，车票只是合同存在的一种证据。合同仍然应当以达成合意之日起成立。[1] 笔者认为，客运合同应当属于诺成合同。理由在于：

第一，从体系解释来看，虽然《合同法》第293条规定客运合同自承运人向旅客交付客票时成立。但是我国《民用航空法》第111条规定："客票是航空旅客运输合同订立和运输合同条件的初步证据。旅客未能出示客票、客票不符合规定或者客票遗失，不影响运输合同的存在或者有效。"所谓初步证据，是指客票只不过是证明合同成立的凭证，即使当事人之间并未支付客票但有其他证据证明客运合同成立的，当事人之间也可以成立运输关系。由此可见，客运合同是诺成合同，而非实践合同。客票只是客运合同成立的凭证。

第二，如果将交付客票作为客运合同的成立要件，那么交付客票在性质上即属于承运人的先合同义务。同样，旅客交付票款作为对待给付义务也将成为先合同义务，将直接与客运合同中旅客的"合同类型上义务"相矛盾，构成"体系违反"[2]。事实上，旅客支付票款属于履行其主给付义务，而不是先合同义务。

---

[1] 参见韩世远：《合同法学》，512页，北京，高等教育出版社，2010。
[2] 韩世远：《合同法学》，512页，北京，高等教育出版社，2010。

第二节 客运合同

第三，伴随着互联网技术的发展，传统的购票方式也发生了变化，在航空运输等合同的订立过程中，旅客可以通过网上订票的方式与航空公司就出行日期、票价、保险等事项达成合意，一旦当事人意思表示一致，合同就宣告成立，客票的交付并不是合同的成立要件。

3. 客运合同是双务有偿合同。在客运合同中，旅客支付价款与承运人的运输义务构成对待给付义务，因此客运合同是双务有偿合同。《合同法》第294条规定："旅客无票乘运、超程乘运、越级乘运或者持失效客票乘运的，应当补交票款，承运人可以按照规定加收票款。旅客不交付票款的，承运人可以拒绝运输。"而承运人迟延运输的，应当根据旅客的要求安排改乘其他班次或者退票。在特殊情况下，客运合同也可能是无偿合同。例如，按照一些城市的规定，乘客凭离退休证可免费乘车。① 在此情形下，依据《合同法》第302条第2款的规定，承运人的损害赔偿责任仍然适用。

二、客运合同的效力

（一）旅客的主要义务

1. 持有效客票乘车

根据《合同法》第294条，持有效客票乘车是客运合同中旅客最基本的义务。有效客票的一般形式为记名或无记名的有纸化客票，具有流通性与一次性的特点。有效客票是客运合同的凭证，客运合同自当事人之间就运输达成合意时即宣告成立，无须客票的实际交付，这在一定程度上也促使了无纸化客票的产生。随着科技的发展，旅客可以通过手机等客户端下载电子客票，并以此作为凭证乘车。因此，有效客票并不限于记名或无记名的有纸化客票，还应当包括无纸化票据。

旅客违反此种义务的形态主要有如下几种：无票乘运、越级乘运、超程乘运

---

① 参见孙晓编著：《合同法各论》，220页，北京，中国法制出版社，2002。

第十一章 运输合同

或者持无效的客票乘运。所谓无票乘运,是指旅客没有购买车票或者车票遗失进行乘车。所谓越级乘运,是指旅客乘坐的等级席位已经超出客票指定的范围。例如,本应是二等舱的旅客乘坐了头等舱。所谓超乘乘运,是指旅客乘坐路线超出了约定的既有客票的目的地,在没有另外补交价款的情况下继续乘运。所谓持无效的客票乘运,是指旅客持有已经过期或者伪造的车票乘车。[1] 如果旅客违反该义务,承运人有权采取如下措施:

第一,按照规定加收票款。如果旅客无票乘运、超程乘运、越级乘运或者持失效客票乘运的,旅客应当补交票款。但是否要求旅客补交是承运人的一项权利,应当交由承运人酌情处理。[2]

第二,拒绝运输。在违反该义务的情况下,乘客应有义务补交票款,对承运人而言,可以要求加收票款或者拒绝运输,这是承运人的权利。因此,在乘客未补交票款的情况下,承运人实际上享有选择权:其既可以请求旅客补交票款,也可以拒绝运输。此外,《海商法》第112条规定:"承运人有权向其追偿。"这就是说,承运人嗣后发现乘客未补交票款的,可以要求乘客补偿。

2. 携带有限行李乘车

在客运合同中,旅客有权携带必备的行李,而携带行李搭乘交通工具无须支付相应的价款。《合同法》第296条规定:"旅客在运输中应当按照约定的限量携带行李。超过限量携带行李的,应当办理托运手续。"依据该条规定,旅客虽然有权随身携带行李,但该行李的携带必须符合合同约定或法律规定的限量。如果旅客携带的行李超过限量的,则必须办理托运手续。允许旅客随身携带行李是为了其自身的方便,但如果旅客所携带的行李超过合同约定的限量,则有可能加重承运人的运输负担,给承运人履行运输合同造成极大的不便。[3] 毕竟,旅客运输不同于货物运输,承运人运输的对象主要是旅客而非货物,要求旅客对超过限量的行李办理托运手续,既有利于维护承运人自身的利益,也有利于对该货物的保

---

[1] 参见张代恩:《运输合同·保管合同·仓储合同》,39~40页,北京,中国法制出版社,1999。
[2] 参见胡康生主编:《中华人民共和国合同法释义》,455页,北京,法律出版社,1999。
[3] 参见魏耀荣等:《中华人民共和国合同法释论(分则)》,367页,北京,中国法制出版社,2000。

第二节 客运合同

管,同时也符合合同的目的。① 如果旅客超出规定限量携带行李,则应当对超出部分的行李支付相应的价款。有关的法律法规也对此作出了规定。② 对于旅客随身携带的行李,承运人同样负有安全送达的义务。《合同法》第 303 条规定:"在运输过程中旅客自带物品毁损、灭失,承运人有过错的,应当承担损害赔偿责任。"在承运人因过错导致旅客的物品毁损、灭失的情形下,即便旅客没有支付行李费,承运人仍应当承担损害赔偿责任。

依据《合同法》第 296 条的规定,旅客携带的行李超过限量的,应当办理托运手续。对于超过规定限量的旅客行李,旅客需要凭客票办理托运,承运人应向旅客交付行李票。行李票是旅客托运行李的货运合同的表现形式。③ 因此,旅客在对超过随身携带限量的行李进行托运时,已属于货运合同的范畴④,但又不同于一般意义上的货运合同。旅客对超过随身携带限量的行李进行托运,在性质上应当附属于客运合同。⑤ 我国《民用航空法》第 112 条规定:"承运人载运托运行李时,行李票可以包含在客票之内或者与客票相结合。"依据《合同法》第 303 条,旅客托运的行李毁损、灭失的,适用货物运输的有关规定。据此,承运人对旅客自带行李和托运行李所应承担的责任是有差异的。

3. 不得携带违禁物品

在客运合同中,为了保障客运运输合同的安全,旅客不能携带违禁物品。《合同法》第 297 条规定:"旅客不得随身携带或者在行李中夹带易燃、易爆、有毒、有腐蚀性、有放射性以及有可能危及运输工具上人身和财产安全的危险物品

---

① 参见房绍坤、郭明瑞主编:《合同法要义与案例析解(分则)》,366 页,北京,中国人民大学出版社,2001。

② 例如,根据《中国民用航空旅客、行李国内运输规则》第 37 条的规定,旅客的"自理行李的重量不能超过 10 公斤,体积每件不超过 20×40×55 厘米。随身携带物品的重量,每位旅客以 5 公斤为限。持头等舱客票的旅客,每人可随身携带两件物品;持公务舱或经济舱客票的旅客,每人只能随身携带一件物品。每件随身携带物品的体积均不得超过 20×40×55 厘米。超过上述重量、件数或体积限制的随身携带物品,应作为托运行李托运"。

③ 参见郭明瑞、王轶:《合同法新论·分则》,259 页,北京,中国政法大学出版社,1997。

④ 参见张代恁:《运输合同·保管合同 仓储合同》,46 页,北京,中国法制出版社,1999。

⑤ 参见马俊驹、余延满:《民法原论》,3 版,705 页,北京,法律出版社,2007。

或者其他违禁物品。"该条确立了旅客不得携带违禁物品的义务。通常，违禁物品（如易燃、易爆、有毒、有腐蚀性、有放射性等危险物品）具有很强的危险性，而承运人一般负有公共运输的义务，因此旅客携带违禁物品不仅会对旅客自身的生命健康造成威胁，还会对承运人的运输安全以及其他旅客的生命健康安全等造成威胁。[1] 该条属于法律的强制性规定，旅客不得违反该义务。[2] 旅客的此种义务在性质上属于法定义务，违反此种义务的，承运人有权拒绝承运。对于旅客违反规定携带违禁物品的，依据《合同法》第297条第2款，"承运人可以将违禁物品卸下、销毁或者送交有关部门。旅客坚持携带或者夹带违禁物品的，承运人应当拒绝运输"。此处所说的"拒绝运输"是指在旅客坚持携带或者夹带违禁物品的情况下，承运人可以不再负担运输义务，而承运人在此情况下的拒绝承运也不构成通常所说的"拒载"。

4. 在约定期限内办理退票或变更手续

《合同法》第295条规定："旅客因自己的原因不能按照客票记载的时间乘坐的，应当在约定的时间内办理退票或者变更手续。逾期办理的，承运人可以不退票款，并不再承担运输义务。"依据该规定，旅客因自己的原因不能按照客票记载的时间乘坐的，应当在约定的时间内办理退票或者变更手续。所谓变更，是指旅客可以在规定的时间和范围内变更合同内容，如由坐席改为卧铺、由四等舱改为三等舱，或者改变乘车时间或到站地点，经承运人认可，办理换乘手续即可换乘。所谓退票是指在规定的时间内解除客运合同。但需要满足以下几个条件：

第一，必须是旅客因自己的原因不能按照客票记载的时间乘坐。旅客因自己的原因不能按照客票记载的时间乘坐的，可以退票或变更。此处所说的"自己的原因"，是指旅客因自身的健康状况、工作计划变动等原因造成的不能按照约定时间搭乘。如果是因为承运人的原因而造成旅客不能按时搭乘的，依据《合同法》第299条承运人构成违约，应承担违约责任。承运人应当根据旅客的要求安

---

[1] 参见魏耀荣等：《中华人民共和国合同法释论（分则）》，369页，北京，中国法制出版社，2000。
[2] 参见胡康生主编：《中华人民共和国合同法释义》，457页，北京，法律出版社，1999。

第二节 客运合同

排改乘其他班次或退票。旅客要求退票的，承运人应全额退还票款。① 在此需要探讨的问题是，按时搭乘是否是旅客的一项义务？一些学者认为，这是旅客应当承担的一项义务。② 笔者认为，按时搭乘只是旅客的一项权利，如果其不能按时搭乘，则会失去相关的利益，但并不需要因此承担责任。

第二，必须在约定的时间内办理。如果允许旅客在任何时间内办理退票或者变更手续，则可能导致承运人的损失。通常，办理退票或变更手续等的时间已经由承运人事先告知并载入票证或有关文件之中，并因旅客支付票价，推定旅客已经接受合同所约定变更或退票时间，因此，旅客未在约定期限内办理退票或变更手续等，应视为其放弃了办理退票或者变更合同的权利。《合同法》第295条规定："逾期办理的，承运人可以不退票款，并不再承担运输义务。"依据该条规定，如果旅客没有及时办理手续，则承运人可以不退票款，而且不再承担运输义务。

（二）承运人的主要义务

1. 安全运送义务

承运人的主要义务是将旅客和行李按约定的时间送到目的地。在客运合同中，承运人负有安全地将旅客运送至目的地的义务。无论当事人是否在合同中约定了此义务，都应当认定承运人负有该项义务。《合同法》第290条规定："承运人应当在约定期间或者合理期间内将旅客、货物安全运输到约定地点。"据此确立了承运人所负有的安全运送义务。在旅客运输过程中，承运人应当负有此种义务，这也是承运人的主合同义务。倘若承运人违反义务，未将旅客安全、及时送到目的地，将构成违约。

2. 旅客人身安全的保护

《合同法》第302条规定："承运人应当对运输过程中旅客的伤亡承担损害赔偿责任，但伤亡是旅客自身健康原因造成的或者承运人证明伤亡是旅客故意、重大过失造成的除外。"该条确立了承运人对旅客人身安全的保护义务。在客运合

---

① 参见胡康生主编：《中华人民共和国合同法释义》，455~456页，北京，法律出版社，1999。
② 参见韩世远：《合同法学》，512页，北京，高等教育出版社，2010。

同中，承运人之所以负有对旅客生命健康安全的保护义务，主要原因在于：一方面，承运人作为专门从事运输义务的当事人，负担公共运输义务，其必须保证运输活动的安全性。[1] 从实践来看，旅客所遭受的大多数损害，都与承运人的运输行为有关。[2] 承运人采取有效的保护措施，可以在一定程度上保护旅客，使其免受外来侵害。另一方面，随着现代运输业的发展，运输活动已呈现专门化和行业化，且具有公用性和独占性的特点。承运人从运输营业中获得了利益，要求承运人负担保护义务也符合利益与风险共担的原则。[3] 此外，在运输合同中，承运人一方通常是具有法律规定的运输资质的企业，其财力等各方面普遍优于一般的旅客。在订立合同时承运人也可以采取保险等制度分担自身的风险，而在现实生活中，旅客所支付的票价通常也包含一定的保险在内。因此，要求承运人负担对旅客生命健康安全的保护义务是合理的。

承运人违反该义务应当承担相应的责任，依据《合同法》第302条，该责任的构成要件如下：

第一，旅客在运输过程中遭受人身伤亡。这就是说，在运输开始前或运输结束后，旅客遭受的人身损害都不应由承运人负责。另外，旅客遭受的人身伤亡可以是承运人造成的，也可以是第三人造成的。例如，旅客在客车上被抢劫，健康权受到侵害。

第二，旅客不属于无票乘运的情形。承运人所负担的对旅客人身安全的保护义务是作为一项法定义务存在的，但这种义务是有限制的。承运人仅仅对持有效客票乘运的旅客负有人身安全的保护义务[4]，如果旅客乘车时未购买车票，当事人之间并未成立合同关系，此时，承运人不应当承担此种责任。不过，依据《合同法》第302条第2款，"前款规定适用于按照规定免票、持优待票或者经承运人许可搭乘的无票旅客"。所谓按照规定免票、持优待票，是指依据法律或规章的规定，旅客在乘车过程中无须支付票款或可减价支付票款。

---

[1] 参见魏耀荣等：《中华人民共和国合同法释论（分则）》，374页，北京，中国法制出版社，2000。
[2][3] 参见胡康生主编：《中华人民共和国合同法释义》，462页，北京，法律出版社，1999。
[4] 参见崔建远主编：《合同法》，4版，453页，北京，法律出版社，2007。

第三，不存在法定的免责事由。依据《合同法》第302条，伤亡是旅客自身健康原因造成的或者承运人证明伤亡是旅客故意、重大过失造成的除外。具体来说，包括如下两种情况：一是伤亡是旅客自身健康原因造成的。这主要是指因旅客自身患病而突然死亡或发病造成其人身伤亡。二是伤亡是由旅客故意、重大过失造成的。例如，在车辆行驶中，旅客擅自从窗口跳车导致其摔伤。如出现了法定的免责事由，则承运人也无须承担此种责任。

需要指出的是，与《侵权责任法》第37条规定的安全保障义务不同，承运人的此种义务仅适用于合同关系存续期间，而且其范围限于旅客，承运人并不对社会一般公众负担此种义务。但如果因承运人的过错导致旅客的人身伤亡，也可能出现侵权责任和违约责任的竞合。受害人有权选择承运人承担侵权责任或者违约责任。

3. 告知义务

在客运合同中，由于运输过程中可能会存在相应的风险，为了使该种风险能够得以及时避免，承运人具有将相关事情进行告知的义务。对此，《合同法》第298条规定："承运人应当向旅客及时告知有关不能正常运输的重要事由和安全运输应当注意的事项。"如果承运人有不能正常运输的重要事由（如航班因为有雾不能正常起飞等），应当及时告知旅客，使旅客及时安排出行事宜。告知内容主要包括两个方面：一是有关不能正常运输的重要事由；如因为恶劣天气、航空管制等不能使飞机正常起飞，如果不及时进行告知，造成旅客的损失应当由承运人承担。二是安全运输应当注意的事项。在客运合同中，承运人不仅在开始运输之时应当将特定安全事项进行告知（如在飞机起飞过程中，飞机上的相关服务人员需要对紧急情况的处理事项进行告知），而且在起飞过程中，遇到了相关影响安全运行的事项，也应当将安全处理事项进行告知。违反了该种告知义务导致旅客损害的，应当承担相应的责任。

4. 按照客票载明的时间和班次运送旅客

客票不仅是乘车的凭证，而且其一般也记载了乘车的时间和班次，这些都构成了合同的主要内容。如果承运人无故变更合同内容，势必会对旅客的利益造成

影响。《合同法》第299条规定："承运人应当按照客票载明的时间和班次运输旅客。承运人迟延运输的，应当根据旅客的要求安排改乘其他班次或者退票。"因此，承运人负有按照客票载明的时间和班次运送旅客的义务。如果出现法定或者约定事由需要改变时间与班次，应当向旅客及时告知，由此造成的损失由承运人负担。[①] 该条所说的迟延运输，是指未按客票载明的时间和班次运送旅客，包括出现法定事由与约定事由导致运输的迟延，如因为出现恶劣天气不能起飞。此时，承运人应当安排旅客换乘其他班次的交通工具或者为旅客办理退票手续。尤其需要指出的是，即使出现法定迟延运输的事由，承运人也应当为旅客安排换乘或者办理退票手续。

5. 不得擅自变更运输工具而降低服务标准

在客运合同中，承运人应当按照约定的运输工具进行运输。我国《合同法》第300条规定："承运人擅自变更运输工具而降低服务标准的，应当根据旅客的要求退票或者减收票款；提高服务标准的，不应当加收票款。"据此确立了承运人的不得擅自变更运输工具而降低服务标准的义务。通常，运输工具与承运人所提供的服务标准紧密结合在一起，如果承运人擅自变更运输工具，则意味着承运人变更了服务标准。如果承运人变更运输工具已经降低了服务标准，例如，将豪华运输工具变更为普通运输工具，则已构成违约，应当承担违约责任，减收票款。但如果承运人变更运输工具已经提升了服务质量和标准，则无须承担违约责任。例如，将普通运输工具变更为豪华运输工具，这对于旅客是有利的。[②] 如果承运人提高服务标准事先取得了旅客同意，则可以视为双方达成了变更合同的合意，在此情况下旅客应当增加支付提升服务的费用。

6. 妥善保管旅客的自带行李

《合同法》第303条规定："在运输过程中旅客自带物品毁损、灭失，承运人有过错的，应当承担损害赔偿责任。旅客托运的行李毁损、灭失的，适用货物运

[①] 参见郭明瑞、王轶：《合同法新论·分则》，262页，北京，中国政法大学出版社，1997。
[②] 参见魏耀荣等：《中华人民共和国合同法释论（分则）》，372～373页，北京，中国法制出版社，2000。

第二节 客运合同

输的有关规定。"据此确立了承运人妥善保管旅客自带行李的义务。客运合同虽然不是保管合同，但是对于旅客在搭乘过程中随身携带的行李，承运人仍负有保管的义务。根据这一规定，旅客行李的运输可分为两种：一是自带行李，即旅客在运输中按照约定的限量随身携带的行李。例如，依据《铁路旅客运输规程》的规定，一般旅客可以免费携带20千克的物品。依据《合同法》第303条，对于旅客的自带行李，只有在承运人有过错的情况下，才应对旅客自带物品的毁损、灭失承担责任，法律作出此种规定的原因在于，自带行李是处于旅客自己的直接控制之下的，而不是处于承运人的控制之下。旅客自己也应对其随身携带的物品负有一定的保管义务，因而承运人对旅客自带行李负担相对较轻的保管义务。[①]只有在承运人对旅客自带物品毁损、灭失有过错时，旅客才能请求承运人承担违约责任。二是托运行李，依据《合同法》第303条的规定，旅客托运的行李在运输过程中发生毁损、灭失的，适用货物运输的有关规定。依据《合同法》第311条，承运人应对运输过程中货物的毁损、灭失承担损害赔偿责任，除非承运人能够证明货物的毁损、灭失是因不可抗力、货物本身的自然性质或者合理损耗以及托运人、收货人的过错造成的。由此可见，旅客托运的行李在运输过程中毁损、灭失的，承运人所承担的责任在性质上属于严格责任。

7. 运输过程中的尽力救助义务

《合同法》第301条规定："承运人在运输过程中，应当尽力救助患有急病、分娩、遇险的旅客。"依据这一规定，在旅客运输中，承运人对旅客负有尽力救助的义务，这是承运人所负有的从给付义务，也是以人为本和人文关怀的体现。具体来说，尽力救助的对象包括三种，即患有疾病、分娩和遇险的旅客。在这些情形下，旅客的生命健康受到威胁，迫切需要得到救助，而承运人作为专门从事运输行业的主体，具有提供必要救助服务的条件，确立承运人负有照顾义务，有利于保障旅客在运输途中的生命健康安全。因此，承运人在运输过程中有义务为旅客提供必要的生活设施和服务，对患病旅客给予必要的医疗和照顾，并对老弱

[①] 参见胡康生主编：《中华人民共和国合同法释义》，377页，北京，法律出版社，1999。

残幼给予照顾和帮助。对于遇险的旅客应当采取各种措施救援,以帮助旅客脱险。旅客在运输中遭受伤害或死亡时,承运人应会同有关部门进行调查。

所谓尽力救助,是指承运人尽到自己最大的努力,采取各种合理措施,以帮助照顾旅客或对旅客实行救援。《合同法》虽然使用了"尽力救助"一词,但并不意味着承运人的救助义务是无限的,而且该救助义务并非要达成特定的结果,其在性质上应当属于"方式性债务"。此种义务也不同于安全保护义务,安全保护义务主要是保护旅客免受第三人的侵害,而救助义务主要是针对旅客因自身健康原因而出现的急需救助的情形。

第三节 货运合同

一、货运合同的概念和特征

货运合同是承运人将承运的货物运送到指定地点,而托运人向承运人支付运费的协议。货运合同是运输合同的一种类型,其以货物的运输行为为标的。除运输对象不同于客运合同外,货运合同通常也会有第三人(即收货人)参加。此外,货运合同的效力也与客运合同有很大差异,货运合同的履行不仅需将货物运至约定地点,还需将货物交付给约定的收货人。

货运合同虽由托运人与承运人签订,但双方当事人可约定以第三人为交付对象,即以托运人之外的主体为收货人。在合同法中,货运合同常常被称为利益第三人合同,甚至被称为"真正利益第三人契约"[①]。从《合同法》第309条的规定来看,承运人在货物运达目的地之后,如果其知道收货人的,应当及时通知收货人,收货人则有权领取货物。当然,收货人可以放弃货物的接收,但在此情形下,为保护承运人的利益,应当认为货物毁损、灭失的风险已经发生移转。从我国司法

[①] 黄立:《民法债编各论》下册,655~656页,北京,中国政法大学出版社,2003。

第三节 货运合同

实践来看,在托运人与收货人不一致的情况下,一旦合同规定第三人为收货人,则当承运人将货物运送到目的地后,收货人就有权请求承运人交付货物。收货人虽然享有权利,但是其也可以放弃,一旦放弃其权利,该权利就转归托运人享有。

二、货运合同的订立和变更

(一)货运合同的订立

在货运合同中,其所涉及的主要当事人是托运人与承运人。托运人将货物交给承运人,由承运人将货物运至约定地点或交付给特定的收货人。具体订立货运合同,要经过两个阶段:

1. 托运。托运人首先要向承运人提交货物托运单,如《民用航空法》第113条规定:"承运人有权要求托运人填写航空货运单,托运人有权要求承运人接受该航空货运单。"托运人填写托运单的目的是确认托运货物的有关情况,以便承运人据以查验和交货[1],也便于承运人准确、安全地进行运输。这就要求托运人应当如实填写托运单,如托运货物的名称、件数、包装、发货站与到达站的名称、发货人和收货人的名称和住址等,然后将货物托运单交给承运人。如果托运的货物需要办理海关、检疫或其他法定手续,托运人还应同时向承运人提交有关证明文件。

2. 承运。承运人要根据托运单和证明文件验收货物,验收合格后,即办理交接手续,核收运杂费用,并签收承运凭证。承运凭证包括货物托运单、货票或提单等多种形式。其中,所谓提单,是指承运人制作的并交付给托运人的记载有关货物运输事项的一种证券。[2] 通常,承运人所交付的凭证的内容包括:货物的品名、标志、包数或者件数、重量或者体积,以及运输危险货物时对危险性质的说明;承运人的名称和主营业所;运输工具;托运人的名称;收货人的名称;交付货物的地点;签发日期、地点和份数;运费的支付;承运人或者其代表的签字等。

---

[1] 参见魏耀荣等:《中华人民共和国合同法释论(分则)》,379页,北京,中国法制出版社,2000。
[2] 参见张代恩:《运输合同·保管合同·仓储合同》,56页,北京,中国法制出版社,1999。

(二) 货运合同的变更

货运合同的变更，可分为承运人依特殊原因变更货运合同和依托运人的要求而变更货运合同的内容。例如，因自然灾害或气象等原因，承运人必须变更运输方式或运输时间。承运人变更合同内容的，一般应征得托运人的同意。运输变更后可根据具体情况增加或减少运费。

《合同法》第 308 条规定："在承运人将货物交付收货人之前，托运人可以要求承运人中止运输、返还货物、变更到达地或者将货物交给其他收货人，但应当赔偿承运人因此受到的损失。"该条实际上是确认了托运人的处置权，即货运合同成立之后，托运人有权不经承运人的同意而变更、解除合同，承运人也无权过问托运人变更和解除合同的原因。[1] 托运人的处置权是一种直接来源于法律规定的法定权利，纯粹是为了保护托运人的利益，实现托运人订立货运合同的目的。[2] 例如，在货物交付收货人之前，因市场价格的波动或交易关系的变动，将货物由承运人运至目的地并交付给收货人可能已无实际的必要性。此时，允许托运人行使处置权，既可有效地保护托运人的利益，也有利于节省运输费用，避免托运人遭受无谓的损失。货运合同订立后，托运人或收货人由于客观原因发生变化，可以向承运人要求变更到货地点、变更收货人；在货物运输前还可以要求撤销托运。但托运人或收货人应向承运人支付必要的费用，因此造成承运人损失的应负责赔偿。对于托运人或收货人的这些要求，承运人如无正当理由，无权加以拒绝。但是对于违反货物流向、违反运输限制的变更，承运人有权拒绝变更。

三、货运合同的效力

(一) 托运人的主要义务

1. 告知义务

《合同法》第 304 条规定："托运人办理货物运输，应当向承运人准确表明收

---

[1] 参见胡康生主编：《中华人民共和国合同法释义》，471 页，北京，法律出版社，1999。
[2] 参见张代恩：《运输合同·保管合同·仓储合同》，84 页，北京，中国法制出版社，1999。

货人的名称或者姓名或者凭指示的收货人,货物的名称、性质、重量、数量,收货地点等有关货物运输的必要情况。"本条规定了托运人告知义务的具体内容。依照本条的规定,托运人的告知义务主要包括:

第一,收货人的名称或者姓名,以及凭指示的收货人。此处所说的收货人的名称或姓名,主要是依据收货人的不同性质而作出的区分。如果收货人是法人或者其他组织的,则托运人应告知收货人的名称;如果收货人是自然人,则托运人则应告知收货人的姓名。告知收货人不仅有助于明确货物的具体交付对象,也有利于维护托运人的利益。如果在托运人办理货物运输时并没有明确具体收货人的,托运人则应将提取货物的凭证告知承运人。

第二,货物的名称、性质、数量和重量,这些因素都涉及货物本身的情况。托运人必须向承运人告知货物的具体情况,才能使承运人采取恰当的措施,确保货物在运输过程中不会发生意外。此外,要求托运人准确表明货物的名称、性质、数量和重量,也是托运人诚实履行合同的要求,因为承运人收取运费、装卸货物的方式等都依赖于托运人所表明的货物的情况。[①]

第三,收货地点等其他有关运输的必要情况。托运人只有告知收货地点,承运人才能明确货物运输的具体目的地,也便于承运人采取适当的运输方式,安排恰当的运输时间和计划,保证货物如期运至。所谓其他有关运输的必要情况,包括任何与货物运输有关的必要情况,如收货地点、包装要求、收货时间等必要的或者当事人约定的其他情况。

如果因为托运人违反告知义务使自己遭受损失,则表明托运人对损失的发生是有过错的,理应由其自己负担损失。[②] 因此,托运人违反告知义务的将产生一定的法律效果,这具体表现在:

第一,如果托运人未告知承运人具体的收货地点的,不能因此要求承运人承担相应的责任。例如,如果托运人没有告知收货人的具体情况,则承运人因为无法确定具体的收货人而无法交付货物,即便将货物运输到指定地点,也只能够将

[①] 参见魏耀荣等:《中华人民共和国合同法释论(分则)》,379页,北京,中国法制出版社,2000。
[②] 参见胡康生主编:《中华人民共和国合同法释义》,466页,北京,法律出版社,1999。

货物放置于仓库中不得交付，如果货物因此不能按期交付，托运人无权请求承运人承担违约责任。而且承运人有权请求托运人支付因此增加的费用。

第二，如果托运人未告知货物的具体情况的，承运人所应承担的保管义务则应减轻或免除。例如，如果运输的是需要冷冻的货物，而托运人又没有将其告知承运人，承运人只得按照通常的手段运输货物，导致在途中货物变质，则此种损失应当由托运人自己承担。在托运人未履行告知义务的情况下，如果因为货物的特别性质而在运输途中受到损害，承运人不承担责任。

第三，依据《合同法》第304条的规定，如果因托运人申报不实或者遗漏重要情况造成承运人损失的，托运人应当承担损害赔偿责任。换言之，托运人应承担未履行如实告知义务给承运人造成损失的责任。例如，托运人告知托运货物的重量只有5吨，但其交付的货物的重量达到了8吨，如果因此导致承运人在运输时所安排的运输车辆因超载而受损，则托运人应当承担损害赔偿责任。

2. 协助办理相关手续

依据《合同法》第305条的规定，托运人负有协助办理审批、检验等相关手续的义务。所谓审批、检验等手续，是指在进行货物运输以及货物通关等需要办理的有关手续。例如，特种货物的运输需要特定部门批准。[1] 而国际货物的运输则需要办理检验及进口等各种审批手续。之所以要求托运人向承运人提交需要办理审批、检验等手续的有关文件，是因为承运人作为专门从事运输义务的人，法律上要求其在运输时持有已经获得审批、检验等手续的文件[2]，而此种审批、检验等手续可能需要托运人协助完成。[3] 如果因托运人未协助等原因导致承运人无法取得相关的手续文件的，因此造成承运人损失的，托运人应当赔偿损失。

---

[1] 例如，《固体废物污染环境防治法》第23条规定，"转移固体废物出省、自治区、直辖市行政区域贮存、处置的，应当向固体废物移出地的省、自治区、直辖市人民政府环境保护行政主管部门提出申请。移出地的省、自治区、直辖市人民政府环境保护行政主管部门应当商经接受地的省、自治区、直辖市人民政府环境保护行政主管部门同意后，方可批准转移该固体废物出省、自治区、直辖市行政区域。未经批准的，不得转移"。

[2] 参见胡康生主编：《中华人民共和国合同法释义》，467页，北京，法律出版社，1999。

[3] 参见魏耀荣等：《中华人民共和国合同法释论（分则）》，383页，北京，中国法制出版社，2000。

第三节 货运合同

3. 合理包装义务

《合同法》第 306 条规定:"托运人应当按照约定的方式包装货物。对包装方式没有约定或者约定不明确的,适用本法第一百五十六条的规定。"这就确立了托运人的合理包装义务。法律上之所以规定托运人负有合理包装义务,是因为妥当的包装既可以保护运输货物,也可以维护承运人的运输安全。例如,如果托运人托运的货物是易燃、易爆等危险物品的,进行合理包装就可以避免货物自身的泄漏,也可有效维持承运人的运输安全。货物在运输过程中通常会面临毁损或灭失的风险,而对货物的合理包装则会降低此种风险,使托运人、收货人以及承运人免受经济损失。货运合同中,依据货物的不同性质以及不同的货物内容存在不同的风险度,对货物的具体包装也有不同的要求。如托运人交付运输的是水产品等鲜活货物或易燃、易爆等危险物品的,则须采用符合货物性质、便于其保存的约定方式或是法律明确规定的包装方式。

依据《合同法》第 306 条第 2 款的规定,托运人违反包装义务的,承运人可以拒绝运输。因为如果托运人不愿履行包装义务,可能导致运输活动无法进行,基于双方当事人权利与义务平等的原则,承运人应当有权拒绝运输。[①] 如果因为货物包装不符合要求,导致在运输过程中造成其他货物受损,甚至是人身伤亡的,托运人应对此承担损害赔偿责任。

4. 托运危险货物应遵守有关危险品运输的规定

《合同法》第 307 条规定:"托运人托运易燃、易爆、有毒、有腐蚀性、有放射性等危险物品的,应当按照国家有关危险物品运输的规定对危险物品妥善包装,作出危险物标志和标签,并将有关危险物品的名称、性质和防范措施的书面材料提交承运人。"对于易燃、易爆、有毒、有腐蚀性、有放射性等危险物品的运输而言,托运人在托运时应具体告知货物的具体情况,并依据上述规定将有关危险物品的名称、性质和防范措施的书面材料提交承运人。通常而言,针对危险物品的运输,国家有关部门已作出专门性规定予以规范,如《道路危险货物运输

---

① 魏耀荣等:《中华人民共和国合同法释论(分则)》,383 页,北京,中国法制出版社,2000。

第十一章 运输合同

管理规定》等。鉴于此类物品的高度危险性,承运人在运输过程中所面临的风险也较高,因此,托运人应遵守有关危险品运输的规定,具体来说,一是依法对危险物品妥善包装,也就是说托运人应根据危险物品的具体性质进行妥善包装,以防止危险物品在运输过程中发生事故或损害。二是作出危险物标志和标签。例如,在易爆物品上以醒目的大字进行特殊标注。三是将有关危险物品的名称、性质和防范措施的书面材料提交承运人。[①] 这有利于承运人合理安排运输人和运输计划,并针对危险物品的具体性质采取特殊的防范措施,以避免危险物品在运输过程中所可能带来的危险,也有利于具体承运人在运输过程中及时有效地采取相应的应对措施。如果托运人违反国家有关危险物品运输的规定,承运人可以拒绝运输,也可以采取相应措施以避免损失的发生,因此产生的费用由托运人承担。[②]

5. 支付运输费用

货运合同属于双务有偿合同,托运人应当依据合同约定向承运人支付运输费用。依据《合同法》第 315 条,托运人所应支付的费用包括三项:一是运费。所谓运费,是指承运人为履行货物运输义务,将货物安全、及时地运至目的地而支付的必要费用。二是保管费。所谓保管费,主要是指承运人将货物安全、及时运至目的地之后,收货人未及时收货而由承运人代为保管,由此所产生的费用。三是其他运输费用。所谓其他运输费用,是指承运人在运输过程中,为将货物及时、安全运至目的地而支出的除上述费用之外的其他运输费用,如报关等费用。

依据《合同法》第 315 条的规定,托运人或者收货人不支付运费、保管费以及其他运输费用的,承运人有权留置托运货物,但当事人另有约定的除外。这就是说,托运人或者收货人不支付费用的情况下,承运人依法享有对托运货物的留置权。所谓留置权,是指在债权债务关系中,债权人事先合法占有了债务人的动产,在债务人不履行到期债务时,债权人有权依法留置该财产,并可以将该留置的动产折价或者以拍卖、变卖所获得的价款优先受偿的权利。依据《合同法》第

---

① 参见魏耀荣等:《中华人民共和国合同法释论(分则)》,384~386 页,北京,中国法制出版社,2000。

② 参见郭明瑞、王轶:《合同法新论·分则》,266 页,北京,中国政法大学出版社,1997。

第三节 货运合同

315条,承运人留置权的成立条件是:第一,留置权的主体必须是承运人,这就是说在此种留置中,权利主体是特定的,即该权利应由承运人享有。第二,留置的对象是承运人所占有的托运人所托运的货物。承运人留置的货物应当是托运人托运的财产,对承运人未运输的托运人的其他货物,承运人无权留置。第三,托运人或者收货人不支付费用。在合同约定的期限届满之后,托运人或收货人未支付费用的,承运人才可以主张此种留置权。需要指出的是,在行使留置权之前,承运人是否应负有催告义务?笔者认为,依据《合同法》第315条,承运人无须进行催告,但依据该条规定,承运人只能对相应的运输货物享有留置权。这就是说,留置货物的价值应当与托运人或收货人未支付的费用之间具有相应性,如果货物的整体价值远超过托运人或收货人未支付的费用的,承运人只能留置相应的部分货物,而不应就整体货物进行全部留置。第四,当事人另有约定的除外。这就是说,如果当事人明确在货运合同中约定承运人不享有留置权的,承运人不应对托运的货物进行留置。如果托运人或收货人提供了适当的担保,则承运人也不能留置货物。①

关于留置权的行使。在承运人对托运货物进行留置后,需要通知收货人或托运人在一定期限内支付相应的费用。如收货人或托运人未在约定期间内支付费用的,承运人有权就其所留置的托运货物依法进行折价或者拍卖、变卖后,并扣除应交的费用,剩余的价款应当返还给托运人或收货人,不足部分仍应由收货人或托运人清偿。

(二)承运人的主要义务

1. 将货物运达指定的地点并交付收货人

承运人的主要义务就是将货物及时送达指定地点。依据《合同法》第308条,承运人不仅应将货物及时送达指定地点,还应依托运人的指示将货物交付给收货人。这就是说,如果承运人在将货物及时送达指定地点之后,将货物交付给错误的收货人的,承运人仍应承担违约责任。

---

① 参见胡康生主编:《中华人民共和国合同法释义》,482页,北京,法律出版社,1999。

《合同法》第 308 条规定:"在承运人将货物交付收货人之前,托运人可以要求承运人中止运输、返还货物、变更到达地或者将货物交给其他收货人,但应当赔偿承运人因此受到的损失。"由此可见,在货物运输过程中,托运人对承运货物具有处置权,换言之,货物托运后,托运人在货物交付前,享有如下权利:一是中止运输、返还货物。所谓中止运输,是指托运人要求承运人立即停止运输托运货物;所谓返还货物,是指托运人要求承运人将已经办理托运手续的货物返还给托运人或提货凭证持有人,这实际上是解除货运合同。[①] 二是变更到达地点。这是指托运人在货物交付给收货人之前,有权改变原来约定的到达地,对此承运人不得拒绝变更。三是要求承运人将货物交给其他收货人。这实际上就是变更收货人,在变更后,承运人应将托运货物交付给变更后的收货人。同时,托运人应当赔偿承运人因此受到的损失。但需要注意的是,在提单运输中,由于提单是作为物权凭证而存在的,故而在提单转让之后,托运人无权行使对货物的处置权。此时,此种权利应由提单持有人行使。托运人的处置权应于货交收货人之前行使,在承运货物已经交付收货人之后,其不得行使也无法行使此种权利。托运人变更到达地或改变收货人以后,承运人的运输义务也产生相应的变化。承运人应当按照托运人变更之后的要求履行运输义务,将货物安全、及时地运送至新的到达地并交付给新的收货人。

2. 妥善保管义务

在运输过程中,承运人应对货物进行妥善保管。否则,承运人就难以将货物安全送达,托运人的合同目的就不能实现。《合同法》第 311 条规定:"承运人对运输过程中货物的毁损、灭失承担损害赔偿责任,但承运人证明货物的毁损、灭失是因不可抗力、货物本身的自然性质或者合理损耗以及托运人、收货人的过错造成的,不承担损害赔偿责任。"这就确立了承运人的妥善保管义务。所谓妥善保管,是指承运人应根据托运货物的性质采取合理的运输方式,制订严格的运输计划,保证货物安全地送达目的地,防止货物毁损、灭失。依据这一规定,承运

[①] 参见魏耀荣等:《中华人民共和国合同法释论(分则)》,388 页,北京,中国法制出版社,2000。

第三节 货运合同

人应对运输过程中货物的毁损、灭失承担严格损害赔偿责任。即该损害赔偿责任的成立，不以承运人在运输过程中存在过错为前提条件。[①] 这是因为：一方面，在货运合同中，与客运合同不同，承运人所应负担的主要义务是将货物安全送达目的地。在运输过程中，货物处于承运人的实际控制之下，由承运人承担严格赔偿责任，可促使承运人尽力履行自身所承担的妥善保管义务，将货物安全地运送至目的地。另一方面，货物在运输过程中发生毁损、灭失的，如果承运人仅需证明自身无过错就可以免责，这就使承运人能够轻易地被免除自身的责任，从而有可能会对托运人的利益造成损害。此外，在运输合同中，承运人一方通常是专门从事货物运输的企业，其具有较强的经济实力和应对风险的能力。

虽然承运人应当对货物的毁损、灭失承担严格责任，但依据《合同法》第311条的规定，如果承运人能够证明货物的毁损、灭失是因不可抗力、货物本身的自然性质或者合理损耗以及托运人、收货人的过错造成的，则承运人无须承担损害赔偿责任。这就对承运人的免责事由作出了规定，具体而言，其包括如下几种：一是不可抗力。即使在严格责任的情形下，不可抗力也可作为免责事由。对货物运输合同而言，如果货物的毁损、灭失是因不可抗力造成的，承运人不承担赔偿责任。二是货物的自然损耗。这主要是指因货物的物理属性和化学属性而造成的货物合理损耗，例如，承运人运输的液体状物质的自然挥发。所谓合理损耗，是指货物在长途或长期的运输过程中而必然发生的部分损失。例如，茶叶在长途运输过程中会发生合理的损耗。[②] 三是托运人、收货人的过错。例如，承运人将货物在运达目的地之后，因托运人未告知收货人致使承运人无法交货，造成货物损失的，承运人不承担损害赔偿责任。当然，承运人应当对上述免责事由负担举证责任。

依据《合同法》第312条的规定，应当按照如下规则确定承运人的违约损害赔偿数额：一是当事人有约定的，按照其约定。这就是说，如果当事人已经就货物的毁损、灭失事先约定损害赔偿数额或计算方法的，应按照当事人的约定来确

---

① 参见魏耀荣等：《中华人民共和国合同法释论（分则）》，393页，北京，中国法制出版社，2000。
② 参见胡康生主编：《中华人民共和国合同法释义》，476页，北京，法律出版社，1999。

定具体的赔偿数额。如果当事人在合同中声明托运货物为一般物品的，而该货物实际上是贵重物品的，则在托运货物毁损、灭失时，应按照当事人所声明的物品的价值，来确定具体的赔偿金额。例如，甲托运一箱行李，行李中夹带了几件贵重的瓷器，但在托运时未作声明，后该行李在运输过程中遭受损害，则承运人应按照托运人所声明的一般物品的价值来进行赔偿。如果承运人在承运时与托运人达成了保价条款，则应根据具体情形认定其效力。例如，双方在托运单上注明发生货物毁损、灭失，每件按 300 元赔偿，关于该条款的效力，如果有关法律、法规允许当事人就货物保价作出约定的，而当事人所约定的保价条款也并未违反法律、法规的具体规定的，则该条款有效。① 如果该条款显失公平的，则应允许当事人撤销。二是如果当事人没有约定或者约定不明确的，应当依照《合同法》第 61 条的规定确定。换言之，在当事人未事先对损害赔偿数额进行约定或约定不明确时，可以事后达成补充协议。三是仍不能确定损害赔偿数额的，按照交付或者应当交付时货物到达地的市场价格计算。例如，承运人运输的一车皮瓷器在卸货时 10 件瓷器被摔坏，依据交付时货物到达地的市场价格，即每件瓷器的价格为 1 000 元，承运人应依此价格赔偿 10 000 元。四是如果法律、行政法规对赔偿额的计算方法和赔偿限额另有规定的，依照其规定。例如，《民用航空法》第 129 条规定："国际航空运输承运人的赔偿责任限额按照下列规定执行：……（二）对托运行李或者货物的赔偿责任限额，每公斤为 17 计算单位。"这就对国际航空运输承运人的赔偿责任限额作出了规定。

3. 及时通知义务

《合同法》第 309 条规定："货物运输到达后，承运人知道收货人的，应当及时通知收货人，收货人应当及时提货。"由此可见，承运人依法负有及时通知的义务。承运人及时通知收货人的义务涉及收货人能否及时收货以及承运人运输义务是否履行完毕等问题。如果承运人不及时通知，则在货物到达后，收货人不知道收取货物的具体时间，货物也会存在毁损灭失的风险。因此，及时通知义务直

---

① 例如，《铁路法》第 17 条规定，托运人或者旅客根据自愿，可以办理保价运输，也可以办理货物运输保险。"托运人或者旅客根据自愿申请办理保价运输的，按照实际损失赔偿，但最高不超过保价额"。

接关系到承运人能否履行其义务。但如果承运人不知道收货人的,则应当通知托运人在合理期限内就运输货物的处分作出指示。①需要指出的是,承运人负有的及时通知义务,既是依诚信原则而产生的义务,也是一项法定义务。

4. 单式联运合同中的订约承运人应对全程运输负责

所谓联运,是指两个以上的承运人以同一或者多样的运输方式从事运输活动。联运合同在签订、变更、当事人的权利义务、违约责任等方面与货运合同和旅客运输合同相似。但联运合同具有如下特征:一是联运合同有多个承运人,这是联运不同于普通运输的主要区别之一。虽然联运中的承运人是多人,但联运合同的签订者仅是第一承运人。尽管除第一承运人以外的其他承运人并不参加合同的签订,但它们必须向托运人或旅客履行各自的承运义务。二是联运可以分为单式联运和多式联运,所谓单式联运合同,是指有多个承运人的,托运人与第一承运人订立运输合同之后,由第一承运人与其他承运人以相同运输方式完成同一货物运输的合同。对此,学理上也称之为相继运输合同,并将相继运送分为部分运送、转托运送、共同运送。②我国《合同法》第313条所说的联运即属于此种情况。③所谓多式联运,是指由两个或两个以上不同运输方式的承运人结为承运人一方,与托运人或旅客订立的协议。根据这一协议,托运人或旅客一次交付费用,使用同一运输凭证,而承运人用各自的运输工具互相衔接地将货物或旅客送达指定的地点。三是托运人或旅客一次交费并使用同一运送凭证,货物由一承运人转交另一承运人运输或旅客换乘另一种运输工具时,不需要另外交费和办理托运手续或购票。④《合同法》第十七章第4节专门对此作出了规定。

《合同法》第313条规定:"两个以上承运人以同一运输方式联运的,与托运人订立合同的承运人应当对全程运输承担责任。损失发生在某一运输区段的,与

---

① 参见胡康生主编:《中华人民共和国合同法释义》,473页,北京,法律出版社,1999。
② 参见邱聪智:《新订债法各论》中,388页以下,北京,中国人民大学出版社,2006;黄立:《民法债编各论》下册,691~692页,北京,中国政法大学出版社,2003。
③ 参见房绍坤、郭明瑞主编:《合同法要义与案例析解(分则)》,415页,北京,中国人民大学出版社,2001。
④ 参见郭明瑞、王轶:《合同法新论·分则》,273页,北京,中国政法大学出版社,1997。

托运人订立合同的承运人和该区段的承运人承担连带责任。"据此，单式联运合同中的订约承运人应当对全程运输承担责任。该规定包含如下内容：

首先，必须是发生在单式联运之中。如前所述，联运包括单式联运和多式联运，《合同法》第313条所规定的运输责任规则仅适用于单式联运合同。所谓"以同一运输方式联运"，就是指单式联运①，即多个承运人所采用的运输工具应当相同。例如，多个承运人都采用铁路运输或航空运输的方式进行货物运输。

其次，与托运人订约的承运人应当对全程运输承担责任。尽管单式联运的承运人有多个，但与托运人订约的当事人只有第一承运人，所以第一承运人是作为运输合同的直接当事人而存在的，依据《合同法》第313条，应当由订约的第一承运人对全程运输负责。所谓全程负责，是指订约的第一承运人应当对货物安全、及时送达目的地负责，如果货物因其他承运人的原因而未能安全、及时送达目的地的，订约的第一承运人仍应就此对托运人或收货人负责。关于单式联运中的承运人的责任有两种立法例：一是连带责任说。此种观点认为，应当由在相继运输中的各承运人承担连带责任。我国台湾地区"民法"第637条规定，运送物由数承运人相继运送者，对于运送物之丧失、毁损或迟到，应负连带责任。二是订约承运人负责说。此种观点认为，应当由签订运输合同的第一承运人对运输的全程负责。②我国《合同法》的上述规定确认了应由订约的承运人对运输全程承担责任。法律作出这种规定的主要原因在于，合同关系具有相对性，由于第一承运人之外的承运人与托运人之间不存在合同关系，因而应当由第一承运人就全程运输对托运人负责。③

再次，损失发生在某一运输区段的，与托运人订立合同的承运人和该区段的承运人承担连带责任。这就是说，如果能够确定托运货物在单式联运过程中所发生的毁损、灭失是在具体的某一运输区段，有关承运人应当负责。例如，将货物

---

① 参见房绍坤、郭明瑞主编：《合同法要义与案例析解（分则）》，415页，北京，中国人民大学出版社，2001。
② 参见胡康生主编：《中华人民共和国合同法释义》，179页，北京，法律出版社，1999。
③ 参见郭明瑞、王轶：《合同法新论·分则》，273页，北京，中国政法大学出版社，1997。

由单式联运人经铁路先运输至北京，再至郑州，然后到武汉，最后再运至最终目的地广州。在将货物由郑州站运至武汉站后，武汉至广州段的承运人在接货时发现货物毁损的，应当由订约的第一承运人和前一段承运人承担连带责任。有学者认为，本条对责任分担之规定，实际上破坏了传统责任分担理论。传统责任分担理论一般认为，要么由与托运人订立合同之承运人对外承担责任，然后内部追偿；要么当事人共同订立"连带运送合同"①，此种观点不无道理。但是笔者认为，第一，由与托运人订立合同的承运人（即第一承运人）承担责任符合合同相对性原则，其理应就全程运输承担责任。第二，在已经查明货物的毁损、灭失是发生自某一具体运输区段的，由该区段的承运人承担责任，这既有利于保障托运人的利益，也有利于托运人所受损失的直接追偿，而不必再进行内部分担，另外，也有利于纠纷的及时解决。

（三）收货人的主要义务

所谓收货人，是指因运输合同托运人指定，取得可能受领运输物权利的人，托运人可自任为收货人，但收货人也可以是托运人以外的第三人。② 对于收货人权利的取得根据，学界观点不一，主要有如下几种观点：一是代理说。此种观点认为，托运人为收货人的代理人。二是无因管理说。此种观点认为，收货人为托运人的无因管理人。三是新契约说。收货人与承运人另行成立新的合同。四是债权让与说。此种观点认为，收货人法律地位的确立，是因为托运人让与债权于收货人。五是第三人契约说。此种观点认为，约定承运人向收货人交付货物。六是法律规定说。此种观点观点认为，收货人取得权利的根据是依据法律的规定。我国台湾地区学理偏向第三人契约说，但强调法律规定说为通说。③ 笔者认为，如果托运人自己是收货人，其就是合同一方当事人；而如果收货人是第三人，则应当是利益第三人合同中的第三人，因为托运人在合同中指定收货人以后，收货人已成为合同中的利益第三人。承运人向收货人交付货物，是履行基于合同所产生

---

① 江平主编：《中华人民共和国合同法精解》，252页，北京，中国政法大学出版社，1999。
② 参见邱聪智：《新订债法各论》中，884页，北京，中国人民大学出版社，2006。
③ 参见邱聪智：《新订债法各论》中，384～385页，北京，中国人民大学出版社，2006。

的对于收货人的法律义务,而收货人所享有的受领货物的权利,也是基于运输合同所产生的。

收货人作为利益第三人享有收取货物的权利,并且在承运人没有向其交货时,有权请求其向自己交货。但是收货人也应当负有如下几个方面的义务:

1. 及时受领货物

《合同法》第309条规定:"货物运输到达后,承运人知道收货人的,应当及时通知收货人,收货人应当及时提货。"在承运人通知以后,收货人收到通知后就负有及时提货的义务。否则,不仅会对承运人造成保管货物之累,徒增保管货物的费用,也会增加货物毁损、灭失的风险,还有可能造成货物经济价值的减损。

依据《合同法》第309条,收货人逾期提货时,其应当向承运人支付保管费等费用。这就是说,如果收货人在通知之后没有收取货物,发生的保管等费用应当由收货人承担。收货人逾期提货产生的费用主要是保管费,除此之外还包括装卸费用、转运费用等。如果收货人逾期提货,货物的毁损灭失的风险由收货人承担。另外,依据《合同法》第316条,如果收货人不明或者收货人无正当理由拒绝受领货物的,承运人可以将货物提存,提存费用由收货人负担。而且依据《合同法》第103条,货物提存后毁损、灭失的风险也由收货人负担。

2. 检验货物

《合同法》第310条规定:"收货人提货时应当按照约定的期限检验货物。"这就确立了收货人检验货物的义务。所谓检验货物,是指收货人按照货运合同记载的货物的数量、质量等事项进行核对和校验。在货运合同的履行过程中,托运的货物可能会在运输途中发生毁损等情形,因此在货物送交收货人之时,由收货人对货物进行检验,这既有利于判断承运人是否按照合同约定履行了运输义务,也有利于保护收货人自身的利益。因为收货人一旦发现货物存在毁损、灭失等情形的,应当及时主张权利。

《合同法》第310条规定:"对检验货物的期限没有约定或者约定不明确,依照本法第六十一条的规定仍不能确定的,应当在合理期限内检验货物。收货人在

第三节 货运合同

约定的期限或者合理期限内对货物的数量、毁损等未提出异议的，视为承运人已经按照运输单证的记载交付的初步证据。"依据这一规定，检验货物应当在约定的期限内进行。不过当事人可能在合同中并未就检验货物的期限进行约定或约定不明确，在此情况下，首先应当依照《合同法》第61条的规定予以确定，如根据该条仍不能确定的，收货人需要在合理期限内进行检验。所谓合理期限，应当根据实际情况来确定。例如，承运人运输的货物是鲜活易腐的水产品，收货人进行检验的合理期限就相对较短。[①] 收货人应当负担及时检验的义务，否则对货物的毁损、灭失是否是在运输过程中发生将难以举证，这也不利于维护承运人的合法利益。因此，收货人应当在合理期限内检验货物。

如果收货人超过约定的期限或合理期限对货物的数量、质量等未提出异议的，依据《合同法》第310条，视为承运人已经按照运输单证的记载交付的初步证据。这就是说，一方面，未及时提出异议并不意味着收货人已经完全认可，也不意味着其已经丧失了请求赔偿的权利。另一方面，初步证据表明承运人可以以此为由证明其已经完成了交付，但是如果收货人有相反的证据，仍可以推翻此种推定。笔者认为，收货人在约定的期限或合理期限未提出异议的，则推定承运人已经完成了交付行为，当然，如果收货人有其他证据证明承运人并未交付，则可以推翻上述推定。

3. 支付运输费用

在运输合同中，支付运输费用是托运人的主合同义务，但当事人也可以约定由收货人支付运输费用。在此情形下，收货人虽然享有接收货物的权利，但其应当负有支付费用的义务。如果合同规定由收货人支付费用的，收货人应当在规定的期限内支付费用。如果货运合同中已经就收货人支付费用的期限作出具体约定的，收货人应当在约定期限内支付。如果货运合同未作约定的，应当依据《合同法》第61条确定支付期限。如果依据该规定仍不能确定，则按照同时履行的原则，收货人应当在提货时支付运输费用。

---

① 参见胡康生主编：《中华人民共和国合同法释义》，474页，北京，法律出版社，1999。

四、货运合同中的风险负担

货运合同中的风险主要是指在货物运输的过程中因不可归责于合同当事人双方的事由,而造成的货物毁损、灭失以及运输费用不能支付的风险。此种风险包括两个方面:

一是标的物的风险,即货物在运输过程中遭受毁损或灭失的风险。对于此类风险,原则上也应当采取所有人主义。换言之,货物在运输过程中因不可抗力而毁损、灭失的风险,应当由所有人承担。具体来说,就是要由托运人或收货人承担此风险。因为在运输过程中,货物的所有权并没有发生移转,承运人只是暂时占有该货物。货物的毁损灭失是由不可抗力、货物本身的原因或者托运人、收货人的过失造成的,承运人不负赔偿责任。当然,如果当事人之间有特别约定采用FOB和CIF等价格条件,其风险负担应该有所区别。①

二是价金的风险。价金的风险其实就是运输费用的风险。《合同法》第314条规定:"货物在运输过程中因不可抗力灭失,未收取运费的,承运人不得要求支付运费;已收取运费的,托运人可以要求返还。"依据这一规定,运输费用的风险应当由承运人负担。这是因为在货运过程中如果发生了标的物的意外毁损或灭失,货物的所有人已经承担了标的物风险,不能使托运人继续承担价金风险。因为货物的意外灭失对双方当事人来说都是一种意外的损害,对此损害应当在当事人之间进行一种公平的分配。对托运人而言,不能使其同时负担货物的风险和运费的风险,如果托运人已经承担了货物的风险,就不应再承担运费的风险。所以货物在运输过程中因不可抗力而灭失,未收取运费的,该运费的损失由承运人负担,其不得再要求托运人支付运费。

---

① 参见徐炳:《买卖法》,258~259页,北京,经济科学出版社,1991。

第四节 多式联运合同

一、多式联运合同的概念和特征

多式联运合同,又称为混合运输合同、联合运输合同,是由两个或两个以上不同运输方式的承运人形成承运人一方,与托运人或旅客订立的协议。[①] 根据这一协议,托运人或旅客一次交付费用,使用同一运输凭证,而承运人用各自的运输工具互相衔接地将货物或旅客送达指定的地点。[②] 多式联运既可以在一国之内进行,也可以是跨国的。例如,某公司从南美运输一批货物到中国,运输方式约定为先由铁路将货物运输至港口,然后经航空运输至中国某机场,再经公路运输至目的地。多式联运合同主要具有以下特点:

第一,多式联运是联运的一种方式。联运有多种形式,如铁路与水路联运,铁路与公路联运,铁路、水路、公路联运,航空、铁路或公路联运等,在水路运输方面又有江河直达联运,江海直达联运等。除此之外,还有地区和地区运输部门之间互相为对方配载的联运以及国际联运等。可见,同一运输方式也可以组织不同线路的联运。采用联运的方式,可以使各种运输工具得到综合利用,使各个运输环节有机地衔接,紧密合作,从而发挥运输设备的能力,有效地完成各项运输任务。

第二,多式联运采取不同的运输方式。根据运输方式的不同,联运合同可以区分为单式联运合同和多式联运合同。在多式联运中,存在两种或者两种以上的运输方式。采用不同的运输方式是多式联运和传统运输合同的主要区别。[③] 在单式联运中,两个或两个以上的承运人所采用的运输方式同一,如均为铁路运输或

[①] 参见魏耀荣等:《中华人民共和国合同法释论(分则)》,405页,北京,中国法制出版社,2000。
[②] 参见马俊驹、余延满:《民法原论》,3版,711页,北京,法律出版社,2007。
[③] 参见胡康生主编:《中华人民共和国合同法释义》,484页,北京,法律出版社,1999。

海运。但在多式联运中,承运人所采用的运输方式不同,如海运和航空运输的结合、铁路运输和内河运输的结合。

第三,多式联运中存在缔约经营人和实际承运人的区别。在一般的联运中,承运人通常以自己的运输工具实际承担合同约定的运输义务,但在多式联运中,缔约经营人可能并不参与实际运输,而是由其他实际承运人进行货物或旅客的运输。多式联运经营人既可以仅是缔约经营人,也可以是缔约经营人兼实际承运人。[①] 联运经营人在联运实务中有两种表现形式:一是以自有的运输工具,或者租赁运输工具,实际参与联合运输的某一区段;二是与托运人订立联运合同,签发联运单据,但无任何运输工具,也不参与实际运输。但是在多式联运合同中,与旅客或托运人订约的当事人就是联运经营人。[②] 依据《合同法》第317条的规定,缔约经营人应对全程负责,"多式联运经营人负责履行或者组织履行多式联运合同,对全程运输享有承运人的权利,承担承运人的义务"。

第四,在多式联运合同中,托运人或旅客一次交付费用,使用同一运输凭证。多式联运一般实行"一次托运,一次收费,一票到底,全程负责"的综合性运输方式,托运人或旅客与第一承运人订立运输合同之后,旅客或托运人即无须再付费,经某一承运人换至下一承运人进行运输之时,也无须再签发其他单据,凭多式联运经营人所签发的多式联运凭证即可进行。

二、多式联运合同的效力

(一) 多式联运经营人的义务

1. 对全程运输负责。《合同法》第317条规定:"多式联运经营人负责履行或者组织履行多式联运合同,对全程运输享有承运人的权利,承担承运人的义务。"依据这一规定,多式联运经营人要对全程运输负责。因为多式联运经营人

[①] 参见马俊驹、余延满:《民法原论》,4 版,711 页,北京,法律出版社,2010。
[②] 参见方新军:《货物联合运输之承运人责任研究》,载梁慧星主编:《民商法论丛》,第 13 卷,118 页,北京,法律出版社,2000。

第四节 多式联运合同

是作为运输合同的相对人而存在的,多式联运经营人之外的各区段承运人在性质上应当属于多式联运经营人的债务履行辅助人。尤其应当看到,多式联运合同的实际承运人一般为两个以上,旅客或托运人通常无法真正了解实际承运人,由多式联运经营人对全程负责既有利于运输合同的实际订立,也方便旅客或托运人主张违约责任。所谓对全程运输承担承运人的义务,就是指在运输过程的任何一个区段,即使多式联运经营人并未实际提供运输工具,参与运输活动,其仍应对货物是否安全、及时到达目的地承担责任。但多式联运经营人在负担承运人的义务时,也对全程运输享有承运人的权利,如其可以要求旅客或托运人就全程运输交付全部的票价或价款,而不是就各个区段分别交付给实际承运人。

《合同法》第318条规定:"多式联运经营人可以与参加多式联运的各区段承运人就多式联运合同的各区段运输约定相互之间的责任,但该约定不影响多式联运经营人对全程运输承担的义务。"在联运经营人组织联运的过程中,通常需要与各实际承运人分别订约,并进行内部责任的约定。不过此种约定仅为内部约定。因此,在旅客遭受人身或财产损害以及托运的货物毁损或灭失时,多式联运人作为运输合同的相对人不得以此内部约定而主张免除其义务。在经营人实际承担责任之后,其可基于此约定向实际承运人追偿。因此,此规定系对合同相对性原则贯彻的结果。

2. 签发多式联运票据。《合同法》第319条规定:"多式联运经营人收到托运人交付的货物时,应当签发多式联运单据。"依据这一规定,多式联运经营人负有签发多式联运票据的义务。所谓多式联运票据,是指由多式联运经营人签发的,用以证明多式联运经营人已经收到托运人交付的多式联运合同项下的货物,并保证据此交付货物的单证。[①] 多式联运票据是作为权利的证明而存在的,托运人可据此主张合同上的权利,如确定的运输方式、运达时间以及货款等,而承运人亦可以此明晰运输合同的内容,确认自身的义务。[②] 依据《合同法》第319条,按照托运人的要求,经营人签发的多式联运单据既可以是可转让单据,也可以是

---

① 参见魏耀荣等:《中华人民共和国合同法释论(分则)》,108页,北京,中国法制出版社,2000。
② 参见王利明等:《合同法》,2版,486页,北京,中国人民大学出版社,2007。

不可转让单据。据此，多式联运经营人在签发多式联运单据时必须尊重托运人的意见。之所以要由托运人决定，是因为在货运合同中，托运人是货物的权利所有者，票据是否可以转让，直接关系货物所有权能否移转，以及托运人自身经济利益的实现。例如，在某些情况下，托运人为了实现融资而需要移转货物所有权。

3. 多式联运经营人的赔偿责任。就多式联运合同而言，与托运人订立合同的承运人需要对全程负责，这既适用于多式联运合同，也适用于单式联运合同。这主要是因为与托运人订立合同的承运人是货运合同的当事人，其应当对全程运输负责。《合同法》第317条规定："多式联运经营人负责履行或者组织履行多式联运合同，对全程运输享有承运人的权利，承担承运人的义务。"所以，在多式联运合同中，如果货物在运输过程中发生毁损、灭失的，多式联运经营人应承担责任，托运人不应向实际承运人请求承担损害赔偿责任。

《合同法》第321条规定："货物的毁损、灭失发生于多式联运的某一运输区段的，多式联运经营人的赔偿责任和责任限额，适用调整该区段运输方式的有关法律规定。货物毁损、灭失发生的运输区段不能确定的，依照本章规定承担损害赔偿责任。"这一规定体现了目前国际通行的多式联运经营人的"网状责任制"，其有利于使多式联运经营人承担的赔偿责任与发生损坏区段承运人所负责任相同，便于多式联运的组织工作和多式联运的发展。[①] 例如，货物毁损、灭失发生在铁路区段的，则适用我国《铁路法》第17条、第18条等的规定，依据是否办理保价运输承运确定赔偿责任；如发生在航空运输区段的，则可适用我国《民用航空法》第128条、第129条等的规定，确定相应的赔偿限额。而如果货物毁损、灭失发生在哪一运输区段不能确定的，则依照《合同法》关于运输合同的相关规定承担损害赔偿责任。这也就是说，在货物毁损、灭失所发生的运输区段不能确定的，则应依据《合同法》关于运输合同的规定确定承运人所应承担的具体责任的归责原则、免责事由及具体赔偿数额。

虽然多式联运经营人和实际承运人之间的内部约定不发生对抗旅客或托运人

---

① 参见胡康生主编：《中华人民共和国合同法释义》，489页，北京，法律出版社，1999。

的效力，但其仍可以适用于多式联运经营人和实际承运人之间的责任分担。在单式联运合同中，联运的各个分程运输的承运人，对托运人或旅客负连带责任。而在多式联运合同中，则应由与托运人或旅客订立运输合同的第一承运人就全程运输承担责任，其在承担责任之后可以依据与其他承运人之间的内部约定向其他承运人求偿。

（二）托运人的义务

托运人的义务和一般货运合同中的托运人的义务基本相同，但在多式联运合同中，托运人的损害赔偿责任具有特殊性。在多式联运中，托运人的责任主要包括保证其所提供的货物品类、件数、重量及危险特性的陈述准确无误的责任、托运人或其受雇人或代理人的故意或过失而造成多式联运经营人损失的责任，以及运送危险物品的特殊责任。[1]《合同法》第 320 条规定："因托运人托运货物时的过错造成多式联运经营人损失的，即使托运人已经转让多式联运单据，托运人仍然应当承担损害赔偿责任。"依据这一规定，如果托运人在托运货物时有过错而造成多式联运经营人损失的，其当然应当承担赔偿责任。[2] 同时鉴于多式联运票据是可以转让的，在合同履行完毕前，托运人可能已经将多式联运票据转让，在此情形下，托运人未尽到上述义务的，仍应承担损害赔偿责任。因为如果仅因多式联运票据的转让，而将因托运人的过错产生的责任归之于受让人，对受让人无疑是不公平的，所以，此时托运人仍应承担损害赔偿责任。[3]

---

[1] 参见胡康生主编：《中华人民共和国合同法释义》，487~488 页，北京，法律出版社，1999。
[2] 参见孙晓编著：《合同法各论》，230 页，北京，中国法制出版社，2002。
[3] 参见魏耀荣等：《中华人民共和国合同法释论（分则）》，411 页，北京，中国法制出版社，2000。

第十二章

技术合同

第一节 技术合同概述

一、技术合同的概念、种类和特征

技术合同因技术的研发、转让、咨询而订立。关于何谓技术（Technology），学界一直存在争议。一些学者认为，技术是指"设备和知识的结合"或者"生产产品、应用某一方法、提供服务，包括与此全部过程相关的任何管理和销售技术方面的制度性知识"[1]。一般认为，技术是指根据生产实践经验和科学原理而形成的、作用于自然界一切物质设备的操作方法和技能。[2] 技术通常具有知识性与实用性，能够应用于生产生活实践并产生有益的效果。技术是不断更新和发展的，而新技术的研发需要大量人力、物力的投入。为了鼓励创新、促进科学技术

---

[1] David M. Haug, "The International Transfer of Technology: Lessons that East Europe Can Learn from the Failed Third World Experience", 5 *Harv. J. L. & Tech*. 209, 217 – 18 (1992). at 210 – 11.

[2] 参见郭明瑞、王轶：《合同法新论·分则》，398页，北京，中国政法大学出版社，1997。

第一节 技术合同概述

发展，推动科技转化为生产力并提升人们的生活质量，需要明确技术开发、转让等过程中当事人之间的权利义务关系，因此需要以合同的形式规范当事人之间的权利义务关系。

传统有名合同类型中并不存在技术合同，其是随着近代科学技术发展以及技术商品化的发展而出现的。有学者考证，技术成为合同的标的始于19世纪后期，因专利商标等工业产权制度的产生，有关工业产权许可与转让合同得以出现，以后逐步扩大到其他技术领域。[1] 在现代社会，技术的创新和科技的进步已经成为衡量一个国家综合国力和软实力的重要标志，因此技术在国计民生中的作用也更为突出。我国早在1987年就单独制定了《技术合同法》，在1999年《合同法》制定时，将原来的《技术合同法》的主要内容纳入其中，形成"技术合同"一章。

我国《合同法》第322条规定："技术合同是当事人就技术开发、转让、咨询或者服务订立的确立相互之间权利和义务的合同。"这是我国《合同法》对技术合同所进行的定义，其是从科技合同的角度对技术合同所下的定义。所以技术合同可以具体划分为技术开发合同、技术转让合同、技术咨询合同以及技术服务合同。由此可以看出，技术合同是一个集合性的概念，内容十分丰富，是多种具体合同类型的集合体。技术合同的主要特征在于：

（一）标的的特殊性

关于技术合同的标的，我国学者认识不一，主要有如下几种观点：一是提供技术成果行为说。此种观点认为，技术合同的标的为提供技术成果的行为。二是提供技术的行为说。此种观点认为，技术合同的标的既包括提供现存的技术成果，也包括对尚未存在的技术进行开发及提供与技术有关的辅助性帮助等行为，即技术开发、实施许可、转让、技术咨询和服务行为。[2] 三是技术说。此种观点认为，技术合同是以技术为标的的合同。[3] 对于不同的技术合同，其标的也不尽

---

[1] 参见段瑞春：《技术合同》，1页，北京，法律出版社，1999。
[2] 参见马俊驹、余延满：《民法原论》，4版，742页，北京，法律出版社，2010；江平主编：《中华人民共和国合同法精解》，260页，北京，中国政法大学出版社，1999。
[3] 参见陈乃蔚、顾喜禾：《技术合同中的若干法律问题》，载《法学》，1986（1）；周大伟：《试论技术合同的客体》，载《西北政法学院学报》，1988（4）。

相同。① 四是技术成果说。此种观点认为，技术合同的标的为技术成果，作为技术合同标的的技术成果应当是一种技术方案，不包含技术内容的其他劳动成果不能够成为技术合同标的的内容。②

虽然学说各有不同，但这些学说都认为技术合同应当围绕技术来进行界定。正是因为技术合同在内容上围绕技术展开的特征，才决定了技术合同的标的具有特殊性。③ 笔者认为，技术合同的标的应当是技术成果，主要原因在于：一方面，典型的技术合同都需要以技术成果为依托来规范当事人的行为，如技术的开发、转让等都需要以特定的技术成果为内容。如果没有具体的技术成果的描述，而只是泛泛约定转让或开发技术，则合同的标的就不具有特定性和确定性。如果仅是将"技术"作为此种合同的标的，则过于抽象。另一方面，技术合同本身是为了实现技术成果的商品化和市场化而产生的，其所规范的最终是技术成果的开发、转让等关系。因此，《合同法》关于技术合同的规则也主要围绕技术成果来展开。例如，关于技术成果的产生、归属、开发和利用等，都构成了技术合同的主要内容。所以技术合同的标的是技术成果，而不是技术。当然，在技术服务合同、技术咨询合同中，不一定以具体的技术成果为标的，但这些合同不是技术合同的主要类型。

（二）主体的特殊性

技术合同涉及技术开发、技术转让、技术服务或咨询等内容，合同一方或双方必须具有一定专业技术或技能，因此在实践中，技术合同的主体一般都是科研机关和科研人员，有的是独立的法人，有的是企业法人或社会团体。尤其应当看到，随着技术市场的开放，技术合同的主体也出现了扩张趋势，各种基金也逐渐

---

① 参见王家福主编：《中国民法学·民法债权》，770页，北京，法律出版社，1991；徐杰主编：《技术合同法教程》，13页，北京，知识产权出版社，2004；孙占利、魏南孙：《技术合同订立中的法律问题》，载《河北经贸大学学报》（综合版），2001（2）。

② 参见郃中林：《技术成果及其权属界定》，载《人民法院报》，2005-01-19。

③ 参见郃中林：《对〈最高人民法院关于审理技术合同纠纷案件适用法律若干问题的解释〉的理解与适用》，载蒋志培主编：《技术合同法司法解释的理解与适用》，128页，北京，科学技术文献出版社，2007。

作为技术合同的主体而出现,从而使技术合同的主体呈现出多元化的趋势。

(三)内容具有多样性

技术合同是围绕技术从研发到应用的全过程而展开的,因而技术合同的内容具有多样性,可以针对技术产生和运用中的每一个阶段来进行。依据合同标的的不同,技术合同可分为技术开发合同、技术转让合同、技术咨询合同及技术服务合同。由此表明,技术合同不是一种单一类型的合同,而是具有多样性内容的合同。在技术合同项下,可以细分为多种类型。随着科技的发展和社会的进步,还会出现新的技术运用、研发方式,这些都可以纳入技术合同的范畴之中,从而使技术合同的内容具有包容性。技术成果的交易应当受到《合同法》调整,而技术成果的权利归属,还要受到知识产权法律制度的调整。①

(四)履行具有复杂性

技术合同的类型多样,各种类型的技术合同的内容也各不相同。有的需要提交技术研发成果,有的需要提供咨询或改进建议,还有的只需要授权他人在一定期限或一定范围内利用技术成果。而且技术合同的履行环节较多,履行期限较长,履行方式具有多样性,价款、报酬或使用费的计算方式较为复杂。在某些类型的技术合同中,合同能否履行具有很强的风险性。尤其是因为技术开发本身具有一定的不可预期性,因而一些技术合同的风险性很强。例如,在技术开发合同中,当事人约定的是就新技术、新产品、新工艺或者新材料及其系统的开发研究,就此种开发研究而言,是否能够开发成功,尚具有不确定性和极大的风险性,因此受托人能否顺利履行合同、实现合同目的,也不完全受当事人的控制,而要受制于很多客观因素甚至偶然因素。故《合同法》第 338 条针对技术开发合同履行中的风险负担作出了专门规定。此外,技术合同在履行过程中,还可能涉及多种法律关系,较为复杂。例如,技术合同履行过程中产生的新技术成果或后续改进的技术成果的归属和保护,就涉及《合同法》《专利法》及《反不正当竞争法》等多部法律,法律关系较为复杂。

---

① 参见崔建远主编:《合同法》,4 版,463 页,北京,法律出版社,2007。

（五）具有双务、有偿性

技术合同是在传统的双务合同基础上发展起来的，合同当事人双方之间具有对待给付的关系，只不过其标的具有特殊性，但是其所具有的双务合同的性质并没有改变。技术合同大多是有偿合同，它是适应技术成果商品化和产业化而产生的，因此通常是有偿的。技术合同的当事人一方应进行技术开发、转让、咨询或服务等活动，另一方应支付价款或报酬。

二、技术合同的内容

技术合同的内容即合同条款是当事人权利和义务的体现，也是当事人履行合同、确定违约责任的主要依据。[①] 从内容上看，技术合同应当包括如下方面：

（一）技术合同一般条款

所谓技术合同的一般条款，是指各类技术合同通常所应具有或应进行约定的内容。按照合同自由原则，技术合同的内容应当由当事人具体约定，因而法律上很难限定哪些条款必须作为合同的内容。但是法律可以根据技术合同一般具有的条款来作出倡导性的规定，《合同法》第 324 条对技术合同的一般条款作出了规定，在表述一般条款时，该条使用了"一般包括"的概念，这就表明，该条所规定的技术合同条款仅具有指导性作用，旨在为技术合同的签订提供一个参考和指引，并不要求合同必须全部具备这些条款。技术合同一般应包括以下条款：

1. 项目名称。所谓项目名称，是指技术合同标的的名称。[②] 因为技术合同具有集合性，并不是所有的技术合同都具有技术合同所能包含的全部内容，而往往只是集中于某一方面，例如，集中于技术的开发、转让等方面。技术合同应当用简明、规范的专业技术术语对合同项目的名称进行明确，力求反映其技术特征和法律特征。[③] 在技术合同中，明确项目名称对于确定合同纠纷的解决规则有着重

[①] 参见胡康生主编：《中华人民共和国合同法释义》，493 页，北京，法律出版社，1999。
[②] 参见魏耀荣等：《中华人民共和国合同法释论（分则）》，421 页，北京，中国法制出版社，2000。
[③] 参见段瑞春：《技术合同》，70 页，北京，法律出版社，1999。

第一节 技术合同概述

要意义。

2. 标的的内容、范围和要求。技术合同标的的内容和项目名称是直接相连的。不同类型的技术合同，其标的、范围和要求是不同的。例如，在以新技术、新产品、新工艺或者新材料及其系统的研究开发为内容的技术开发合同中，其所指向的标的是尚不存在或尚未研发的新技术等，而在技术转让合同中，其标的则是已存于世的技术成果。[①] 因此，在技术合同中，不同的标的也将导致其所面临的风险和适用的法律规则不同，当事人之间的权利义务关系也有差异。因此在技术合同中，应根据不同的技术合同类型，就合同标的的内容、范围和标的要求（即标的的具体指标）进行约定。

3. 履行的计划、进度、期限、地点、地域和方式。无论是技术开发合同、技术转让合同抑或技术服务合同和技术咨询合同，都存在当事人如何履行的问题。例如，在技术开发合同中，具体的履行内容包括技术开发经费的支付，技术资料和原始数据的提供，开发失败的风险约定，研究开发的进度、期限和技术成果的交付等。在专利实施许可合同中，具体的履行内容则包括实施许可的专利名称、内容、专利号，实施许可的期限、地域（如许可在一国范围内或仅是在某一省份内实施）以及方式（如独占实施许可、排他实施许可或普通实施许可）等。确定履行的计划、进度、期限、地点、地域和方式，不仅有利于技术合同的正确履行，也有利于确立双方当事人的责任。但诸如履行计划、进度、期限、地点、地域和方式等，并不是所有技术合同都应当包含的内容，应当根据技术合同的标的确定技术合同的具体内容。[②] 例如，履行地域通常是专利实施许可合同所应约定的事项。

4. 技术情报和资料的保密。技术情报和资料的保密是技术合同的重要条款，这是由技术合同的性质及其特殊的标的所决定的。在技术合同中，无论是技术合同具体履行过程还是交付使用的研究开发成功的技术成果或技术秘密等，都存在保密的问题。除专利技术外，技术合同的标的一般都是不对外公开的，一旦公

[①②] 魏耀荣等：《中华人民共和国合同法释论（分则）》，422页，北京，中国法制出版社，2000。

开，其经济价值就可能大大下降。因此技术合同的保密条款是十分重要的。当事人应当对需要保密的技术情报和资料的事项、范围、期限、责任等作出具体的约定。对于技术合同中的技术情报和资料，如委托开发合同的委托人按照约定提供的技术资料和原始数据、专利实施许可合同的让与人按照约定交付的实施专利有关的技术资料等，当事人应负有保密义务。

5. 风险责任的承担。在技术合同的履行过程中，合同所约定的内容可能因某种无法克服的技术困难而不能完全实现，甚至根本无法实现，因而技术合同的履行往往伴随着一定的风险。[1] 尤其是在技术开发合同中，技术开发具有不确定性，开发人需要凭借其所掌握的技术知识进行研究开发，在这一过程中，开发人可能会因无法克服的技术困难而导致研究开发失败。这就需要当事人就风险责任的承担进行约定，从而有利于开发人大胆进行研究开发和实验，促进技术的革新，同时也有利于避免争议的发生。

6. 技术成果的归属和收益的分成办法。在技术开发合同中，研究开发人按照合同约定，依照研究开发计划，最后一般会形成特定的技术成果。在技术转让合同、技术咨询或服务合同中，受让人或受托人也有可能利用现有的技术成果，并借助委托人提供的技术资料和工作条件等形成新的技术成果，这就是通常所说的后续改进，在后续改进的基础上也会形成新的技术成果。[2] 这就需要当事人在合同中对技术成果的归属以及对由此取得的收益如何分成作出约定。

7. 验收标准和方法。验收标准和方法是确定当事人是否依据合同约定履行义务的依据。此处所说的验收，主要是技术合同的当事人就研究开发人或受让人等所交付的技术成果是否符合合同约定而进行检验。研究开发人验收标准既可以由双方当事人直接约定按照国家规定的标准进行，也可以由双方直接约定具体标准，验收方法是多种多样的。[3]

8. 价款、报酬或者使用费及其支付方式。技术合同是双务合同，因此在研

---

[1] 参见胡康生主编：《中华人民共和国合同法释义》，494 页，北京，法律出版社，1999。
[2] 参见段瑞春：《技术合同》，201 页，北京，法律出版社，1999。
[3] 参见魏耀荣等：《中华人民共和国合同法释论（分则）》，423 页，北京，中国法制出版社，2000。

第一节 技术合同概述

究开发人、专利权人、专利实施许可人等按照合同约定履行自己的义务之后,另一方当事人应当支付价款、报酬或使用费。此处所说的价款主要是指在涉及技术成果权属的技术转让合同中受让人应支付的对价;报酬主要是指技术委托开发合同、技术咨询合同和技术服务合同的研究开发人或受托人所应支付的金钱;而使用费主要是指专利实施许可合同和技术秘密许可使用合同中被许可人应支付的金额。[1]

当事人可以约定价款、报酬或者使用费的具体支付方式,依据《合同法》第325条的规定,当事人可以约定采取一次总算、一次总付或者一次总算、分期支付,这两种方式的主要区别在于:在一次性将所有的价款、报酬或使用费算清之后,是一次总付,还是分期支付。所谓分期支付,是指当事人按照合同约定将总的价款、报酬或者使用费分为多期、多批次而进行支付。[2]

依据《合同法》第325条的规定,当事人也可以采取提成支付或者提成支付附加预付入门费的方式。提成支付可以分为单纯提成支付和提成支付附加预付入门费,其是指将技术实施以后所产生的经济效益按一定的比例提取部分收入交付另一方作为技术合同的价款、报酬或使用费的方式。[3] 目前,在国内技术产品交易活动中,提成支付附加预付入门费是应用最为广泛的一种方式。[4] 约定提成支付的,可以按照产品价格、实施专利和使用技术秘密后新增的产值、利润或者产品销售额的一定比例提成,也可以按照约定的其他方式计算。提成支付的比例可以采取固定比例、逐年递增比例或者逐年递减比例。

对于技术合同的价款、报酬和使用费,当事人没有约定或约定不明确的,依据《技术合同司法解释》第14条第1款的规定,首先,对于技术开发合同和技术转让合同,应根据有关技术成果的研究开发成本、先进性、实施转化和应用的程度,以确定当事人享有的权益和责任,以及技术成果的经济效益。其中,技术

---

[1] 参见蒋志培主编:《技术合同司法解释的理解与适用》,33页,北京,科学技术文献出版社,2007。
[2] 参见马俊驹、余延满:《民法原论》,3版,743页,北京,法律出版社,2007。
[3] 参见马俊驹、余延满:《民法原论》,3版,744页,北京,法律出版社,2007。
[4] 参见崔建远主编:《合同法》,4版,464~465页,北京,法律出版社,2007。

成果的研究成本和先进性是两个应当重点考虑的因素。所谓研究成本，是指研究该技术成果过程中所投入的人力、物力等成本。所谓先进性，其实相当于专利法中的创造性高度。在技术开发合同中，研究成本是合同价款最基本的构成要素，应当予以优先考虑，而在技术转让合同中，一项技术的价值高低主要取决于其与同类技术相比的先进性。[①] 其次，对于技术咨询合同和技术服务合同，根据有关咨询服务工作的技术含量、质量和数量，以及已经产生和预期产生的经济效益等合理确定。这些考虑因素在前后顺序上的表述体现各自不同的重要性，应重点考虑技术含量因素。[②] 此外，根据该条第2款的规定，技术合同价款、报酬、使用费中包含非技术性款项的，应当分项计算。这主要是由技术合同所具有的技术性所决定的，合同一方当事人所支付的价款、报酬和使用费主要是作为技术成果和技术投入的对价而存在的。

9. 违约金或者损害赔偿的计算方法。违约金或损害赔偿的计算方法的约定，有利于确定当事人的违约责任，也可以间接地促使当事人如约履行其义务。依照合同法总则的规定，当事人可以约定一方违约时应当根据违约情况向对方支付一定数额的违约金，也可以约定因违约产生的损害赔偿额的计算方法。

10. 解决争议的方法。即当事人可以就合同履行过程所出现的争议的解决方法进行约定，如提起仲裁或提起诉讼。在当事人就解决争议的方法已有约定的情况下，应按照当事人的约定。在合同订立时，对解决争议的方法预先进行约定，也有利于解决将来可能发生的争议。

11. 名词和术语的解释。技术合同的内容具有很强的专业性，对其中的专业名词和数据进行解释既有利于当事人明确自身所应承担的义务，也可以为日后可能出现的争议提供参照标准。

根据《合同法》第324条的规定，当事人也可以约定将与履行合同有关的技术背景资料、可行性论证和技术评价报告、项目任务书和计划书、技术标准、技术规范、原始设计和工艺文件，以及其他技术文档作为合同的组成部分。这些文

[①②] 参见蒋志培主编：《技术合同司法解释的理解与适用》，32页，北京，科学技术文献出版社，2007。

件本来不属于合同的组成部分，但是可以依据当事人之间的特别约定而将其作为合同的组成部分。因而，在有特别约定的情况下，当事人之间的权利义务也可以依据这些具体的文件进行确定。该条所规定的"其他技术文档"主要是指与履行技术合同相关的自然语言或者形式化语言所编写的文字资料和图表、照片，用来描述程序的内容、组成、设计、功能规格、开发情况、测试结果及使用方法，如程序设计说明书、流程图、用户手册等。[1] 如果技术合同涉及专利的，应当注明发明创造的名称、专利申请人和专利权人、申请日期、申请号、专利号以及专利权的有效期限。

三、技术成果的出资及归属

（一）技术成果的出资

技术成果作为一种无形财产，根据《公司法》的规定，权利人可以将其作为资产出资。技术成果的权利人可以其技术成果向企业出资。《技术合同司法解释》第16条第1款对此进一步作出了明确规定："当事人以技术成果向企业出资但未明确约定权属，接受出资的企业主张该技术成果归其享有的，人民法院一般应当予以支持，但是该技术成果价值与该技术成果所占出资额比例明显不合理损害出资人利益的除外。"以技术成果出资毕竟不同于动产、不动产等有形财产的出资，在以技术成果出资的情形下，如果双方没有约定，权利人既可以以技术成果的权利本身出资，也可以以技术成果的使用权出资。但在以技术出资但没有约定出资的技术成果的权利类型的情况下，应当明确出资的技术成果的归属，即需要解决权利人是将技术成果的权利本身还是使用权移转给接受出资的企业。依据《技术合同司法解释》第16条，当事人以技术成果向企业出资但未明确约定权属，接受出资的企业有权享有该技术成果。因为权利人既然是以技术成果出资，则在当事人之间没有约定权利人是以使用权还是该技术成果权利出资的，应当推定权利

---

[1] 参见魏耀荣等：《中华人民共和国合同法释论（分则）》，424页，北京，中国法制出版社，2000。

人的意思是以技术成果权利本身出资,而不是以技术成果的使用权出资。还应看到,以技术成果出资的,还涉及技术成果价值的评估,并在此基础上确定出资人所享有的权利份额。对于出资人而言,技术成果的具体价值决定着其所占的出资份额,也是确定其从出资企业取得收益的基础。一旦权利人出资之后,就应当明确约定技术成果的归属及其所占份额,如果未约定权属,依据上述规定推定该技术成果由接受出资的企业享有。但该推定对于技术成果的权利人而言可能是不公平的,因此有必要合理确定技术成果的价值及其所应占的份额。一般认为,如果该技术成果价值与该技术成果所占出资额比例明显不合理,可能损害出资人利益时,经当事人协议可以变更增加其出资额。[①] 例如,推定技术成果出资人投入的是技术成果的所有权,该技术成果价值较大,而其他出资人的出资较少,则将使权利人的利益受到损害,此时,经当事人协议可以变更增加其出资额。

(二) 技术成果的权利归属或使用权的确定

《技术合同司法解释》第 16 条第 2 款规定:"当事人对技术成果的权属约定有比例的,视为共同所有,其权利使用和利益分配,按共有技术成果的有关规定处理,但当事人另有约定的,从其约定;当事人对技术成果的使用权约定有比例的,可以视为当事人对实施该项技术成果所获收益的分配比例,但当事人另有约定的,从其约定。"依据该规定,首先,当事人已经就技术成果的权利使用或利益分配有约定的,应从其约定。其次,当事人对技术成果的权属约定有比例的,说明各个主体共同享有一个技术成果的权利,这就意味着此项技术成果不属于其中的某一主体单独所有。按照上述规定,应当视为共同所有,其权利使用和利益分配,按共有技术成果的有关规定处理。[②] 最后,当事人对技术成果的使用权约定有比例的,可以视为当事人对实施该项技术成果所获收益的分配比例。因为在法律上,当事人约定的权利比例并不必然等于当事人获得的收益的比例。但是在

---

① 参见蒋志培主编:《技术合同司法解释的理解与适用》,35 页,北京,科学技术文献出版社,2007。
② 参见邵中林:《〈关于审理技术合同纠纷案件适用法律若干问题的解释〉的理解与适用》,载《人民司法》,2005(2)。

第一节 技术合同概述

当事人就收益比例没有明确约定的情况下,就应当根据上述规定,直接按照各自的使用权比例来确定当事人之间所获收益的分配比例。

四、职务技术成果

(一) 职务技术成果的概念和特征

依据《合同法》第 326 条第 2 款的规定,职务技术成果是指个人执行法人或者其他组织的工作任务,或者主要是利用法人或者其他组织的物质技术条件所完成的技术成果。① 在实践中,职务技术成果的认定常引发争议,合理、准确认定职务技术成果不仅涉及单位和个人之间的利益平衡,还涉及职务技术成果完成人的合法权益保护。

一般而言,在形成职务技术成果的过程中,发明人和单位之间都存在劳务关系,发明人所从事具体研发既可能是执行单位的工作任务,也可能主要是利用单位的物质技术条件而完成的,因此,与职务技术成果相关的个人和法人之间存在双重法律关系,即劳动关系和职务发明创造关系。劳动法律关系是职务发明创造法律关系的基础和前提。② 在现代市场经济中,虽然单位不可能真正从事思考和研发任务,但是其可以凭借自身的资金和人员优势,组织员工从事具体科研任务,并为员工提供实验设备、劳动保护、科研奖励等重要物质条件,以完成技术成果的研发。所以由员工执行单位的工作任务,或主要利用单位的物质技术条件而取得的技术成果,通常既是单位业务发展所需要的,也能够为单位带来营业上的优势,增加利润。因此,单位可依据约定享有此类技术成果的使用权和转让权。即便当事人约定或者通过法律的认定,某项技术成果属于单位所有,单位享有的也主要是该成果的财产权,即转让权、使用权等。单位可以就该项技术成果

---

① 对于执行本单位的任务或者主要是利用本单位的物质技术条件而完成的职务技术成果,依据《专利法》第 6 条规定,其属于职务发明创造。职务发明创造申请专利的权利属于该单位;申请被批准后,该单位为专利权人。

② 参见郜中林:《〈关于审理技术合同纠纷案件适用法律若干问题的解释〉的理解与适用》,载《人民司法》,2005 (2)。

第十二章 技术合同

的使用或转让订立技术合同。研发者个人未经单位同意擅自转让该技术成果的，将侵害单位的权益。[①]但为了尊重技术成果完成人的劳动，鼓励研发和创新，法律规定具体研发者对该项成果享有人身权，包括署名权、荣誉权和获得奖励权等。

但是，单位的人员很多，并非所有单位的员工都属于技术成果的研发者。根据法律规定，技术成果的发明人或者设计人应当是对技术成果单独或者共同作出创造性贡献的人，即提出实质性技术构成并由此实现技术方案的人。[②]例如，在"神舟"飞船和天宫一号的研制过程中，参与研发工作的人员众多，但只有对研究开发作出创造性贡献的人才能被认为是技术成果的完成人，仅从事外围安保、资料搜集等工作的人员，通常不应被认为是技术成果的完成人。根据《技术合同司法解释》第6条的规定，仅提供资金、设备、材料、试验条件，进行组织管理，协助绘制图纸、整理资料、翻译文献等人员，不属于完成技术成果的个人。因为只是为科研任务提供组织工作、准备实验条件以及从事辅助工作等的人，虽然对于技术成果的完成起到了一定的帮助甚至较为重要的作用，但由于这些人并没有从事实质性的研发任务，所以也不能将其认定为完成技术成果的人。

职务技术成果完成人享有优先受让权。《合同法》第326条规定："法人或者其他组织订立技术合同转让职务技术成果时，职务技术成果的完成人享有以同等条件优先受让的权利。"毕竟职务技术成果的具体研究开发工作是由完成人所从事的，而且完成人对该职务技术成果享有特定的人身权，如署名权、荣誉权和获得奖励权，因此，完成人在同等条件下享有优先受让权，这既是对其劳动的尊重，也可以方便完成人利用该技术成果。

（二）职务技术成果归属的认定规则

在实践中，职务技术成果的权益分配经常发生争议，这就需要法律事先明确职务技术成果的具体归属。《合同法》第326条第2款规定："职务技术成果是执行法人或者其他组织的工作任务，或者主要是利用法人或者其他组织的

[①] 参见胡康生主编：《中华人民共和国合同法释义》，498页，北京，法律出版社，1999。
[②] 参见《技术合同司法解释》第6条规定。

物质技术条件所完成的技术成果。"对职务技术成果的认定，应当坚持如下原则：

1. 尊重当事人的约定

根据《技术合同司法解释》第2条第2款的规定，法人或者其他组织就其职工在职期间或者离职以后所完成的技术成果的权益有约定的，人民法院应当依据该约定确定技术成果的归属。由此可见，在职务技术成果的认定过程中，应尊重当事人的意思自治。毕竟，技术成果的权属属于私权范畴，国家不必过多干涉，如果当事人有约定的，则应尊重当事人的约定。如果当事人约定技术成果归个人所有，或约定技术成果归单位所有，应当尊重此种约定，并依据当事人的约定确定技术成果的权利归属。

2. 当事人无约定的认定标准

《合同法》第326条第2款规定："职务技术成果是执行法人或者其他组织的工作任务，或者主要是利用法人或者其他组织的物质技术条件所完成的技术成果。"这就确立了当事人无约定的认定标准，如果属于"执行法人或者其他组织的工作任务"或"利用法人或者其他组织的物质技术条件"，即可认定为职务技术成果。该条采用的是"或"的表述，从文义解释来看，这两种条件只要具备任何一个，技术成果便属于职务技术成果。因此，在判断技术成果的归属时，先要看该成果的作出是否属于工作人员执行工作任务，如果属于执行工作任务，则应当属于职务技术成果；如果不属于执行工作任务，还要看该成果的完成是否主要利用了单位的物质技术条件。例如，某单位研究员主要利用单位的实验室和尖端实验设备，利用业余时间完成了某项技术成果，则在当事人没有约定的情况下，该成果仍然属于职务技术成果。

（1）执行法人或者其他组织的工作任务

依据《技术合同司法解释》第2条的规定，"执行法人或者其他组织的工作任务"应当从两个方面考虑：一是是否履行法人或者其他组织的本职工作或者承担其交付的其他技术开发任务。既然在职务技术成果的认定过程中，技术成果的完成人通常是法人或其他组织的职工，所以认定其完成技术成果是否属于履行本

职工作是非常重要的。[1] 本职工作是指根据法人或者其他组织的规定，职工所在岗位的工作任务和责任范围。但该本职工作与技术成果的研发必须有直接的联系，只有这样才可认为技术成果的研发是个人为了履行自身所承担的本职工作而完成的。如果个人的本职工作与某项技术合同的研发没有直接关系，则可能不属于职务技术成果。[2] 例如，某企业的技术员的本职工作是从事本单位污水处理的化学研究，那么该技术员在上班闲暇之时，自行研发了一套电脑游戏软件，则该软件的开发就不属于其本职工作范围。二是离职后一年内继续从事与其原所在法人或者其他组织的本职工作或者交付的任务有关的技术开发工作，但法律、行政法规另有规定的除外。在职期间，个人与法人或者其他组织就在职期间所完成的技术成果的权益有约定的，应当尊重此种约定。在当事人没有约定时，如果技术成果是完成人因从事与原单位的工作任务有关的技术开发工作而完成的，为了不使国家、集体技术成果随科技人员的正常流动而遭受不合理的损失或不法损害，法律确认此种技术成果一般仍为职务技术成果。[3]

（2）主要利用法人或者其他组织的物质技术条件

如果个人主要利用法人或者其他组织的物质技术条件，其所完成的技术成果应属于职务技术成果。所谓物质技术条件，是指进行科研开发所需要的各种物质技术方面的条件，包括资金、设备、器材、原材料、未公开的技术信息和资料等。[4] 物质技术条件分为两种类型：一是物质条件，这主要是指资金、设备、器材、原材料等。二是技术条件，包括未公开的技术信息和资料等。例如，研究过程中得出的图纸草案、初步技术方案等，在社会上并未公开，虽然尚未定型，但已经具有一定的价值。职务技术成果的完成人员在研究开发中也可能会利用这些信息资料。此处所说的"利用单位的物质技术条件"，主要是为了完成某项技术

---

[1] 参见汤宗舜：《专利法教程》，60页，北京，法律出版社，2003。
[2] 参见郃中林：《〈关于审理技术合同纠纷案件适用法律若干问题的解释〉的理解与适用》，载《人民司法》，2005（2）。
[3] 参见江平主编：《中华人民共和国合同法精解》，267页，北京，中国政法大学出版社，1999。
[4] 参见《技术合同司法解释》第3条。

第一节 技术合同概述

成果,而不是在完成了某项技术成果后,对该项技术成果进行检测和试验。①

对于利用法人或其他组织的物质技术条件,《合同法》第 326 条强调应是"主要利用",这主要是因为在个人研究开发技术成果的过程中,也可能会完全利用自身的物质技术条件,或只是部分地利用法人或其他组织的物质技术条件,而且其所利用的部分物质技术条件对技术成果的完成通常不具有实质性作用。对"主要利用"的判断,《技术合同司法解释》第 4 条采用了实质性影响的标准,即利用单位物质技术条件必须对最终技术成果的形成产生了实质性的影响,否则不宜认定为主要利用单位物质技术条件。这一点更加侧重于考虑技术成果的技术性贡献因素,进一步弱化了物质贡献因素。②之所以逐渐注重技术性贡献要素,是因为技术成果的研究开发主要是研发人的智力创造和加工,物质条件虽然对技术成果的最终完成有重要的作用,但技术条件等则有着至关重要的作用。例如,某企业的技术员工作之余,在家研究设计了一套软件,将有些需要打印的资料带到单位,使用单位的打印机进行打印。对此,打印部分资料且该资料并非单位内部资料的行为,对于技术成果的完成并不具有实质性的影响,因此不能将使用单位打印机打印资料的行为认为是利用单位设备而将该套软件认定为职务技术成果。

不过,《技术合同司法解释》第 4 条规定了两种例外情形:一是对利用法人或者其他组织提供的物质技术条件,约定返还资金或者交纳使用费的。这就是说,如果当事人事先已经对使用单位物质技术条件约定支付单位一定的资金或缴纳使用费,这就表明当事人与单位之间就物质技术条件的使用形成了一种有偿使用关系,此时研究人员已经通过合同,合法取得对单位物质技术条件的使用权,其使用单位的物质技术条件完全是为自己的研究工作服务,而且支付单位一定的报酬,此时就不应当将个人完成的技术成果认定为职务技术成果。二是在技术成果完成后利用法人或者其他组织的物质技术条件对技术方案进行验证、测试的。这就是说,在对技术方案进行验证、测验之时,技术成果已经研发成功,利用法

---

① 参见汤宗舜:《专利法教程》,61 页,北京,法律出版社,2003。
② 参见郜中林:《〈关于审理技术合同纠纷案件适用法律若干问题的解释〉的理解与适用》,载《人民司法》,2005(2)。

人或其他组织的物质技术条件所进行的验证、测验并未对技术成果的完成发挥贡献，不属于"主要利用法人或其他组织的物质技术条件"[①]。

（3）兼有上述两种情形的判断。《合同法》第 326 条规定了判断职务技术成果的两种标准，但其未就兼有两种情形时如何认定技术成果的归属作出规定。例如，在一项任务完成之前，个人更换了工作单位，并且主要利用了新单位的物质技术条件的，则该项成果既属于原单位的工作任务，又主要利用了新单位的物质技术条件，此时通过前述条件认定职务技术成果的权属就可能在两个法人之间产生冲突。新旧单位都可能会对个人完成的技术成果主张权利，都认为应当属于自己单位的职务技术成果。[②] 对此，根据《技术合同司法解释》第 5 条的规定，如果当事人之间有约定，首先依照当事人之间自愿达成的协议处理；如果无法达成协议的，则根据新旧单位在完成技术成果中的贡献大小，而分享该项成果。而分享就有可能构成职务技术成果的共有，在此情形下，双方共同享有和行使该技术成果的权利。

五、非职务技术成果

非职务技术成果是与职务技术成果相对应的概念，凡不属于执行法人或者其他组织的工作任务完成的技术成果，包括个人非为执行法人或者其他组织的工作任务，而且未利用法人或其他组织的物质技术条件，或仅是部分利用法人或者其他组织的物质技术条件，但尚未构成"主要利用"的情况下形成的技术成果。《合同法》第 327 条规定："非职务技术成果的使用权、转让权属于完成技术成果的个人，完成技术成果的个人可以就该项非职务技术成果订立技术合同。"这就是说，非职务技术成果的完成人并非仅享有对该技术成果的人身权，同时还完整地享有转让、利用该技术成果的财产权。而在职务技术成果中，使用、转让技术

[①] 许红峰主编：《技术合同案例评析》，2 版，29 页，北京，知识产权出版社，2007。
[②] 参见蒋志培主编：《技术合同司法解释的理解与适用》，15 页，北京，科学技术文献出版社，2007。

第一节 技术合同概述

成果的权利属于法人或其他组织，职务技术成果的完成人仅享有获得奖励或报酬的权利、优先受让权、署名权和取得名誉权等权利。

正确区分职务技术成果和非职务技术成果，对保障当事人的合法权利，鼓励个人进行智力创造并积极从事研究开发技术成果的活动具有重要意义，还有利于促进国家科学技术的进步和发展。

六、无效和可撤销的技术合同

（一）无效技术合同

无效技术合同，是指技术合同违反了法律法规的强制性规定或公序良俗，而导致合同无效。我国《合同法》在制定过程中贯彻了鼓励交易的原则，严格限定了无效合同的范围，因而《合同法》对原《技术合同法》的规定作出了修改，减少了无效合同的范围。《合同法》第52条规定了合同无效的五种情形，而《合同法》第329条又规定了无效技术合同的三种情况，《技术合同司法解释》针对《合同法》的相关规定又对无效合同规定作出了进一步阐释。

1. 非法垄断技术、妨碍技术进步

《合同法》第329条规定："非法垄断技术、妨碍技术进步或者侵害他人技术成果的技术合同无效。"因此，限制他人合法进行技术改进、阻碍技术进步的合同应当无效。[①] 该条之所以规定非法垄断技术、妨碍技术进步的技术合同无效，是因为其与《合同法》第323条所规定的原则是相悖的，即"订立技术合同，应当有利于科学技术的进步，加速科学技术成果的转化、应用和推广"。《技术合同司法解释》第10条对"非法垄断技术、妨碍技术进步"作出了较为详细的规定和说明，具体来说，包括如下几种情形：

第一，限制当事人一方在合同标的技术基础上进行新的研究开发或者限制其

[①] 有关国际条约亦有类似规定。例如，TRIPs协议在第二部分第八节第40条之1规定："各成员同意，一些限制竞争的有关知识产权的许可活动或条件可能对贸易产生不利影响，并会妨碍技术的转让和传播。"

使用所改进的技术，或者双方交换改进技术的条件不对等，包括要求一方将其自行改进的技术无偿提供给对方、非互惠性转让给对方、无偿独占或者共享该改进技术的知识产权。例如，合同约定一方当事人不得对合同中的技术进行任何改进，否则就认定其违约，并应支付巨额违约金。由于此种约定已经阻止一方当事人进行合理的技术改进，可能妨碍技术进步，因而该约定无效。法律作出此种规定，有利于鼓励技术创新和进步。对于在合同标的技术的基础上进行新的研究开发或者改进的技术，如果双方没有特别约定，则任何一方当事人都没有将该改进技术提供给对方或并由其使用的义务。①

第二，限制当事人一方从其他来源获得与技术提供方类似技术或者与其竞争的技术。例如，双方当事人在合同中约定受让方不得再从其他单位获得相同技术，这种约定将明显限制受让方从其他单位吸收、消化技术内容并进行改进。如果允许此种限制，将会妨碍技术进步。② 因此，此种约定无效。

第三，阻碍当事人一方根据市场需求，按照合理方式充分实施合同标的技术，包括明显不合理地限制技术接受方实施合同标的技术生产产品或者提供服务的数量、品种、价格、销售渠道和出口市场。例如，技术出让方要求受让人将新能源发动机投入生产后，每年只能生产 1 000 辆新能源汽车，而且每辆新能源汽车的价格不能低于 200 万元。此种约定明显构成不合理地限制技术接受方实施合同标的技术生产产品的数量和价格，且不利于技术进步，此种约定应被认定为无效。但如果当事人所作的此种约定是保证产品质量、防止不正当竞争、维护消费者权益等，可以认为属于"按照合理方式充分实施"，不能认为是"明显不合理地限制"③。需要指出的是，涉及有关明显不合理方式限制价格，应当属于竞争法调整的范畴。

第四，要求技术接受方接受并非实施技术必不可少的附带条件，包括购买非必需的技术、原材料、产品、设备、服务以及接收非必需的人员等。该条实际上是对不合理搭售或强制性购买条款的限制。例如，在使用某人软件之后，软件权利人要

---

①② 参见黄松有主编：《技术合同司法解释实例释解》，132 页，北京，人民法院出版社，2006。
③ 蒋志培主编：《技术合同司法解释的理解与适用》，23 页，北京，科学技术文献出版社，2007。

求使用人必须购买某品牌电脑,就属于强迫对方接受并非实施技术所必不可少的附带条件。此种条款往往会增加合同相对人的负担,而且在订立技术合同时,技术出让方凭借其所占据的技术优势,要求技术接受方接受并非实施技术必不可少的附带条件,通常也会损害合同另一方当事人的利益,因此该种条款应当被认定无效。

第五,不合理地限制技术接受方购买原材料、零部件、产品或者设备等的渠道或者来源。例如,某仪器公司向另一方转让技术之后,要求另一方只能从其附属公司购买相应的零部件,此类合同条款通过不合理地限制技术接受方购买原材料、零部件、产品或者设备等的渠道或者来源的方式,将限制作为合同相对方的技术接受方扩大生产规模、发展和深化技术的能力,从而将会阻碍技术的进步和发展,因此该条款应被宣告无效。[1]

第六,禁止技术接受方对合同标的技术知识产权的有效性提出异议或者对提出异议附加条件。这主要是指在专利权转让、专利申请权转让以及专利实施许可合同中,出让人禁止受让一方对其转让的专利或专利申请权的有效性提出异议,或对受让人提出异议附加条件。此种禁止的情形主要表现在专利实施许可合同中,许可方对被许可方提出一系列限制条件。例如,限制对方质疑该专利有效性的权利,要求对方必须无条件接受某项技术而不得提出异议等。

需要指出的是,在具体合同中,一方当事人缺乏缔约能力是否应导致合同无效?例如,在实践中,一些不具有法人资格的民事主体,如法人或者其他组织设立的,从事技术研究开发、转让等活动的课题组、工作室等,与他人订立技术开发等合同,并在合同中约定技术成果的归属问题,由此引发此类合同是否有效的问题。依据《技术合同司法解释》第7条的规定,此类民事主体订立的技术合同的效力应根据是否经法人或其他组织的授权或认可来具体认定:其一,经法人或者其他组织授权或者认可的,视为法人或者其他组织订立的合同,由法人或者其他组织承担责任。所谓授权,是指法人或其他组织通过签发授权书、章程或其他文件中的授权条款或其他授权方式而允许不具备民事主体资格的科研组织订立技

---

[1] 参见黄松有主编:《技术合同司法解释实例释解》,134页,北京,人民法院出版社,2006。

术合同。而所谓认可，主要是指事后的追认。① 其二，未经法人或者其他组织授权或者认可的，由该科研组织成员共同承担责任，但法人或者其他组织因该合同受益的，应当在其受益范围内承担相应的责任。

此外，需要指出的是，生产产品或者提供服务依法须经有关部门审批或者取得行政许可，而未经审批或者许可的，不影响当事人订立的相关技术合同的效力。② 这主要是因为技术开发和技术转让等行为与生产产品或提供服务的行为是两个不同的概念。例如，当事人之间所订立的技术合同在生效之后，受让方尚未取得生产产品或提供服务的审批或行政许可，这仅意味着受让方暂时无法进行产品的生产或提供相应的服务，但这并不应影响到技术合同的效力。

2. 侵害他人技术成果

《合同法》第 329 条规定："非法垄断技术、妨碍技术进步或者侵害他人技术成果的技术合同无效。"实践中，侵害他人技术成果的行为经常表现为未经权利人的许可非法转让其发明创造的合同，或者合同约定技术成果使用权归一方的，另一方未经许可就将该项技术成果转让给第三人。③ 此类情形在性质上构成无权处分，依据《合同法》第 51 条的规定，应当作为效力待定的合同对待，但合同法分则中又将此种情形作为无效对待，这就形成了合同法总则规定和分则规定的矛盾。笔者认为，从有利于对真正权利人的保护，促进技术进步的角度考虑，将其作为效力待定的合同来处理更为妥当。

（二）可变更、可撤销的技术合同

可变更、可撤销的技术合同主要是指当事人一方采取欺诈手段，就其现有技术成果作为研究开发标的与他人订立委托开发合同收取研究开发费用，或者就同一研究开发课题先后与两个或者两个以上的委托人分别订立委托开发合同重复收取研究开发费用的，受损害方可以请求人民法院变更或者撤销合同。④ 依据《合

---

① 参见蒋志培主编：《技术合同司法解释的理解与适用》，78 页，北京，科学技术文献出版社，2007。
② 参见《技术合同司法解释》第 8 条。
③ 参见段瑞春：《技术合同》，105 页，北京，法律出版社，1999。
④ 参见《技术合同司法解释》第 9 条。

同法》第52条的规定，以欺诈手段订立的合同损害国家利益的，合同无效。由于在技术合同中，欺诈行为大多损害的并非国家利益，而是当事人利益，因而应将其作为可撤销合同对待。

第二节 技术开发合同

一、技术开发合同的概念和特征

所谓技术开发合同，是指当事人之间就新技术、新产品、新工艺或者新材料及其系统的研究开发所订立的合同。所谓研究开发，按照联合国教科文组织（UNESCO）的定义，是指为增加知识的总量，以及运用这些知识去创造新的应用而进行的系统的、创造性的工作。[1] 技术开发，是指在利用基础研究成果的基础上，经过发明创新和生产试验等环节而创造的新的技术成果。例如，某汽车生产企业为了开拓市场，需要研制新能源汽车，因此与国内某研发机构签订技术开发合同，由该汽车生产企业投入资金，研发机构则承担新能源汽车的具体研发工作。在现代社会中，科学技术是第一生产力，其对于提升国家核心竞争力的重要性日益凸显。技术开发合同作为规范技术开发关系的合同，对于促进技术开发的实现和技术成果的产生有着重要意义。

技术开发合同的特征在于：

1. 目的的特殊性。依据《合同法》第330条，技术开发合同以开发新技术、新产品、新工艺、新设备及其系统为目的，这就是说，技术开发合同的订约目的是追求新技术，其核心体现在"新"。如何理解"新"的含义？一般认为，它是指合同双方当事人在订立技术开发合同时尚未掌握的技术、产品、工艺或者材料及其系统等技术方案[2]，这就要求合同标的具有技术创新成分和技术进步特征。

---

[1] 参见段瑞春：《技术合同》，122页，北京，法律出版社，1999。
[2] 参见胡康生主编：《中华人民共和国合同法释义》，439页，北京，法律出版社，1999。

但此处所说的"新"也只是相对的，只要是技术开发合同的双方当事人尚未掌握的即可，并不要求技术成果是世界新颖、国内首创或者在行业、地区排名第一。① 在研究开发的过程中，当事人会面临技术开发失败及在开发成功前被公开的风险。对此，《合同法》第337条规定："因作为技术开发合同标的的技术已经由他人公开，致使技术开发合同的履行没有意义的，当事人可以解除合同。"这就是说，在技术开发合同的履行过程中，如果作为技术开发合同标的的技术已经由他人公开，成为公开技术，则合同的履行已经没有意义，当事人可以解除合同。所谓履行没有意义，是指此种技术开发合同已无实施的必要，对当事人也毫无利益可言，因此也没有必要继续履行合同。

2. 标的的特殊性。技术开发合同的标的是凝聚着人类智慧和创造性劳动的科学技术成果，但与其他技术合同的标的相比较，其特殊性表现在：一是技术开发合同所指向的技术成果，是尚未面世的技术成果，其最终能否开发成功取决于研究开发人的智力创造。所以，在订立合同时，该成果并不是现有的技术成果，而是必须经过研究和试验才能获得的成果。二是该技术成果具有"新"的特性。也就是说，它是具有创造性的技术成果。"新"技术成果是在订约之时当事人尚未掌握的新的技术、产品、工艺或者材料及其系统等技术方案。三是该技术成果能够满足委托人的特定需要。研究开发人是按照委托人的特别要求进行科学技术创造活动的，其科研成果只是为了满足委托人在生产上的某种需要。技术开发合同就是为了开发获取新的技术成果，这一点与技术转让合同不同，在技术转让合同中，转让人所转让的是现有技术成果。

3. 风险承担的特殊性。技术开发合同需要面临特殊的风险，是指在研究开发过程中，虽经当事人一方或者双方主观努力，却因受现有科技知识、认识水平和试验条件限制，面临现时无法预见、无法避免和克服的技术困难，导致研究开发失败或者部分失败所发生的损失。② 此种风险有别于传统合同中的货物毁损、灭失的风险。在技术开发合同中，当事人需要面临的风险主要是技术开发失败，

---

① 参见段瑞春：《技术合同》，122页，北京，法律出版社，1999。
② 参见段瑞春：《技术合同》，150页，北京，法律出版社，1999。

或是在技术开发的目的实现之前,作为技术开发合同标的的技术已经由他人公开等。严格地说,通常只有在技术开发合同中当事人才会面临此种技术风险,因为技术开发合同的标的主要是尚不存在的技术成果,而在技术转让、技术咨询和技术服务合同中,当事人一方所转让或利用的是既存的技术成果,因此在这些合同中技术风险的负担规则就没有适用的必要。

4. 技术开发合同是双务、有偿、诺成合同。在技术开发合同中,研究开发人应提供技术商品,委托人应提供研究开发经费,双方协作进行研究开发工作。所以,技术开发合同是双务的和有偿的合同。技术开发合同自当事人达成协议时起成立,而不以特定技术成果的交付为合同成立条件,因此它又是诺成合同。

二、委托开发合同

(一)委托开发合同的概念

所谓委托开发合同,是指研究开发人与委托人之间达成的有关研究开发人完成开发工作,并向委托人提交开发成果,委托人接受该项开发成果并向开发人支付约定的开发费用的协议。《合同法》第331条规定:"委托开发合同的委托人应当按照约定支付研究开发经费和报酬;提供技术资料、原始数据;完成协作事项;接受研究开发成果。"严格地说,委托开发合同是在委托合同基础上产生的,从广义上也属于委托合同的范畴,但鉴于其以技术开发为目的,因而其区别于普通委托合同,而应属于一种独立的有名合同类型。

(二)委托开发合同的效力

1. 委托人的主要义务

(1)按照约定支付研究开发经费和报酬

《合同法》第331条规定:"委托开发合同的委托人应当按照约定支付研究开发经费和报酬。"依据这一规定,委托人负有按照合同约定支付开发经费和报酬的义务。研究开发经费不同于报酬。它是指完成研究开发工作所需要的成本,如购买研究必需的设备仪器、研究资料、试验材料、能源、试制、安装以及情报资

第十二章　技术合同

料等项费用①，而报酬则是研究开发成果的使用费和研究开发人员的科研补贴。②由此可见，研究开发经费是委托开发合同履行所必需的费用，对于受托人的研究开发工作的启动和顺利实施起着重要作用。在技术开发合同中，技术成果的研发成功与否是未知的，研发周期一般也较长，其需要大量的研究开发经费的投入。因此，委托人及时依据合同约定支付研究开发费用，是其应当承担的主要义务。原则上，开发经费应当由委托人全部支付，但当事人有特别约定的除外。开发经费的支付通常是在合同订立后研究开发工作进行前支付，但当事人也可以根据具体情况约定分期支付或在完成开发工作后一次支付。

依据《合同法》第331条，委托开发合同的委托人应当按照约定支付报酬。如前所述，报酬不同于研究开发经费。在委托开发合同中，合同的履行主要是由受托人依据所掌握的技术知识进行研究开发，在研究开发过程中，受托人除了投入大量的机器、设备、技术资料，还需要进行技术的加工和创造，因此委托人应当按照合同约定支付开发报酬。但如果双方当事人在合同中约定将研究开发经费的一定比例作为使用费和科研补贴的，可以不单列报酬。③换言之，委托人所应支付的报酬已经被包含在研究开发经费之中，以研究开发经费的名义予以支付。鉴于研究开发经费和报酬的性质差异，双方当事人需就此种情形作出明确约定。

委托人无故拒绝或迟延支付研究开发经费和报酬，应负违约责任。《合同法》第333条规定："委托人违反约定造成研究开发工作停滞、延误或者失败的，应当承担违约责任。"委托人违反约定造成研发工作停滞或延误也包括其未按照合同约定支付研究开发费用和报酬所导致的研发停滞或延误，在此情形下，受托人有权请求委托人承担违约责任。

(2) 协作义务

依据《合同法》第331条的规定，委托人应"提供技术资料、原始数据；完成协作事项"。这就确立了委托人的协作义务。此处所说的协作义务主要包括如

---

① 参见胡康生主编：《中华人民共和国合同法释义》，504页，北京，法律出版社，1999。
②③ 参见魏耀荣等：《中华人民共和国合同法释论（分则）》，442页，北京，中国法制出版社，2000。

下内容：一是提供技术资料和原始数据。技术资料和原始数据是研究开发人进行研究开发的基础，委托人是否负有提供义务应依合同约定，如果合同约定委托人负有提供义务的，其应当提供。二是其他的协作事项。例如，研究开发人也有权要求委托人补充必要的背景资料，介绍与研究开发工作有关的市场信息等，但不得超过履行合同所要求的范围。[1] 只有在委托人履行这些协助义务之后，研究开发人才能顺利地开展研究开发工作。依据《合同法》第333条的规定，委托人违反约定造成研究开发工作停滞、延误或者失败的，应当承担违约责任。因此，委托人未按照约定或拒绝提供技术资料、原始数据等也应包括在"违反约定"之中，由此造成研究开发工作停滞、延误的，受托人有权请求委托人承担违约责任。

(3) 及时接受研究开发成果

依据《合同法》第331条的规定，委托人应"接受研究开发成果"。在研究开发完成之后，合同约定的技术成果已经形成，委托人负有及时接受的义务。研究开发成果是委托人订立合同所追求的目的，所以及时接受研究开发成果也符合委托人自身的利益，可以满足其技术需求。对于受托的研究开发人而言，研究开发成果的交付既是其所负担的主要义务，也是其请求委托人支付约定报酬的基础。因此，委托人应当及时接受研究开发成果，这既是其所享有的一项权利，也是委托人的一项义务。此外，研究开发成果的及时接受也有利于实现技术成果风险的移转。

2. 研究开发人的主要义务

(1) 按照约定制订和实施研究开发计划

《合同法》第332条规定，"委托开发合同的研究开发人应当按照约定制定和实施研究开发计划"。该义务主要包括如下两方面内容：一是研究开发人应制订出详细的研究开发计划，保证研究开发工作能够按照委托人的要求如期完成。在委托开发的过程中，研究开发人通常需要事先拟定研究开发的具体内容和步骤，

---

[1] 参见魏耀荣等：《中华人民共和国合同法释论（分则）》，442页，北京，中国法制出版社，2000。

如研究开发的基本目标、研究开发的方法与方案、研究开发的进度、研究开发的试验方法、研究开发的期限等。[①] 二是研究开发人应按照约定实施研究开发计划，严格遵循相应的实施计划、进度和期限进行研究开发工作。在委托开发合同中，研究开发人只有按照计划完成研究开发工作，才能使最终的技术开发成果满足委托人的实际需要，同时实现委托开发合同的预期目标。[②]

《合同法》第 334 条规定："研究开发人违反约定造成研究开发工作停滞、延误或者失败的，应当承担违约责任。"因此，在研究开发的过程中，如果因研究开发人的过错而致使研究开发工作停滞、延误或者失败的，研究开发人应承担违约责任。研究开发人应向委托人返还部分或全部研究开发费用。如前所述，研究开发费用是委托人支付的作为研究开发工作开展基础的费用。因此，研究开发人应将研究开发经费作部分或全部返还。如果因而给委托人造成损失的，研究开发人还应当承担损害赔偿责任。

（2）合理使用研究开发经费

依据《合同法》第 332 条的规定，研究开发人应当合理使用研究开发经费。如前所述，研究开发经费不同于报酬，其是为了研究开发工作的正常启动和开展而由委托人支付的经费。合理使用研究开发经费，既是为了尽可能地减少委托人的支出，同时也有利于研究开发工作的顺利进行。在研究开发人使用经费的过程中，合理使用研究开发费用，要求研究开发人诚信使用研究开发费用，使研究开发费用真正服务于技术开发的需要，而不应浪费或移作他用，也不应将其抵充报酬。研究开发人对研究开发经费的使用，应当做到专款专用，经费的支出须接受委托人的监督检查，但委托人不得据此妨碍研究开发人的正常工作。[③] 在研究开发完成之后，研究开发费用有多余的，研究开发人应当按照约定将其返还给委托人。当然，如果合同当事人约定将研究开发费用的一部分作为报酬的，则应依照当事人的约定办理。

---

① 参见魏耀荣等：《中华人民共和国合同法释论（分则）》，443 页，北京，中国法制出版社，2000。
② 参见江平主编：《中华人民共和国合同法精解》，273 页，北京，中国政法大学出版社，1999。
③ 参见魏耀荣等：《中华人民共和国合同法释论（分则）》，444 页，北京，中国法制出版社，2000。

第二节 技术开发合同

(3) 按期完成工作并及时交付工作成果

依据《合同法》第332条的规定,研究开发人应当按期完成研究开发工作,交付研究开发成果。一方面,研究开发人应当按照合同约定的期限完成研究开发工作,不得无故拖延或延误研究开发工作。另一方面,研究开发人在完成工作成果后,应及时交付。在委托开发合同中,委托人委托研究开发人进行研究开发工作,其所追求的是最终的工作成果。工作成果的表现形式可以是多样的,可以是产品设计、材料配方以及技术发明方案,也可以是新技术、新产品的论文报告,还可以是新设备、新仪器。工作成果能否及时交付对委托人的利益影响较大。例如,委托人已经将实施受托人所研发的技术成果的设备、人员等准备就绪,如果受托人按照合同约定及时交付的,委托人就可以将该成果投入生产,从而产生经济效益。因此,研究开发成果的及时交付也有利于实现该成果的及时转化。此外,及时交付成果也有利于实现技术成果风险的转移。

(4) 协助义务

依据《合同法》第332条的规定,研究开发人应当"提供有关的技术资料和必要的技术指导,帮助委托人掌握研究开发成果"。这就确立了研究开发人的协助义务。通常,技术成果具有专门性和技术性,委托人并不了解该技术成果。由研究开发人提供有关的技术资料和必要的技术指导,既可以帮助委托人掌握研究开发成果,也有利于实现技术成果的转化。在技术开发合同中,由于作为合同标的的技术成果具有新型的特点,通常只有研究开发人了解该项技术成果的具体特性以及如何应用等,要求其履行协助义务,也有利于合同目的的实现。还需要指出的是,在一般情况下,技术开发合同的标的大都是未取得专利的技术,因此,合同约定有保密义务的,研究开发人不得向第三者泄露技术秘密。当然,当事人可以在订立合同时就发明创造的专利申请权以及技术秘密成果的使用权、转让权作出约定,或对双方当事人的保密义务作出约定。

(三) 委托开发合同中技术风险责任的承担

技术风险,是指在技术开发过程中,出现无法克服的技术困难导致技术开发工作失败的可能性。此种风险,并不包含作为不可抗力的自然事件、社会事件和

人员风险、市场风险等因素在内。① 在技术开发中，受托人所研究开发的技术是作为"新"技术存在的，而非现有的技术成果。因此，在研究开发中，经常面临着不可预知的、可能导致技术开发失败或部分失败的风险。由于现有的知识水平、技术水平等的限制，导致开发的技术成果具有不确定性，经过当事人双方共同努力，可能达到预期的效果，也可能达不到预期的效果。《合同法》第338条规定："在技术开发合同履行过程中，因出现无法克服的技术困难，致使研究开发失败或者部分失败的，该风险责任由当事人约定。没有约定或者约定不明确，依照本法第六十一条的规定仍不能确定的，风险责任由当事人合理分担。"依据这一规定，首先，可以由双方当事人就风险的负担进行约定，如果当事人有约定的，从其约定。由于技术开发合同中当事人之间的利益关系比较复杂，其内容涉及双方当事人的利益分配、开发技术的使用期限、专利费用、转让权限以及成果转化的利益归属等诸多问题，因而，就有关技术风险分担问题，最好由当事人双方进行约定，找出合理分担风险的方法。其次，在当事人没有约定或约定不明确时，应依照《合同法》第61条由当事人事后达成补充协议。如果不能达成补充协议的，按照合同有关条款或交易习惯确定。如果仍不能确定的，应由各方当事人合理分担。所谓合理分担，并不是平均分担，而是根据合同的具体情况，如资产的承受力、损失程度、产生风险前各方付出的劳动量等进行合理确定。② 采纳这一原则的主要原因是，科学研究和技术开发本身是一种高风险的活动，对于技术成果的获得具有很大的不确定性，或者说，这种活动从一开始就充满了风险，如果当事人不能达成协议，且不能事后确定，则只能采取由双方当事人合理分担的方法。

（四）专利申请权的权属

所谓专利申请权，是在技术成果研发成功之后，依据《专利法》等法律的规定申请专利的权利。《合同法》第339条规定："委托开发完成的发明创造，除当事人另有约定的以外，申请专利的权利属于研究开发人。"依据这一规定，对于委托开发完成的发明创造，首先，其专利申请权应由双方当事人进行约定，有约

---

① 参见周大伟：《谈谈委托技术开发合同的风险承担原则》，载《科技进步与对策》，1988 (5)。
② 参见魏耀荣等：《中华人民共和国合同法释论（分则）》，455页，北京，中国法制出版社，2000。

定时从约定。遵循当事人的约定既可以最大限度地满足双方当事人的利益，也有利于将技术成果及时转化为生产力。其次，如果当事人没有约定，专利申请权则属于研究开发人。这是因为在委托开发合同中，委托人所负担的主要义务是投资义务，而实际的研究开发工作则是由研究开发人开展的。在当事人没有约定的情况下，由研究开发人享有专利申请权既是对其付出的智力劳动的尊重，也便于研究开发人实施该专利技术。依据《合同法》第339条，研究开发人取得专利权后，委托人可以免费实施该专利。一般而言，在研究开发人取得专利权之后，其他人实施该项专利技术就需要获得研究开发人的许可，并支付相应的使用费。但在委托开发合同中，研究开发人进行研究开发工作是基于委托人的投资委托而开展的，委托人已经支付研究开发经费和报酬，如果再要求委托人在使用该专利技术时支付使用费，将是不公平和不合理的。[1] 此外，为了方便技术成果的有效利用，维护委托人的合理权益，在研究开发人转让专利申请权时，委托人享有在同等条件下优先受让的权利。

三、合作开发合同

（一）合作开发合同的概念

合作开发合同是指两个或两个以上的公民和法人，为了完成一定的技术开发工作，共同投资，共同从事研究开发工作，共享技术成果，并且共担风险的协议。严格来讲，合作开发合同实际上是合伙协议的一种。但与一般的合伙协议不同，二者的主要区别表现在：一方面，合作开发合同是以新技术成果的研究开发为目的，而不是像一般的合伙协议那样，是为了实现投资经营盈利。另一方面，在合作开发合同中，当事人所面临的主要风险是因技术困难而导致研发失败的风险，而在一般的合伙协议中，合伙人所面临的主要风险则是经营失败的风险等。

与委托开发合同相比较，合作开发合同的主要特点表现在：

---

[1] 参见段瑞春：《技术合同》，143页，北京，法律出版社，1999。

第一，目标的一致性。在合作开发合同中，当事人目标基本一致，具有共同的利益关系。各方当事人共同投资，共同参与研究开发工作，共享成果和利益。各方当事人都有权在合同规定的范围内充分实施研究开发成果。当然，经其他当事人的同意，一方当事人可以对全部研究开发成果享有优先实施权或独占权，但应向其他当事人作出补偿。任何当事人向第三人转让全部研究开发成果，应取得协商一致的意见。而在委托开发合同中，主要是由研究开发人一方从事研究开发工作，委托人一方主要负责投资。

第二，在无约定的情况下，申请专利的权利属于合作开发的当事人共有。《合同法》第340条规定："合作开发完成的发明创造，除当事人另有约定的以外，申请专利的权利属于合作开发的当事人共有。"依据该规定，合作开发完成的发明创造的专利申请权首先应由当事人进行约定，如果当事人有约定的，从其约定。尊重当事人的约定既可以有效实现当事人之间的权益分配，也有利于将该技术成果及时转化为生产力。其次，如果当事人没有约定的，专利申请权应当归合作开发的当事人共有。既然合作开发关系是共同出资，共享利益，那么在当事人没有约定申请专利的权利归属的情况下，应当推定此种权利归当事人共有。由合作开发的当事人共有专利申请权既是出于对其实际参与研究开发工作的尊重，也有利于维护当事人的利益。[①] 此种共有究竟是按份共有还是共同共有？笔者认为，在合作开发合同中，既然各个合作开发人需要进行投资，所以应当依据合作开发人的投资额确定，将其认定为按份共有。

依据《合同法》第340条第2款和第3款，合作开发当事人行使专利申请权还应遵循如下四条原则：一是优先受让权。这就是说，当事人一方转让其共有的专利申请权的，其他各方享有以同等条件优先受让的权利。这既有利于维护其自身的利益，也方便技术开发人实施和利用该技术成果。二是共有权人的法定承受权。如果合作开发的当事人一方声明放弃其共有的专利申请权的，可以由另一方单独申请或者由其他各方共同申请，这就是说，在合作开发的一方当事人放弃专

[①] 参见魏耀荣等：《中华人民共和国合同法释论（分则）》，458页，北京，中国法制出版社，2000。

第二节 技术开发合同

利申请权的情况下,可以由其他当事人共同申请或单独申请。保护共有权人的此种权利,既可以使合作开发的技术成果获得法律保护,也有利于保护其他当事人的合法权益。① 三是共有权人的单方否决权。这就是说,合作开发的当事人一方不同意申请专利的,另一方或者其他各方不得申请专利。例如,一方主张申请专利保护,而另一方主张采取技术秘密保护的,在当事人就共有技术成果知识产权的处理方式尚未达成一致的情况下,一方共有人违背另一方意志申请专利,这也会侵害另一方的权益。② 四是放弃专利申请权一方的免费实施权。依据《合同法》第 340 条,申请人取得专利权的,放弃专利申请权的一方可以免费实施该专利。这就确立了放弃专利申请权一方的免费实施权。在技术成果的研发过程中,放弃专利申请权的一方当事人既履行了投资义务,并分工参与了研究开发工作,考虑到放弃专利申请权人的贡献和权益,从公平合理的原则出发,允许放弃专利申请权的一方当事人可以免费实施该专利也完全符合正确的协作精神和分配原则。③

第三,如果技术开发合同的标的是技术秘密成果的,该技术秘密成果的使用权、转让权以及利益的分配方法,首先应由当事人进行约定,当事人之间对此有约定的,从其约定。但如果当事人约定仅能自行使用该技术秘密成果,而某一当事人不具备独立使用该技术秘密的条件的,依据《技术合同司法解释》第 21 条,该当事人可以以一个普通许可方式许可他人实施或适用。其次,如果当事人没有约定或约定不明确的,由当事人依据《合同法》第 61 条事后进行协议补充,如此仍不能确定的,当事人各方均有使用和转让的权利。这有利于推动科技知识的传播和扩散,促进科学技术成果的推广和应用。④ 但在委托开发合同中,交付研究开发成果是研究开发人的一项主要义务,研究开发工作是委托人出资委托研究开发人实施的。⑤ 因此,研究开发人不得在向委托人交付研究开发成果之前,将研究开发成果转让给第三人。其中,《技术合同司法解释》第 20 条规定,"当事

---

① 参见段瑞春:《技术合同》,141 页,北京,法律出版社,1999。
②③ 参见段瑞春:《技术合同》,142 页,北京,法律出版社,1999。
④ 参见段瑞春:《技术合同》,141 页,北京,法律出版社,1999。
⑤ 参见魏耀荣等:《中华人民共和国合同法释论(分则)》,460 页,北京,中国法制出版社,2000。

人均有使用和转让的权利"包括"当事人均有不经对方同意而自己使用或者以普通使用许可的方式许可他人使用技术秘密,并独占由此所获利益的权利"。而如果当事人一方将技术秘密成果的转让权让与他人,或者以独占或者排他使用许可的方式许可他人使用技术秘密,未经对方当事人同意或者追认的,应当认定该让与或许可行为无效。因为在此情形下,当事人一方的转让行为或独占、排他使用许可的行为将可能损害另一方当事人的利益,并影响另一方当事人的合理使用。

(二)合作开发合同的效力

《合同法》第335条规定:"合作开发合同的当事人应当按照约定进行投资,包括以技术进行投资;分工参与研究开发工作;协作配合研究开发工作。"依据这一规定,在合作开发合同中,当事人主要负担如下义务:

1. 按照约定投资。合作开发合同中的投资,既可以是资金投入,也可以是其他实物(如场地、设备等)或技术的投入。在合作开发合同中,当事人可以采取的投资方式可归纳为三种:一是以资金出资,二是以设备、材料、场地、试验条件等物质条件出资,三是以发明创造专利、计算机软件版权、植物新品种、含有技术秘密的技术成果以及技术情报资料等技术投资。[①] 无论采取何种形式,当事人都应按照合同约定的投资比例、投资形式以及投资期限等进行投资,投资的财产可以均等,也可以不均等,具体比例由当事人确定。如果当事人是以无形财产出资的,则应进行价值评估,将其折算为一定的出资比例。如果当事人不按照约定进行投资,由此造成研究开发工作停滞、延误或者失败的,合作开发合同的当事人应按照《合同法》第336条规定承担违约责任。

2. 分工参与研究开发工作。《技术合同司法解释》第19条规定:"'分工参与研究开发工作',包括当事人按照约定的计划和分工,共同或者分别承担设计、工艺、试验、试制等工作。"因为在进行技术成果的合作开发过程中,任何一方当事人所进行的研究开发工作都只是整个技术成果研发的一部分,在最终的技术成果构成中包含着各方当事人的技术投入和智力创造。当事人分工参与研究开发工作的形

[①] 参见段瑞春:《技术合同》,134页,北京,法律出版社,1999。

式具有多样性，既可以是按照约定的计划和分工共同进行研究开发工作，也可以是分别承担设计、工艺、试验、试制等研究开发工作。[1] 合作开发合同与委托开发合同的重要区别之一就在于，合作开发的各方当事人都实际参与研究开发工作，而在委托开发合同中，只有研究开发人从事研究开发工作。因此，在某个开发合同中，如果技术开发合同当事人一方仅提供资金、设备、材料等物质条件或承担辅助协作事项，另一方进行研究开发工作的，则该技术开发合同应当属于委托开发合同。

3. 协作配合开展研发工作。合作开发是以双方当事人的共同投资和共同劳动为基础的，各方在合作研究中的配合是取得研究开发成果的关键。[2] 依据《合同法》第335条的规定，合作开发合同的当事人负有协作配合开展研发工作的义务。在合作开发合同中，技术成果的研发不仅需要各方当事人分工参与研究开发工作，还需要各方当事人进行协作配合，只有这样才能体现技术开发的合作之意。只有当事人共同制订研究开发计划，共同解决研究开发中的问题，才能实现技术成果的成功研发。在合同有效期限内，任何当事人无正当理由，不得擅自退出合作开发工作，否则应承担违约责任。因为任何当事人擅自退出合作开发，都可能严重影响开发的进行，甚至导致开发中断。当然，经其他当事人同意中途退出合作开发工作的，可以请求其他当事人返还其投入的财产。如果财产不能退还，可以协商作价偿还。

第三节　技术转让合同

一、技术转让合同概述

所谓技术转让合同，是指合法拥有技术的权利人，包括其他有权对外转让技

---

[1] 参见魏耀荣等：《中华人民共和国合同法释论（分则）》，449页，北京，中国法制出版社，2000。
[2] 参见胡康生主编：《中华人民共和国合同法释义》，508页，北京，法律出版社，1999。

术的人,将现有特定的专利、专利申请、技术秘密的相关权利让与他人,或者许可他人实施、使用所订立的合同。① 技术转让合同有广义和狭义之分,从广义上理解,技术转让合同包括专利、专利申请、技术秘密的相关权利让与他人,或者许可他人实施、使用所订立的合同。而从狭义上来讲,技术转让合同不包括专利实施许可合同,我国《合同法》就技术转让合同范围采广义的理解。② 严格地说,专利实施许可不应当作为技术转让合同的一种类型,因为转让通常应理解为权利的让渡。但在实施许可的情形下,只是允许他人在一定的限度内使用该专利技术,并没有让渡实质的权利。从此种意义上来讲,技术转让合同不应当包括专利实施许可。但是考虑到专利实施许可是技术转让的一种通常表现形态,在一定期限内可以将其看作是一种技术转让合同。一般认为,鉴于技术实施许可是许可他人使用其技术,专利实施许可合同也可以认为是一种技术使用权转让合同。③ 因此,技术转让合同可以从广义上理解,包括专利权转让合同、专利申请权转让合同、技术秘密转让合同和专利实施许可合同。我国《合同法》第342条采纳了广义的概念,根据该条规定,"技术转让合同包括专利权转让、专利申请权转让、技术秘密转让、专利实施许可合同"。

技术转让是适应技术成果商品化而产生的,为了避免一项技术在公开之后成为公有技术,从而使得权利人的投入不能得到回报,有必要根据交易的法则借助于技术转让合同来实现技术成果转让的有偿化,这也有利于充分发挥技术成果的最大效益。④ 在现代社会,技术转让合同的推广有助于促进科技成果的转化,也有利于促进科技进步,实现资源的优化配置。技术转让合同的特征主要在于:

1. 合同类型的多样性

技术转让合同是一个由多种合同类型所组成的概念,其包括如下几类合同:一是专利权转让合同。此类合同是指专利权人作为出卖人将其创造的专利权和持

---

① 参见《技术合同司法解释》第22条。
② 参见崔建远主编:《合同法》,5版,489页,北京,法律出版社,2010。
③ 参见马俊驹、余延满:《民法原论》,4版,742页注释,法律出版社,2010。
④ 参见段瑞春:《技术合同》,163页,北京,法律出版社,1999。

第三节 技术转让合同

有权转让给买受人,买受人按照约定支付价款的合同。二是专利申请权转让合同。此类合同是指出卖人将其发明专利的申请权转让给买受人,由买受人支付价款的协议。三是技术秘密转让合同。此类合同是指权利人将其拥有的技术秘密转让给买受人,买受人支付一定费用的合同。四是专利实施许可合同。所谓许可,是指在不转让专利权的前提下,授权他人在一定范围和期限内使用其专利技术的合同。五是名为联营、实为转让的合同。《技术合同司法解释》第22条第3款规定:"当事人以技术入股方式订立联营合同,但技术入股人不参与联营体的经营管理,并且以保底条款形式约定联营体或者联营对方支付其技术价款或者使用费的,视为技术转让合同。"此类名为联营、实为转让的合同虽然不同于上述四种类型,但上述司法解释的规定将其视为技术转让合同。在此类合同中,技术入股人不参与联营体的经营管理。也就是说,以技术入股后,本应当作为联营一方股东参加经营管理,但是技术入股人却并不参加联营体的经营管理。此类入股人以保底条款形式约定联营体或者联营对方应支付其技术价款或者使用费。所谓保底条款,是指无论联营体的经营状况如何、无论盈亏,联营体都必须按照约定支付一定的技术价款或使用费给技术入股人的条款。在我国司法实践中,凡是在联营中以保底条款方式来获取技术价款或使用费的,都视为技术转让合同,而非联营合同。严格地讲,技术转让合同并不限于上述五种,随着科技的进步、技术的发展,技术转让合同的内容将越来越丰富和多样化。这些合同作为技术转让合同的一种类型都可以独立存在。

与混合合同不同的是,技术转让合同是由多种合同组成的,但每一种合同的权利义务是确定的,它不是有名和无名合同,或者无名与无名合同在内容上的结合。技术转让合同中的每一种合同都可以独立作为一种有名合同而存在。因此,技术转让合同既可以是指某一种具体类型的合同,如技术秘密转让合同、专利权转让合同等,也可以是涵盖这些具体合同的一个上位概念。

2. 技术转让合同的标的是一定的技术成果

技术转让的标的不是一般的有形财产,而是属于智力成果范畴的技术成果,这些技术成果主要包括专利申请权、专利权、技术秘密以及专利和技术秘密的实

施权、使用权。技术成果与知识产权是两个既有交叉而又不等同的概念。①《合同法》第 342 条中列举的可以转让的技术成果，实际上只是将技术转让中典型的形态表现出来，但并没有完全概括技术转让合同的全部标的。《合同法》第 342 条采用了封闭式地列举，一般认为，只能将技术转让合同的标的解释为专利申请权、专利权、技术秘密以及专利和技术秘密的实施权、使用权。但就许可合同而言，随着知识产权在实践中的广泛运用，许可已经涵盖了专利、商业秘密、技术秘密、机密信息以及计算机软件、数据库、用户手册这类技术资料的版权等。②因此，前述理解显然过于狭窄。为了弥补该规则的缺陷，《技术合同司法解释》第 46 条规定："集成电路布图设计、植物新品种许可使用和转让等合同争议，相关行政法规另有规定的，适用其规定；没有规定的，适用合同法总则的规定，并可以参照合同法第十八章和本解释的有关规定处理。"这显然已经将技术转让合同的标的扩张到了《合同法》第 342 条规定的技术成果以外的其他技术成果。

因此，技术转让合同中的技术成果，应当包括如下三类：一是已经获得专利权的发明、实用新型和外观设计。二是没有获得专利的技术，通常称为专有技术，这一类技术未向社会公开，但可以通过秘密的方式转让知识、工艺程序、操作方法等。三是其他技术，如计算机软件著作权、集成电路布图设计专有权等。此类技术通常受《著作权法》或其他法律的保护，但大多不能获得《专利法》的保护，此类技术一旦进入生产领域、与生产要素相结合，就会变成巨大的生产力，创造出社会物质财富。③

3. 技术成果的转让方式具有多样性

在有形财产的转让中，转让一词通常是指财产所有权的让渡，但在技术转让合同中，其具有特殊的含义。我国《合同法》第 342 条所使用的"转让"一词，包括所有权转让和使用权许可两种含义。就专利权转让而言，转让的是所有权，

---

① 参见徐来：《最高法院：依法审理技术合同纠纷案件》，载《法制日报》，2004-12-24。
② 参见 [美] Jay Dratler, Jr.：《知识产权许可》上，王春燕等译，3 页，北京，清华大学出版社，2003。
③ 参见蒋志培主编：《技术合同司法解释的理解与适用》，51 页，北京，科学技术文献出版社，2007。

而对于技术秘密转让而言,其转让的是使用权而不是所有权。① 在实践中,将非专利技术转让合同分为普通实施许可、排他实施许可、独占实施许可、交叉实施许可等,并将"非专利技术转让合同"称为"专有技术许可合同"②。

4. 技术转让合同是要式、双务、有偿的合同

根据技术转让合同,出卖人转让技术成果,有权获得转让费,买受人接受技术成果,但应支付转让费。因此,这种合同是双务、有偿的合同。《合同法》第342条第2款规定:"技术转让合同应当采用书面形式。"由此可见,技术转让合同必须采取一定的书面形式。因为技术转让合同的内容较为复杂,不仅涉及转让技术的范围、对象、买受人所取得的技术范围、使用期限、出卖人保留的权利,还涉及在使用过程中产生的新技术的归属、转让费用等,这些都必须通过合同以书面形式加以确认,以防止事后发生纠纷。因此,我国《合同法》要求技术转让合同必须采用书面形式。

二、技术转让合同的标的

技术转让合同的标的是已经开发出来的技术成果。技术转让合同的标的的特点主要在于:

第一,无形性。这就是说,此类标的物不是一种有形财产,而是属于智力成果范畴的无形财产。但是作为技术转让合同的标的,其必须具有一定的价值,否则将无法在市场中投入运用。技术可以转让,但并不是所有的技术都可以转让,通常只有那些能够用于生产实践,有助于开发新型产品,提高产品质量,降低产品成本,改善经营管理,提高经济效益的技术才能够转让。

第二,具有载体性。单就技术而言,其是存在于人的大脑之中,具有无形性的。但作为技术转让合同标的的技术成果必须具有载体,如此才可实现技术的商品化。在技术转让合同中,转让人需要就技术成果进行转让或者许可他人进行实

---

① 参见张玲:《新合同法中有关技术合同的几个问题》,载《南开学报》,1999(4)。
② 张玲:《新合同法中有关技术合同的几个问题》,载《南开学报》,1999(4)。

施，如果缺乏必要的载体将无法实现。此外，转让的技术成果应当是一个比较完整的技术方案，而不应仅仅是技术信息或者思路。[1] 需要指出的是，与一般的有形财产不同，一般的有形财产通常只能由一个人占有和利用。

第三，合法性。此处所说的合法性包含两方面的含义。一方面，转让的技术应当具有合法性。[2] 转让的技术必须在法律上是允许转让和流通的，违反国家法律和政策规定的技术不得转让。如果转让的技术涉及国家安全或重大经济利益而需要保密的，则应按照国家有关规定办理。例如，涉及国家安全的国防科学工业、尖端前沿军事科技等领域的技术，其转让就受到较多的限制。另一方面，根据《技术合同司法解释》第22条，让与人必须是合法拥有技术的权利人。让与人必须对所转让的技术享有合法的权利，其必须是合法拥有技术的权利人，任何人都不能转让自己并不拥有或侵害他人技术成果的技术。

第四，具有技术性。作为技术合同标的物的技术成果应当是一种技术方案，不包含技术内容的其他智力成果，如一般作品和商标不能够成为技术转让合同标的。虽然计算机软件也是一种文字作品，但其包含了技术内容，也可以作为技术成果转让。

第五，具有现实性。这就是说，技术转让合同的标的是已经存在的，这与技术开发合同的标的不同。《技术合同司法解释》第22条第1款在明确技术转让合同的内容的同时，还规定"但就尚待研究开发的技术成果或者不涉及专利、专利申请或者技术秘密的知识、技术、经验和信息所订立的合同除外"。由此可见，转让的技术必须是现有的特定的技术，尚待研究开发的技术属于技术开发合同的范畴，应当适用技术开发合同的相关规定。[3] 至于不涉及专利、专利申请或者技术秘密的知识、技术、经验和信息，都处于公有领域，不属于技术转让合同的范畴，提供这些

---

[1] 参见段瑞春：《技术合同》，163页，北京，法律出版社，1999。
[2] 参见[美] Jay Dratler, Jr.：《知识产权许可》上，王春燕译，3页，北京，清华大学出版社，2003。
[3] 参见段瑞春：《技术合同》，164页，北京，法律出版社，1999。

技术可以作为技术服务合同的内容，但不能作为技术转让合同的内容。[①]

三、技术转让合同和买卖合同

技术转让合同和买卖合同具有相似性，二者都是双务、有偿合同，都要遵循等价交换的规则。在这两类合同中，都需要一方移转财产权，另一方支付相应的对价。因为这一原因，在实践中常将技术转让合同称为技术买卖合同。但二者作为《合同法》中规范的两种有名合同是存在区别的，主要表现在：

第一，转让的标的物不同。技术转让合同作为技术合同的一种类型，其转让的标的物主要是技术成果。而买卖合同转让的标的物主要是有形财产。技术成果通常可以被多人同时占有和利用，而有形财产一般仅可以为一人占有和利用。

第二，转让的权利不同。尽管这两类合同都要转移权利，但其转让的权利内容显然是不同的。在买卖合同中，出卖人需要移转标的物的所有权。但是在技术转让合同中，依据《合同法》第342条，出让人所移转的权利既可以是所有权（如专利权转让合同），也可以是使用权，如在专利实施许可合同中，受让人只是取得了专利的使用权。

第三，保密义务不同。通常在买卖合同中，买受人取得标的物之后并不负有保密义务。而在技术转让合同中，如果当事人所转让的技术成果尚未公开或者是技术秘密成果的，受让人应负有保密义务。

四、技术转让合同的效力

（一）让与人的主要义务

1. 转让技术

在技术转让合同中，转让技术的义务是作为让与人的主要义务而存在的，这是

[①] 参见蒋志培主编：《技术合同司法解释的理解与适用》，52页，北京，科学技术文献出版社，2007。

由合同的类型和性质所决定的。因此,如果让与人未能按照合同约定而履行该义务的,受让人有权要求让与人承担违约责任。《合同法》第351条规定,"让与人未按照约定转让技术的,应当返还部分或者全部使用费,并应当承担违约责任"。

根据《合同法》第351条,让与人违反约定擅自许可第三人实施该项专利或者使用该项技术秘密的,应当停止违约行为,承担违约责任。让与人在按照约定转让技术之后,技术的所有权或使用权已经发生移转,让与人相应地丧失了该技术的所有权或丧失了在约定的范围内实施或使用该技术的权利。例如,在专利独占实施许可合同中,受让人依约定在全国范围享有独占实施的权利,此时让与人不得再许可第三人在该国范围内实施该专利。否则,让与人应当停止违约行为,并承担违约责任。

2. 权利瑕疵担保义务

让与人应当保证自己是合法拥有技术的权利人,并使受让人在获得技术后,不受他人的追夺。《合同法》第349条规定:"技术转让合同的让与人应当保证自己是所提供的技术的合法拥有者,并保证所提供的技术完整、无误、有效,能够达到合同约定的目标。"此处确认了技术转让合同的让与人的权利瑕疵担保义务,即应当负有保证转让的技术不侵害他人权益的义务,如果因为转让的技术侵害了他人的权益,让与人应承担相应的责任。在此情形下,让与人所承担的责任主要包括如下两个方面:

(1) 让与人对受让人承担的违约责任。《合同法》第351条规定:"让与人未按照约定转让技术的,应当返还部分或者全部使用费,并应当承担违约责任。"从该规定来看,让与人转让的技术侵害了他人的权益,表明让与人违反了其向受让人所承担的保证转让的技术不侵害他人权益的义务,这也是合同所包含的主义务,让与人违反这种义务,应当向合同的另一方即受让人承担违约责任。

(2) 让与人对第三人承担的侵权责任。因让与人违反权利瑕疵担保义务而造成第三人损害的,让与人应当对第三人承担侵权责任。《合同法》第353条规定:"受让人按照约定实施专利、使用技术秘密侵害他人合法权益的,由让与人承担责任,但当事人另有约定的除外。"此处所规定的责任并不限于违约责任,还包

第三节 技术转让合同

括侵权责任。所谓由让与人承担的侵权责任，实际上是指因转让的技术侵害他人权利的，而引发的由让与人对第三人承担侵权损害赔偿责任。此种责任的构成要件是：

第一，转让的技术侵害他人权益，这主要包括受让人实施发明创造专利，被他人指控为侵害其专利权；受让人实施发明创造专利，被他人指控为侵害其专利共有权、专利排他实施权、专利独占实施权等；受让人使用技术秘密，被他人指控为侵害其专利权、专利实施权；受让人使用技术秘密成果，被他人指控为侵害其技术秘密使用权、转让权。[①]

第二，受让人是善意的。《合同法》第353条规定："受让人按照约定实施专利、使用技术秘密侵害他人合法权益的，由让与人承担责任，但当事人另有约定的除外。"如何理解"由让与人承担责任"？一种观点认为，只要让与人转让的技术侵害他人权利的，不区分受让人的善意或恶意，一概由让与人承担侵权责任。[②] 另一种观点认为，应当区分受让人的善意和恶意，如果受让人在受让技术时是善意的，则其不应当承担侵权责任，应由让与人承担侵害他人技术的侵权责任。[③] 笔者认为，第二种解释区分了受让人的善意和恶意，并以此为标准来确定让与人和受让人的责任，更为合理。如果受让人是非善意的，则其可能与让与人之间存在恶意串通，因此就不能只由让与人向第三人承担侵权责任，而应由让与人与受让人共同向第三人承担侵权责任。

第三，损害第三人的利益。只有在让与人所转让的技术侵害他人合法权益的情况下，让与人才承担责任。但此处所说的"他人"，是指受让人之外的第三人。

如何理解"当事人另有约定的除外"？从该表述的文义来看，似乎当事人如有特别约定的，可以排除侵权责任的承担。其实该条规定的含义并非如此，而是指只要让与人转让的权利侵害他人的合法权益的，无论当事人如何约定，都不能排除其对他人所应承担的侵权责任。但当事人之间可以就侵权责任的具体分担进

[①] 参见段瑞春：《技术合同》，199页，北京，法律出版社，1999。
[②] 参见胡康生主编：《中华人民共和国合同法释义》，321页，北京，法律出版社，1999。
[③] 参见段瑞春：《技术合同》，200页，北京，法律出版社，1999。

行约定。也就是说，在让与人的行为构成侵权的情况下，让与人应向第三人承担侵权责任，但在其承担侵权责任之后，可以根据其与受让人之间的内部约定进行分担。所以，"另有约定"只是当事人对侵权责任分担的特别约定，并不能免除当事人对第三人所应承担的侵权责任。

3. 不得限制技术竞争和技术发展

依据《合同法》第323条的规定，技术合同的订立应当有利于科学技术进步，加速科学技术成果的转化、应用和推广。技术合同转让制度应鼓励技术转让，如此才能促进成果转化、技术创新，刺激财富增长。[①] 依据这一原则，《合同法》第343条进一步规定："技术转让合同可以约定让与人和受让人实施专利或者使用技术秘密的范围，但不得限制技术竞争和技术发展。"依据该规定，技术转让合同可以约定让与人和受让人实施专利或者使用专利技术的范围，但是让与人不得在许可合同中限制技术竞争和技术发展。此种义务属于法定义务。此处所说的"限制技术竞争和技术发展"，主要表现为：通过合同条款限制另一方在合同标的技术的基础上进行开发、研究，改进现有技术，推动技术发展和进步；通过合同条款限制另一方从其他渠道获取新技术，以及完善现有的技术；以合同条款阻碍另一方根据市场需求实施转让的技术等。所有这些行为都会阻碍技术的进步和发展，与我国《合同法》鼓励技术进步的原则不符。

4. 按照约定提供资料和指导

《合同法》第347条规定："技术秘密转让合同的让与人应当按照约定提供技术资料，进行技术指导，保证技术的实用性、可靠性，承担保密义务"技术转让合同的特殊性在于作为合同标的的技术的复杂性，在让与人转让技术之后，受让人通常并不能立即将此技术转化为生产力，而需要让与人提供进一步的帮助和指导，以方便受让人掌握受让的技术。有些技术秘密的实施需让与人提供相应的技术资料和技术指导，因此，当事人有必要在合同中约定，让与人必须按照约定提供相应的资料和技术指导，据此，当事人应当按照该约定履行其义务。问题在

---

① 参见［美］Jay Dratler, Jr.：《知识产权许可》上，王春燕译，5页，北京，清华大学出版社，2003。

于，如果当事人并未作出上述约定，让与人是否应当承担此种义务？笔者认为，鉴于技术转让的特殊性，如果受让人支付了合同对价、受让了技术，结果发现该技术不具有实用性、存在重大缺陷等，在没有让与人提供技术资料和技术指导的情况下，则受让人所期待的利益将会落空。因此，即使当事人未约定让与人应履行提供资料和指导义务的，让与人也仍应承担此种义务，以保证其转让的技术具有合同约定的实用性和可靠性，能够使受让人按照合同的约定进行使用并获取收益。

5. 保密义务

在技术转让合同中，让与人应当承担保密义务。这主要是因为让与人已经了解其所转让的技术成果的内容，如果让与人向受让人转让技术成果之后，又向他人泄露了该技术成果的内容，则受让人的利益将受到损害，其所受让的技术成果的价值也将贬损。因此，让与人在转让技术成果之后，应当对其所转让的技术成果的内容进行保密。对于技术秘密转让合同而言，保密义务显得尤为重要，因此，《合同法》第347条专门规定，技术秘密转让合同的让与人负有保密义务。在让与人转让技术之后，《合同法》第351条规定："违反约定的保密义务的，应当承担违约责任。"

（二）受让人的主要义务

1. 支付使用费

与让与人应承担转让技术的义务相对应，受让人所承担的主要义务即为支付使用费。支付使用费是受让人接受转让的技术的对价，有关使用费的支付，应当由双方当事人进行约定。受让人也应当根据合同约定的费用数额、支付时间、支付方式进行支付。如受让人未支付使用费的，让与人既可以以此为抗辩，拒绝履行自身合同义务，也可以向受让人主张违约责任的承担。依据我国《合同法》第352条的规定，如果受让人未按照约定支付使用费的，应当补交使用费并按照约定支付违约金；不补交使用费或者支付违约金的，应当停止实施专利或者使用技术秘密，交还技术资料，承担违约责任。但受让人在支付使用费时，也可以根据让与人存在违约的情形而行使同时履行抗辩权。比较法上普遍承认了此种抗辩，

例如，在 Lear 公司诉 Adkins 一案中，美国联邦最高法院确立了一条专利许可的基本原则，即认为被许可的专利无效的，被许可人可以随时中止支付使用费并对专利效力提出异议，若该专利最终被宣告无效，则被许可人对不支付专利效力异议未决期间增加的使用费，不承担法律责任。[1]

2. 按照合同约定实施、使用

在技术转让合同签订之后，受让人应依合同的约定对受让的技术进行实施和使用。依据《合同法》第 346 条和第 348 条的规定，受让人所负担的按照约定实施、使用的义务，其主要包括专利实施许可合同的受让人应当按照约定实施专利，以及技术秘密转让合同的受让人应当按照约定使用技术秘密等内容。按照约定实施、使用技术，首先是指受让人不能超越约定的范围实施、使用该技术。例如，在专利实施许可合同中，当事人约定受让人仅能在某特定的区域内实施该专利技术的，受让人不得超越约定的范围使用。受让人不能超过约定的期限实施受让的专利技术或使用受让的技术秘密。同时，受让人应当按照约定的方法使用受让的技术。例如，合同只允许受让人使用而不允许其制造产品的，受让人不得制造产品。再如，合同只允许受让人自己实施该受让技术的，其必须按照约定自己实施该技术，而不得再许可他人实施此项技术。如果受让人未能依约使用的，让与人可请求其承担违约责任。对此，《合同法》第 352 条还规定："实施专利或者使用技术秘密超越约定的范围的，未经让与人同意擅自许可第三人实施该专利或者使用该技术秘密的，应当停止违约行为，承担违约责任。"

3. 保密义务

保密义务，是指技术转让合同的受让人应当按照约定的范围和期限，对让与人提供的技术中尚未公开的秘密部分，承担保密义务。在所有技术转让合同中，都有可能存在保密问题。尤其是，在含有专有技术、计算机软件的转让中，此类问题更为突出。[2] 此种义务不仅是依据诚信原则而产生的义务，更是一种法定义务。如受让人违反此保密义务，既是对双方约定的违反，也会极大损害让与人的

---

[1] See Adkins v. Lear, Inc., 52 Cal. Rptr. 795, 805 (1966).
[2] 参见崔建远主编：《合同法》，5 版，491 页，北京，法律出版社，2010。

权益，因此，《合同法》第352条规定，受让人"违反约定的保密义务的，应当承担违约责任"。

（三）技术后续改进的成果分享

《合同法》第354条规定："当事人可以按照互利的原则，在技术转让合同中约定实施专利、使用技术秘密后续改进的技术成果的分享办法。没有约定或者约定不明确，依照本法第六十一条的规定仍不能确定的，一方后续改进的技术成果，其他各方无权分享。"该条确立了技术后续改进的成果分享的规则。所谓后续改进，即在技术转让合同有效期内，一方或双方对作为合同标的的专利技术或者技术秘密成果所作的革新和改良。① 此后续技术成果通常是在原有的基础上进行改进的结果，如没有让与人所转让的专利或技术秘密，后续改进也无从谈起。但在技术后续改进之后，就涉及技术成果的分享问题。依据《合同法》上述规定，首先，要遵守互利的规则。当事人可以按照互利的原则，在技术转让合同中约定实施专利、使用技术秘密后续改进的技术成果的分享办法。如果违反了互利原则，成为所谓"片面收回条款"，当事人可主张合同显失公平而请求法院或仲裁机构撤销。② 其次，在没有约定时依补充协议的规则。在当事人之间没有约定或者约定不明确，应当依照《合同法》第61条的规定进行事后补充协议。最后，由后续改进方享有的规则。依前述两项规则仍不能确定技术后续改进的成果分享的，由实施后续改进的一方享有该技术成果，其他各方无权分享。

五、技术转让合同的类型

（一）专利权转让合同

所谓专利权转让合同，指专利权人作为让与人将其获得的专利权转让给受让人，受让人接受该项专利权，并按照约定支付价款的合同。从性质上来讲，专利权转让合同类似于买卖合同，只不过买卖的标的不是一般的有体物，而是特定的

---

① 参见胡康生主编：《中华人民共和国合同法释义》，521页，北京，法律出版社，1999。
② 参见马俊驹、余延满：《民法原论》，4版，759页，北京，法律出版社，2010。

专利权。正是因为这一原因，许多国家将专利权的转让称为专利权买卖。但我国严格区分了这两种概念，这是因为其转让的标的物存在区别。

专利权转让的特点在于：第一，转让的特殊性。专利权转让中，让与人将专利权整体作为财产权而转让给他人，受让人通过转让获得专利权。因为专利技术转让合同是专利技术的整体转让，转让之后，受让人就成为专利权人，享有自主决定专利技术使用的权利。第二，专利权客体的无形性，导致许多专利技术可以在同一时间为多个人所利用。正因为这一特点，《技术合同司法解释》第24条第1款规定："订立专利权转让合同或者专利申请权转让合同前，让与人自己已经实施发明创造，在合同生效后，受让人要求让与人停止实施的，人民法院应当予以支持，但当事人另有约定的除外。"根据该款规定，一旦技术转让合同生效，让与人就不再享有对专利技术使用的权利，除非合同特别约定允许让与人继续使用。专利权转让不同于专利实施许可，一旦发生转让，让与人就不能再享有实施专利技术的权利。此时如果让与人继续实施专利技术，必将侵害受让人的专利技术权利。第三，转让本身通常是没有时间限制的，但专利权是有时间限制的。因此，受让人基于转让合同取得的权利应当受专利有效期的限制。

《技术合同司法解释》第24条第2款规定："让与人与受让人订立的专利权、专利申请权转让合同，不影响在合同成立前让与人与他人订立的相关专利实施许可合同或者技术秘密转让合同的效力。"该款规定类似"买卖不破租赁"的规则。这就是说，在专利权转让之前，让与人已经与他人订立了相关的专利实施许可合同等，则该合同项下的被许可人的权利应受到法律保护。

（二）专利申请权转让合同

专利申请权转让合同是当事人之间就专利申请权的转让所订立的合同。与专利权不同，专利申请权是指发明人或者设计人对其技术享有的一种专属性权利，它是授予专利权以前的权利。专利申请权是获得专利权的基础性权利，通常专利权人只有获得专利申请权之后，通过提出专利申请并经过国务院专利行政部门的审核和批准，才能取得专利权。因此，专利申请权不一定导致专利权，申请专利可能因为不符合法律规定的各种条件而不被授予专利权，专利权则是指经过权利

人的申请和国家专利管理机关的审核批准之后的知识产权。

在办理专利申请权转让登记之前,如果专利申请人的专利申请因为各种原因被驳回或被视为撤回的,就意味合同的标的已出现了合同目的不能实现的现象,当事人已无法继续履行合同,此时应当允许当事人解除合同。《技术合同司法解释》第 23 条第 1 款规定:"专利申请权转让合同当事人以专利申请被驳回或者被视为撤回为由请求解除合同,该事实发生在依照专利法第十条第三款的规定办理专利申请权转让登记之前的,人民法院应当予以支持;发生在转让登记之后的,不予支持,但当事人另有约定的除外。"因此,如果此种情况发生在转让登记之后,则表明通常情形下合同已经履行完毕,因而不能再请求解除合同。但如果当事人就此种情形发生后的救济方式有特别约定的,应当尊重当事人的约定。

《技术合同司法解释》第 23 条第 2 款规定:"专利申请因专利申请权转让合同成立时即存在尚未公开的同样发明创造的在先专利申请被驳回,当事人依据《合同法》第五十四条第一款第(二)项的规定请求予以变更或者撤销合同的,人民法院应当予以支持。"这就是说,在专利申请权转让合同成立之时,存在尚未公开的同样发明创造的在先专利申请,该项在先申请会导致转让合同项下的专利申请权被驳回,但是由于该项在先申请尚未公开,因而无论让与人还是受让人都无法预见此种情况,因此,对于这种情况下发生的专利申请被驳回的风险承担,不能以转让登记的时间来判断,应当允许当事人根据《合同法》第 54 条第 1 款第 2 项关于显失公平的规定来处理。[①]

(三)技术秘密转让合同

1. 技术秘密转让合同的概念

所谓技术秘密转让合同,是指权利人将其拥有的技术秘密转让给受让人,受让人支付一定费用的合同。技术秘密转让合同中,让与人既可以转让整体的权益归属,也可以转让技术秘密的使用权益。在转让整体权益归属之后,受让人取得技术秘密的权益归属,让与人在通常情况下不得再使用该技术秘密以及将该技

[①] 参见蒋志培主编:《技术合同司法解释的理解与适用》,56 页,北京,科学技术文献出版社,2007。

第十二章 技术合同

秘密再作转让。如果让与人所转让的仅仅是技术秘密的使用权益，则让与人在转让之后通常仍可以允许第三人在不妨碍第一受让人权利的情况下使用该技术秘密。此类合同的特征是：

(1) 合同标的是技术秘密。技术秘密是否是一种权利，在法律上仍然存在争议。一般认为，技术秘密是一种权利之外的利益，或称为权益。我国《反不正当竞争法》第10条第3款规定："……商业秘密，是指不为公众所知悉、能为权利人带来经济利益、具有实用性并经权利人采取保密措施的技术信息和经营信息。"由于技术秘密属于商业秘密的一种类型，因而也应当符合商业秘密的构成要件。《技术合同司法解释》第1条第2款借鉴TRIPs协议第39条第2款规定，对技术秘密的构成要件重新予以界定，即"技术秘密，是指不为公众所知悉、具有商业价值并经权利人采取保密措施的技术信息"。依据该条规定，技术秘密包含三个要件：第一，具有秘密性。技术秘密具有一定程度的秘密性，只为少数人所知道和使用，此种秘密也具有一定的新颖性，即已经达到了一定的技术水平。[1] 第二，具有商业价值。该解释将商业秘密的构成要件中的"能为权利人带来经济利益、具有实用性"的要求统一规定为"具有商业价值"[2]。当然，此种价值应具有客观性，即除持有人认为有实用价值外，还必须在客观上确实具有实用价值。仅仅由持有人认为有价值而客观上没有价值的信息，不能构成商业秘密。[3] 第三，采取了保密措施。合法控制该信息之人，为保密需要已经根据有关情况采取了合理措施。如果其本身对该信息未予保密，表明其并没有将该信息作为技术秘密看待，因而就没有必要对该秘密进行保护。一般认为，保密措施只要能够达到防止第三人知悉的程度即可。[4] 技术秘密转让合同的特征主要在于其标的是技术秘密，而不是一项当然具有排他性的法定权利。

(2) 注重保密义务。技术秘密转让合同的另一个重要特点在于，由于技术的

---

[1] 参见戴建志、陈旭主编：《知识产权损害赔偿研究》，132页，北京，法律出版社，1997。
[2] 徐来：《最高法院：依法审理技术合同纠纷案件》，载《法制日报》，2004-12-24。
[3] 参见孔祥俊：《合同法教程》，145页，北京，中国人民公安大学出版社，1999。
[4] 参见吴汉东、胡开忠：《无形财产权制度研究》，332页，北京，法律出版社，2005。

秘密性,受让人在缔约过程中往往需要先了解技术秘密的内容,才会决定是否订立技术秘密转让合同。因而,受让人需要在技术秘密转让合同订立之前先承担保密义务。

(3) 技术秘密转让合同是双务、有偿合同。

2. 技术秘密转让合同的效力

(1) 让与人的主要义务

第一,按照约定提供技术秘密的义务。《合同法》第 347 条规定:"技术秘密转让合同的让与人应当按照约定提供技术资料。"因而,让与人所负担的主给付义务是通过提供技术资料让受让人知晓技术秘密。所谓技术资料,是指与技术秘密有关的设计资料、图纸、材料配方、工艺流程等资料。受让人只有在获得了技术资料之后,才有可能了解和利用该项技术秘密。让与人通常应提供何种内容的技术资料,应在技术秘密转让合同中进行约定。

第二,按照约定进行技术指导的义务。《合同法》第 347 条规定:技术秘密转让合同的让与人应当"进行技术指导,保证技术的实用性、可靠性"。进行必要的技术指导是指依合同约定协助受让方实施被转让的技术秘密,帮助解决受让方实施过程中出现的问题,为受让方进行人员培训,协助进行设备安装、调试等。[①] 由于技术的专业性特点,受让人即使获得了技术秘密本身,并不意味其就能够真正利用和实施该项技术秘密,因而,让与人应当按照约定提供必要的技术指导。

第三,瑕疵担保义务。《合同法》第 353 条规定:"受让人按照约定实施专利、使用技术秘密侵害他人合法权益的,由让与人承担责任,但当事人另有约定的除外。"由此可见,让与人就其转让的技术秘密负有瑕疵担保义务,让与人必须保证转让的技术秘密是其合法享有的一项合法权益。因其转让的技术秘密侵害他人合法权益的,应由让与人对受让人承担违约责任,并对第三人承担侵权责任。

第四,保密义务。我国《合同法》第 347 条规定,技术秘密转让合同的让与

---

① 参见江平主编:《中华人民共和国合同法精解》,289 页,北京,中国政法大学出版社,1999。

人应当"承担保密义务"。因为技术秘密转让合同的标的具有秘密性特征,决定了技术秘密具有排他性,在受让人获得技术秘密之后,如果让与人将该项技术秘密公之于众,则该技术秘密的排他性就自动消失,这可能损害受让人的合法利益。技术秘密的秘密性和商业价值也是互相依附的,如果其丧失秘密性,可能被其他竞争对手广泛采用和生产,造成技术秘密所有人的利益减损,损害受让人的利益。因此,如果让与人违反保密义务,应当承担相应的违约责任。

(2) 受让人的主要义务

第一,按照约定使用技术。《合同法》第348条规定,"技术秘密转让合同的受让人应当按照约定使用技术"。这就是说,受让人获得技术秘密之后可以享有自由使用权,但是在很多情况下,让与人会在技术转让合同中对使用技术的范围、期限和方式作出限制,一旦当事人作出此种约定的,受让人应当遵守此种约定。依据我国《合同法》第352条,如果受让人使用技术秘密超越约定的范围的,未经让与人同意擅自许可第三人使用该技术秘密的,应当停止违约行为,承担违约责任。

第二,按照约定支付使用费。《合同法》第348条规定,技术秘密转让合同的受让人应当按照约定"支付使用费"。技术秘密是可以给当事人带来商业收益的,受让人按照约定使用技术秘密的,自然应当支付使用费作为对价。由于技术秘密转让合同是双务、有偿合同,因而即使当事人在合同中没有关于使用费的具体约定,也应当推定该合同是有偿的。

第三,保密义务。依据《合同法》第348条的规定,技术秘密转让合同的受让人应当"承担保密义务"。通常情况下,受让人获得技术秘密之后就取得了该项技术秘密的处分权,如果其愿意将该技术秘密公之于众的,应尊重其意愿。但如果合同约定禁止受让人公开该项技术秘密的,则受让人应承担保密义务。受让人违反保密义务的,应当承担违约责任。

(四) 专利实施许可合同

1. 专利实施许可合同的概念和特征

专利实施许可合同,是指专利权人及其授权的人作为许可方许可受让人(或

称被许可人)在约定期限和范围内实施专利,而受让人应支付约定使用费的合同。[①] 所谓许可,是指在不转让专利权的前提下,授权他人在一定范围和期限内使用其专利技术的合同。许可在本质上是让渡财产权利,但并非权利的整体转让。[②] 如前所述,技术转让包括两种类型,一是权利的整体转让,二是使用权的转让。因此,专利实施许可是技术转让的一种特殊形态。由于许可不是转让全部的权利,只是部分转让,因而必须明确规定,才能够避免发生纠纷。专利实施许可合同的特征主要在于:

第一,标的是专利使用权。就专利实施许可合同而言,许多学者认为,专利实施许可合同等同于许可合同,但专利实施许可合同仅仅是许可合同的一种,专利实施许可的对象仅限于专利权,而一般的许可还包括商标使用许可、著作权使用许可等内容。

第二,期限性。《合同法》第344条规定:"专利实施许可合同只在该专利权的存续期间内有效。专利权有效期限届满或者专利权被宣布无效的,专利权人不得就该专利与他人订立专利实施许可合同。"依据该条规定,专利实施许可合同都是有期限限制的。专利实施许可合同要受到专利权存续期间的限制。《专利法》第42条规定:"发明专利权的期限为二十年,实用新型专利权和外观设计专利权的期限为十年,均自申请日起计算。"超出专利存续期间的专利,如果未能有效续期,则专利权人所享有的专利权将不受法律保护,此时自然不得授权他人实施失效的专利。同时,它要受到合同约定期限的限制。如果合同明确约定了实施许可的期限(例如5年),则专利实施许可合同只能在这一时间范围内有效。

第三,专利实施许可合同是双务、有偿、要式的合同。

2. 专利实施许可合同的类型

根据《技术合同司法解释》第25条,专利实施许可包括以下方式:

(1)独占实施许可,是指让与人在约定许可实施专利的范围内,将该专利仅

---

① 参见段瑞春:《技术合同》,177页,北京,法律出版社,1999。
② 参见[美]Jay Dratler, Jr.:《知识产权许可》上,王春燕译,1页,北京,清华大学出版社,2003。

第十二章 技术合同

许可一个受让人实施,让与人依约定也不得实施该专利。[1] 在取得独占实施许可之后,在约定的地域内,被许可人享有合同规定的独占的技术使用权,许可人和任何第三人都不能在该地域内使用该项技术。依据最高人民法院《关于对诉前停止侵犯专利权行为适用法律问题的若干规定》(法释〔2001〕20号)第1条的规定,独占实施许可合同的被许可人可以单独向人民法院提出诉前责令被申请人停止侵犯专利权行为的申请。这就是说,即使专利权人不提出诉前禁令的申请,独占实施许可人也可以单独提出申请。这一点区别于排他实施许可以及普通实施许可。

(2) 排他实施许可,又称为独家许可,是指让与人在约定许可实施专利的范围内,将该专利仅许可一个受让人实施,但让与人依约定可以自行实施该专利。[2] 例如,合同中约定,受让人在某市享有排他性的实施使用权,一旦合同生效,则让与人不得再授权他人在该市享有该项技术的实施权,否则将侵犯受让人的权利。被许可人在规定的地域内享有合同规定的技术使用权,许可人不得将该项技术使用权转让给任何第三人,但许可人保留自己在该地域内使用该项技术的权利。[3] 此外,最高人民法院《关于对诉前停止侵犯专利权行为适用法律问题的若干规定》第1条规定,排他实施许可合同的被许可人在专利权人不申请的情况下,可以向人民法院提出诉前责令被申请人停止侵犯专利权行为的申请。这也就是说,排他实施许可合同的被许可人只有在专利权人不提出申请时,才可提出诉前禁令的申请。其与独占实施许可的区别在于,独占实施许可人可以根据自己的意思决定是否提出此类申请,而无须考虑专利权人是否提出申请。

(3) 普通实施许可,又称为非独占许可,是指许可人在规定的地域内允许被许可人享有合同所规定的技术使用权,但在这个特定的地域内,许可人保留使用

---

[1] 参见房绍坤、郭明瑞:《合同法要义与案例析解(分则)》,463页,北京,中国人民大学出版社,2001。

[2] 参见汤宗舜:《专利法教程》,181页,北京,法律出版社,2003。

[3] 参见房绍坤、郭明瑞:《合同法要义与案例析解(分则)》,463页,北京,中国人民大学出版社,2001。

第三节 技术转让合同

的权利,同时,还有权将在该地域内的使用权出让给任何第三人。①

此外,《技术合同司法解释》第25条第2款还规定:"当事人对专利实施许可方式没有约定或者约定不明确的,认定为普通实施许可。专利实施许可合同约定受让人可以再许可他人实施专利的,认定该再许可为普通实施许可,但当事人另有约定的除外。"根据该条规定,专利实施许可的一般方式应当是普通实施许可,如果当事人要采取独占许可或者排他许可的,则必须在合同中明确进行约定,如果没有约定或者约定不明的,则视为普通实施许可,让与人可以自己实施,也可以授权他人实施。

3. 专利实施许可合同的效力

(1) 让与人的主要义务

第一,按照约定许可受让人实施专利。《合同法》第345条规定,"专利实施许可合同的让与人应当按照约定许可受让人实施专利"。如前所述,专利实施许可的方式可分为三种,在不同的专利实施许可方式中,让与人所应承担的义务不同。例如,在独占实施许可合同中,让与人许可受让人实施专利之后,其自身不得再实施或许可他人实施该项专利。而在排他实施许可合同中,让与人在约定的范围内自己仍可实施该专利,但不得许可他人实施。

第二,及时交付技术资料并提供必要的技术指导。依据《合同法》第345条的规定,专利实施许可合同的让与人应当按照约定"交付实施专利有关的技术资料,提供必要的技术指导"。专利技术具有较强的专业性和技术性,受让人通常对受让的专利技术不甚了解,也可能无法独立实施该专利技术,只有在让与人交付实施专利有关的技术资料,提供必要的技术指导后,受让人才能形成对专利技术的了解和掌握,正确实施专利技术。如果让与人交付的技术资料不完整、不正确或不可靠,应在规定的时间内,由让与人免费补交、更正或修改。因让与人迟延交付和交付的技术资料有缺陷,造成受让人损失的,让与人应负责赔偿。

第三,保证转让的技术是合法的、有效的。依据《合同法》第344条的规

---

① 参见汤宗舜:《专利法教程》,181页,北京,法律出版社,2003。

定，让与人应保证自己转让的技术是合法的、有效的。所谓合法，是指让与人所转让的技术不应侵害他人的合法权益，也不应存在专利权被宣告无效的因素。所谓有效，是指让与人应维持专利权的有效性，不应使专利权在法律规定的期限内因未交年费等原因而失效。如果受让人取得技术使用权后，被第三人控告为非法，或被第三人控告侵权时，应由让与人负责进行诉讼，同时还应赔偿受让人由此遭受的损失。

(2) 受让人的主要义务

第一，按照约定实施专利。《合同法》第346条规定："专利实施许可合同的受让人应当按照约定实施专利。"与专利权转让合同不同，受让人所取得的权利并非是完整的权利，而只是获得一定期限或范围内的专利实施许可权。因此，在专利实施许可合同中，通常应对受让人使用该专利权的时间、范围和方式等作出具体约定。受让人也应当按照合同约定的期限、地域范围和方式等使用该项专利技术。如果受让人不按照合同的约定使用技术而给让与人造成损失的，应由受让人负责赔偿。

第二，不得许可约定以外的第三人实施该专利。依据《合同法》第346条的规定，专利实施许可合同的受让人"不得许可约定以外的第三人实施该专利"。在专利实施许可合同中，取得实施该项专利技术的权利人只是受让人本身，而不应扩及第三人。在合同没有明确许可的情况下，受让人不得擅自许可第三人实施该专利。依据《合同法》第351条的规定，如果受让人擅自许可第三人实施该专利，则其应当对让与人承担损害赔偿责任。

第三，按照合同规定支付技术使用费。依据《合同法》第346条的规定，专利实施许可合同的受让人应当"按照约定支付使用费"。通常在专利实施许可合同中，当事人已经就受让人的使用期限、范围、方式以及费用等作出约定，受让人应按照合同约定支付使用费。如果受让人延迟交付或少交使用费的，应向让与人支付违约金并补交费用。拒不交付使用费的，应停止实施转让的技术，交还技术资料，并赔偿让与人的损失。

第四节 技术咨询合同和技术服务合同

一、技术咨询合同

(一)技术咨询合同的概念和特征

技术咨询合同是指受托人凭借其自身所掌握的技术,就委托人所要求的特定技术咨询项目和课题等提供的咨询服务。《合同法》第356条规定:"技术咨询合同包括就特定技术项目提供可行性论证、技术预测、专题技术调查、分析评价报告等合同。"这就对技术咨询的内容进行了明确规定。现代社会已经进入一个知识爆炸的社会,技术已经广泛地渗入日常生活的方方面面,技术咨询合同在生活中的运用也越来越宽泛。技术咨询合同的特点主要在于:

第一,主体的特殊性。技术咨询合同是知识密集型产业服务于科技、经济、社会发展的法律形式。[①] 在技术咨询合同中,受托人对委托人所要求的特定技术咨询项目和课题提供咨询服务,如提供可行性论证、技术预测、专题技术调查、分析评价报告等,这就决定了受托人的特殊性。通常而言,在技术咨询合同中,从事咨询服务的受托人具有自身的技术人员、技术知识等,多是专门机构和咨询公司。

第二,咨询服务内容的特殊性。首先,技术咨询合同的受托人所提供的咨询服务是针对特定的技术项目。依据《技术合同司法解释》第30条的规定,所谓"特定技术项目",包括有关科学技术与经济社会协调发展的软科学研究项目,以及为促进科技进步和管理现代化、提高经济效益和社会效益等运用科学知识和技术手段进行调查、分析、论证、评价、预测的专业性技术项目。因此,如果咨询内容不涉及特定的技术项目,就不属于合同法意义上的技术咨询合同。其次,受

[①] 参见段瑞春:《技术合同》,206页,北京,法律出版社,1999。

托人就特定技术项目所提供的咨询服务主要表现为如下形式：一是可行性论证，这主要是指由受托人就特定技术项目所采纳方案的先进性，或者特定技术项目的经济效果、社会效果等作出的综合分析和报告。二是技术预测，主要是指对特定技术的发展前景和空间等所作出的预测。例如，在咨询公司就现有能源市场的饱和度进行调查之后，对新能源技术的发展趋势、预期收益以及市场信心等提供一份综合性的预测报告。三是专题技术调查，这是指受托人就特定技术项目在发展中所遇到的一些瓶颈、技术困难等进行专项调查，进而作出的考察报告；四是分析评价报告，这主要是指受托人针对委托人所提出的特定技术进行分析和评价之后所提供的报告。[1] 技术咨询合同的表现形式除了这四种之外，还可以包括其他类型。[2]

第三，咨询意见的参考性。在技术咨询合同中，受托人所提供的咨询和报告意见只是为委托人作出最终的决策提供参考。具体的决策工作是由委托人自己作出的，而非由受托人作出，所以依据《合同法》第359条第3款，委托人采纳受托人按照合同约定的要求所提供的咨询报告和意见而作出决策，如果由此产生损失的，在当事人没有特别约定的情况下，应由委托人自担损失。

（二）技术咨询合同的效力

1. 委托人的主要义务

（1）按照约定阐明咨询问题

《合同法》第357条规定："技术咨询合同的委托人应当按照约定阐明咨询的问题。"因此，委托人负有按照约定阐明咨询问题的义务，这实际上是要求委托人明确委托的事项，只有在委托人予以明确之后，受托人才可以就特定技术项目为委托人提供咨询服务。所谓按照约定阐明咨询问题，是指委托人所应阐明的事项不应当超出合同约定的范畴，应当与其所欲咨询的问题相关。

（2）提供技术背景材料及有关技术资料、数据

依据《合同法》第357条，技术咨询合同的委托人应当"提供技术背景材料

---

[1] 参见魏耀荣等：《中华人民共和国合同法释论（分则）》，484页，北京，中国法制出版社，2000。
[2] 参见蒋志培主编：《技术合同司法解释的理解与适用》，71页，北京，科学技术文献出版社，2007。

第四节 技术咨询合同和技术服务合同

及有关技术资料、数据"。委托人所提供的技术背景材料及有关技术资料、数据是受托人了解委托事项的前提，也是受托人开展技术咨询服务的基础。一般而言，委托人所提出的技术问题是较为复杂、专业的，是一般人所不了解的，只有委托人提供其所欲咨询的技术项目的相关背景资料及技术资料、数据等，使受托人能够全面了解特定的技术问题，受托人才能开展具体的技术咨询服务工作。依据《技术合同司法解释》第31条，技术咨询合同的当事人未约定应对委托人提供的技术资料和数据负担保密义务的，当事人一方引用、发表或者向第三人提供的，不认定为违约行为。这主要是因为，违约责任通常是以合同约定的义务为前提的，在当事人没有特别约定时，不宜认为其构成违约行为，而要求引用、发表或者向第三人提供的受托人承担违约责任。但如果这一行为侵害对方当事人所享有的合法权益的，仍应当承担侵权责任等民事责任。

委托人未适当履行其所负担的提供技术背景材料及有关技术资料、数据的义务主要包括两种情形：一是委托人未按照约定提供必要的资料和数据。依据《合同法》第359条的规定，委托人未按照约定提供必要的资料和数据，影响工作进度和质量，其所支付的报酬不得追回，未支付的报酬应当支付。二是委托人所提供的资料、数据等具有明显错误或缺陷。依据《技术合同司法解释》第32条的规定，受托人在发现委托人所提供的资料、数据等有明显错误或者缺陷后，应在合理期限内通知委托人。如果受托人未在合理期限内通知委托人的，视为其对委托人提供的技术资料、数据等予以认可。如果因此导致受托人无法按照约定完成合同所约定的咨询事项或者其完成的工作成果不符合约定的，受托人应当承担责任。委托人在接到受托人的补正通知后应于合理期限内予以补正。如果委托人在接到受托人的补正通知后未在合理期限内答复并予补正的，所发生的损失则由委托人承担。

（3）接受受托人的工作成果

依据《合同法》第357条的规定，技术咨询合同的委托人应当"接受受托人的工作成果"。所谓工作成果，是指受托人根据委托人的委托所形成的技术成果，一般表现为特定技术项目的咨询意见和报告。在技术咨询合同中，受托人的工作

成果可以是可行性论证方案,也可以是技术预测结论、专题技术调查报告或者是分析评价报告等。但这些工作成果应当符合合同约定,应当是由受托人按照委托人的要求而作出的。受托人按照约定就委托人所咨询的特定技术项目完成特定的工作成果之后,委托人负有接受的义务。取得工作成果是委托人的权利,而接受工作成果也是委托人的义务。① 依据我国《合同法》第 359 条的规定,如果委托人不接受或者逾期接受工作成果的,其应当承担相应的违约责任。委托人支付的报酬不得追回,未支付的报酬则应当支付。

(4) 支付报酬

依据我国《合同法》第 357 条的规定,技术咨询合同的委托人应当"支付报酬"。技术咨询合同作为双务、有偿的合同,受托人应按照约定就特定技术项目提供咨询服务、完成咨询报告,而委托人应向其支付报酬。在技术商品化和产业化的背景下,受托人利用自身的科学技术知识和技术手段为委托人提供咨询服务,委托人理应支付报酬,这是等价有偿原则的具体体现。依据上述规定,即使双方当事人在合同中并未约定报酬,也应推定委托人负有支付报酬的义务。

2. 受托人的主要义务

(1) 按期完成咨询报告或者解答问题

依据《合同法》第 358 条的规定,技术咨询合同的受托人应当"按照约定的期限完成咨询报告或者解答问题"。依据这一规定,一方面,受托人应当根据委托人的要求,完成咨询报告或者解答问题。在技术咨询合同中,委托人之所以与受托人成立委托关系,是因为委托人希望受托人凭借其技术力量等就特定技术项目提供具体的咨询意见或报告。另一方面,受托人应按照约定的期限完成咨询报告或解答问题。就受托人所提供的咨询服务而言,其往往具有时效性,也就是说,其所提供的咨询报告或者解答问题的时间对于委托人的利益有着显著的影响。

《合同法》第 359 条第 2 款规定,"技术咨询合同的受托人未按期提出咨询报告或者提出的咨询报告不符合约定的,应当承担减收或者免收报酬等违约责任"。

---

① 参见魏耀荣等:《中华人民共和国合同法释论(分则)》,493 页,北京,中国法制出版社,2000。

第四节 技术咨询合同和技术服务合同

因此,技术咨询合同的受托人未按期提出咨询报告的,应当承担迟延履行的责任。此种责任主要包括减收或者免收报酬,赔偿委托人所遭受的损失等。

(2)按照约定的要求提出咨询报告

依据《合同法》第358条的规定,技术咨询合同的受托人"提出的咨询报告应当达到约定的要求"。所谓"约定的要求",是指符合合同所约定的质量要求,而所谓"咨询报告应当达到合同约定的要求",是指受托人所提出的咨询报告应当符合合同约定的形式内容和份数,能够按照约定的验收或评价办法验收、评价,并得到通过。① 依据《合同法》第359条的规定,技术咨询合同的受托人提出的咨询报告不符合约定,应当承担减收或者免收报酬等违约责任。

需要注意的是,如果委托人按照受托人符合约定要求的咨询报告和意见作出决策,因此所造成的损失,受托人是否应当承担责任?《合同法》第359条第3款规定:"技术咨询合同的委托人按照受托人符合约定要求的咨询报告和意见作出决策所造成的损失,由委托人承担,但当事人另有约定的除外。"这就是说,受托人依据合同约定提供的咨询意见或报告仅是作为参考意见而存在的,委托人是否依据此咨询意见或报告作出具体的决策取决于其自身的判断,而不应将此种责任加于受托人之上。② 如果由受托人对具体决策所带来的损失承担责任,不仅不利于受托人从事科学研究工作,提供技术咨询服务,也会在一定程度上妨碍技术进步。因此,依据这一规定,此种损失应由委托人承担,但如果当事人有特别约定(如约定造成第三人损失应由受托人负担),则应当按照约定确定责任。

还需要指出,技术咨询合同的受托人按照约定的要求提出咨询报告之后,委托人应当基于合同目的以合理方式使用。依据《技术合同司法解释》第31条的规定,如果当事人没有约定委托人对受托人所提供的咨询报告和意见负担保密义务的,则委托人可以引用、发表或者向第三人提供,该行为并不构成违约,但如果因此侵害对方当事人对此享有的合法权益的,仍应当承担法律责任。此处的"侵害对方当事人对此享有的合法权益"主要是指当事人一方超出合理使用的范

---

① 参见何志:《合同法分则判解研究与适用》,520页,北京,人民法院出版社,2002。
② 参见韩世远:《合同法学》,537页,北京,高等教育出版社,2010。

围而引用、发表或者向第三人提供，对技术咨询合同相对方的合法利益造成侵害。在此情形下，因合同未约定保密义务，引用、发表或向第三人提供的一方当事人无须承担违约责任，但如果该行为对对方当事人所享有的合法权益造成损害的，也可能构成侵权，其仍应承担违约责任。例如，在双方订立的技术咨询合同中虽然没有约定保密条款，委托人在接受技术咨询报告之后，将咨询报告中的数据非法转卖给第三人，将侵害受托人的权益。

（3）负担费用

在技术咨询合同中，委托人所支付的报酬中通常是包含费用在内的，因此，在委托人支付报酬之外，受托人一般不得再向委托人请求支付相应的费用。《技术合同司法解释》第31条规定，"当事人对技术咨询合同受托人进行调查研究、分析论证、试验测定等所需费用的负担没有约定或者约定不明确的，由受托人承担"。因此，如果当事人没有约定费用或就费用的负担约定不明确的，应当由受托人承担该费用。

二、技术服务合同

（一）技术服务合同的概念和特征

依据我国《合同法》第356条的规定，技术服务合同是指当事人一方用自己的知识、技术信息和劳务，为他方解决特定技术问题，他方接受服务工作并支付报酬（服务费）的协议。其中，提供技术服务工作的一方称为受托人，接受服务成果的一方称为委托人。严格来讲，技术服务合同是服务合同的一种类型。但与一般的服务合同相比较，技术服务合同所提供的服务涉及技术问题。在此类合同中，当事人一方主要是以技术知识为另一方服务，为其解决特定技术问题。依据《技术合同司法解释》第33条的规定，特定技术问题的范围非常宽泛，但都是指技术服务方运用其自身所掌握的技术知识、经验和信息解决特定的技术问题，这也是技术服务合同和技术咨询合同的主要区别。[1] 随着科学技术的发展，技术问

---

[1] 参见魏耀荣等：《中华人民共和国合同法释论（分则）》，484页，北京，中国法制出版社，2000。

第四节 技术咨询合同和技术服务合同

题将日益复杂，技术需求也不断增强，因此特定技术问题具有宽泛性，并不仅限于上述所列举的事项。

从广义上讲，技术服务是一个范围较为宽泛的概念，技术咨询也属于技术服务合同的一种。但我国《合同法》将这两种合同并列，这表明二者存在区别。与技术咨询合同相比较，技术服务合同的特殊之处主要表现为：

1. 合同目的的特殊性。如前所述，当事人订立技术咨询合同的主要目的在于就特定技术项目提供可行性论证、技术预测、专题技术调查、分析评价报告等。但是在技术服务合同中，当事人订立合同的目的则在于受托人向委托人提供技术服务工作，以解决特定技术问题。而技术咨询合同的当事人则并无此种订约目的，即技术咨询合同的受托人并不需要为委托人解决特定的技术问题。

2. 类型的多样性。技术服务合同可以分为以下几类：一是一般技术服务合同。在此类合同中，受托人基于委托人的委托，需要利用特定的技术知识等解决特定技术问题。委托人应向受托人支付相应的报酬。二是辅助服务合同。在辅助服务合同中，服务方根据委托人的委托而进行产品的设计、制图、工艺编制、工程计算、产品及材料鉴定、理化及生物测试和分析、情报收集以及电子计算机服务等项目的技术服务工作，委托人应按照约定支付报酬。三是技术培训合同。依据《技术合同司法解释》第36条的规定，技术培训合同是指当事人一方委托另一方对指定的学员进行特定项目的专业技术训练和技术指导所订立的合同，但不包括职业培训、文化学习和按照行业、法人或其他组织的计划进行的职工业余教育。四是技术中介合同。此处所说的中介主要是居间合同。它是指居间人按照委托方的要求提供信息、介绍技术情况，促成委托方与第三人进行技术贸易的一种技术服务合同。

（二）技术服务合同与相关合同

1. 技术服务合同与技术转让合同

技术服务合同与技术转让合同虽然都属于技术合同的一种类型，但二者存在明显区别，主要表现在：一方面，合同所涉及的具体技术不同。在技术服务合同中，受托人是凭借其所掌握的技术知识为委托人解决特定的技术问题。但

就其所掌握的技术而言，主要是公有技术，即已经进入公有领域的技术。而在技术转让合同中，让与人所转让的是受法律保护的尚未进入公有领域的技术，如专利权、技术秘密等。① 另一方面，在技术服务合同中，受托人提供技术服务的主要目的是解决委托人所面临的特定技术问题。而技术转让合同的让与人并非为了解决受让人所面临的技术问题，合同的主要目的在于实现特定技术成果的转让。

依据《技术合同司法解释》第34条第1款的规定，如果当事人在订立技术转让合同时，被转让的技术已经进入公有领域，或者在技术转让合同的履行过程中合同标的技术进入公有领域的，表明该技术已经为一般公众所了解，并可以任意利用，不应再作为一种独立的财产权益而在当事人之间进行转让。这主要是因为，技术转让合同的标的虽然也是已经存在的技术成果，但该转让的技术成果并非公有技术，其通常受到《专利法》等法律的严格保护或由让与人采取严格的保密措施加以保密。但在此情形下，为了避免合同当事人任意主张合同无效，应允许当事人所订立的技术转让合同转化为技术服务合同。这主要是因为，虽然技术已经进入公有领域，但技术通常具有复杂性和专门性，委托人只有在掌握该技术的受托人的指导之下，由受托人提供相关的技术资料和技术指导，才能熟练运用该技术，将该技术转化为生产力。因此，如果技术提供方进行技术指导、传授技术知识，为对方解决特定技术问题符合约定条件的，则应按照技术服务合同处理，双方当事人的权利义务关系应遵循《合同法》关于技术服务合同的规定。

2. 技术服务合同与承揽合同、建设工程合同

《合同法》第356条第2款规定："技术服务合同是指当事人一方以技术知识为另一方解决特定技术问题所订立的合同，不包括建设工程合同和承揽合同。"为此，必须将技术服务合同与承揽合同、建设工程合同区别开来。

技术服务合同与承揽合同都是提供一定服务，且都是双务、有偿的合同。技

---

① 参见蒋志培主编：《技术合同司法解释的理解与适用》，76页，北京，科学技术文献出版社，2007。

第四节 技术咨询合同和技术服务合同

术服务合同也可能是一种承揽。例如，帮助设计软件等，而许多承揽合同中承揽人所提供的工作成果也可能会有一定的技术含量，例如，修理手表、重装电脑等，也都具有一定的技术含量，从广义上说，也是一种技术服务。但二者仍然存在一定的区别，主要表现在：

第一，是否是为了解决特定的技术问题。在技术服务合同中，受托人要为委托人解决特定技术问题，而承揽人并不是为了给定作人解决特定的技术问题，其主要是为了完成特定工作，交付一定的工作成果。

第二，是否涉及新的技术成果。一般而言，技术服务合同在履行中可能出现新的技术成果，甚至可能因该技术成果的出现而产生知识产权归属问题。因而，《合同法》第363条针对新的技术成果的权利归属作出了特别规定。但在承揽合同中，一般不涉及新技术成果的问题，从而也无须解决新技术成果的权利归属问题。

第三，是否存在任意解除权。在技术服务合同中，法律并未赋予委托人以任意解除权，其自然无权任意解除技术服务合同。而在承揽合同中，委托人则享有任意解除权。

在建设工程合同中，承包人为发包人建造工程，也可能需要解决一些建设过程中所遇到的技术难题。例如，建造某地下隐蔽工程，或者进行高空作业，都可能遇到大量的技术难题。从广义上而言，如果承包人为了解决其所遇到的技术问题而提供相应的解决方案，也可以将其认为是一种技术服务。但二者存在明显的区别，主要表现在：第一，订立合同的目的不同。在技术服务合同中，受托人所进行的服务工作主要是为了解决委托人所提出的特定技术问题。但在建设工程合同中，虽然就工作性质而言，勘察设计和部分工程安装也包含技术服务的内容①，但其所从事的主要工作是建设工程的整体勘察、设计或安装、施工，技术服务是为了前述工作而展开的。第二，是否属于成果之债。技术服务合同大多并不属于成果之债，而应是行为之债。但在建设工程合同中，承包人需要提供一定

---

① 参见段瑞春：《技术合同》，231页，北京，法律出版社，1999。

的工作成果，其属于成果之债。第三，适用的具体规则不同。技术服务合同应适用合同法分则中关于技术合同的规定，而建设工程合同则应适用建设工程合同的规定。

三、技术服务合同的效力

(一) 委托人的主要义务

1. 按照约定提供工作条件，完成配合事项

《合同法》第360条规定："技术服务合同的委托人应当按照约定提供工作条件，完成配合事项。"该条所规定的"提供工作条件"既包括通常所理解的物质条件，也包括相关的数据、图纸、资料、技术已经完成的情况以及场地、样品等。[①] 所谓完成配合事项，是指技术服务合同的委托人交付有关样品、材料和技术资料以及从事其他的行为。例如，在设备、产品的鉴定和测试项目中，委托人应提供所要鉴定、测试的物品，做好有关准备工作，以帮助受托人全面了解该技术问题及为受托人开展技术服务工作提供帮助。如果合同约定委托人应提供工作条件、履行配合事项的，委托人应当按照合同履行其义务。依据《技术合同司法解释》第35条的规定，委托人提供的资料、数据、样品、材料、场地等工作条件不符合约定时，首先，受托人应在合理期限内通知委托人补正。如果受托人未在合理期限内通知委托人予以补正的，视为其对委托人提供的工作条件予以认可。在此情形下，因委托人提供的资料、数据、样品、材料、场地等工作条件不符合约定，而导致受托人无法完成服务项目，或完成的服务项目不符合约定，不能解决特定技术问题的，受托人不得主张前述事由而免除其自身所应承担的违约责任。其次，委托人应在接到补正通知后及时补正。如果委托人未按合同约定提供工作条件、履行配合事项义务或在接到受托人的补正通知后，未在合理期限内予以补正的，委托人应承担由此所造成的损失。

---

① 参见魏耀荣等：《中华人民共和国合同法释论（分则）》，493页，北京，中国法制出版社，2000。

第四节 技术咨询合同和技术服务合同

2. 接受工作成果

依据《合同法》第 360 条的规定,技术服务合同的委托人应当"接受工作成果"。此处的"工作成果"与一般的工作成果不同,其并不是一般的物化的工作成果,而通常表现为解决一定技术问题的工作方案,在表现形式等方面与一般的工作成果存在一定差别。技术服务合同与技术咨询合同不同,在技术服务合同中,受托人需要就特定技术问题的解决提供工作成果,而并不仅仅是提供技术咨询报告或意见。这些工作成果既可以表现为特定的技术方案,如改进现有产品结构的设计,也可以表现为特定的技术分析报告(如新产品、新材料性能的测试分析报告)。在受托人按照合同约定的质量和期限完成技术成果之后,委托人负有按时接受工作成果的义务。[①] 如果委托人不按时接受工作成果,不仅会在一定程度上加重受托人的保管责任,而且技术成果也可能因此遭受毁损或灭失等风险。[②] 因此,委托人不履行接受工作成果的义务,则应当承担违约责任。

3. 支付约定报酬

《合同法》第 360 条规定,技术服务合同的委托人应当在接受工作成果时"支付报酬"。由于技术服务合同是双务、有偿的合同,所以委托人应当在接受工作成果时按照约定支付报酬。这既是技术商品化的体现,也是市场交易的基本原则。因此,即便当事人没有对委托人支付报酬的义务作出约定,委托人仍有支付报酬的义务。当然,如果受托人交付的工作成果不符合约定的,委托人可以依据其与受托人之间的合同约定而主张其承担相应的违约责任。例如,请求受托人采取适当的补救措施、减少报酬或支付违约金等。

依据《合同法》第 362 条第 1 款的规定,如果因委托人的原因影响工作进度和质量,或者委托人不接受或者逾期接受工作成果,则委托人已经支付的报酬不得追回,而且对于其未支付的报酬,受托人仍有权请求委托人支付。

[①] 参见何志:《合同法分则判解研究与适用》,931 页,北京,人民法院出版社,2002。
[②] 参见魏耀荣等:《中华人民共和国合同法释论(分则)》,493 页,北京,中国法制出版社,2000。

613

(二) 受托人的主要义务

1. 按照约定完成服务项目，解决技术问题

《合同法》第 361 条规定："技术服务合同的受托人应当按照约定完成服务项目，解决技术问题。"因此，受托人应当充分利用自己的知识、技术、信息和经验，按照合同约定完成服务项目，并解决特定的技术问题①，这是受托人所负担的主要义务。一方面，受托人应按照合同的约定完成服务项目，这既包括受托人应按照合同约定的期限完成服务项目，也包括按照约定的质量要求完成服务项目。② 另一方面，受托人按照约定完成服务项目，应当能够解决技术问题，尤其是应当解决委托人在实际生产等过程中所遇到的特定技术问题。因此，受托人提供的服务应当体现为一定的技术成果，不过该技术成果究竟应解决何种技术问题，在合同中应加以明确。

2. 保证工作质量，并传授解决技术问题的知识

依据《合同法》第 361 条的规定，技术服务合同的受托人应当"保证工作质量，并传授解决技术问题的知识"。因此，技术服务合同中受托人负有保证工作质量的义务。受托人所提交的工作成果应当能够解决委托人所提出的特定技术问题，因此，委托人在合同中可以就受托人所提交的工作成果的质量提出具体的要求。由于技术通常具有的复杂性和专门性，受托人所完成的工作成果，通常是委托人所不熟悉和不了解的，如果没有受托人的传授，委托人将很难应用受托人所交付的工作成果。③ 因而受托人仅仅只是提供技术成果是不够的，还应当向委托人传授解决特定技术问题的知识。④ 如果受托人未履行此种义务的，应承担违约责任。依据《合同法》第 362 条第 2 款的规定，如果受托人未能保证工作质量，所提交的工作成果不能解决特定技术问题的，其可能丧失报酬请求权，委托人也有权请求受托人承担违约责任。

---

① 参见魏耀荣等：《中华人民共和国合同法释论（分则）》，494 页，北京，中国法制出版社，2000。
② 参见段瑞春：《技术合同》，236 页，北京，法律出版社，1999。
③ 参见魏耀荣等：《中华人民共和国合同法释论（分则）》，494 页，北京，中国法制出版社，2000。
④ 参见段瑞春：《技术合同》，237 页，北京，法律出版社，1999。

3. 妥善保管和使用委托人交给的样品、材料和技术资料

在技术服务合同中，委托人为明确其所提出的特定技术问题，通常会将一些样品、材料和技术资料交给受托人，以便其开展技术服务工作。受托人在进行具体的服务工作时，应妥善地保管和使用委托人交给的样品、材料和技术资料，不应将其挪作他用，也不得擅自披露相关样品、材料和技术资料。[1] 如因受托人保管不善造成委托人交给的样品、材料和技术资料毁损、灭失等的，受托人应负赔偿责任。

4. 费用负担义务

对于受托人提供服务所需要的费用，委托人是否应当负担？《技术合同司法解释》第35条第1款规定，"当事人对技术服务合同受托人提供服务所需费用的负担没有约定或者约定不明确的，由受托人承担"。因此，在技术服务合同中，如果合同明确约定由委托人或受托人负担的，应遵照合同的约定。但如果合同未作约定或约定不明确的，受托人提供服务所需费用应由受托人自己承担。[2] 这主要是因为，委托人所支付的报酬中已经包含了此种费用，所以受托人不应要求委托人在支付报酬之外，还支付此种费用。[3]

四、技术咨询合同和技术服务合同中新技术成果的归属

在技术服务合同和技术咨询合同中，当事人可能利用对方提供的资料、数据、样品、材料和场所或相关的技术成果，而进一步开发出新的技术成果。这既包括受托人利用委托人提供的技术资料和工作条件完成的新的技术成果，也包括委托人利用受托人既有的工作成果完成的新的技术成果。在产生了新的技术成果的情形下，由于双方对于新技术成果的产生都有贡献，因而实践中关于新技术成

---

[1] 参见王利明、房绍坤、王轶：《合同法》，2版，512页，北京，中国人民大学出版社，2007。
[2] 参加段瑞春：《技术合同》，236页，北京，法律出版社，1999。
[3] 参见蒋志培主编：《技术合同司法解释的理解与适用》，81页，北京，科学技术文献出版社，2007。

第十二章 技术合同

果的权利归属容易产生争议。依据《合同法》第363条的规定，当事人可以对新技术成果的归属作出约定，如果当事人没有作出约定的，则依据"谁完成，谁拥有"的规则确定新技术成果的权属。[1] 在技术咨询合同、技术服务合同履行过程中，受托人利用委托人提供的技术资料和工作条件完成的新的技术成果，属于受托人。委托人利用受托人的工作成果完成的新的技术成果，属于委托人。这既有利于减少不必要的纠纷[2]，也有利于尊重新技术成果完成人所投入的智力劳动和创造，促进新技术成果的利用。

---

[1] 参见魏耀荣等：《中华人民共和国合同法释论（分则）》498页，北京，中国法制出版社，2000。
[2] 参见魏耀荣等：《中华人民共和国合同法释论（分则）》497页，北京，中国法制出版社，2000。

第十三章

保管合同

第一节 保管合同概述

一、保管合同的概念和特征

《合同法》第 365 条规定:"保管合同是保管人保管寄存人交付的保管物,并返还该物的合同。"据此,保管合同是指双方当事人约定一方将物交付他方有偿或无偿保管,他方应返还保管物的合同。其中,保管物品的一方称为保管人,交付物品保管的一方称为寄存人。在保管合同中,保管人所负担的主要义务是妥善保管寄存人交付的保管物,并按照合同约定将保管物返还给寄存人,因此,保管合同是一种提供服务的合同。

保管合同在罗马法上被称为寄托,主要包括一般寄托和特殊寄托[1],在我国古代亦有此类合同的广泛运用。据考证,西周时期最古老的六类契约,其中就包

---

[1] 参见崔建远主编:《合同法》,4 版,477 页,北京,法律出版社,2007。

括保管。① 在比较法上，大多数国家民法典中都规定了保管合同，因此其是有名合同的一种重要类型。在我国，保管合同在现实生活中运用较为广泛，是一种典型的提供服务的合同，《合同法》中将其作为一种有名合同予以规定有其重要的现实意义。

保管合同主要具有如下法律特征：

1. 目的的特殊性

从广义上来说，保管合同是提供服务的合同②，但是，保管人所提供的服务是特定的，即保管他人之物。这就是说，在寄存人无法或者不方便现实管理财产的情况下，使财产继续处于一个较为良好的状态之下。所以保管人仅仅能够实施对保管财产的占有，并且保证保管财产继续处于良好的状态之下，但其不能够对财产进行使用、收益或者处分。③ 而且，因为保管的对象是他人之物，所以，合同的订立要实现寄存人的利益。

2. 标的物的范围具有宽泛性

在一般保管合同中，标的物既包括不动产，也包括动产。但在比较法上，存在不同的看法。一般认为，在保管合同中，标的物仅限于动产，并不包括不动产。《欧洲示范民法典草案》也采取了同样的观点，不动产的保管和动产的保管的性质存在较大差异。例如，在保管不动产时，该保管物并非被储存在保管人的保管场所之中，而是仍处于原址。④ 但在我国，依据《合同法》第365条，并没有将保管物的概念作严格限定，在解释上，其既可以包括动产，也可以包括不动产。从实践来看，不动产的保管也较为普遍，例如，房屋代管、房屋保管在现实生活中是大量存在的。所以，保管合同的标的物范围具有宽泛性，既包括动产，也包括不动产。

---

① 参见胡留元、冯卓慧：《罗马法与中国古代契约法》，载《法律科学》，1995（5）。
② 《欧洲合同法原则》将保管合同置于提供服务的合同之中，并将其作为服务合同的一种特殊类型。
③ 参见易军：《债法各论》，169页，北京，北京大学出版社，2009。
④ See Christian von Bar and Eric Clive, *Principles, Definitions and Model, Rules of European Private Law*, Volume Ⅰ, (Munich: Sellier. European Law Publishers, 2009), p. 1792.

第一节 保管合同概述

3. 具有要物性

从比较法上来看,大陆法系很多国家都将保管合同规定为要物合同。[①] 我国《合同法》第 367 条规定:"保管合同自保管物交付时成立,但当事人另有约定的除外。"这就表明,在当事人没有特别约定的情况下,保管合同是一种要物合同。也就是从寄存人向保管人交付保管物时,合同宣告成立。不过,这一规定可以由当事人约定排除,如果当事人另有约定的,则其可以成为诺成合同。

4. 原则上具有无偿性

在当事人没有特别约定时,保管合同原则上是无偿合同。罗马法认为,受寄人如有报酬,其将成为"劳务租赁"契约,因为受寄人如受有报酬而保管物件,将类似受雇人受有报酬而为他人进行保管的劳务。[②] 也就是说,保管人一旦收取报酬,则此种合同就不再属于保管合同,而属于劳务租赁合同。从比较法上来看,大陆法国家的法律大多规定,保管是无偿的服务[③],但是这些国家也没有排斥保管合同的有偿性。例如,奥地利、德国和西班牙商法典也都规定,保管合同通常是有偿的。《合同法》第 366 条规定:"寄存人应当按照约定向保管人支付保管费。当事人对保管费没有约定或者约定不明确,依照本法第六十一条的规定仍不能确定的,保管是无偿的。"据此,保管合同一般具有无偿性,只有在当事人有特别约定的情况下,其才具有有偿性。在当事人没有特别约定的情况下,应推定其为无偿合同。之所以作出此种推定,其原因主要在于:第一,我国《合同法》区分了保管合同和仓储合同两类合同。仓储保管是一种商事交易,因此是有偿的。但保管合同既可以是商事交易,也可以是民事交易,所以应当允许无偿和有偿的形式并存。仓储保管人是专门从事仓储保管业务的人士,具有专业的场地、设备和人员,需要支付较高的成本费用,不可能从事无偿仓储保管活动,否则将承受较大的损失。但是一般自然人之间的保管合同往往具有互帮互助的性质,即使自然人临时为某个企业保管一般商品,保管人并不需要专门从事保

---

① 参见《德国民法典》第 688 条;《法国民法典》第 1919 条;《日本民法典》第 657 条。
② 参见陈朝璧:《罗马法原理》,228 页,北京,法律出版社,2006。
③ 如《法国民法典》第 1917 条;《奥地利民法典》第 969 条。

第十三章 保管合同

管专业。所以，在当事人没有特别约定的情况下，推定其为无偿合同。第二，从大陆法的传统来看，一般的保管合同原则上都是无偿的。所以我国《合同法》规定在当事人没有约定的情况下保管合同是无偿的。第三，保管合同规则是以民间的保管关系为基础制定的。在民间的保管关系中，通常情况下是无偿的保管，而仓储合同是以商事保管为基础的，其通常要求仓储人具有专业资格，因此在仓储合同中会存在有关报酬的规定。从交易习惯来说，自然人之间所成立的保管关系，如果需要收费，一般会事先予以特别告知。例如，停车场要收费的，就会在入口处以醒目的标志进行提示。所以《合同法》规定在当事人之间有特别约定的情况下，保管合同为有偿合同，这符合社会生活的实际情况。

关于保管合同究竟是单务合同还是双务合同，一直存在争议，主要有如下观点：一是双务合同说。此种观点认为，保管合同中，寄存人和保管人的权利义务是相互对应的。即便是在无偿的保管合同中，寄存人也有支付保管费用的义务，而这一义务与保管人的保管义务具有对应性。[1] 二是单务合同说。此种观点认为，保管合同大多是无偿合同，此时，保管人负有保管义务，而寄存人并不负有支付报酬的义务，所以，保管合同原则上是单务合同。[2] 三是折中说。此种观点认为，有偿的保管合同是双务合同，而无偿的保管合同为单务合同。[3] 笔者认为，讨论保管合同究竟是单务合同还是双务合同，首先涉及双务合同的定义问题。一般认为，所谓双务合同是指当事人双方均负有一定义务，且双方的义务形成对待给付义务，即形成了"你与则我与，你不与则我亦不与"的相互依赖的对待给付关系。从这个意义上理解，在有偿的保管合同中，保管人负有保管的义务，寄存人负有给付报酬的义务，其属于双务合同。在无偿保管中，寄存人不负有支付报酬的义务，而保管人承担保管的义务，但不享有获取相应保管费的权利，因此不构成双务性。

---

[1] 参见郭明瑞、王轶：《合同法新论·分则》，339页以下，北京，中国政法大学出版社，1997。
[2] 参见史尚宽：《债法各论》，488页，北京，中国政法大学出版社，2000。
[3] 参见史尚宽：《债法各论》，516页，北京，中国政法大学出版社，2000。

5. 具有不要式性

保管合同既可以是口头的，也可以是书面的合同。我国《合同法》实际采用了保管合同为不要式合同的观点①，其并不要求当事人订立保管合同必须采用何种形式。在实践中，寄存人将财产交付给保管人时，保管人往往会向寄存人交付保管凭证，但该凭证并非保管合同成立的要件，而仅仅具有证明合同存在的意义。② 保管合同和仓储合同的主要区别在于，仓储合同应当是书面合同，而保管合同既可以是书面形式也可以是口头形式。

6. 具有继续性

保管合同是继续性合同。所谓继续性合同，是指合同的内容并非一次履行可以终止，而是继续地实现。在保管合同中，保管人要持续性地负有保管义务，而非一次性履行其义务，其履行通常要延续一段时间，所以保管合同具有继续性的特点。由于保管合同是继续性合同，所以在保管合同解除时，应仅仅对未来发生效力。

二、保管合同的分类

（一）保管合同和仓储合同

仓储合同是保管人储存寄存人交付的仓储物，寄存人支付仓储费的合同，其与保管合同是存在区别的。在比较法上，关于保管合同和仓储合同的立法体例并不完全相同。在民商分立的国家，民法通常只规定保管合同，而由商法规定仓储保管合同。例如，《奥地利民法典》第957至969条就规定了一般保管，而其商法典第416至424条就规定了商事仓储合同。《德国民法典》第688至700条规定了民事保管合同，而其商法典第467至475条规定了商事仓储合同。这两类合同虽然存在相似性，但区别仍然是比较明显的。例如，在商事交易中，一般不需

---

① 参见韩世远：《合同法学》，542页，北京，高等教育出版社，2010。
② 参见易军：《债法各论》，169页，北京，北京大学出版社，2009。

要采用以实际交付保管物作为合同成立的要件,且仓储保管合同通常是有偿的。① 但是在英美法中,其属于动产物权的寄托制度,而并非在合同法中规定。② 在我国《合同法》中,采取民商合一的体例,没有将仓储合同单独规定在商法之中。但我国《合同法》又区分了一般保管合同和仓储合同,这有利于对于作为营业活动的仓储进行妥当规范。这两类合同在主体、合同成立时间、合同是否有偿方面以及是否签发仓单等方面存在不同,有关这两类合同的区别,我们将在后文详细探讨。

(二)一般保管和特殊保管

保管可以分为一般保管和特殊保管。特殊保管主要包括如下几种:一是消费保管。所谓消费保管,也称为不规则保管,是指保管物为可替代物时,如当事人约定将保管物的所有权移转于保管人,保管期间届满以后,由保管人以同种类、品质、数量的物返还给寄存人。二是混藏保管。它是指在有价证券的保管中,根据特别的约定,在返还时或保管的中途,保管人可以将其与相同种类的有价证券交换的保管。③ 三是旅店保管。旅店保管合同是指旅店的经营者对住宿的客人所携带的物品所依法负有保管义务的合同。四是停车服务保管。它是指车主将车辆置于停车场,由停车场管理人员负责管理并收取一定费用的服务合同。五是小件寄存保管。它是指寄存人将日常生活用品交给保管人保管所达成的协议。合同的标的一般是小件的生活日用品,寄存人主要是旅客、游客等,保管人多为车站、旅馆、影剧院等单位。

一般保管和特殊保管的主要区别在于:一是法律适用不同。在许多国家,一般保管是在民法中规定的,而特殊保管是在商法或特别法中规定的。从我国的情况来看,一般保管规定在《合同法》之中,而法律上对于特殊保管没有明确规定,原则上应当参照《合同法》的规定适用。二是目的不同。一般保管的目的是

---

① See Christian von Bar and Eric Clive, *Principles, Definitions and Model, Rules of European Private Law*, Volume Ⅰ, (Munich: Sellier. European Law Publishers, 2009), p. 1791.
② See *Charlesworth's Business Law* by J. Charlesworth, 1997, Sweet & Maxwell, p. 545.
③ 参见[日]我妻荣:《债法各论》,周江洪译,196页,北京,中国法制出版社,2008。

保管物，而特殊保管大多发生在消费领域，主要是为了消费的目的。三是主体不同。一般保管的主体是一般的民事主体，而特殊保管的主体可能是特殊的，如旅店、商场等。四是一些相关的规则不完全相同。例如，在英国，停车保管必须要交付钥匙[1]，而一般保管显然没有这样的要求。

第二节　保管合同的成立和标的物

一、保管合同的成立

就保管合同的订立来说，其可以采取口头形式，也可以采取书面形式。不过，保管合同原则上是实践合同，其成立既要有双方为保管的要约和承诺，又要有寄存人交付保管物的行为。在罗马法中，此类合同也被称为要物合同（real contract），因为在罗马法中，这种合同不仅需要双方当事人达成一致，还需要交付保管物。[2] 只有在保管人作出保管承诺的同时，实际占有保管物，才能使保管人负担法律上的义务。将保管作为实践合同是与其所具有的无偿性联系在一起的。[3] 在19世纪和20世纪的立法中，这种制度仍然被保留，在这一时期，保管合同仍然被称为"物的合同"。例如，在奥地利，保管合同被称为要物合同（real contract），在交付标的物之后，合同才能生效。[4] 在意大利，根据其民法典第1766条，保管也属于要物合同，要求必须将标的物移交到保管地。[5] 不过从合同

---

[1] See M. Barendrecht et al., *Principles of European Law: Services Contracts*, Sellier European Law Publishers, 2007, p.515.

[2] See E. Allan Farnsworth, "The Past of Promise: An Historical Introduction to Contract", 69 *Colum. L. Rev.* 576, 589 (1969).

[3] See Christian von Bar and Eric Clive, *Principles, Definitions and Model, Rules of European Private Law*, Volume Ⅰ, (Munich: Sellier. European Law Publishers, 2009), p.1790.

[4] 参见《奥地利民法典》第957条第一句。

[5] 其他国家的法律也可见此种制度，例如，《比利时民法典》第1919条；《法国民法典》第1919条；《波兰民法典》第835条和第853条；《匈牙利民法典》第1185条。

法的发展趋势来看，为了强化当事人允诺的效力，保管合同的要物性逐渐减弱，因为要物契约既不符合最新民法典的发展，也不符合商业惯例。因此，《欧洲示范民法典草案》将双方当事人的合意作为合同订立的方式。①

《合同法》第367条规定："保管合同自保管物交付时成立，但当事人另有约定的除外。"由此可见，保管合同原则上属于要物合同，当事人仅仅达成合意，合同尚未成立，必须以交付标的物合同才能成立。具体来说：第一，双方当事人达成合意，但还没有交付保管物，此时，仍处于缔约阶段。所以，在形成合意之后，如果当事人一方反悔，并不应承担违约责任，仅可能承担缔约过失责任。第二，寄存人将保管物交付给保管人。此处所说的交付应当限于现实交付，而且，应当交付给保管人。保管物的交付属于合同的成立要件，如果没有交付，应当认定合同不成立。第三，如果当事人有特别约定，自双方当事人达成合意之日起生效，该合同仍然可以成为诺成合同。此时，保管物的交付就成为合同履行的内容。

二、保管合同的标的物

保管合同的标的物，是指保管合同所指向的对象。从总体发展趋势来看，保管合同的标的物出现不断扩大的趋势。在传统上，其主要限于动产，现在逐渐扩大到不动产和权利。目前，我国《合同法》将保管的标的物限于物，其中也包括货币，但不包括权利。就有形财产的保管而言，是否仅限于动产有不同的看法。从比较法上来看，关于保管合同的标的物，有两种立法例：

一是动产说。在德国、比利时等国家，保管合同的标的物仅限于动产。《德国民法典》第688条明确规定，保管标的只能是动产。《法国民法典》第1918条、《瑞士债务法》第472条、《比利时民法典》第1918条也有类似规定。《欧洲

---

① 例如，在旧的荷兰民法中，交付保管物是保管合同的成立要件。现在的《荷兰民法典》则认为，交付不再是必需的。See Christian von Bar and Eric Clive, *Principles, Definitions and Model, Rules of European Private Law*, Volume Ⅰ, (Munich: Sellier. European Law Publishers, 2009), p.1791.

合同法原则》也采动产说,依据其第 4:101 条规定,保管合同的标的物是动产或者有体物。无形财产如果没有载体,是不能采用保管合同的。对有价证券采用特殊规则。①

二是动产和不动产说。在奥地利等国家,保管合同的标的物不限于动产,还包括不动产。《奥地利民法典》第 960 条对此有明确规定,对不动产的保管属于其保护的范围。《日本民法典》第 657 条、我国台湾地区"民法"第 589 条都认为,保管合同的标的物既可以是动产,也可以是不动产。② 在奥地利、德国和希腊,对金钱以及证券的保管有特别的立法规定,但是在法国,对于这类标的物的保管也适用保管合同。③

《合同法》第 365 条规定:"保管合同是保管人保管寄存人交付的保管物,并返还该物的合同。"该条中所说的"保管物"究竟是限于动产,还是也包括不动产?对此有不同的观点。笔者认为,从我国《合同法》第 365 条的规定来看,确实难以将其简单限定为动产。虽然《合同法》所规定的关于保管合同的个别条款可能仅适用于动产④,但这并非意味着保管合同的标的物不能容纳不动产。从实践来看,不动产的保管大量存在,例如,公民之间一方管理、代管他人房屋,物业管理公司管理某栋建筑物,都属于不动产的管理。从今后的发展来看,扩宽保管标的物的范围还是有必要的。笔者认为,从文义解释来看,保管的标的物似乎没有限定为动产,不动产也可以成为其标的物。将保管的标的物扩大到不动产,有利于对不动产保管中的权利义务进行妥当确定。随着我国市场经济的发展,各种储存形式(生产储存、商品储存、个人消费储存)将不断发展,保管合同的适用范围也必将进一步扩大。当事人订立的不动产保管合同,仍然要适用保管合同相关规则,如果适用委托合同或租赁合同等规定,则与此类合同的性质并不完全

---

① Kommentar ABGB, art957 no.5, to CC, art.961 no.1.
② 参见梅仲协:《民法要义》,437、438 页,北京,中国政法大学出版社,1998。
③ M. Barendrecht et al., *Principles of European Law: Services Contracts*, Sellier European Law Publishers 2007, p.515.
④ 例如,《合同法》第 000 条关于留置权的规定仅适用于动产。参见郭明瑞、房绍坤:《新合同法原理》,657 页,北京,中国人民大学出版社,2000。

相符，也无法妥当规范当事人的权利义务关系。

三、保管合同的标的物的特点

虽然保管合同的标的物范围具有宽泛性，但应具有如下几个特点：

第一，具有特定性。物可以分为特定物和种类物。就保管合同的标的物来看，其应当是特定物，或者是已经特定化的种类物。因为保管合同必须交付保管物，只有这两类物才能现实地交付。从实际来看，保管物既包括生产资料，也包括生活资料；既可以是动产，也可以是不动产。

第二，有形性。原则上说，无形财产不能成为保管合同的标的物。货币、有价证券的保管，必须有有形的载体存在。例如，无纸化的证券就不可能成为保管合同的标的物。《合同法》第375条规定："寄存人寄存货币、有价证券或者其他贵重物品的，应当向保管人声明，由保管人验收或者封存。"这就承认了货币、有价证券也可以成为保管物。这是因为货币、有价证券可以实际移转占有，并由保管人验收或封存。在保管合同中，寄存人需要将保管物实际交付于保管人，因此保管的财产具有有形性，其才能实现占有的移转，并由保管人采取适当的措施和条件进行保管。

第三，具有合法性。一般来说，寄存人对保管合同的标的物应享有所有权，但并不要求其一定享有所有权，只要是合法的占有人都可以成为寄存人。原则上，寄存人应当享有合法的占有权，如果是非法占有的财产，保管人依法不能对其进行保管，已经成立的合同也应被宣告无效。保管人知道或者应当知道其属于非法占有物而进行保管，应当承担相应的责任。

盗窃物能否成为保管合同的标的物？对此学界存在不同的看法。一种观点认为，如果保管人不知道保管物是盗窃物，则不应当影响保管合同的效力。如果保管人知道保管物是赃物，则因其违反公序良俗而为无效。[1] 另一种观点认为，无

---

[1] 参见陈小君主编：《合同法学》，北京，中国政法大学出版社，1999。

论保管人是否知道保管物是盗窃物,该合同都是无效的。"寄托人虽不必为寄托物之所有人,然需自己得正当持有其物,如知为盗品而受寄托,则为犯罪,其为无效,自不待论,如受寄人为善意,则就其法律行为有错误,如将其物返还于盗,则侵害失主之所有权,构成侵权行为,故其寄托通常为无效。"[1] 笔者认为,在以盗窃物作为保管合同标的物的情形,应当根据保管人是否知情而确定其效力。如果保管人知道或者应当知道保管物属于盗窃物,却仍然接受该物进行保管,则因其违反强行法的规定而应认定合同无效。因为此种合同有效,就可能与刑法上关于窝藏赃物罪的规定相互冲突。反之,如果保管人不知情,保管合同的效力则应当不受影响。

第三节 保管合同的效力

一、寄存人的义务

(一) 支付保管费

《合同法》第 366 条第 1 款规定:"寄存人应当按照约定向保管人支付保管费。"因此,支付保管费是寄存人的主要义务。在有偿保管中,保管费是保管人所提供的保管服务的对价。在无偿保管合同中,寄存人就不负有支付保管费的义务。《合同法》第 366 条第 2 款规定:"当事人对保管费没有约定或者约定不明确,依照本法第六十一条的规定仍不能确定的,保管是无偿的。"依据这一规定,保管合同原则上是无偿的,是否支付保管费必须要由当事人特别约定。因此,如果当事人约定了保管费,寄存人才负有此种义务。对保管费没有约定或者约定不明确,如果依据《合同法》第 61 条的规定仍然不能确定保管费的,则可以认定保管是无偿的。所谓没有约定,是指在合同中根本没有约定保管费;所谓约定不

---

[1] 崔建远主编:《新合同法原理与案例评析》下,长春,吉林大学出版社,2000。

第十三章　保管合同

明,是指虽然在合同中对保管费的问题有所涉及,但是并没有确定费用的具体内容,或者通过对合同的解释仍然无法确定具体的费用。例如,合同中仅仅约定保管人有权请求保管费用,但是却没有写明具体的金额。不过,在此情形下,还必须要依据《合同法》第61条的规定,由当事人事后达成补充协议,如果不能达成补充协议,则应当按照合同的有关条款和交易习惯来确定。例如,某个业主在其小区内的地下车库停车,虽然当事人没有达成约定,但按照交易习惯应当支付停车费,故应当认为是有偿的。但是,业主在小区的露天场所停车,如果按照交易习惯不必支付停车费,则应当被认定为无偿保管合同。

在有偿保管中,有关保管费的支付标准、支付时间、支付地点等都应当遵守合同的约定。合同约定了保管费的具体数额,寄存人应当按照合同约定进行支付。合同约定一次支付,就不能分次支付。《合同法》第379条第1款规定:"有偿的保管合同,寄存人应当按照约定的期限向保管人支付保管费。"如果当事人约定有偿保管的,则应当按照约定的期限支付保管费。如果当事人对支付期限没有约定或者约定不明确的,依据《合同法》第61条的规定,首先由当事人就支付期限事后达成补充协议,如果不能达成补充协议的,按照合同相关条款和交易习惯确定。例如,保管合同中虽然没有约定保管费的支付期限,但是按照双方以往的交易来看,都是在寄存人领取保管物时支付保管费,则依据这一交易习惯,就可以确定保管费应当在领取保管物时支付。如果依据《合同法》第61条的规定仍然无法确定保管费支付的期限,则按照《合同法》第379条第2款的规定,"应当在领取保管物的同时支付"。这就是说,寄存人在领取保管物时,应当支付保管费。因为在一般情况下,保管人都是先提供服务,寄存人后支付保管费。在这一点上,保管和买卖存在区别。[1] 从比较法上来看,大多认为应当在保管到期时,就要支付费用。[2] 当然,当事人可就保管费用支付的时间作出特别约定。例如,《德国民法典》第699条、《西班牙民法典》第1780条等都作出了相同规定。寄存人在期限到来之前要求领取货物的,保管人通常有权要求支付费用。

---

[1] 参见魏耀荣等:《中华人民共和国合同法释论(分则)》,526页,北京,中国法制出版社,2000。
[2] Rummer [Schubert] Kommentar ABGB art 969 no.1.

第三节 保管合同的效力

《合同法》第 380 条规定："寄存人未按照约定支付保管费以及其他费用的，保管人对保管物享有留置权，但当事人另有约定的除外。"依据这一规定，在寄存人没有按期支付保管费和其他费用的情况下，保管人对保管物享有留置权，以此作为保管费的担保。从比较法上来看，在寄存人没有支付费用的情况下，大多数国家的法律规定保管人有权留置寄存财产。[①] 保管人留置货物时间直至寄存人支付费用。[②] 我国《合同法》第 380 条的规定也确认了保管人的留置权。但保管人享有留置权必须符合如下要件：第一，寄存人到期未支付保管费用。根据保管合同的约定，寄存人未按照约定的期限支付保管费，或者按照《合同法》第 61 条的规定不能确定保管费支付期限的，则按照《合同法》第 379 条第 2 款的规定，在领取保管物时，寄存人应当支付保管费。如果在这些期限到来时，寄存人未支付保管费，则保管人有权留置保管物。第二，保管人仍占有保管物。留置权的发生要求权利人合法占有留置物，因此，在保管合同中，如果保管人将保管物交付给寄存人，则无法取得对保管物的留置权。第三，依照保管物的性质不存在不宜留置的情形。例如，医院寄存保管的医疗器械，在因紧急手术而急需取出使用时，因涉及生命健康权的保护，所以保管人不得进行留置。第四，寄存人与保管人事先没有约定不得留置保管物。留置权虽然是法定的担保物权，但是当事人仍然可以通过合同约定排除可以留置的财产。从这一意义上来讲，法律关于留置权的规定，仍然属于任意性规定，当事人可以约定排除其适用。例如，当事人可以在合同中约定，因保管物对寄存人具有特别的意义，无论在何种情形下，保管人均不能留置保管物，而保管人对此予以同意，那么在寄存人未能按期支付保管费时，依照合同的约定，保管人不得留置该保管物。另外，《物权法》关于留置权的一般规定，也可以适用于保管物的留置。例如，如果是可分物，则留置的部

---

① 例如，《比利时民法典》第 1948 条；《德国民法典》第 273 条和第 320 条；《荷兰民法典》第 6:262 条；《西班牙民法典》第 1780 条。但是有些国家的民法并没有承认保管人有这种权利，如《奥地利民法典》的立法者就否定了保管人享有的这种权利，See Rummer [Schubert] Kommentar ABGB art 967 no. 3.

② See Christian von Bar and Eric Clive, *Principles, Definitions and Model, Rules of European Private Law*, Volume Ⅰ, (Munich: Sellier. European Law Publishers, 2009), p. 1827.

分的价值应当与债权的数额相当等。如果寄存人没有按照保管合同的约定向保管人支付保管费用，保管人可以留置保管物，并以该保管物拍卖、变卖的价款优先受偿。在拍卖、变卖之后，支付其保管费用和必要费用之后，剩余的部分应当返还给寄存人，如果仍然不足以支付，保管人仍有权要求寄存人支付。

（二）承担必要的费用

必要费用是指保管人为了实现物的保管目的，以使保管物能够维持原状而支出的费用。必要费用不同于保管费用，保管费用是指应当支付给保管人的报酬，只存在于有偿保管中，而必要费用则是指保管人在保管过程中支付的必要花费，如保管人支付的电费、场地费用、运输的交通费用等。这些费用即便是在无偿保管过程中也会产生。在比较法上，许多国家的民法典都对保管合同中必要费用的返还作出了规定。例如，《德国民法典》第693条规定："对于保管人为保管存放物而支出的，根据情况认为是必要的支出费用的，存放人负有偿还的义务。"《瑞士债务法》第473条规定："寄托人应当赔偿保管人履行合同支出的全部必要费用。"我国《合同法》虽然没有就必要费用的承担作出特别规定，但是，该法第380条规定："寄存人未按照约定支付保管费以及其他费用的，保管人对保管物享有留置权，但当事人另有约定的除外。"此处所说的"其他费用"就包括了必要费用。[①] 必要费用通常是指为维持保管物的原有状态而必须支出的费用。例如，为他人短期照看奶牛而支付的草料费，由于汽车长期不发动将会受损，则为保管汽车而适当开动汽车是履行保管义务的内容，为此所支出的汽油费也属于必要费用。一般来说，在有偿的保管中，保管费中已经包含了必要费用，但当事人也可能约定在保管费之外，另行支付必要费用。而在无偿保管中，虽然寄存人不需要支付保管费，但应负有返还必要费用的义务。由于这种义务是法律所规定的，已转化为合同内容的一部分，因而，在寄存人不支付必要费用时，无偿保管合同中的保管人可以要求寄存人承担违约责任。

（三）贵重物品的声明义务

《合同法》第375条规定："寄存人寄存货币、有价证券或者其他贵重物品

---

① 参见胡康生主编：《中华人民共和国合同法释义》，551页，北京，法律出版社，1999。

第三节 保管合同的效力

的,应当向保管人声明,由保管人验收或者封存。寄存人未声明的,该物品毁损、灭失后,保管人可以按照一般物品予以赔偿"。根据这一规定,寄存人对贵重物品的寄存应当负有声明义务。法律上确定这一义务的原因在于,一方面,是考虑到合同双方权利义务的对等。如果寄存人不声明保管物是贵重物品,则保管人对此并不知情,可能仅按照一般保管物来收取保管费。但是此类物品一旦遗失或受损,则保管人需要承担巨额的赔偿责任,因此会导致双方权利义务的失衡状态。另一方面,声明了保管财产的性质之后,对于贵重物品,保管人才可以采取合适的方式进行保管。声明之后,可以引起保管人的特别注意,使其得以更好地履行保管义务。如果没有声明,则保管人不知情而可能采用的保管方式不妥当。例如,如果寄存人声明所保管的物品为贵重金银首饰,则保管人可能需要使用保险柜来进行保管。此外,由于寄存人不声明贵重保管物品的性质,则保管人对于保管物品的保管风险以及损害赔偿责任等,难以产生相应的预期。

根据《合同法》第375条,货币、有价证券或者其他贵重物品的保管,应当事先声明。对声明的方式,通常要以明示的方式作出。一般来说,寄存人在寄存时就应当事先声明,而不能在保管合同成立之后才进行声明。在声明之后,保管人应当对贵重物品进行验收或者封存。所谓"验收",是指保管人对寄存人所交付的贵重物品进行清点,在确定实际收取的物品数量和品质与寄存人所声明的内容无误时予以接受。所谓"封存",就是将贵重物品予以特定化,例如,将货币包装成捆,将珠宝进行装袋,如此可以避免贵重物品与其他同种类的物品混合。如果寄存人违反这一义务,导致贵重物品毁损、灭失的,保管人可以按照一般物品予以赔偿。这就是说,如果寄存人尽到了告知义务,保管人应当承担全部赔偿责任;而如果寄存人没有事先告知,则保管人的责任可以减轻,即仅按照一般物品赔偿。此处所说的"一般物品"的确定,应当结合具体案情考虑,尤其是考虑当事人的身份、保管人通常保管的物品等来确定。

(四)瑕疵告知义务

《合同法》第370条规定:"寄存人交付的保管物有瑕疵或者按照保管物的性质需要采取特殊保管措施的,寄存人应当将有关情况告知保管人。"依据这一规

定，寄存人应当在交付保管物时，向保管人告知标的物瑕疵等情况。具体来说，寄存人需要告知的情况包括如下几种：

第一，标的物的瑕疵情况。此处所说的瑕疵，不同于买卖合同中的瑕疵，主要是指保管物因其自身的缺陷容易造成保管财产自身或其他物品毁损、灭失的缺陷。[①] 由于保管物自身存在破坏性的缺陷，需要采取特殊保管方式，否则，既可能导致保管物自身的损害，也可能导致其他的损害。例如，存放某种容易变质的食物，如果不采取措施，不仅可能影响保管物的品质，而且可能影响其他物品的保管。

第二，按照保管物的性质需要采取特殊保管措施的情况。这主要是指一些易碎、易受潮、腐蚀性、易燃、易爆、有毒、放射性的物品等。对于这类物品之所以需要进行特殊保管，一方面，是因为这些物品的性质决定了必须对其进行特殊的保管，否则将会造成这些保管物品自身的受损甚至灭失。例如，对于需要保持干燥的物品，就必须进行防潮防湿处理。另一方面，对于这些物品的特殊保管，也是为了避免这些物品因保管不善而造成其他物品的损害。例如，对于火药的保管，一定要避免高温和明火。对于危险物品，如果因为没有事先告知而没有采取措施，不仅可能导致保管物或其他物品的损害，甚至可能导致保管人的生命健康受损。[②] 例如，寄存有毒物品，导致保管人的健康遭受损害。

《合同法》第370条规定："寄存人未告知，致使保管物受损失的，保管人不承担损害赔偿责任；保管人因此受损失的，除保管人知道或者应当知道并且未采取补救措施的以外，寄存人应当承担损害赔偿责任。"据此确定了两项规则，一是未履行告知义务的，将使保管人免责。此处所说的免责，是指因为寄存人未履行告知义务而造成保管财产自身毁损、灭失的，则保管人对此免于承担赔偿责任。例如，对于易挥发的物品，由于寄存人未告知其特性，保管人未将该物品密封保管，导致物品挥发殆尽，则保管人在没有其他过错的情况下，对此损失不负赔偿责任。二是未履行告知义务造成保管人损失的，寄存人应承

[①②] 参见魏耀荣等：《中华人民共和国合同法释论（分则）》，512页，北京，中国法制出版社，2000。

担赔偿责任。例如，寄存人寄存易燃、易爆危险物品未告知，导致该物品在保管过程中发生爆炸，造成保管人身体受损，对此，寄存人应当对保管人承担损害赔偿责任。不过，依据《合同法》第370条规定，如果保管人知道或者应当知道并且未采取补救措施的，保管人无权主张赔偿。所谓"保管人知道或者应当知道"，是指对保管的物品有可能会造成保管人的损失的情况，保管人事先知道，或者从保管人的以往经验来看，其应当知道。在此情形下，因保管物的瑕疵或保管物的特殊性质而导致保管人遭受损失的，保管人不得主张寄存人承担损害赔偿责任。

二、保管人的义务

（一）妥善保管

《合同法》第369条规定："保管人应当妥善保管保管物。当事人可以约定保管场所或者方法。除紧急情况或者为了维护寄存人利益的以外，不得擅自改变保管场所或者方法。"依据该条规定，保管人负有妥善保管的义务。所谓"妥善保管"，是指保管人应当按照法律规定和合同约定，并根据保管物的性质，提供合适的保管场所，采用合理的保管方法等，使保管物处于完好状态。"妥善保管"应当包括如下方面的内容：一是提供合适的保管场所。这就是说，保管人所提供的场地，必须符合合同的约定。如果合同没有约定的，则保管人应当根据保管物的性质，提供能够适合于保管该物的场所。如果保管物具有特殊性质，保管人应当提供相应的条件。二是采用适当的保管方法。在保管过程中，保管人要根据保管物的性质、特点等，采取适当的保管方法。而且，保管人应当掌握相关的保管技术，从而实现妥善保管。三是除紧急情况或者为了维护寄存人利益的以外，不得擅自改变保管场所或者方法。在保管合同中，当事人为了实现保管的目的通常会就保管场所或方法进行约定，除紧急情况（如仓库即将倒塌等）或为了维护寄存人的利益之外，保管人不得擅自变更保管场所或方法。而且，为了维护寄存人的利益，在保管人变更保管场所或方法之后，应当通知寄存人。四是保管人要采

第十三章 保管合同

取合理的预防措施，防止保管物的毁损、灭失。保管人要按保管物的不同种类及保管技术规程或合同规定的保管要求，采取积极妥当的措施，维护保管物的良好状态。因保管不善造成保管物的毁损、灭失，以及短少、变质的，保管人应负责赔偿。妥善保管的义务是保管人所负担的主给付义务，《合同法》要求保管人对保管物予以妥善保管，有利于实现保管合同的订立目的。

在保管合同中，无论是有偿保管还是无偿保管，保管人都应负有妥善保管的义务，但在此两种情形下，保管人所负担的妥善保管义务是有差异的。从比较法来看，两大法系都区分了有偿和无偿的保管，进而确定不同的注意义务。[①] 如果保管是无偿的，保管人所应负的注意义务的程度也相应地受影响。[②] 对于无偿保管，要求管理人尽到与管理自己的事务相同的注意义务[③]，也就是说，如果保管人像保管自己的物一样保管寄存人所交付的物，就应认定保管人尽到了注意义务。对于有偿保管，保管人应当尽到善良管理人即"良家父"的注意义务。"良家父"是比普通人更高的注意标准。因为有偿保管人从事保管活动，既负有义务，也享有权利，在完成保管活动时，其有权主张保管报酬，因而其注意义务更高。我国台湾地区"民法"第590条规定："受寄人保管寄托物，应与处理自己事务为同一注意，其受有报酬者，应以善良管理人之注意为之"，就采纳了此种观点。但我国《合同法》第369条第1款并没有通过严格区分有偿保管和无偿保管而确定注意义务。笔者认为，虽然《合同法》没有明确规定，但并不意味着不需要区分有偿和无偿。通过区分无偿和有偿的保管合同，确定不同的注意义务是合理的。一方面，这一做法符合权利义务对等的原则。在无偿保管中，保管人并没有获得报酬，其不应负有过高的注意义务。另一方面，这一做法也符合一般的

[①] 例如《日本民法典》第659条规定："以无报酬接受寄存的人，负有以对自己财产同样的注意保管寄存物的义务。"《法国民法典》第1927～1929条；《德国民法典》第690条；《意大利民法典》第1770条以及《韩国民法典》第695条都有类似的规定。

[②] See Christian von Bar and Eric Clive, *Principles, Definitions and Model, Rules of European Private Law*, Volume Ⅰ, (Munich: Sellier. European Law Publishers, 2009), p. 1792.

[③] See Christian von Bar and Eric Clive, *Principles, Definitions and Model, Rules of European Private Law*, Volume Ⅰ, (Munich: Sellier. European Law Publishers, 2009), p. 1798.

第三节 保管合同的效力

生活习惯。例如，无偿代人看车，其注意义务是较低的，而收费看车时，则应当负有较高的注意义务。因此，保管人的注意义务，应当根据保管合同的有偿和无偿来作出一定的区分，有偿保管人与无偿保管人的注意义务程度应当是不同的。此外，我国《合同法》第374条规定："保管是无偿的，保管人证明自己没有重大过失的，不承担损害赔偿责任。"这也表明无偿保管人只要尽到了普通人的注意义务、不存在故意或重大过失的，就无须对保管物的毁损承担赔偿责任。从该条规定来，无偿保管人实际上仅对重大过失负责，这就意味着，无偿管理人仅负有社会一般人的注意义务，而不是与处理自己事务相同的注意义务。

在责任的承担上，如果认定了无偿保管人具有故意或重大过失，其应当对寄存人遭受的损害承担赔偿责任。就其赔偿范围来说，应当适用合同法的一般原理，原则上应当赔偿寄存人遭受的全部损害，并不因其无偿保管而缩减其赔偿范围。

（二）亲自保管

保管人应当负有亲自保管标的物的义务。《合同法》第371条规定："保管人不得将保管物转交第三人保管，但当事人另有约定的除外。保管人违反前款规定，将保管物转交第三人保管，对保管物造成损失的，应当承担损害赔偿责任。"该条确立了保管人亲自保管的义务，这就是说，在合同没有特别约定的情况下，保管人应当亲自保管保管物。除非合同约定保管人可以转交他人保管，否则保管人都应当亲自进行保管。

在法律上，保管人为何负有亲自保管的义务？一般认为，其原因在于保管合同的专属性。[①] 笔者认为，保管人负有的亲自保管的义务，并非源自保管合同的专属性，而主要是基于如下原因：一方面，保管合同是基于信任关系而订立的。正是基于此种信任，寄存人才将其交给保管人。保管人将物交由他人保管，就破坏了此种信任关系。保管合同是基于当事人双方之间的信赖关系，这决定了保管合同具有人身属性。应当看到，从合同法的发展趋势来看，保管合同当事人之间

[①] 参见黄立：《民法债编各论》下册，627页，北京，中国政法大学出版社，2003。

第十三章 保管合同

的信赖关系正逐渐减弱。① 保管人常常可能具有特殊的条件，从而能够实现合同的目的。如果保管物被交给第三人，就可能因缺乏技术、场地等，而无法妥善保管标的物。另一方面，寄存人可能需要知道保管物实际上是由谁来保管，例如，在即时供货（just-in-time-delivery）中，寄存人需要迅速将保管物取回，从而实现及时销售货物的目的。如果保管人未经寄存人同意而将保管物交由第三人保管，寄存人可能无法知道货物是由谁保管，以至于其无法及时提取货物并销售。此外，寄存人的保险费之中可能并不包括转保管。② 所以，从维护寄存人利益考虑，法律要求保管人负有亲自保管的义务。

保管人的亲自保管义务包括如下两个方面：一方面，保管人应按照合同的规定亲自保管标的物。亲自保管不仅包括保管人自己保管，也包括保管人使用辅助人进行保管。当然，如果其辅助人有过失，保管人应当对辅助人的过失承担责任，此种责任属于担保责任，不以保管人的过错为要件。另一方面，未经寄存人的同意，不得将保管物擅自交给第三人保管。在比较法上，许多国家都禁止转保管。例如，《德国民法典》第691条规定，受寄人无权将寄托物寄托于第三人处，英国法也采纳了这种观点，转保管应当得到寄存人的同意。③ 我国《合同法》第371条也借鉴了这一做法，明确规定，"保管人不得将保管物转交第三人保管"。但是，绝对禁止转保管，也可能违反保管合同设立的目的，或者会损害寄存人的利益。因此，一些国家和地区在立法上也允许例外情况下保管人可以转保管。例如，在奥地利，其判例认为，只有在得到寄存人同意的情况下，且处于紧急情况，出于保存货物的需要，才可以转保管。④ 根据法国法，一般情况下不能转保管，除非转给职业保管人的情况下才能允许。⑤ 在德国，只有在获得委托人许可的情况下，才可以转让保管合同。⑥ 我国台湾地区"民法"第592条规定："受寄

---

① ② See Christian von Bar and Eric Clive, *Principles, Definitions and Model, Rules of European Private Law*, Volume Ⅰ, (Munich: Sellier. European Law Publishers, 2009), p. 1803.

③ See Brooks Wharf and Bull Wharf Ltd v. Goodman Bros [1937] 1 KB 534.

④ Rummer [Schubert], Kommentar ABGB, art. 965 no. 2/.

⑤ ⑥ See M. Barendrecht et al., *Principles of European Law: Services Contracts*, Sellier European Law Publishers, 2007, p. 539.

第三节 保管合同的效力

人应自己保管寄托物,但经寄托人之同意或另有习惯或有不得已之事由者,得使第三人代为保管。"我国《合同法》第371条对于转保管的限制更为严格,仅限于"当事人另有约定"的情形。从字义上解释,必须双方达成合意。笔者认为,双方不一定事先达成合意。即使寄存人事后同意,也应当允许进行转保管。但此种同意必须是明确的。

我国《合同法》允许当事人另行约定,这就意味着,只要寄存人同意就可以转保管。不过,对此也应有例外的规定。这主要是因为在紧急情况下,为了寄存人的利益需要转保管,但又无法与寄存人取得联系,在此情形下,应允许保管人将保管物交由第三人进行保管。例如,保管人发现货物腐烂、变质,其并不具备必要的保管条件而进行保管,而又无法及时与寄存人取得联系的,此时应允许保管人转保管。毕竟保管合同订立的目的就是保管好他人的物,在紧急情况下,如果保管人来不及报告,但是,确实有利于寄存人,则不应当禁止此种转保管。但是保管人应在事后将转保管的情形及时通知寄存人。

依据《合同法》的上述规定,保管人违反亲自保管的义务,将保管物转交第三人保管,对保管物造成损失的,应当承担损害赔偿责任。此处所说的第三人是次保管人。在没有取得寄存人同意的情况下,次保管人只是与保管人之间形成了合同关系,如果因次保管人的过错造成了保管物的毁损、灭失,毫无疑问,次保管人应当对保管人负责,而保管人应当对寄存人负责。责任的根据主要是违约,即没有取得寄存人的同意而进行转保管,应当由保管人承担违约责任。需要指出的是,《合同法》第371条并没有要求保管人或者次保管人在承担责任时必须具有过错。该条规定,"保管人不得将保管物转交第三人保管,但当事人另有约定的除外。保管人违反前款规定,将保管物转交第三人保管,对保管物造成损失的,应当承担损害赔偿责任"。因此,即使保管人或者次保管人没有过错,保管人也应当承担责任,此种责任属于加重的责任,以督促保管人尽到其亲自保管的义务。

(三)保管人的使用禁止义务

依保管合同,寄存人把要保管的物品交给保管人,并不丧失对该物品的所有

权,保管人所取得的只是在一定时期内的占有权。因而,保管人在保管期间,不得利用其保管之便,而擅自使用保管物。从比较法上来看,大多数国家都规定,保管人在未经寄存人同意的情况下,不得使用保管标的物。① 这是由保管合同的性质所决定的,如果保管人经寄存人的许可而使用保管物,则在性质上不再是保管合同,而是借用合同。如果事后得到许可,这种保管合同也可以变成借用合同。② 在有的国家,允许在例外的情况下,为了保存货物的需要,保管人可以未经寄存人同意而使用保管物。③ 我国《合同法》第372条规定:"保管人不得使用或者许可第三人使用保管物,但当事人另有约定的除外。"这就是说,除非在合同中另有约定,否则保管人不得自己使用保管物,也不得许可他人使用保管物。此种规定有利于维护寄存人的利益,如果保管人可以随意使用保管物,则极易造成保管物的毁损、灭失、折旧,从而损害寄存人的利益。

在某些情况下,当事人为标的物的保管的需要,可以通过约定允许保管人使用保管物。例如,为他人保管赛马的马匹,如果保管人长期不骑马可能导致其运动能力的下降甚至丧失。再如,汽车的保管也需要周期性的使用以保证其正常的功能。如果当事人订立的本身就是混合合同,其既包括了保管,又包括了借用,则一般也会出现允许使用的条款。④

(四)给付保管凭证

寄存人向保管人交付保管物以后,保管合同才能成立。因此,一旦交付标的物,保管人应给付保管凭证,从而证明合同存在。虽然给付保管凭证不是合同的形式要件,但是,不给付保管凭证,就难以证明合同的成立。《合同法》第368条规定:"寄存人向保管人交付保管物的,保管人应当给付保管凭证,但另有交易习惯的除外。"因而,在一般保管中,只要寄存人交付保管物,保管人都应当

---

① 参见《荷兰民法典》第7:603第一段;《波兰民法典》第839条;《西班牙民法典》第1767。
② See M. Barendrecht et al., *Principles of European Law: Services Contracts*, Sellier European Law Publishers, 2007, p.546.
③ See *Charlesworth's Business Law* by J. Charlesworth, 1997, Sweet & Maxwell, p.59.
④ See M. Barendrecht et al., *Principles of European Law: Services Contracts*, Sellier European Law Publishers, 2007, p.546.

第三节 保管合同的效力

给付保管凭证。但是，根据交易习惯不需要给付凭证的，也不需要负有此种义务。例如，在停车场停车，一般不需要给付保管凭证。如果没有给付保管凭证，寄存人有权要求保管人给付。

需要指出的是，给付保管凭证是否是合同成立的时间？有一种观点认为，只有在给付保管凭证时合同成立。笔者认为，保管凭证只是证明合同存在的依据，不应当影响合同的成立。而且，在有些保管合同中，依据交易习惯本身不需要交付凭证。

（五）返还保管物

《合同法》第 377 条规定："保管期间届满或者寄存人提前领取保管物的，保管人应当将原物及其孳息归还寄存人"。依据这一规定，保管期限届满或寄存人提前领取保管物的，保管人负有返还保管物的义务。在保管合同中，保管人并不取得保管物的所有权，因此，在保管期限届满或寄存人提前领取保管物时，保管人应当将保管物予以返还。具体来说，保管人返还保管物的义务主要包括如下内容：

1. 在保管期间届满或者寄存人提前领取保管物时，保管人负有返还保管物的义务。

（1）保管期间届满后的返还义务

在保管合同中，如果双方当事人就保管期间有明确约定的，保管人在保管期间到期之后，应按时返还该保管物。保管物的返还地点通常是货物的储存地。[①] 寄存人未按时领取保管物，保管人应负责通知提取。返还的时间依合同的规定，返还的地点一般应于保管物所在地。《合同法》第 376 条规定："约定保管期间的，保管人无特别事由，不得要求寄存人提前领取保管物。"由于保管期限主要是为了寄存人的利益而设立的，在保管期间届满之前，保管人无特定事由，不得要求寄存人提前领取保管物。笔者认为，所谓"特别事由"，主要是指因保管人的原因或其他原因（如不可抗力和意外事故等），导致其难以继续履行保管义务。

---

① See Christian von Bar and Eric Clive, *Principles*, *Definitions and Model*, *Rules of European Private Law*, Volume Ⅰ, (Munich: Sellier. European Law Publishers, 2009), p. 1817.

例如，因保管人健康状况而导致其难以继续进行保管，或者保管人丧失行为能力等，属于特别事由。① 另一方面，保管期限届满，寄存人应及时提取保管物，到期不领取的，应向保管人支付超期保管的费用，并且要按合同规定支付违约金。对超过保管期限的保管物，经保管人依规定通知仍不领取的，保管物毁损、灭失的风险应由寄存人承担。此外，如果当事人对保管期间没有约定或约定不明确的，保管人可以随时要求寄存人领取保管物，但应当给予寄存人适当的准备时间。

比较法上都普遍承认，如果当事人未约定保管期间的，寄存人可以随时要求返还保管物。② 我国《合同法》第 376 条第 2 款规定："当事人对保管期间没有约定或者约定不明确的，保管人可以随时要求寄存人领取保管物。"因此，如果保管合同中对保管期限没有约定或约定不明确时，表明保管合同并没有约定保管期限。根据《合同法》第 62 条，履行期限不明确的，债务人可以随时履行，债权人也可以随时要求履行。因此，在此情形下，保管人可以随时要求寄存人领取保管物。此时，虽然《合同法》第 376 条未作规定，但保管人应当给予寄存人适当的准备时间。

（2）寄存人提前领取保管物时的返还义务

《合同法》第 376 条规定："寄存人可以随时领取保管物。"根据这一规定，无论保管合同是否就保管期限作出了约定，寄存人都可以随时领取保管物。这主要是因为，在保管合同中，寄存人享有保管物的所有权，而且保管期间是为了寄存人的利益而设立的。如果寄存人认为保管的目的已经实现，即使合同约定的保管期间尚未届满，为了寄存人的利益，也应允许其随时领取保管物。例如，寄存人出于保管的需要而将一批大米交付给保管人，在保管期间，大米市场的价格剧烈波动，寄存人为了不使其自身遭受经济损失，而要求提前领取大米予以抛售，在这种情形下，保管的目的已经实现，保管人应当允许寄存人提前领取。

如果合同约定了保管期间，寄存人是否可以随时提取？笔者认为，《合同法》第 376 条对随时领取没有设置前提条件，也就是说，无论是否规定期限，寄存人

---

① 参见魏耀荣等：《中华人民共和国合同法释论（分则）》，521 页，北京，中国法制出版社，2000。

② Christian von Bar and Eric Clive, *Principles, Definitions and Model, Rules of European Private Law*, Volume Ⅰ, (Munich: Sellier. European Law Publishers, 2009), p.1821.

第三节 保管合同的效力

都可以随时领取保管物,即使规定了保管期限,也不影响其主张领取保管物的权利。[①] 在这一点上保管合同与仓储合同不同。在仓储合同中,只有在对仓储期限没有约定或约定不明的情况下,寄存人才能随时提取。对于保管合同而言,则不存在这种限制。但这并不意味着期限的规定毫无意义。相反,笔者认为,期限的主要意义在于:一方面,保管期限对保管人具有约束力,在保管期间届满之前,保管人无特定事由,不得违反期限的规定,要求寄存人提前领取保管物。但是如果保管合同对保管期间没有约定或约定不明确的,保管人可以随时要求寄存人提取保管物。另一方面,超过约定的保管期限之后,保管人有权要求寄存人提取保管物。如果没有规定期限,保管人可以随时要求寄存人提取保管物。如果寄存人不及时领取,需要支付额外的费用。此外,在保管合同规定了保管期间的情况下,如果寄存人提前领取保管物的,则应当支付相应的费用,这种费用的计算要考虑到保管人需要支付的人力、物力等成本。问题在于,寄存人是否应支付全部的保管费?在比较法上,许多国家的法律都规定寄存人应当补偿提前领取标的物对保管人造成的损失。[②] 如果寄存人在保管人履行保管期限到来之前要求返还保管物的,也就意味着合同的终止,在此情形下,保管人仍有权请求合同约定的保管费用的支付。[③] 笔者认为,寄存人应当支付原来约定的保管费,但是,可以考虑因缩短保管期限而减少的成本支付而适当减少保管费。如果提前领取确实节省了费用,则应当适当扣减费用,这也符合公平原则。

如果寄存人提前领取保管物,是否应给予保管人准备时间?在比较法上,有些国家的法律明确规定应给予保管人以准备时间。[④] 尤其是如果考虑保管物的性质等因素,需要给予准备时间的,应当给保管人预留必要的准备时间。[⑤] 此种观

[①] 参见郭明瑞、王轶:《合同法新论·分则》,342页,北京,中国政法大学出版社,1997。
[②] 例如,《奥地利商法典》第962条;《法国商法典》第1944条;《比利时商法典》第1944条。
[③] Christian von Bar and Eric Clive, *Principles, Definitions and Model, Rules of European Private Law*, Volume Ⅰ,(Munich: Sellier. European Law Publishers, 2009), p.1817.
[④] 例如,《德国商法典》第473条规定,在仓储保管中,在没有规定期限时,应当提前一月通知保管人,以便保管人有合理的时间准备返回。
[⑤] 参见魏耀荣等:《中华人民共和国合同法释论(分则)》,521页,北京,中国法制出版社,2000。

点不无道理。

2. 在一般保管中，保管人所返还的保管物包括原物和孳息

无论因保管期限届满而返还，还是寄存人提前领取保管物，保管人都应当将原物及其孳息返还寄存人。就保管人的原物返还义务而言，其主要针对的是一般保管合同。在一般保管合同中，保管物具有特定性，保管人所返还的应是寄存人所交付的原物，而不应是同种类、品质、数量的物。就孳息的返还义务而言，主要包括保管物在保管期间所产生的天然孳息和法定孳息。从比较法上来看，大多数国家都规定了保管人负有返还保管物的义务。保管人返还保管物的原则是使货物达到当初交付时的状态，同时在返还原物时要返还孳息。[1] 这主要是因为保管合同中保管物的所有权仍然归寄存人享有，孳息的所有权归原物的所有人，因此保管人也应当将孳息一并返还给寄存人。而在消费保管中，依据《合同法》第378条，保管人保管货币或其他可替代物的，可以按照约定返还相同种类、品质和数量的物品，而并不要求其必须返还原物。

3. 保管人应将保管物返还给寄存人

《合同法》第373条第1款规定："第三人对保管物主张权利的，除依法对保管物采取保全或者执行的以外，保管人应当履行向寄存人返还保管物的义务。"据此，确立了在第三人对保管物主张权利时，保管人应将保管物返还给寄存人而不是第三人的义务。所谓第三人对保管物主张权利，是指第三人主张保管物并非属于寄存人所有等可能引发保管物的权属争议的情形。在第三人主张权利时，保管人仍应向寄存人履行返还保管物的义务，这主要是因为：一方面，返还保管物有利于寄存人处理与第三人的纠纷，并维护寄存人的权利。另一方面，保管人因保管合同的约定而占有保管物，因此返还保管物是其所负担的合同义务。保管人只对寄存人负有相应的义务，并不对第三人负有义务。[2] 如果保管人将保管的物品交付给第三人的，其应向寄存人承担相应的违约责

---

[1] 参见《奥地利民法典》第961条；《荷兰民法典》第7：605条；《西班牙民法典》第1766、1770条。
[2] 参见魏耀荣等：《中华人民共和国合同法释论（分则）》，516页，北京，中国法制出版社，2000。

任。当然，如果第三人依法对保管物采取保全或执行措施的，法院会对保管物进行查封、扣押或强制执行，保管人无法返还保管物，自然不应负担将保管物返还给寄存人的义务。

需要指出的是，如果在保管期间，寄存人已经将货物出卖给第三人，寄存人自身不愿意再领取该保管物，而直接通知保管人，将保管物交付给第三人。在此情况下，保管人应将保管物返还给第三人，第三人也可以据此领取保管物。但在第三人支付保管费用之前，保管人有权拒绝返还保管物。①

（六）危险通知义务

《合同法》第 373 条第 2 款规定："第三人对保管物提起诉讼或者对保管物申请扣押的，保管人应当及时通知寄存人。"这就确立了保管人的危险通知义务。即在第三人对保管物提起诉讼或者对保管物申请扣押的，保管人负有危险通知义务，其应将该情形及时通知寄存人。该义务属于保管人所应负担的一种附随义务。从比较法上来看，不少国家和地区都认可保管人的危险通知义务。例如，《瑞士债务法》第 479 条第 1 款规定："第三人对寄托的财产主张所有权的，保管人仍应当返还给寄存人，但司法扣押或第三人对其提起返还财产诉讼的除外"；其第 2 款规定："保管人应及时将上述情况通知寄托人。"我国台湾地区"民法"第 601—1 条也作出了类似规定。法律之所以规定保管人的危险通知义务，主要是因为：一方面，保管人的危险通知义务是与其返还义务相关的，因为在发生危险时可能会导致保管人不能返还保管物。② 另一方面，要求保管人进行危险通知，也有利于维护寄存人的利益。在第三人对保管物提起诉讼或者对保管物申请扣押时，寄存人并不实际占有该保管物，其可能不知晓或无法知晓第三人的诉讼行为，如果保管人及时将此危险通知寄存人，则可以使寄存人及时采取相应的措施保护自身的合法利益，使其免受损害。如果保管人没有及时通知寄存人，造成寄存人损失的，应当承担赔偿责任。

---

① See Christian von Bar and Eric Clive, *Principles*, *Definitions and Model*, *Rules of European Private Law*, Volume Ⅰ, (Munich, Sellier European Law Publishers, 2009), p. 1819.

② 参见郭明瑞、王轶：《合同法新论·分则》，342 页，北京，中国政法大学出版社，1997。

第四节 消费保管

一、消费保管的概念

所谓消费保管,也称为不规则保管,是指保管物为可替代物时,如当事人约定将保管物的所有权移转于保管人,保管期间届满以后,由保管人以同种类、品质、数量的物返还给寄存人。[1] 严格地说,消费保管是一种特殊类型的保管,但大陆法系国家和地区民法典大多对此作出了规定。[2]

我国《合同法》第378条规定:"保管人保管货币的,可以返还相同种类、数量的货币。保管其他可替代物的,可以按照约定返还相同种类、品质、数量的物品。"这一规定是否可以被认为是关于消费保管合同的规定,存在两种不同的观点。一种观点认为,该条只是就货币的保管所做的特别规定,但并非是对消费保管的一般性规定。[3] 另一种观点认为,该条是针对消费保管所作的特别规定。[4] 笔者赞成第二种观点。该条实际上确立了消费保管的规则,主要原因在于:一方面,从文义解释来看,该条不仅规定了货币的保管,而且规定了其他可替代物的保管,这实际上是就一般种类物的保管所作的规定。因此,该条可以适用于所有的可替代物的保管。而消费保管的适用范围就是可替代物。《合同法》第378条

---

[1] 我国台湾地区"民法"第602条规定:"寄托物为代替物时,如约定移转寄托物所有权于受寄人,并由受寄人以种类、品质、数量相同之物返还者,为消费寄托。自受寄人受领该物时起,准用关于消费借贷之规定。"

[2] 《德国民法典》第700条规定:"(1)如果可替代物是以下列方式存放,即其所有权移转于保管人,且保管人有义务将同种类、品质、数量的物返还的,适用关于贷款的规定。存放人允许保管人动用存放的可替代物的,保管人自占有该物时,适用关于贷款的规定。在上述两种情况下,在发生疑问时,返还期限及地点应根据关于保管合同的规定加以确定;(2)存放有价证券时,根据本条第1款所列举种类的约定,仅在有明确约定时,始为有效。"《日本民法典》第666条借鉴德国法的经验,规定了消费借贷。

[3] 参见万建华:《〈中华人民共和国合同法〉第378条之理解与完善——兼论我国货币保管合同的民商分立》,载《法商研究》,2010(2)。

[4] 参见何志:《合同法分则判解研究与适用》,563页,北京,人民法院出版社,2002。

第四节 消费保管

虽然突出了作为可替代物的"货币"的保管，但同时也采用"其他可替代物"的表述，这就使得该条可以广泛适用于所有可替代物的保管。另一方面，它包含了移转保管物所有权的内容。虽然本条没有明确是否移转保管物的所有权，但是，其关于"返还相同种类、品质、数量的物品"的规定意味着，保管物的所有权已经移转给了保管人。该条规定保管人可以返还相同种类、品质、数量的物品，并不必返还原来交付的保管物，这也与消费保管存在一致性。

二、消费保管的特征

消费保管虽然属于广义的保管的范畴，但是，其又具有不同于一般保管的特点，主要在于：

第一，当事人要依据约定移转保管物的所有权。对消费保管而言，在合同成立时，当事人要约定标的物的所有权移转。消费保管合同必须是当事人约定将保管物的所有权移转于保管人，保管人在接受保管物后享有占有、使用、收益和处分的权利。在消费保管合同成立之后，所有权将发生移转。而一般的保管，原则上保管人不取得标的物的所有权。笔者认为，在消费保管中，是否移转物的所有权是其重要特征，也是其与一般保管最重要的区别。

第二，保管人可以使用标的物。一般的保管，保管人不能使用标的物，而消费保管中，保管人可以使用标的物，因为其已经取得了标的物的所有权。既然肯定了可以返还替代物，也就意味着被保管的货币不再属于寄存人。[1] 通常来说，判断消费保管的标准，一是考虑寄存人是否允许保管人消费保管物；二是考虑是否存在标的物所有权转移至保管人的约定。[2] 有学者认为，《合同法》第 375 条虽然也是针对寄存人寄存货币而作出的规定，但其属于一般保管，而非消费保管。这主要是因为，在寄存人依据《合同法》第 375 条而将货币寄存时，保管人应验

---

[1] 参见李健男：《存款行为法律性质新论》，载《暨南学报》（哲学社会科学版），2006（6）。
[2] 参见万建华：《〈中华人民共和国合同法〉第 378 条之理解与完善——兼论我国货币保管合同的民商分立》，载《法商研究》，2010（2）。

收或封存。在验收或封存之后，货币的所有权既未发生移转，保管人也不能使用寄存货币，所以该保管不属于消费保管，保管人返还的保管物仍应是经验收或封存的货币，而不能是同种类、数量的货币。①

第三，保管物的风险负担由保管人承受。在一般保管中，保管物的所有权不发生移转，因此，风险负担仍然由所有人承受，即寄存人要承担标的物因意外而发生的毁损、灭失风险。而在消费保管中，由于标的物的所有权移转给了保管人，所以标的物毁损、灭失的风险由保管人负担。此外，保管人负担风险也是因为其可以自己利用标的物。②

当然，不宜将种类物的保管一概视为消费保管。一方面，即便是种类物，寄存人也许并不希望保管人进行使用、收益，而且保管人能否按期如数返还，也难以确定。更何况即便是同种类的标的物，其价格随着市场的变化而不断波动，保管人未必能够按期以同种类同数量的标的物交付，而且此时标的物的价格也可能发生了较大的变化。所以，如果当事人不希望订立消费保管合同，也应当尊重其意愿。另一方面，种类物的保管是否属于消费保管，关键要看当事人之间是否有移转保管物的所有权的约定。如果当事人没有约定移转标的物所有权，则仍然属于一般的保管，而不是消费保管。

三、消费保管和借款合同

关于消费保管在性质上属于借贷还是保管，学理上历来存在争议。③ 应当看到，在我国，民间借款合同与消费保管确实存在一定的联系，表现在：一方面，货币是一种特殊的种类物，返还货币不一定要返还原来的货币，而只需要返还相同数额的货币即可。另一方面，民间借款合同与消费保管的标的物都为种类物；无论是借贷还是保管，在标的物交付之后，都要移转所有权给对方。正是因为二

---

① 参见胡康生主编：《中华人民共和国合同法释义》，549 页，北京，法律出版社，1999。
② 参见［日］我妻荣：《债法各论》，周江洪译，195 页，北京，中国法制出版社，2008。
③ 参见史尚宽：《债法各论》，507 页，台北，自版，1980。

者存在较多的相似之处，有的国家和地区在立法上便有明确规定消费保管合同准用消费借贷的规定。①

但是，民间借款合同与消费保管合同毕竟是两类不同的有名合同，其主要区别在于：第一，当事人的缔约目的不同。前者的缔约目的是借贷，当事人之间主要形成金钱债务关系；后者的缔约目的是对标的物进行保管，当事人之间形成保管合同关系。第二，权利义务内容不同。缔约目的的不同，决定了当事人之间的权利义务也不同。在民间借款合同中，债权人享有的是金钱债权，而债务人的义务主要是按期偿还所借款项和利息。而在消费保管合同中，寄存人享有请求返还保管物的权利，而保管人负有妥善保管并返还保管物的义务。第三，是否返还孳息不同。民间借款合同中的债务人在合同期限届满时，需要返还的不仅是所借贷的金钱，还包括约定的利益，尤其是孳息。而在消费保管合同到期之后，保管人只需要返还同种类同数量的标的物即可，无须返还孳息。第四，是否可随时要求返还不同。在消费借贷中，贷与人必须订有一个月以上的期限，经催告返还。而在消费保管合同中，主要是为了寄存人的利益而设立的，如果没有定返还期限的，寄存人可以随时要求返还。②

四、消费保管的效力

消费保管作为保管合同的一种，其一旦成立就发生与一般保管相同的效力。但是，在如下方面与一般保管的效力存在差别：

第一，保管人享有对保管物的所有权。在保管期限届满之后，保管人应将同种类同数量物的所有权移转给寄存人，如果未移转给寄存人的，保管人应承担违约责任。

第二，保管人可以使用标的物。在一般保管中，保管人原则上不得使用标的物，除非当事人另有约定，或者为了保管的需要，保管人才可以使用标的物。而

---

① 例如我国台湾地区"民法"第 602 条第 1 款规定："……消费寄托，自受寄人受领该物时，准用关于消费借贷之规定。"

② 参见史尚宽：《债法各论》，619 页，北京，中国政法大学出版社，2000。

在消费保管中,即使当事人没有约定,保管人也可以使用标的物。因为标的物的所有权已经移转给了保管人,其依法享有使用的权利。

第三,保管人可以返还相同种类、品质、数量的物品。一般保管中,保管人负有返还原来交付的保管物的义务。而在消费保管中,保管人仅仅返还相同种类、品质、数量的物品即可。当然,如果保管人返还了原来交付的标的物,也符合消费保管的本旨。在货币保管的情形下,由于货币是一般的等价物,是一种特殊的种类物,在交易上可以互相替换。货币的占有与所有是同一的,简称为"所有和占有一致原则"。这一规则具体体现为,货币占有的取得就视为货币所有权的取得,货币占有的丧失即视为货币所有权的丧失。货币一旦交付,将会发生所有权的移转。即使是接受无行为能力人交付的货币,货币所有权也发生移转,因此,在保管结束之后,保管人并不需要返还原来交付的货币,只需要返还同种类、同数量的货币。但如果返还的保管物不是同一种类、质量和数量,则保管人应承担违约责任。①

第四,保管人要负担标的物毁损、灭失的风险。在一般保管中,原则上由寄存人承担因意外事件而造成的标的物毁损、灭失的风险。而在消费保管的情形下,保管人要承受此种风险,这是所有人主义的具体体现,因为保管物的所有权已经归属于保管人。另外,从利益之所在、风险之所在的基本原理出发,保管人既然对保管物享有利益,也应当承受相应的风险。

第五节 违反保管合同的责任

一、归责原则

我国合同法总则确立了违反合同的责任是严格责任。但是,在保管合同中,

---

① See Christian von Bar and Eric Clive, *Principles, Definitions and Model, Rules of European Private Law*, Volume Ⅰ, (Munich: Sellier. European Law Publishers, 2009), p. 1823.

第五节　违反保管合同的责任

是否仍然适用这一原则值得探讨。笔者认为，违反保管合同的责任，在归责原则上具有特殊性，即原则上采过错责任，在例外情况下采严格责任。主要理由在于：从比较法上来看，大多采这一立场。例如，在法国法上，保管人应证明其所采取的措施符合良家父（bon pere de famille）应有的注意标准。因此，在确立责任时，举证责任发生了倒置。寄存人则需证明保管物的毁损、灭失是由保管人的过错所造成的。[1] 在英国，保管责任是过错责任而非严格责任，举证责任在保管人。[2] 我国《合同法》第374条规定："保管期间，因保管人保管不善造成保管物毁损、灭失的，保管人应当承担损害赔偿责任，但保管是无偿的，保管人证明自己没有重大过失的，不承担损害赔偿责任。"此处所说的"保管不善"，就是指保管人主观上具有过错，或者说，其没有尽到善良管理人的注意义务。在这一点上，可以看作是合同法总则中关于严格责任的例外规定。采用过错责任原则，能够与《合同法》区分有偿保管和无偿保管而适用不同的规则保持一致。从《合同法》第374条的规定来看，其区分了有偿保管和无偿保管，确定了不同的责任构成要件。就有偿保管而言，保管人要对其所有过错负责，即使其仅具有一般过失，也应当承担责任。但就无偿保管而言，保管人仅对其故意或重大过失负责。《合同法》第374条关于"保管是无偿的，保管人证明自己没有重大过失的，不承担损害赔偿责任"，在解释上，保管人仅具有一般过失时可以免责。这主要是考虑到在无偿保管的情形下，保管人仅负担义务，而不享有权利，要求其承担过重的责任对其过于苛刻。通过对此规定的解释，可以明确，在有偿的保管中，应当以过错为要件。综合考虑无偿保管和有偿保管，就可以看出，我国合同法就保管合同规定了过错责任原则。

需要指出的是，保管人并非在任何情况下均承担过错责任，依据《合同法》第371条的规定，在擅自转保管的情况下，一旦造成保管物损失，保管人即应承担赔偿责任，可见，保管人的此种责任在性质上属于严格责任。

---

[1] See Christian von Bar and Eric Clive, *Principles, Definitions and Model, Rules of European Private Law*, Volume I, (Munich: Sellier. European Law Publishers, 2009), p. 1812.

[2] See Coldman v. Hill [1919] 1 K. B. 443, 457.

二、违反保管合同的行为

(一) 寄存人的违约行为

寄存人的违约行为大多表现为不按期支付保管费用。在比较法上，对此种行为通常给予保管人两种措施来保护其利益。一是行使同时履行抗辩权。依据该规则，如果寄存人未支付保管费用，则保管人可拒绝返还保管物，从而促使寄存人履行其支付费用的义务。[①] 二是允许保管人依法行使留置权。在寄存人或第三人支付保管费用之前，保管人有权拒绝返还保管物。[②] 我国法律同样确认了这两项措施，通过这两项措施仍不能保护保管人的权利的，保管人可以通过违约责任制度请求寄存人承担违约责任。

《合同法》第370条规定："寄存人交付的保管物有瑕疵或者按照保管物的性质需要采取特殊保管措施的，寄存人应当将有关情况告知保管人。寄存人未告知，致使保管物受损失的，保管人不承担损害赔偿责任；保管人因此受损失的，除保管人知道或者应当知道并且未采取补救措施的以外，寄存人应当承担损害赔偿责任。"这就确立了两项规则：一是保管人被免责的规则。在寄存人未履行瑕疵告知义务而造成保管物损失的，保管人不承担违约责任。二是寄存人应承担责任的规则。如果造成保管人遭受损失的，除保管人知道或者应当知道并且未采取补救措施的以外，寄存人应当承担损害赔偿责任。例如，寄存人所交付的是易燃、易爆等物品，而其在交付时未将其告知保管人需要采取特殊保管措施的，后来因易燃、易爆等物品而造成保管人的仓库烧毁等的，除保管人知道或者应当知道并且未采取补救措施的以外，对保管人遭受的损失，寄存人应当承担损害赔偿责任。

[①] See Christian von Bar and Eric Clive, *Principles, Definitions and Model, Rules of European Private Law*, Volume Ⅰ, (Munich: Sellier. European Law Publishers, 2009), p. 1820.

[②] See Christian von Bar and Eric Clive, *Principles, Definitions and Model, Rules of European Private Law*, Volume Ⅰ, (Munich: Sellier. European Law Publishers, 2009), p. 1819.

第五节 违反保管合同的责任

(二) 保管人的违约行为

1. 擅自使用保管物

《合同法》第 372 条明确规定:"保管人不得使用或许可第三人使用保管物,但当事人另有约定的除外。"因此,在保管合同中,除了当事人明确约定保管人可以使用或许可第三人使用保管物的,保管人在妥善保管寄存人交付的物时,不得擅自使用,这是由保管合同的性质所决定的。保管人所负有的义务仅是占有并保管保管物,而非使用、收益保管物,这也是保管合同和租赁合同、借用合同的区别之所在。如果保管人违反约定擅自使用保管物的,应当向寄存人承担违约责任。[1] 需要注意的是,在特殊情形下,为了寄存人的利益,需要临时使用保管物,例如,寄存人将一批电视等家用电器交给保管人予以保管,如果电视长期不使用,将会对其显像管等零部件造成损害,因此,保管人为了寄存人的利益而适当使用该保管物的,不应承担违约责任。如果当事人在合同中约定,保管人可以使用,也不构成违约。

2. 擅自转保管

《合同法》第 371 条第 2 款规定:"保管人违反前款规定,将保管物转交第三人保管,对保管物造成损失的,应当承担损害赔偿责任。"保管合同的成立在一定程度上是基于寄存人对保管人的保管水平、保管能力的信任,如果保管人违反亲自保管的义务而擅自转保管的,因第三人的过错而造成保管物损失的,保管人仍应承担损害赔偿责任,而不得要求寄存人向第三人主张。[2] 例如,寄存人将一批大米交付给保管人予以保管,但保管人擅自转保管,在第三人保管的过程中,因第三人的疏忽,而造成整批大米发霉,此时保管人应承担损害赔偿责任。

3. 未尽到妥善保管的义务

在保管合同中,《合同法》第 369 条规定,"保管人应当妥善保管保管物"。同时,《合同法》第 374 条规定,"保管期间,因保管人保管不善造成保管物毁

---

[1] See Christian von Bar and Eric Clive, *Principles, Definitions and Model, Rules of European Private Law*, Volume Ⅰ, (Munich: Sellier. European Law Publishers, 2009), p 1807.

[2] 参见魏耀荣等:《中华人民共和国合同法释论(分则)》,514 页,北京,中国法制出版社,2000。

损、灭失的,保管人应当承担损害赔偿责任"。这就意味着保管人违反妥善保管义务而造成保管物毁损、灭失的,其应当承担损害赔偿责任。例如,保管人在接收寄存人所交付的汽油等易挥发液体之后,未按照约定方法进行保管而造成汽油等挥发的,应当承担损害赔偿责任。在通常情况下,保管人所返还的保管物应与交付时相一致。如果返还的保管物的状态与其交付保管人时不一致的,此时应当考虑到保管物的变化是否是由保管物的自然属性所决定的。例如,保管人所保管的香蕉已经成熟,但交付保管时是浅黄色的,在保管人返还时,香蕉的颜色变成深黄色,但并不意味着保管人是有责任的。因为过熟的香蕉变成深黄色是自然现象。① 除此之外,保管物的状态与交付时不一致的,保管人应当举证证明其不具有过错,或者保管物的变化是因不可抗力等原因引起的。否则,保管人应当承担违约责任。② 即使寄存人接受保管物的返还,并不能减免保管人所应负的未尽到妥善保管的义务的责任。

如果不是由保管人保管不善而造成保管物毁损、灭失的,而是因为火灾等意外事故而造成的,在此情况下,并不能根据《合同法》第374条规定要求保管人承担违约责任,而只能根据风险负担的原则来合理分配已经发生的损失。就保管物的风险负担来说,从比较法上来看,一般都采用所有人主义,在保管合同中,意外事件所导致的毁损、灭失的风险一般都是由寄存人承担,但保管人应对保管物的毁损、灭失是因意外事件所造成的负证明责任。③ 这就是说,在保管期间内,由于不可归责于双方当事人的事由造成保管物的毁损、灭失,应当由寄存人承担风险。有人认为:"从有利于保管货物免遭损害的角度说,货物在谁手里,谁就较容易保护货物,谁就应承担货物风险。货物易手,货物风险也应同时易手。"④ 笔者认为,对保管物的风险不应当适用交付主义,而应采取所有人主义。主要原因在于:一方面,保管并没有移转所有权,所有权仍然由寄存人享有,所

---

①② See Christian von Bar and Eric Clive, *Principles*, *Definitions and Model*, *Rules of European Private Law*, Volume Ⅰ, (Munich: Sellier. European Law Publishers, 2009), p. 1823.

③ See Christian von Bar and Eric Clive, *Principles*, *Definitions and Model*, *Rules of European Private Law*, Volume Ⅰ, (Munich: Sellier. European Law Publishers, 2009), p. 1836.

④ 徐炳:《买卖法》,255页,北京,经济日报出版社,1991。

以，其应当承担风险。另一方面，保管人只是从保管合同中收取一定的保管费用，该费用与保管物的价值可能相去甚远。在保管人只是获得较小的保管费用的情况下要求其承担标的物毁损、灭失的巨大风险，这对于保管人来说是极不公平的。需要指出的是，关于因意外事件而导致保管物毁损、灭失时，保管人是否可以请求支付保管费用？从比较法上来看，应当以意外事件发生之前，保管人是否已经通知寄存人领取保管物作为衡量标准。如果在意外事件发生之前，保管人已经通知寄存人领取保管物，但寄存人未领取保管物，保管物因意外事件而毁损、灭失的，寄存人仍应支付费用。但如果在意外事件发生之前，保管人未通知寄存人领取保管物的，寄存人通常不必再支付保管费。当然，如果当事人约定分期支付保管费的，则在意外事件发生之前，对于已经经过的保管期间，寄存人仍应支付相应的保管费。

三、违反保管合同的责任形式

（一）损害赔偿

违反保管合同，通常会造成保管物毁损、灭失或寄存人遭受损失，因此损害赔偿是保管人所应承担的主要违约责任。而我国《合同法》关于保管合同的规定中，也有多个条款规定了保管人的损害赔偿责任。从保管人违反合同的责任方式来看，我国《合同法》将其主要限于损害赔偿责任。这也符合比较法上的通行做法，因为从比较法上来看，最为常见的补救方式还是损害赔偿。[①]

（二）修理、替换

如果因保管人保管不善而造成保管物毁损，但该保管物可以进行修理的，寄存人可以要求保管人进行修理，寄存人也可以请求第三人进行修理，而要求保管人支付相应的修理费用。在比较法上，除了损害赔偿之外，还存在其他的责任形式。这主要是指在因为保管人没有尽到自己的保管义务造成保管物的毁损的情况

[①] See M. Barendrecht et al., *Principles of European Law: Services Contracts*, Sellier European Law Publishers, 2007, p. 585.

下,应当对保管物进行修补,使其尽量恢复原状,然后再交还给寄存人。例如,在奥地利法中,如果保管人造成了保管物的毁损、灭失,寄存人具有要求保管人强制履行(specific performance)的权利,有权请求保管人修补、替换。在法国,只要条件满足,当事人能够请求包括强制履行、损害赔偿在内的任何请求权。[1] 笔者认为,这些经验值得借鉴,在因保管人的过错造成保管物损害时,如果可以修补、替换,则可以允许寄存人提出此种请求。但如果不能修补、替换,则寄存人只能请求损害赔偿。

如果因保管人的原因导致标的物灭失的,而且可以购买到可替代物的,寄存人也可以要求保管人购买可替代物。

---

[1] See M. Barendrecht et al., *Principles of European Law: Services Contracts*, Sellier European Law Publishers, 2007, p. 585.

第十四章

仓储合同

第一节 仓储合同概述

一、仓储合同的概念和特征

仓储是利用仓库存放、储存各类物品的行为。仓储合同，是指由专门从事仓储保管业务的保管人与存货人之间签订的一方为另一方保管货物，另一方支付报酬的合同。《合同法》第381条规定："仓储合同是保管人储存存货人交付的仓储物，存货人支付仓储费的合同。"严格地说，仓储合同是保管合同的一种具体类型，在民商分立的国家，仓储合同是商事合同的一种类型，是由商事法单独规定的。但在民商合一的国家，其有可能被规定在保管合同之中。我国《合同法》采民商合一体制，在规定了保管合同后，又将仓储合同作为独立的类型加以规定，这不仅考虑到了其与保管合同的相似性，同时也注重了其特殊性。因而，这种立法体例也具有自身的特色。仓储合同除具有一般保管合同的特征以外，还具有如下特点：

第十四章 仓储合同

1. 主体具有特殊性

仓储合同的最大特点就在于,保管人是专门从事仓储保管业务的人。在仓储合同中,保管人一般是专门从事物质储存业务的企业法人,关于仓储人的资格,许多国家将仓储合同规定于商法之中,主要是认为仓储人是特殊的商人,其主要以仓储为业。例如,《日本民法典》第597条规定,仓库营业人是指以仓库保管他人物品为业的人。在仓储保管合同中,保管人的特殊性表现在,一是必须具备必要的仓储设备,即用于储存和保管仓储的必要设施;二是必须取得从事仓储业务的资格。我国《合同法》没有对仓储人作出特别的规定,但根据相关法律规定,仓储人必须具有从事仓储报关业务的资格,在法律上取得资格应当具备相应的仓储保管条件,并且经过有关部门的许可,办理相关的营业登记。[1]

2. 标的物主要是动产

仓储合同中的财产主要是动产。就保管合同的客体来看,其包括动产和不动产。但是,就仓储合同来说,其客体应当限于动产。因为仓储人主要是利用自己的仓库为寄存人保管物品[2],不动产不可能成为仓储合同的客体。仓储物既可以是特定物也可以是种类物。通常来说,在仓储合同中,与一般保管合同相比较,由于仓储保管的物品一般是大宗商品,因而储存量大,这和一般保管合同的标的物是不同的。

3. 具有诺成性

仓储保管合同是诺成合同。我国《合同法》区分了一般的保管合同和仓储合同,对于一般的保管合同,依据《合同法》第367条,其为实践合同,然而,对于仓储合同,《合同法》第382条规定:"仓储合同自成立时生效。"可见,《合同法》将仓储合同规定为诺成合同,这主要是因为保管人是专门从事仓储业务的营业主体,存货人也往往是从事大宗物品交易的主体。如果当事人达成协议,保管

---

[1] 例如,《国务院对确需保留的行政审批项目设定行政许可的决定》(国务院令第412号)就对石油成品油批发、仓储、零售经营资格作出了特别的规定,并且需要经过相关部门的审批。

[2] 参见郭明瑞、房绍坤:《新合同法原理》,674页,北京,中国人民大学出版社,2000。

第一节 仓储合同概述

人就要按照已经达成的协议进行准备、计划等。如果在保管物交付之前，合同还没有成立，则无法对当事人提供充分的救济。另外，一般情况下，此种合同的当事人为从事商事交易的营业主体，对于这些主体而言，应当规定它们具有更高的注意要求，以保障商事交易的稳定性，有利于商事交易参与人的预先计算和考虑，实现商事交易的可预期性。

4. 具有有偿、双务性

仓储合同是有偿的、双务合同。由于仓储人身份的特殊性，决定了仓储合同中当事人一方应以追求营利为目的。保管人为存货人提供仓储物的储存和保管服务，就要获得相应的对价，存货人将货物交给仓储人保管，必须支付报酬即仓储费以及其他相关的各种费用，双方之间形成了对待给付关系。仓储营业的营利性决定了仓储合同的有偿性。因此，除非当事人对其作出特别约定，仓储合同都是有偿合同。这与一般保管合同是无偿的，而且在有偿与否不清楚时应作出是无偿的推断是明显不同的。

5. 仓单具有可交易性

仓储保管合同的凭证，即仓单具有可交易性。所谓仓单，是指仓库保管人员应存货人的请求而填发的有价证券。仓单属于有价证券的一种类型，它本身表彰了权利，持有仓单就相当于享有权利。根据《合同法》第385条的规定，存货人交付仓储物的，保管人应当给付仓单。虽然仓单不像提单那样可以通过单纯背书的方式流通转让，它必须经过保管人的签字或者盖章。但是，仓单也属于权利凭证，仓单持有人将仓单转让给第三人时，就相当于交付了货物，第三人可以取得货物的所有权。

6. 具有继续性

仓储合同是继续性合同。与保管合同一样，仓储合同也属于继续性合同，它并非一次履行完毕，而是需要通过多次的、持续性的履行义务才能最终履行完毕。在合同没有终止以前，当事人的履行义务持续存在。在仓储合同中，由于仓储期间并非是某一个时间点，而是一个时间段，所以至少在仓储期间内，寄存人和仓储人的权利和义务都是持续存在的。此外，当事人发生法律纠纷以后，应当

按照诚实信用继续协商，以解决相关的问题。

　　罗马法规定了保管（depositum）合同，但并不存在仓储合同的概念，这是因为仓储是现代市场经济条件下的产物。仓储业是专为他人储藏、保管货物的商业营业活动，是现代化大生产和国际、国内商品货物的流转中一个不可或缺的环节。大陆法系国家尤其是民商分立国家，大都在商法中对于仓储合同作出了单独规定。我国《合同法》一改传统大陆法上的民商分立体例，在民商合一的体制下单独规定了仓储合同，其意义主要在于：第一，考虑到仓储合同的特殊性，而对其进行特殊规范。仓储合同属于传统的商事合同内容，而我国采用民商合一的立法体系，因此，无法将仓储合同独立于民法典而单独规定。但是，仓储合同还是有许多不同于一般保管合同的地方，因此必须予以单独规定。《合同法》在规定一般保管合同的同时又单独规定仓储合同，具有其合理性。第二，有利于规范仓储活动。仓储合同是在保管合同基础上发展起来的新的合同类型，其与仓储业的发展紧密相关。仓储业的兴起和发展，是现代工业社会分工发展的结果，在整个物流环节中居于重要的位置，在我国，仓储业对促进经济的发展、货物的流通发挥着十分重要的作用。法律单独规定仓储合同，对于规范仓储业务具有重要意义。

二、仓储合同与保管合同的区别

　　仓储合同是在保管合同的基础上发展起来的一种合同类型。但是，考虑到仓储合同的特殊性，法律上又将其作为独立的有名合同类型加以规定。《合同法》第395条规定："本章没有规定的，适用保管合同的有关规定。"本条使用"适用"的表述，就意味着，法律上承认仓储合同与保管合同具有类似性，因而，保管合同的许多规则可以适用于仓储合同。例如，《合同法》第380条关于保管人对保管物享有留置权的规定，就可以适用于仓储合同。需要指出的是，并非只要仓储合同没有规定的情形都适用保管合同的规则，在确定是否适用时，应当考虑仓储合同与保管合同的差异，尤其是不能与仓储合同的性质相违背。从这个意义

第一节 仓储合同概述

上说,《合同法》第 395 条中"适用"一词应当限缩解释为参照适用。仓储合同和保管合同存在明显区别,主要表现为:

第一,合同主体不同。保管合同的主体通常为一般的民事主体。而仓储合同中,仓储人具有特殊的身份,其是以从事仓储活动为业的特殊企业法人。此类法律主体要取得仓储人资格,必须能够满足一定的法律特别规定的条件。例如,要具备一定的仓储条件、聘请专业人员等。[①] 法律上将仓储合同特别规定,也是考虑到从事仓储保管的人一般都有相应的资质要求,涉及特种标的物保管。例如,易燃、易爆、腐蚀性、需要冷藏的、具有放射性的物等,都对保管人的资质具有特殊的要求,不能由一般的民事主体来从事。

第二,合同成立时间不同。依据《合同法》第 367 条的规定,保管合同自保管物交付时成立,但当事人另有约定的除外。所以保管合同是要物合同,只有从交付保管物之日起才能生效。但《合同法》第 382 条规定:"仓储合同自成立时生效。"这就意味着仓储合同是诺成合同,只要当事人达成合意,合同就成立。

第三,合同是否有偿方面不同。保管合同原则上是无偿的,当事人有特别约定的则为有偿合同。但仓储合同则原则上是有偿的,因为仓储人是以仓储为其营业活动的人,因而,其订立仓储合同的目的就是获得仓储费。[②]《合同法》第 381 条在界定仓储合同的概念时,要求"存货人支付仓储费",可见,该法将仓储合同原则上界定为有偿合同。还应当看到,在一般保管中,寄存人通常是在提取保管物之时一次性支付全部的保管费。但在仓储合同中,当事人常常约定在每一保管阶段分期支付保管费。[③]

[①] 例如,2005 年《麻醉药品和精神药品管理条例》第 46 条第 1 款规定:"麻醉药品药用原植物种植企业、定点生产企业、全国性批发企业和区域性批发企业以及国家设立的麻醉药品储存单位,应当设置储存麻醉药品和第一类精神药品的专库。该专库应当符合下列要求:(一)安装专用防盗门,实行双人双锁管理;(二)具有相应的防火设施;(三)具有监控设施和报警装置,报警装置应当与公安机关报警系统联网。"

[②] See Christian von Bar and Eric Clive, *Principles, Definitions and Model, Rules of European Private Law*, Volume Ⅰ, (Munich: Sellier. European Law Publishers, 2009), p. 1798.

[③] See Christian von Bar and Eric Clive, *Principles, Definitions and Model, Rules of European Private Law*, Volume Ⅰ, (Munich: Sellier. European Law Publishers, 2009), p. 1828.

第四，合同的客体不同。在保管合同中，无论是动产还是不动产，都可以成为保管的对象，因而其客体是所有的有体物。而仓储保管的对象必须是动产，不动产不能作为仓储合同的保管对象，因为仓储合同的保管是置于仓库中进行保管。还需要指出的是，仓储保管合同中，动产较之于一般保管中的动产，价值也更大，正是因为这一原因，所以在一些仓储保管合同中，为了防止因违约而导致保管人承担过重的责任，保管人的赔偿责任可以通过约定而减轻，即将保管人的责任限定在保管物的价值范围内。[1]

第五，是否签发仓单不同。一般的保管合同中并没有仓单的流转问题。而在仓储保管中，涉及仓单的流转问题，仓单是指保管人在收到仓储物时，向存货人签发的、表示其收到一定数量储存物的有价证券。[2] 仓单作为一种有价证券，可以进行流转。而在一般的保管合同中，既不签发仓单，更不涉及仓单的流转问题。

此外，在权利义务内容上，虽然仓储合同可以参照一般的保管合同，但是在内容上还是存在区别的，例如，仓储合同中，易燃易爆物的保管需要寄存人尽到特别说明和提醒的义务，而保管人也负有特别的注意义务。[3]

总之，立法者注意到仓储合同与一般保管合同的区别，一般的保管合同主要是普通民事保管合同，而仓储合同主要运用于商事活动中，因此，对仓储合同作出专门规定，能够适应商事活动的特殊要求。

第二节 仓储合同的成立

《合同法》第 382 条规定："仓储合同自成立时生效。"但对仓储合同的成立

---

[1] See Christian von Bar and Eric Clive, *Principles, Definitions and Model, Rules of European Private Law*, Volume Ⅰ, (Munich: Sellier. European Law Publishers, 2009), p. 1823.

[2] 参见郭明瑞、房绍坤：《新合同法原理》，676 页，北京，中国人民大学出版社，2000。

[3] 参见《合同法》第 383 条，See M. Barendrecht et al., *Principles of European Law: Services Contracts*, Sellier European Law Publishers, 2007, p. 579.

如何理解，有两种不同的观点：一种观点认为，仓储合同属于诺成合同。此种观点认为，《合同法》第 382 条规定实际上作为对保管合同特别例外的规定，表明仓储保管合同不是实践合同，而是诺成合同。因此，仓储合同的订立无须以交付仓储物和履行特定的行为为要件。[①] 另一种观点认为，仓储合同属于实践合同。因为《合同法》第 382 条的规定，并不是对仓储合同性质的定义，而不过是对《合同法》第 44 条关于"依法成立的合同，自成立时生效"的规定的重复。由于仓储合同不过是一种特殊的保管合同，所以其仍然属于实践合同。[②]

应当承认，一般保管合同都是实践合同，罗马法规定消费借贷（mutuum）、无偿使用借贷（commodatum）、保管（depositum）以及出质（pignus）为要物合同，因为其成立以交付物为前提，以返回物及其价值为基础。[③] 大陆法基本上沿袭了这一规定。但是随着商法的发展，许多大陆法国家都在商法中对于仓储合同作出了单独规定。例如，《日本商法典》第九章规定，仓库寄托契约是仓库营业人在仓库内为他人保管物品的契约。该契约不以物的交付为要件，是诺成契约。从我国《合同法》第 382 条的规定看，该条已经明确了仓储合同为诺成合同。主要理由在于：

第一，从文义解释和体系解释来看，法律关于保管合同和仓储合同存在不同的规定，应将仓储合同界定为诺成合同。《合同法》第 367 条规定："保管合同自保管物交付时成立，但当事人另有约定的除外。"但《合同法》第 382 条规定："仓储合同自成立时生效。"从该条的文义来看，仓储合同的成立并不需要交付标的物，其应当属于诺成合同，而且比较这两条规定可以看出，立法者有意将仓储合同设计为诺成合同，否则其就没有必要作出与保管合同不同的规定。

第二，从历史解释来看，立法者也是将仓储合同定性为诺成合同。按照立法者

[①] 参见郭明瑞、房绍坤：《新合同法原理》，675 页，北京，中国人民大学出版社，2000；崔建远主编：《合同法》，484 页，北京，法律出版社，2007。
[②] 参见韩世远：《合同法学》，550 页，北京，高等教育出版社，2010。
[③] See E. Allan Farnsworth, "The Past of Promise: An Historical Introduction to Contract", 69 *Colum. L. Rev.* 576, 589 (1969).

的观点，仓储合同一经当事人合意，合同就因此而成立[1]，双方当事人就要受合同的约束。法律将仓储合同界定为诺成合同主要是为了保障双方当事人正确履行合同义务，从而实现合同的目的。这也是仓储合同与保管合同的重要区别之一。[2]

第三，将仓储合同界定为诺成合同符合仓储人专业保管人的性质。仓储合同中的保管人作为专业的保管人，其提供仓储服务的主要目的是营利。只要双方达成协议，无论存货人是否交付了标的物，仓储人都会为履约做准备。例如，准备特定的储存空间、招聘特定的保管人员、对入库的货物进行特别的资料搜集、对保管人员进行技术培训等。如果将仓储合同看做实践合同，则仓储人无法就其前期准备工作的费用向寄存人主张，这就不利于对仓储人合法利益的保护[3]，也不符合仓储人作为专业的保管人的性质。

第四，这是维护交易秩序的需要。在订立合同以后，仓储人就要为履行合同义务进行准备，这些准备工作要花费一定的时间成本和费用。保管人可能已经为履行合同支出了一定的成本，并因此而拒绝其他潜在的存货人的要约。如果将仓储合同界定为实践合同，则合同在存货人实际交货前并未成立，存货人还可以改变其先前的许诺，且无须承担违约责任，仓储人只能依缔约过失责任请求赔偿，仓储人受损失的风险也因此大大增加，这显然不利于维护仓储人的利益。而将仓储合同作为诺成合同对待，就有利于当事人依据合同形成稳定的预期，从而维护交易安全。[4]

第五，将仓储合同界定为诺成合同，也有利于保护存货人的权利。在仓储合同中，存货人存放的一般都是大宗商品，在交付时，如果仓储人不能提供足够的储存场地，则可能造成存货人损失，如可能使存货人的货物因无处堆放而造成毁损、灭失。[5] 如果认为仓储保管合同是实践合同，则只有在保管人实际接受了货物以后，合同才能成立，保管人才应对寄存人负责，而对于因其不提供规定的场所，致使货物不能入库而造成货物的毁损、灭失，保管人也不负责任，这显然对

---

[1] 参见全国人大常委会法制工作委员会主任顾昂然：《合同法讲话》，97页，北京，法律出版社，1999。
[2] 参见胡康生主编：《中华人民共和国合同法释义》，553页，北京，法律出版社，1999。
[3] 参见郭明瑞、房绍坤：《新合同法原理》，675页，北京，中国人民大学出版社，2000。
[4] 参见胡康生主编：《中华人民共和国合同法释义》，553页，北京，法律出版社，1999。
[5] 参见郭明瑞、王轶：《合同法新论·分则》，649页，北京，中国政法大学出版社，1997。

存货人来说是极不公平的。而如果将仓储合同界定为诺成合同，在合同订立后，保管人就应当从事各种履约准备以保证按时为他人堆藏和保管货物，如果等到寄存人交付物品时，保管人仍不能为存货人提供必要的场所，或者提供的场所不符合合同的规定，因此造成存货人损失的，存货人有权请求保管人承担违约责任。

需要指出的是，依据《合同法》第 44 条，"依法成立的合同自成立时生效"。而《合同法》第 382 条规定，"仓储合同自成立时生效"，可见其没有规定"依法"二字，据此有学者认为，如此一来，很容易被人误解为不依法成立的合同也可以生效，从而混淆了成立与生效的界限。[①]但笔者认为，从体系解释来看，此处虽省略了"依法"二字，但二者的内涵实际上是一致的。

《合同法》第 385 条规定："存货人交付仓储物的，保管人应当给付仓单。"仓单就是仓储合同存在的证明，也是仓储合同的组成部分。这是否意味着仓储合同必须在交付仓单之后才生效？如前所述，仓储合同是一种诺成合同，而不是实践合同。因此，仓单只是仓储合同成立的证明文件，仓储合同是诺成合同，仓单不是仓储合同的成立条件，不能将保管人给付仓单的时间认定为合同成立时间。仓储合同从签订之时就开始生效，但直到保管人出具仓单之前，都只是对合同履行所做的准备，包括送货、验货、收货等，只有等保管人向存货人出具了仓单，才表明合同正式进入履行阶段，合同的主义务即保管货物的义务才开始履行。

第三节　仓储合同的效力

一、保管人的义务

1. 妥善保管

《合同法》第 381 条规定，"仓储合同是保管人储存存货人交付的仓储物"的

[①] 参见易军、宁红丽：《合同法分则制度研究》，17 页，北京，人民法院出版社，2003。

第十四章 仓储合同

合同。据此,妥善保管标的物是保管人最基本的义务,妥善保管义务主要包括:

第一,提供必要的仓储条件。具备法定的资格和保管条件是保管人履行其妥善保管义务的前提。但是在保管特定的物品时,保管人可能不具备相关的保管条件,在仓储合同订立后,保管人应当为履行合同进行必要的准备,并为保管标的物准备必要的仓储设施。《合同法》第383条第3款规定:"保管人储存易燃、易爆、有毒、有腐蚀性、有放射性等危险物品的,应当具备相应的保管条件。"这就是说,对于危险物品的保管,如果法律规定了特别的保管条件,则保管人应当具备相应的条件。例如,对化学危险物品的储存而言,1987年国务院《化学危险物品安全管理条例》专门作了规定。因此,保管人要保管化学危险物品,就应当符合该条例规定的条件。

第二,亲自保管。在一般的保管合同中,法律都要求保管人应当亲自保管,不得擅自将保管物交给第三人。[①] 在仓储合同中,同样需要仓储人亲自保管,因为一方面,将仓储物交由第三人保管,可能会加大仓储物毁损、灭失的风险,同时也可能导致保险公司拒绝赔付,这就不利于维护存货人的利益。另一方面,法律对仓储人的资质条件可能作出了特别要求,如果允许保管人委托他人保管,受托人可能不具备相应的保管资质。此外,存货人之所以选择特定的仓储人进行保管,是基于对仓储人的设备、技能和专业经验的信赖,如果保管人将标的物交由他人保管,也会使存货人的这种信赖落空,从而有损存货人的利益。因此,未经存货人的同意,保管人不得将仓储物转交他人保管。

第三,妥善保管。在仓储保管合同中,对仓储物保管的方式、方法、人员等,大多有法律法规以及合同的规定。例如,关于防火防盗等义务,必须要依据法律规定的标准,完善有关的设施。总体上,保管人应当尽到善良管理人应尽的注意义务来管理货物。例如,保管人须提供一定的安全防范措施,以防止仓储物的毁损、灭失。保管人也应采取合理的措施避免保管物的毁损、腐烂和贬值。对危险物品和易腐物品,必须按规定操作或保管。在通常情况下,保管人不得查验

[①] 参见《合同法》第371条。

第三节 仓储合同的效力

保管物。然而，如果保管人知晓保管物可能毁损、腐烂的，则依据诚信原则，负有查验的义务。①

第四，防止损害发生和扩大。在保管物遭受损害之后，无论损害是由保管人或是第三人引发②，保管人都应当尽量避免损害的扩大，即保管人应采取合理措施避免和减少各种不必要的损害，如果保管人未采取必要措施防止损害扩大的，其应当对损害扩大的部分承担责任。

在法律上是否应当区分仓储合同中保管人的注意义务与一般保管中保管人的注意义务，值得探讨。如前所述，在一般保管合同中，区分有偿无偿而确定不同的注意义务程度，对有偿保管合同而言，保管人应当尽到善良管理人的注意义务。但在大陆法系的民商分立国家，保管合同中保管人的注意义务认定采普通民事主体的标准，而仓储合同中保管人的注意义务认定则采商人的标准，因此，仓储合同中保管人的注意义务标准更高。我国《合同法》虽然采民商合一的立场，但仓储合同中的保管人所从事的保管活动具有专业性、营利性，而且仓储合同中存货人要支付仓储费，仓储费的标准往往要高于一般保管中的保管费，因此，仓储合同中保管人应尽的注意义务应当高于有偿保管合同中保管人的注意义务。在具体认定仓储合同中保管人的注意义务时，应当在合理理性人的基础上再加上行业通常水平的标准，即如果相关的行业标准对仓储人的注意义务有特别要求的，仓储人也应当尽到此种注意义务。

2. 入库验收义务

《合同法》第384条规定："保管人应当按照约定对入库仓储物进行验收。"该条确立了入库验收的义务。验收就是指保管人对货物的数量、规格、品质等进行检验，以确定是否属于合同约定的保管物。保管人验收仓储物除有利于其妥善保管仓储物外，还具有保存证据的作用。验收是接收的前提，只有在验收之后，

---

① See Christian von Bar and Eric Clive, *Principles*, *Definitions and Model*, *Rules of European Private Law*, Volume Ⅰ, (Munich: Sellier. European Law Publishers, 2009), p. 1808.

② See Christian von Bar and Eric Clive, *Principles*, *Definitions and Model*, *Rules of European Private Law*, Volume Ⅰ, (Munich: Sellier. European Law Publishers, 2009), p. 1807.

保管人才能决定是否接收保管物。保管人采取何种方式进行验收，由法律法规和当事人的约定来确定，通常，其应当依据当事人的约定和交易习惯来确定。[①] 如果仍无法确定验收方式，则由保管人来选择。保管人可以约定逐件验收，也可以约定抽样检查。所以，在货物入库时，保管人有权对货物的品名、规格、数量、外包装状况、质量等进行验收，以确定是否属于合同规定的标的物，如发现有不符合合同规定的，应当及时通知存货人协商解决。保管人如未按合同规定的验收项目、方法和验收期限进行验收，或验收不准确，由此造成的损失由保管人负责。

依据《合同法》第384条的规定，保管人在验收之后负有如下义务：第一，保管人验收之后，同意接收货物，此时，保管人即应当妥善保管标的物。第二，保管人检验仓储物之后，一旦发现货物的品质、数量、状况等与合同的约定不符，应当及时通知存货人取回货物，保管人也有权拒收货物。如果存货人未取回货物，因此造成的损失应当由存货人承受。如果保管人未及时通知存货人，则推定验收合格。第三，验收合格后，如果发生仓储物的品种、数量、质量不符合约定的情况，则推定是保管人未履行保管义务造成的。

3. 给付仓单义务

《合同法》第385条规定："存货人交付仓储物的，保管人应当给付仓单。"该条确定了保管人应当在存货人交付仓储物以后交付仓单的义务。所谓仓单，是指保管人收到保管的货物时向存货人签发的表示其收到一定数量仓储物的凭证。仓单在法律上表明保管人收到了仓储物，因此，仓单应当由保管人亲自签发。如果其通过检验货物发现与合同描述不相符合、从而通知存货人取回，则保管人没有出具仓单的义务。仓单既是仓储合同存在的证明，也是仓储合同的组成部分。保管人应当在仓单上签字或盖章。在验收完毕之后，保管人应当及时给付仓单。保管人给付仓单，表明其已经实际收到了货物，存货人有权依据该仓单向保管人主张对货物的所有权。

---

① 参见魏耀荣等：《中华人民共和国合同法释论（分则）》，537页，北京，中国法制出版社，2000。

第三节 仓储合同的效力

4. 允许存货人检查或者提取样品

《合同法》第388条规定:"保管人根据存货人或者仓单持有人的要求,应当同意其检查仓储物或者提取样品。"这就确立了保管人允许存货人或者仓单持有人检查或者提取样品的义务,该项义务又被称为容忍义务。存货人将货物存到仓库之后,为了了解仓储的安全状况、存货状况等,可能需要检查或者提取货物样品,保管人负有同意的义务。①《合同法》第388条确立了两项义务:一是允许存货人或者仓单持有人检查仓储物,存货人或仓单持有人可以进行何种程度的检查,应根据仓库的状况及交易习惯决定。二是允许存货人或者仓单持有人提取样品,提取样品的目的主要是检查。保管人同意存货人或仓单持有人检查货物是尊重存货人或仓单持有人对货物所有权的一种体现。同时,存货人或仓单持有人对货物进行检查或者取样也有利于监督保管人认真履行合同义务。有观点认为,存货人有权随时检查仓储物或者提取样品。②笔者认为,除非是仓储合同对于检查权作出了特别的约定,或者按照交易习惯可以推断出存货人享有此种权利,否则存货人不应享有随时检查货物的权利,因为随时检查将会不当增加保管人的管理成本。

5. 通知和催告

保管人接受了货物之后,应当妥善保管标的物,在保管期间内,一旦发现仓储物具有变质或其他损坏的情形,保管人即应当及时通知存货人或者仓单持有人。《合同法》第389条规定:"保管人对入库仓储物发现有变质或者其他损坏的,应当及时通知存货人或者仓单持有人。"依据这一规定,如果保管人在仓储物储存过程中,发现仓储物有变质或其他损坏,或有发生此种变质或损坏的危险时,应及时通知存货人或仓单持有人,使其尽早采取相应措施,避免发生更大的损失。此种义务也称为异状通知义务。③此种义务主要适用于如下两种情况:一

---

① 参见胡康生主编:《中华人民共和国合同法释义》,560页,北京,法律出版社,1999。
② 参见孙艳:《仓储合同的法律问题探析》,载《物流技术》,2003(12)。
③ 从各国的法律规定来看,基本上都对此作出了规定。例如,《德国商法典》第471条规定,在受领后,货物发生变更或顾虑货物发生变更,仓库营业人应不迟延地向存货人,或在签发仓单时,向最后的、为其所知悉的仓单的正当持有人进行通知并征求批示。

667

是发现仓储物有变质的情况（例如，发现仓储物出现异状，发生数量减少或价值减少），保管人即应当及时通知存货人或者仓单持有人。二是发现仓储物有其他损坏的情况（例如，保管人发现货物包装破损造成仓储物的毁坏），保管人也应当及时通知存货人或者仓单持有人。此外，当出现第三人对仓储物主张权利起诉或扣押时，由于可能影响到存货人的权利，保管人也应当立即通知存货人或仓单持有人。

《合同法》第390条规定："保管人对入库仓储物发现有变质或者其他损坏，危及其他仓储物的安全和正常保管的，应当催告存货人或者仓单持有人作出必要的处置。"可见，保管人负有催告存货人或者仓单持有人作出必要处置的义务。承担该项义务的条件是：第一，保管人对入库仓储物发现有变质或者其他损坏情况。第二，该种情况危及其他仓储物的安全和正常保管。如果只是轻微的变质或者损坏，在保管人能够处理的情况下，就无须通知存货人或者仓单持有人。但是，当变质或毁损的情况较为严重时，必须及时通知存货人或者仓单持有人，因为此时可能对其权利构成较大的影响。第三，应当催告存货人或者仓单持有人作出必要的处置。这就是说，催告必须是针对存货人或者仓单持有人，对其他人的催告不构成有效的催告。而且催告的内容是要求存货人或者仓单持有人对于货物出现变质或毁损的情况作出处置或者处置的指示。

保管人对入库仓储物发现有变质或者其他损坏，危及其他仓储物的安全和正常保管的，一般都应当适用催告程序，即催告存货人或者仓单持有人作出必要的处置，但在紧急情况下，依据《合同法》第390条，法律为保护存储人的利益，赋予保管人在紧急情况下对仓储物的处置权。所谓情况紧急，是指保管人无法通知存货人，或者保管人必须立即采取措施以避免其他仓储物的损坏。例如，对紧急停电后冷冻食品急需要变卖或转托他人保管，但保管人又无法与存货人取得联系，在此情况下，保管人可以不经过上述催告程序，对仓储物作出必要的处置，但事后应当将该情况及时通知存货人或者仓单持有人。

6. 返还仓储物

在仓储保管合同中，保管人并不享有保管物的所有权，因此在期限届满之后，应当负有返还仓储物的义务。如果返还的保管物不是同一种类、质量和数量

的物，保管人应当承担赔偿责任。保管人在返还保管物时，也应当返还因保管物所生的孳息。

通常来说，保管人都是在储存期间届满时负有返还仓储物的义务，但即便当事人没有对储存期间作出明确约定，保管人也应负有此种义务。《合同法》第391条规定："当事人对储存期间没有约定或者约定不明确的，存货人或者仓单持有人可以随时提取仓储物，保管人也可以随时要求存货人或者仓单持有人提取仓储物，但应当给予必要的准备时间。"在仓储合同中，如果当事人对仓储期间没有约定或者约定不明，则存货人或者仓单持有人可以随时提取仓储物。即使合同对仓储期间作出了明确约定，存货人或者仓单持有人要求提前提取仓储物的，仓储人也应当允许。在存货人或者仓单持有人提取仓储物时，保管人不能以期限未届至而拒绝提货的请求，不得无故扣押仓储物，只不过保管人在存货人提取货物时，可以要求给予必要的准备期限。如果存货人提前领取保管物，在此情形下，保管人仍有权请求合同约定的保管费用的支付。①

如果存货人或者仓单持有人要求提前提取货物的，保管人是否有权主张预期利益的损失？一般而言，在合同签订后，保管人对于合同履行完毕之后所获得的收益有一个预期，因为在存货人或者仓单持有人提前提取保管物的情况下，虽然保管人的义务得以提前解除，但是如果存货人或者仓单持有人主张以实际保管期限来支付保管费用，则可能使保管人丧失预期利益。笔者认为，如果合同规定了保管期限，若因合同期限未届满存货人或第三人请求提前返还仓储物，保管人因此遭受的损失可以向存货人请求赔偿，依据《合同法》第392条的规定，提前领取，不减收仓储费，其中就包含了对此种损失的赔偿。但保管人在请求存货人赔偿损失时，应当扣除其尚未发生的保管费用。

7. 相关附随义务

在保管人履行仓储保管合同时，应当依据诚信原则履行相关附随义务。在比较法上，保管人的附随义务是被普遍认可的。例如，《欧洲合同法原则》第

---

① See Christian von Bar and Eric Clive, *Principles, Definitions and Model, Rules of European Private Law*, Volume I, (Munich: Sellier. European Law Publishers, 2009), p. 1817.

4:103条规定,保管人负有收集与保管标的特征有关的相关信息的义务。此种义务实际上是一种先合同义务,通过此种义务的履行,有利于相关信息的搜集,有利于保管人顺利履行仓储保管合同,实现合同订约目的。我国《合同法》第二十章"仓储合同"部分虽然没有明确规定保管人的附随义务,但根据诚信原则,保管人应当负有附随义务。例如,在合同终止后,保管人负有保密等义务。

二、存货人的主要义务

1. 支付仓储费

仓储合同是有偿合同,《合同法》第381条规定:"仓储合同是保管人储存存货人交付的仓储物,存货人支付仓储费的合同。"因而,支付仓储费是存货人的主要义务。存货人应当支付的费用包括两部分:一是仓储费,这是指因保管人提供仓储保管,存货人应当支付的报酬。二是其他相关费用,这是指因为仓储的需要而支出的有关检验费、运输费、包装费等费用。这些费用都是必要的开支。

存货人应当按照约定的时间支付仓储费,如果合同约定在每一保管阶段分别支付到期的保管费用,则应按照合同的约定时间支付。如果未约定明确的支付时间,则存货人应当在领取保管物时支付仓储费。在合同没有约定先支付保管费的情况下,保管人不能以未支付保管费为由而主张同时履行抗辩权、拒绝保管。[①] 如果存货人拒绝支付仓储费用,则保管人有权留置仓储物品以使自己的债权得到清偿。从比较法上看,大多数国家都对此种情形下保管人的留置权作出了规定。[②] 我国《合同法》为保护保管人的权益,在第380条规定:"寄存人未按照约定支付保管费以及其他费用的,保管人对保管物享有留置权,但当事人另有约定的除外。"该条规定虽然是对保管合同的规定,但依据《合同法》第395条,"本章没有规定的,适用保管合同的有关规定"。据此,在存货人未支付仓储费时,

---

[①] 参见韩世远:《合同法学》,551页,北京,高等教育出版社,2010。

[②] See Christian von Bar and Eric Clive, *Principles, Definitions and Model, Rules of European Private Law*, Volume Ⅰ, (Munich: Sellier. European Law Publishers, 2009), p.1829.

第三节 仓储合同的效力

保管人有权将保管物进行留置,并在法定期限经过之后(2个月),就留置的仓储物进行拍卖、变卖等,使自己的债权得到实现。

2. 说明义务

所谓说明义务,是指存货人在交付特殊物品时,应当向保管人说明该物品的性质并提供有关资料的义务。从比较法上看,大多数国家都规定存货人负有说明的义务,即寄存人应将保管物所具有的特殊性质(如易燃、易爆物品等)通知保管人。[1] 我国《合同法》第383条规定:"储存易燃、易爆、有毒、有腐蚀性、有放射性等危险物品或者易变质物品,存货人应当说明该物品的性质,提供有关资料。"这就确立了存货人的说明义务。此种义务是法定的义务。这就是说,无论当事人在合同中是否约定,都应当负有此种义务。这主要是考虑到仓储物如果是危险物品或易变质物品,则具有极大的危险性,对此类物品不进行特殊的保管,则不仅会造成物品本身的损害,而且可能造成人身伤亡或其他财产损害的严重后果。事实上,法律一般会对特殊物品的管理作为特别规定[2],因此,存货人在交付仓储物时应当向保管人作出特别说明,从而使保管人可以采取特殊措施进行保管。

存货人的说明义务不仅包括对危险物的说明,还包括提供相关的资料。提供的资料主要是关于保管物本身的性质特点,以及保管注意事项的说明。例如,某鲜活产品必须在多少温度下保存才不会变质,存货人应当向保管人说明。如果因为没有尽到说明义务而造成货物的毁损、灭失,应当由存货人自担损失。如果保管物因此造成他人损害,则应当由存货人承担赔偿责任。例如,因为存货人没有说明其货物是爆炸物,后来该货物爆炸导致第三人的损害。在此情况下,应当由

---

[1] See M. Barendrecht et al., *Principles of European Law: Services Contracts*, Sellier European Law Publishers, 2007, p. 522.

[2] 例如,2006年《民用爆炸物品安全管理条例》第41条规定:"储存民用爆炸物品应当遵守下列规定:(一)建立出入库检查、登记制度,收存和发放民用爆炸物品必须进行登记,做到账目清楚,账物相符;(二)储存的民用爆炸物品数量不得超过储存设计容量,对性质相抵触的民用爆炸物品必须分库储存,严禁在库房内存放其他物品;(三)专用仓库应当指定专人管理、看护,严禁无关人员进入仓库区内,严禁在仓库区内吸烟和用火,严禁把其他容易引起燃烧、爆炸的物品带入仓库区内,严禁在库房内住宿和进行其他活动;(四)民用爆炸物品丢失、被盗、被抢,应当立即报告当地公安机关。"

存货人承担责任。

《合同法》第 383 条第 2 款规定:"存货人违反前款规定的,保管人可以拒收仓储物,也可以采取相应措施以避免损失的发生,因此产生的费用由存货人承担。"据此可见,一方面,存货人违反说明义务的,保管人可以拒收仓储物。因为如果存货人提供的货物属于危险物品和易变质物品,而存货人隐瞒了真相,则保管人在验货期间发现之后,就有权拒收仓储物。另一方面,保管人也可以采取相应措施以避免损失的发生,因此产生的费用由存货人承担。在存货人不履行说明义务时,保管人享有拒收仓储物的权利。如果保管人不拒收仓储物,其也可以采取措施以避免损失的发生,由于保管人支出此项费用是因为存货人违反说明义务造成的,而且其采取措施也是为了存货人的利益,因而应当由存货人承担相应的费用。

3. 提取标的物

在仓储合同期间届满之后,存货人负有提取仓储物的义务。《合同法》第 392 条规定:"储存期间届满,存货人或者仓单持有人应当凭仓单提取仓储物。存货人或者仓单持有人逾期提取的,应当加收仓储费;提前提取的,不减收仓储费。"根据这一规定,在存储期间届满之后,存货人或者仓单持有人负有凭仓单提取仓储物的义务,仓单是作为存货人或仓单持有人的一种权利凭证而存在的。在期间届满之后,如果存货人或者仓单持有人不及时提取仓储物,有可能会造成存货人货物积压以及货物腐烂变质等情形的出现,所以法律规定其负有此种义务。

存货人提取标的物的义务需根据储存期间予以确定。在当事人未明确约定储存期间时,如何确定存货人的提取义务?《合同法》第 391 条规定:"当事人对储存期间没有约定或者约定不明确的,存货人或者仓单持有人可以随时提取仓储物,保管人也可以随时要求存货人或者仓单持有人提取仓储物,但应当给予必要的准备时间。"依据这一规定,一方面,如果没有约定储存期间,存货人和仓单持有人可随时要求提取仓储物,但应当给予仓储人必要的准备时间。这就是说,存货人或仓单持有人可以根据自己的意愿确定提取仓储物的时间。随时提取并不

第三节 仓储合同的效力

构成违约，存货人不应承担违约责任，但应当提前通知保管人，给其必要的准备时间。另一方面，保管人也可以随时要求存货人或者仓单持有人提取仓储物，但应当给予必要的准备时间。对保管人来说，因为合同没有确定储存期间，就属于不定期保管，其有权单方地终止合同。

在存货人或者仓单持有人逾期不领取的情况下，《合同法》第393条规定："储存期间届满，存货人或者仓单持有人不提取仓储物的，保管人可以催告其在合理期限内提取，逾期不提取的，保管人可以提存仓储物。"据此，在存货人或者仓单持有人未及时提取仓储物的情形下，保管人有权将仓储物提存。法律上之所以规定保管人有权将仓储物提存，一方面是因为，在此情形下仓储关系并未消灭，存货人或者仓单持有人不提取仓储物会造成保管人货物的积压，无法腾出仓储空间等，保管人可以催告其在合理期限内提取。另一方面是为了及时消灭债的关系，使保管人不再负担保管义务。虽然存货人或者仓单持有人不及时提取仓储物使保管人难以履行义务，但保管人返还仓储物的义务并未因此消灭，此时，法律允许保管人通过提存的方式消灭其合同义务。允许保管人将仓储物提存，有利于督促存货人或仓单持有人及时提取仓储物，但保管人将仓储物提存应具备以下条件：

第一，储存期间必须届满。只有在储存期间届满之后，保管人才负有返还的义务。因此，保管人在储存期限届满后，应当要求存货人或仓单持有人及时提取仓储物，后者才负有按时提取货物的义务。在储存期间未届满的情形下，保管人无权要求存货人或者仓单持有人提取货物，也不得将仓储物提存。

第二，必须是存货人或者仓单持有人不提取仓储物。通常情形下，仓单持有人就是存货人，但由于仓单是有价证券，可以进行转让，当存货人将仓单转让后，仓单持有人也可以凭仓单提货。只有在存货人或者仓单持有人逾期不提取仓储物的情形下，保管人才有权提存货物。此处所说的"不提取仓储物"既包括全部仓储物都没有被提取，也包括存货人或仓单持有人遗留部分仓储物。不论存货人或仓单持有人不提取仓储物的原因如何，只要符合提存的条件，保管人就可以将仓储物提存。

第三，催告期届满后仍然不提取。这就是说，存货人或仓单持有人未及时提取仓储物后，保管人不能立即将货物提存。因为存货人不提取的原因是多样的，例如，存货人或者仓单持有人因为一时疏忽而忘记按时提取等。为慎重起见，法律要求保管人必须履行催告程序，催告之后仍然不提取，才能行使提存权。需要指出的是，《合同法》第393条使用了"可以"一词，但为了保护存货人或者仓单持有人的利益，应当将其理解为"必须"，即保管人必须催告存货人或仓单持有人在合理的期限内提取，否则不得将仓储物提存。

4. 附随义务

在保管合同中，存货人也应当负担附随义务。在比较法上，一些国家的法律或示范法对此作出了规定。例如，依据《欧洲合同法原则》第1：103（4）条的规定，存货人有义务按照合同规定提供必要的货物验收资料，存货人未按合同规定提供验收资料或提供的资料不齐全、不及时，造成货物验收差错，一切损失由存货人承担。存货人有义务按规定对货物包装，货物的包装由存货人负责，包装必须符合国家主管机关规定的或合同约定的标准，因包装不符合国家或合同规定，造成货物损坏、变质的，由存货人负责。虽然我国《合同法》未规定存货人的附随义务，但依据诚信原则，存货人应向保管人提供验收等各种资料。这些都是存货人所应当承担的附随义务，只有存货人履行了充分提供相关资料的义务，仓储人才能够通过这些资料安排恰当的保存措施，以妥善保管仓储物。

第四节　仓单的法律性质及内容

一、仓单的概念和性质

所谓仓单（Lagerschein；dock warrant），是指仓库保管人在存货人寄托物品以后，应存货人的请求，向存货人填发的记载有关保管事项的单据。仓单是提取仓储物的凭证。《合同法》第385条规定："存货人交付仓储物的，保管人应当给

第四节 仓单的法律性质及内容

付仓单。"从比较法上看，有关仓单的立法模式有多种：一是两单主义，又称复券主义（Zweischeinsystem），主要被法国法所采用，这种立法例是指保管人同时填两份仓单，一份为提取仓单，用以提取货物，因此可以转让，另一份为出质仓单，可以作为债权的担保。二是一单主义，又称单券主义（Einscheinsystem），为德国法所采用，在这种立法模式中，保管人仅填发一份仓单，但其既可为转让依据，也可为担保的依据。三是并用主义，为日本所采用，其将选择权赋予存货人，可以选择请求保管人填发两单或者一单。[①] 依据我国《合同法》第385条的规定来看，其并没有规定保管人要签发两份不同的仓单，可见，我国《合同法》采用的是一单主义，此种模式有利于避免仓单关系的复杂化，并可避免存货人利用两单的分离获取不当利益。

仓单具有如下法律性质：

第一，仓单是一种物权证券。一般认为，仓单是一种有价证券。[②] 但其究竟属于物权证券，还是债权证券，存在争议。有学者认为，仓单属于物权证券。因为物权证券是以物权为证券权利内容的证券。仓单是提取仓储物的凭证，也是存货人对仓储物享有所有权的证明文件。仓单发生转移，仓储物的所有权也发生转移。[③] 也有学者认为，仓单同时具有物权证券和债权证券的双重属性，即仓单属于债权的有价证券，但因这种证券的交付与物的交付有相同的效力，所以也兼有物权的有价证券的性质。[④] 笔者认为，仓单具有双重属性，即仓单不仅具有物权证券的性质，同时也能够产生债权的效力。因为一方面，仓单是仓储物所有权的凭证，从我国《合同法》的规定来看，其在多个条款中将仓单持有人和存货人等同对待，这实际上是将仓单界定为仓储物所有权的凭证。同时根据指示交付规则，仓单的交付也可产生物权变动的效果，仓单据此具有了物权凭证的效力。[⑤] 另一方面，仓单持有人还有权请求仓储保管者交付保管物件，此种请求权又具有

---

①② 参见郑玉波：《民法债编各论》下册，559页，台北，三民书局，1981。
③ 参见房绍坤：《仓单若干问题探讨》，载《求是学刊》，2002（1）。
④ 参见谢怀栻：《票据法概论》，10～11页，北京，法律出版社，1990。
⑤ 参见胡铁红：《仓单物权凭证与债权凭证的双重效力分析》，载《人民司法》，2009（18）。

675

一定的债权属性。仓单的交付具有债权转让的性质。当然,仓单主要具有物权证券的性质。尽管仓单是有价证券,但其不同于一般的有价证券,仍然是一种权利凭证,因此,对于仓单、提单的出质,也须适用《物权法》关于权利质押的规定。

第二,仓单是一种要式证券。《合同法》第386条规定:"保管人应当在仓单上签字或者盖章。"该条还具体列举了仓单应当包括的内容,可见,仓单属于要式证券。但我国法律对仓单的内容究竟应当具有哪些绝对必要记载事项、哪些相对必要记载事项等都无规定,这也会对实践中认定仓单的效力带来一定的困难。

第三,仓单是一种文义证券。虽然在《合同法》中并没有直接规定,但无论是国际惯例还是学说理论,都将仓单界定为一种文义证券。所谓文义证券,是指当事人之间的权利义务关系,依据证券上所记载的事项而定,即便记载的内容与当事人真实意思或者与客观事实并不相符,也以记载内容为准。通常来说,票据、提单等均为文义证券。[1] 因为仓单是文义证券,所以,仓单持有人和保管人的权利义务确定都应当以该证券的记载为准。

第四,仓单是一种证权证券。证权证券和设权证券相对应,它是证明既存权利的证券。依照《合同法》第385条的规定,仓单是保管人在寄存人交付仓储物时给予寄存人的一种凭证。因此,与设权证券的签发导致权利的产生不同,仓单只是当事人享有权利的一种凭证。例如,票据作为设权证券,签发票据即导致票据权利的产生,而仓单属于证权证券,其主要功能在于证明仓储合同的存在以及相关合同具体内容,而不具有创设权利的功能。在仓单签发前,当事人所享有的权利已经存在,如存货人要求保管人返还仓储物的权利。[2]

第五,仓单是一种不要因证券。关于仓单是要因还是不要因,有两种观点:一种观点认为,仓单填发以后,如果原因债权不存在将影响仓单的效力,所以,是要因证券。另一种观点认为,仓单填发后,为了保护交易相对人,应当认定仓单是不要因的。笔者基本赞成第二种观点,《合同法》对此没有规定。将仓单作

---

[1] 参见郑玉波:《民法债编各论》下册,559页,台北,三民书局,1981。
[2] 参见林诚二:《民法债编各论》中,286页,北京,中国人民大学出版社,2007。

为不要因证券有利于保护善意第三人的利益，有利于维护交易安全。① 但在特殊情形下，如果仓单没有发生转让，在存货人与保管人之间，应当肯定仓单的效力受当事人之间基础合同关系的影响。

第六，仓单是一种自付证券。所谓自付证券，是指由签发证券的人自己履行给付义务的证券。仓单由保管人自己签发，而且由保管人自己履行给付义务，因此属于自付证券。② 所以，其在性质上不属于指示证券，指示证券是签发证券的人指示他人履行给付义务的证券。

第七，仓单是一种缴回证券。在仓单持有人要求保管人交付保管物的情况下，仓单持有人也应当同时将仓单返还保管人，以防止同一物品存在重复交付的问题。③

二、仓单的内容

《合同法》第386条规定：保管人应当在仓单上签字或者盖章。法律上要求保管人在仓单上签字盖章，这是仓单作为要式证券，其要发生效力必须具备的条件。同时，也表明保管人要认可存货人已经交付了仓储物的事实。如果仓单上没有保管人的签字盖章，就难以证明其已经接受了仓储物，也不能要求其对仓单持有人履行义务。④ 所以，我国《合同法》要求保管人签字盖章，这对于保障仓单的真实性，保护保管人的权益，都具有重要意义。从法律上说，如果保管人没有签字盖章，仓单应当认定为无效。

依据《合同法》第386条，仓单包括下列事项：

1. 存货人的名称或者姓名和住所。存货人是自然人的，应当记载其姓名和住所；存货人是法人或其他组织的，应当记载其名称、营业所在地和住所地。记

---

① 参见邱聪智：《新订债法各论》中，327页，北京，中国人民大学出版社，2006。
② 参见郑玉波：《民法债编各论》下册，559页，台北，三民书局，1981。
③ 参见林诚二：《民法债编各论》中，287页，北京，中国人民大学出版社，2007。
④ 参见魏耀荣等：《中华人民共和国合同法释论（分则）》，541页，北京，中国法制出版社，2000。

载住所，有利于确定诉讼的管辖、文书的送达、债务履行的地点等。[①]

2. 仓储物的品种、数量、质量、包装、件数和标记。因为仓单是物权证券，所以，仓单中必须明确仓储物，以便于当事人行使权利。通过记载这些内容，可以将仓储物特定化，从物权法的角度来看，就是要明确权利的客体。只有如此，才能确定存货人和仓单持有人所享有权利的对象。

3. 仓储物的损耗标准。仓储物也可能在储存过程中发生自然损耗，因此，确定自然损耗，也可以明确究竟是因保管不善导致的损失，还是因自然损耗发生的损失，从而有利于避免纠纷的发生。

4. 储存场所。它是指存放仓储物的场所。储存场所既是保管人储存仓储物的必要条件，也是仓单持有人领取仓储物的场所，对于确定合同履行地点具有重要意义。

5. 储存期限。它是指仓储物的保管期限。确定储存期限，就可以确定到期之后，存货人应当负有领取的义务，在没有规定储存期间或者规定不明确时，并不影响仓单本身的效力，只不过，存货人或仓单持有人有权随时提取仓储物，而保管人也有权随时要求存货人等提取仓储物。

6. 仓储费。仓储费是指存货人向保管人所支付的报酬。请求支付仓储费是保管人所享有的主要权利。仓储合同原则上是有偿合同，不过，如果当事人有特别约定，存货人也可以不支付仓储费。在仓单中记载仓储费，也使仓单持有人可以事先了解其义务，从而正确履行义务。

7. 仓储物的投保情况。仓储物已经办理保险的，其保险金额、期间以及保险人的名称也应当记载在仓单之中。仓储物往往价值较大，为了防止发生意外，当事人可能已经投保。投保人可能是保管人，也可能是存货人。如果已经办理了保险，保管人应当记载相关事项。这对于存货人尤其是其他仓单持有人具有重要意义，有利于其在保险事故发生后向保险人主张权利。

8. 填发人、填发地和填发日期。填发日期，是仓单的生效日期。填发地确

[①] 参见魏耀荣等：《中华人民共和国合同法释论（分则）》，541页，北京，中国法制出版社，2000。

定了交付仓储物的地点，对于确定诉讼管辖也有一定的作用。而填发人往往可以作为纠纷中的证人出现。

三、仓单的可转让性

仓单既然是一种有价证券，因而，在法律上具有可转让性。《合同法》第387条规定："存货人或者仓单持有人在仓单上背书并经保管人签字或者盖章的，可以转让提取仓储物的权利。"依据这一规定，仓单持有人有权通过背书的方式转让仓单。仓单的转让必须符合如下几个条件：第一，必须存货人或者仓单持有人在仓单上背书。因为仓单是有价证券，所以，其转让应当符合有价证券转让的一般要求，即背书转让时背书应当具有连续性，例如，张三背书转让给李四，李四再背书转让给王五。背书的连续性主要是为了保证各个背书人是有权进行背书转让的人。第二，保管人或仓单持有人应当在仓单上签字。关于仓单的转让是否需要保管人签字或者盖章，在理论上存在争议。一些学者认为，既然仓单是有价证券，证券持有人就是权利人，保管人不是权利人，要求保管人签字就混淆了有价证券转让和合同转让的区别，也会在一定程度上影响仓单的自由流通。但我国《合同法》第387条没有采纳这一意见，规定必须"经保管人签字或者盖章的"才能转让仓单，作出此种规定的主要理由在于：一方面，仓单是要式证券，必须要以符合法律规定的内容和方式进行记载。我国法律要求保管人签字盖章，可以防止出现仓单的伪造、涂改等，损害当事人的合法权益。另一方面，仓单不仅是有价证券，而且具有仓储合同凭证的性质。仓单不仅可以证明合同的存在，而且仓单可以记载保管人所享有的权利。为此，就需要保管人签字盖章，以确认仓储合同的存在。

因为仓单是无因证券，所以，在转让仓单时，即使其基础关系无效或者被撤销，也不应当影响到仓单转让的效力。例如，当事人基于买卖合同而转让仓单，事后该买卖合同因显失公平而被撤销，但仓单已经因背书而被转让，买受人仍然享有仓单上的权利。

第五节　违反仓储合同的违约责任

一、保管人的责任

1. 未尽到入库验收的义务，造成存货人损失的责任。《合同法》第384条规定："保管人验收时发现入库仓储物与约定不符合的，应当及时通知存货人。保管人验收后，发生仓储物的品种、数量、质量不符合约定的，保管人应当承担损害赔偿责任。"依据这一规定，经保管人验收后，如果发生仓储物的品种、数量、质量不符合约定的情况，则应当由保管人承担责任。这就是说，在验收以后，保管人已经占有保管的货物，应当负有保管的义务。货物发生的任何品种、数量等方面的不符，都可以推定为是保管人未履行保管义务造成的，其应当承担责任。在通常情况下，保管人验收之后已经签发了仓单，仓储物的保管责任当然应由保管人承担。

2. 未尽到妥善保管义务的责任。《合同法》第394条规定："储存期间，因保管人保管不善造成仓储物毁损、灭失的，保管人应当承担损害赔偿责任。"这就确立了保管人未尽妥善保管义务而承担的责任。构成此种责任应当符合如下条件：

第一，保管人有保管不善的行为。所谓保管不善，就是指保管人没有尽到善良管理人应尽的义务来保管财产。例如，保管人没有提供相应的保管设备、保管人没有针对特殊的保管物采取特殊的保管措施等。

第二，因保管不善造成仓储物毁损、灭失。这就是说，保管人保管不善的行为直接导致了仓储物的毁损、灭失，两者之间存在因果联系。如果仓储物的毁损、灭失是因为其他原因（如地震等自然原因）造成的，则保管人不负责任。[1]

---

[1] 参见魏耀荣等：《中华人民共和国合同法释论（分则）》，553页，北京，中国法制出版社，2000。

第五节 违反仓储合同的违约责任

第三，保管人不具有法定或约定的免责事由。除合同法总则关于违约责任免责事由的一般规定外（例如，如果因不可抗力导致仓储物的毁损、灭失，以及因存货人的行为导致仓储物毁损、灭失等，保管人无须承担违约责任），《合同法》第394条第2款规定："因仓储物的性质、包装不符合约定或者超过有效储存期造成仓储物变质、损坏的，保管人不承担损害赔偿责任。"该条实际上确立了保管人违约责任的免责事由，其主要包括两种具体的情形：一是仓储物的性质、包装不符合约定造成仓储物变质、损坏。例如，存货人交付的货物本身是不符合约定的、腐烂变质的货物，即使采取了必要的、合理的措施，也无法避免其变质。因此，对于该批货物在保管期间自身的腐烂变质，保管人不应当承担责任。二是保管物超过有效储存期造成仓储物变质、损坏。货物本身可能有其特定的储存期，如果存货人超过该期限储存货物，则应当自行承受货物超过储存期的损失。

二、存货人的责任

1. 未按约定支付仓储费的违约责任。如果存货人没有按期支付仓储费，则保管人有权请求其继续支付，还可以请求其支付逾期的利息、违约金，并赔偿其他损失。存货人未支付保管费的，保管人有权依法行使留置权，拒绝返还保管物。

2. 未按期提取标的物的责任。存货人违反此种义务将产生如下法律后果：一是逾期提取的，仓储人有权加收仓储费。如果仓单持有人逾期不提取的，将会增加仓储人的成本，甚至打乱其经营计划，挤占保管人的仓储空间，从而实际上增加了保管人的保管负担，因此，仓储人有权加收仓储费。二是提前提取的，不减收仓储费。仓储保管合同中规定了保管期限的，在保管期限内，如果存货人要求提前提取，在一般情况下不会造成保管人的损失，所以依据法律规定，应当允许其提前提取。但因为提前提取毕竟不符合合同的约定，且有可能打乱保管人的保管计划，尤其是保管人可能为存货已经做了大量准备，且因此也可能丧失与其

他人的订约机会,因此法律规定存货人提前提取的,也不减收仓储费[①],以维护保管人的利益。

3. 违反告知义务的责任。在仓储合同中,存货人应当负有一定的告知义务。例如,存货人交付的是易燃、易爆等物品,而其在交付时未对保管人如实告知,后来因易燃、易爆等物品造成保管人的仓库烧毁等,除保管人知道或者应当知道并且未采取补救措施的以外,存货人应当对保管人的此种损失承担损害赔偿责任。

[①] 参见魏耀荣等:《中华人民共和国合同法释论(分则)》,551页,北京,中国法制出版社,2000。

第十五章

委托合同

第一节 委托合同概述

一、委托合同的概念和特征

委托合同，又称委任合同，是当事人之间约定，一方委托他方处理事务，他方承诺为其处理事务的合同。[1]《合同法》第 396 条规定："委托合同是委托人和受托人约定，由受托人处理委托人事务的合同。"这就明确界定了委托合同的内涵，委托合同在性质上属于提供服务的合同。在委托合同关系中，委托他人为自己处理事务的当事人称为委托人，接受他人的委托而为对方处理事务的当事人称为受托人。[2]

委托合同起源于罗马法，在现代社会，由于社会分工的发展，人们不可能事

---

[1] 参见郑玉波:《民法债编各论》下册，412 页，台北，三民书局，1981。
[2] 参见陈甦编著:《委托合同 行纪合同 居间合同》，3 页，北京，法律出版社，1999。

第十五章 委托合同

必躬亲，而且有些专业领域的事项亲自办理的效果也不如请专业人士办理更佳。因此，委托既是人们从事社会交往不可缺少的手段，也是人们从事商业交易的重要工具。委托的类型很多，适用范围也十分宽泛，其既包括事实行为，也包括法律行为。① 例如，委托他人代为购物、委托律师谈判、委托他人从事经纪业务等。委托的广泛运用既避免了必须因人因事直接交易的麻烦，又解决了交易者因社会分工、能力的限制而产生的从事交易的困难，为交易提供了更广阔的天地。人各有异，术有专攻，任何人都不可能包办一切事物，必然要假手他人，才能取长补短、互助合作。通过委托可以弥补本人在时间、空间和专业技能上的缺陷，满足人们的各种需要，从而鼓励交易，促进经济的发展。②

委托合同的法律特征主要在于：

1. 以处理事务为内容

委托是一方（委托人）委托另一方（受托人）处理一定事务的合同。受托人为委托人处理一定的事务，"事务"的范围十分宽泛，凡是与人们生活有关的事务，除依法不得委托的外，都可以交由他人处理。从《合同法》第396条的文义来看，该条并没有将"处理委托人事务"的范围限于法律行为，因此，在解释上可以认为，法律行为和事实行为、合同行为和非合同行为均可成为委托合同中所处理的事务。③

受托人所处理的事务可以区分为两类：一类是法律行为以及准法律行为。法律行为，是指以意思表示为内容，并产生当事人预期的法律效果的行为。准法律行为，是指行为人将一定的内心意思表示于外，从而引起一定法律效果的行为。准法律行为包括意思通知、观念通知和感情表示。例如，受托人代为订立合同、变更合同、解除合同、提出催告、表示同意、作出拒绝、发出通知、办理登记、提起诉讼等。另一类为事实行为，它是指不以意思表示为内容，且不产生当事人

---

① 参见郭明瑞、王轶：《合同法新论·分则》，301页，北京，中国政法大学出版社，1997。
② 参见［德］卡尔·拉伦茨：《德国民法通论》下册，谢怀栻等译，815页，北京，法律出版社，2004。
③ See Christian von Bar and Eric Clive, *Principles, Definitions and Model, Rules of European Private Law*, Volume III, (Munich: Sellier. European Law Publishers, 2009), p. 2040.

预期的法律效果的行为。例如，帮助看管财物、帮助照看未成年人等。这些事物尚不构成法律事务。不过，无论哪一种类型的事务，原则上应当是委托人的事务。① 仅在特殊情况下（例如符合转委托条件），才能对他人的事务进行委托。就委托事项的范围而言，委托人可以特别委托受托人处理一项或者数项事务，也可以概括授权受托人处理一切事务。在委托合同中，一般来说，受托人从事一定的活动是为了完成委托人所委任的特定事项，从而达到特定的效果，但受托人并不一定能实现委托人订立委托合同所要追求的委托效果。例如，当事人不能要求其所委托的律师一定要达到胜诉的结果。

并非所有的事务都可以委托，一般而言，法律特别规定或者依事务性质不得由他人代为处理的事务，受托人不得处理，这主要体现在以下几个方面：第一，法律有特别规定不得委托他人办理的事务，如进行婚姻登记，就需要本人亲自办理，而不能委托他人代办。此外，就不作为的事务而言，完全可以由委托人自己完成，因此也没有必要适用委托。第二，具有较强人身属性的事务，如设立遗嘱、办理结婚登记、履行演出合同等。② 第三，违背公序良俗和违反法律的事务不能委托。例如，购买、贩卖毒品等，不得成为委托的事务，否则，委托人和受托人的行为可能构成犯罪。

2. 性质上属于行为之债

在法律上，可以将提供服务的合同分为两类：一类是行为之债，另一类是结果之债。委托合同属于行为之债，就委托合同而言，受托人仅需要按照委托人的指示处理委托事务，而无须提交一定的工作成果。在委托合同中，受托人并不负有必须完成某种工作成果的义务，即便其按照委托人的指示从事一定的行为，最终并未形成一定的工作成果，受托人也并不丧失报酬请求权。因此，受托人因委托合同而产生的债务在性质上属于行为之债。

3. 委托人和受托人的范围十分广泛

委托合同的当事人双方可以是所有类型的民事主体，范围十分广泛，法律并

---

① 参见郑玉波：《民法债编各论》下册，414 页，台北，三民书局，1981。
② 参见邱聪智：《新订债法各论》中，138 页，北京，中国人民大学出版社，2006。

没有为其设定限定条件。委托法律关系的主体主要有两方主体，即委托人和受托人。委托人既可以是自然人也可以是法人。关于受托人是否限于自然人，学界存在争议。有学者认为，受托人应以自然人为限，因为受托人须提供劳务，而且原则上必须亲自处理事务，故法人无法为之。[①] 笔者认为，此种观点不无道理，但是从《合同法》关于委托合同的规定来看，其并未将受托人限定为自然人。从传统来看，委托合同的产生虽然主要发生在自然人之间，但随着社会的发展，法人逐渐在现代社会生活中发挥巨大作用，法人成为受托人的情况在商事合同领域日益增多。因此，委托合同的受托人不限于自然人，还包括法人。在受托人是法人的情形下，受托人亲自处理事务的义务表现为法人的法定代表人或其他工作人员亲自处理受托事务。[②]

受托人既可以以自己的名义，也可以以委托人的名义对外从事受托活动。在受托人的行为构成代理行为时，受托人处理事务的法律效果一般应当直接归属于委托人。当然，在受托人处理的事务不构成代理时，可以由受托人先承受相关的法律后果，再由其按照内部关系将该法律效果转移给委托人。

4. 具有人身信赖性

委托合同具有一定的人身信赖属性，即委托合同的订立以委托人和受托人之间具有相互信任的关系为前提。委托人之所以选择受托人，是基于对受托人的能力、资格、品行等方面的信任。而受托人之所以愿意接受委托，通常以其自愿为委托人提供一定的服务为前提。委托人相信受托人有能力而且愿意处理委托事务，这是委托合同订立的前提。受托人愿意接受委托，是其自愿作出的，是建立在其相信自己有能力处理好委托事务的基础之上的。所以，人身信赖性是委托合同的重要特点，它体现在委托合同的诸多规则之中。例如，委托人和受托人享有任意解除权，即任何一方如果不再相信对方，都可以解除委任合同。再如，受托人应当亲自处理委托事务，除非满足法定的条件，不得随意将委托事务转委托给他人。

---

① 参见郑玉波：《民法债编各论》下册，413页，台北，三民书局，1981。
② 参见郭明瑞、王轶：《合同法新论·分则》，300页，北京，中国政法大学出版社，1997。

第一节 委托合同概述

5. 具有诺成性、不要式性、双务性

只要当事人意思表示一致，委托合同就可以成立，而不以当事人交付标的物为合同成立条件。同时，委托合同的成立也不需要采取特殊的方式或履行特殊的程序。在我国《合同法》中，合同以不要式性为一般原则，以要式性为例外，由于《合同法》并没有对委托合同的成立规定特定的形式，因此，委托合同应属于不要式合同。

委托合同是一种双方互负对待给付义务的合同。有学者认为，关于委托合同的单务或双务性应根据委托合同的无偿、有偿性来具体确定。有偿委托合同为双务合同，无偿委托合同为单务合同。[①] 笔者认为，此种看法有一定道理，委托合同的有偿与否确实影响到其是否具有双务性，但这并非绝对的，即使在无偿的委托合同中，受托人按照委托人的指示处理事务，委托人仍应支付相应的费用，此种合同具有一定的对待给付性，不应将其绝对地归入单务合同之中。由于我国《合同法》中的委托合同以有偿为原则，以无偿为例外，因而，委托合同一般属于双务合同。

委托合同在性质上属于提供服务的合同。因为这一原因，其规则可以适用于其他提供服务的合同类型，也就是说，原则上，委托合同的规则一般可以准用或者类推适用于其他提供服务的合同。例如，在我国台湾地区，"经理人及代办商为商号而为的行为，居间人为各当事人所为的行为、行纪人的行为、承运人为托运人或旅客所为的行为均适用委任的规定"[②]。我国《合同法》虽然没有此种规定，但有学者认为由于委托合同具有包容性，因而当某一合同究竟为雇用合同还是委托合同难以分辨时，应当解释为委托合同[③]，此种观点有一定的道理。根据《合同法》第 423 条，如果行纪合同的相关问题缺乏法律规定，则可以直接准用委托合同的规则。

---

① 参见林诚二：《民法债编各论》中，164 页，北京，中国人民大学出版社，2007；邱聪智：《新订债法各论》中，145 页，北京，中国人民大学出版社，2006。
② 梅仲协：《民法要义》，413 页，北京，中国政法大学出版社，1998。
③ 参见郭明瑞、王轶：《合同法新论·分则》，304 页，北京，中国政法大学出版社，1997。

第十五章　委托合同

二、委托合同制度的产生与发展

委托合同历史悠久，早在古代巴比伦汉谟拉比法典中，就对委托合同作了专门的规定。在罗马法中，自由民提供一定精神或知识等劳务的合同被称为委托（mandatum）。[①] 其包括五种情形：单纯委托、互惠委托、利他委托、为第三人及委托人利益的委托、为第三人及受托人利益的委托。总体上，罗马法中的委托事项包括一切有利于委托人的事务；委托可以是一般性的，也可以是特别的（对一些事务须特别授权）；委托是无偿性的；受托人以个人名义取得权利并承担义务。[②] 当然，罗马法上虽然有委托的概念，但并没有产生代理制度。[③] 因此，罗马法并没有区分代理和委托。罗马法关于委托的规则对后世也产生了重大影响，直到现在，某些大陆法系国家仍然以无偿委托为原则。

法国法接受了罗马法的委托概念。《法国民法典》第1984条规定："委任或委任书为一方授权他方以委托人的名义处理其事务的行为。"[④] 受罗马法的影响，法国民法中的委任仍然以无偿为原则。例如，《法国民法典》第1986条规定："委任在无相反的约定时，为无偿的。"德国法同样承继了罗马法的无偿原则。根据《德国民法典》第662条规定，"受任人负有为委托人无偿处理委任人委托事务的义务"，不过，与罗马法不同的是，《德国民法典》的起草者区分了委任和代理，认为这是两种不同的法律关系。[⑤] 因而，《德国民法典》将代理纳入总则之中加以规定，而将委任作为合同进行规定，从而将委托和代理区分开来。

[①] 参见黄立：《民法债编各论》下册，501页，北京，中国政法大学出版社，2003。

[②] 参见彼德罗·彭梵得：《罗马法教科书》，黄风译，382～383页，北京，中国政法大学出版社，1992。到公元3世纪，罗马法才承认当事人关于报酬的约定具有约束力。参见陈自强：《民法讲义》，194页，北京，法律出版社，2004。

[③] 参见［意］彼德罗·彭梵得：《罗马法教科书》，黄风译，382页，北京，中国政法大学出版社，1992。

[④] 《法国民法典》，李浩培等译，北京，商务印书馆，1979。

[⑤] 参见［德］Hans Dölle：《法学上之发现》，载王泽鉴：《民法学说与判例研究》，第4册，3页以下，北京，北京大学出版社，2009。

第一节 委托合同概述

从总体上看，委托合同有如下几种发展趋势。一是委托事项范围逐渐扩大。委托合同的委托事项本身不限于法律行为，事实行为也可以通过委托合同来处理，法国的民法理论中没有"法律行为"概念，因而也不可能从抽象的法律行为中分离出代理，所以，其未将基于委任契约产生的代理责任与一般契约责任截然分开。1794年的《普鲁士普通邦法》、1811年的《奥地利普通民法典》、1808和1925年的《路易斯安纳州民法典》及其他拉美国家民法典也采取了这一做法。[①]二是间接代理中的委托合同逐步得到发展。尽管《法国民法典》中没有代理的概念，但自然法学家提出的关于代理必须显名的主张，被《法国民法典》所采纳[②]，代理人必须以本人的名义对外行为。但法国民法在承认直接代理的同时，也确立了商事代理的概念。例如，1958年12月23日第58—1345号关于商业代理人的法令和1991年6月25日第91—593号关于商业代理人与其委托人之间的法律，都旨在强化代理人在商业领域的独立责任地位。[③]《德国民法典》第164条所确认的代理纯粹是直接代理，代理以显名主义为原则，强调代理行为的效果直接归于本人。但是德国在商法中也承认了间接代理。三是区分行纪和委托。现代社会，行纪逐渐专业化，行纪脱离了委托的范围，与委托合同并列，成为一种独立的合同类型。

我国古代虽然没有委托合同及委托的概念，但委托法律关系在历史上一直是被认可的，从大清民律草案到中华民国民法，都承认了委托合同。新中国成立以来，我国长时间未对委托合同作出规定，1981年的《经济合同法》也未涉及委托合同。1999年的《合同法》单设一章规定委托合同，将其作为有名合同的重要类型进行了规定，具有重要的现实意义。《合同法》对委托合同的规定具有如下几个特点：第一，借鉴了两大法系的经验，也充分考虑到我国的实践需要。在合同法制定过程中，不仅借鉴了传统大陆法上委托合同的规则，而且吸收英美法

[①] 参见高富平、王连国：《委托合同与受托行为——对〈合同法〉中三种合同的一些思考》，载《法学》，1999（4）。

[②] 《法国民法典》第1984条规定："委任或代理是指，一人委托授权另一人以委托人的名义，为委托人完成某种事务的行为。"

[③] 参见江帆：《代理法律制度研究》，42页，北京，中国法制出版社，2000。

的经验，其中规定了间接代理的委托。第二，对委托合同的适用范围并没有局限于特定类型的行为，而是包括了法律行为和事实行为，这与有些国家的法律规定是不同的。[①] 如《合同法》第 396 条规定"由受托人处理委托人事务"，这一笼统性表述有利于公民较为容易地设立委托合同，实现并维护自身的利益。第三，分别对委托合同和行纪合同作出规定，这有利于行纪事业的发展。第四，将有偿委托和无偿委托统一进行规定，从而符合我国民商合一的立法体例要求。在民商分立的国家，其在民法中规定无偿委托，在商法中规定有偿委托。而我国合同法以无偿为原则，以有偿为例外，这也符合我国民商合一的立法体例。

三、委托合同与相关概念的区别

（一）委托合同与代理

代理，是指代理人以被代理人的名义，在被代理人授权的范围内与第三人所实施的行为。代理与委托合同关系十分密切，主要表现在：一方面，在委托代理中，委托合同常常是授予代理权的基础。通过委托关系，民事主体以代理、行纪和居间等法律形式借助他人之手帮助进行民事活动。[②] 如果不存在委托合同，受托人通常不可能实施代理行为。另一方面，在代理中，代理人在代理权范围内，以被代理人的名义从事行为，由此所产生的法律效果，由被代理人承担。同样，在委托合同中，受托人依委托合同的授权，与第三人之间进行的民事活动，其后果不是由受托人承担，而是由委托人承担。还要看到，根据《民法通则》第 69 条的规定，被代理人取消委托或者代理人辞去委托，将导致代理关系终止。可见，两者之间关系十分密切。但是代理和委托仍然是两种不同的法律关系，二者的区别在于：

第一，委托仅发生在委托人和受托人之间，属于当事人之间的内部合同关

---

① 例如，根据《日本民法典》第 643 条和第 656 条的规定，委任合同之标的仅限于法律行为。就法律行为以外的事务所成立的合同，称为"准"委任合同，准用委任合同的规定。

② 参见李开国：《民法基本问题研究》，198 页，北京，法律出版社，1997。

第一节 委托合同概述

系,在性质上是双方关系。而代理涉及代理人与第三人和本人的关系,代理是三方关系。委托合同是代理关系发生的基础,但并不等于代理关系。委托合同的成立和生效,只产生事务处理权。如果委托人所处理的事务是法律行为,他还必须享有代理权,委托合同本身并不当然地产生代理权。如果委托合同中没有包含授权内容,则只有在委托人作出授予代理权的单方行为后,受托人才享有代理权。[1]

第二,代理权的产生基础是多样的,委托合同只是代理权产生的主要基础关系。代理赖以产生的基础关系,除了委托合同之外,还包括劳动合同、合伙合同、身份关系等。即使在委托代理中,代理权授予的基础还包括其他的形式(如合伙等)。

第三,在代理关系中,代理人必须以本人的名义从事活动,否则不能构成直接代理。而委托合同的受托人,既可以以委托人的名义,也可以以受托人自身名义进行活动。受托人是否以委托人名义处理事务,并不影响委托合同的性质。

第四,代理事务仅限于作出或接受意思表示,所以,其范围仅包括法律行为和准法律行为。通常来说,代理事务就是法律行为,代理人从事的代理行为必须是具有法律意义的意思表示。而委托合同中的受托人既可以根据委托实施法律行为,也可以根据委托实施事实行为。[2]

(二) 委托合同与无因管理

所谓无因管理,是指没有法律上和约定上的原因,而为他人管理事务的行为。无因管理中的"无因",是指无法律上的原因,即无法定的义务或约定的义务为他人管理事务。如果管理人和本人之间事先存在合同关系,管理人是依照约定管理他人的事务,则管理人负有管理的义务,不构成无因管理。就委托与无因管理的关系而言,如果当事人之间存在委托合同关系,则一般不构成无因管理,除非受托人所处理的事务超越了委托合同中约定的委托事项范围。[3] 不过,在法律上,委托合同与无因管理是两项不同的制度,二者存在明显的区别,主要表

---

[1] 参见郭明瑞、王轶:《合同法分则·新论》,303页,北京,中国政法大学出版社,1997。
[2] 参见陈甦编著:《委托合同 行纪合同 居间合同》,11页,北京,法律出版社,1999。
[3] 参见郑玉波:《民法债编各论》下册,457页,台北,三民书局,1981。

第十五章 委托合同

现在：

1. 二者性质不同。委托合同的性质是一种合同关系，而无因管理则属于法定之债的类型。委托合同的产生乃是当事人双方意思表示一致的结果，而无因管理则是一方当事人并不知情的情况下发生的法定之债。

2. 委托合同中的委托事项一般是当事人约定的，而无因管理中的事务则是一方当事人自行决定的，因此，这种管理行为需要得到本人的追认。委托是一种合同关系，依据当事人双方的合意而成立，无因管理是一种事实行为，依据法律的特别规定而成立，无须当事人双方的同意。[1]

3. 委托合同的双方当事人必须具有相应的民事行为能力，而在无因管理中，管理人从事有助于他人的行为，其只要具有意思能力即可，不必具有相应的民事行为能力。

4. 委托既可以是有偿的，也可以是无偿的，而无因管理通常是无偿的。因此，在民法中常常依据有偿与否来区分受托人的注意义务，而无因管理中却不存在这一现象。[2]

（三）委托合同与信托合同

所谓信托合同，是指委托人和受托人约定为了受益人的利益，将委托人的财产权转移给受托人，而由受托人为了受益人的利益进行管理和处分的合同。委托和信托关系存在一定的相似性，主要表现在：一方面，委托合同的目的是受托人基于委托人的委托而代为从事一定的法律行为、处理一定的委托事务。而在信托法律关系中，受托人也是基于委托人的意愿去从事一定的法律行为。另一方面，委托合同中，委托人和受托人之间往往存在一定的信任关系。同样，在信托法律关系中，委托人和受托人之间也存在一定的信任关系。此外，一般而言，委托是信托的基础。《信托法》第 2 条规定，"本法所称信托，是指委托人基于对受托人的信任，将其财产权委托给受托人，由受托人按委托人的意愿以自己的名义，为受益人的利益或者特定目的，进行管理或者处分的行为。"可见，信托的产生必

---

[1][2] 参见郑玉波：《民法债编各论》下册，457 页，台北，三民书局，1981。

第一节 委托合同概述

须以委托合同的订立为前提。

但是，委托合同和信托合同之间仍存在一定的区别，主要表现在：

第一，法律关系主体不同。在委托合同中，其法律关系主体只有两方主体，即委托人和受托人。而在信托法律关系中，则存在三方法律关系主体，除了委托人和受托人之外，还有受益人。一般认为，信托合同是一种特殊的利他合同，在信托合同订立时，受益人并不参与合同的订立，但可以根据信托合同对受托人请求给付信托财产的收益，如果受托人违反信托，不向受益人支付此种利益，受益人还有权要求受托人承担民事责任。

第二，受托人从事法律行为的名义不同。在委托合同中，受托人可以以自己名义行为，但一般是以委托人的名义对外从事法律行为。而在信托法律关系中，受托人以自己的名义对外从事法律关系。

第三，受托人从事法律行为的受益主体不同。在委托合同中，受托人基于委托人的授权而从事的法律行为，其法律后果完全归属于委托人。而在信托法律关系中，受托人基于委托人的意愿而从事的法律行为，其法律后果归属于受益人。[①] 虽然受益人可以和委托人重合，但是在大多数情况下，两者是分离的，其法律后果由委托人以外的第三人（受益人）享有。

（四）委托合同与保管合同

委托合同和保管合同都是提供服务的合同的典型形态，而且两者都是以当事人之间的人身信任为基础而订立的合同。在比较法上，委托和保管经常结合在一起。例如，在奥地利，如果某个劳务合同中规定了看管义务，在此情况下，形成保管和委托内容的混合。这两种合同规则都可以适用。[②]

委托合同与保管也存在区别，主要表现在：第一，是否与第三人产生法律关系不同。委托有可能与第三人之间产生法律关系，但保管合同一般不涉及第三人。第二，是否涉及特定的有体物不同。委托合同所涉及的对象不限于特定的物，处理事务也可以成为委托的对象；而保管合同一般是保管特定的有体物。第

---

① 参见郭明瑞、王轶：《合同法分则·新论》，320页，北京，中国政法大学出版社，1997。
② Rummer [Schubert] Kommentar ABGB art 960 no. 2.

三，两者的主给付义务不同。保管合同的主给付义务是对占有物妥善保管。委托合同的主给付义务则是处理特定的事务，尽管可能包含财物的保管，但委托事务的范围十分广泛。第四，是否以物的交付为成立要件不同。委托合同是诺成合同，只要当事人意思表示一致，合同即可成立；而保管合同是实践合同，保管合同的成立以保管物的交付为条件。

(五) 委托合同与承揽合同

委托合同和承揽合同都是提供服务的合同，委托合同中的受托人和承揽合同中的承揽人都是按照他人的要求而完成一定的工作任务。正因为这一原因，也有学者认为，承揽合同实际上也是一种委托合同，是由承揽人接受委托人的委托而从事一定的工作。但二者仍存在明显的区别，表现在：

第一，是否需要提供一定的工作成果不同。委托合同中，受托人虽然有为他人处理事务的义务，但是并不担保一定的结果，受托人的债务属于行为之债；而在承揽合同中，承揽人必须提交一定的工作成果，其债务属于结果之债。[1]

第二，是否涉及第三人不同。在委托合同中，受托人完成所委托的事务而从事的各种活动，一般要涉及第三人；而在承揽合同中，承揽人则要依照约定完成一定的劳动成果，是一种给付工作成果之债，一般不涉及第三人。

第三，风险负担规则不同。受托人是以委托人的名义和费用来完成一定的工作的，而承揽人则是以自己的名义和费用，特别是以自己承担风险来完成一定的工作。在委托合同中，受托人并不需要以其所掌握的技能对材料等进行加工制造，同时也无须负担材料等毁损、灭失的风险。

第四，救济方式不同。在承揽合同中，救济方式包括修补、减少价金等方式。但这些方式并不能适用于委托合同。

第五，在提供服务的合同中，委托合同较之于承揽合同，更具有典型性。因而在一些国家的法律中，只要不是在债法典中明文规定的具体合同类型，委托合同的规则一般可以准用或者类推适用于其他提供劳务的合同。

---

[1] 参见曾隆兴：《现代非典型契约论》，207~250页，台北，自版，1996。

第二节 委托合同的分类

一、有偿委托合同和无偿委托合同

所谓有偿委托合同，是指在合同中约定委托人要向受托人支付报酬的委托合同。所谓无偿委托合同，是指在合同中没有对是否需要支付报酬作出约定或者约定不支付报酬的委托合同。在罗马法中，自由民提供一定精神或知识等劳务的被称为委任（mandatum）。此种合同在性质上属于无偿合同。① 在日耳曼法中，委托原则上是无偿的。《德国民法典》继续了这一做法，将委托界定为无偿合同。从比较法上看，有些国家并没有严格区分有偿合同和无偿合同。例如，《奥地利民法典》对有偿委托和无偿委托采取同样的规则（《奥地利民法典》第1004条）。《法国民法典》第1984～2007条中关于委托合同的规定同时适用于无偿委托和有偿委托。但在无偿委托中，受托人的责任较轻。②

我国《合同法》所规定的委托合同以有偿为原则。《合同法》第405条规定："受托人完成委托事务的，委托人应当向其支付报酬。"这就意味着，委托合同原则上是有偿合同。不过，依据《合同法》第406条，委托合同在例外情况下可以是无偿合同。在法律上，区分有偿委托和无偿委托具有重要意义，二者的主要区别在于：第一，委托人是否具有支付报酬的义务不同。如果是有偿委托合同，则委托人负有支付报酬的义务，而受托人也有要求获得报酬的权利，相反，在无偿委托合同中，委托人则不负有支付报酬的义务。第二，是否属于双务合同不同。与委托人是否有支付报酬的义务相一致，有偿委托属于双务合同，无偿委托在委托人不支付相应费用的前提下，一般都属于单务合同。第三，受托人的注意义务

---

① 参见黄立：《民法债编各论》下册，501页，北京，中国政法大学出版社，2003。
② See Christian von Bar and Eric Clive, *Principles, Definitions and Model, Rules of European Private Law*, Volume Ⅲ, (Munich: Sellier. European Law Publishers, 2009), p. 2048.

标准不同。《合同法》第406条第1款规定:"有偿的委托合同,因受托人的过错给委托人造成损失的,委托人可以要求赔偿损失。无偿的委托合同,因受托人的故意或者重大过失给委托人造成损失的,委托人可以要求赔偿损失。"据此,有偿委托合同中受托人的注意义务标准要高于无偿委托合同。这种区别也是符合常理的,因为在有偿委托合同中,委托人支付了对价,受托人应当对受托的事物尽心尽责,否则有违公平正义的要求;而在无偿委托合同中,受托人为委托人办理委托事务,并无报酬,多数情况下是出于道义,要求受托人承担过重的注意义务似乎对其过于苛刻。因此,根据《合同法》第406条,无偿委托合同的受托人只有在故意或者重大过失造成委托人损害的情况下,才需要承担损害赔偿责任。

二、一般委托和特别委托

一般委托,是指委托人概括授权受托人处理某些事项的委托。在一般委托中,委托人对受托人进行了较为抽象和概括的授权,并不仅针对某项或数项具体的事务。根据《合同法》第397条,委托人可以委托受托人处理数项事务。[①] 如果委托人概括地授权受托人处理多个事项,则其应当属于一般委托或概括委托。而特别委托是指委托人针对某一项或几项具体的事务而对受托人进行授权。

一般委托中,由于委托人的授权较为概括,所以受托人的权限较大。而在特别委托中,委托人的授权明确针对某项或几项具体的事务,所以受托人的权限较小。这种区分的意义主要在于:一方面,为了保护委托人的利益,在一些法律关系中,限制委托人对受托人进行一般委托,而必须逐项进行特别委托,以防止受托人权限过大而损害委托人的利益。例如,在委托律师代理诉讼时,委托人必须对律师作出具体授权,进行特别委托,而不能只写明授权律师从事与本案相关的一切诉讼活动,当事人必须在委托书中具体写明授权律师代为提起诉讼、应诉、接受调解、提起上诉等事务。另一方面,就一般委托而言,考虑到其对当事人的

[①] 参见黄立:《民法债编各论》下册,509页,北京,中国政法大学出版社,2003。

利益影响较大，在法律有明确规定时，委托人应当采取书面形式进行授权。

三、单独受托与共同受托

从受托人的角度而言，依受托人的人数，可将委托区分为单独受托和共同受托。单独受托，是指委托人仅委托一个受托人的委托。共同受托，是指委托人委托两个或两个以上的受托人共同处理委托事务的委托。《合同法》第409条规定："两个以上的受托人共同处理委托事务的，对委托人承担连带责任。"此即为共同受托，即受托人为两人以上，共同处理委托事务。

单独受托与共同受托的区别主要在于：

第一，受托人的人数不同。在单独受托中，受托人仅为一人，其独自为委托人处理事务。而在共同受托中，受托人应当有两个以上。在共同受托成立后，如果因为共同受托人之间的信任基础的丧失，也可能影响共同受托关系的存在。例如，某个受托人未与其他受托人协商，而单独处理委托事务等情形，而造成部分受托人退出共同委托关系，最终受托人只剩下一人时，就不能再称之为共同委托。

第二，处理事务的方式不同。在单独委托中，仅由一个受托人处理委托事务。而在共同受托中，数个委托人应当共同处理委托事务。所谓共同处理，是指数个受托人享有共同的权利义务，处理委托事务原则上只有经全体受托人的同意方可进行。①

第三，对委托人承担的责任不同。在单独受托中，受托人单独对委托人负责。而在共同受托中，受托人因自身的过错而造成委托人的损失的，各受托人应当对委托人承担连带责任。在共同受托中，无论各受托人在内部是否约定了对委托事务的管理权限，其都应当对委托人承担连带责任。② 在受托人对委托人承担责任后，可以按照各受托人的约定处理内部关系。

---

① 参见胡康生主编：《中华人民共和国合同法释义》，579页，北京，法律出版社，1999。
② 参见江平主编：《中华人民共和国合同法精解》，352页，北京，中国政法大学出版社，1999。

四、单独委托与重复委托

所谓单独委托，是指委托人就其事务仅以一个委托合同的形式交给他人处理的委托。所谓重复委托，是指委托人就同一事务或者就数项同一事务，先后订立两个委托合同，委托两个受托人同时处理该事务或者该数项事务的情形。[1]《合同法》第 408 条规定："委托人经受托人同意，可以在受托人之外委托第三人处理委托事务。因此给受托人造成损失的，受托人可以向委托人要求赔偿损失。"这就在法律上规定了重复委托。

单独委托与重复委托也可能具有一定的相似性。如果委托人交由第三人处理的委托事务与先前委托的事务不同，则其表面上看是重复委托，实际上仍然属于单个委托。重复委托只是就同一事项委托两个受托人，如果处理的事务不同，则属于单个委托。例如，委托人委托甲处理在北京地区的商品房销售事宜，之后委托乙代为处理在天津地区的商品房销售，二者既不会发生冲突和排斥，也无须经先受托人的同意。如果委托人先后委托甲和乙处理北京地区的商品房销售事宜，则构成同一委托事务的重复委托。

单独委托和重复委托的区别主要表现在：第一，是否仅存在一个委托关系不同。在单独委托中，只存在一个委托关系；而在重复委托中，委托人就同一事务的处理成立两个以上的委托关系，且各个委托合同通常存在先后顺序。如果在重复委托的过程中，委托人解除与受托人之间的委托关系后，又将同一委托事务交予后受托人的，此时该委托与一般的委托并无区别，并不存在重复委托。第二，是否需要取得受托人的同意不同。在单独委托中，委托人直接委托他人从事一定的行为，即使事后改变委托的内容和事项等，也无须取得受托人的同意。但就重复委托而言，因为涉及先受托人的利益，委托人在就同一事务与他人同时成立委托关系时，需要取得先受托人的同意。第三，委托人是否需要向受托人承担责任

---

[1] 参见魏耀荣等：《中华人民共和国合同法释论（分则）》，581 页，北京，中国法制出版社，2000。

不同。对重复委托而言,在因委托人的重复委托给受托人造成损失的情形下,受托人可以向委托人要求赔偿损失。这是因为此种损失毕竟是由于委托人的重复委托所造成的,受托人对此并无过错。① 而单独委托中则不存在这一问题。

需要指出的是,重复委托也不同于共同受托。共同受托中仅存在一个委托合同,即委托人是在同一委托合同中同时与两个以上的受托人订立委托合同,但重复委托是委托人在数个委托合同中委托他人处理事务,因而存在多个委托合同关系。在共同受托中,多个受托人之间构成一个整体,共同对委托人负责,其彼此之间具有较强的信任关系,而且各受托人需要共同处理委托事务,并共同对委托人承担责任。因某一受托人单独行为而处理委托事务,给委托人造成损失的,应对委托人承担连带责任。而在重复委托中,先受托人和后受托人之间各自具有其独立性,他们并未从事共同行为,因此无须共同对委托人承担责任,而应就各自的处理委托事务行为而给委托人造成的损失分别承担责任。

第三节　委托合同的效力

一、委托人的主要义务

（一）支付报酬的义务

《合同法》第405条规定:"受托人完成委托事务的,委托人应当向其支付报酬。"该条确立了委托人向受托人支付报酬的义务。在比较法上,关于委托合同究竟是有偿还是无偿,各国规定并不一致。就罗马法的传统来说,委托合同（mandate contract）是无偿合同,在一些大陆法国家,如德国,也将委托合同界定为无偿合同,从《德国民法典》第662条关于委托的定义来看,委托以无偿为

---

① 参见房绍坤、郭明瑞主编:《合同法要义与案例析解（分则）》,635页,北京,中国人民大学出版社,2001。

必要，如果是有偿的，则可能成立雇用、承揽、居间或者有偿事务处理等。① 大陆法系国家大多规定，委托以无偿为原则、有偿为例外。在当事人没有特别约定的情况下，一般将委托合同认定为无偿合同。然而，在普通法国家，由于对价理论的存在，这种无偿协议不属于具有约束力的合同。② 在我国，学界通说认为，委托合同可以是有偿，也可以是无偿。③ 不过，我国《合同法》在委托合同的性质认定上，采取的是有偿的模式。依据《合同法》第 405 条，在当事人没有特别约定的情形下，委托人应当支付报酬，这就意味着如果当事人没有约定为无偿，则法律推定委托合同都是有偿的。《合同法》之所以将委托合同的常态界定为有偿委托，主要原因在于：一方面，我国《合同法》采取民商合一的模式，将公民之间的民事委托合同与企业之间的商事委托合同一并进行了规定，由于商事委托是委托合同的典型形式，因而，我国《合同法》将委托合同作为有偿合同来对待。另一方面，从实践来看，无偿委托发生纠纷的情况较少，且涉及的数额不大，而且无偿委托主要发生在亲朋好友及熟人之间。所以立法者选取有偿作为委托合同的特点来进行立法规制，具有一定的合理性。当然，法律并不禁止当事人订立无偿委托合同。根据《合同法》第 405 条，"当事人另有约定的，按照其约定"。可见，关于报酬的支付仍然是一个任意性规定，如果当事人在合同中特别约定无偿委托，法律并不禁止。

《合同法》第 405 条规定："因不可归责于受托人的事由，委托合同解除或者委托事务不能完成的，委托人应当向受托人支付相应的报酬。"这就是说，如果是因可归责于受托人的事由导致合同被解除的，或导致委托事务不能完成的，则表明受托人是具有过错的，且可能构成违约，因而其有可能失去报酬请求权。但如果是因不可归责于受托人的事由导致委托合同解除或者委托事务不能完成的，委托人仍然应当支付报酬。这主要有三种情况：一是因委托人的违约行为导致合

---

① 参见陈卫佐：《德国民法典》，3 版，257 页，北京，法律出版社，2010。

② See Werner Lorenz, *International Encyclopedia of Comparative Law*, Vol. VIII, Specific Contracts, Chapter 8, Contract for Work on Goods and Building Contracts, Tübingen, 1976, p. 9.

③ 参见陈甦编著：《委托合同 行纪合同 居间合同》，6 页，北京，法律出版社，1999。

同解除。例如，委托人擅自转委托，导致受托人据此解除合同。二是因为委托人的原因导致受托人无法完成委托的事务。例如，委托人不依照约定垫付相关的费用，致使受托人无法正常完成委托事务。三是因不可抗力及委托人死亡、破产等原因导致委托合同无法继续履行。在上述情形下，受托人并没有过错，因此委托人仍应向受托人支付相应的报酬。[1] 但需要指出的是，即使出现了这些情形，也并非意味着委托人要向受托人支付合同约定的全部报酬。依据《合同法》的上述规定，委托人只需要支付"相应的报酬"。所谓"相应的报酬"，是指与受托人完成委托事项的程度、工作情况等相对应的报酬。如果受托人仅完成了较少部分的委托事务，则委托人只需支付较少部分的报酬。

（二）预付和偿还委托费用的义务

受托人在处理委托事务的过程中，经常需要支付一定费用，通常当事人在合同中就这些费用的承担进行了约定，但在当事人没有特别约定或者约定不清的情况下，一般应当由委托人承担预付和偿还委托费用的义务。因为这些费用的支付，是为了完成委托事项、实现委托人的利益。《合同法》第398条规定："委托人应当预付处理委托事务的费用。受托人为处理委托事务垫付的必要费用，委托人应当偿还该费用及其利息。"这就确立了委托人所应当承担的预付和偿还委托费用的义务。依据该规定，委托人的此项义务包括两个方面：

1. 预付费用的义务

所谓预付费用的义务，是指在订立委托合同时，根据委托事项的性质，可以预知在受托人处理受托事务时将会发生一定的费用支出，委托人在没有特别约定的情况下，应当预付可能需要支出的费用给受托人，使受托人得以顺利完成委托事务。在法律上，受托人并没有预先垫付委托费用的义务，但法律也并没有禁止受托人自愿作出垫付。及时垫付费用是为了使委托事务能够正常进行。由委托人预先支付费用的必要性还在于，在受托人支付了一定的费用以后，如果委托人事后无力偿还这些费用，则受托人的利益将无法获得保护。[2] 因为在处理委托事务

---

[1] 参见邱聪智，《新订债法各论》中，181页，北京，中国人民大学出版社，2006。
[2] 参见胡康生主编：《中华人民共和国合同法释义》，569页，北京，法律出版社，1999。

中，受托人是为了委托人的利益而行事，其并未从中获益。所以当受托人为处理委托事务垫付大量费用的情况下，如果委托人出现支付不能的情形，则受托人的利益可能难以得到保障。

2. 偿还费用的义务

在委托人没有预付的情况下，或者临时发生费用支付的情况下，受托人可能需要垫付一定的费用，在此情形下，委托人负有偿还受托人垫付费用的义务。在处理事务的过程中，受托人应当垫付相关的费用，事后委托人应当及时偿还。就受托人垫付的必要费用而言，其可以在事务处理过程中随时要求委托人偿还。需要指出的是，委托费用不同于委托报酬，无论委托合同有偿与否，委托人都必须支付这一费用，因为按照委托处理事务的一般情况，从事委托事务通常需要花费一定的费用。例如，律师受当事人的委托出差到外地的谈判，需要支付一定的交通费、差旅费等。这些费用与律师应当获得的报酬是不同的。

依据《合同法》第398条的规定，委托人偿还的费用必须是受托人从事委托事务所支付的必要费用。何谓必要费用？在理论上对此存在几种不同观点：一种观点认为，凡是客观上确属必要的都属于"必要费用"，台湾地区大多数学者赞同这种观点。[1] 另一种观点认为，客观上虽是不必要的费用，但受托人在支出相关费用时，已经尽到了注意义务，也可确认为有支出的必要。[2] 笔者认为，所谓"必要费用"，是指完成委托事务所必须支付的费用。判断何为必要应当从委托事务的性质和难易程度，依照具体的情况加以确定。例如，在代理不同案件的情况下，根据案件的复杂程度，可能受托人需要垫付的费用数额也有所不同。根据《合同法》的上述规定，在受托人垫付了必要费用的情况下，委托人应偿还全部的必要费用。

另外，根据《合同法》第398条，委托人对受托人垫付的费用在返还时要支付利息，之所以法律规定要支付利息，涉及对垫付的性质的认识。关于垫付的性

---

[1] 参见郑玉波：《民法债编各论》下册，444页，台北，三民书局，1992；史尚宽：《债法各论》，380页，台北，自版，1986；林诚二：《民法债编各论》中，245页，台北，瑞兴图书股份有限公司，2002。

[2] 参见李永军、易军：《合同法》，578页，北京，中国法制出版社，2009。

第三节 委托合同的效力

质,有两种不同观点:一是借款说。此种观点认为,垫付实质上是一种受托人作为贷款人向作为借款人的委托人进行的借款。因此,委托人应当返还本息给受托人。二是不当得利说。此种观点认为,垫付是一种不当得利,受托人的行为导致委托人获益而自己受损,因此委托人不仅需要返还垫付的费用,还需要返还利息。笔者认为,借款说虽有一定道理,但借款通常需要双方约定,且依照我国《合同法》第211条的规定,自然人之间的借款在没有约定利息时,无须支付利息。因此,此种观点难以解释利息的支付问题。因此,采不当得利说较为妥当,因为在不当得利的情况下,受益人应当返还本金和利息。

(三) 承受委托法律效果的义务

在受托人根据委托人的要求而完成委托任务之后,委托行为所导致的法律效果,应当由委托人承受。委托人对受托人在委托权限内所为的法律行为的后果,无论是有利的还是不利的,都应当承受。"受任人因处理事务,或因而负有必要债务,或因而受有损害。于前者,委任人宜代为清偿,于后者,委任人有赔偿义务。"[①]受托人在处理委托事务的过程中,可能会发生一些债权债务关系,对于受托人处理委托事务所产生的债务,委托人有清偿的义务,而对于受托人处理委托事务中所产生的债权,委托人则有权享有该债权。受托人以委托人的名义处理委托事务的,所产生的债务直接归委托人承受,委托人自然应直接负责清偿。

(四) 不得擅自重复委托

所谓重复委托,是指在委托关系生效之后,委托人又就同一事务委托其他人进行处理的行为。例如,在委托甲律师代为诉讼之后,又聘请乙律师就同一事务代理诉讼。《合同法》第408条规定:"委托人经受托人同意,可以在受托人之外委托第三人处理委托事务。因此给受托人造成损失的,受托人可以向委托人要求赔偿损失。"据此,重复委托的构成要件是:第一,必须已经存在有效的委托关系。由于重复委托是指委托人先后与他人就同一事务的处理订立委托合同,而不是在一个合同中同时委托数人。所以,在发生重复委托时,先前就已经存在委托

---

① 邱聪智:《新订债法各论》中,177页,北京,中国人民大学出版社,2006。

第十五章 委托合同

合同关系。如果重复委托成立后,先前的委托合同关系已经解除或终止,或者被认定为无效,则并不构成重复委托。第二,须经先受托人的同意。如前所述,之所以在重复委托中需要经过先受托人的同意,一方面,是因为委托合同具有人身信任属性,如果先受托人不同意的,委托人可以解除二者之间的委托关系,另行委任他人处理委托事务。① 另一方面,在重复委托的情形下,取得受托人的同意也是对委托人自身利益的维护,因为如果未经委托人同意的,既可能会使受托人急于处理事务,也容易使多个受托人之间在处理委托事务时发生冲突,甚至产生纠纷,不利于委托事务的处理。② 此外,委托合同一旦成立,委托人不能轻易辜负受托人的信任,而且受托人往往为此作出大量的准备工作。如果委托人擅自重复委托他人,则会导致受托人完成委托任务的成本增加。第三,须是委托人就同一事务委托第三人进行处理。重复委托的根本特点就是"重复",即委托人就同一事务另行委托他人处理。

《合同法》允许重复委托,但要求必须要经过受托人同意。在未经受托人同意而重复委托时,如果造成受托人的损失,则委托人应当赔偿此种损失。这就意味着,在未经受托人同意的情况下,委托人为了处理委托事务,仍有权重复委托他人处理同一委托事务,因为毕竟委托人是处理自己的事务,其有权决定委托何人处理。但是,未经受托人同意而将同一事物委托他人的,将会影响先受托人对委托事务的处理及合同义务的履行。因此,对于先受托人遭受的损失,委托人应当予以赔偿,对此,先受托人享有违约损失赔偿请求权。此种损失主要是受托人不能取得应有报酬的损失。如果委托人已经支付了报酬,则视为已经赔偿。③

(五)对于意外风险所致损害的赔偿义务

《合同法》第407条规定:"受托人处理委托事务时,因不可归责于自己的事由受到损失的,可以向委托人要求赔偿损失。"据此,在因为意外风险导致受托

---

① 参见魏耀荣等:《中华人民共和国合同法释论(分则)》,581页,北京,中国法制出版社,2000。
② 参见房绍坤、郭明瑞主编:《合同法要义与案例析解(分则)》,634页,北京,中国人民大学出版社,2001。
③ 参见胡康生主编:《中华人民共和国合同法释义》,578页,北京,法律出版社,1999。

人损害的情形下，委托人负有损害赔偿的义务。法律上之所以确立委托人负有此种义务，主要理由在于：毕竟受托人是为委托人处理事务，受托人的损失与受托人处理委托事务的行为之间具有直接的关联性，按照利益风险一致的原则，应当由委托人承担责任。且既然委托人从处理委托事务的结果中受益，则理应由其承担处理委托事务的风险损失。受托人的损害赔偿请求权是法定的权利。也就是说，受托人直接根据法律的规定而享有请求权。与受托人的请求权相对应，委托人就依法负有赔偿的义务。但承担此种责任必须具备如下要件：

第一，受托人遭受损害。这就是说，受托人在处理委托的事务中，按照委托人指示办事而遭受了损害，此种损害包括财产损害和人身损害。例如，律师代理他人出庭，在道路上遭遇了山体滑坡，致使其遭受人身和财产的巨大损害。

第二，损害发生在处理委托事务过程中。这就是说，受托人的损害必须与处理委托事务具有因果关系。受托人必须因为处理委托事务而遭受了损害，如果是因为处理自己的事务，或处理非委托人的事务遭受了损害，则不得要求委托人赔偿。

第三，损害的发生不可归责于受托人本人。不可归责主要就是指受托人对此没有过错，不仅没有故意，也没有过失。这种损失是指来自委托合同关系之外第三人的行为或者物件对受托人造成的损失。

依据上述规定，委托人承担此种责任无须以其自身对损害的发生具有过错为要件。其原因与雇用合同中雇主对雇员的严格责任相类似，受托人从事委托合同是为了委托人的利益，委托人在享受委托事务所带来的利益的同时，也需要承担相应的责任，这就包括了受托人在执行委托事务过程中所受到的损失。

委托人赔偿之后，其可以向直接侵权人追偿。因为委托人和直接侵权人之间形成不真正连带责任的关系，直接侵权人作为终局责任人，委托人可以向其追偿。

二、受托人的主要义务

（一）处理委托事务

《合同法》第396条规定："委托合同是委托人和受托人约定，由受托人处理

委托人事务的合同。"依据这一规定，受托人的主要义务是处理委托事务。在委托合同中，受托人应当尽到必要的注意义务。与受托人处理委托事务的义务相对应，委托人在委托合同中所享有的主要权利便是对受托人的事务处理请求权，即委托人有权请求受托人按照合同的约定处理一定的事务。委托人享有的此种权利，对应的是受托人处理委托事务的义务。但委托人对受托人行使事务处理请求权的前提是委托人与受托人必须在合同中明确约定委托事项，并且委托人应当将处理委托事务中应当注意的问题对受托人进行说明和告知。否则，受托人对委托事务尚不清楚，就无法完成委托事务。此外，委托的事务必须具有合法性，不能将非法的事务委托他人处理，如不得委托他人出售赃物等。

受托人处理事务不得超越权限。《合同法》第406条第2款规定："受托人超越权限给委托人造成损失的，应当赔偿损失。"受托人享有处理委托人相关事务的权利，这种权利来自委托人的授予，体现了委托人的意志和利益，因此受托人只有在委托人授权的范围内行为，其行为才具有合法性，受托人超越权限的行为包括没有权限、逾越权限以及权限终止后继续从事委托事务的行为。因为这种越权行为造成委托人的损失，委托人有权请求受托人赔偿。需要指出的是，此处所说的赔偿责任在性质上应当是严格责任：一方面，从文义解释来看，此处并没有强调责任的成立以受托人有过错为条件，仅仅是指出了发生超越权限的情况时，受托人就需要承担责任；这就意味着，只要超越了权限，受托人就应当赔偿损失，不考虑其是否具有过错。另一方面，我国《合同法》对违约责任采严格责任原则，因此，除法律明确规定受托人的违约责任以过错为要件外，都应当将其解释为严格责任。此外，采用严格责任有利于减轻委托人的举证责任，同时也有利于督促受托人不要超出授权的范围行为。

（二）亲自处理委托事务

《合同法》第400条明确规定，受托人应当亲自处理委托事务。这主要是因为委托关系一般建立在委托人对受托人的信任和信赖关系之上，尤其是建立在对受托人个人的能力、技术、专业知识、品德等各个方面的信任关系之上。因此，委托人委托受托人处理事务，体现了委托人对受托人的高度信任，为保护此种信

第三节 委托合同的效力

任关系，受托人应亲自处理委托事务。

但是，《合同法》第400条也规定，在特殊情况下也允许受托人转委托。即经过委托人的同意，或者在紧急情况下，为维护委托人的利益，受托人可以转委托。因此，转委托仅限于两种情况，一是经过委托人的同意；如果经过委托人的同意，就表明次受托人从事委托事务是符合委托人的意愿和利益的。二是在紧急情况下为了委托人的利益。例如，某人委托受托人从外地购买一批鱼虾，由于鱼虾属于鲜活货物，在运输途中，因天气异常炎热，承运人发现鱼虾出现腐烂变质现象而报告受托人，受托人又不能及时与委托人取得联系，为了避免鱼虾的全部腐烂变质，受托人应有权自行决定委托承运人将该批鱼虾中存活的部分就地进行变卖，并在事后将价款交给委托人。在符合上述两种情形下，转委托并不是形成新的委托，受托人仍应当对委托人负责。有关转委托的条件和效力，我们将在后文详细探讨。

受托人不仅要亲自处理事务，而且通常来说也需要具备处理事务的相应能力，尤其是在受托人是专门从事某种特别事务的人员时更应如此。[1] 虽然从意思自治的角度来说，如果委托人明知受托人缺乏相应的能力或者资质，仍然坚持要求受托人从事相关的委托事务，由此造成的后果由委托人承担责任，但根据诚实信用的基本原则，受托人应当明确告知自己是否具有相应能力，而且在没有证据表明委托人明知或者在合同中并没有约定的情况下，应当推定受托人具有相应的能力，从而使其承担相应的专业人员应有的注意义务。

（三）按照委托人的指示处理委托事务

1. 受托人依据委托人的指示处理委托事务。《合同法》第399条规定，"受托人应当按照委托人的指示处理委托事务"。受托人所处理的事务毕竟是委托人自己的事务，所以，受托人应当按照委托人的指示处理委托事务。尽管受托人事

---

[1] 《欧洲示范民法典草案》第4.4—3：103条规定："（受托人应当）具备相应的技能和注意的义务，（1）受托人应当以委托人依具体情况有权期待的注意和技能履行委托合同义务。（2）受托人声称具有更高标准的注意及技能的，应以该注意和技能履行委托合同义务。（3）受托人是，或据称是，专业代理团体的成员，相关部门或该团体为专业代理设定了标准的，受托人应当以标准中明示的注意和技能履行委托合同义务。"

先必须得到委托人的授权,才能从事委托事务,但是在具体从事委托事务的过程中,仍然必须要按照委托人的指示行为。也可以说,依据指示的行为是依据授权而行为的具体化。如何理解此处所说的"指示"?它是指委托人就某项事务的处理方法、结果等提出的具体要求。在委托事务的处理过程中,应当具体如何办理委托事务、达到何种效果才最符合委托人的利益,对此,委托人有权进行决定,并对受托人发出指示。例如,委托他人看管财物,要求在看管过程中,采用特殊的方式防止财物腐烂变质。指示通常只是意思通知,而非表示,但指示也能够产生某种法律效果①,这是因为受托人将按照委托人的指示行为,由此发生的法律后果由委托人承担。指示的表现形式可以有多种,受托人应当根据不同指示的内容办事。②

2. 受托人变更指示需经委托人同意。《合同法》第 399 条规定,"需要变更委托人指示的,应当经委托人同意"。依据这一规定,如果受托人在办理委托事务过程中,需要变更委托人指示的,应当经委托人同意。在实践中,受托人在某些情况下,按照委托人的指示内容办理明显有损于委托人的利益,或者按照指示办理不能够完成委托的事务③,在此情形下,就需要变更委托人的指示。但我国《合同法》为防止受托人按自己的意思任意行事,规定即便出现这些情况也应当获得委托人的同意。

3. 紧急情况下无须经委托人同意。《合同法》第 399 条规定,"因情况紧急,难以和委托人取得联系的,受托人应当妥善处理委托事务,但事后应当将该情况及时报告委托人"。因此,受托人在情况紧急并难以和委托人取得联系时,才可以不按照委托人的指示处理委托事务。所谓情况紧急,是指出现临时变动情况而必须改变委托合同中的约定,否则将会给委托人带来损失。所谓难以取得联系,是指在当时的情形下,受托人虽然尽到全力,仍然难以和委托人取得联系。例

---

①② 参见邱聪智:《新订债法各论》中,158 页,北京,中国人民大学出版社,2006。
③ 《德国民法典》第 665 条规定:"受委托人可根据情况认为委托人在知道事情的状况时会同意背离指示的,受委托人有权背离委托人的指示。在背离指示之前,受委托人必须通知委托人,并等待委托人的决定,但延缓会有遭到损害的危险的除外。"

第三节 委托合同的效力

如，委托人指示受托人前往某地购买某品种的柑橘1 000千克，受托人到达该地之后，得知该地柑橘因发生虫灾，收成不好，质量欠佳，但一时联系不上委托人，便前往邻县购买未发生虫灾的另一品种的柑橘。这两种情况必须同时存在，受托人才能够不经委托人同意而变更委托事务，但事后应当将该情况及时报告委托人。此处所说的应当及时报告的情况，不仅是指变更的情况，还包括整个委托所产生的效果。如果未及时报告委托人，则委托人有权拒绝承受委托后果。

（四）尽到必要的注意义务

受托人在处理事务过程中，应当依据法律和合同规定，尽到必要的注意义务。对于受托人的注意义务的判断，应当区分有偿委托合同和无偿委托合同，在这两种合同中，受托人的注意义务是不同的。从比较法上看，大多数国家均明确规定无偿受托人的注意义务相比有偿受托人较低。[1] 在无偿委托合同中，受托人只要尽到了一般注意义务即可以免责。有学者也表述为"处理自己事务的注意义务"，但如果受托人处理自己事务所尽的注意义务要低于一般注意义务，仍然以一般注意义务为准[2]，因此只有在受托人具有故意或者重大过失时才需要承担责任。而在有偿合同中，作为报酬的对价，受托人的注意义务较一般注意义务要高，通常认为其应当尽到善良管理人的注意义务。我国《合同法》也采取了同样的立场，该法第406条第1款规定："有偿的委托合同，因受托人的过错给委托人造成损失的，委托人可以要求赔偿损失。无偿的委托合同，因受托人的故意或者重大过失给委托人造成损失的，委托人可以要求赔偿损失。"这一规定在区分有偿无偿的基础上，确立了两项规则：

第一，有偿的委托合同中受托人的责任。在有偿委托合同中，受托人的注意义务较重，只要因为受托人的过错造成委托人的损失，其都应当承担赔偿责任。在有偿的委托合同中，法律规定承担责任的条件是具有过错，即只要出现了过失，无论轻重与否，受托人都需要承担责任。如何确定受托人注意义务及过错的判断标准？笔者认为，在有偿的委托合同中，应当采用高于常人的判断标准。例

---

[1] 参见《法国民法典》第1192条。
[2] 参见邱聪智：《新订债法各论》中，158页，北京，中国人民大学出版社，2006。

如，委托人委托受托人代为购买10台37寸海尔牌电视，并将向受托人支付报酬。委托人并没有明确告知其所想要购买的电视是等离子电视还是液晶电视，受托人便决定购买等离子电视，然而委托人本意是要购买液晶电视，因此双方发生争议。笔者认为，由于本案涉及有偿委托合同，因而受托人在购买电视机时，就应当按照一个善良管理人所应有的注意标准，向委托人详细了解应当购买的具体电视型号，然后才能购买，而不应自己擅做主张。

第二，无偿委托合同中受托人的责任。在无偿的委托合同中，受托人只在两种情形下需要承担责任：一是因故意而造成委托人的损失。故意是指受托人明知或者应知损害可能发生，但却促使或者放纵其发生；二是因重大过失而造成委托人的损失。重大过失是指在正常情况下，受托人在其注意义务范围内，能够预见而没有预见，或已经预见但轻信事故不会发生而未采取措施所造成的事故及损失。根据《合同法》第406条，在无偿的委托合同中，受托人即使因为一般过失或者轻过失造成了受托人的损害，其仍然可以免责，只有在故意或者重大过失的情况下才需要承担责任。例如，在前述案例中，如果该案涉及无偿委托合同，则受托人在购买电视机时没有了解电视机的详细情况，委托人因指示不正确有过错，受托人也具有过失，但此种过失属于一般的过失，受托人可以被免责。

受托人处理委托事务，既是受托人的义务，也是受托人的权利。从义务的角度来看，依照合同的约定，受托人必须执行有关受托事务，否则需要承担违约责任。而从权利的角度来看，受托人又有权依照委托合同执行委托人的相关事项，他人不得干预。受托人处理委托事务的义务，是受托人处理事务时所应负担责任的原因；而受托人享有处理委托事务的权利，正是因为受托人享有此种权利，其才得以处理委托事务，即便出现不利的后果，委托人也应当接受。[①]

（五）报告义务

《合同法》第401条规定："受托人应当按照委托人的要求，报告委托事务的处理情况。委托合同终止时，受托人应当报告委托事务的结果。"具体来说，受

[①] 参见林诚二：《民法债编各论》中，173页，北京，中国人民大学出版社，2007。

第三节 委托合同的效力

托人的报告义务分为两个阶段：一是在处理委托事务过程中，受托人除了应按照委托人的要求处理委托事务以外，还应当及时报告办理委托事务的具体情况，如事务的执行情况、完成进度、遇到突发事件的处理方案和对策等。如果委托人有新的指示，还需要按照委托人的指示处理事务。二是在完成委托任务之后，受托人还需要把办理事务的全过程和办理结果向委托人报告，并应提交必要的证明。只有当受托人将事务的执行情况向委托人进行报告，委托人才能够知悉事务处理的进展情况，进而根据具体情况作出新的判断，或者发出新的指示。关于委托合同进行过程中报告的时间，应当依照当事人双方的约定或者根据民法诚实信用原则来确定。而完成委托之后的报告义务应当在委托合同终止时进行，即便受托人已经将委托事务处理完毕，其对委托人仍负有报告委托结果的义务。

问题在于，如果受托人未能够尽到报告义务，应当承担何种法律责任？《合同法》第401条对此并未加以明确规定。笔者认为，如果受托人因为没有及时履行报告义务，导致委托人未能及时变更指示而遭受损失，对此受托人应当承担相应的责任，此种责任在性质上属于违约责任。

（六）转交财产

《合同法》第404条规定："受托人处理委托事务取得的财产，应当转交给委托人。"这就确立了受托人的转交财产的义务。此处所说的财产，不仅包括实体的财产，还包括各种财产权益。[1] 所谓转交，是指在委托事务完成或者阶段性完成之后，受托人有义务要把从第三人那里接受的财产包括各种收益，及时交给委托人。至于委托人在受托人处理事务过程中，交给受托人的财产，也应当返还给委托人。[2] 从比较法上来看，很多国家的法律都规定了受托人应当负有转交财产的义务。例如，《德国民法典》第667条规定："受委托人有义务将其为了执行委托而获得的一切和因处理事务而取得的一切，返还给委托人。"《合同法》第404条作出类似规定。

---

[1] See Christian von Bar and Eric Clive, Principles, Definitions and Model, Rules of European Private Law, Volume Ⅲ, (Munich, Sellier European Law Publishers, 2009), p. 2222.

[2] 参见魏耀荣等：《中华人民共和国合同法释论（分则）》，576页，北京，中国法制出版社，2000。

第四节　转委托

一、转委托的概念和特征

所谓转委托，是指受托人将委托人的事务转交给第三人处理。其中，由受托人选定的第三人称为次受托人，而此时受托人也称为转委托人或复委托人。《合同法》第400条规定，"经委托人同意，受托人可以转委托"。据此，我国《合同法》允许受托人在经委托人同意的情况下转委托。在实践中，受托人由于各种情况的变化，或因为缺乏某方面的能力或者资力，不能够较好地完成委托事务，在此情形下，为了保护委托人的利益，选任更佳人选来完成委托事务，就有必要在征得委托人同意的情况下，将委托事务转交他人执行。

转委托具有如下法律特征：

第一，受托人以自己的名义选定第三人。如果是委托人以自己的名义选定第三人，就不构成转委托，而构成重复委托。只有在受托人以自己的名义选定次受托人时，才能称为转委托。受托人选定次受托人，仍然是为了委托人的利益，而不是为了受托人自己的利益。在转委托关系形成以后，受托人并没有完全退出委托关系，但是其处理事务的主要权限已经转移给次受托人，由次受托人行使，其产生的权利义务也归属于委托人。

第二，它是受托人亲自处理事务义务的例外情况。委托关系是基于人格信任关系而产生的，因此，受托人应当负有亲自处理事务的义务。只有在符合法定条件时，受托人才能将委托人的事务转给第三人，这属于受托人亲自处理事务的义务的例外情况。

第三，受托人和次受托人并不是委托人的共同受托人，因为转委托产生的原因在于受托人因为时间、精力、能力等方面的原因而无法完成委托人的事项，所以才由受托人委任第三人处理委托事务，由第三人从事委托事项并直接对委托人

负责。在转委托关系产生以后，受托人处理委托事务的义务基本移转给了次受托人，其不再处理委托事务，因此不同于共同受托。

第四，次委托人是受托人基于转委托权而选任的。转委托权，是指受托人选择第三人作为次受托人的权利。第三人因为受托人行使转委托权而成为次受托人，其处理委托事务的权限，直接来源于受托人所享有的权利，因此，次受托人的权利不能超过受托人的权限。

在此需要探讨的是，转委托和复代理的关系如何？《民法通则》第 68 条规定了复代理，复代理是指代理人为被代理人的利益将其所享有的代理权转移给他人而产生的代理。转委托和复代理一样，原则上都需要取得委托人（被代理人）的同意，且第三人所享有的权利都不应当超过受托人或代理人的权限。从实践来看，转委托和复代理也可能是同一行为，受托人就其处理的事务进行转委托可能同时构成复代理。但两者的区别主要在于：一方面，所涉及事项的范围不同。在复代理中，第三人要代理被代理人从事法律行为，因此复代理仅适用于从事法律行为和准法律行为的情形。而在转委托中，可以转委托的事务范围较为广泛，既可以是法律行为、准法律行为，也可以是事实行为。另一方面，是否存在代理权不同。复代理是以代理权的存在为基础的，代理人要进行复代理就必须享有代理权。而在转委托中，当事人之间只要存在委托关系，受托人就可能进行转委托，其不一定享有代理权。

二、转委托的条件

转委托必须符合如下条件：

第一，必须取得委托人的同意。依据《合同法》第 400 条，由于受托人是委托人基于人格信任关系而被委托处理事务的，因而转委托应当经委托人同意。此处所说的同意可以从广义上理解，它既包括事前的授权同意，也包括事后的追认同意。委托人的同意，通常是以明示的方式作出的，但如果受托人转委托之后，委托人未表示反对，并且接受委托后果的，也可视为同意。

第二，在紧急条件下受托人的转委托可以不经委托人同意，但必须是为了维

第十五章 委托合同

护委托人的利益。受托人原则上应当亲自处理委托事务，不得转给他人，因此转委托一般应当经过委托人的同意。《合同法》第 400 条规定，"转委托未经同意的，受托人应当对转委托的第三人的行为承担责任，但在紧急情况下受托人为维护委托人的利益需要转委托的除外"。因此，在紧急情况下，受托人无法亲自处理委托事务，此时为了维护委托人的利益，必须进行转委托，否则将会影响委托事务的完成。由此可见，转委托也是完成委托事务、实现委托人利益的一种特殊方式。何为"紧急情况"？《民法通则意见》第 80 条规定："由于急病、通讯联络中断等特殊原因，委托代理人自己不能办理代理事项，又不能与被代理人及时取得联系，如不及时转托他人代理，会给被代理人的利益造成损失或者扩大损失的，属于民法通则第六十八条中的'紧急情况'。"该规定虽然是对复代理中紧急情况的解释，但也可以类推适用于转委托。

如果委托人直接对次受托人作出指示，究竟是形成了一个新的直接的委托关系，还是形成了一个次委托关系？对此存在不同看法。一种观点认为，这仍然是一种合法的转委托关系[1]；另一种观点认为，在委托人与次委托人之间已经形成了一种直接的委托关系，而不再是次委托关系。委托人可以因转委托而就委托事务的处理直接向替代人作出指示，并因此应当向替代人支付处理委托事务的费用，在完成委托事务时向替代人支付报酬[2]。笔者认为，在这种情况下，仍然属于一种转委托关系。因为从文义解释来看，"受托人仅就第三人的选任及其对第三人的指示承担责任"，由此表明次受托人仍然要对受托人负责，受托人仍然要对委托人负责，只不过"受托人仅就第三人的选任及其对第三人的指示承担责任"。也就是说，一方面，受托人对第三人的选任应当承担责任，对选任不当也要承担责任。另一方面，受托人要对其向第三人发出的指示承担责任。也就是说，即便在产生了次委托之后，受托人不再需要履行处理委托事务的义务，但是如果其向次受托人作出了指示，则其针对次受托人而言，居于委托人的地位，因此仍然要对指示次受托人的行为负责。

---

[1] 参见韩世远：《合同法学》，559 页，北京，高等教育出版社，2010。
[2] 参见魏耀荣等：《中华人民共和国合同法释论（分则）》，567 页，北京，中国法制出版社，2000。

三、转委托的效力

依据《合同法》第 400 条的规定，"转委托经同意的，委托人可以就委托事务直接指示转委托的第三人，受托人仅就第三人的选任及其对第三人的指示承担责任。转委托未经同意的，受托人应当对转委托的第三人的行为承担责任"。根据这一规定，转委托的效力主要表现在如下几个方面：

第一，受托人与委托人之间的委托合同仍然有效，双方之间的委托关系并未终止。这就是说，虽然形成了转委托关系，但是，委托合同并没有解除，受托人仍然受委托合同的拘束。[①]

第二，次受托人处理委托事务的效果归属于委托人。在合法的转委托情况下，因为转委托经过了委托人的同意，因而次受托人仍然是委托人的受托人，而不是受托人的履行辅助人。所以，在次受托人处理委托事务中，委托人享有直接请求权。次受托人处理委托事务的后果都要归属于委托人。在紧急情况下，为了委托人利益进行转委托，次受托人处理事务的后果也要由委托人承受。此外，因为次受托人并非受托人的履行辅助人，受托人原则上不对次受托人的行为负责，仅就第三人的选任及其对第三人的指示负责。

第三，受托人仅就第三人的选任及其对第三人的指示承担责任。如果经过委托人的同意，或者在紧急情况下为了维护委托人的利益而转委托的，受托人虽然仍受到委托合同的拘束，但并不承担受托人的全部责任。他并不对次受托人的所有行为负责，只是对自己选任和指示次受托人的行为承担责任。一般认为，此种责任应当为过错责任。

第四，受托人擅自转委托，应当就接受转委托的第三人的行为对委托人承担责任。这就是说，受托人应当对次受托人所有的行为承担责任，不限于选任和指示次受托人的行为。如果因次受托人的行为给委托人造成损害，次受托人和受托

[①] 参见李永军、易军：《合同法》，382 页，北京，中国法制出版社，2009。

人都要对委托人承担责任。① 受托人承担此种责任时不能以第三人实施行为时其没有过错为理由提出抗辩，因为其擅自转委托，本身就是有过错的。

第五节 间接代理中的委托

所谓间接代理（mittelbare Vertretung），是指代理人以自己的名义从事法律行为，并符合合同法关于间接代理构成要件的规定，它是与直接代理（unmittelbare Vertretung）相对应的。《民法通则》第 63 条第 2 款规定："代理人在代理权限内，以被代理人的名义实施民事法律行为。被代理人对代理人的代理行为，承担民事责任。"可见，直接代理是指代理人以被代理人的名义并为了被代理人的利益同第三人为法律行为。大陆法系国家民法一般将间接代理称为行纪。② 在英美法中，承认间接代理方式的委托。③ 我国《合同法》借鉴英美法的经验，承认符合间接代理要件的属于传统民法的行纪行为，可构成间接代理，此种代理也为代理的一种形态。由于间接代理也需要代理人基于委托合同而实施一定的行为，其基础关系仍然是委托合同。但鉴于我国《民法通则》中的代理并不包含间接代理，所以，《合同法》第 402 条和第 403 条单独设立了间接代理。

间接代理中的委托主要可以分为两种类型：

一、第三人知道代理关系

《合同法》第 402 条规定："受托人以自己的名义，在委托人的授权范围内与第三人订立的合同，第三人在订立合同时知道受托人与委托人之间的代理关系的，该合同直接约束委托人和第三人，但有确切证据证明该合同只约束受托人和

---

① 参见李永军、易军：《合同法》，383 页，北京，中国法制出版社，2009。
② Rummel (Strasser), ABGB I3, § 1002, no. 8.
③ 参见徐海燕：《英美代理法研究》，330~353 页，北京，法律出版社，2000。

第五节　间接代理中的委托

第三人的除外。"本条规定的不是受托人与委托人之间的委托关系，而是受托人或者委托人与第三人的关系。例如，甲委托乙与丙订约购买丙的电脑50台，乙向丙发出传真称，"受甲公司的委托购买电脑50台"，但在订约时合同当事人仍为乙和丙。在本例中，尽管甲没有参与订约，但乙已向丙告知其与甲之间的委托关系，而丙在订约时也明确知道乙的委托人是甲，这就形成了所谓第三人知道代理关系的委托。构成此种委托，除了要求受托人是以自己的名义从事民事法律行为，并与第三人订立合同以外，关键是要求第三人在缔约时知道受托人与委托人之间存在代理关系。

如何理解"第三人知道"？笔者认为对"知道"应当做限定性的解释而不能做扩大的解释，也就是说，此处所谓的"知道"仅限于明确知道而不包括应当知道。所谓明确知道，是指订约时受托人明确向相对人告知其与委托人之间存在委托代理关系，或委托人在受托人与第三人签订的合同中签字，或者委托人也参与过谈判，从而使相对人事先便知道委托人和受托人之间存在委托代理关系。因为只有在知道的情况下，相对人才能明确其虽然是与受托人订立的合同，但实际上是在与委托人缔约，所以受托人与相对人之间的合同可以直接对委托人产生效力。需要指出的是，所谓第三人知道是指第三人在订约时知道。知道的时间应当明确限定为订约时知道，才能表明第三人从合同订立时起就实际上是将委托人作为真正合同伙伴，或者说从一开始就意识到他是在和委托人订立合同。如果是事后才知道委托人和受托人之间的委托代理关系的，则并不能表明第三人愿意与委托人发生实际的合同关系，因此，该合同不能当然约束委托人和第三人。具体而言：

第一，知道具体的被代理人。所谓具体的被代理人，也就是第三人知道代理人接受谁的委托而与其发生合同关系。之所以能够使受托人与第三人之间的合同对委托人产生约束力，关键在于因为第三人事先知道具体的委托人，而仍然与受托人缔约，从而表明其实际上是选择了委托人与其缔约，这就在客观上要求第三人必须事先知道具体的委托人是谁，才能确定他究竟希望与谁订约。例如，在外贸代理中，被代理人在合同中签字，或者虽未签字但受托人具体告知了被代理人

的姓名等具体情况。如果第三人仅仅只是知道受托人是受他人委托缔约，则对第三人来说是没有意义的，也不可能构成间接代理。

第二，知道委托授权的内容和期限。第三人必须事先知道委托的内容就是受托人与其发生的交易行为，受托人没有超出委托人授权范围。如果第三人事先知道受托人与委托人之间存在代理关系，但授权的内容并不是受托人与其发生的交易，则第三人知道有代理关系的存在是没有意义的。此外，第三人也应当了解委托授权的期限。

第三，知道的时间。第三人知道是指第三人缔约时知道，而不是在履约过程中或者在纠纷的解决过程中才知道，否则便不能构成间接代理。[①] 至于第三人是通过何种方式知道的，不必予以考虑。

对于第三人知道的情况，之所以在法律上应当作严格的限制，其主要原因在于：在此种间接代理关系中，知道是此种代理的核心要件。一方面，如果对知道的内涵不作限制，将使行纪合同与间接代理难以区分。因为在行纪合同中，行纪人通常是受委托人的委托而为委托人从事交易行为，第三人也知道行纪人与他人之间存在委托关系。行纪人一般都是为委托人的利益或按照委托人的要求买进和卖出货物。如果对第三人知道的内容不作严格限制（例如，不要求第三人事先明确知道具体的委托人是谁），则将会使行纪关系都可能转化为间接代理关系。另一方面，由于第三人在缔约时并不知道委托人和受托人之间具有委托关系，第三人在订约时是自愿与受托人产生合同关系的，但在合同履行过程中知道委托关系以后，如果对第三人知道的内容不作限制，则第三人就可能会任意选择受托人或委托人履行合同，这就会使合同的相对性规则名存实亡。

第三人知道的情况究竟应当由谁来举证，需要根据具体情况分析。如果是由委托人主张受托人与第三人订立的合同对其产生效力，委托人要求介入该合同关系，则委托人应当就第三人知道代理关系的事实举证。如果是由第三人主张该合同应当约束委托人的，则第三人应当就其在订约时知道代理关系的事实举证。

---

① 参见陈甦编著：《委托合同 行纪合同 居间合同》，53页，北京，法律出版社，1999。

第五节 间接代理中的委托

第三人知道代理关系的构成要件还包括，必须没有确切证据证明合同仅约束受托人和第三人。这就是说，如果受托人与第三人在缔约时明确规定该合同仅约束受托人与第三人，不对任何其他人发生约束力，则根据合同自由原则，应当认为该合同仅在受托人和第三人之间发生效力，即使第三人在缔约时知道委托人，该合同也不能对委托人直接生效，合同只能约束合同当事人是一般的原则。间接代理作为合同相对性的例外，并不适用相对性规则。如果具备了间接代理的条件，则可以直接约束合同关系当事人之外的人。但如果合同中明确约定排除他人进入合同关系的可能性，也可以否定间接代理。需要指出，对合同仅约束受托人和第三人，应当做严格的理解而不宜做宽泛的解释。例如，受托人与当事人约定，第三人将给受托人某种优惠条件，委托人提出其在缔约时知道第三人。但是，第三人提出其在缔约时并不知道委托人，其给受托人某种优惠条件不适用于委托人，如果知道委托人的存在将不会给予这种优惠条件。笔者认为，尽管这种理解有可能符合第三人的意思，但不能据此就认为该合同仅约束受托人和第三人。因为约定给予某种优惠条件并未排斥给予委托人的可能性。

受托人和第三人之间的合同能够对委托人产生直接约束力，表现在委托人可以根据受托人与第三人之间订立的合同直接请求第三人向自己履行一定的行为，或者接受第三人的履行。也可以在对方违约的情况下请求对方承担责任，或直接向对方承担责任。如何理解该合同直接约束委托人或第三人？这实际上是指委托人将介入受托人与第三人的合同关系之中。第三人可以向委托人主张权利，反过来委托人也可以向第三人主张权利。但这是否意味着受托人将会被免除一切责任并退出合同关系呢？有人认为："在第三人或委托人不履行的情况下，代理人仅负通知义务，而不负违约赔偿的责任。"① 笔者认为这一看法显然是不妥当的，实际上此处所说的直接约束是委托人介入了合同关系之中，但受托人并没有退出合同关系。如果合同得到正常履行，双方不会发生争议，通常是在合同没有正确履行的情况下，而第三人在订约时又知道委托人，所以其可以直接主张权利，当

---

① 高富平、王连国：《委托合同 行纪合同 居间合同》，294 页，北京，中国法制出版社，1999。

然委托人也可以对第三人主张权利。

如何理解《合同法》第402条规定的"但有确切证据证明该合同只约束受托人和第三人的除外"的含义？笔者认为，所谓"有确切证据证明"，主要包括如下情形：第一，受托人和第三人的合同中有明确的意思表示，要求该合同仅在受托人和第三人之间产生法律上的拘束力。第二，受托人和第三人的合同中虽然没有明确的意思表示，但依据合同解释的规则，可以确定当事人仅希望在受托人和第三人之间产生法律拘束力。例如，当事人在合同中约定，即使第三人知道受托人和委托人之间的代理关系，仍然需要第三人直接向受托人履行，此时就不能发生委托人介入的法律效果。当然，关于是否存在"有确切证据证明"，还需要根据具体案情判断。

二、第三人不知道代理关系

《合同法》第403条规定，受托人以自己的名义与第三人订立合同时，第三人不知道受托人与委托人之间的代理关系的，受托人因第三人的原因对委托人不履行义务，受托人应当向委托人披露第三人，委托人因此可以行使受托人对第三人的权利，但第三人与受托人订立合同时如果知道该委托人就不会订立合同的除外。该条确立了如下制度：

（一）委托人的介入权

所谓委托人的介入权，是指当受托人因第三人的原因对委托人不履行合同义务时，委托人依法有权介入受托人与第三人之间的合同关系，直接向第三人主张合同权利。[1] 如前所述，委托人行使介入权的前提是，受托人以自己的名义与第三人订立合同。第三人在订立合同时，不知道受托人与委托人之间有代理关系。否则，受托人与第三人订立的合同，依《合同法》第402条的规定，直接约束委托人和第三人，因而也不存在委托人介入权问题。根据《合同法》第403条第1

---

[1] 参见李永军、易军：《合同法》，589~590页，北京，中国法制出版社，2009。

第五节　间接代理中的委托

款的规定，委托人行使介入权还必须具备以下前提条件：

1. 受托人因为第三人的原因对委托人不履行义务，或者说受托人不履行对委托人的义务的原因在于第三人。这就是说，一方面，是受托人对委托人未履行义务，而不是受托人对第三人未履行义务；另一方面，受托人不履行义务的原因在第三人，即受托人非因自己的过失，而仅是因为第三人不按约履行合同而导致自己违约。[①] 例如，因第三人未向受托人交付货物或者交付货物有瑕疵，致使受托人未能履行其对委托人所负有的受托义务。如果是因为受托人自身的原因导致委托合同不能履行，则委托人只能直接向受托人提出请求，而不能向第三人提出请求。需要指出的是，此处所说的因为第三人的原因导致受托人不能履行义务是指受托人不能履行义务的主要原因在于第三人，即使其中介入了受托人的因素，也不妨碍此种间接代理的构成。

2. 受托人已经向委托人披露了第三人。所谓披露义务，是指在受托人以自己的名义与第三人订立合同时，如果第三人不知道委托人与受托人之间的代理关系，而因为第三人或委托人的原因造成受托人不能履行义务，则受托人应当向委托人或第三人披露造成其违约的第三人或委托人。此处所说的披露，必须是明确告知了具体的第三人以后，委托人才能行使介入权，向第三人提出请求。

受托人的披露义务是委托人行使介入权和第三人行使选择权的前提。根据《合同法》第 403 条，在如下两种情况下，受托人负有披露义务：一是《合同法》第 403 条第 1 款中规定的"受托人因第三人的原因对委托人不履行义务，受托人应当向委托人披露第三人"。二是第 403 条第 2 款中规定的"受托人因委托人的原因对第三人不履行义务，受托人应当向第三人披露委托人"。由于披露上述两种情况都会导致委托人行使介入权和第三人行使选择权，受托人披露使行纪关系转化为间接代理，所以披露是构成间接代理的一个重要条件。

问题在于，这种披露义务属于何种性质的义务，是合同义务还是法定义务？在不履行披露义务时，应当承担什么样的责任？笔者认为，尽管《合同法》规定

---

① 参见马俊驹、余延满：《民法原论》，2 版，737 页，北京，法律出版社，2005。

受托人应当向委托人或第三人披露，但这并不是强制性规定，并不意味着受托人不予披露就要承担法律责任。因为基于商业秘密、受托人与委托人之间的合同约定以及其他商业上的需要，受托人完全可以不予披露。如果法律强制披露，则会损害当事人的利益。受托人是否披露，完全由受托人基于其自身的利益来考虑、决定，如果受托人不愿意向委托人作出披露，则表明受托人自愿向委托人承担责任，而不愿意使第三人直接向委托人承担责任。披露义务并不是一种法定的强行性义务，因此委托人也不得请求法院强制受托人披露第三人。事实上，如果受托人不披露，则不适用间接代理的规定，而应适用有关行纪的规定。如果当事人希望发生间接代理，则在订约时就应当要求受托人事先告知有关委托人或者第三人的情况。因此，是否披露由受托人基于其与委托人之间的约定及其自身利益考虑来决定。

如果受托人披露了委托人或第三人，则在委托人行使介入权的情况下，受托人有可能退出合同关系。当然，受托人一旦选择披露，则应当依据诚信原则向委托人或第三人如实地、客观地、全面地披露第三人或委托人的情况，包括第三人或委托人的姓名、地址等，第三人或委托人因何种原因导致其违约，第三人或委托人从事违约行为是否具有正当理由等。如果受托人披露的情况不全面、不真实，致使委托人或第三人错误行使介入权或选择权，并因此而造成损失或扩大损失时，受托人应承担赔偿责任。

3. 第三人与受托人订立合同时，不存在如果知道该委托人就不会订立合同的情形。这实际上是对委托人行使介入权的限制，因为法律设立间接代理制度，使委托人介入受托人与第三人的合同之中，是基于这样一种推定，即这种介入是不违反第三人的意愿和利益的。但如果有证据证明第三人在订约时知道该委托人就不会订立合同，就表明委托人的介入完全是违反第三人的意愿的。因此委托人在此种情况下就不得介入。笔者认为，在第三人订约时，不存在如果知道该委托人就不会订立合同的情形，包括如下几种情况：一是第三人和受托人的合同中明确规定禁止他人的介入。二是第三人纯粹是基于对受托人个人的信赖而与之订约，例如在一些非常注重受托人个人的信用、技能、履约能力等的合同中，第三

人与受托人订约完全是考虑到受托人个人的因素,对这种合同,委托人一般不宜介入。三是对一些必须要由受托人亲自履约的合同,也不得介入。① 四是第三人曾经与委托人协商订约,第三人因对委托人的信用、履约能力等产生怀疑而拒绝与其订约。上述情况,也可以作为第三人对抗委托人介入权的抗辩事由。也就是说,在委托人行使介入权时,第三人可以以这些理由为由阻止委托人介入。一般来说,第三人给予受托人某种优惠或某种利益并不能证明整个合同利益是不可让渡的,或者将违反订约的目的,第三人不能以此为理由而认为其在订约时就存在如果知道该委托人就不会订立合同的情形。

委托人所享有的介入权在性质上是一种形成权,其完全可以基于自身的利益和意志而决定是否行使该项权利,而不需要征得受托人或第三人的同意。如果委托人愿意行使该权利,则委托人将取代受托人的地位,而受托人以自己的名义从事的法律行为将直接对委托人发生效力,换言之,一旦委托人行使介入权,则可以发生直接代理的效果,受托人将退出合同关系,不再对第三人享有权利或承担义务。当然,如果委托人不愿行使介入权,则仍然形成两个不同的法律关系,委托人也只能向受托人提出请求,而不能向第三人提出请求。

(二) 第三人的选择权

第三人的选择权,是指当受托人因委托人的原因导致不能履行对第三人的合同,第三人依法有权选择向受托人或者委托人主张权利。②《合同法》第 403 条第 2 款规定:"受托人因委托人的原因对第三人不履行义务,受托人应当向第三人披露委托人,第三人因此可以选择受托人或者委托人作为相对人主张其权利,但第三人不得变更选定的相对人。"例如,甲委托乙向丙购买一批货物,丙在向乙交货以后,乙没有向丙支付货款,而乙未付货款的原因主要是甲没有向乙支付该笔货款,因此乙不履行的主要原因在于甲没有履行义务。根据《合同法》第 403 条第 2 款的规定,第三人行使选择权除了第三人在订立合同时,不知道受托人与委托人之间有代理关系以外,还必须具备以下前提条件:

---

①② 参见李永军、易军:《合同法》,589~590 页,北京,中国法制出版社,2009。

1. 受托人因委托人的原因对第三人不履行义务，或者说受托人不履行对第三人的义务的原因在于委托人。这就是说，一方面，是受托人对第三人未履行义务，而不是受托人对委托人未履行义务；另一方面，受托人不履行义务的原因在于委托人。如果是因为受托人自身的原因导致合同不能履行，则第三人只能直接向受托人提出请求，而不能向委托人提出请求。

2. 受托人已经向第三人披露了委托人。受托人一旦向第三人作出披露，则将使第三人享有选择权。当然，第三人作出的选择是否能够成立，还取决于委托人的抗辩是否能够成立。在受托人未向第三人披露委托人的情况下，第三人也只能向受托人提出请求，而不能向委托人提出请求。

3. 第三人作出了选择。第三人的选择权也属于形成权，其行使与否完全由自己决定，无须经受托人或委托人的同意。需要指出的是，第三人所作出的选择必须是明确作出选择，其必须明确表示其究竟是选择受托人还是委托人主张合同。这具体包括：一是选择向哪一个当事人提出请求。如果第三人同时向受托人和委托人提出请求，则不能构成选择。二是已经向哪一个具体的当事人提出了请求。如果第三人选择了一个当事人，但并没有直接向该当事人提起诉讼或提出请求，而只是向他人表示了其选择的结果，则不能认为第三人已经作出了选择。只有在明确地向一方当事人提出请求后，才能表明其已经行使了选择权。

由于选择权属于形成权，所以在第三人选定之后，即不得变更选定的相对人。也就是说，第三人的选择权只能行使一次。即使由于被选择的相对人欠缺履行能力而不能承担责任，第三人也不能再向未被选择的人主张权利。法律上作出此种限制的主要原因在于：一方面，允许相对人作出选择，实际上是要求第三人在因为委托人的原因造成违约的情况下，再次明确其缔约的伙伴和承担合同责任的当事人。第三人选择任何一方当事人承担责任，都表明该当事人是第三人所确定的缔约伙伴。但如果第三人可以重复作出选择，则其缔约伙伴也很难确定。另一方面，从效率上考虑，如果相对人在作出选择以后，已经针对该当事人提出请求或提起诉讼，如果允许其再次作出选择，则将会造成重复诉讼的现象。

(三) 第三人和委托人的抗辩权

所谓抗辩权，是指对抗对方的请求或否认对方的权利主张的权利，又称为异议

第五节 间接代理中的委托

权。"因请求权人之所行使权利,义务人有可能拒绝其应给付之权利者,此项权利谓之抗辩权"[1]。《合同法》第 403 条第 3 款规定:"委托人行使受托人对第三人的权利的,第三人可以向委托人主张其对受托人的抗辩。第三人选定委托人作为其相对人的,委托人可以向第三人主张其对受托人的抗辩以及受托人对第三人的抗辩。"由此可见,委托人行使介入权后并根据介入权向第三人主张权利时,第三人可以向委托人主张抗辩,对抗委托人的请求权。第三人选定委托人作为其相对人的,委托人可以向第三人主张其对受托人的抗辩以及委托人对第三人的抗辩。[2]

1. 第三人的抗辩权。所谓第三人的抗辩权,是指在委托人行使介入权的情况下,第三人针对委托人提出的请求向委托人提出的抗辩。第三人的抗辩既包括主张委托人的介入权不成立,也包括第三人在与受托人发生交易过程中,对合同的成立、效力以及合同的履行等所享有的抗辩权。例如,因为受托人交付的货物有瑕疵,使第三人基于同时履行抗辩权而拒绝交付货款,或者因为受托人拒绝支付货款使第三人享有拒绝交付货物的权利。第三人对受托人的抗辩是此类合同中固有的抗辩,在委托人行使介入权以后,实际上是受托人将对第三人的请求权转移给委托人,所以,第三人对受托人所能主张的抗辩权,自然也可以对委托人行使。第三人对委托人的抗辩事由,主要是基于其与受托人之间的合同所产生的。需要指出的是,第三人原则上不能根据委托人和受托人之间的委托合同向委托人提出抗辩,例如,第三人不得以受托人超越代理权限为由,向委托人提出抗辩。

问题在于,如果委托人与第三人之间事先存在个人的债权债务关系,在委托人行使介入权以后,第三人能否主张抵销?例如,甲委托乙向丙购买货物,乙向丙支付货款以后,丙没有交付货物,甲行使介入权,要求丙向甲直接交付货物或返还货款。但在此之前,甲向丙借款若干。在此情况下,丙能否以甲所借的借款与其应返还的货款抵销?由于抵销的前提是抵销只能发生在互负债务的两个当事人之间,《合同法》第 99 条规定:"当事人互负到期债务,该标的物种类、品质相同的,任何一方可以将自己的债务与对方的债务抵销。"因而抵销只限于互负

---

[1] 洪逊欣:《民法总则》,57 页,台北,自版,1976。
[2] 参见马俊驹、余延满:《民法原论》,2 版,738 页,北京,法律出版社,2005。

债务的双方当事人。如果涉及第三人，则不能抵销。因此，在确定第三人能否向委托人主张抵销时，必须首先确定委托人是否有权行使这样的权利。如果介入权不能成立，则其与第三人之间的关系不是一种间接代理，而是一种行纪关系。从行纪的观点来看，由于买卖合同是在乙与丙之间订立的，所以，甲不能要求丙返还货款，丙也就自然不能向甲主张抵销权。但如果介入权能够成立，则在委托人介入以后，将要取代受托人的地位而与第三人直接发生合同关系。在此情况下，第三人当然可以主张抵销权。在上例中，如果甲行使介入权能够成立，则甲与丙之间就产生了标的物的种类、品质相同的两种法律关系。根据抵销的构成要件，甲与丙之间的这两种债务关系可以抵销。

2. 委托人的抗辩权。所谓委托人的抗辩权是指在第三人行使选择权，向委托人提出请求以后，委托人向第三人提出的抗辩。由于委托人与第三人之间并无直接的合同关系，因而委托人抗辩事由的范围是法律直接规定的，包括委托人对受托人的抗辩和受托人对第三人的抗辩，委托人都可以依法向第三人主张。[①] 一般来说，委托人所行使的抗辩权主要包括以下两种：

一是委托人对受托人的抗辩权。这就是说，在委托人与受托人订立委托合同以后，受托人应当基于合同的规定，处理委托事务。在委托合同中，委托人基于履行行为，也可以产生抗辩权。例如，因为受托人违反委托合同的规定，未及时向第三人支付货款，委托人可以基于委托合同向第三人行使抗辩权。问题在于，在受托人超越授权的范围实施一定行为的情况下，委托人是否能够以此主张对抗第三人的抗辩事由？例如，甲委托乙购买四台"联想"电脑，乙向丙购买了四台"方正"电脑。在丙向甲提出请求时，甲能否以乙超越授权范围来提出抗辩？笔者认为，尽管在间接代理的情况下，委托人的授权只是向受托人作出的，第三人很难了解委托的内容和授权的范围。但受托人也必须要在授权的范围内行为，如果受托人根本没有获得授权而仍然以自己的名义与第三人达成协议，只能认为是受托人自己的行为。第三人请求委托人承担责任时，委托人当然能够提出抗辩。

---

① 参见肖建华、肖建国：《委托 行纪 居间合同》，209页，北京，人民法院出版社，2000。

当然，这种抗辩能否成立还应当具体分析。例如在前例中，甲已授权乙购买电脑，乙向丙购买了电脑是获得了授权，如果乙在事后向丙披露时，向丙告知其已获得了购买电脑的授权，而并没有告知其越权的情况，笔者认为丙仍然有权行使选择权。甲很难以乙购买的是四台"方正"电脑而不是四台"联想"电脑为由来进行抗辩。

二是受托人对第三人的抗辩权。所谓受托人对第三人的抗辩是指基于受托人与第三人的合同，受托人应当对第三人所享有的抗辩权。由于第三人选择委托人为相对人，委托人也就成为合同的当事人，将取代受托人的地位。因而，受托人对第三人的抗辩权，委托人当然也有权行使。如果在受托人与第三人的合同中，受托人可以以合同不成立、债务根本不存在、时效届满、合同应被宣告无效和被撤销等为由提出抗辩，或者基于第三人未及时支付价款、迟延交付货物、交付的货物有瑕疵等为由行使履行中的抗辩权，那么这些抗辩也可以由委托人对第三人行使。

如果委托人行使抗辩权成立，第三人不能直接向委托人提出请求，第三人能否要求委托人和受托人承担连带责任？笔者认为，连带责任属自己责任的例外情形，其适用应以法律有明确规定为前提，因此，在委托合同中，除法律明确规定的情形外，第三人也只能选择委托人或受托人其中之一作为其合同当事人，而不能要求两者承担连带责任。

第六节 委托合同的终止

委托合同的终止是指委托合同失去效力，合同权利义务不再履行。委托合同可以因下列原因终止：

一、因一方行使任意解除权而终止

（一）任意解除权的概念

《合同法》第410条规定："委托人或者受托人可以随时解除委托合同。"据

第十五章 委托合同

此，我国《合同法》承认了委托合同当事人任意一方均享有任意解除权。在一方行使合同解除权的情况下，委托合同应当终止。在比较法上，自罗马法以来，各国民法大多采纳了委托合同以无偿为基本原则的立法传统；同时，各国法律都普遍承认双方享有任意解除权，但在解除时要承担损害赔偿责任。从比较法上来看，根据《法国民法典》第2004条，"委托人得任意撤销其委托授权"。《荷兰民法典》第7：408（1）条规定，被代理人或委托人可以在任何时候终止与受托人之间的关系。在英格兰，委托人有权在任何时候解除与受托人之间的关系，即便是构成违约，也只承担损害赔偿责任。[1] 《欧洲示范民法典草案》第6：101条规定："任意一方任何时候都可以解除合同。"但是解除必须要基于通知才能生效。[2] 我国《合同法》借鉴了比较法的经验，在第410条规定了双方的任意解除权，法律作出此种规定的主要理由在于：一方面，委托合同是基于双方当事人之间的信任关系才成立的，一旦此种信任关系不复存在，任何一方当事人都可以终止合同。[3] 另一方面，既然此种信任不复存在，即便合同仍然有效，也很难实现合同订立的目的，不如允许当事人享有任意解除权，再通过违约责任制度对受害人提供救济更为有效，法律上设定了损害赔偿就可以实现救济。此种观点不无道理，但笔者认为，我国法上的委托合同不能完全适用上述规则，主要理由在于：第一，我国合同法中的委托合同以有偿为原则，这与德国法上委托必须无偿形成了鲜明对比。在无偿委托合同中，当事人之间的信任关系较高，受托人出于其与委托人之间的特别关系，从事委托事务，实际上是在给予委托人一种恩惠。一旦双方彼此之间的信任消失，受托人自然可以拒绝继续这种恩惠的施予，而委托人也没有必要再接受这种恩惠。但在有偿的情况下，受托人从事委托事务，大多要从中营利，承认其享有任意解除权，在解除合同后，委托人通过损害赔偿，未必能够获得充分的救济。在有偿的情况下，这种信任关系在合同中的重要性已经大

---

[1] Re Oriental Bank Corp. ex p Guillemin (1884) 28 Ch. D 634, Simpson (Robert) Co. v. Godson (1937) 1 DLR 454.

[2] See Christian von Bar and Eric Clive (eds), *Principles, Definitions and Model Rules of European Private Law*, Volume Ⅳ (Munich: Sellier. European Law Publishers, 2009), p. 2129.

[3] 参见魏耀荣等：《中华人民共和国合同法释论（分则）》，582页，北京，中国法制出版社，2000。

第六节 委托合同的终止

大降低,在当事人双方中起主要作用的是交易关系而非施予恩惠的关系。[①] 在这种情况下,即便双方的信任消失,基于利益的考虑,受托人还有可能继续委托事务。第二,我国合同法所规定的委托合同在许多情形下针对的是商事委托,受托人很多情况下为取得相关资质的服务企业,一旦允许受托人任意解除,则委托人一时难以寻找其他人加以替代,从而不利于消费者权益的保护。第三,如果允许委托人任意解除,显然也会影响合同关系的稳定,有悖商事合同的本旨。[②] 因而,笔者认为,对于任意解除权的适用,应予作目的性限缩解释。对于一些具有商事交易性质的事务委托合同,不宜允许当事人行使任意解除权。

（二）任意解除权的行使

法律虽然赋予了当事人任意解除权,但是只有在当事人实际行使了相关的权利之后,委托合同关系才能够实际解除,这就是说,行使解除权的一方当事人必须通知相对方,才能够产生解除的效果。例如,《德国民法典》第671条规定:"（1）委托人可以随时撤回委托,受委托人可以随时通知终止委托。（2）受委托人仅得以使委托人能够对事务的处理另作处置的方式通知终止委托,但有不适时地通知终止委托的重大原因的除外。在没有此种原因的情况下,受委托人不适时地通知终止委托的,必须向委托人赔偿由此发生的损害。"我国《合同法》也采纳了此种做法,依据该法第96条,当事人一方解除合同的,应当通知对方,原则上"合同自通知到达对方时解除"。由此可见,任意解除权必须以通知的方式行使,通知到达才能够产生合同解除的效果。解除权性质上为形成权,故而大陆法系民法大多规定解除权需要在合理期间内行使。我国《合同法》第95条也强调了当事人应当在法律规定或者当事人约定的解除权行使期限内行使解除权,否则解除权消灭。没有法定或者约定解除权行使期限的,权利人应当在对方催告后的合理期限内行使权利。

（三）任意解除权的放弃

任意解除权作为一种法定权利,能否因当事人的约定而受限制或被放弃？对

[①②] 参见李永军、易军:《合同法》,592页,北京,中国法制出版社,2009。

此存在有两种观点：一是肯定说，此种观点认为任意解除权并非强制性规定，当事人可以通过约定予以排除。因为法律赋予当事人以任意解除权意在保护其利益，如果当事人自愿放弃该权利或使其受限制，按照私法自治原则，原则上也应肯定此种约定的效力。但在合同履行中，如果合同继续履行有悖法律或公序良俗，当事人仍可以解除合同，而不受其前项约定的限制。[①] 从比较法上来看，大多国家都采纳此观点。例如，在法国法中，如果当事人在合同中明确约定在特定期限内不得解除合同或者约定在约定期限内只能聘任特定受托人，不再委托第三人的，也可以认为任意解除权是可以放弃的。[②] 二是否定说，此种观点认为任意解除权的规定具有强制性，不能够通过当事人双方的约定而排除，因此这种约定应当认为无效。[③] 我国合同法对此没有明确规定，笔者认为，应当允许当事人通过约定放弃任意解除权的行使，这主要是因为任意解除权主要关系到当事人之间的利益，而非公共利益，在通常情况下也并不涉及第三人利益，因此根据合同自由原则，如果当事人在委托合同中约定排除一方或者双方任意解除权的适用，这就表明当事人希望进一步加强的合同的稳定性，此种约定原则上应予认可。

（四）行使任意解除权后的报酬请求权

《合同法》第405条规定："因不可归责于受托人的事由，委托合同解除或者委托事务不能完成的，委托人应当向受托人支付相应的报酬。"依据这一规定，在委托合同解除后，受托人也可能享有报酬请求权。不过，笔者认为，应当区分委托合同的有偿和无偿而定，如果是无偿的委托关系，根本就不存在报酬问题。就有偿委托合同而言，则应当依据上述规定，进一步确定是否是"因不可归责于受托人的事由"而导致合同解除的。所谓不可归责于受托人的事由，是指合同解除系因委托人的原因或者不可抗力导致合同被解除，而受托人对合同解除没有过错。在此情况下，如果受托人确实已经完成了全部或者部分事务，理应获得报

---

① 参见龙翼飞主编：《新编合同法》，429页，北京，中国人民大学出版社，1999。
② 参见《法国民法典》下册，罗结珍译，1454页，北京，法律出版社，2005。
③ 参见肖建国、谭红主编：《新合同法适用指南》，740页，北京，新华出版社，1999。

第六节 委托合同的终止

酬。需要指出的是，受托人所请求的报酬请求权应当与其完成的工作相适应。也就是说，受托人完成了部分工作的，才能请求支付相应的报酬；如果受托人根本没有完成工作，则即便因不可归责于受托人的原因而解除合同，其也无权请求委托人支付报酬。

（五）行使任意解除权后的损害赔偿

《合同法》第 410 条规定："因解除合同给对方造成损失的，除不可归责于该当事人的事由以外，应当赔偿损失。"根据本条规定，在解除合同后，如果一方当事人因为这种任意解除合同的行为造成了对方当事人的损害，还需要承担相应的赔偿责任。如前所述，法律允许当事人行使任意解除权，但可通过损害赔偿制度对因任意解除而给对方当事人造成的损失予以赔偿。损害赔偿责任的构成要件是：第一，一方行使任意解除权。此处所说的赔偿只适用于委托合同中一方行使任意解除权的情形，至于一方行使法定解除权导致的损害，则不适用本条规定。第二，必须因解除合同给对方造成损失。例如，受托人在未完成委托事务的情况下解除合同，委托人自己不可能亲自处理该项事务，而且又不能及时找到合适的受托人代其处理该委托事务，在此情况下就有可能发生损害。① 第三，不存在可归责于主张损害赔偿一方的当事人的事由。这就是说，在一方行使任意解除权解除合同之后，另一方主张损害赔偿的，则要求赔偿的一方对合同的解除不存在过错。如果解除是因为主张赔偿的一方的过错所导致的，则其不能主张此项损害赔偿请求权。

问题在于，对于因解除合同而造成的损害赔偿的性质与范围，也存在不同的观点。毫无疑问，如果因为任何一方解除合同的行为，造成对方直接的财产损失，应当属于损害赔偿的范围，但是此处的损失是否包括报酬的损失，对此尚有不同的意见。有学者认为，损害赔偿的范围既包括固有利益的损失，也包括履行利益的损失。但在请求报酬赔偿时，应当扣除因为受托人免于履行所应当支付的费用。② 笔者赞成此种观点。凡是因为任意解除给另一方造成的损失，无论是直

---

① 参见胡康生主编：《中华人民共和国合同法释义》，580 页，北京，法律出版社，1999。
② 参见李永军、易军：《合同法》，593 页，北京，中国法制出版社，2009。

接损失还是间接损失都应当赔偿,但是在计算损害赔偿时,不能够进行双重的计算。例如,如果委托人单方面解除合同,则受托人无法获得相应的报酬,并且造成相应的费用损失,对于受托人这些在财产上的贬损,委托人都要承担相应的损害赔偿责任。

二、主体消灭或丧失行为能力

(一) 委托合同终止的法定原因

《合同法》第411条规定:"委托人或者受托人死亡、丧失民事行为能力或者破产的,委托合同终止,但当事人另有约定或者根据委托事务的性质不宜终止的除外。"根据该规定,因为主体的变化导致委托合同终止的情形有三种:

1. 受托人死亡或者丧失行为能力

在自然人作为受托人的情况下,因为受托人一方死亡,无法执行委托事项,所以委托无法存续下去,委托关系当然终止。委托合同高度重视当事人之间的信任关系,在受托人死亡时,除非其生前指定他人并得到委托人的接受,否则不能在受托人死亡后由他人继续担任受托人。如果发生此种情况,在实质上属于成立新的委托合同。丧失行为能力是指因为疾病等原因导致受托人的民事行为能力失去,既包括成为无民事行为能力人,也包括成为限制民事行为能力人。一旦受托人丧失民事行为能力,委托关系自然终止。

依据《合同法》第413条,在受托人死亡或者丧失行为能力的情形下,委托合同当然终止。即便这种终止有损委托人利益,法律也只是要求受托人的继承人采取必要措施,而没有授权其"继续处理委托事务"。

2. 委托人死亡或者丧失行为能力

在委托人死亡的情况下,是否一律导致委托合同终止,比较法上存在不同看法。一种观点认为,委托人死亡并不妨碍受托人对委托事项的处理,因此,委托合同并不终止。例如,《德国民法典》672条规定:"委托消灭的,如延缓会引起危险,则受委托人必须继续处理受托的事务,直到委托人的继承人或法定代理人

能够另做处置为止；在此限度内，委托视为存续。"在欧洲，一些国家的法律规定，为了避免对委托人或者其继承人的利益造成损失，受托人仍有义务继续履行委托合同。① 另一种观点认为，委托人死亡导致委托合同终止。例如，《法国民法典》2003条规定："委托得以下列方式终止：……委托人或者受委托人（委托代理人）自然死亡或民事上的死亡。"在英国法中，委托人死亡也将导致委托合同的自动解除。② 根据《合同法》第411条，委托人死亡或者丧失行为能力原则上导致委托合同终止，但依据《合同法》第412条，如果合同终止将有损委托人利益，合同将继续有效。因而，委托人死亡或者丧失行为能力并不一律当然导致合同终止。③

委托人丧失行为能力是指委托人因为疾病等原因而失去民事行为能力，从《合同法》第412条和第413条的规定看，其仍然区分了委托人丧失民事行为能力与受托人丧失民事行为能力。在受托人丧失民事行为能力的情况下，委托合同自然终止。虽然委托人死亡或者丧失行为能力原则上也将导致委托合同终止，但如果合同终止将有损委托人利益，则合同仍可继续有效。

3. 当事人破产

这主要是指委托人或受托人一方或双方是企业的情形。在企业破产时，其效果相当于自然人死亡，属于主体的灭失。但企业破产时，也应区分是委托人还是受托人破产。如果是受托人破产的，则委托合同自然终止。如果是委托人破产，则在合同终止将损害委托人利益的情况下，受托人仍应继续处理委托事务，委托合同并不当然终止。

《合同法》第413条规定："因受托人死亡、丧失民事行为能力或者破产，致使委托合同终止的，受托人的继承人、法定代理人或者清算组织应当及时通知委托人。因委托合同终止将损害委托人利益的，在委托人作出善后处理之前，受托

---

① See Christian von Bar and Eric Clive (eds), *Principles, Definitions and Model Rules of European Private Law*, Volume Ⅳ (Munich: Sellier. European Law Publishers, 2009), p. 2260.《欧洲示范民法典草案》第7：102条也规定，委托人的死亡并不会导致委托关系的终止。
② See Wallace v. Cook (1804) 5 Esp 117, 170 ER 757.
③ 参见韩世远：《合同法学》，563页，北京，高等教育出版社，2010。

人的继承人、法定代理人或者清算组织应当采取必要措施。"根据这一规定,在委托合同终止后,受托人的继承人、法定代理人或者清算组织负有通知义务。这就是说,因为受托人突然死亡,委托人可能并不知情,如果不及时通知委托人,则可能导致委托人遭受损失。同时,因委托合同终止将损害委托人利益的,受托人的继承人、法定代理人或者清算组织应当采取必要措施。例如,甲委托乙向丙讨债,乙已经与丙达成了初步的协议,但乙突然因车祸受重伤而昏迷,如果此时终止委托合同,则该笔债务以后将难以继续追讨。此时,就有必要为了甲的利益,由受托人乙的法定代理人继续采取必要措施,作出一些善后处理工作,而不能简单终止合同。

(二)委托合同终止的例外

根据《合同法》第411条,在出现上述情形时,委托合同原则上应当终止,但当事人另有约定或者根据委托事务的性质不宜终止的除外。我国《合同法》第412条规定:"因委托人死亡、丧失民事行为能力或者破产,致使委托合同终止将损害委托人利益的,在委托人的继承人、法定代理人或者清算组织承受委托事务之前,受托人应当继续处理委托事务。"据此,在出现上述三种法定事由的情况下,委托合同并不当然终止,仍存在如下几种例外情形:

1. 当事人另有约定

如果当事人之间有特别约定的,即使出现上述三种情形,委托合同并不当然终止。例如,当事人在委托合同中明确约定,如果受托人破产,由受托人的管理人继续从事委托事务的,在此情况下,委托合同仍然有效。从对《合同法》第411条的文义解释来看,当事人另有约定应当适用于上述三种情形,因而,其当然可以作为委托合同终止的例外情形。

2. 根据委托事务的性质不宜终止

在委托人丧失行为能力的情况下,欧洲大多数国家的法律,如法国、葡萄牙、瑞典,都认为导致委托合同解除,但商事合同例外。[①] 因而,在一些特殊的

---

① See Christian von Bar and Eric Clive (eds), *Principles, Definitions and Model Rules of European Private Law*, Volume Ⅳ (Munich: Sellier. European Law Publishers, 2009), p. 2260.

第六节 委托合同的终止

委托合同中，如果依委托合同的性质，不能因当事人死亡、丧失民事行为能力或破产而使委托合同终止的，委托合同仍应有效。

3.《合同法》第412条规定的情形

如前所述，在委托人死亡、丧失行为能力或破产的情形下，委托合同原则上应当终止，但依据《合同法》第412条，如果终止委托合同将损害委托人利益时，受托人应当继续处理委托事务，直到委托人的继承人、法定代理人或者清算人承受委托事务为止。具体而言，第一，在委托人死亡、丧失行为能力或破产的情形下，如果终止委托合同将损害委托人或者其近亲属的利益，则不应终止委托合同的效力。例如，甲委托乙从事某笔交易，乙与丙多次磋商，已经达成初步协议，甲将从交易中获得巨大利益，但是甲在此期间遭遇车祸，如果委托合同此时终止，则对甲十分不利。在此情形下，依据上述规定，乙仍应以甲的名义从事委托事务。第二，在委托人的继承人、法定代理人或者清算组织承受委托事务之前，受托人负有继续处理委托事项的义务。此种情形是法定继续履行委托义务的要求。在上述例子中，如果甲遭遇车祸死亡，此时应当由甲的继承人来继续承受委托后果。如果继承人承受委托后果，则乙没有必要继续履行委托合同，但是在承受之前，乙仍有必要继续履行委托合同。受托人的义务应当履行到何时为止？根据上述规定，应当履行到委托人的继承人、法定代理人或者清算组织承受委托事务之时为止。第三，受托人负有继续处理委托事项的义务。当然，如果委托合同是有偿的，则受托人仍然有权请求支付报酬。

第十六章

行纪合同

第一节 行纪合同概述

一、行纪合同的概念和特征

行纪合同,是指行纪人以自己的名义为委托人从事贸易活动,委托人支付报酬的合同。行纪最早起源于罗马法中的信托,是一种遗产的处理形式,并为现代各国法律所普遍认可,尤其适用于艺术品、古董、证券买卖等交易中。[①] 我国古代就有所谓牙行、货栈等从事行纪业务的商人。在现代社会,行纪则往往是由一些专业人员实施,比如委托行、拍卖行、证券商等,它们受委托人委托,从事行纪业务。行纪合同源于委托合同,但又基于其独特的专业性独立于委托合同,符合现代社会商事活动专业化、便捷化的特点,我国《合同法》第二十二章专门规定了行纪合同,对于规范行纪业务,明确当事人的权利义务关系具有十分重要的

---

① 参见黄立:《民法债编各论》下册,582页,北京,中国政法大学出版社,2003。

第一节　行纪合同概述

作用。概括而言，行纪合同具有如下几个特点：

1. 行纪人从事的是贸易行为

行纪人从事的行为具有特殊性，其限于贸易行为。行纪是在委托的基础上发展起来的，但又独立于委托。行纪与委托的区别就在于行纪活动具有专门化的特点，但行纪人所从事的行为并不是所有的民事行为，而主要限于贸易行为。所谓贸易行为，应当可以理解为所有的商业上的交易，但与一般的公民之间从事的标的额较小的交易存在区别。关于行纪合同的适用范围的理解，界定"贸易行为"的概念是非常重要的。一种观点认为，按照通常的理解，"贸易"一词是指商品的贸易，应当不包括不动产，也不应当包括知识产权贸易。[1] 另一种观点认为，对"贸易行为"应当做更宽泛的理解，凡是商品的交易，只要不是合同法分则规定的有名合同类型，都应当纳入行纪，类似于《德国商法典》上所说的营业的概念。[2] 笔者赞同后一种观点。从我国的实践来看，行纪人所从事的交易类型是不断发展的，比如证券交易、期货交易中，委托人委托券商买卖证券、期货，也是一种行纪。再如，有些房屋中介也大量从事行纪活动，尤其是从事与不动产买卖和不动产租赁有关的活动。另外，从有利于促进我国市场经济发展的角度考虑，只要法律不禁止的贸易行为，都应当允许开展行纪业务。

2. 行纪人必须具备相应的资格

行纪的发展与商人阶层的出现有着密切联系。在现代社会，行纪已经越来越成为具有专业化和独立性特点的行业，行纪人必须取得从事某种行纪行为的特定的资格。在实践中，行纪人大多是专门接受客户的委托从事买进卖出行为的特定机构，他们通常要获取一定的资格许可。在许多国家，对于行纪人的资格法律都有明确规定。在我国，行纪人也必须具备相应的资格，并且必须履行特定的登记或者审批手续，并非所有民事主体都能当然地成为行纪人。因为行纪人从事的是具有专业性特点的贸易活动，为了规范行纪人的行为，保障委托人的合法权益，

---

[1] 参见魏耀荣等：《中华人民共和国合同法释论（分则）》，590页，北京，中国法制出版社，2000。
[2] 《德国商法典》第1条对营业概念的界定是非常宽泛的，包括货物和证券的买卖、商品的加工和制造、保险单的承销等。

第十六章　行纪合同

法律上往往为其设置了资格许可制度。而直接代理中的代理人则没有此种身份上的限制，不论是普通自然人，还是专业机构，均可以接受委托，作为代理人。

需要指出的是，行纪与经纪的概念并不完全相同，经纪概念在我国比较宽泛，其包括行纪、居间等各种活动。通常所说的经纪人是依法取得经纪执业证书，从事接受他人委托、促成他人交易并收取佣金的行为的执业人员。在法律上，经纪人可以从事代理、行纪以及居间等活动，如果经纪人从事行纪业务，就是行纪人。

3. 行纪人以自己的名义行为

与代理不同，行纪人必须以自己的名义对外进行贸易行为。而代理人必须要以被代理人的名义行为。同一事务，如果是受托人以委托人的名义作出，则构成代理；如果其以自身的名义作出，则可能构成行纪。例如，受托出卖某物，如果以委托人的名义，则为代理；以自己的名义出卖，则可能为行纪。正是因为这一原因，行纪人以自己的名义与相对人之间发生合同关系，行纪人将成为合同的当事人，独立地享受权利、承担义务和责任。但代理人因其不是以自己的名义行为，所以代理人与第三人发生交易时，并不能成为合同的当事人，也不能独立享有并承担合同权利义务。

行纪人在以自己的名义从事贸易行为过程中，涉及两种合同关系：一是委托人与行纪人之间的行纪合同关系，如委托行纪人购买货物或出售货物；二是行纪人与第三人之间的合同关系，如行纪人接受委托以后，以自己的名义向第三人购买货物或向第三人出售货物。前一种关系常常被称为内部关系，而行纪人与第三人的合同关系被称为外部关系。[1] 行纪合同就是指前一种合同关系，即委托人和行纪人之间的合同关系。在民法上，行纪主要是针对委托人和行纪人关系所作的规范，至于行纪人与相对人之间的合同关系，或为买卖，或为租赁，或为保险，都分别归属于不同的合同类型，由各个不同类型的合同规定来规范，不属于行纪。[2]

---

[1] 参见林诚二：《民法债编各论》中，228页，北京，中国人民大学出版社，2007。
[2] 参见郑玉波：《民法债编各论》下册，503页，台北，三民书局，1981。

4. 委托人与第三人不直接发生关系

在行纪中，行纪人以自己的名义从事贸易活动，第三人可能根本不知道委托人是谁，委托人也可能不知道第三人。由此可见，行纪与直接代理不同，委托人不能直接与第三人发生法律关系。行纪的法律效果一般先由行纪人承受，然后依据行纪合同转移给委托人。[1] 在行纪中，首先由行纪人承受交易行为的效果，然后再由行纪人转移给其委托人，而相对人并不与行纪人的委托人发生直接法律关系。行纪人不仅要承受法律效果，而且要移转其与第三人交易的效果。在法律效果移转之前，有关财产和权利仍归属于行纪人。但在转移之后，有关的财产和权利就归属于委托人。在行纪关系中，委托人直接与行纪人发生关系，行纪合同的效力直接拘束委托人与行纪人，行纪人对委托人负担一定的义务，委托人也对行纪人负担一定的义务。

5. 具有诺成性、不要式性、双务性和有偿性

行纪合同的成立只需委托人和行纪人就有关的行纪事项达成一致即可，无须采取特别的方式，其既可以是口头方式，也可以是书面等方式，因此，行纪合同具有诺成性和不要式性。由于在行纪合同中，行纪人是以自己的名义为委托人从事贸易活动，而委托人应支付报酬，所以行纪合同同时具有双务性和有偿性。[2]

在比较法上，关于行纪的立法例并不完全相同。在大陆法系民商分立的国家，鉴于行纪行为主要是一种商事行为，因而主要在商法典中对其作出规定。例如《法国商法典》第94条第1项规定："以自己的名义或商号为委托人计算而为行为者，谓行纪商。"《德国商法典》第383条、第406条也规定了行纪营业。而在民商合一国家，则在债法中统一规定了行纪，例如，《瑞士债务法》第425条至第439条规定了行纪。不过，在民商合一国家，对行纪的规定又存在两种类型，一是认为行纪是一种独立的有名合同（如瑞士法）；二是认为行纪属于委托合同的一种类型（如《意大利民法典》第1731条）。我国采民商合一的立法体例，在《合同法》之中规定了行纪合同。另外，我国《合同法》同时规定了委托

---

[1] 参见郑玉波：《民法债编各论》下册，503页，台北，三民书局，1981。
[2] 参见王利明等：《合同法》，2版，557页，北京，中国人民大学出版社，2007。

第十六章 行纪合同

合同和行纪合同,在立法例上与瑞士法相同。

二、行纪合同和相关概念的区别

(一)行纪合同和委托合同

行纪合同是从委托合同的基础上发展出来的,两者之间具有一定的共同性,主要表现在:一方面,两者都是向委托人提供服务的合同,且都不需要保证特定的结果。无论是在行纪合同还是委托合同中,都是一方为了另一方的利益而行为,为他人处理事务。另一方面,这两种合同都是基于一定的信任关系而订立的,都需要根据委托人的委托从事一定的处理事务性的行为,这些事务的处理通常是为了委托人的利益。正因为这一原因,在有些国家,行纪仍然是委托合同的一种类型。由于行纪合同与委托合同极为相似,因而我国《合同法》第423条规定,如果《合同法》对行纪合同缺乏规定,适用委托合同的有关规定。据此,许多学者认为行纪在性质上就是特殊的委托合同。

但是,应当看到,行纪合同和委托合同是有区别的,主要表现在:

第一,是否以自己的名义从事合同规定的行为。在委托合同中,受托人既可以自己的名义,又可以以委托人的名义行为。受托人以委托人名义与第三人订立合同,可以对委托人直接发生效力,受托人以自己的名义与第三人订立的合同,如果第三人在订立合同时知道受托人与委托人之间的代理关系的,该合同也对委托人发生效力。而在行纪合同中,行纪人只能以自己的名义为委托人从事贸易活动,其与第三人订立的合同不能对委托人直接发生效力。

第二,适用范围不同。委托合同的适用范围非常宽泛,因为委托人可以将各种事务委托给受托人处理,因此,受托人所从事的行为包括事实行为和法律行为,甚至准法律行为,我国法律并没有对委托的事项有明确限定,其可以是经营性活动也可以是事务性活动。而对行纪合同而言,其委托的内容必须是经营性的贸易活动。

第三,主体资格不同。行纪合同中的行纪人必须经过相关部门的审批和授权,是以从事行纪活动为营业的特定经营主体,而委托合同的受托人资格则没有任何的限制,可以是任何适合处理特定委托事务的人。

第四,合同性质不同。委托合同既可以是有偿的,也可以是无偿的,而依据我国《合同法》第414条,行纪合同是有偿合同,行纪人为委托人从事贸易活动后,应为此而收取报酬。

第五,费用负担不同。在委托合同中,受托人处理委托事务的费用应由委托人负担,而行纪合同中,行纪人处理委托事务的费用一般由行纪人负担[①],不过,这些费用通常是包括在委托人支付的报酬之中的。

(二)行纪合同与寄售的关系

寄售(consignment)是一种委托买卖的方式(a form of bailment),它是指委托人即货主(consignor)先将货物运往寄售地,委托代销人(也称受托人consignee),按照寄售合同的规定代替货主进行销售活动,货物出售后,由代销人向委托人结算货款的一种贸易做法。[②] 无论是寄售还是行纪,代销人和行纪人都要按照委托人的指示处置货物。由于行纪业务中常常也包含寄售的内容,所以两者间也具有一定程度的相似性。但这两者间的区别也是明显的,主要表现在:

第一,从合同的性质来看,行纪合同是有名合同,其在合同法中有明确的规定;而寄售合同是无名合同,合同法中并没有相关的内容,所以其在适用法律时必须参照其他类型的有名合同或者合同法总则的规定。

第二,从适用范围来看,寄售主要存在于国际贸易之中,而行纪则主要是在国内贸易中适用。

第三,佣金的支付方式不同。在寄售中,通常是由寄售人将货物送到代售人所在地,由代售人按照寄售协议参照当地市场价格代为销售货物,货物出售后并从货款中扣除佣金再汇给寄售人。但是在行纪中,佣金通常是单独支付的。

---

① 参见韩世远:《合同法学》,571页,北京,高等教育出版社,2010。
② 参见晓岩:《谈谈"寄售"》,载《国际贸易问题》,1978(2)。

第四，费用承担的方式不同。寄售不是出售，因此，对于寄售费用包括运输途中和到达寄售地后的一切费用和风险，均由寄售人承担[1]；而在行纪中，虽然行纪人可以向委托人请求寄存费及运输费，并可请求偿还其为委托人的利益而支出的费用[2]，但主要的费用仍然需要由行纪人自己支付。

(三) 行纪与间接代理

行纪与间接代理存在相似性：一方面，无论是间接代理人还是行纪人，都是以自己的名义从事贸易活动，另一方面，间接代理和行纪一样，其适用范围主要是贸易活动。此外，无论是行纪人还是代理人，都需要取得委托人的授权，且都必须在授权范围内行为。正是因为这一原因，在大陆法中，一般将间接代理称为行纪关系。[3] 虽然两者具有相似性，但笔者认为，它们仍然有本质区别，主要表现在：

1. 从法律效果上说，行纪合同和行纪人与第三人订立的合同是两个独立的合同，合同应当分别履行，委托人只能向行纪人提出合同请求，第三人也只能向行纪人提出请求。通常行纪人直接与相对人发生买卖关系，无论是购进还是卖出，行纪人都要支付货款或交付货物，如果确实因为委托人的原因或者第三人的原因造成行纪人不能履行义务，也只能由行纪人根据合同的相对性承担相应的违约责任，然后再由行纪人向委托人和第三人追偿。但是，在间接代理之中，只要符合间接代理的条件，第三人就可以行使选择权，将被代理人作为合同相对人；被代理人也可以行使介入权，从而直接享有合同的权利并承担合同的义务。

2. 权利义务的内容不同。在间接代理制度下，虽然代理人是以自己的名义订立合同，但本人有权介入其所订立的合同，享有权利和承担义务，第三人也有权选择本人作为合同相对人。在间接代理中，本人享有介入权，无须间接代理人把权利转让给他，即可行使介入权介入原合同关系，直接对第三人主张权利，第

---

[1] 参见晓岩：《谈谈"寄售"》，载《国际贸易问题》，1978 (2)。
[2] 参见郑玉波：《民法债编各论》下册，509 页，台北，自版，1972。
[3] 参见郑玉波：《民法债编各论》下册，501 页，台北，自版，1972。

第一节 行纪合同概述

三人一旦发现了未披露的本人，也可以直接对本人起诉。[①] 通过本人介入权和第三人选择权的制度安排，第三人和本人可以突破合同相对性的限制，不经过代理人，直接向对方主张权利，同时直接受间接代理人所订立的合同的拘束。

3. 在破产情形下的后果不同。如果行纪人破产，本人对该货物并不享有取回权，在其货款不能得到返还时，只能以债权人的身份与其他债权人一同参加破产分配。但在间接代理的情况下，情况则完全相反。由于代理人事实上是为本人的利益而订立合同的，合同的权利将由本人承担，所以，当第三人已经将货物交付给代理人，并且因交付行为而发生了货物所有权的移转，但货物所有权并不移转给代理人，而是移转给本人。此时，间接代理人应视为委托人的受领辅助人，其受领第三人的给付，给付利益应归属于委托人。所以在代理人破产的情形，其所受领的财产并不能纳入破产财产的范畴，而应当属于委托人所有，委托人可以就相关财产行使取回权。

4. 行纪合同都是有偿的，通常行纪人都是专门从事行纪业务的经纪人。所以在行纪合同中委托人都要向行纪人给付报酬。而间接代理中则不一定是有偿的，它既可能是有偿的也可能是无偿的。当然，如果认为《合同法》第402、403条的规定仅仅适用外贸代理或商事代理，则这种合同都是有偿的。但现行立法没有规定这种情况仅适用于外贸代理或商事代理。在这种情况下，这种合同并不一定都是有偿的。

在实践中，两者的适用范围很难区分。笔者认为，应当区别如下情况具体确定：一是区别第三人在订立合同时是否知道委托人与受托人之间的代理关系。如果在订约时第三人知道有代理关系、具体的被代理人和代理关系的内容，则此情况应属于间接代理而不是行纪。如果第三人在订约时只是知道有委托关系，但并不知道具体的委托人和委托内容，则此种情况应属于行纪而不属于间接代理。二是区分单方授权和委托合同。如果在内部关系中只存在单方授权，则由此产生的只能是间接代理而不能是行纪，因为行纪关系的构成必须有委托人和行纪人之间

---

① 参见冯大同：《国际商法》，278页，北京，中国人民大学出版社，1994。

的行纪合同，而只有在代理关系中才可能存在单方授权问题。还需要指出，如果委托合同规定由代理人承担责任，也不产生间接代理。三是区分有偿和无偿的关系。如果在内部关系中双方形成的是一种无偿的法律关系，则由此产生的只能是间接代理而不能是行纪，因为根据《合同法》第414条的规定，行纪人从事行纪活动是要收取报酬的，无偿关系不可能发生行纪。四是区分受托人是否披露，即使第三人订约时知道存在委托关系，因委托人原因使受托人违约，但基于商业秘密、受托人与委托人之间的合同约定以及其他商业上的需要，受托人完全可以不予披露。如果受托人不披露，则不适用间接代理的规定，而应适用行纪的规定。

第二节　行纪合同的效力

一、行纪人的主要义务

（一）以自己的名义从事贸易活动的义务

《合同法》第414条规定："行纪合同是行纪人以自己的名义为委托人从事贸易活动，委托人支付报酬的合同。"根据这一规定，行纪人必须以自己的名义为委托人的利益从事贸易活动，这是行纪合同和其他类型的合同（如委托合同等）的主要区别。这也就意味着，行纪人在从事行纪业务中，必须具备相应的资格条件，从而在接受委托后能够以自己的名义对外从事交易。在和第三人的交易行为中，行纪人自己是合同权利义务的主体，相对人只能向行纪人请求履行合同义务，而不能够向委托人请求。在行纪人和相对人发生关系之后由行纪人将请求权移转给委托人，即便相对人知晓了委托人和行纪人之间的行纪关系，也不能够直接向委托人请求。与此相对应，如果相对人没有履行合同义务，则委托人也不能直接向相对人请求，而只能够由行纪人向相对人请求履行合同债务。

此外，关于行纪人与第三人订立合同权利的归属尚有争议。一是归属行纪人说，此种观点认为行纪人由合同取得的债权是其自己的债权，取得的物权也为自

第二节　行纪合同的效力

己的物权,然后再通过特定的法律行为转让给委托人。[①] 二是归属委托人说,此种观点认为,虽然债权和物权尚没有经过行纪人移转给委托人,就委托人与行纪人的关系而言,也应当认为这些权利属于委托人,以显公允。[②] 笔者认为,由于行纪人以自己的名义订立合同,所以权利归属于行纪人这种观点较为符合合同的相对性原理。在行纪人取得所有权之后,再通过法律行为将所有权移转给委托人。当然,如果归属于行纪人,行纪人应当及时将其取得的权利移转给委托人,以免在行纪人破产时可能出现委托人权利受到侵害的情况。

（二）自己负担费用的义务

《合同法》第 415 条规定:"行纪人处理委托事务支出的费用,由行纪人负担,但当事人另有约定的除外。"这就确立了由行纪人自担行纪费用的义务。在行纪合同中,由于其明确规定了报酬,所以从事行纪行为的相关费用自然计算到报酬中。如果当事人之间没有特别约定,处理事务的费用便应当由行纪人自己承担。此处所说的费用包括因处理事务而支出的交通费、人工费、交易税等。但也有观点认为关于运输费和寄存费用,可以依据约定或者习惯加以确定,在一般情况下如果行纪人所收的报酬较高,则此两项费用大多包括于报酬之中,而不另行收取,即使另收,这两种费用也无须支付利息;但如果报酬较低,则可以另行请求委托人支付。[③] 笔者认为,从我国《合同法》的上述规定来看,并没有区分报酬的高低而是作出了统一的规定,这有利于督促行纪人精打细算、节省费用。行纪人通常是专门从事特定交易的主体,其在订立行纪合同确定报酬时,就已经考虑到了可能要支出的费用。

（三）妥善保管委托物的义务

《合同法》第 416 条规定:"行纪人占有委托物的,应当妥善保管委托物。"该条确立了行纪人对委托人交付其占有的委托物负有妥善保管的义务。此处所说的"委托物"的范围较为宽泛,不仅包括委托出售的物,也包括委托购买的物;

[①] 参见韩世远:《合同法学》,570 页,北京,高等教育出版社,2010。
[②] 参见郑玉波:《民法债编各论》下册,506 页,台北,自版,1972。
[③] 参见郑玉波:《民法债编各论》下册,509 页,台北,自版,1972。

不仅包括一般的有形物,还包括委托人交付行纪人保管的金钱以及权利凭证等。依照《合同法》上述规定,行纪人负有妥善保管义务的前提是其已经占有委托物。这是因为在行纪中,委托人可以将委托物交付给行纪人,也可以不交付给行纪人而由自己保管。如果交付给行纪人的,行纪人并不能够获得委托物的所有权,仅仅只是占有委托物,对其进行事实上的控制。在此情况下,行纪人就应当负有保管委托物的义务。

所谓"妥善保管",是指行纪人应当按照善良管理人的注意义务标准来保管标的物。此种注意义务标准高于处理自己事务的注意义务标准,它要求行纪人需要采取合适的手段,尽量使委托物保持其原有的状态。例如,行纪人受他人委托出售祖传的乐器一部,其应当采取妥当的方法予以保管,避免乐器遭受损坏。如果行纪人从事委托理财业务,在很多国家,法律明确要求受托人、行纪人等对于客户的财产必须设立特定账户,从而使受托人、行纪人等本身的财产和由其管理的客户财产严格分离。例如,日本在1998年修改了证券交易法,为了适当且顺利地返还顾客的资产,规定证券公司应将从顾客取得的委托保管的有价证券以及金钱,与自己的固有财产分别进行保管。[①] 在委托理财中,行纪人必须按照善良管理人的注意义务标准精心管理客户的财产。除了受委托的特定目的以外,行纪人对客户的财产不能随意挪用。此外,行纪人在接受寄售的物品时,应和委托人共同对物品进行检查,否则,应对物品的损坏或缺陷承担责任。

(四)按照指示的价格进行交易的义务

在行纪中,虽然行纪人以自己的名义行为,但是,其应当遵循委托人的指示进行交易。因为行纪人是为委托人的利益而进行交易活动,委托人的指示对于行纪人来说,应当作为行纪人从事贸易活动的基本依据。因而,在交易过程中,行纪人无论是买入还是卖出,都要遵循委托人指示的价格。遵循委托人的指示直接决定了该交易是否有效并成为衡量行纪人完成委托事务好坏的重要标准。[②] 我国

---

① 参见[日]河本一郎、大武泰南:《证券交易法概论》,侯永平译,145页,北京,法律出版社,2001。
② 参见魏耀荣等:《中华人民共和国合同法释论(分则)》,594页,北京,中国法制出版社,2000。

第二节 行纪合同的效力

《合同法》第 418 条规定："行纪人低于委托人指定的价格卖出或者高于委托人指定的价格买入的，应当经委托人同意。"这就是说，在委托行纪人进行交易时，行纪人要违背委托人指示的价格进行交易，必须取得委托人的同意。具体来说，可分为两种情况：第一，行纪人以低于委托人指定的价格从事交易。例如，证券公司以低于客户确定的价格出售其证券。第二，行纪人以高于委托人指定的价格从事买入交易。例如，某经纪人以高于委托人的定价购买了某文物。对于这两类行为，因为其通常会给委托人带来不利益，甚至是明显的损害，所以，法律规定应当经委托人同意。此处所说的同意，应当限于明示的同意。只有征得同意，才能维护委托人利益，尽量减少纠纷。

《合同法》第 418 条规定："未经委托人同意，行纪人补偿其差额的，该买卖对委托人发生效力。"这就是说，行纪人低于委托人指定的价格卖出或者高于委托人指定的价格买入的，虽然未经委托人同意，也并非当然无效。如果行纪人补偿其差额的，应当认为，行纪人事实上也遵循了委托人的价格指示，且没有给委托人造成损害，行纪人的行为将对委托人发生法律效力。例如，行纪人低于委托人指示的价格出售了祖传的文物一件，但是，后来行纪人补足了差价，此时，该出售文物的合同也对委托人发生效力。法律作出此种规定的目的是尽可能地鼓励交易，兼顾各方当事人利益。而对于没有征得委托人的同意、行纪人也未补偿其差额，则表明行纪人的行为显然是擅自变更指示而为，因此是无效的，对于此行为而造成的后果，委托人有权拒绝接受。

未经委托人同意的行为，如果行纪人补偿其差额的，在一般情况下，可以认为行为的作出会给委托人带来利益，至少不会造成损害，但这只是一般性的推论，如果委托人有特别指示，则违反该指示就会给委托人造成损害。例如，委托在国庆等节假日期间，为了扩大自己的产品的市场销售额而采取促销措施，其向行纪人所作出的指示是按照低于该产品的一般价格进行销售，且已对外宣传。如果行纪人以高于委托人指定的价格卖出的，虽然表面上来看会给委托人增加收益，但无疑是违背委托人的指示和根本利益的。在此情形下，委托人也可以拒绝。因此，《合同法》第 418 条第 3 款明确规定，"委托人对价格有特别指示的，

行纪人不得违背该指示卖出或者买入"。

（五）合理处分委托物

《合同法》第417条规定："委托物交付给行纪人时有瑕疵或者容易腐烂、变质的，经委托人同意，行纪人可以处分该物；和委托人不能及时取得联系的，行纪人可以合理处分。"本条究竟是规定行纪人的权利，还是规定行纪人的义务，对此存在不同的理解。我国学者大多认为应当将其理解为一种权利。[1] 笔者也赞成这一看法，从文义解释上来看，"可以"应当理解为法律授权进行此种行为，在此种情况下，行纪人不处分该物的，不应认为其违约，因此不能称之为一种义务。从法律上看，该条确立了行纪人的两项权利：

1. 经委托人同意的处分权。经委托人同意的处分权，是指在委托物已经出现瑕疵或者容易腐烂、变质的情况下，经委托人同意的，行纪人可以处分。之所以须经委托人同意，是因为在行纪合同中，行纪人无权擅自处分，否则将构成侵权。即便出现本条所规定的情形，不经委托人同意而赋予其处分权也容易引起法律上的争议。例如，委托物虽然有腐烂的出现，但其程度尚无须进行紧急处分，或者如行纪人未经委托人同意而进行处分，可能会因低价处分而使委托人遭受损失。

2. 非经委托人同意的处分权。在某些情况下，行纪人未经委托人的同意也可以作出某些处分，但这种权利的行使应当具备如下几个条件：第一，委托物交付给行纪人时有瑕疵或者容易腐烂、变质的。一方面，该物必须是委托人交付的，如果该物非由委托人所交付，行纪人不应受领，或者在受领后应当交还给委托人。另一方面，须是委托物有瑕疵或者容易腐烂、变质的情形，如此才使此类处分权行使成为必要。[2] 第二，行纪人和委托人不能及时取得联系，此时，行纪人可以进行处分。但其所作出的处分应当是合理的。

（六）报告义务

因为行纪人是受委托人的委托而进行交易活动，所以其负有报告义务。此种

---

[1] 参见魏耀荣等：《中华人民共和国合同法释论（分则）》，593页，北京，中国法制出版社，2000。
[2] 参见魏耀荣等：《中华人民共和国合同法释论（分则）》，594页，北京，中国法制出版社，2000。

第二节 行纪合同的效力

报告义务主要分两种：一是交易过程中的报告义务，二是交易结束后的报告义务。虽然合同法对行纪人的报告义务并未明确规定，但基于诚信原则其仍应负此义务。行纪人进行交易活动应是遵循委托人的指示为委托人的利益而进行的，报告义务的履行可以使委托人能够及时获知行纪人所欲进行或正在进行的交易，并及时地根据市场的变化而变更其指示，以使委托人的利益能够得到更好的维护。同时，报告义务也是委托人据以确立行纪人是否尽职忠实地履行义务的基础，委托人只有及时获知交易的过程和结果，才能更好地解决委托人与行纪人之间的费用及报酬等问题。行纪人也可在报告其交易过程和交易结果的基础上，请求委托人依据合同的约定支付报酬。

（七）及时转交物品或收益的义务

行纪物品仍归委托人所有。在行纪合同关系中，无论是委托人交给行纪人出售的物品，还是行纪人为委托人购进的物品，没有特别约定的，在出售前或买进后，都属于委托人所有，并由委托人承担风险。行纪人只享有占有权。行纪人在完成业务以后，应将完成委托事务所获取的收益或节省的费用，转交给委托人。

（八）履行与第三人的合同的义务

《合同法》第421条第1款规定："行纪人与第三人订立合同的，行纪人对该合同直接享有权利、承担义务。"在行纪关系中，涉及两个合同关系：一是委托人与行纪人之间的行纪合同关系，如委托人委托行纪人购买货物或出售货物；二是行纪人与第三人之间的买卖合同关系，如行纪人接受委托以后，以自己的名义向第三人购买货物或向第三人出售货物。行纪人受委托人的委托与第三人订立合同，通常是以自己的名义，因此基于合同的相对性，就行纪人与第三人所订立的合同，如果其作为出卖人的，就应当向第三人负担交付标的物的义务；如果其作为买受人的，其理应向第三人支付价款。同理，行纪人是受委托人的委托，为委托人的利益而订立合同，第三人不履行义务会造成行纪人的损失。依据《合同法》第421条第2款的规定，"第三人不履行义务致使委托人受到损害的，行纪人应当承担损害赔偿责任，但行纪人与委托人另有约定的除外"。此种规定系基于合同的相对性原则，因此委托人无权向第三人直接要求其承担赔偿责任，行纪

人在承担赔偿责任之后可以向第三人再行使追偿权。

二、委托人的主要义务

（一）支付报酬的义务

《合同法》第422条规定："行纪人完成或者部分完成委托事务的，委托人应当向其支付相应的报酬。"由此可见，委托人负有支付报酬的义务，行纪人享有报酬请求权，而这也是行纪合同区别于委托合同，并从委托合同分离出来成为独立有名合同的原因之一。[①] 依据该条规定，行纪人的报酬请求权须于其完成或部分完成委托事务之后才可行使。这是因为行纪合同是双务有偿合同，所以行纪人所享有的报酬请求权与行纪人所应负担的依据委托人指示完成委托事务的义务相对应，如果行纪人未完成委托事务的，自然不得享有此种权利。当然，行纪人的请求权并不以委托事务的全部完成为要件。在行纪人只是完成部分委托事务之时，委托人可以仅支付相应的报酬，而非全额支付。依据《合同法》第422条的规定，行纪人在部分完成委托事务之后，也可向委托人主张相应的报酬。因此，应由委托人支付报酬的情形主要有：一是行纪人按照委托人的指示完成了全部委托事务，其理所当然享有全部支付报酬的请求权。二是行纪人只是部分完成委托事务，其只能根据所完成的部分委托事务的比例请求给付报酬。此处所说的部分事务，应当是指受托事务具有可分割性，如果行纪人在完成部分受托事务之后，不愿从事余下的事务，而这些事务又无法转给他人完成，则行纪人不得就部分完成的事务请求报酬的支付。不过，如果是因委托人的过错使得委托事务部分或者全部不能履行而使行纪合同提前终止的，行纪人可以请求支付全部报酬。[②]

《合同法》第422条规定："委托人逾期不支付报酬的，行纪人对委托物享有留置权，但当事人另有约定的除外。"据此，委托人逾期不支付报酬，行纪人有权对委托物享有留置权。这是一种法定留置权，行纪人可依法行使。但如果当事

[①] 参见魏耀荣等：《中华人民共和国合同法释论（分则）》，600页，北京，中国法制出版社，2000。
[②] 参见胡康生主编：《中华人民共和国合同法释义》，592页，北京，法律出版社，1999。

第二节 行纪合同的效力

人之间存在相反规定,如约定不得进行留置的,行纪人不能对委托物享有留置权。依据我国《物权法》第238条的规定,行纪人可就委托物留置财产折价或者拍卖、变卖后,其价款超过债权数额的部分归委托人所有,不足部分由委托人清偿。

(二)及时受领委托物的义务

依据《合同法》第420条的规定,"行纪人按照约定买入委托物,委托人应当及时受领"。依据该规定,在行纪合同中,行纪人应遵循委托人的指示而买入委托物,在行纪人按照约定买入委托物之后,委托人应当负有及时受领的义务。一方面,由于行纪人完全是根据委托人的指示买入委托物,该买入行为自然应当对委托人发生效力。因而,委托人应当在行纪人按照指示买入委托物之后及时受领。另一方面,如果委托人不及时受领买入的委托物,有可能导致标的物的毁损或灭失,也会增加行纪人的保管负担。例如,行纪人依委托人的指示买入50万千克大米,如果委托人不及时受领的,而行纪人又无仓库保管,这就可能造成该大米的损失。对于行纪人而言,一旦委托人及时受领委托物,既可实现委托事务的终结,也可使其不必再对买入物进行保管,并支付保管费用。委托人在接到行纪人完成委托事务的通知后,应及时对购进的物品进行验收,否则,行纪人对该物品的瑕疵不负责任。

依据《合同法》第420条的规定,"经行纪人催告,委托人无正当理由拒绝受领的,行纪人依照本法第一百零一条的规定可以提存委托物"。因而,在委托人拒绝受领的情况下,行纪人依法有权将委托物提存。但提存必须符合如下条件:第一,委托人无正当理由拒绝受领。行纪人根据委托人的指示买入委托物之后,委托人无正当理由拒绝受领,行纪人可提存委托物。由于委托物的保管不仅涉及保管费用的承担,对行纪人的其他正常业务的开展也会造成影响,更可能会使委托物遭受毁损、灭失的风险,因而委托人的取回义务也是基于诚实信用和公平原则的考量结果。此处所说的正当理由,主要是指行纪人买入委托物没有遵循委托人的指示。在行纪合同中,行纪人的主要义务是按照委托人的指示从事贸易活动,如果其违反委托人的指示进行购买,委托人拒绝受领具有正当性。第二,

第十六章 行纪合同

行纪人催告。在委托人无正当理由拒绝受领委托物的情况下,行纪人应进行催告。此处所说的催告,是指催告委托人及时受领。催告不仅是督促委托人受领委托物,行纪人也要为委托人受领委托物确定期限。如果行纪人未进行催告的,则委托人可能不知道要及时受领,因而行纪人不得行使提存权。第三,提存应当符合《合同法》第101条关于提存的要件。该条第2款规定:"标的物不适于提存或者提存费用过高的,债务人依法可以拍卖或者变卖标的物,提存所得的价款。"例如,行纪人所买入的委托物是鲜活、易变质的物,就符合此处所说的不适于提存的情况。此时,行纪人可以依法拍卖或变卖委托物,将价款提存。在行纪人提存之后,依据我国《合同法》的规定,将产生以下效果:一是标的物提存后,毁损、灭失的风险由委托人承担;二是提存费用由委托人负担。在行纪人对委托物进行提存之后,委托人逾期不支付报酬的,行纪人势必难以再行使留置权,此时如何维护其利益,行纪人有两种选择:一是行纪人可以按未获清偿的债权留置委托物的一部分,而将其余委托物提存;二是行纪人可以与提存机关约定,在委托人履行债务或提供担保之前,提存机关不得向委托人交付提存物。[①]

(三)取回义务

依据《合同法》第420条第2款的规定,如果"委托物不能卖出或者委托人撤回出卖",委托人负有取回和处分的义务。所谓取回,是指委托人依法收回该委托物。所谓处分,是指委托人依法将该货物自行拍卖、变卖,或者直接将该货物进行互易或抵债等。取回和处分主要适用于两种情形:一是委托物不能卖出。这就是说,委托人委托行纪人出售一批货物,但因为委托人所定价格过高或者该产品滞销等原因导致该货物无法卖出。需要注意的是,"不能卖出"是指委托物主要因市场原因而在期限届满未能卖出,如果因行纪人的过错而导致货物无法售出的,自然不适用该条的规定。[②] 二是委托人撤回出卖。这主要发生在行纪人将委托物出卖之前,如果行纪人将委托物出卖之后,委托人便无法行使撤回权。但

[①] 参见魏耀荣等:《中华人民共和国合同法释论(分则)》,598~599页,北京,中国法制出版社,2000。

[②] 参见林诚二:《民法债编各论》中,237页,北京,中国人民大学出版社,2007。

第二节 行纪合同的效力

在行纪人出卖之前,委托人有权将委托物撤回。在出现上述两种情形下,委托物处于行纪人的占有之下,而行纪人又无法长期管理该物,因而,委托人将该物取回和处分,有利于保护当事人的利益。一方面,对委托人来说,有利于避免委托物的毁损、灭失,委托人取回后,也可以继续利用该物或为其他处分。另一方面,对行纪人来说,在委托人撤回委托物之后,行纪人则无法继续进行交易,如果由行纪人继续占有该委托物,会增加其保管的负担。

第十七章

居间合同

第一节 居间合同概述

一、居间合同的概念和特征

居间合同是指居间人一方为使委托人与第三人订立合同提供机会或进行介绍活动，由委托人向居间人支付约定报酬的协议。市场交易中，交易双方往往缺乏交易信息，从而无法接触、磋商、缔约，只有借助中介的作用，双方才能够知悉彼此的缔约愿望，从而促成合同的订立。[1] 居间活动历史悠久，在古希腊时代就已经出现。在我国古代，居间人被称为"互郎"，是指促进双方成交而从中取酬的中间人。[2] 在当今社会，居间的范围十分宽泛，居间合同在实践中的运用也十分广泛，日常生活中租房、买房、保险、货运、购买有价证券等居间行为十分常

---

[1] 参见史尚宽：《债法各论》，434页，北京，中国政法大学出版社，2000。
[2] 参见王家福主编：《民法债权》，729页，北京，法律出版社，1995。

第一节 居间合同概述

见。例如，近几年来，随着我国房屋买卖和租赁市场的发展，房屋中介迅速发展，中介所从事的活动主要就是居间活动。经济领域大量的交易也都是通过居间来完成的，如对企业的并购、为各种项目"牵线搭桥"、为各种交易的达成提供信息等。而近年来互联网的飞速发展也对居间行业起到了极大的促进作用。例如，一些网站在发布供货信息的同时，也发布需求信息，从而可以促成买卖双方信息的检索和查询，并选择各自所需要的相对人订立合同。因此，在现代社会，居间合同发挥了活跃经济、促进交易的重要作用，是一种不可或缺的中介活动。我国有关行政规章对经纪人有所规定，但居间主要是通过合同法进行规范的。

居间合同的特征主要在于：

1. 主体具有特殊性

居间合同的主体常常具有特殊性。比较法上，居间人的工作大多是特定的行业，因此专业化程度比较高，譬如，保险、酒业、金融等行业。[1] 在我国，对于自然人之间的居间，法律对主体并无特别要求，任何公民都可以为他人所进行的普通民事活动提供订立合同的机会等服务，只要其行为不违反法律即可。[2] 但对于特定交易的居间，法律可能会有特别的要求，申言之，对特殊的交易，居间人必须具有相应的能力、知识和缔约条件，并取得相应的资格，甚至需要获得相应的行政许可。例如，按照《城市房地产中介服务管理规定》第6条规定，房地产经纪人必须是经过考试、注册并取得《房地产经纪人资格证》的人员。未取得《房地产经纪人资格证》的人员，不得从事房地产经纪业务。此外，为了避免权钱交易，法律还规定有关国家机关和公务员不得从事居间活动。[3]

2. 内容的特殊性

居间活动主要包括报告订约机会和提供订约的媒介服务。依据《合同法》第424条，居间活动主要包括两类：一是为他人提供订约机会，即为潜在的交易当

---

[1] Philippe Malaurie, Lauren Aynès, Pierre-Yves Gautier, Droit civil, Les Contrats spéciaux, Defrénois, 2003, p. 328.

[2] 参见郭明瑞、王轶：《合同法新论·分则》，331页，北京，中国政法大学出版社，1997。

[3] 参见郭明瑞、王轶：《合同法新论·分则》，330~331页，北京，中国政法大学出版社，1997。

事人提供与他人订立合同的机会。这包括居间人受委托人的委托,为其寻找订约的相对人,从而促成双方订约;或者提供订约信息,即提供有关的合同主体的情况、履约能力、当事人的信用、出售的标的物的特点等信息。二是提供订约的媒介服务,即居间人在双方当事人之间进行斡旋、协助谈判、促成交易。①

3. 作用的特殊性

居间人在所促成的交易中并没有独立作出意思表示。居间人本身是具有完全民事行为能力的人,其在与他人签订居间合同时,作为合同一方当事人是可以进行协商、独立进行意思表示的。但在其所促成的交易中,居间人的任务在于为委托人和相对人提供交易的资讯,其并不代表任何一方当事人向另一方当事人作出意思表示。在这一点上,居间人的功能不同于委托合同中的受托人,受托人在受托范围内,可以根据委托事项和目的独立进行一定的意思表示。在居间合同中,居间人仅促成委托人和相对人之间合同的订立,并没有参与交易合同的订立或者影响当事人之间具体的权利义务,并不产生具体的法律效果。由于居间人既不是交易当事人,也不是交易任何一方的代理人,因而在居间合同中,居间人并没有作出意思表示的必要。

4. 具有有偿性

居间是一种有偿合同。对一般的民事居间而言,居间人一般是无偿提供居间服务的,此种居间具有互助性质。但实践中大量存在的是经济活动中的有偿居间,此种居间活动中,居间人以获取居间合同的报酬为职业。② 依据我国《合同法》第424条,"居间合同是居间人向委托人报告订立合同的机会或者提供订立合同的媒介服务,委托人支付报酬的合同"。可见,该条明确了居间合同以有偿为原则,因为典型的居间合同中,居间人从事居间活动都要获取一定的报酬,这

---

① 《城市房地产中介服务管理规定》第2条规定,房地产中介服务包括:一是房地产咨询,是指为房地产活动当事人法律法规、政策、信息、技术等方面服务的经营活动。二是房地产价格评估,是指对房地产进行测算,评定其经济价值和代理业务的经营活动。三是房地产经纪,是指为委托人提供房地产信息和居间代理业务的经营活动。

② 例如,《经纪人管理办法》第14条规定:"经纪人依法从事经纪活动所得佣金是其合法收入。经纪人收取佣金不得违反国家法律法规。"

种报酬在习惯上常常被称为"佣金"。

关于居间合同中，委托人支付报酬的义务具有如下特点：第一，约定性。这就是说，有关报酬的事项应当由当事人自己在合同中约定，如果当事人在合同中约定了报酬的支付标准，在不违背法律强制性规定的情况下，该约定具有法律效力。第二，以促成合同订立为前提。依据我国《合同法》的相关规定，居间人是否享有报酬请求权，必须以其居间行为是否促成委托人与第三人订立合同为前提。如果居间人未能促成合同订立的，则不应请求委托人支付相应的报酬，而只能要求支付相应的费用。第三，事后支付报酬。一般居间报酬并不提前支付，而是等居间事务完成后再支付。第四，报酬具有不确定性。这是因为委托人并不负有必须接受居间人提供的服务、必须订约的义务，所以报酬的支付具有不确定性。在居间合同中，居间人是否能够获得居间的费用，取决于居间人是否促成了交易成功。交易是否成功，并不完全取决于居间人，所以居间人可能取得报酬，也有可能无法取得报酬。正因为如此，德国有法谚云，"居间人的努力往往徒劳无功"。

5. 具有诺成性、双务性和不要式性

居间合同是诺成、双务、不要式合同。只要双方意思表示一致，居间合同即可成立，而不需要交付特定的标的物，因此，其属于诺成合同。至于居间人通过向委托人报告订立合同的机会和从事订立合同的媒介服务，则属于合同履行的问题，并不影响居间合同诺成合同的性质。[1] 关于居间合同是双务还是单务合同，有两种不同看法。一种观点认为，居间人和委托人之间都要承担一定的权利义务，所以其属于双务合同。[2] 另一种观点认为，居间合同中只有提供报告或媒介类型的，才属于双务合同，而有些居间合同则属于单务合同，居间人只是提供一些订约机会。[3] 在德国，通说认为居间合同的双方当事人都不负有必须使条件成就的义务，居间人并不负有必须订约的义务，委托人也不负有必须接受居间人提

---

[1] 参见肖建华、肖建国：《委托 行纪 居间合同》，345页，北京，人民法院出版社，2000。
[2] 参见邱聪智：《新订债法各论》中，319页，北京，中国人民大学出版社，2006。
[3] 参见黄立：《民法债编各论》下册，561页，北京，中国政法大学出版社，2003。

供的订约机会和信息而订立合同的义务。① 从这个意义上讲，居间属于单务合同。笔者认为，我国法上的居间合同属于双务合同，因为从《合同法》第424条规定来看，居间人在其行为促成合同成立以后，有权要求委托人支付报酬，所以，居间合同应当属于双务合同。此外，居间合同的订立也并不要求采取法定的形式，法律上对居间活动的形式并未作出明确规定，当事人可以采用书面形式、口头形式等各种形式。因此，居间合同也属于不要式合同。

6. 委托人一方给付义务的履行具有不确定性。委托人没有义务必须接受居间人提供的订约机会，而且合同能否成立、交易能否成功，还取决于对方当事人等诸多因素。因此，即便居间人向委托人提供了订约机会或者提供了订约的媒介服务，但如果委托人没有同相对人订立合同，则居间人也无权请求委托人支付报酬。

二、居间的分类

（一）报告居间和媒介居间

根据居间人所提供服务的类型不同，居间可以分为报告居间和媒介居间。《合同法》第424条规定："居间合同是居间人向委托人报告订立合同的机会或者提供订立合同的媒介服务，委托人支付报酬的合同。"由此可见，该规定实际上将居间分为两种类型：一是报告居间，此种居间就是指居间人向委托人报告订立合同的机会。二是媒介居间，此种居间就是指提供订立合同的媒介服务。居间人在双方当事人之间进行斡旋，促成合同的成立。报告居间和媒介居间的区别主要在于：一方面，在报告居间中，居间人仅仅向委托人报告订立合同的机会。而在媒介居间的情况下，居间人可能需要为双方当事人提供订约的媒介服务，如在双方当事人之间进行斡旋，以促成交易的达成。另一方面，在报告居间中，居间人主要是和一方委托人之间存在合同关系。而在媒介居间中，居间人则要和双方发

---

① Larenz, Lehrbuch des Schuldrechts, Bd. II. Halbband I Besonderer Teil, 13. Aufl., 54 S. 396.

生联系。① 与此相应，在报告居间中，居间人向哪一方当事人报告信息，就有权请求哪一方当事人支付报酬；而在媒介居间中，双方当事人都负有支付报酬的义务。此外，在媒介居间中，居间人对合同订立过程的参与程度较高，而在报告居间中，居间人参与度较低。

(二) 民事居间和商事居间

所谓民事居间，是指普通民事主体所从事的居间。所谓商事居间，是指专门从事居间业务的居间人所从事的居间。我国《合同法》采民商合一体制，民事居间和商事居间均属于我国《合同法》所规定的居间合同，都要适用《合同法》关于居间合同的一般规则。② 不过，两种居间之间也存在较大的差异：一方面，居间的目的不同。在民事居间中，居间人从事居间活动往往不是以营利为目的；而商事居间就是专门的居间机构的营业活动，属于营利活动。另一方面，委托人是否需要支付对价不同。民事居间可能是无偿的，也可能是有偿的；而商事居间一般是有偿的，委托人应当支付报酬。此外，居间人的注意义务不同。商事居间是有偿的，而且居间人是专门从事居间业务的主体，具有专门的资格、人员和设施。因此，商事居间中居间人的注意义务要求较高。而民事居间的居间人一般并非以居间作为自己的营业，因此，法律对民事居间中居间人的注意义务要求也较低。

(三) 共同居间和单独居间

按照接受委托的居间人的数量，居间可以分为共同居间和单独居间。所谓共同居间，是指两个以上的居间人共同接受委托人的委托而从事的居间活动。所谓单独居间，是指一个居间人接受委托人委托而从事的居间活动。共同居间和单独居间虽然都属于居间，都适用居间的一般规则，但法律上也为两者设立了不同规则，这主要表现在居间人的支付报酬请求权不同。在共同居间的情况下，如果是报告居间，可能有数人为委托人提供信息，应当由先提供的居间人获得报酬。如果是媒介居间，一旦交易成功，则双方共同支付给最先提供居间服务的居间人。

---

① 参见黄立：《民法债编各论》下册，564页，北京，中国政法大学出版社，2003。
② 参见肖建华 肖建国：《委托 行纪 居间合同》，352页，北京，人民法院出版社，2000。

如果各个居间人分别接受同一个委托人委托的不同的事务，但是最后它们结合在一起促成了交易，则委托人应当向居间人共同支付报酬。但在单独居间中，只有单个的居间人为委托人提供居间服务，因此由其按照合同约定来获取报酬。

（四）一般居间和特殊居间

根据规范居间的法律法规不同，居间可以分为一般居间和特殊居间。一般居间是《合同法》第二十三章中规定的居间合同，而特殊居间则是在该章以外或者其他特别法中规定的居间。[①] 在我国特别居间主要包括工程居间、期货居间、房屋买卖居间等。这种区别的实益在于具体适用法律的不同。对于一般居间而言，一般适用《合同法》的相关规则；而对于特别居间而言，应当首先适用特别法中的相关内容。在特别法没有规定或者规定不明时，才能够适用一般居间的规则。

三、居间和相关概念的比较

（一）居间和委托

居间合同和委托合同之间的关系较为密切。一方面，两者都是提供服务的合同。居间合同属于特殊类型的委托合同，委托合同的受托人与居间合同的居间人在履行合同中，都要向委托人提供一定的劳务。甚至可以说，居间合同是委托合同的一种特殊类型。另一方面，委托合同的受托人与居间合同的居间人均是为了委托人利益而提供服务。此外，委托合同与居间合同均是基于双方当事人的信任而成立。但居间合同和委托合同之间也存在明显的区别，主要表现在：

第一，所提供服务的内容不同。在委托合同中，受托人所提供的劳务是一般意义上的，其范围广泛，既包括法律行为也包括事实行为。委托合同是关于提供劳务的一般合同。而在居间合同中，居间人所负担的义务不是提供一般的劳务，而是报告订立合同的机会或者提供订立合同的媒介服务。

第二，接受委托的人在交易中的身份不同。居间人接受委托人的委托，为其

[①] 参见郑玉波：《民法债编各论》下册，486页，台北，三民书局，1981。

第一节 居间合同概述

报告订约机会或在委托人之间进行斡旋,居间人只是起到订立合同的媒介作用,其本身并不是合同当事人,也不是以代理人的身份从事订约活动。例如,在实践中,房屋中介机构等都是居间人,它们并不以房屋买卖合同的主体或代理人身份出现。而在委托合同中,如果受托人获得委托人的授权,其可能直接以代理人的身份与第三人进行交易。

第三,能否作出自己的意思表示不同。居间人没有委托人的授权,只是向订立合同的双方当事人往来传递信息,不能在委托人订立的合同中作出独立的意思表示,也不能决定委托人与第三人之间合同关系的内容。而受托人则获得了授权,无论是以委托人的名义,还是以自己的名义为法律行为,均可向第三人作出意思表示,可以在一定程度上决定委托人与第三人之间合同关系的内容。[1]

第四,费用的承担方式不同。委托合同的受托人处理委托事务的费用,由委托人负担,而居间合同的居间人从事居间活动的费用,在居间人促成委托人与第三人的合同成立的由居间人负担;未促成合同成立的,则可要求委托人支付必要的居间费用。[2]

(二) 居间和行纪

居间和行纪一样,都属于提供服务的合同,居间人和行纪人都要受委托人的委托处理一定的事务。另外,居间和行纪都是以信任关系为基础而订立的合同,在事务处理过程中,要最大限度地实现委托人的利益。因此,居间和行纪关联密切。实践中,有些受托人可能既向委托人提供交易机会,又需要为委托人从事交易行为,同时具有居间人和行纪人的身份。但居间合同和行纪合同之间也是有明确区别的,在某些领域,经纪人只能充当居间人,而不能充当行纪人,如《城市房地产中介服务管理规定》第2条明确了房地产经纪包括居间和代理,不包括行纪,这就表明了该规定区分了居间合同和行纪合同。居间和行纪存在明显的区别,主要表现在:

---

[1][2] 参见肖建华、肖建国:《委托 行纪 居间合同》,354页,北京,人民法院出版社,2000。

第一,在与第三人进行交易时的法律地位不同。在居间合同中,居间人仅是向委托人提供交易的机会,或者提供订立合同的媒介服务,并不直接参与到具体的交易合同中;而在行纪合同中,行纪人要以自己的名义替委托人与第三人交易,是合同的当事人。

第二,是否能够作出独立的意思表示不同。在居间合同中,居间人主要是为订立合同提供媒介,其并不能够直接作出独立的、有效的意思表示;而行纪人在与第三人的交易中,属于合同当事人,其要作出独立的意思表示。

第三,在与第三人的交易中的权利义务承担不同。在居间合同中,居间人并不参与交易合同,因此,委托人是交易合同的直接当事人,所有的权利义务都由委托人直接承担。而在行纪合同中,行纪人以自己名义和相对人订立合同,是交易合同的当事人,所有的合同权利义务都由行纪人直接承担,委托人只是间接地承受相关的权利义务。

第四,支付报酬的条件不同。依照我国《合同法》第426、427条,居间人获得报酬以其居间成功为前提,否则,居间人只能向委托人请求支付必要的居间费用。而在行纪合同中,《合同法》并没有规定委托人不向行纪人支付报酬的法定事由,在行纪合同中,通常无论行纪结果如何,在行纪人没有重大故意或者过失的情况下,行纪人都可以获得相应的报酬。

(三)居间和代理

居间和代理都涉及三方当事人,两者之间具有一定的相似性:一方面,居间人和代理人都需要取得委托人的授权;另一方面,居间人与代理人一样并不成为委托人与相对人之间的合同的当事人。在特殊情况下,居间人也可能成为一方甚至双方代理人。例如,居间人接受双方的委托,全权代表双方缔约。居间和代理都在社会生活中发挥着重要作用,例如,房地产经纪人参与房地产市场的程度显著提高,越来越多的二手房买卖和租赁都是由房地产居间人参与完成的。

代理和居间也存在明显的区别,主要表现在:第一,居间人并没有获得代理权,其义务不是代理委托人与第三人实施法律行为,而只是为委托人提供订约机会或提供订立合同的媒介服务。而代理人享有代理权,代理权既是代理人与第三

人实施法律行为的基础,也是代理的效力归属于被代理人的基础。第二,居间人不需要对相对人独立作出意思表示或接受意思表示,其活动仅限于提供订约的信息和媒介。此种行为的结果既不使委托人与第三人之间产生合同关系,也不使居间人与第三人之间产生合同关系。① 至于委托人与相对人之间能否订立合同,完全由其双方决定,而不能由居间人决定。而代理人需要独立作出意思表示,而且代理人需要独立地作出意思表示。第三,居间人与代理人不同,其无须完全按照委托人的指示开展工作,居间人要保持工作上的独立性。② 但代理人必须严格在授权范围内行为。第四,居间行为本身并不产生一定的法律效果,至少不能产生使委托人承受的效果。而在代理中,代理人实施的法律行为的效果直接归属于被代理人,被代理人必须承受相应的权利义务。

(四) 居间和承揽

居间和承揽合同之间也具有相似之处,表现在:第一,两者都是劳务合同,居间合同和承揽合同都是约定向委托人提供一定劳务的合同。只不过,居间合同提供的劳务是媒介信息,而承揽合同中承揽人提供的是具体制作、加工、修理等劳务。第二,两者都以提供一定的结果为必要,在居间合同中,只有居间人促成了交易合同的成立才能够向委托人请求报酬,而在承揽合同中,也只有在承揽人完成了约定的工作之后,才能够认为其履行了合同的义务。但是,居间合同和承揽合同具有诸多不同,主要表现在:一方面,合同的性质不同。居间合同是以提供服务为内容的合同,而承揽合同是以交付工作成果为目的的合同。另一方面,报酬的支付方式不同。在承揽合同中,当事人可能约定事先支付报酬。而在居间合同中,居间人在居间成功以后才能请求报酬的支付。还要看到,居间涉及三方当事人,而承揽只涉及两方当事人,因此,在法律关系方面居间也比承揽更为复杂。

---

① 参见高富平、王连国:《委托合同·行纪合同·居间合同》,178 页,北京,中国法制出版社,1999。

② Philippe Malaurie, Lauren Aynès, Pierre-Yves Gautier, Droit civil, Les Contrats spéciaux, Defrénois, 2003, pp. 327-328.

第二节 居间合同的效力

一、居间人的主要义务

（一）提供订立合同的机会或订立合同的媒介服务

《合同法》第424条规定："居间合同是居间人向委托人报告订立合同的机会或者提供订立合同的媒介服务，委托人支付报酬的合同。"据此，居间人的主要义务就是向委托人提供服务，服务的内容包括两个方面：一是报告订立合同的机会。这就是指，居间人接受委托人的委托，寻找和发现愿意按照委托人提供的条件与委托人订约的人。如何理解提供订约的机会？有观点认为，只要发现有意订约的人就是提供了订约机会。笔者认为，对此应当作出适当限制，应当是按照委托人提供的条件愿意和委托人订约。只有此种信息才对于委托人订约具有价值，提供此种信息也才符合居间合同的设立目的。二是提供订立合同的媒介服务。所谓媒介服务，是指居间人在订约的当事人之间进行斡旋、协商、游说，促使双方当事人最终达成交易。如果居间人只是为双方提供信息，则属于报告居间，只有其实际从事了媒介服务，才属于媒介居间。[1] 居间人有义务寻找合同相对人，告知其客户即将缔结的合同的有关情况。[2] 需要指出的是，居间人所提供的媒介服务，包括提供一切订立合同的机会，无论是有名合同还是无名合同的订立，绝不限于《合同法》所规定的15种有名合同的订立。[3]

在促成交易之后，居间人本身并不能保证合同当事人一方履行合同，即使在居间合同中作出了此种承诺，也不能约束另一方当事人。但如果在双方当事

---

[1] 参见魏耀荣等：《中华人民共和国合同法释论（分则）》，605页，北京，中国法制出版社，2000。

[2] Philippe Malaurie, Lauren Aynès, Pierre-Yves Gautier, Droit civil, Les Contrats spéciaux, Defrénois, 2003, pp. 327-328.

[3] 参见肖建华、肖建国：《委托 行纪 居间合同》，352页，北京，人民法院出版社，2000。

人正式订立的合同中,居间人明确表示要担保合同的履行,则其已经转化为保证人。

(二)如实报告

《合同法》第425条规定:"居间人应当就有关订立合同的事项向委托人如实报告。居间人故意隐瞒与订立合同有关的重要事实或者提供虚假情况,损害委托人利益的,不得要求支付报酬并应当承担损害赔偿责任。"据此确立了居间人的如实报告义务,凡是对订约有影响的事项,居间人都应向委托人报告,其中包括第三人的信用状况、第三人将用于交易的标的物的存续状况、第三人的支付能力、所购买商品的瑕疵等。[1] 关于报告义务的性质,存在不同理解:一种观点认为,其是一种法定义务。另一种观点认为,其是一种以诚信原则而产生的附随义务。[2] 还有一种观点认为,其是根据居间合同的目的和性质而应当包含在合同义务范围内的义务。笔者认为,居间人如实报告的义务是一种法定义务。虽然根据居间合同的性质和目的,可以推断出居间人负有如实报告的义务,但是既然我国《合同法》对这项义务作出了明确的规定,就意味着该项义务已经从合同义务上升为法定义务。因此,在适用该条规定时,无论当事人在合同中是否约定了居间人如实报告的义务,居间人都负有此种义务,因为该义务的性质已经是法定的义务。

居间人报告的对象应当是委托人。如果委托人为数人,则应当向每个委托人都进行报告。无论是在报告居间还是在媒介居间中,居间人都负有如实报告的义务。只不过报告的内容,因居间标的的不同而有所不同。但无论报告何种内容,如实报告的内容应当符合如下几个要求:一是内容的客观性。为了履行如实报告义务,居间人在必要时还应当进行一些调查,以了解真实情况。居间人必须对与订立合同有关的事项向委托人进行如实报告,使委托人能够判断是否应订立合同。二是内容的关联性。这就是说,报告的内容是"有关订立合同的事项",因为居间合同的目的就是为他人提供订立合同的机会或提供订立合同的媒介服务。

---

[1] 参见胡道才等主编:《参阅案例研究 商事卷》,147页,北京,中国法制出版社,2011。
[2] 参见韩世远:《合同法学》,500页,北京,高等教育出版社,2010。

第十七章 居间合同

因此,报告的内容与正在促成的合同之间应当有一定的联系。三是内容的充分性。具体而言,就订立合同的事项而言,包括合同相对人的各方面情况,如相对人的身份信息、资产状况、经营状况、履行能力等方面的信息都属于对合同订立较为重要的信息,居间人应当向委托人如实报告这些信息。[1] 凡是能够影响到委托人订立合同、作出选择的事项,居间人都应当就自己所知道的情况,向委托人如实报告。此外,在确定居间人如实报告义务的内容时,还应当考虑具体的合同类型。例如,在租房时,房屋中介对房屋的位置、户型、使用情况等各种事项都应当向委托人进行如实报告,不得隐瞒、编造。

在学理上,常常区分报告居间和媒介居间,认为在报告居间中,居间人应该就其了解的订约情况报告给委托人,但不必报告给相对人。而在媒介居间中,不仅要将订立合同的情况报告给委托人,还要报告给相对人。我国《合同法》第245条仅仅明确了居间人应当对委托人负有如实报告的义务。

(三) 忠实义务

居间合同是以人格信任关系为基础而订立的合同,因此,居间人应当依据诚信原则而对自己的居间活动负有忠实义务。具体而言,此种义务包括如下内容:一是居间人应当把订立合同的各种信息包括不利的信息都告知委托人,应当向委托人如实披露相关信息,从而使委托人正确地作出订约的决定。[2] 二是居间人在从事居间活动时,应当以诚实守信的方式在当事人之间进行斡旋,而不能通过隐瞒真相、夸大事实、编造虚假信息等来促成交易。[3] 三是居间人在从事居间活动中,当涉及利益冲突时,应当负有回避的义务。在居间人从事媒介活动时,可能常常涉及双方利益冲突的问题,居间人必须要顾及双方当事人的权益。因此,可能需要采取一种较为中立的立场,不能只站在一方的立场上,不得仅仅只考虑维

---

[1] 参见陈甦编著:《委托合同 行纪合同 居间合同》,199页,北京,法律出版社,2000。

[2] See M. Barendrecht et al., *Principles of European Law: Services Contracts*, Sellier European Law Publishers, 2007, p. 759.

[3] 参见《经纪人管理办法》第18条。

护一方的利益。① 四是不得非法挪用或非法占有委托人财物的义务。居间人应当妥善保管委托人的财物,在居间结束后应当及时移交给委托人。居间人不得为了自己的利益,擅自挪用或非法占有委托人的财物。

另外,如果当事人在居间合同中明确约定,居间人负有不向相对人报告委托人姓名的义务,则居间人也不得违反这一义务。此种义务也属于居间人忠实义务的内容。依据我国台湾地区"民法"第575条的规定,"当事人之一方,指定居间人不得以其姓名或商号告知相对人者,居间人有不告知之义务",该条规定的也是居间人的忠实义务。我国《合同法》对此没有明确规定,但如果当事人对此有明确约定,也应当认可这一约定的效力。需要注意的是,此种义务需要在合同中明确约定,如果没有明确约定或者约定不明的,通常认为委托人不得以此为由要求居间人承担违约责任。

(四) 勤勉义务

居间合同订立的目的就是要通过居间活动以促成合同的订立,因此,居间人应当尽其所能搜集相关信息向委托人报告,或者通过其媒介服务努力促成交易的最终达成,此种义务就称为勤勉义务。我国《合同法》没有规定勤勉义务,有学者认为,居间人应当依合同的约定积极尽力促成交易,至于勤勉的标准则应当根据合同的内容和当事人的约定具体确定。② 但也有学者认为,应当依据有偿无偿分别确定其勤勉义务的内容。③ 这些观点都不无道理。笔者认为,关于居间人的勤勉义务及其范围,应当根据合同的约定、诚信原则以及交易习惯具体确定。原则上说,居间人除了履行报告和媒介义务之外,无须再负进一步的义务。④ 但是在履行这种媒介和报告义务中,应当尽到勤勉义务。例如,在当事人之间出现意见的分歧时,居间人应当尽力调解斡旋,以促成合同的成立。

---

① 《城市房地产中介服务管理规定》第22条规定:"房地产中介服务人员与委托人有利害关系的,应当回避。委托人有权要求其回避。"第21条第1项规定,房地产中介服务人员不得"索取、收受委托合同以外的酬金或其他财物,或者利用工作之便,牟取其他不正当的利益"。
② 参见郭明瑞、王轶:《合同法新论·分则》,334页,北京,中国政法大学出版社,1997。
③ 参见王家福主编:《民法债权》,730页,北京,法律出版社,1994。
④ 参见黄立:《民法债编各论》下册,564页,北京,中国政法大学出版社,2003。

（五）附随义务

严格地说，勤勉义务、忠实义务等都应当纳入附随义务中，但由于勤勉义务、忠实义务等具有重要意义，所以有必要将其独立出来。此处所说的依据诚信原则所产生的附随义务，主要包括以下几种：一是保密义务。居间人对于居间合同中的各种信息、资料都负有保密义务。例如，有些房屋中介将委托人的住址、电话号码等泄露给他人牟利，就违反了保密义务。二是告知有关收费事项的义务。例如，房地产经纪机构的告知义务。告知服务内容、收费等内容，以免事后发生争议。三是及时通知义务。居间人应当就自己了解到的与委托人订约的有关事项负有及时通知的义务。只有履行了这些附随义务，才能保障居间合同的目的得以实现。

二、委托人的主要义务

（一）支付报酬的义务

《合同法》第426条规定："居间人促成合同成立的，委托人应当按照约定支付报酬。"支付报酬是委托人的主要义务。居间人的报酬，通常被称为居间费，此种费用应当在合同中加以约定，委托人应依据合同约定向居间人支付报酬。在居间合同中，对于居间人来说，其主要的目的就是获得居间的报酬，其在从事居间活动中事先所垫付的费用都要从报酬中冲抵。需要指出的是，当事人在合同中对报酬请求权未约定或约定不明确的，居间人是否仍可向委托人请求报酬，对此存在两种立法例：一是当事人没有约定报酬的，只有符合法定条件，居间人才能取得报酬请求权。二是即使当事人没有约定的，居间人促成合同订立的，也可请求委托人支付报酬。[1] 我国《合同法》第426条规定："居间人促成合同成立的，委托人应当按照约定支付报酬。对居间人的报酬没有约定或者约定不明确，依照本法第六十一条的规定仍不能确定的，根据居间人的劳务合理确定。"据此，即

---

[1] 参见易军：《债法各论》，227页，北京，北京大学出版社，2009。

第二节 居间合同的效力

使当事人没有约定支付报酬的，只要居间人促成合同成立的，仍享有报酬请求权。法律之所以作出此种规定，是因为在我国《合同法》中，居间合同为有偿合同，因此，委托人对居间人所作的订约机会的报告或者所提供的订约机会的媒介服务，只要促成合同成立，委托人就应当向居间人提供一定的报酬。不过，居间人行使报酬请求权应当具备如下条件：

第一，已促成委托人与相对人之间订立合同。此类合同是合法有效的，因为如果居间人没有促成合同成立，就无权要求支付报酬，而只能请求支付相关费用。居间人的居间活动促成了委托人与相对人之间合同的成立。这就是说，如果居间人没有促成合同的成立，或者说，委托人与第三人之间的合同并非因居间人的行为而成立，居间人当然不能请求支付报酬。如果居间人从事了一定的居间行为之后，委托人与相对人之间的合同并没有成立，或者虽然成立但被宣告无效或者撤销，这表明居间活动属于无益之举，居间人也不得请求支付报酬，而只能主张返还必要的费用。①

第二，居间合同应当是合法有效的。例如，国家机关和事业单位的领导干部不得利用职权从事一定的居间活动，否则将因违反现行法律的规定而无效。居间人从事的居间活动不仅要以合法有效为前提，报酬的支付也应当与其所从事活动价值的大小大体一致。这就是说，报酬的支付应当公平合理。即便当事人在合同中约定了报酬，但报酬的数额必须是公平的，不能约定过高的数额。报酬约定过高，委托人可以请求法院酌情减少。

第三，居间人所促成委托人与相对人之间所订立的合同，应当是委托人作出委托时所欲订立的合同。②在媒介居间中，居间人参与程度较高，而在报告居间中，居间人参与度较低。对居间人的行为与订约结果之间是否具有因果关系，居间人要举证证明。实践中，委托人可能认为其已经知晓报告情况，居间人的信息没有价值，因此拒绝支付报酬。对此情况，德国法认为，为了保护居间人，应当由委托人对其是否知情负有举证责任。③但在我国，一般认为应由居间人举证证

---

①② 参见易军：《债法各论》，228 页，北京，北京大学出版社，2009。
③ 参见黄立：《民法债编各论》下册，571 页，北京，中国政法大学出版社，2003。

明。如果居间行为与被促成的合同当事人之外的因素共同促成合同成立，可以要求委托人支付与自己的居间行为价值相当的报酬。①

关于居间人报酬请求权的性质，有两种立法例：一是规定居间人报酬请求权的条件为停止条件。例如，《德国民法典》第 652 条规定："合同系附停止条件而订立的，仅在条件成就时，才能请求支付居间佣金。"这就是说，当事人只有在居间成功的情况下，居间合同才能生效，居间人才有权请求居间合同的报酬。如果居间不成功，则居间合同不生效，居间人无权请求居间报酬。这一规定使得居间人所处地位十分恶劣。② 德国法的规定使居间人处于十分不利的地位，使每一个居间人都面临着徒劳无获的风险。所以有些德国学者呼吁要改变居间人的不利地位。③ 法国法规定，即使合同最后未能缔结，居间人也有权要求报酬，除非合同未缔结是由于他的过错所致。④ 二是规定居间人报酬请求权的条件既包括停止条件，又包括解除条件。例如，《意大利民法典》第 1757 条规定："如果契约是附停止条件的，在条件发生时产生报酬权。如果契约是附解除条件的，即使条件没有出现亦享有报酬权。"附解除条件的居间合同，合同自签订时生效，只有在出现约定的情形时，合同才因解除而无效，在未出现约定条件时，合同就一直有效，居间人就有权依照合同请求居间报酬。我国《合同法》第 427 条规定："居间人未促成合同成立的，不得要求支付报酬，但可以要求委托人支付从事居间活动支出的必要费用。"从该规定来看，其与德国法的规定相类似，居间人的行为只有促成了合同成立，才有权获得报酬；如未促成合同成立，则只能请求费用的支出。

《合同法》第 426 条规定："对居间人的报酬没有约定或者约定不明确，依照本法第六十一条的规定仍不能确定的，根据居间人的劳务合理确定。因居间人提

---

① 参见胡道才等主编：《参阅案例研究 商事卷》，146 页，北京，中国法制出版社，2011。
② 参见〔德〕迪特尔·梅迪库斯：《德国债法分论》，杜景林、卢谌译，355 页，北京，法律出版社，2007。
③ 参见〔德〕迪特尔·梅迪库斯：《德国债法分论》，杜景林、卢谌译，356 页，北京，法律出版社，2007。
④ Philippe Malaurie, Lauren Aynès, Pierre-Yves Gautier, Droit civil, Les Contrats spéciaux, Defrénois, 2003, pp. 327–328.

第二节 居间合同的效力

供订立合同的媒介服务而促成合同成立的,由该合同的当事人平均负担居间人的报酬。"据此可见,第一,对居间人的报酬没有约定或者约定不明确,依照《合同法》第61条的规定:"合同生效后,当事人就质量、价款或者报酬、履行地点等内容没有约定或者约定不明确的,可以协议补充;不能达成补充协议的,按照合同有关条款或者交易习惯确定。"要由当事人首先达成补充协议,如果不能够达成补充协议的,应当由裁判机关根据合同中的其他条款和当地的交易习惯来确定具体的报酬数额。第二,依照《合同法》第61条的规定仍不能确定的,根据居间人的劳务合理确定。如何理解"根据居间人的劳务合理确定"?这就是说,要根据居间人在实际从事居间合同中,所实际付出的时间、精力、付出劳务的价值、委托人对居间事务的满意程度,以及促成合同订立过程中所起的作用等来确定。这里主要是指居间人的劳务活动,而并不仅仅包括居间人所付出费用的多少。但是在实践中,劳务的价值很难具体化,所以在确定居间活动的报酬时,需要参考同类活动一般的大致数额和当地的习惯来确定。第三,因居间人提供订立合同的媒介服务而促成合同成立的,由该合同的当事人平均负担居间人的报酬。关于报酬的支付,在报告居间中,居间人报告给哪一方当事人,则由谁支付报酬。但在媒介居间中,居间人是在委托人和相对人之间提供居间服务,如果因为居间活动促成了交易合同的成立,那么委托人和相对人都是受益人,双方当事人都负有支付报酬的义务。但是,一般来说,只有在委托人和居间人之间订立了居间合同时,委托人才负有支付报酬的义务。如果居间人从事一定行为,如故意隐瞒与订立合同有关的重要事实,损害委托人利益,则委托人可以拒绝支付其报酬。此外,如果约定的报酬大大超过了居间人所提供的劳务的价值,则委托人有权请求法院予以减少。

未完成约定的事项是否应当收取报酬?对此有两种不同的意见。一种观点认为,居间合同本身并不是提供成果的合同,居间人并不能保证合同一定成立,因此,其提供了劳动,就应当获取报酬。另一种观点认为,居间合同不同于委托,居间人只有在促成了交易的情况下,才能获得应有的报酬。我国《合同法》第427条规定:"居间人未促成合同成立的,不得要求支付报酬,但可以要求委托人支付从事居间活动支出的必要费用。"由此可见,我国《合同法》采取了第二

第十七章 居间合同

种观点。因为居间本身的意义就在于必须要达到特定的目的，报酬是居间人服务成功的对价，没有促成合同的成立，则不得请求支付报酬。这一点与承揽合同必须是承揽人完成了工作后才能请求报酬是一样的。[1] 在此需要讨论的是，居间人请求委托人支付报酬是否应当以委托人所订立的合同与居间合同中约定的事项具有同一性为条件？有学者认为，居间人所主张的报酬，还必须是委托人所订立的合同与居间合同中约定的事项具有同一性。[2] 例如，委托人与他人签订房屋中介服务的居间合同，约定为委托人提供租赁房屋的中介服务，但是在这一过程中，委托人却与出租人订立了买卖房屋的合同。对此，居间人是否有权主张报酬？按照同一性的要求，此时委托人所成立的交易，已经不再是合同所约定的服务类型，不符合同一性要求，所以无权主张报酬。我国《合同法》采纳了这一主张，当然，合同法的上述规定只是一种任意性的规范，在当事人没有约定支付报酬的情况才适用。如果当事人特别约定了报酬的支付条件，则应当尊重当事人的约定。在实践中，也有委托人有意避开中介而从事交易的"跳单"现象，即作为居间人的中介公司以委托人私下达成协议或重复委托他人居间为由，要求其承担违约责任。对此，委托人在实质上利用了居间人提供的交易信息，但是在缔结合同时却有意避开居间人，从而规避应当向其支付的居间报酬。对此，司法实践认为，只要委托人与相对人所达成的交易在实质上利用了居间人的劳动，是由居间人促成的，则居间人就有权向委托人主张居间报酬[3]；如果委托人并未在实质上利用居间人的劳动，则居间人只能主张必要费用的请求权。

在此需要讨论的是，委托人支付报酬的义务是否可以通过约定免除？在德国，住宅居间法明文禁止当事人通过约定排除报酬请求权，因此必须支付报酬。依据我国台湾地区"民法"第568条的规定，当事人不得通过约定免除委托人支付报酬的义务。[4] 笔者认为，从私法自治的原则出发，应当允许当事人就报酬作

---

[1] 参见胡康生主编：《中华人民共和国合同法释义》，602页，北京，法律出版社，1999。
[2] 参见黄立：《民法债编各论》下册，571页，北京，中国政法大学出版社，2003。
[3] 参见高完泉、李鸿光：《买卖房屋跳开"中介"为何被判违约》，载《山东审判》，2009 (6)。
[4] 参见郑玉波：《民法债编各论》下册，495页，台北，三民书局，1981。

第二节 居间合同的效力

出约定。当事人约定免除报酬的支付,也应当认可该约定的效力。

(二)依据约定返还费用的义务

在居间合同中,委托人的主要义务是支付报酬,关于居间费用,一般都是计入报酬之中的,如果居间成功促成交易,则委托人支付的报酬中就已经包含了费用。各国法律大多规定居间人在委托人支付报酬之后,不得再主张其他费用。因为居间合同中,居间人为了完成合同约定的任务,本身就应当从事调查、搜集资料等工作,所以这些费用也是其履行合同的成本,应当由其自己承担,不得向委托人主张。但问题在于,如果交易最终没有达成,但居间人已经支付了一定的费用,此时,委托人是否应当支付居间人所支出的费用?《合同法》第 427 条规定:"居间人未促成合同成立的,不得要求支付报酬,但可以要求委托人支付从事居间活动支出的必要费用。"依据这一规定,即便居间人的行为未能促成合同成立,委托人也应当向居间人支付必要的费用,但不必支付报酬。这主要是因为,居间人毕竟是为了委托人的利益而从事居间活动,其在促成合同的过程中所花费的必要费用不能得到补偿,则居间人的利益将得不到保障,对其并不公平。但并非居间人的所有费用都由委托人支付,在合同未成立时,委托人仅需向居间人支付必要费用。所谓必要费用,主要是指居间人在从事居间活动中所支付的交通费、劳务费等。但是如何确定所谓"必要的"费用,很难有一个绝对的结论,通常需要在个案中,依据具体事实加以考虑。笔者认为,应当允许当事人对此种必要费用的负担作出约定,如果当事人未作出约定,则应当由居间人自己承担,因为这属于其从事交易活动的成本。

(三)协助义务

委托人在委托居间人从事一定居间行为的过程中,也应当在必要时提供一定的协助。《城市房地产中介服务管理规定》第 20 条规定:"房地产中介服务人员执行业务,可以根据需要查阅委托人的有关资料和文件,查看现场。委托人应当协助。"例如,委托中介出售房屋,如果有意购买的人要求中介带领实地看房,则委托人应当允许看房,并应当提供必要的协助。

需要指出的是,委托人对居间人所从事的居间活动有权接受或者拒绝接受。

第十七章　居间合同

在没有特别约定的情况下，即使居间人从事了一定居间活动，委托人也可以不接受其提供的居间服务。此种情形也被称为委托人的非订约义务。[①] 但是如果委托人为了避免向居间人支付报酬而恶意拒绝和阻止交易的成立，则其行为构成对居间合同的违反，应当向居间人承担违约责任。

第三节　居间合同中的违约责任

一、居间合同中的违约责任概述

在居间合同中，当事人一方违反合同义务，应当承担违约责任。当事人的违约行为既可以是作为，也可以是不作为。例如，居间人不告知与订立合同有关的重要事实，就属于不作为；而居间人擅自挪用委托人的财物，则属于作为。从居间合同来看，违反合同义务应当是认定违约责任的基础。所以，从这个意义上说，只要其违反了义务，无论是否造成了损害后果，都有可能承担违约责任。但是，如果造成了损失的，应当承担损害赔偿责任；而若没有造成损失的，则可能仅仅丧失报酬请求权，或者导致居间合同解除等效果。

二、居间人的违约责任

居间人的违约行为主要表现在，一是违反报告义务而导致委托人签订对其不利的合同，遭受财产损失。例如，居间人隐瞒了某相对人的资历和资质，导致签订的合同根本无法履行，在此情况下，居间人要承担赔偿责任。《合同法》第425条规定："居间人应当就有关订立合同的事项向委托人如实报告。居间人故意隐瞒与订立合同有关的重要事实或者提供虚假情况，损害委托人利益的，不得

[①] 参见〔德〕迪特尔·梅迪库斯：《德国债法分论》，杜景林、卢谌译，358页，北京，法律出版社，2007。

要求支付报酬并应当承担损害赔偿责任。"如何理解此处所说的故意隐瞒与订立合同有关的重要事实或者提供虚假情况？此处所说的隐瞒的情况或提供虚假的情况，都是与合同的订立紧密相关的信息，居间人实施此种行为已经构成欺诈，因欺诈行为造成委托人的损害，居间人有义务承担损害赔偿责任。

居间人除了有可能因违反合同而承担违约责任以外，也可能因其过错而承担侵权责任。例如，非法挪用客户资产而构成侵权责任，在实践中，个别中介公司将客户的资金与自有资金混合，拥有完全的支配权，挪用或占用资金，在非法挪用资产的情况下，居间人的行为已构成侵权，应当承当相应的侵权责任。

在缔约阶段，受害人也可能遭受精神损害。例如，甲委托某中介公司购买房屋，中介公司找到欲出售房屋的乙进行谈判，乙告诉中介公司其欲出售的房屋中曾发生过凶杀案。但中介公司并未将这一情况告知甲。甲在购买该房屋之后，才知悉这一情况，立即要求解除合同，此时中介公司对甲的缔约阶段的费用支出应当承担赔偿责任。但甲请求中介公司赔偿精神损害，是否可以获得法院支持？笔者认为，在合同成立之后，尚且不能支持精神损害赔偿，而在合同缔约阶段更不能支持精神损害赔偿。除非在合同缔结或履行中发生了侵犯当事人人身权益、造成严重后果的行为，当事人才能请求精神损害赔偿。此时，其请求权基础已经是侵权责任。

三、委托人的违约责任

委托人违反合同的行为主要是不按期支付报酬。从实践来看，一些委托人在交易不成功时，或者即便交易成功时，也不愿意支付约定的报酬或必要的费用给居间人。居间人提供的信息是不是促成了合同的成立通常具有不确定性，委托人在接受信息之后可能以居间人提供的信息无价值为由而拒绝支付报酬，那么，如何判断居间人所提供的信息是否有价值？客观上，应以委托人是否最终与居间人所提供的信息中所涉及的第三人订立合同为标准，来认定居间人提供的信息是否有价值以及委托人是否应当支付报酬。而这种判断通常需要以社会一般人的标准

来进行认定，而不是从委托人所处的个别形态进行判断。①

四、损害赔偿的范围

我国《合同法》确立了居间合同当事人在违约后要承担损害赔偿责任，但赔偿的范围如何确定，在法律上值得探讨。一种观点认为，应当以实际损失为赔偿范围，造成多少损失就承担多少赔偿责任。另一种观点认为，居间合同具有特殊性，居间人并不是合同当事人，因此不能以合同的实际损失来要求其承担损害赔偿责任。因此，居间人承担的赔偿范围仅限于缔约过失的损害范围。还有一种观点认为，在居间合同中，如果居间人违反忠实义务造成他人损害，将导致报酬请求权的丧失。② 我国台湾地区"民法"第571条规定："居间人违反其对于委托人之义务，而为利于委托人之相对人之行为，或违反诚实及信用方法，由相对人收受利益者，不得向委托人请求报酬。"我国《合同法》第425条第2款规定："居间人故意隐瞒与订立合同有关的重要事实或者提供虚假情况，损害委托人利益的，不得要求支付报酬并应当承担损害赔偿责任。"可见，该条明确了居间人违反忠实义务的法律后果包括两个方面：

一是报酬请求权的丧失。居间人应当基于诚信原则履行其合同义务，从而获得报酬，如果其违反了这一义务仍然可以获得报酬，则有违诚实信用。

二是损害赔偿责任的承担。这主要是考虑到，如果居间人从事的行为给委托人造成了重大损害，仅仅只是丧失报酬不足以弥补委托人的损失，也不能有效制裁居间人违反忠实义务的行为。不过，《合同法》第425条仅仅规定居间人"应当承担损害赔偿责任"，并没有明确此种责任的性质。笔者认为，此种责任可以是违约责任，也可以是侵权责任。如果符合侵权责任的构成要件，居间人造成委托人损害的，应当按照实际损失来赔偿。在违约的情况下，居间人的赔偿责任应当考虑到居间人的过错程度。例如，居间人采用欺诈、恶意串通等恶意的方式，

---

① 参见陈甦编著：《委托合同 行纪合同 居间合同》，200页，北京，法律出版社，1999。
② 参见邱聪智：《新订债法各论》中，239页，北京，中国人民大学出版社，2006。

第三节 居间合同中的违约责任

或是违反了其应负的诚信义务,由于其过错程度较重,所以赔偿的范围应予扩大。

关于委托人和居间人是否可以随时解除合同,存在不同观点:一种观点认为,双方都享有任意解除权。另一种观点认为,在订立合同后,不得随意解除合同。依据我国台湾地区"民法"第549条,居间的当事人可以随时中止居间,但在不利的时期终止合同,对另一方当事人所产生的损害应当负赔偿责任。我国《合同法》对此并未作出明确规定。笔者认为,在法律上不必要赋予双方当事人随时解除合同的权利,因为委托人并没有义务一定要接受居间人提供的信息和服务,所以也就没有必要使之享有任意解除权。

主要参考书目

一、中文文献

胡康生主编．中华人民共和国合同法释义．北京：法律出版社，1999

全国人大常委会法工委民法室编．《中华人民共和国合同法》与国内外有关合同规定条文对照．北京：法律出版社，1999

全国人大常委会法制工作委员会民法室．中华人民共和国合同法及其重要草稿介绍．北京：法律出版社，2000

沈德咏，奚晓明主编．最高人民法院关于合同法司法解释（二）理解与适用．北京：人民法院出版社，2009

最高人民法院经济审判庭编著．合同法释解与适用．上册．北京：新华出版社，1999

奚晓明主编．合同法讲座．北京：中国政法大学出版社，2001

魏耀荣等．中华人民共和国合同法释论．分则．北京：中国法制出版社，2000

王家福，谢怀栻等．合同法原理．北京：法律出版社，2000

王家福等．合同法．北京：中国社会科学出版社，1986

周江洪．服务合同研究．北京：法律出版社，2010

主要参考书目

陈安主编．涉外经济合同的理论与实务．北京：中国政法大学出版社，1994

陈伯诚，王伯庭主编．合同法重点难点问题解析与适用．长春：吉林人民出版社，2000

崔建远．合同法总论．上卷．北京：中国人民大学出版社，2008

崔建远．合同责任研究．长春：吉林大学出版社，1992

崔建远主编．合同法．北京：法律出版社，2000

崔建远主编．新合同法原理和案例评析．长春：吉林大学出版社，1999

董安生等编译．英国商法．北京：法律出版社，1992

董开军主编．中华人民共和国合同法释义．北京：群众出版社，1999

江平主编．中华人民共和国合同法精解．北京：中国政法大学出版社，1999

冯大同主编．国际货物买卖法．北京：对外贸易教育出版社，1993

傅静坤．二十世纪契约法．北京：法律出版社，1997

高尔森．英美合同法纲要．天津：南开大学出版社，1984

葛云松．期前违约规则研究．北京：中国政法大学出版社，2003

韩世远．合同法总论．2版．北京：法律出版社，2008

何宝玉．英国合同法．北京：中国政法大学出版社，1999

何美欢．香港合同法．上册．北京：北京大学出版社，1995

何其生编著．统一合同法的新发展．北京：北京大学出版社，2007

孔祥俊．合同法教程．北京：中国人民公安大学出版社，1999

李永军，易军．合同法．北京：中国法制出版社，2009

李永军．合同法．2版．北京：法律出版社，2005

李永军．合同法原理．北京：中国人民公安大学出版社，1999

石静遐．买卖合同．北京：中国法制出版社，1999

唐德华等主编．合同法及司法解释审判实务．下．北京：人民法院出版社，2004

吕泊涛主编．适用合同法重大疑难问题研究．北京：人民法院出版社，2001

郭明瑞，王轶．合同法新论·分则．北京：中国政法大学出版社，1997

主要参考书目

陈甦编著．委托合同 行纪合同 居间合同．北京：法律出版社，1999

左海聪主编．国际商法．北京：法律出版社，2008

郭玉军．国际贷款法．武汉：武汉大学出版社，1998

马特，李昊．英美合同法导论．北京：对外经济贸易大学出版社，2009

裴丽萍主编．合同法法理与适用重述．北京：中国检察出版社，1999

彭万林主编．民法学．北京：中国政法大学出版社，1999

沈达明编著．英美合同法引论．北京：对外贸易教育出版社，1993

宋海萍等．合同法总则判解研究与适用．北京：人民法院出版社，2001

孙鹏．合同法热点问题研究．北京：群众出版社，2001

唐晓晴．预约合同法律制度研究．澳门：澳门大学法学院，2004

王洪亮．合同法难点热点疑点理论研究．北京：中国人民公安大学出版社，2000

王军．美国合同法．北京：中国政法大学出版社，1996

王泽鉴．债法原理．第1册．北京：中国政法大学出版社，2001

杨立新．合同法总则．北京：法律出版社，1999

杨明刚．合同转让论．北京：中国人民大学出版社，2006

杨桢．英美契约法论．北京：北京大学出版社，1997

杨桢．英美契约法论．修订版．北京：北京大学出版社，2000

姚梅镇主编．国际经济法概论．武汉：武汉大学出版社，1991

易军，宁红丽．合同法分则制度研究．北京：人民法院出版社，2003

尹田．法国现代合同法．北京：法律出版社，1995

余延满．合同法原论．武汉：武汉大学出版社，1999

余延满．货物所有权的转移与风险负担的比较法研究．武汉：武汉大学出版社，2002

龙翼飞主编．新编合同法．北京：中国人民大学出版社，1999

蒋志培主编．技术合同司法解释的理解与适用．北京：科学技术文献出版社，2007

主要参考书目

黄松有主编．技术合同司法解释实例释解．北京：人民法院出版社，2006
张新宝，龚赛红．买卖合同 赠与合同．北京：法律出版社，1999
张玉卿主编．国际商事合同通则2004．北京：中国商务出版社，2005
张玉卿编著．国际货物买卖统一法．北京：中国商务出版社，2009
周林彬主编．比较合同法．兰州：兰州大学出版社，1989
朱广新．合同法总则．北京：中国人民大学出版社，2008
朱庆育．意思表示解释理论．北京：中国政法大学出版社，2004
朱岩．德国新债法条文及官方解释．北京：法律出版社，2003
翟云岭等．新合同法论．大连：大连海事大学出版社，2000
来奇主编．买卖合同．北京：中国民主法制出版社，2003
李永军，易军．合同法．北京：中国法制出版社，2009
李永军．合同法原理．北京：中国人民公安大学出版社，1999
屈茂辉．合同法．长沙：湖南大学出版社，2003
谢鸿飞编著．承揽合同．北京：法律出版社，1999
崔建远主编．合同法．5版．北京：法律出版社，2010
徐炳．买卖法．北京：经济日报出版社，1991
冯大同．国际货物买卖法．北京：对外经济贸易出版社，1993
冯大同．国际贸易法．北京：北京大学出版社，1995
孔祥俊．合同法教程．北京：中国人民公安大学出版社，1999
郝昭成等主编．融资租赁的税收．北京：当代中国出版社，2007
李鲁阳主编．融资租赁若干问题研究和借鉴．北京：当代中国出版社，2007
李鲁阳等主编．融资租赁的监管．北京：当代中国出版社，2007
王轶编著．租赁合同 融资租赁合同．北京：法律出版社，1999
何志．合同法分则判解研究与适用．北京：人民法院出版社，2002
高圣平，乐沸涛．融资租赁登记与取回权．北京：当代中国出版社，2007
欧阳卫民主编．中国金融融资租赁业的现状和出路．北京：中国金融出版社，2000

郑玉波. 民法债编各论. 上册. 台北：三民书局，1986

郑玉波主编. 民法债编论文选辑. 台北：五南图书出版公司，1984

邱聪智. 新订债法各论. 上. 北京：中国人民大学出版社，2006

邱聪智. 新订民法债编通则. 下. 台北：华泰文化事业公司，2001

邱聪智. 新订债法各论. 中. 北京：中国人民大学出版社，2006

黄茂荣. 买卖法. 北京：中国政法大学出版社，2002

林诚二. 民法理论与问题研究. 北京：中国政法大学出版社，2000

林诚二. 民法债编各论. 上. 台北：瑞兴图书股份有限公司，1983

刘春堂. 民商法论集（一）. 台北：自版，1985

刘春堂. 判解民法债篇通则. 台北：三民书局，1991

刘得宽. 民法诸问题与新展望. 台北：三民书局，1979

刘宗荣. 定型化契约论文专辑. 台北：三民书局，1989

彭凤至. 情事变更原则之研究. 台北：五南图书出版公司，1986

史尚宽. 债法各论. 台北：荣泰印书馆股份有限公司，1981

苏俊雄. 契约原理及其适用. 北京：中华书局，1978

苏永钦. 走入新世纪的私法自治. 北京：中国政法大学出版社，2002。

王泽鉴. 民法学说与判例研究. 1～7册. 北京：中国政法大学出版社，1998

王泽鉴. 债法原理. 北京：北京大学出版社，2009

吴志忠. 买卖合同法研究. 武汉：武汉大学出版社，2007

黄立. 民法债编各论. 上册. 北京：中国政法大学出版社，2003

二、译著

［德］K. 茨威格特等. 比较法总论. 贵阳：贵州人民出版社，1992

［德］U. 马格努斯. 侵权法的统一：损害与损害赔偿. 北京：法律出版社，2009

［德］迪特尔·梅迪库斯. 德国民法总论. 邵建东译. 北京：法律出版社，2000

［德］冯·巴尔. 欧洲比较侵权行为法. 上卷. 张新宝译. 北京：法律出版

社，2001

［德］海因·克茨．欧洲合同法．上卷．周忠海，李居迁，宫立云译．北京：法律出版社，2001

［德］卡尔·拉伦茨．德国民法通论．王晓晔，邵建东等译．北京：法律出版社，2003

［德］克里斯蒂安·冯·巴尔，乌里希·德罗布尼希主编．欧洲合同法与侵权法及财产法的互动．吴越，王洪，李兆玉等译．北京：法律出版社，2007

［德］拉德布鲁赫．法学导论．北京：中国大百科全书出版社，1997

［德］莱因哈德·齐默曼，［英］西蒙·惠特克主编．欧洲合同法中的诚信原则．丁广宇等译．北京：法律出版社，2005

［德］罗伯特·霍恩，海因·科茨，汉斯·莱塞．德国民商法导论．楚建译．北京：中国大百科全书出版社，1996

［德］马克西米利安·福克斯．侵权行为法．齐晓琨译．北京：法律出版社，2006

［德］迪特尔·梅迪库斯．德国债法总论．杜景林，卢谌译．北京：法律出版社，2003

［德］魏德士．法理学．丁晓春，吴越译．北京：法律出版社，2005

［法］勒内·达维德．当代主要法律体系．上海：上海译文出版社，1984

［古罗马］优士丁尼．买卖契约．刘家安译．北京：中国政法大学出版社，2001

［加］Peter Benson．合同法理论．易继明译．北京：北京大学出版社，2004

［美］杰弗里·费里尔等．美国合同法精解．4版．北京：北京大学出版社，2009

［美］E·艾伦·范思沃斯．美国合同法．葛云松，丁春艳译．北京：中国政法大学出版社，2004

［美］弗里德里希·凯斯勒．合同法：案例与材料．屈广清等译．北京：中国政法大学出版社，2005

主要参考书目

［美］格兰特·吉尔莫．契约的死亡．曹士兵，姚建宗，吴巍译．北京：中国法制出版社，2005

［美］Jay Dratler, Jr. 知识产权许可．上．王春燕等译．北京：清华大学出版社，2003

［美］罗伯特·考特，托马斯·尤伦．法和经济学．上海：上海三联书店，1994

［美］迈克尔·D·贝勒斯．法律的原则．北京：中国大百科全书出版社，1995

［美］詹姆斯·戈德雷．现代合同理论的哲学起源．张家勇译．北京：法律出版社，2006

［葡］平托．民法总论．中译本．法律翻译办公室．澳门：澳门大学法学院，1999

［日］内田贵．契约的再生．胡宝海译．北京：中国法制出版社，2005

［日］四宫和夫．日本民法总则．唐晖，钱孟珊译．台北：五南图书出版公司，1995

［日］我妻荣．债法各论．中卷二．周江洪译．北京：中国法制出版社，2008

［日］我妻荣．债法在近代法中的优越地位．北京：中国大百科全书出版社，1999

［英］A. G. 盖斯特．英国合同法与案例．张文镇等译．北京：中国大百科全书出版社，1998

［英］P. S. 阿狄亚．合同法导论．5版．赵旭东等译．北京：法律出版社，2002

［英］P. S. 阿蒂亚．合同法概论．程正康译．北京：法律出版社，1982

［英］梅因．古代法．沈景一译．北京：商务印书馆，1986

［英］施米托夫．国际贸易法文选．北京：中国大百科全书出版社，1993

三、外文文献

（一）英文

Christian von Bar and Eric Clive (eds). Principles, Definitions and Model Rules of European Private Law. Volume Ⅰ. Munich: Sellier European Law Publishers, 2009

M. Barendrecht et al. Principles of European Law: Services Contracts. Sellier European Law Publishers, 2007

Martin Hesselink. The Harmonization of European Contract Law. Hart Publishing, 2006

Tadas Klimas. Comparative Contract Law, A Transystemic Approach with an Emphasis on the Continental Law Cases, Text and Materials. Carolina Academic Press, 2006

Massino C. Bianca and Stefan Grundmann (eds.). EU Sales Directive Commentary. Intersentia, 2002

Charles L. Knapp, Nathan M. Crystal & Harry G.. Prince. Problems in Contract Law: Case and Materials. 4th ed., 1999

Arthurvon Mehren. International Encyclopedia of Comparative Law. Volume Ⅶ/2: Contracts in General. Tübingen, 1997

Donald Harrls Denis Tallin. Contract Law Today. Oxford: Clarendon Press, 1990

E. Allan. Farnsworth. Contracts. 2nd ed. little, brown and company, 1990

P. D. V. Marsh. Comparative Contract Law: England, France, Germany. Gower Publishing Company, 1994

William H. Lawrence, William H. Henning. Understanding Sales and Leases of Goods. Matthew Bender & Co.. Inc., 1995

Christian von Bar and Eric Clive. Principles, Definitions and Model, Rules of European Private Law. Volume Ⅲ. Munich: Sellier European Law Publishers,

2009

H. G. Beak. Contract Cases and Materials. Second Edition. Butterworths, 1990

Harkamp (eds.). Towards a European Civil Code. 3rd ed, 2004

Nijmegen: Ars Aequi/The Hague. Kluwer, 1998

J. Calamari & J. Perillo. Contracts. 3rd ed. Hornbook Series, 1987

Sudhir P. Amembal. International Leasing: The Complete Guide. Volume I Amembal and Amembal, V. S. A

Kare Lilleholt et al. Lease of Goods. Oxford University Press, 2008

Iwan Davis ed. Retention of Title Clauses in Sale of Goods Contract in Europe. Asgate Public Company, 1999

Werner Lorenz. International Encyclopedia of Comparative Law. Vol. VIII. Specific Contracts, Chapter 8, Contract for Work on Goods and Building Contracts. Tübingen, 1976

D. Wallace. Hudson's Building and Engineering Contracts. 11th Edition. Sweet & Maxwell. London, 1995

Knapp, Crystal. Problems in Contract Law. Little, Brown and Company, 1993

Konard Zweigert and Hein Kötz. An Introduction to Comparative Law. North-Hollad Publishing, 1977

Matti. Kurkela Ed. Comparative Report on Force Majeure in Western Europe. The Union of the Finnish Lawyers Publishing Company Ltd, 1982

P. S. Atiyah. An Introduction to the Law of Contract. Clarendon Press, 1981

Randy E. Barnett. Perspectives on Contract Law. Wolters Kluwer, 2009

Reiner Schulze (ed.). New Features in Contract Law. Sellier European Law Publishers, 2007

Reinhard Zimmermann. The Law of Obligations Roman Foundations of the

Civilian Tradition. Clarendon Press-Oxford

W. V. Horton Rogers (ed.). Damages for Non-Pecuniary Loss in a Comparative Perspective. Springer Wien New York, 2001

Bénédicte Fauvarque-Cosson and Denis Mazeaud (ed.). European Contract Law. Sellier European Law Publishers, 2008

(二) 法文

Philippe Malaurie, Laurent Aynès. Pierre-Yves Gautier, Les contrats spéciaux, Defrénois. Paris, 2004

Pascal Puig. Contrats spéciaux. 2e éd. Dalloz, Paris, 2007

François Terré, Philippe Simler, Yves Lequette. Droit Civil, Les Obligations. 8e éd. Dalloz, 2002

Sa Lamy. Lamy droit de l'informatique et des réseaux. Pas d'envoi, 2007

第一版后记

本书是国家社科基金后期资助项目"合同法分则研究(批准号 11FFX034)"的部分结项成果。在本书写作过程中,北京航空航天大学法学院周友军副教授、北京理工大学法学院孟强讲师、中央财经大学法学院尹飞教授、最高人民法院麻锦亮法官、中国人民大学法学院博士生张尧、谢远扬、缪宇、王叶刚等人都对书稿提出了不少宝贵的意见,中国人民大学出版社施洋编辑提出了许多修改意见,在此一并表示衷心的感谢。

第二版后记

在第二版修订过程中,北京航空航天大学法学院周友军副教授、中国社会科学院法学所谢鸿飞教授、中央民族大学法学院王叶刚博士、中国人民大学法学院刘明博士后、缪宇博士等协助整理资料并翻译了有关英文和德文资料,石佳友副教授翻译了有关法文资料,在此谨致谢意。

图书在版编目（CIP）数据

合同法研究. 第3卷/王利明著. —2版. —北京：中国人民大学出版社，2015.11
（中国当代法学家文库·王利明法学研究系列）
ISBN 978-7-300-13182-5

Ⅰ.①合… Ⅱ.①王… Ⅲ.①合同法-研究-中国 Ⅳ.①D923.64

中国版本图书馆 CIP 数据核字（2015）第 257215 号

"十二五"国家重点图书出版规划
中国当代法学家文库·王利明法学研究系列
合同法研究　第三卷（第二版）
王利明　著
Hetongfa Yanjiu

出版发行	中国人民大学出版社				
社　　址	北京中关村大街31号		邮政编码	100080	
电　　话	010-62511242（总编室）		010-62511770（质管部）		
	010-82501766（邮购部）		010-62514148（门市部）		
	010-62515195（发行公司）		010-62515275（盗版举报）		
网　　址	http://www.crup.com.cn				
	http://www.ttrnet.com（人大教研网）				
经　　销	新华书店				
印　　刷	涿州市星河印刷有限公司		版　次	2012年6月第1版	
				2015年12月第2版	
规　　格	170 mm×228 mm　16开本				
印　　张	51.5 插页3		印　次	2015年12月第1次印刷	
字　　数	772 000		定　价	148.00元	

版权所有　侵权必究　印装差错　负责调换